国家社科基金后期资助项目
出版说明

　　后期资助项目是国家社科基金设立的一类重要项目,旨在鼓励广大社科研究者潜心治学,支持基础研究多出优秀成果。它是经过严格评审,从接近完成的科研成果中遴选立项的。为扩大后期资助项目的影响,更好地推动学术发展,促进成果转化,全国哲学社会科学工作办公室按照"统一设计、统一标识、统一版式、形成系列"的总体要求,组织出版国家社科基金后期资助项目成果。

全国哲学社会科学工作办公室

国家社科基金
GUOJIA SHEKE JIJIN HOUQI ZIZHU XIANGMU
后期资助项目

批判与重建：
辩证位移运动观与
芝诺运动悖论新解

Criticism and reconstruction:
A new solution to the dialectical view of
displacement movement and
Zeno's paradox of movement

文兴吾　著

上海三联书店

目　　录

前　言

　　2017 年 10 月 17—18 日,"全国社科系统第二十八届哲学大会暨'构建中国特色哲学社会科学'理论研讨会"在广西南宁召开;笔者作了题为"辩证思维对位移运动的表达问题"的大会发言,提出位移运动的矛盾问题是辩证唯物主义哲学长期存在争论的"老大难"问题,当前已成为辩证唯物主义哲学发展的前沿问题;构建中国特色哲学社会科学必须着力解决这个重要问题。①会议结束那天,中国共产党"十九大"报告问世;报告提出"新时代我国社会主要矛盾是人民日益增长的美好生活需要和不平衡不充分的发展之间的矛盾"。毫无疑问,这是运用马克思主义哲学的矛盾分析方法作出的科学结论,是以辩证唯物主义和历史唯物主义哲学原理指导中国科学发展的光辉典范。"十九大"报告中"深化马克思主义理论研究和建设,加快构建中国特色哲学社会科学"的论断,为我们解决历史上长期存在的"老大难"问题创造了条件。

　　明确"位移运动的矛盾问题是辩证唯物主义哲学发展的前沿问题",需要把握辩证法与辩证唯物主义哲学产生与发展的历史过程,以及我国现行辩证唯物主义哲学教科书对矛盾的客观性普遍性原理表达中所遭遇到的重大问题。②

　　辩证法来自古希腊的"对话""论战",原意是"语言的论证用法的艺术";无论采取对话的形式,还是采取推理的形式,都是揭露对方议论中的矛盾并克服这些矛盾的方法。因此,辩证法一词从一开始就是同矛盾问题联系在一起的。③近代,黑格尔进一步赋予辩证法全面的意义;他继承了哲学史上关于辩证法是揭露对象自身矛盾的思想,同时在概念矛盾运动的辩证分析中进一步阐明了所谓辩证法就是研究对象自身的矛盾,并把这种矛

---

① 文兴吾:《位移运动的矛盾问题:辩证唯物主义哲学体系基础问题研究》,《学术论坛》 2017 年第 6 期。

② 文兴吾:《矛盾理论的前沿问题沉思》,《社会科学研究》2021 年第 2 期。

③ 肖前、李秀林、汪永祥:《辩证唯物主义原理》,人民出版社 1981 年版,第 16 页。

盾视为支配一切事物和整个宇宙发展的普遍法则。

两千四百多年前,古希腊爱利亚学派的芝诺(约公元前 490—前 430 年)为了捍卫他的老师巴门尼德"存在"不动的学说,提出了否认运动存在的四个著名论证:"两分法""阿基里斯与龟""飞矢不动""一半时间等于一倍时间"。芝诺论证的强而有力,令亚里士多德把芝诺推为辩证法的创始者。对于芝诺的论证,黑格尔认为,"芝诺对运动曾特别作了客观辩证法的研究。……芝诺否定了运动,因为运动存在着内在矛盾……至于说有运动,说运动的现象是存在的,——芝诺完全不反对这话……问题乃在于考察运动的真理性;但运动是不真的,因为它是矛盾。因此他想要说的乃是:运动不能享有真正的存在。"①在《逻辑学》一书中,黑格尔写道:"外在的感性运动是矛盾的直接实有。某物之所以运动,不仅因为它在这个'此刻'在这里,在那个'此刻'在那里,而且因为它在同一个'此刻'在这里又不在这里,因为它在同一个'这里'同时又有又非有。我们必须承认古代辩证论者所指出的运动中的矛盾,但不应由此得出结论说因此没有运动,而倒不如说运动就是实有的矛盾本身。"②在《哲学史讲演录》中解答芝诺运动悖论之时,黑格尔明确表述了他对位移运动矛盾的认识——"运动的意思是说:在这个地点而同时又不在这个地点"③;这个表述,我们称之为"黑格尔位移运动矛盾表述"。

马克思主义经典作家继承了黑格尔关于辩证法的合理思想,并进行了唯物主义的改造,指明了主观辩证法是客观辩证法的反映,人类思维和概念的矛盾运动是客观世界本身矛盾运动的反映。恩格斯在 1876—1878 年间完成的《反杜林论》一书中,在反驳杜林"矛盾=背理,因而它在现实中是不可能出现的"断言时,采纳了"黑格尔位移运动矛盾表述",他写道:"运动本身就是矛盾;甚至简单的机械的位移之所以能够实现,也只是因为物体在同一瞬间既在一个地方又在另一个地方,既在同一个地方又不在同一个地方。这种矛盾的连续产生和同时解决正好就是运动。"④同时,恩格斯做

---

① 黑格尔:《哲学史讲演录》第一卷,贺麟、王太庆译,商务印书馆 1959 年版,第 281—282 页。
② 黑格尔:《逻辑学》下卷,杨一之译,商务印书馆 1976 年版,第 66—67 页。
③ 黑格尔讲道:"运动的意思是说:在这个地点而同时又不在这个地点;这就是空间和时间的连续性,——并且这才是使得运动可能的条件。芝诺在他一贯的推理里把这两点弄得严格地相互反对了。我们也使空间和时间成为点积性的;但同样也必须容许它们超出限制,这就是说,建立这限制作为没有限制,——作为分割了的时点,但又是没有被分割的。"(黑格尔:《哲学史讲演录》第一卷,贺麟、王太庆译,商务印书馆 1959 年版,第 288—289 页)
④ 《马克思恩格斯选集》第三卷,人民出版社 1995 年版,第 462 页。

出了"既然简单的机械的位移本身已经包含着矛盾,那么物质的更高级的运动形式,特别是有机生命及其发展,就更加包含着矛盾"①之"重要论断"。在这里,恩格斯简明扼要、强而有力地论述了辩证唯物主义的"矛盾的客观性和普遍性"原理。这些思想,被列宁、毛泽东等继承和发展。

在我国改革开放后的马克思主义哲学教材建设中,1981 年首次出版的、中国人民大学肖前等主编的《辩证唯物主义原理》哲学教科书,是教育部组织编写的哲学专业教材。该书按照恩格斯的理路论述了"矛盾的客观性和普遍性"。②然而,在肖前任主编,黄楠森、陈晏清任副主编,1994 年首次出版的《马克思主义哲学原理》③教科书中,恩格斯对"矛盾的客观性和普遍性"的论述全都消失了。

进入 21 世纪,作为"马克思主义理论研究和建设工程重点教材",2009 年首次出版的《马克思主义哲学》(袁贵仁、杨春贵、李景源、丰子义任教材编写课题组首席专家),也没有再提及"黑格尔位移运动矛盾表述"与恩格斯对矛盾的客观性和普遍性的"重要论断"。而陈先达、杨耕编著,作为"普通高等教育国家级规划教材"和"高校政治思想课重点教材",2016 年出版的《马克思主义哲学原理》(第 4 版),也是这样。以后者为例,该书在讨论辩证唯物主义的物质范畴时指出,"现代科学为合理地划分物质存在形态提供了理论证据。划分物质存在形态的依据是物质的运动形式。一般说来,物质运动有机械运动、物理运动、化学运动、生命运动和社会运动五种形式。……物质运动的五种形式构成了一个层层递进的等级阶梯。在这一等级阶梯之中,一方面,低级运动形式构成较高级运动形式的基础,高级运动形式包含着低级运动形式;另一方面,高级运动形式又具有自己的特殊规定性,不能归结为低级运动形式。"④这些论述是与恩格斯

---

① 《马克思恩格斯选集》第三卷,人民出版社 1995 年版,第 462 页。
② 该书写道:"在机械运动中,最简单的位移就是连续和间断的对立统一。正如恩格斯所说:'运动本身就是矛盾;甚至简单的机械的位移之所以能够实现,也只是因为物体在同一瞬间既在一个地方又在另一个地方,既在同一个地方又不在同一个地方。这种矛盾的连续产生和同时解决正好就是运动。'如果我们只片面地承认连续性或间断性,都无法解释运动的过程和运动的可能性,就会作出'轮不碾地'或'飞矢不动'的错误结论。……生命过程中的矛盾也是普遍的。恩格斯指出:'既然简单的机械的位移本身已经包含着矛盾,那么物质的更高级的运动形式,特别是有机生命及其发展,就更加包含着矛盾。'"(肖前、李秀林、汪永祥:《辩证唯物主义原理》,人民出版社 1981 年版,第 201—202 页)
③ 1985 年,国家教委确定"马克思主义哲学原理体系改革"作为"七五"规划重点课题,翌年又被提升为国家"七五"规划重点课题,由全国高校马克思主义哲学专业的博士点共同承担,课题组由十余位博士生导师和著名教授组成。中国人民大学出版社 1994 年首版的《马克思主义哲学原理》(上、下册)教科书,是这一课题研究的主要成果。
④ 陈先达、杨耕:《马克思主义哲学》,中国人民大学出版社 2016 年版,第 43 页。

在《反杜林论》和《自然辩证法》中阐明的观点一致的。其后，该书在"矛盾的普遍性与特殊性及其关系"标题下，引述了毛泽东在《矛盾论》中依据恩格斯在《反杜林论》中的论述作出的判断"矛盾的普遍性或绝对性这个问题有两方面的意义。其一是说，矛盾存在于一切事物的发展过程中；其二是说，每一事物的发展过程中存在着自始至终的矛盾运动"①。在转到矛盾的特殊性及其表现的讨论中又指出："每一种运动形式内部都包含着特殊的矛盾，正是这种特殊矛盾构成一事物区别于他事物的特殊本质。机械运动、物理运动、化学运动、生命运动、社会运动、思维运动，每一种运动形式所具有的特殊本质，都为自己的特殊矛盾所规定。"②毋庸讳言，从以上举证的内容看，该书对"矛盾的普遍性与特殊性"的讨论完全可以与恩格斯在《反杜林论》中给出的"重要论断"相关联，从而增强逻辑性与说服力。况且，人们又主张"任何一门学科的教科书的主要任务，就是阐述这门学科的基本观点。马克思主义哲学教科书也是如此，其任务就是阐述马克思主义哲学的基本观点……离开了马克思的观点和学说的马克思主义哲学，只能是打引号的马克思主义哲学。"③但是，为什么这本新的改革教材又不这样做呢？为什么一定要出现"完整运用经典论述思想，而不引用经典论述原文"这种情况呢？按照笔者的认识，根本原由在于：恩格斯的"重要论断"与"黑格尔位移运动矛盾表述"相关联，而"黑格尔位移运动矛盾表述"业已为现代科学的发展所否证。

阐明"黑格尔位移运动矛盾表述"已为现代科学的发展所否证，是笔者在20世纪80年代后期开展的一项工作。最早指出这个问题，是在中国自然辩证法研究会主办的《自然辩证法报》发表的《对机械运动及其表述的新见解》④一文中；其后，又在《哲学动态》的《机械运动表述新议》⑤一文中更深入地讨论了这个问题。1989年，笔者在《哲学研究》发表的《相对论时空理论及其评价再探讨》一文的结束语中进一步强调了这个问题。⑥在《中国

① 陈先达、杨耕：《马克思主义哲学》，中国人民大学出版社2016年版，第122页。
② 同上书，第124页。
③ 袁贵仁、杨耕：《马克思主义哲学教学体系的形成与演变》（下），《哲学研究》2011年第11期，第17页。
④ 文兴吾：《对机械运动及其表述的新见解》，《自然辩证法报》1988年第11期。
⑤ 文兴吾：《机械运动表述新议》，《哲学动态》1988年第8期。
⑥ 拙文写道："正确理解和评价相对论时空理论，对我国哲学的发展有重要的现实意义，许多以前争论不休的问题可以在科学的基础上予以正确地解决。例如，对于宏观物体的机械运动的表述问题，我国哲学界历来存在争议，然而我们现在应当明白，我国的'传统表述'确实是错误的。因为依据相对论所揭示出的物体机械运动和时间、空间的那种关联，根本不可能存在'物体在同一瞬间既在一个地方又在另一个地方，既在同一个（转下页）

社会科学》1990年第5期的《相对论时空理论再认识》一文中,笔者又有系统地讨论了"四维时空"理论及其在相对论发展史上的重要意义,批评了学术界的一些不当观点。① 此后,笔者还进一步撰文讨论了相对论时空理论与辩证唯物主义时空观的关系。②

　　公正地讲,撇开思想来源不说,黑格尔的时空观、运动观与爱因斯坦通过建立相对论确立起来的时空观、运动观有许多相似之处;它们都以时空关系学说否定牛顿的绝对时空观、运动观,它们都主张时间空间是相互统一的。爱因斯坦在1905年建立狭义相对论之时推导出了时间坐标与空间坐标相统一的洛仑兹变换;1908年,爱因斯坦的数学老师闵可夫斯基采用"四维时空"概念重新诠释了爱因斯坦的狭义相对论,强调时间空间是相互统一的。③ 那么,何以说相对论的建立已经否定了黑格尔的位移运动矛盾表述的合理性呢? 这是因为:按照相对论的"四维时空"理论,根本不存在物体"在这个地点而同时又不在这个地点"这种情况。④ 具体地讲,如果讨论两物体间沿 X 轴方向的直线运动,那么物体的一个时空点为(x_1, t_1),下一个时空点就为(x_2, t_2)。若$t_1 \neq t_2$,$x_1 = x_2$,那么物体处于相对静止状态;若$t_1 \neq t_2$,$x_1 \neq x_2$,那么物体处于相对运动状态。若言$t_1 = t_2$(同时)而$x_1 \neq x_2$(物体在不同地点),则是不可能有的状况;这无论对经典物理学还是相对论物理学,都是一样。即是说,黑格尔的运动命题与近现代物理学的科学思想不相容。⑤

　　"黑格尔位移运动矛盾表述"不仅之于自然科学理论为假,之于黑格尔

(接上页)地方又不在同一个地方'这种情况。又如,对于哲学史上著名的'芝诺佯谬',我们也不必再耽于黑格尔那种依据客观唯心主义思想基础和他那独特的思想方法所推演出来的结论,完全可以依据相对论的科学思想予以正确解答。"(文兴吾:《相对论时空理论及其评价再探讨》,《哲学研究》1989年第12期,第40页)

① 文兴吾:《相对论时空理论再认识》,《中国社会科学》1990年第5期,第32—36页。

② 文兴吾:《相对论否定了反映论的认识理想吗?》,《天府新论》1991年第2期;文兴吾、徐荣良:《相对论时空理论与辩证唯物主义时空观新论》,《天府新论》1993年第2期。

③ 爱因斯坦曾写道:"将自然界定律表示成四维时空连续区里的定律,则所采用的形式是逻辑上最满意的。相对论在方法上巨大的进展有赖于此,这种进展应归功于闵可夫斯基。""没有这个观念(指"四维时空"概念——引者注)广义相对论恐怕就无法成长。"(文兴吾:《相对论时空理论再认识》,《中国社会科学》1990年第5期,第35页)

④ 在"四维时空"理论的概念逻辑中,物体的机械运动也就是物体在某一时刻在某一地方(x_1, y_1, z_1, t_1),在另一时刻在另一地方(x_2, y_2, z_2, t_2)。

⑤ 一般而论,当对同一现象的描述存在着多种命题时,如果其中有一个已经直接或间接地经受了严格的科学实验检验,或有严密的科学逻辑基础,被确定为真,那么其余的要想为真,就必须与它相容,如果不相容,则被它否证。这种做法黑格尔也是同意的。黑格尔曾写道,"哲学与自然经验不仅必须一致,而且哲学科学的产生和发展是以经验物理学为前提和条件。"(黑格尔:《自然哲学》,梁志学等译,商务印书馆1980年版,第9页)

自己的理论也为假。因为，这个出自于《哲学史讲演录》的表述，仅仅是《自然哲学》的"一半"。1994 年，笔者在《析黑格尔、罗素对芝诺佯谬的解答》一文中指出了这个问题。①《自然哲学》中的"完整表述"②强调时间和空间都是间断性和连续性的统一，而"黑格尔位移运动矛盾表述"只强调了空间是间断性和连续性的统一。事实上，"黑格尔位移运动矛盾表述"与黑格尔在《自然哲学》中提出的观点是"不相容的"，也可以采取如下的分析得出。在黑格尔的理论中，现实的位移运动就是实现着的位置变化，而"非静止状态的抽象就是时间本身"③，位置变化是作为过程而存在的，凡是过程则都是需要时间的；不可能出现"$t_1 = t_2$（同时）而 $x_1 \neq x_2$（物体在不同地点）"这种情况。

既然当代理性已发现"黑格尔位移运动矛盾表述"为"假"，而恩格斯的"重要论断"将其作为了"真"，那么，恩格斯的"重要论断"在我国马克思主义哲学教科书改革中被搁置起来就是可理解的了。

"黑格尔位移运动矛盾表述"最终被清理出马克思主义哲学教科书，笔者应该算是幸运之人。然而，对于当前的研究状况，却是忧心忡忡。笔者认为，恩格斯的"重要论断"被当前的马克思主义哲学教科书"搁置起来"，仅仅是发展中的权宜之计；换言之，如果"黑格尔位移运动矛盾表述"被清理出局的同时，恩格斯关于辩证唯物主义的矛盾客观性和普遍性原理的"重要论断"也被淡出，这就重蹈了"在倒洗澡水的同时，把孩子也倒掉了"的覆辙。理由很简单：只要我们是在坚持和发展马克思主义哲学，我们就必须坚持辩证唯物主义的矛盾客观性与普遍性原理；而依据辩证唯物主义的矛盾客观性与普遍性原理，机械-位移运动必然存在辩证矛盾，尽管不是黑格尔表达的那种矛盾。同时，只要坚持"运动本身就是矛盾"、坚持"较低级的运动形式构成较高级运动形式的基础，高级的运动形式包含着低级的运动形式"这些马克思主义哲学基本观点，恩格斯对"矛盾的客观性和普遍性"所做出的"重要论断"就是最根本的、最深刻的、最恰当的。因此，我们需要重新研究恩格斯对机械-位移运动的辩证思想，实现辩证唯物主义对机械-位移运动及其基本矛盾的重新表

---

① 文兴吾：《析黑格尔、罗素对芝诺佯谬的解答》，《天府新论》1994 年第 2 期，第 50 页。

② 黑格尔在《自然哲学》中写道："芝诺的悖论否认了运动，如果把地点弄成孤立的空间点，把瞬间弄成孤立的时间点，这个悖论就不可能解决；这个悖论的解决，即运动，只能理解为这样：空间和时间在自身都是连续的，自己运动的物体同时在同一个地点又不在同一个地点，即同时在另一个地点，同样，同一个时间点同时存在又不存在，即同时是另一个时间点。"（黑格尔：《自然哲学》，梁志学等译，商务印书馆 1980 年版，第 183 页）

③ 黑格尔：《自然哲学》，梁志学等译，商务印书馆 1980 年版，第 48 页。

述;重新使恩格斯的"重要论断"具有科学性和权威性,使辩证唯物主义哲学体系的科学性、完备性建设得以推进。然而,现实情况却是几乎无人问津。

同时,笔者看到:一些学者的著述仍然视"黑格尔位移运动矛盾表述"为"真"。例如,2012 年 12 月出版的孙正聿先生的《马克思主义辩证法研究》一书写道:"'运动'是不间断性与间断性的统一,是事物在每一瞬间既在某一点又不在某一点,是事物存在的每一瞬间都既是它自身又不是它自身,因而'运动'就是'矛盾'。"①为此,笔者清楚地认识到:要卓有成效地推进辩证唯物主义哲学体系的科学性、完备性建设,必须就"黑格尔位移运动矛盾表述"的真伪与相关学者开展进一步的商讨,使新的观点与新的研究方向在学界真正确立起来。

推进辩证唯物主义哲学体系的科学性、完备性建设,必须从根本上否定"黑格尔位移运动矛盾表述",必须科学地把握恩格斯与黑格尔思想的分野,深入研究恩格斯关于机械-位移运动的辩证思想;要用辩证唯物主义的理论与方法,重构机械-位移运动的哲学表述,重新阐明其基本矛盾,由此恢复恩格斯对矛盾的客观性普遍性原理作出的"重要论断"的科学性、权威性。同时,辩证唯物主义作为建立在通晓思维的历史和成就之基础上的理论思维,必须对芝诺运动悖论进行重新解答。"澄清两百年迷雾(黑格尔位移运动矛盾表述),消弭两千年疑难(芝诺运动悖论)",是本书研究中紧密关联的两个重大问题。

完成辩证位移运动观的批判与重建研究,继之重新解答芝诺运动悖论,需要恰当的、科学的方法。列宁说过,"在社会科学问题上有一种最可靠的方法,它是真正养成正确分析这个问题的本领而不致淹没在一大堆细节或大量争执意见之中所必需的,对于用科学眼光分析这个问题来说是最重要的,那就是不要忘记基本的历史联系,考察每个问题都要看某种现象在历史上怎样产生、在发展中经过了哪些主要阶段,并根据它的这种发展去考察这一事物现在是怎样的。"②本书秉持列宁的这种认识,运用辩证唯物主义历史与逻辑统一的方法探究与论述问题;对历史和现实中已有广泛传播的观点,绝不持回避态度。概念逻辑清晰、论述说理充分、引证资料翔实,是本书追求的风格与特色。

本书共十章。

---

① 孙正聿:《马克思主义辩证法研究》,北京师范大学出版社 2012 年版,第 19 页。
② 《列宁全集》(第 2 版)第 37 卷,人民出版社 1990 年版,第 61 页。

第一章"绪论",论述了三个问题:"位移运动"到"机械运动"等同的历史嬗变,辩证运动观的产生与确立,波普尔的问题哲学及其对辩证矛盾的批判;一方面,为全面深入地研究与讨论问题奠定基础,避免因概念的含混而节外生枝,另一方面,把产生于认识的历史发展过程中的问题与矛盾充分展现在读者面前,明确辩证运动观与辩证机械-位移运动观的统一问题是历史上悬而未决的重要问题。以第一个问题为例,阐明历史上"位移运动"到"机械运动"的嬗变,以"机械-位移运动"替代运动分类中的"机械运动",对于本课题而言,是一个必须完成的环节。因为历史上芝诺运动悖论谈论的是"位移运动"的矛盾,"黑格尔位移运动矛盾表述"是为解答芝诺运动悖论提出的;而恩格斯在《反杜林论》中作出的"重要论断",是针对"机械的位移"即"机械运动"作出的。很显然,不阐明历史上"位移运动"到"机械运动"的嬗变,不以"机械-位移运动"替代运动分类中的"机械运动",就不可能把芝诺运动悖论、"黑格尔位移运动矛盾表述"与恩格斯的"重要论断"合乎逻辑地统一起来,就可能因概念的含混而产生节外生枝的问题。例如,我们不应该说芝诺的"阿基里斯与龟"论证是关于"机械运动"的悖论,而可以说它是关于"位移运动"或"机械-位移运动"的悖论。此外,"机械-位移运动"用语能够与恩格斯的论断"最简单的运动形式是位置移动——机械运动"相统一。①

第二章为"康德与芝诺运动悖论'飞矢不动'"。黑格尔关于位移运动矛盾的认识,与其对历史上的芝诺运动悖论的解答密切联系;这是中外学术界都明确的。但是,中外学术界几乎没有人研究过康德与芝诺运动悖论的关系。当我们面向历史发问,为什么黑格尔会关注芝诺运动悖论? 康德是否也具体地解答过芝诺运动悖论? 我们发现:在1786年出版的《自然科学的形而上学初始根据》一书中,康德写道:"一个处在运动中的物体在它通过的线的任何一个点上都存在一个瞬间。现在问题是:它在这个瞬间是静止的还是运动的? 毫无疑问,人们将说后者;因为只是就它在运动而言它才在这个点上在场。"②正是康德提出的这个问题,把近代科学的位移运动概念与历史上的芝诺运动悖论关联起来。因此,本书专辟一章展示与讨论了康德为了讲清楚"运动的物体在每个瞬间点上是运动的而非静止的"而下的一番功夫。从而,既领悟到黑格尔重视芝诺运动悖论以及提出位移

---

① 文兴吾:《位移运动与机械运动等同的历史嬗变与悖谬消解》,《自然辩证法研究》2021年第10期。

② 《康德自然哲学文集》(注释版)上卷,李秋零译注,中国人民大学出版社2016年版,第289页。

运动矛盾表述的"时代意义",也为厘清恩格斯对机械-位移运动的辩证思想与康德思想的关系奠定了基础。①

第三章到第七章详细地梳理了黑格尔对位移运动矛盾的认识,包括在《逻辑学》《自然哲学》《哲学史讲演录》的认识;黑格尔对芝诺运动悖论的解答;马克思主义经典作家对"黑格尔位移运动矛盾表述"的认识;国外学术界对"黑格尔位移运动矛盾表述"的讨论;我国学术界对"黑格尔位移运动矛盾表述"的讨论;黑格尔后解答芝诺运动悖论的著名观点及其批判。这些工作,既是史实的清理,也是理论的思考;对于提出新的建设性理论或新的解答方案,尤为重要。然而,由于种种原因,学术界缺乏这种重要工作。

第八章为"'黑格尔位移运动矛盾表述'批判"。明确了"黑格尔位移运动矛盾表述"的客观唯心主义来源,透彻地揭示了"它不仅之于自然科学理论为假,之于黑格尔的理论也为假";由此,必然得出下述的结论:黑格尔对芝诺运动悖论的解答,是把人们对位移运动认识上的矛盾或出现的困难,直接宣布成为外部世界的位移运动自身存在的矛盾,这就使"革命的辩证法"成为"认知缺陷的避难所",阻碍了人们进一步的追问和解答问题。换言之,在对各种事物(事件)的认识过程,遇到认识上的矛盾或出现困难,就把它们宣布为事物本身存在的内在矛盾,宣布为事物自身的性质,于是再也不去进行新的批判和探索了,而是通过玩弄词藻,在既有概念的"对立与统一"关系中消解遇到的困难,把逻辑矛盾混同于辩证矛盾;就此而论,波普尔所言"一切批判(也就是揭示矛盾)都会失去力量。批判可以遇到这样的回答:'为什么不呢?'甚至更热情的呼叫'正是这样!'也就是说批判遇到的回答会是对已向我们揭示出来的矛盾表示欢迎"②,就不是"无的放矢"。

第九章为"辩证机械-位移运动观重建研究",阐明了恩格斯的辩证机械-位移运动观、时空观与黑格尔思想的分野;阐明了恩格斯在《反杜林论》中采纳"黑格尔位移运动矛盾表述"只是一个孤立事件,它不是恩格斯对机械-位移运动的系统思想的导出结论,并且与恩格斯对机械-位移运动的辩证思想是不相容的。在恩格斯自身对机械-位移运动的辩证思想中,只存在如何用时间和空间概念对现实存在的物体机械-位移运动进行完备的描述的问题,而不存在时间和空间的矛盾如何使物体的机械-位移运动成为现实的问题;那些由黑格尔思想勾画出来的关系,本身是与恩格斯对机械-

---

① 文兴吾:《康德对"飞矢不动"悖论解答的思想脉络与历史意义》,《学术论坛》2020年第4期,第1—8页。

② 卡尔·波普尔:《猜想与反驳——科学知识的增长》,傅季重等译,上海译文出版社1986年版,第452页。

位移运动的辩证思想不相干的。通过把握恩格斯对机械-位移运动的系统思想,运用他在《反杜林论》《自然辩证法》等著作中的论述,重建了辩证唯物主义对机械-位移运动基本矛盾的认识。

第十章为"辩证唯物主义对芝诺运动悖论的重新解答",明确了只要坚持辩证唯物主义运动观、时空观,各种形式的芝诺运动悖论都不复存在。即是说,综合下述认识,"思维如何以概念的运动去把握存在的运动"[①]已经可以有完备的回答。这些基本认识是:物体的机械-位移运动本质上是物体之间具有作功能力(动量与动能)的相互位置变化过程[②];"时间、空间不是实体,而是人们对现实世界的物质关系以及普遍存在的物质运动过程进行抽象得到的、并且反过来用于描述和量度物质及其运动的两个基本概念"[③];物体之间的相对位置变化是本质的、第一性的,时间和空间描述是派生的、第二性的,物体的时空变化与物体的机械-位移运动是同一的。按照这些认识的内在逻辑,描述机械-位移运动必须选定参照物(参考系)。在参考系确定后,如果不考虑运动物体与其他物体的相互作用,仅仅是对运动物体进行时空描述,也就是通常的物理教科书对机械-位移运动的定义"物体在空间中的位置随时间的变化"——物体在某一瞬间在一个地方,在接着而来的另一瞬间则在另一个地方。这种定义,现在并不为芝诺的"飞矢不动"论证所困扰,因为在每一瞬间对应的每一地点上,运动物体的"运动量"都不为零。机械-位移运动拥有对外作功的能力,这是史前人类就知道并广泛运用的事实——人们以大力投掷捎尖头的木棒来刺杀野兽;然而只有到了近代科学建立后,人们才通过时空描述与力学描述将这种"对外作功的能力"数量化。上述这些对于物体的机械-位移运动本质的认识及其表述、描述,体现了列宁的论断:"认识是人对自然界的反映。但是,这并不是简单的、直接的、完整的反映,而是

---

① 孙正聿:《马克思主义辩证法研究》,北京师范大学出版社 2012 年版,第 163 页。
② 文兴吾:《位移运动的矛盾问题:辩证唯物主义哲学体系基础问题研究》,《学术论坛》2017 年第 6 期,第 98 页。
③ 文兴吾:《相对论时空理论及其评价再探讨》,《哲学研究》1989 年第 12 期;《相对论时空理论再认识》,《中国社会科学》1990 年第 5 期。恩格斯写道:时间空间与物质和运动这样的名词一样,"无非是简称,在这种简称下,我们把许多不同的、可以感知的事物,依据其共同的属性概括起来",而"物质的这两种存在形式没有了物质,当然都是无,都是只在我们头脑中存在的空洞的观念、抽象。"(恩格斯:《自然辩证法》,于光远等译编,人民出版社 1984 年版,第 108 页)爱因斯坦写道:"空间、时间……从逻辑上说来,这些概念是人类智力的自由创造物,是思考的工具,这些概念能把各个经验相互联系起来,以便更好地考察这些经验。"(爱因斯坦:《狭义与广义相对论浅说》,杨润殷译,上海科学技术出版社 1964 年版,第 112 页)

一系列的抽象过程,即概念、规律等等的构成、形成过程,这些概念和规律……有条件地近似地把握永恒运动着和发展着的自然界的普遍规律性"①。在此之下,一切形式的芝诺运动悖论都将荡然无存。同时,作为完备地重新解答芝诺运动悖论的重要举措,找出了芝诺论证中"'看不见的手'和'幕后的操纵者'"②,明确了芝诺的论证存在的真正问题,阐明了芝诺运动悖论长期得不到有效解答的原因。

　　写作这本书,既是对我几十年知识积累的检阅,也使我对辩证法的真谛有了更深刻的认识。我最早接触哲学是在1974年,当时我20岁,只受过初中一年级的学校教育,是冶金部长城钢厂四分厂机修车间的一名检修钳工;我父亲文在中先生让我阅读了他在"五七干校"讲毛泽东《实践论》《矛盾论》厚厚的两本讲稿,并作了入门辅导。而我的哲学研究生涯,一开始就与探寻辩证法的真谛相联系。20世纪80年代,作为一个酷爱哲学的物理系本科毕业生,我为现代物理学的哲学问题所激动,同时被一个个不断提出的"新矛盾"所困扰。在攻读自然辩证法专业硕士研究生前后,我相继发表论文《微观客体是波粒二象性的矛盾体吗?》③和《"波粒二象性是自然界的一个基本矛盾"吗?》④提出:微观客体不是波粒二象性的矛盾体,因为波动性和粒子性这两个对立面在微观客体那里与辩证法主张的作为推动事物运动的原动力,作为发展过程自身的内容和实质的辩证矛盾相去甚远。同时指出:微观客体的波粒二象性确实是一个具有重大科学革命意义的基本概念,它的发现直接导致了量子力学的建立。但是,当量子力学建立起来以后,对于量子力学的理论基础的追究,已经大大超出了以往自然科学的研究范围,涉及许多重大的认识论和方法论问题。倘若我们仍然坚持"微观客体是波粒二象性的矛盾体"这种似是而非、仿佛既坚持了辩证法又找到了终极原因的观点,就势必使人们沉醉于一种虚假的满足之中,从而妨碍我国科学界和哲学界的进一步探讨,对我国自然科学和哲学的发展将起到一定的消极作用。完成上述工作后,我就进入思考"黑格尔位移运动矛盾表述"与芝诺运动悖论之中。从20世纪80年代后期明确提出:源于黑格尔的位移运动矛盾表述为现代科学的发展所否证⑤,提出"对于哲学史上著名的'芝诺佯谬',我们也不必再耽于黑格尔那种依据客观唯心主

① 《列宁全集》(第2版)第55卷,人民出版社1990年版,第152—153页。
② 孙正聿:《马克思主义辩证法研究》,北京师范大学出版社2012年版,第185页。
③ 文兴吾:《微观客体是波粒二象性的矛盾体吗?》,《哲学动态》1985年第9期。
④ 文兴吾:《"波粒二象性是自然界的一个基本矛盾"吗?》,《中国社会科学》1987年第3期。
⑤ 文兴吾:《机械运动表述新议》,《哲学动态》1988年第8期。

义思想基础和他那独特的思想方法所推演出来的结论，完全可以依据相对论的科学思想予以正确解答"①起算，迄今已是 30 多年了——天行健，君子以自强不息；而不知老之将至矣！

2021 年底，我的慈父文在中先生和我的慈母曹德华女士分别进入 98 岁和 92 岁高龄。谨以此书献给我的慈父慈母。谨记：德华昭后人，吾文在中兴——爱思永存。

文兴吾　于成都百花谭

2021 年 9 月 16 日

---

① 文兴吾：《相对论时空理论及其评价再探讨》，《哲学研究》1989 年第 12 期，第 40 页。

第一章　绪论

开展辩证位移运动观的批判与重建研究，推进辩证唯物主义哲学体系的科学性、完备性建设，恢复恩格斯对矛盾的客观性和普遍性作出的"重要论断"的科学性、权威性，首先要破除以"机械运动"指称"位移运动"的传统观念；在哲学的"运动分类"中，要以"机械-位移运动"替代"机械运动"。由此，既彰显出哲学"反思性思维"①的力量，也为全面深入地研究与讨论问题奠定基础，避免因概念的含混而节外生枝。

本章将系统而深入地论述：历史上，从"位移运动"到"机械运动"的嬗变；充分论证以"机械-位移运动"替代"机械运动"的科学性与合理性。由此，把辩证位移运动观、辩证机械运动观的研究，统一为辩证机械-位移运动观研究。

另一方面，本章论述了辩证运动观的产生与演进，提出了辩证运动观与辩证机械-位移运动观的统一问题是历史上悬而未决的重要问题；论述了波普尔的问题哲学及其对辩证矛盾的批判。

第一节　论"位移运动"与"机械运动"等同的历史嬗变

一、"位移运动"与"机械运动"的等同及问题

位移运动，顾名思义，指物体的位置移动的变化过程。然而，在我国的

---

① 美国哲学家约翰·杜威在其名著《我们怎样思维》(1933年新版)中，对"反思性思维"作出了如下界说："对于任何信念或假设性的知识，按照其所依据的基础和进一步导出的结论，去进行主动的、持续的和周密的思考"(杜威：《我们怎样思维　经验与教育》，人民教育出版社1991年版，姜文闵译，第6页)。孙正聿写道："哲学作为人类思想的反思维度，或者说，哲学作为'反思思想'的思想，它本身也是'构成思想'的一种方式。但是，在人类把握世界的全部方式中，哲学不只是'构成思想'的一种方式，而且是'反思思想'的方式。正是后者，标志着哲学理论的特殊性质，标志着哲学思维方式的特殊功能。"(孙正聿：《哲学通论》，复旦大学出版社2007年版，第139页)

马克思主义哲学教科书和物理学教科书中，物体的位置移动的变化过程被称为机械运动。就马克思主义哲学教科书而言，高清海主编的《马克思主义哲学基础》的表述是："第一种基本运动形式是机械运动，即简单的位置移动。这是最低级最简单的运动形式"[1]；肖前主编的《马克思主义哲学原理》的表述是："机械运动——位置移动是最简单的运动形态……位移的运动就是前后不同位置之间相互联系的过程。"[2]作为"马克思主义理论研究和建设工程重点教材"，2009年首次出版的《马克思主义哲学》的表述是："运动是标志物质根本属性的哲学范畴。它概括了一切形式的变化和过程的本质，从最简单的位移到各种复杂的物理、化学、生物和社会的变化，直到人的思维这种最复杂的活动"，"一般说来，物质运动有机械运动、物理运动、化学运动、生命运动和社会运动五种形式。"[3]

就物理学教科书而言，我国的初中物理课本是这样表述的："夜空中的彗星、飞奔的猎豹、缓慢爬行的蜗牛……这些运动的物体都有一个共同的特点，就是它们的位置随时间不断地发生变化。在物理学里，我们把物体位置的变化叫做机械运动。刚刚说到的彗星、猎豹、蜗牛等都在做机械运动。"[4]我国的高中物理课本的表述是："在我们周围，到处可以看到物体在运动：汽车在公路上飞驰，江水在咆哮着奔向远方，鸟儿在飞翔，树叶在摇动……连我们脚下的地球，也在不停地自转、公转。物体的空间位置随时间的变化，是自然界中最简单、最基本的运动形式，称为机械运动。在物理学中，研究物体做机械运动规律的分支叫做力学。"[5]通常的大学物理学教科书的表述是："力学是物理学中研究物体机械运动的学科分支，讨论机械运动的描述、成因和规律。所谓机械运动，指的是物体相对于其他物体（参考物体）的位置（距离和方向）的变化、指向的变化以及物体各部分之间的相对运动（如形变）。"[6]

尽管把物体的位置移动的变化过程称为机械运动是我国学术界的传统观点，但是，把物体的位移运动与机械运动相等同并不是自明的——机

---

① 高清海主编：《马克思主义哲学基础》上册，人民出版社1985年版，第497页。

② 肖前主编：《马克思主义哲学原理》上册，中国人民大学出版社1994年版，第150页。

③ 《马克思主义哲学》编写组：《马克思主义哲学》，高等教育出版社、人民出版社2009年版，第58、61页。

④ 人民教育出版社课程教材研究所物理课程教材研究开发中心：《物理》（八年级上册），人民教育出版社2012年版，第16页。

⑤ 人民教育出版社课程教材研究所物理课程教材研究开发中心：《物理1》，人民教育出版社2006年版，第8页。

⑥ 卢德馨：《大学物理学》，高等教育出版社1998年版，第25页。

械是机器与机构的总称,是能帮人们降低工作难度或省力的工具装置;猎豹的飞奔、蜗牛的爬行、鸟儿的飞翔、树叶的摇动、江水的流动,都是某种物体在作位移运动,而不是某种机械在运动。这就需要我们下一番工夫,阐明究竟是在什么意义下将物体的位移运动与机械运动相等同;厘清"位移运动"到"机械运动"的嬗变。这项工作,对于马克思主义哲学和物理学都是一项重要的基础性工作;但哲学理应首先推进,因为它始终秉承彻底反思和适度怀疑的精神,澄清基本概念和进行语义整编是其基本功能。

二、亚里士多德的"运动"与"位移运动"概念

对位移运动最早的概念表达,是亚里士多德在《物理学》一书中在给出普遍的运动概念基础上做出的;他说:"潜能的事物(作为潜能者)的实现即是运动","能移动的事物之实现就是位移。"①即是说,运动是某种潜在的可能性向现实性过渡的实现,位移运动就是能移动的物体位置变化的实现;运动是一种过渡的状态,是一个变化的过程。亚里士多德指出运动有三类:"质方面的运动、量方面的运动和空间方面的运动。"②属于本质方面变化的有"产生"和"消灭",属于量方面变化的有"增加"和"减少",属于空间方面变化的有"位移"。③他还写道:"空间的位移是基本的运动……在我们说一个事物在运动时,只有当这个事物是作的空间运动时,我们所说的'运动'这个词才是用的本义;如果事物始终静止在同一地方,在这种情况下发生增、减或质变,我们总是说事物在作'某种运动',而不简单地说它在'运动'。"④

应该明确,亚里士多德的位移运动理论是"机体论"的,"它用动物运动的类比来处理无生物(比如石头)的运动。正像我们说一只狗为了得到一块肉而作某种运动一样……一块石头下落是为了到达它的'自然位置'。"⑤亚里士多德认为,无论有生命还是无生命,任何运动着的事物都有它的推动者;这是一个基本原理。⑥在有生命的物体如动物中,灵魂是推动

---

① 亚里士多德:《物理学》,张竹明译,商务印书馆1982年版,第69—70页。
② 同上书,第142页。
③ 同上书,第70页。
④ 同上书,第263—264页。
⑤ 菲利普·弗兰克:《科学的哲学》,许良英译,上海人民出版社1985年版,第114页。
⑥ 亚里士多德:《物理学》,张竹明译,商务印书馆1982年版,第198页。

者而动物的躯体是受动者;在天体或行星运动中,推动者是"有灵性的""不动推动者",受动者是天体或行星的物理球,两者的关系类似于灵魂与身体的关系。一个推动者或动力,在理论上可以区别于受动者;但是,"动物都是被自身推动着运动的……动物作为整体是自然地自己使自己运动"①,推动者与受动者无法在物理上或空间上区别开来。在无生命物体的强制和自然运动中,推动者和受动者可以在物理上分开,强制运动的初始动力很容易被确认,因为它必须与受动的物体发生直接的物理接触。当一个人推拉一个重物或扔一块石头时,他就是推动者或动力。"换句话说,精神或欲望被认为是使身体运动的,用现代的例子来说,这好像引擎推动轮船一样。在亚里士多德或者托马斯·阿奎那看来,人的欲望对人身体的作用,正像风吹在船帆上所产生的'机械'力的作用一样。按照'机体论'运动定律,人在他的意志影响下的运动,同船在风的影响下运动,都是同一类的'物理'事件。"②

中世纪,位移运动的讨论开始"机械化";反对亚里士多德理论的哲学家用"运动物体脱离施动者后运动还能持续"这一现象来质疑。经典的例子主要有:轮子(有时会用一个球来代替)、被抛出的石块、射出的箭等等。③为解决亚里士多德理论的矛盾,学者们提出和发展了"冲力说"。与此同时,在欧洲的农业革命中,工程师们发明了许多新奇的机器,找到了新型的能源,以及获得这些能源并利用它们来推动新机器的方法;"水车获得的动力被用来推动各种各样的机器,如锯木机、磨面机和锻打机等。在有些地方,还用风车来围海造田。""欧洲人的文明实际上是靠相对更为强大的风力和水力'引擎'驱动的,比起世界其他地方来,他们更多地利用了不同类型的能源。"④使用能量的增加,各种机械的制造,这就使得冶金业和许多制造技术有了大发展,从而使后来的印刷机和火炮发明、纺织生产的改进成为现实的可能。在劳动对象发生更深刻变化的基础上的技术发展,同食古不化的科学发生矛盾。15 世纪以后,生产的发展提供了实验研究

---

① 亚里士多德:《物理学》,张竹明译,商务印书馆 1982 年版,第 229 页。
② 菲利普·弗兰克:《科学的哲学》,许良英译,上海人民出版社 1985 年版,第 119 页。
③ 例如,当一块石头被抛掷之后,是什么维持其运动? 亚里士多德提出,外部媒质——石头运动穿过的空气是维持其运动的动力。亚里士多德作了如下论述:抛出物体的手或机械,在作抛物动作中,同时也使靠近物体的介质(空气)层运动,而这层介质又能推动其他物体运动。接着,这一层介质对下一层的介质重复同样的过程,这一层层介质不断地推进物体。也就是说,介质起到推动物体的作用。但是这种论述又是与亚里士多德本人在另外场合主张的介质阻碍运动的论述相矛盾的。
④ 詹姆斯·E.麦克莱伦第三、哈罗德·多恩:《世界科学技术通史》,王鸣阳译,上海世纪出版集团 2007 年版,第 244、245 页。

的仪器和工具,制造了主要供探索性研究的望远镜、显微镜、气压计、抽气机、温度计、摆钟等,使科学实验能够得到迅速发展。

三、近代科学革命实现了机械力学与位移运动研究的统一

1. 近代科学革命之初对位移运动的认识

近代科学革命是从哥白尼的那本不朽的著作《天体运行论》开始的,而天体的位移运动是人们早就刻意关注的。哥白尼从运动的相对性出发,论证了行星的视运动是地球运动和行星运动复合的结果。他说:"无论观测对象运动,还是观测者运动,或者两者同时运动但不一致,都会使观测对象的视位置发生变化(等速平行运动是不能互相觉察的)。要知道,我们是在地球上看天穹的旋转;如果假定是地球在运动,也会显得地外物体作方向相反的运动。"①接着,他提出地球并不在宇宙的中心,而是像其他行星一样距太阳有一段距离,在自己的轨道上运行。他写道:"我们把太阳的运动归之于地球运动的效果,把太阳看成是静止的,恒星的东升西落并不受影响。然而行星的顺行、逆行、和留则不是由于行星本身的行动,却只是地球运动的反映。于是,我们认为,太阳是宇宙的中心。"②哥白尼撇开"太阳、月亮和星辰是由什么构成的"这个问题,而只说明它们的表观运动问题;这类考虑可以被归结为或抽象为那些只是涉及空间位置和位置变化的纯几何的问题。"星星非常简洁地适合于这种抽象,因为它们表现得如此相似于毕达哥拉斯派的数学所已熟悉的质点。太阳和月亮因为更大些而且涉及到诸如月相、月蚀和日蚀这类现象。"③哥白尼的工作使运动的相对性凸现出来。从星星相对于我们(或更确切地说,相对于地平线上的一个固定点)的位置发生变化这种意义上说,星星在"运动";人们早就通过参照于自己的空间中固定的物体:一棵树、一个山巅、两块岩石之间的空隙(如英格兰的史前巨石柱间),来"固定"星星。④

哥白尼之后,霍布斯对位移运动的定义是"不断地放弃一个位置,又取

---

① 哥白尼:《天体运行论》(序言和第一卷),李启斌译,科学出版社1973年版,第15页。
② 同上书,第26页。
③ M. W. 瓦托夫斯基:《科学思想的概念基础——科学哲学导论》,范岱年译,求实出版社1982年版,第670页。
④ 同上书,第597—598页。

得另一个位置"①，而笛卡尔认为位移运动的日常意义就是"一个物体由此地到彼地的动作"，严格的定义则是"一个物质部分（或物体）由其紧相邻接的物体（或我们认为是静止的物体），移近别的物体"。②在霍布斯和笛卡尔的认识中，运动的本质就是物体之间的相对位置变化，位移运动是唯一真实的运动形式。与希腊科学形成鲜明对照的是，时间在近代物理学中的地位变得十分突出；伽利略在研究运动问题时，首先明确地将时间作为基本的运动参量，在《关于两门新科学的对话》一书中初步建立了时间、空间和运动速度三者之间的数学关系。③牛顿在其名著《自然哲学之数学原理》中界定了绝对时间和相对时间、绝对空间和相对空间；他把运动区分为绝对运动和相对运动，把静止区分为绝对静止和相对静止。他指出："绝对运动是物体由一个绝对处所迁移到另一个绝对处所；相对运动是由一个相对处所迁移到另一个相对处所"。④

2. 伽利略、牛顿实现了机械力学与位移运动研究的统一

追溯力学的发展历史，它起源于人们对机械的制造与运用，最初是打造石器、制作弓箭。早在有史记载以前，人们就已学会使用杠杆、轮轴、斜面等简单机械，作为提升和搬运重物的工具，完成若不利用它们就不可能完成的建筑和工艺。在工具制造和建筑中，人们积累了丰富的经验，开始出现静力学理论。"静力学在公元前 3 世纪的阿基米德时代达到了一个高级的发展阶段。然而，只是由于伽利略和牛顿的显著成就，扩大这种分析以包含不处于平衡之中的物体运动的试图才取得完全成功。"⑤即是说，力学研究的对象有一个逐步拓宽的过程：早期着重于重力、平衡，即静力学，后来着重于运动学；到了牛顿，对力学有了最一般的认识，将力同机械的运

---

① 北京大学哲学系外国哲学史教研室编译：《十六—十八世纪西欧各国哲学》，商务印书馆 1961 年版，第 85 页。

② 笛卡尔：《哲学原理》，关文运译，商务印书馆 1958 年版，第 45—46 页。

③ 伽利略写道："对定常的或匀速的运动，我指的是这样的运动：在任何相等的时间间隔内，运动质点走过的距离是相等的。……从以上的定义出发，可得到以下四条公理。公理 1：在同一匀速运动中，在较长时间间隔中通过的距离比在较短时间间隔中通过的距离大。公理 2：在同一匀速运动中，通过较长距离所需的时间比通过较短距离所需的时间长。公理 3：在同一时间间隔内，以大速度通过的距离比以小速度的通过的距离长。公理 4：在相同的时间间隔内，通过一段较长的距离比通过一段较短的距离要求较大的速度。"（伽利略：《关于两门新科学的对话》，武际可译，北京大学出版社 2006 年版，第 142 页）

④ 伊萨克·牛顿：《自然哲学之数学原理》，王克迪译，陕西人民出版社、武汉出版社 2001 年版，第 11 页。

⑤ 欧内斯特·内格尔：《科学的结构——科学说明的逻辑问题》，徐向东译，上海译文出版社 2002 年版，第 182—183 页。

动相联系,更准确地说,将力同机械的位移运动相联系。力学"这个词源自于希腊文中对一种发明的表示,这种发明就是举起和移动事物的设施,如杠杆、倾斜面、楔块、轮轴等。研究这种机械——目的是为了发现它们具有的种种优点"[①]。在西方语言里,力学(mechanics)同机械学(mechanics)、机械装置或机构(mechanism)是同一个字根;在很长的历史阶段,人们把力学与机械当作一回事。例如,伽利略在《关于两门新科学的对话》一书中写道:"你们威尼斯人在著名的兵工厂里进行的经常性活动,特别是包含力学的那部分工作,对好学的人提出了一个广阔的研究领域。因为在这部分工作中,各种类型的仪器和机器被许多手工艺人不断制造出来,在他们中间一定有人因为继承经验或利用自己的观察,在解释问题时变得高度熟练和非常聪明。"[②]1687 年,牛顿在《自然哲学的数学原理》一书的序言中写道:"由于古代人(如帕普斯告诉我们的那样)在研究自然事物方面,把力学看得最为重要,而现代人则抛弃实体形式与隐秘的质,力图将自然现象诉诸数学定律,所以我将在本书中致力于发展与哲学相关的数学。古代人从两方面考察力学,其一是理性的,讲究精确地演算,再就是实用的。实用力学包括一切手工技艺,力学也由此而得名。但由于匠人们的工作不十分精确,于是力学便这样从几何学中分离出来,那些相当精确的即称为几何学,而不那么精确的即称为力学。""几何学以力学的运用为基础,它不是别的,而是普遍适用的力学中能够精确地提出并演示其技巧的那一部分。不过,由于手工技艺主要在物体运动中用到,通常似乎将几何学与物体的量相联系,而力学则与其运动相联系。在此意义上,理性的力学是一门精确地提出问题并加以演示的科学,旨在研究某种力所产生的运动,以及某种运动所需要的力。""我的这部著作论述哲学的数学原理,因为哲学的全部困难在于:因运动现象去研究自然力,再由这些力去推演其他现象"。[③]

牛顿总结、阐明和推广了伽利略的运动学原理,在前人研究成果的基础上建立了著名的牛顿运动三定律与万有引力定律。伽利略、牛顿等人采用一种十分简便的方法研究力学,假定物体在位置移动中不发生别的物理运动,甚至都不研究同热运动的关系;假定物体的质量都集中在一个点(质点)上,不考虑物体的体积与形状;假定力的作用发生在两个物体中心(质

---

①　欧内斯特·内格尔:《科学的结构——科学说明的逻辑问题》,徐向东译,上海译文出版社 2002 年版,第 188 页。

②　伽利略:《关于两门新科学的对话》,武际可译,北京大学出版社 2006 年版,第 1 页。

③　伊萨克·牛顿:《自然哲学之数学原理》,王克迪译,陕西人民出版社、武汉出版社 2001 年版,"第一版序言"第 1、2 页。

点)的连线上,都是中心力。他们的这种方法是非常成功的。有了牛顿力学,人们不仅可以解释许多力学现象,而且可以对物体的位移运动状态作出准确的预言。

在牛顿力学中,力是物体之间的相互作用,是使物体产生形变的原因,也是使物体运动状态改变、产生加速度的原因。静力学,研究物体在力的作用下处于平衡的规律,以及如何建立各种力系的平衡条件。平衡是机械的位移运动的特殊形式,是围绕平衡点、轴的具有微小位移的来回振荡运动。

四、以"机械运动"统称各种位移运动的历史原由

1. 牛顿之后力学的发展及其对各种位移运动的研究

牛顿之后,经过达朗贝尔、欧拉、拉格朗日、拉普拉斯、高斯、哈密顿、赫兹等一大批杰出科学家的努力,大大提高了力学的解题能力,力学定律也得到了更一般的表达形式,重铸和提炼了力学科学的基本原理;这些研究,也深刻地揭示了牛顿力学与机械静力学和物体位移运动的各种关系。

1743年出版的达朗贝尔的《力学论》,是法国最早概括性地阐述牛顿力学的著作,但既不是从牛顿三定律出发,也没有把运动方程式作为整个力学的基础。达朗贝尔主张整个力学归结为惯性力、运动合成、力的平衡,卓有成效地把动力学归结为静力学;不仅使一些力学问题的分析简单化,而且为分析力学的创立打下了基础。

1894年出版的赫兹的《力学原理》,努力把动力学归结于运动学,构建没有"力"的力学。赫兹指出:一个力学体系,是许多质点的集体;体系的各个质点之间的一些联系可由质点坐标间的某些关系来规定。如果这些关系与时间无关,仅与体系的质点的相互位置有关,这体系就叫做是自由的。赫兹力学的基本原理是:任何自由体系,要么始终保持在静止状态,要么始终依循最直的路线匀速地运动着;力学的任务是研究这原理的全部推论。"力的观念在赫兹力学中显然是一个没有任何必要的角色。如果在一个自由系的不自由部分的相互作用里引进了力的观念,那么自由系的一部分能被看作有一个力作用在另外的部分。这只是方便与否的问题。""赫兹力学同高斯最小约束运动原理之间的密切关系是明显的。"[①]

---

① R. B. 林赛、H. 马根脑:《物理学的基础》,许良英译,商务印书馆1964年版,第146、147页。

在质点力学基础上,刚体力学、变形体力学、流体力学也发展与完善起来。刚体力学是研究刚体在受力状态下运动(包括静止)的力学;刚体是一种理想物体模型,在外力作用下,刚体运动且能保持其形状不变。一个刚体,可以看作相互距离保持不变的无限多的质点的聚集体,因此刚体力学可以从质点力学中发展出来;可以认为刚体的力函数是借助于种种数学运算从质点力学所采用的力函数中复合出来的。当物体在受力状态下只有微小的变形,而且这种微小的变形不影响物体的运动或对运动的影响可以略去不计时,就可以用刚体力学原理研究它的运动。研究物体在受力状态下既有运动又有形变的力学称为变形体力学;变形体,即构成它们的质点可以相对滑动的物体。所受载荷不大,释去载荷后,即恢复原状的变形体,称为弹性体,研究弹性体的受力状态和弹性变形的力学称为弹性力学。变形体力学,要分析物体的碰撞、物体受压力的压缩以及在应力作用下的伸展。流体力学按其研究的对象可以分为水静力学、水动力学和空气动力学;流体一般不能保持其体形,其运动是一种流动的过程。在流体和气体的力学中,起着重要作用的是粘滞系数和表面外力系数,二者都随着所讨论的物质类型而变化。

到 19 世纪中叶,力学被公认为是最完善的物理科学,是对其所属领域的现象取得了一个统一的说明系统的第一门自然科学。

2. 力学的本质:关于"机械的位移运动"的科学

把握牛顿力学建立与发展的历程,我们能够得出:以牛顿力学原理为核心的经典力学,是关于机械的位移运动的科学。当代西方学术界的一些有重要影响的物理学著述对力学的定义与阐述是:"力学是运动的科学"[1],"力学这门物理科学中最古老的学科,是研究物体运动的科学。"[2]这些说法,有"语焉不详"之虞,抑或带有过时的"机械论"陈迹;"现代科学为合理地划分物质运动形态亦即物质存在形态提供了理论证据。划分物质存在形态的依据是物质的运动形式。一般说来,物质运动有机械运动、物理运动、化学运动、生命运动和社会运动五种形式。……物质运动的五种形式构成了一个层层递进的等级阶梯。在这一等级阶梯之中,一方面,较低级的运动形式构成较高级运动形式的基础,高级的运动形式包含着低级的运动形式;另一方面,高级运动形式又具有自己的特殊规定性,不能归结

---

① R. B. 林赛、H. 马根脑:《物理学的基础》,许良英译,商务印书馆 1964 年版,第 99 页。

② R. 瑞斯尼克、D. 哈里德:《物理学》(第一卷,第一册),郑永令等译,科学出版社 1979 年版,第 38 页。

为低级的运动形式。"①因此，说"力学是运动的科学""力学是研究物体运动的科学"，事实上是说"力学是机械运动（机械的位移运动）的科学""力学是研究物体机械运动（机械的位移运动）的科学"。我国著名物理学家周培源院士作出的如下论断："力学是关于物质宏观运动规律的科学。力学的运动规律是牛顿的运动规律。依据牛顿运动规律的运动是机械运动。……力学在物质宏观运动范围内所处理的问题，所以有这样的广泛性，起因于力学是研究自然界中最基本、最简单的运动形式，即位置移动"②，对于明确"力学是关于机械的位移运动的科学"，有重要价值。

"力学是关于机械的位移运动的科学"之定义，对于"机械的运动"而言，它强调的是机械运动中的位移运动。因为"机械的运动"，除了包含位移运动之外，还包含热运动、电磁运动等物理运动。即是说，这个定义强调力学只是研究机械的位移运动，而不研究机械的热运动、电磁运动等物理运动。对于位移运动而言，这个定义强调的是机械的位移运动。因为位移运动，除了包含无生命的机械的位移运动外，还包含有生命的动物的位移运动。即是说，这个定义强调力学只是研究"无生命、没有趋利避害行为"的机械的位移运动。至于为提高运动员在跑步、竞走、跳远、跳高、游泳、跳水等比赛中的成绩而开展的力学研究，并不涉及"精神对身体的作用""人的意志对四肢运动的作用"，仅仅"是物质对另一块物质的作用"③；仅仅涉及人的躯体的质量、转动惯量等因素，而不涉及人体的其他物理运动（例如散热）、化学运动（例如消化）、生理运动（例如心脏跳动、血压等）。力学对跑步、竞走、跳远、跳高、游泳、跳水等人体的位移运动的研究，首先是以力学的研究方法对人体的位移运动进行抽象，将其抽象为刚体、弹性体等，然后通过类比相关机械的运动，进行力学的分析与综合；研究的目标追求是：人体作为一部机器、一个机构，在一定条件下，能够达到的各种机械效益。

3. 以"机械运动"统称各种位移运动的"根据"

至此，我们能够阐述"把猎豹、蜗牛、鸟儿、树叶、江水这些不是机械的物体的位移运动，说成是这些物体在进行机械运动"的"根据"。这种"根据"可以解析为如下的逐步"推论"：(1)猎豹、蜗牛、鸟儿、树叶、江水做着位移运动；(2)这些位移运动，在一定条件下，可以用以牛顿力学原理为核心的力学及其方法进行把握（理解、预测）；(3)牛顿力学是关于机械的位移运

---

① 《马克思主义哲学》编写组：《马克思主义哲学》，高等教育出版社、人民出版社 2009 年版，第 60—61 页。

② 周培源：《谈谈对力学的认识和几个关系问题》，《力学与实践》1979 年第 1 期，第 1—2 页。

③ 菲利普·弗兰克：《科学的哲学》，许良英译，上海人民出版社 1985 年版，第 119 页。

动的科学;(4)既然猎豹、蜗牛、鸟儿、树叶、江水的位移运动可以用牛顿力学原理为核心的力学及其方法进行把握,而牛顿力学是关于机械的位移运动的科学,那么,猎豹、蜗牛、鸟儿、树叶、江水的位移运动就是机械的位移运动。

接下,进一步的"推论"可以是:牛顿力学是关于机械的位移运动的科学,位移运动包含无生命的机械的位移运动和有生命的动物的位移运动,而有生命的动物的位移运动也可以用牛顿力学进行研究;于是,牛顿力学就是关于(整个)位移运动的科学。另一方面,牛顿力学是关于机械的位移运动的科学,而机械的热运动、电磁运动都可以用微小粒子的位移运动来说明;于是,牛顿力学就是关于(整个)机械运动的科学。而从"牛顿力学是关于(整个)机械运动的科学"和"牛顿力学是关于(整个)位移运动的科学"这两个判断,人们也就"合理地"将把物体的位置变化称为物体的机械运动。

以上所做的各种分析与"推论",从肯定的方面讲,它指出了:作为表征一种基本运动形式的"机械运动"概念,是对能够用经典力学原理进行研究的各种位移运动的统称。从否定的方面讲,它指出了:在把物体的各种位移运动统称为"机械运动"的思维行程中,存在着许多不当之处。很显然,各种各样的物体位移运动是第一性的,用机械力学的概念体系对其进行分析、把握是第二性的;正如我们不能因为用黑白胶卷对大自然拍照,就说大自然是黑白的,用三色胶片去透视大自然,就说大自然是三色的;我们也不能因为使用机械力学的概念体系对物体的位移运动进行分析和把握,就说各种物体的位移运动是机械运动。当我们说"夜空中的彗星、飞奔的猎豹、缓慢爬行的蜗牛""江水在咆哮着奔向远方,鸟儿在飞翔,树叶在摇动"是各种物体做位移运动,是可理解的,也是可以直觉到的;但是,说这些物体的位移运动是机械运动,则是不可理解的,除非人们再追加一句"机械运动就是位移运动"。然而,又何以能说"机械运动就是位移运动"呢?

4. 以"机械运动"统称各种位移运动是机械论自然观的历史陈迹

以"机械运动"统称各种位移运动,与近代科学的机械论自然观密切相关。正像古希腊的自然观借助"生命机体"的隐喻,近代科学的机械论自然观也建立在"机器"的隐喻之上。机械论自然观认为自然界是一台大机器,所有的自然运动都可以还原(归结)为机械运动;在科学观方面,机械论认为力学是科学的基础,用力学可以解释自然界的一切。

早在 16 世纪初,达·芬奇就已经从静力学的观点来解释骨骼的杠杆作用。在 1620 年出版的《新机器》一书中,弗兰西斯·培根写道:"钟表制造……肯定是一种微妙而又实实在在的工作:钟表的齿轮有点像天体轨道,它们有规律的交替运动有点像动物的脉搏跳动。"①1628 年哈维出版《心血运动论》,把人体的血液循环系统与流体的动力学系统作类比,把心脏比作水泵,指出动脉与静态是一个机械系统。哈维的划时代的成功大大鼓舞了他同辈的和后辈的科学家与哲学家,坚定了他们能从力学原理中获得对自然界各种现象之理解的信念。17 世纪中期以前,笛卡尔就明确提出了他的机械论的科学研究纲领,给出了机械论自然观的基本论点;并在17 世纪产生极大影响。笛卡尔在《论人》一文中写道:"我们把人体看作是一部机器。动物和人的生命在于血液的机械运动,就像水泵压水一样。作者在英国医生哈维的发现——血液循环理论的基础上,对人体机构作了通俗的类比,把机器的神经同喷泉的水管作比,把肌肉和腱同驱动器的其他发动机相比,把生命精气和推动机器的水相比……"②

笛卡尔认为宇宙中无论天上还是地下处处充满着同样的广延物质和运动,而运动都是位移运动;他提出运动守恒原理,使宇宙处在永恒的机械的位移运动之中。笛卡尔写道:"全宇宙只有一种物质,而我们之所以知道这一层,只因为它是有广袤的。物质方面,我们所能清晰地知觉到的一切特性,都是可以溯源于它之能够依其各部分被分割、被运动。"③"对我而言,除了比几何学学者们所研究的线更易想象的运动外,即除了使物体从一个地方到另一个地方,其间连续占据所存在的整个空间的运动外,我不知道还有别的什么运动。"④另一方面,笛卡尔认为现实的、可见的事物都是以机械(机器和机构)的形态存在;他提出"动物是机器","宇宙是一座大钟","给我物质和运动,我就能造出整个世界。"于是,所有事物的运动都是机械运动,而所有的机械运动都是位移运动;"机械运动就是位移运动"在笛卡尔的思想体系中具有逻辑的必然性。

继笛卡尔之后,机械自然观随着牛顿力学的建立而确立。牛顿用自己的科学实践对笛卡尔的机械自然观作了一些局部的修改,例如,自然界中除了物质与运动外还有力的作用存在,但基本看法没有变化。笛卡尔和牛顿尽管对德谟克利特原子论的态度有别,但都强调物质是由细小的微粒所组成,微粒的位移运动是宏观机械的热运动、电磁运动的基础;微粒的位移运动同样遵从力学定律。

①　林德宏:《科技哲学十五讲》,北京大学出版社 2004 年版,第 98—99 页。
②　笛卡尔:《笛卡尔文集》,江文编译,中国戏剧出版社 2008 年版,第 39 页。
③　笛卡尔:《哲学原理》,关文运译,商务印书馆 1958 年版,第 45 页。
④　笛卡尔:《笛卡尔文集》,江文编译,中国戏剧出版社 2008 年版,第 35 页。

在黑格尔的时代,以机械运动指称位移运动已是普遍的;黑格尔的著作中就有"天体的巨大的机械运动"①"哲学的活动并不仅只是一种机械的运动,像我们所想象的太阳、月亮的运动那样"②等表述。恩格斯也曾写道:"在自然科学家那里,运动总是不言而喻地被认为是和机械运动,和位置变化等同的"③"最简单的运动形式是位置移动——机械运动。"④

五、在运动分类中应以"机械-位移运动"替代"机械运动"

如前所述,"马克思主义理论研究和建设工程"重点教材《马克思主义哲学》,与其他马克思主义哲学教科书一样,按照恩格斯在《自然辩证法》中提出的观点,将各种各样的物质运动归结为机械运动、物理运动、化学运动、生命运动和社会运动五种形式。⑤然而,我们已经阐明了以"机械运动"统称各种位移运动的不合理性。那么,能否在运动分类中以"位移运动"替代"机械运动"呢?回答是否定的。因为,运动分类在恩格斯那里是以科学发展的理论成果为根据的,而"现代科学为合理地划分物质运动形态亦即物质存在形态提供了理论依据。"⑥以牛顿力学原理为核心的经典力学体系,是表征在宏观低速条件下世间万物位移运动规律的科学,也是现代一切机械、土木建筑、交通运输等工程技术的理论基础。合理的、现实的做法是:以"机械-位移运动"替代"机械运动"。由此,既满足运动分类以科学发展的理论成果为根据——以牛顿力学原理为核心的经典力学是关于机械的位移运动的科学;又避免了把"猎豹的飞奔、蜗牛的爬行、鸟儿的飞翔、树叶的摇动、江水的流动、星体的移动"这些不是机械的物体的位移运动说成"机械运动"的荒谬。

在"运动分类"中,要以"机械-位移运动"替代"机械运动";这是我们开展辩证位移运动观批判与重建研究取得的第一个新认识。这个新认识,为后文全面深入地研究与讨论问题奠定基础,避免因概念的含混而节外生枝;例如,我们不应该说芝诺的"阿基里斯与龟"论证是关于"机械运动"的

---

① 黑格尔:《自然哲学》,梁志学等译,商务印书馆1980年版,第86页。
② 黑格尔:《哲学史讲演录》第一卷,贺麟、王太庆译,商务印书馆1959年版,第10页。
③ 恩格斯:《自然辩证法》,于光远等译编,人民出版社1984年版,第151页。
④ 同上书,第329页。
⑤ 《马克思主义哲学》编写组:《马克思主义哲学》,高等教育出版社、人民出版社2009年版,第60—61页。
⑥ 同上书,第60页。

悖论,而可以说它是关于"位移运动"或"机械-位移运动"的悖论。此外,"机械-位移运动"用语能够与恩格斯的论断"最简单的运动形式是位置移动——机械运动"①相统一。在后文讨论的一些地方,尤其是涉及引述他人的观点时,我们依然保留着以机械运动指称位移运动的历史遗迹。但是,读者应切记这种指称方式是存在问题的,尤其是在运动分类中,必须以机械-位移运动替代机械运动。

第二节　论辩证运动观的产生与确立

对于辩证运动观的缘起,高清海主编的《马克思主义哲学基础》教科书是这样描述的:当人们观察自然界时,随处可以看到往返流动,生生灭灭,没有什么事物是不运动、不变化的。因此,除个别哲学家外,绝大多数人都把事物处于运动中看作是不言自明、无可怀疑的客观事实。与此同时,还看到另一种相反的现象,即不变的现象。事物总有相对的稳定性,使其和他事物彼此区别;变化中还有不变的东西,使得"万变不离其宗"。面对这两种截然相反的事实,便产生了这样的问题:究竟应该怎样理解运动、变化、发展的实质? 变与不变、存在与非存在究竟是什么关系? 古希腊的哲学家们在解释变化时遵循着一个不言而喻的前提,即"无中不能生有,有也不能变无"。他们这样猜想:在一切变化的事物的背后应该有一个不变的东西,变化就是发生在这个不变东西身上的。这个不变的东西,他们称之为"实体"。在他们看来,实体是构成万物的本原,是一切变化的承担者。实体作为万物本原是永恒的,其自身没有发生和消灭的问题,但实体的存在方式和表现方式却是可以变化的,正是这种变化构成了万物的变化。②

一、古希腊时期的运动观

1. 赫拉克利特的朴素辩证运动观

历史上,最先明白地表述辩证运动观的是赫拉克利特。恩格斯在《反

---

① 恩格斯:《自然辩证法》,于光远等译编,人民出版社 1984 年版,第 329 页。
② 高清海主编:《马克思主义哲学基础》(上册),人民出版社 1985 年版,第 375、491 页。

杜林论》一书中写道:"原始的、素朴的、但实质上正确的世界观是古希腊哲学的世界观,而且是由赫拉克利特最先明白地表述出来的:一切都存在而又不存在,因为一切都在流动,都在不断地变化,不断地生成和消逝。"①在赫拉克利特看来,火作为世界的实体,同时也是永恒的变化过程;火变成空气,继而变成水、土,这一切又反过来变成火。他把世界比作永恒的水流,形象地表述了自己关于普遍变化的观念:一切皆变,一切皆流,无物常住。他以"太阳每天都是新的,永远不断地更新""我们不能两次踏入同一条河流""我们存在又不存在"②等说法,阐述了运动是绝对的。他还猜测到万物运动变化的源泉在于事物内部的对立面的斗争。他说:"应当知道,战争是普遍的,正义就是斗争,一切都是通过斗争和必然性而产生的"③;还说,"相反的东西结合在一起,不同的音调造成最美的和谐,一切都是通过斗争而产生的"④,日和夜是一回事,善和恶是一回事,生和死是一回事,存在与非存在是同一的,等等。赫拉克利特虽然强调事物的运动,但他并没有因此而否定静止的存在。在"我们不能两次踏进同一条河流"的命题中,就包含着承认事物相对静止的思想。因此,他的命题是辩证的。后来他的学生克拉底鲁认为人一次也不能涉入同一河流;这就只承认事物的运动而否认了事物的相对静止,因而陷于诡辩论和相对主义。

波普尔认为,"赫拉克利特的发现长期影响希腊哲学的发展。巴门尼德、德谟克利特、柏拉图和亚里士多德的哲学都不异于说是要解决赫拉克利特所发现的流变的世界这个问题。这个发现之伟大,是不会估计过高的。"⑤对于赫拉克利特"火是世界本原"的认识,波普尔写道:"在赫拉克利特那里,对变化的强调使他得出一个理论,认为一切物质东西,不论固体、液体或气体,都好像火焰——它们是过程而不是事物,它们都是火的转化;表面上是固体的土地(它由尘土组成)也只是在转化状态中的火,甚至液体(水、海洋)也是转化了的火(并且会变成燃料,或者以油为形式)。'火首先转化为海;而海的转化,一半成为土,一半成为旋风'。于是,所有其他'元素'——土地,水和空气——是转化了的火:'一切事物都换成火,而火也换成事物;正像货物换成黄金,黄金换成货物一样。'"⑥

① 《马克思恩格斯选集》第三卷,人民出版社1995年版,第359页。
② 《西方哲学原著选读》上卷,北京大学哲学系外国哲学史教研室编译,商务印书馆1981年版,第23页。
③ 同上书,第27页。
④ 同上。
⑤ 波普:《开放社会及其敌人》,杜汝楫、戴雅民译,山西高校联合出版社1992年版,第12页。
⑥ 同上书,第14页。

针对赫拉克利特从运动的直观产生经验性的矛盾观念,在经验性的概念之间建立起对立与统一的联系,波普尔写道:"如果正义是斗争或战争,如果'命运的女神',同时又是'正义的侍女',如果历史,或者更确切地说,如果成功,即在战争中成功,就是功过的标准,那么,功过标准本身也必定是'在流变之中'。赫拉克利特用相对主义,用他的对立同一学说来解答这个问题。这是从他的变化学说(这个学说成为柏拉图乃至亚里士多德的理论基础)得出来的。变化着的事物必定消失某种性质和获得相反的性质。它与其说是事物,不如说是从一种状态到对立的状态的转变,因而彼此对立的状态是统一的。冷的物变成热,而热的物变成冷;湿的东西变成干,干的东西变成湿……疾病使我们懂得健康……生使我们懂得死,醒使我们懂得睡,青年使我们懂得老年,所有这些都是同一的,因为一转变为另一,而另一又转变为一……相反成为相成。由于弹回和绷紧,就有联系或协调,就像弓或弦琴的情形那样……对立双方彼此包含,最好的协调来自不协调,而且万物都在斗争中发展……上坡路和下坡路是同一的……直路和弯路是同一的……由于诸神,万物是美的、好的、和正当的;但人却把某事视为正当,而把别的事视为不正当……好和坏是同一的。"①

2. 巴门尼德的观念与芝诺运动悖论

爱利亚学派的巴门尼德认为万物的本原不可能是具体物,只能是一种不生不灭的永恒的存在。他提出"一切是一并且是静止的"②,反对赫拉克利特"一切皆变"的思想,认为一切运动变化的事物都是"非存在",而"存在者"则是静止不动的。他说:"存在者是不动的,被巨大的锁链捆着,无始亦无终;因为产生与消灭已经被赶得很远,被真信念赶跑了。它是同一的,永远在同一个地方,居住在自身之内。"③他认为,对"存在者"来说,产生是没有的,消失也是没有的,不会有从一个地方到另一个地方的运动。他声言,"凡人们在语言中加以固定的东西,如产生和消灭,是和不是,位置变化和色彩变化,只不过是空洞的名词。"④十分明显,巴门尼德的矛头就是指向古代朴素的唯物主义运动观。他把静止绝对化,赋予静止比运动更重要的意义,只承认静止的真实性,而不承认运动的真实性。

---

① 波普:《开放社会及其敌人》,杜汝楫、戴雅民译,山西高校联合出版社 1992 年版,第 17 页。
② 《古希腊罗马哲学》,北京大学哲学系外国哲学史教研室编译,商务印书馆 1961 年版,第 49 页。
③ 《西方哲学原著选读》上卷,北京大学哲学系外国哲学史教研室编译,商务印书馆 1981 年版,第 33 页。
④ 同上。

芝诺作为巴门尼德的学生，为了论证老师"一切是一并且是静止的"命题，提出了否认运动存在的四个著名论证。这四个论证，是通过亚里士多德在《物理学》中的转述而流传至今的。1987 年出版的《中国大百科全书（哲学卷）》设立了"四个悖论"[①]辞条，作出了如下表述。

两分法 运动着的物体要达到终点，首先必须经过路途的一半，为此它又必须先走完这一半的一半，依此类推，以至无穷。假如承认有运动，这运动着的物体连一个点也不能越过。

阿基里斯与龟 全希腊跑得最快的阿基里斯永远追不上慢慢爬行的乌龟。因为，他要追上龟，首先就要到达龟所爬行的出发点，这时龟已经往前爬行了一段；当阿基里斯跑到龟的第二个出发点时，龟又爬行了一小段，阿基里斯又得赶上这一小段，以至无穷。阿基里斯只能无限地接近，但永远不能赶上它。所以，假如承认有运动，就得承认速度最快的赶不上速度最慢的。

飞矢不动 飞着的箭在不同的时间处于不同的位置，甲时在 A 点，乙时在 B 点，在连续的时间中，箭相继地在一系列的点上。既然是在某一点上，怎么能运动呢？运动实际上是一系列静止的总和。

一半等于一倍 假定有三列物体，A 列静止不动，B 列与 C 列以相等的速度按相反方向运动（见图 1-1）。当 B_1 通过 A_3，越过两个位置，到达与 A_4 并列的位置时，由于 C 列是按相反方向同速运动的，所以 B_1 在相同的时间里已通过 C 列的 4 个位置了（见图 1-2）。B 越过 C 列物体的数目，要比它越 A 列物体的数目多一倍。因此，它用来越过 C 的时间要比它用来越过 A 的时间长一倍。但是 B 和 C 用来走到 A 位置的时间却相等。一半的时间等于一倍的时间。因此说一半等于一倍。

$$A_1 \quad A_2 \quad A_3 \quad A_4$$
$$B_4 \quad B_3 \quad B_2 \quad B_1 \rightarrow$$
$$\leftarrow C_1 \quad C_2 \quad C_3 \quad C_4$$

图 1-1

$$A_1 \quad A_2 \quad A_3 \quad A_4$$
$$B_4 \quad B_3 \quad B_2 \quad B_1 \rightarrow$$
$$\leftarrow C_1 \quad C_2 \quad C_3 \quad C_4$$

图 1-2

---

① 中国大百科全书总编辑委员会《哲学》编辑委员会：《中国大百科全书·哲学》，中国大百科全书出版社 1987 年版，第 841 页。

巴门尼德站在唯心主义立场上,提出"思维与存在的同一性",即"能被思维者和能存在者是同一的"①;同一的基础是思维,"可以言说、可以思议者存在,因为它存在是可能的,而不存在者存在是不可能的"②,"因为不存在者你是既不能认识(这当然办不到),也不能说出的。"③他和他的学生芝诺,企图用这个论断证明承认运动是荒谬的。在他们看来,只有能够设想的东西,才是能够存在的,不能够设想的东西,决不可能存在。按着他们的观点,什么是可以设想的呢?"存在物是存在的,是不可能不存在的",这是思维起来没有矛盾,可以设想的。那么,什么是不可设想的呢? 他们认为,运动和变化就是不可设想的东西。因为设想运动、变化,就要承认存在,又要承认非存在,这是自相矛盾的。对于非存在,我们既不能认识,也不能把它说出来,因而是不可能存在的。于是,既然芝诺的四个论证表明"运动是不能说出的",那么"运动就是不可能存在的"。

爱利亚学派把多种多样的变化无常的自然现象说成是虚妄的东西,认为只有统一的、不动的、不变的存在是真实的东西;这种运动观被称为"形而上学的运动观"。④黑格尔在《哲学史讲演录》中指出:"说运动的现象是存在的,——芝诺完全不反对这话……问题乃在于考察运动的真理性;但运动是不真的,因为它是矛盾的。因此他想要说的乃是:运动不能享有真正的存在。"⑤黑格尔还把提出不动的、不变的、统一的存在的抽象概念,以及认为所有的具体的变化的东西都是不真实的这种观点,与纯粹的同一性概念的形成相联系。他指出,后来的许多哲学也把变化和不变割裂开来;把变化解释为有限物的属性,而把不变解释为神的特性。⑥事实上,在赫拉克利特那里,变化也是只属于那些具体事物,作为万物本原的火却是自身同一的,永恒不变的。

3. 古代原子论的运动观

以德谟克利特为代表的原子论认为原子是能动的物质本原,虚空是原子运动的场所;以朴素的形式最早表述了物质在空间中运动的思想。针对爱利亚学派只承认存在,否认非存在,否认运动的谬论,他提出了一切事物

---

① 《西方哲学原著选读》上卷,北京大学哲学系外国哲学史教研室编译,商务印书馆 1981 年版,第 31 页。
② 同上书,第 31—32 页。
③ 同上书,第 31 页。
④ Ф. Ф. 维亚凯列夫主编:《客观辩证法》,东方出版社 1986 年版,第 151 页。
⑤ 黑格尔:《哲学史讲演录》第一卷,贺麟、王太庆译,商务印书馆 1959 年版,第 281—282 页。
⑥ Ф. Ф. 维亚凯列夫主编:《客观辩证法》,东方出版社 1986 年版,第 151 页。

的始基是原子和虚空"①,以自己的方式论证了运动是存在与非存在的统一。他认为,世界万物都是由最小的、不可分割的物质微粒"原子"组成的,原子之间并没有性质的差别,只有大小和形状的不同。在虚空中,自动的原子相互碰撞而形成旋涡运动。在旋涡运动中,原子结合成万物,原子相分离时事物就毁灭。因此,事物都是在原子不断运动中产生和消灭的。在他看来,原子就是"存在",它具有充实性,自身有运动的能力;相对于原子的这种存在来说,虚空没有充实性,因而是一种"非存在"。亚里士多德写道:"留基波和他的伙伴德谟克里特说充满和虚空是最根本的元素。他俩主张一个是存在,另一个是非存在,这就是说,充沛和坚实就构成存在,虚空和疏散就构成非存在(这就是为什么他们主张存在并不比非存在更实在的理由,因为虚空并不比实体不实在);这两者是一切事物的质料因。"②即是说,正因为有这种虚空存在,原子才有运动的场所,才能运动起来。从这个意义上说,虚空又是一种真实的存在。原子论者认为虚空是原子运动的必要条件。原子在自己的运动中能形成各种不同的外形,而本身不会发生变化。

德谟克利特未说明原子自动的原因,后来他的继承者伊壁鸠鲁探讨了这个问题。伊壁鸠鲁认为,原子不仅有大小形状的区别,而且有重量的不同。由于重量,原子在虚空中必然产生垂直降落。原子下降时有时会发生偏斜运动,因而能够互相碰撞、互相结合,形成自然万物。伊壁鸠鲁以原子重量来说明原子运动的原因,并承认原子既有垂直运动又有偏斜运动,更深刻地揭示了事物产生的原因和过程,这是对早期原子论的运动观的重大发展。

古罗马唯物主义哲学家卢克莱修,在伊壁鸠鲁运动观的基础上,提出了原子运动的绝对性和物体相对静止的问题。他认为原子全都永远地在运动着,但整个看来,物体都像是完全静止的,这是由于物体中原子运动不能为人们的感官所看见。他指出,例如一群绵羊在山坡上吃草,或在欢跃地角斗,但由远处看来,似乎是"一片光亮的白色停止在一个绿色的小山上。"③他用许多类似的事例,生动地说明了原子运动是绝对的,而物体的静止是相对的辩证思想。

4. 柏拉图的运动观

柏拉图继承了爱利亚学派的传统,认为理念世界是不变不动、永恒的,

---

① 《古希腊罗马哲学》,北京大学哲学系外国哲学史教研室编译,商务印书馆1961年版,第96页。
② 同上书,第98页。
③ 卢克莱修:《物性论》,方书春译,商务印书馆1981年版,第69页。

因而是真实的世界;而可见世界,即自然界,由于永远处在运动变化之中,因而是不真实的世界。他说:"凡是由人的理性推理所认识的东西总是真实的,永远不变的,而凡是意见和非理性的感觉的对象总是变化不居的,不真实的。我们知道,凡是变化的东西必然是由于某种原因才发生变化的,因为如果没有原因,就没有什么东西会变化。但是如果事物的创造者在创造事物的时候,把眼睛注视着那永远不变的东西,把这种东西当作模型,那么,这样创造出来的东西必然是很完美的。如果他所注视着的是创造出来的东西,用的是一种创造出来的模型,那么,他这样创造出来的东西就不会是完美的。"①他又说,"这个世界的创造主用什么样的模型来制造这个世界呢? 他用的是永恒不变的模型呢,还是创造出来的模型? 如果这个世界是美的,而它的创造主是好的,显然创造主就得要注视着那永恒不变的东西,把这种东西当作模型。如果不是这样(这是一种不敬神的假定),那么,他所注视着的必然是创造出来的东西。但是每个人都会看得很清楚,他所注视着的乃是永恒不变的东西,因为在一切创造出来的东西中,世界是最美的,而在一切原因中,神是最好的。既然世界是这样产生出来的,因此它必然是照着理性所认识的、永恒不变的模型创造出来的。"②这就把运动变化贬低为不真实的现象,而把静止不变作为真实的本质的标志。

尽管柏拉图总把运动和不真实联系在一起,但他还是具体地研究了运动。在《泰阿泰德》篇中,他把运动分为两类:性质上的变化和地点上的迁移或旋转。这可以说是古希腊哲学史上关于运动的最早的分类。在《智者》篇中,他把运动和静止看作是五个最主要的范畴中的两个,并且探讨了二者的关系,以及和存在的关系等。他认为,像赫拉克利特那样,说一切皆动是不正确的;反之,像巴门尼德那样,认为存在者是不动,也不正确。他说,"一方面,绝不接受凡主张一切是一或一切是多型的人们之把一切认为静止的说法;另一方面,对于存在遍体皆动的论调,也要置若罔闻。他必须像儿童那样双手都要东西,说存在与一切又动又静"③,"就其本性说,存在不静也不动。"④对运动与静止的关系,他一方面认为,"动本身完全是静的,静本身完全是动的……这是最必不可能的事"⑤,另一方面又认为,"假

---

① 《古希腊罗马哲学》,北京大学哲学系外国哲学史教研室编译,商务印书馆 1961 年版,第207 页。
② 同上书,第 208 页。
③ 柏拉图:《泰阿泰德·智术之师》,严群译,商务印书馆 1963 年版,第 183 页。
④ 同上书,第 184 页。
⑤ 同上书,第 188 页。

如动本身在某种情况下也有静,便说动是静,也没有什么离奇了"①。关于"运动"和"静止"的联系,柏拉图的辩证思想只是抽象的推演,并没有具体加以说明和发挥。②

5. 亚里士多德的运动观与静止观

亚里士多德探讨了运动和静止的问题。首先,他认为运动或变化是事物的一种属性,"离开了事物就没有运动。因为变化中的事物总是或为实体方面的或为数量方面的或为性质方面的或为空间方面的变化……离开上述事物不会有任何运动和变化,因为上述事物之外再无任何存在。"③他认为,每种运动必然要有能够作为这种运动的东西存在,没有这种东西存在,运动就不能产生。"运动所属的主体不是形式而是运动着的事物,也就是说,是能实现运动的事物。"④例如,必须有一个能够移动位置的东西存在,才能有位置的变化;必须有一个能够燃烧的东西存在,才能够有一个燃烧的过程。"显然运动是在能运动的东西之中;因为运动乃是能运动的东西受能引起运动的东西的作用而引起的完全实现。而能引起运动的东西的现实性,也就是能运动的东西的现实性。"⑤亚里士多德还指出,运动的原因出于自然;他说:"'自然'就是本身之内具有一个运动或变化的根源的东西的直接物质基质"⑥。他把自然定义为"运动和变化的根源"⑦,认为不了解运动也就无法了解自然;把"运动"规定为说明实体属性的概念。

亚里士多德肯定了运动的多样性,把事物的质变、增减、产生、灭亡、位移等变化都包括在"运动"范畴中;他说:"潜能的事物(作为潜能者)的实现即是运动。例如,能质变的事物(作为能质变者)的实现就是性质变化;能够增多的事物及其反面——能够减少的事物(这两者没有共通的名称)的实现就是增和减;能产生的事物和能灭亡的事物的实现就是生与灭;能够动的事物之实现就是位移,这就是运动。"⑧但是,亚里士多德有时又把运动与变化区别开来。在他看来,"凡运动都是变化"⑨,但不能反过来说,一

---

① 柏拉图:《泰阿泰德·智术之师》,严群译,商务印书馆 1963 年版,第 194 页。
② 李武林、谭鑫田、龚兴:《欧洲哲学范畴简史》,山东人民出版社 1986 年版,第 133—134 页。
③ 亚里士多德:《物理学》,张竹明译,商务印书馆 1982 年版,第 69 页。
④ 同上书,第 140—141 页。
⑤ 《古希腊罗马哲学》,北京大学哲学系外国哲学史教研室编译,商务印书馆 1961 年版,第 270 页。
⑥ 同上书,第 247 页。
⑦ 同上书,第 271 页。
⑧ 亚里士多德:《物理学》,张竹明译,商务印书馆 1982 年版,第 69—70 页。
⑨ 同上书,第 142 页。

切变化是运动。例如,"产生与灭亡两种不是运动","只有由是到是的变化才是运动"①。对此,亚里士多德作出了如下论述:

> 既然一切变化都是由一事物变成另一事物(变化这个词就表明了这个意义:在某一事物之后出现某另一事物,也就是说,先有一事物,后又有一事物),那么变化事物的变化有下列四种可能方式:或(1)由是到是,或(2)由是到否,或(3)由否到是,或(4)由否到否。(我这里所说的"是"代表以肯定判断表示的事物)因此必然,上述这四种方式只有三种能成立:由是到是、由是到否和由否到是。由否到否不算变化,因为这里不存在反对关系:既没有对立,也没有矛盾。
>
> 由否到是这种矛盾的变化是产生,绝对的这种变化是绝对产生,特定的这种变化是特定的产生,例如,由非白的东西到白的东西的变化就是白的东西的产生,由绝对的不存在到存在则是绝对的产生,所谓绝对产生我们是说的一事物的诞生,而不是说它变为这种或那种特定的事物。由是到否的变化是灭亡,由存在到绝对不存在的变化是绝对的灭亡,变到对立之否定一方的变化是特定的灭亡,这种区别正如产生的情况是一样的。②
>
> 既然凡运动都是变化,又,变化只有上述三种,而其中产生与灭亡两种不是运动(它们是矛盾的事物),那么,必然只有由是到是的变化才是运动。③

在亚里士多德那里,运动并不是一个原初的概念,需要根据其他更基本的概念进行定义。潜在与现实便是这样的基本概念。运动的定义是"潜能的事物(作为潜能者)的实现即是运动""运动是潜能事物作为能运动者的实现"④。运动必须处于潜在和完全的实现之间。当物体仅仅处于潜在时,它还没有运动;当它已经完全实现时,运动已经停止了。即是说,运动是未完成的现实化;运动和变化并不是存在来自于非存在,而只是存在方式的改变:从潜能存在过渡到现实存在。

亚里士多德提出位移运动比其他种类的运动更加基本。他说:"有量的运动,质的运动以及我们称之为位移的空间运动,在这三种运动中,空间

---

① 亚里士多德:《物理学》,张竹明译,商务印书馆1982年版,第142页。
② 同上书,第141—142页。
③ 同上书,第142页。
④ 同上书,第69、71页。

运动必然是先于一切的。"①这是因为,位移运动构成了所有其他种类运动的基础。事物量的变化是由于物体本身各部分的添加或移出、膨胀或收缩;质和实体的变化也必然蕴含着导致变化产生的动因与发生变化的事物在空间上相接触。他还说:"位移运动在时间上第一,因为它是永恒事物所能作的唯一的运动。"②例如,天体不会发生生灭、质变、量变,而只会发生位移运动。并且,"除了位移运动而外别的任何运动都不可能是连续的。因为任何别的运动和变化都是从互相反对的一个限到另一个限——例如存在和不存在是产生和灭亡的两个限……因为无论是一般意义上的灭亡和产生还是任何特定的灭亡和产生都是两相反对的;因此,如果事物同时作互相反对的两变化是不可能的,那么变化就不会是连续的,而会是,在互相反对的两变化之间有一段时间。"③在亚里士多德的理论中,尽管位置运动具有如此优越的地位,但它仍然只是运动中的一种,而不是像原子论者和后来的机械论者所认为的唯一的运动形式,主张一切变化都可以归结为位置运动。

亚里士多德反对赫拉克利特"一切皆动"的观点,认为如果一切都在变动,没有静止的时刻,那就没有一个真正的事物,一切都是虚幻的了。在他看来,否认事物静止,就否认了事物的稳定性,就不能区分事物,就不可能对事物有所认识。同时,他也反对爱利亚派"一切皆静"的观点,因为事物都明显地在变动:如果认为一切都是静止的话,那么一切东西将永远是真的,或者将永远是假的。他讽刺说,就是那种把一切都看成是静止的人,他自己就不断地变动,原来他不在世上,现在他在世上了,再过一段时间以后他又将不在世上。在批判了"一切皆动"和"一切皆静"的看法之后,亚里士多德提出了他自己的观点:有的事物是永远不动的,这就是不动的推动者;有些事物是永远运动的,这就是被推动者所推动的天体;还有一些事物是时动时静的,这就是由推动者所推动的地上的事物。在亚里士多德看来,空间的移动是空间关系的变化,所以,在既没有任何对象也没有任何空间关系的虚空里,运动是不可能的。如果说在原子论者那里原子的运动被理解为原子的不可分离的特征的永恒运动,那么亚里士多德归根到底是从不动的"第一推动者"那里引出运动,而他把"第一推动者"理解为一个作为任何能动性的本原的非物质的"纯粹形式"。④

---

① 亚里士多德:《物理学》,张竹明译,商务印书馆1982年版,第247页。

② 同上书,第248页。

③ 同上书,第250页。

④ Ф. Ф. 维亚凯列夫主编:《客观辩证法》,东方出版社1986年版,第151页。

亚里士多德认为,静止和运动一样,也是事物的一种属性,因为运动和静止都同出于一个根源。并不是所有不动的事物都可以说是"静止"的,只有那些本性上能动而实际上没有动的事物才能说是"静止"的。他写道:"'不能动的'事物有:(1)完全不可能有运动(就像声音是'看不见的'那样),(2)在长时间内极不容易被移动的,或者说,其运动是不易开始的(即动作迟钝的),(3)虽然在一定的时间、地点、方式、条件下本来应该能运动但没有运动的。我所说的'静止的'事物只是指的这最后一种不能动的事物,因为静是和动对立的,因此静止应是能有运动的事物的运动的缺失。"①由此可见,亚里士多德认为静止是运动的"丧失",是运动的对立面,即"不动"或"不变"状态;"'静止'就是运动所属的主体的不动"②,运动是加在静止事物之上的活动性。

亚里士多德还深入讨论了"一个运动"的涵义,运动的连续性,对"趋向静止"及"静止"的把握。

他说,"一个运动""涉及的方面有三——'主体'、'运动内容'和'时间'。我这是说,运动必须有某一运动着的事物,例如人或金;其次,这事物的运动必须落在空间里,或落在性质里;还有运动所经的时间,因为万物皆在时间里运动。这三者中,运动的具体内容决定了运动在类上或种上是一个,时间决定了运动的连续性;所有这三者共同决定了运动是无条件的一个。"③进而提出"无条件是一个的运动必然也是连续的(虽然任何运动都是可分的),并且,如果是连续的运动,也必然是一个。因为,不是任何一个运动都能和任何一个另外的运动相连续,正如决不可能在任何两个偶然事物之间有连续性,只有那些其外限是同一的事物才有连续性一样……运动的连续性要求运动自身是连续的……在时间方面没有中途的停顿,因为运动中断就必然是静止。中途有静止的运动是两个(或更多)而不是一个,因此,如果有某运动被静止所打断,它就不是一个,也不连续"④。

他说,"既然变化者都在时间里变化,而事物被说成在时间里变化的这个时间可以是指直接时间,也可以是指包括直接时间在内的较长的一段时间(例如说一年,虽然变化只发生在其中的一天里),那么,变化者在直接时间里变化,就必然在直接时间的每一个部分里都有变化。"⑤直接时间,是

---

① 亚里士多德:《物理学》,张竹明译,商务印书馆1982年版,第146页。
② 同上书,第72页。
③ 同上书,第149、150页。
④ 同上书,第152—153页。
⑤ 同上书,第181页。

指"运动恰好占用的时间(不多也不少),而不是指,包括这个时间在内的一段较长的时间"①。进而提出:

> 既然任何自然能运动或静止的事物在自然的时间、地点不是在自然地运动着就是在自然地静止着,那么趋向静止的事物在它趋向静止的时候必然在运动着。因为,如果它不在运动着就会是静止着,但是正静止着的事物是不能同时又处于趋向静止的过程中的。
>
> 既然这样,那么可见,趋向静止的过程必然也是在时间中进行的。因为运动者是在时间里运动的,而趋向静止的事物被表明是运动着的,因此趋向静止的过程必然在时间里进行。其次,我们是根据时间来说"快"和"慢"的,而趋向静止的过程是能有快和慢的。
>
> 趋向静止的事物在一个直接时间里趋向静止,必然在这个直接时间的任何一个部分都有趋向静止的活动。②
>
> 静止的事物不能在不具部分的时间里静止,因为在不可分的时间里不能有运动,静止能发生于其中的时间运动必然也能发生于其中,因为我们曾经说过,当一个自然运动的事物在按其自然应该在运动着的时间里不在运动着时,它就是静止着。其次,当一个事物的现在的状况和以前的状况没有改变时,我们也说它是静止着,因此判断事物是否静止着不能仅用一个限点而需要用两个限点。因此事物在其中静止着的时间不能是没有部分的。既然它是可分的,它就是一段时间,并且事物能在它的任何一个部分里静止着……③

亚里士多德通过以上对"趋向静止"及"静止"的辨析,形成了对芝诺运动悖论"飞矢不动"的解答方案;核心要义是:芝诺的箭在每一个"现在"时刻"的确总是和一固定的事物相对着的,不过这不能算是静止——因为在任何一个'现在'里既不能有运动也不能有静止。"④判断事物是否运动和静止着,"不能仅用一个限点而需要用两个限点"⑤。运动是物体在不同的时刻在不同的地方,而静止则是物体在不同的时刻在同一个地方;"运动事

---

① 亚里士多德:《物理学》,张竹明译,商务印书馆1982年版,第178页。
② 同上书,第188页。
③ 同上书,第189页。
④ 同上书,第190页。
⑤ 同上书,第189页。

物的运动和静止事物的静止都必然是在一段时间里。"①换言之,说一个物体是静止的,是说"它在一段时间里和静止着的事物相对着"②;相反,说一个物体是运动的,就不能说"它在一段时间里和静止着的事物相对着"。

二、中世纪经院自然哲学对运动本性的争论

中世纪的学者虽然普遍接受了亚里士多德对运动的定义,但对于运动的本体论地位却莫衷一是。这个问题源自亚里士多德本人对运动与各种范畴之间关系的探讨。例如,他在《物理学》一书中写道:"离开了事物就没有运动。因为变化中的事物总是或为实体方面的或为数量方面的或为性质方面的或为空间方面的变化,要找到一个能概括这些事物的共性而又既非实体又非数量又非性质或其他任何一个范畴(照我们的看法)是不可能的。因此,离开上述事物不会有任何运动和变化,因为在上述事物之外再无任何存在。"③"亚里士多德的意思是说,运动属于实体、量、质、位置等范畴,而不属于一个超出十大范畴的特殊范畴。然而,亚里士多德在不同著作中对运动所属范畴的论述是不一致的。……那么,运动到底是什么? 运动本身属于什么范畴? 它是一种与发生变化的事物不同的东西吗? 像变红这样一种质变运动,它本质上与变红的事物或红的终态是同一种东西吗? 如果不是,它又是什么? 简而言之,运动是等同于(或从属于)那四个或三个范畴,还是十大范畴之外的某种东西? 对此,亚里士多德并未给出明确的回答。散见于亚氏著作各处的相关论述,要么不尽一致,要么语焉不详。"④从以辛普里丘(公元 6 世纪)为代表的早期的希腊评注者开始,一直到中世纪的阿维森纳(980 年—1037 年)、阿维洛伊(1126 年—1198 年)、大阿尔伯特(1200 年—1280 年)、阿奎那(1225 年—1274 年),再到中世纪晚期的奥康(约 1300 年—1349 年/1350 年)年、布里丹(约 1300 年—约 1358 年)、奥雷斯姆(约 1325 年—1382 年),对运动本性的探讨从未中断过。对这一问题的探讨,最突出地表现在大阿尔伯特提出的所谓"流动的形式"与"形式的流动"这两种观点之间的争论上;而大阿尔伯特的两种观

---

① 亚里士多德:《物理学》,张竹明译,商务印书馆 1982 年版,第 173 页。
② 同上书,第 190 页。
③ 同上书,第 69 页。
④ 张卜天:《中世纪自然哲学关于运动本性的争论》,《自然科学史研究》2008 年第 1 期,第 3—4 页。

点,又是基于阿维洛伊关于运动的两种区分而提出的。

1. 阿维洛伊关于运动的两种区分

阿维洛伊提出,在亚里士多德的著作中对运动本性的认识存在着两种不同的观点。一种观点认为,运动只是它所趋向的目标或"完满"的逐步产生。运动与运动所趋向的"完满"或目标同属一个范畴,在任一时刻,运动与运动的目标只有实现程度的差别,而没有本质区别。这种观点,可见于亚里士多德的《物理学》。另一种观点认为,运动是一个朝向某个目标或"完满"的过程,运动作为过程与它所趋向的目标是不同的,运动本身就是一个范畴,或者说属于承受的范畴。这种观点,可见于亚里士多德的《范畴篇》。①

2. 大阿尔伯特:"流动的形式"与"形式的流动"

阿维洛伊的上述两种区分成为 13、14 世纪关于运动本性的讨论的基础。在后续讨论中,阿维洛伊的区分被表述成了著名的"流动的形式"与"形式的流动"之区别。中世纪学者所说的形式,往往指偶性。流动的形式指变化中的偶性,形式的流动指偶性的变化。前者将运动等同于偶性(质、量、位置),后者则将运动视为不同于各个固定范畴的"流"。最先提出"流动的形式"与"形式的流动"这两个术语的是大阿尔伯特。

大阿尔伯特提出,运动被人们从下述三个角度在考察。②

第一,从推动者的角度来看,运动就是作用的范畴。大阿尔伯特认为,运动最多是施加作用的结果,而不是作用本身。所以这种理论是不正确的。

第二,从被推动者或运动者的角度来看,运动就是承受的范畴。大阿尔伯特认为这就是亚里士多德在《范畴篇》所持的看法。他还认为,虽然一切运动都预设了推动者的作用,所以也许可以说"运动中存在着承受",但这并不意味着"运动就是承受"。所以这种理论也是不正确的。

第三,从运动目标——即运动者在趋向其最终目标过程中相继获得的阶段性目标——的角度来看,运动似乎就是"某种趋向运动目标的东西的流动"。于是,变黑的过程就是一种"朝向黑的流动",位置运动就是一种"朝向一个位置的流动"。他又说,从这种角度看的人又可以分为两类:有些人主张这种流动与运动终止时的目标的种或本质没有什么不同,只是在存在方式上有所不同:运动代表"流动中的存在",而最终的目标代表"静止中的存在"。于是,变黑的过程本身就是一种黑,只不过这种黑是一种"流

---

① 张卜天:《质的量化与运动的量化——14 世纪经院自然哲学的运动学初探》,北京大学出版社 2010 年版,第 69 页。

② 同上书,第 71—74 页。

动中的黑",而不是最终获得的一种"静止中的黑"。因此,根据亚里士多德对运动的分类,运动属于量、质或位置范畴。大阿尔伯特把这种观点称为"流动的形式",并认为这就是阿维洛伊所持的观点。而另一些人,主张运动属于一个与它所要达到的目标不同的范畴:运动是一种独立的流动,不等同于流动中的形式或流动着的东西。对于后者,大阿尔伯特说又有两种理解方式。第一种是:主张运动不属于任何一个已知范畴,而只是一个"趋向范畴结果的途径"或"趋向范畴结果的开始"。运动是某种类型的不完满,因为它并未完全拥有一个目标,而只是实现这一目标的途径。因此严格说来,运动并不是一种完全存在的东西。变黑作为途径,是某种本质上与黑不同的东西。由于范畴只适用于存在的东西,所以运动本身既不属于亚里士多德十大范畴中的任何一种,也不能进行范畴归类,因为它只是通往某个范畴的途径。大阿尔伯特把这种观点称为"形式的流动",并认为这就是阿维森纳所持的观点。第二种是:主张运动本身就是一个范畴,可以用来指称所有种类的运动,即运动是亚里士多德十大范畴之外的一个新的范畴,可以将质的、量的和位置的三种不同种类的运动纳入"运动"这个种的概念之下。大阿尔伯特认为这种观点是不正确的,因为按照亚里士多德的观点,不同种类的运动之间并没有什么共通的东西,因此也就不能认为是同一个属下面的种。而且如果运动是一个和质、量、位置平级的范畴,那么它是不可能包含质的运动、量的运动和位置运动的。

　　大阿尔伯特受的是阿维洛伊的"流动的形式"的解决方案。也就是说,运动与它所获得的目标本质上相同。运动就是经由运动所获得的那种形式,但不是作为静止的形式,而是作为流动的形式。运动是一种"流动中的存在",最终的目标则是一种"静止中的存在"。①

　　对于"流动的形式"说,亚里士多德在《物理学》中作出的如下论述可谓最好的注释。

　　　　我们现在可以说:潜能的事物(作为潜能者)的实现即是运动。例如,能质变的事物(作为能质变者)的实现就是性质变化;能够增多的事物及其反面能够减少的事物(这两者没有共通的名称)的实现就是增和减;能产生的事物和能灭亡的事物的实现就是生与灭;能移动的事物之实现就是位移。这就是运动,举例解释如下。当能用于建筑的

---

① 张卜天:《中世纪自然哲学关于运动本性的争论》,《自然科学史研究》2008 年第 1 期,第 7 页。

材料在我们说它是"作为能用于建筑的东西"的阶段内,即处在实现活动过程中时,它就是正在被用以建筑;这个运动就是建筑。……可见得,运动是潜能事物作为能运动者的实现。①

运动进行的时间正是潜能事物作为潜能者实现的时间;不先也不后。因为每一事物都可能一个时候在实现着,另一个时候则不在实现着。以可建筑物为例,建筑活动是可建筑事物作为可建筑事物的实现,(因为可建筑事物的实现若非建筑活动就是已成为房屋,但是,当房屋已存在时,可建筑的事物就不再是可建筑的事物了,所谓可建筑的事物是指正被用于建造过程中的。因此这个实现必然是建筑活动)而建筑活动是一种运动。这同一原理于其他种运动也是适用的。②

运动所以被认为是"不定"其原因在于,它不能单单被归入事物之潜能或单单被归入事物之实现,因为(例如)可能的量或现实的量都不必然运动。运动被认为是一种实现,但尚未完成其原因在于,"在实现着的潜能"本意就是"尚未完成"。所以理解运动是什么就发生了困难,因为若不归入缺失或潜能就必然要归入完全实现,但全都显得不行。所以剩下来只有一个方法了,即把它说成是一种实现,不过这是指我们所说的那种"尚未完成的"实现。这种说法虽则难理解,但却是能成立的。③

大阿尔伯特对运动本性问题的"流动的形式"解答,一直是经院哲学的标准解决方案。但大阿尔伯特并没有完全否定阿维森纳的"形式的流动"观点。④

3. 奥康的极端唯名论看法

14 世纪初,关于运动本性的争论发展为几乎共享着相同前提的两个主张。它们都主张,对于运动的考察不仅要包含其整个中间阶段,还要思考它的始点与终点。运动是相继的,所以运动就等同于运动相继达到的目标。在每一个特定的时刻,运动就等同于那个时刻所达到的目标。运动的定义只需要运动者、运动目标(对于位置运动来说就是占据的一系列位置)以及目标相继获得这一事实就可以说明。而争论之处在于:运动是否可以独立的归入一个范畴,从而具有实在性? 如果可以,运动者的和它所

---

① 亚里士多德:《物理学》,张竹明译,商务印书馆 1982 年版,第 69—71 页。
② 同上书,第 71 页。
③ 同上书,第 72 页。
④ 张卜天:《质的量化与运动的量化——14 世纪经院自然哲学的运动学初探》,北京大学出版社 2010 年版,第 73、79 页。

获得的目标所在范畴是否同一,是否存在本质联系?

对于这两个问题,奥康代表的唯名论者本着"如无必要,切勿增加实体"的精神,从根本上否认了范畴或共相的实在性。他强调,只有"个体"和"个体的质"才是真实存在的"绝对事物"。除此之外,不仅运动,其他亚里士多德式的范畴或共相(概念)都是人类心灵的构想。由此,奥康区分了运动一词的积极与消极意义。积极意义上运动指涉个体,即绝对事物自身;消极意义上其指涉"理性存在",即无间断的一部分一部分的接续。如此一来,除非运动被还原为运动者和它的质,将运动归入其他范畴的任何尝试都不会给运动增加任何实在性。①

奥康认为,运动等抽象名词错误地致使许多学者想当然地认为,正如存在着不同的抽象名词一样,也存在着对应于它们的不同的事物;然而"运动"这个词是为了表达的优雅或简洁才使用的,而不是出于必需。例如,"任何运动都源于一个作用者"就可以归结为"每一样运动的事物,都是被一个作用者推动的",其中第一个命题中的抽象的"运动"被替换成了第二个命题中的"每一样运动的事物",它只能指个别的东西。类似地,"运动在时间中存在"应该被解释成"当某个东西运动时,它并不是同时获得或失去所有它所获得或失去的东西,而是一部分一部分地获得或失去","运动存在于运动的事物中"应当被解释成"运动的事物获得或失去了某种东西"。运用"奥康的剃刀",他把运动归结为个别的、具体的事物;认为理解位置运动,"除了物体和位置,再不需要其他什么东西了。我们需要的只是,一个物体先是处在一个位置,然后处在另一个位置,就这样相继地进行下去,从而物体在整个(运动的)时间里从未在任何位置静止。""运动的本性可以通过这样一个事实来解释,那就是:一个物体相继占据不同的位置,并且不在任何一个位置静止。"②

更重要的是,奥康主张质变可以通过被还原为位置运动获得理解。在处理自然实体和基本实体形式,特别是这些事物经历的变化时,奥康将变化还原为(事物)诸部分的位置运动;将解释诉诸于部分位置运动的一个功能。③奥康正是在将质变与位置变化统一理解为运动者相继得失的状态或

---

① 晋世翔:《亚里士多德〈物理学〉中的运动、自然概念》,《哲学门》(总第三十辑),第十五卷第二册,北京大学出版社 2014 年版,第 218 页。

② 张卜天:《质的量化与运动的量化——14 世纪经院自然哲学的运动学初探》,北京大学出版社 2010 年版,第 76 页。

③ 晋世翔:《亚里士多德〈物理学〉中的运动、自然概念》,《哲学门》(总第三十辑),第十五卷第二册,北京大学出版社 2014 年版,第 219 页。

位置后,才作出"运动的本性可以通过这样一个事实来解释,那就是:一个物体相继占据不同的位置,并且不在任何一个位置静止。"这一思想的升级版出现在笛卡尔的《哲学原理》中。该书中,笛卡尔赋予运动一个哲学层面的定义:一部分质料或一部分物体,从与它直接接触的,并因此被视为静止的一些物体的周边转移到另一些物体的周边。物体或质料的本质在笛卡尔那里意味着可以度量的广延。当事物的诸般状态被理解为事物给定时间中诸属性的集合时,通过不同量纲(事物可以被度量的方式或方面)的选择,事物的状态或属性就可以被表达为一个量,即动量 mv。这样一来,自然哲学中对于运动是什么的追问,就被合理地转化为对于运动者瞬时静态图形或形状量化描述的问题,即近代物理学中的运动学问题。很明显,奥康将质变与位置变化统一理解为运动者相继得失的状态或位置、并将位置理解为事物自身形状(内在广延),进而等同于事物质料的神学、哲学解释,为近代数理科学对经验世界的数学化提供了重要的思想来源。[①]"这样一幅用状态或位置相继和变换来理解运动的思想谱系,发端于奥康,奠立于笛卡尔,并随着自然科学的巨大成功塑造了当代哲学家的基本主张。"[②]

4. 布里丹对奥康观点的反驳与发展

奥康的观点,更多地为 14 世纪的自然哲学家所拒斥,而不是接受;它的影响主要体现在它所激起的反对意见上。在某些人看来,认为运动只不过是运动者和它所达到的目标或形式,这是不正确的。这种"流动的形式"观念,无法解释运动者与这些目标的关系,特别是无法解释这种关系的"相继性"。问题在于,一种仅仅包含个体永恒事物的简约的本体论是否足以解释运动,是否还有必要假定其他某种东西。运动是否是某种真实存在的"形式的流动",它与运动者及其相继达到的目标是否不同?

以布里丹为代表的巴黎唯名论者,对奥康的学说进行了反驳和发展。奥康认为,假定任何与个体的、具体的东西不同的运动是多余的。对于质变,布里丹与奥康的观点完全一致。但奥康认为位置运动也是如此。他认为,就像一个事物发生质变就是相继获得或失去这种质的形式一样,一个事物作位置运动也就是它相继处于不同的位置。然而,布里丹等人却把位置运动与其他类型的运动区分开来,认为位置运动的目标并不是内在于运动者的一种"完满",而是一种外在的倾向。位置运动和它的目标不可能一

---

① 晋世翔:《亚里士多德〈物理学〉中的运动、自然概念》,《哲学门》(总第三十辑),第十五卷第二册,北京大学出版社 2014 年版,第 221 页。

② 同上书,第 213 页。

致,因为运动作为属性处于运动者之中,位置却不是这样。位置运动是运动者实际包含的一种偶性,就像颜色内在于有色物体中一样,它是一种流动,一种纯粹相继的东西,与位置和运动物体是不同的。于是,位置运动既不像传统观点所认为的属于运动目标的范畴,也不像奥康所认为的,本质上与运动者相同,而是运动物体的一种特殊类型的状态,不属于任何已知的范畴。布里丹的解决方案是采取一种较为广义的"形式的流动"的运动观念。在布里丹看来,运动是内在于运动者的一种变化着的或相继的质,无法归结为其他范畴,而只能就其自身的特性来断定。①

5. 中世纪经院自然哲学对运动本性争论的意义

大阿尔伯特之后,关于运动本性的争论的中世纪学者大体可以分为两派——唯名论者和实在论者。像奥康这样的唯名论者持"流动的形式"观点,他们否认位置运动的实在性,将它仅仅等同于物体所走过的距离,否认它的产生或连续性有任何特殊的因果性。这种观点激励了对运动进行纯粹运动学的分析。而沃尔特·伯利(约 1275 年—约 1345 年)等实在论者则捍卫"形式的流动"观点,认为位置运动是一种迥异于运动者及其位置的东西,因此有其自身的原因和结果。这种观点激励了对运动进行动力学方面的分析。布里丹虽然被认为是巴黎唯名论的领袖人物,但在这个问题上的看法却与实在论者接近。其带有"形式的流动"特征的看法暗示:位置运动绝不仅仅是一个词,而是一种实在的东西;它与运动者不同,但又内在于运动者。至少在一定程度上,14 世纪的力学是基于这样一种信念,即位置运动是运动者的一种实在的、绝对的、类似于形式的偶性,其特征在很大程度上被认为与可感的质的特征类似;此信念是通过拒绝奥康学说产生出来的。②

这种运动与内在的质之间的类比的最大成就,是引出了对瞬时速度、匀速和匀加速等概念的定义。因为如果把运动当成一种质,瞬时速度就可以被合理地看成运动的强度,速度的增大或减小可以看成运动强度的增强和减弱。事实上,这也正是瞬时速度概念的起源。匀速、匀加速等概念也可作相应的定义。③

不仅如此,奥康对运动本性的看法非常接近于把运动当成一种相对概

---

① 张卜天:《质的量化与运动的量化——14 世纪经院自然哲学的运动学初探》,北京大学出版社 2010 年版,第 80—82 页。

② 同上书,第 82—83 页。

③ 张卜天:《中世纪自然哲学关于运动本性的争论》,《自然科学史研究》2008 年第 1 期,第 11 页。

念的近代科学,而布里丹等巴黎唯名论者的学说则暗示了牛顿的绝对运动。对于近代科学来说,由于运动取决于参照系,所以"运动"只能相对于其他东西来谈论。但对于巴黎唯名论者来说,运动却是某种绝对的东西。当"运动"被用来言说一个运动的物体时,是不考虑该物体与其他物体的关系的。①

然而,传统观点以及奥康都认为,运动必须有一个推动者,没有它运动就会立即停止。如果像布里丹那样把位置运动理解成内在于运动者的一种与质相似的流动的状态,而不是一个相继的过程,那么就有可能把运动设想为运动物体的一种独立的属性;一旦被赋予物体,就可以自行持续存在下去,而并不需要一种持续作用的推动力来维持。但14世纪的经院哲学家们最终没有迈出这一步。因为对他们而言,一切运动事物都是被其他事物推动的,这是自明的。任何运动都预设了一种推动力作为原因,推动力消失,运动就消失;位置运动不是运动物体本身的一种可以自行保持的状态。②

三、近代机械论运动观

1. 16—18 世纪初欧洲哲学运动观

近代唯物主义的创始人、英国哲学家弗兰西斯·培根继承了古代运动观的许多辩证法思想,他认为,运动或活动是自然界物体本身固有的特性。他说,赫拉克利特、德谟克利特等古代哲学家"都认为物质是能动的,……它在其本身之中具有着运动的原则。任何人都没有别的想法,除非公然抛开经验"。③他在《新工具》一书中列举了十九种"性质最普通的运动",其中除了位移、机械运动外,还有其他一些运动形态。例如,在他所讲的"同化运动",就是"自我增殖运动,又或者叫做简单的生殖运动";他说,"我这里所指的不是完整物体(如植物或动物)的生殖,而是组织上有一致性的物体的相生。这就是说,这种物体把与自己有关的或至少是深深倾向于自己的

① 张卜天:《中世纪自然哲学关于运动本性的争论》,《自然科学史研究》2008 年第 1 期,第 11 页。
② 张卜天:《质的量化与运动的量化——14 世纪经院自然哲学的运动学初探》,北京大学出版社 2010 年版,第 83 页。
③ 敬永和、刘贤奇、王德生主编:《哲学基本概念的演变》,吉林人民出版社 1987 年版,第 72 页。

另一些物体转变为自己的质体和性质。例如火焰临到气体和含油的质体时,就把自己增殖而生新的火焰,空气临到水和含水的质体时,也把自己增殖而生新的空气"①。这些论述虽然具有明显的朴素性、想象性,但却包含着物质的生动活泼的能动性和运动形态的多样性的可贵思想。

培根说,"第一种运动是物质中的抗拒运动"。他写道:

> 这是物质的每一个别部分所固有;物质凭着它才绝对地拒绝遭受消灭。任何火,任何重量即压力,任何强暴,以至任何长时间,都不能把物质的哪怕是极小极小的任何部分化为无,它永远总有在那里,永远总占着某些空间。你无论把它置于何种窘境,它总会借改变形式或改变位置的方法把自己解脱出来。如果这些都不行,它就原封不动存在下去。总之它绝对不会走到无有或无所在的途径上去。这种运动,在经院学者们(他们几乎总是从事物的结果及其所不能方面而不是从其内在原因方面来给事物命名和下定义的)说来,就是"两个物体不能同在一个地方"这条原理,或者就叫作"防止体积相入的运动"。关于这种运动,没有必要来举什么例子,因为它是每一物体所固有的。②

培根认为静止是运动的特殊形式。他写道:

> 第十九种也即最后一种运动虽难符于运动之名,但不容争辩也是一种运动,我把它叫作安息运动或恶动运动。如大地块体静立不动,而其端极则动向中心——不是趋于一个假想的中心,而是趋于聚合——,就是出于这种运动。又如一切具有相当密度的物体都憎恶运动,亦是出于这种倾向。实在说来,这些物体的唯一倾向就是要求不动。纵有千方百计挑诱它们运动,它仍总是尽其所能保持固有的性质;即使被迫动起来了,又总像是愿求恢复其静止状态而不再动下;至于在要求恢复静止的努力当中,它们却表现活跃,却以足够的灵敏和迅捷进行争取,好像追不及待刻不容缓的样子。③

培根所谓的"安息运动或恶动运动",实际上是指物体的惯性或质的相

---

① 培根:《新工具》,许宝骙译,商务印书馆1984年版,第260—261页。
② 同上书,第249—250页。
③ 同上书,第268页。

对稳定性。

培根的运动观虽然还保留着若干朴素的辩证法因素;他从物质具有能动特性出发,认识到物质运动是绝对的、静止是相对的,物质运动是多样的,事物的性质可以转化。但是,总的说来,他的运动观仍然是朴素的、直观的,缺乏科学的基础。马克思曾写道:

> 英国唯物主义和整个现代实验科学的真正始祖是培根。在他的眼中,自然科学是真正的科学,而以感性经验为基础的物理学则是自然科学的最重要的部分。阿那克萨哥拉连同他那无限数量的原始物质和德谟克利特连同他的原子,都常常被他当做权威来引证。按照他的学说,感觉是完全可靠的,是一切知识的泉源。科学是实验的科学,科学就在于用理性方法去整理感性材料。归纳、分析、比较、观察和实验是理性方法的主要条件。在物质的固有的特性中,运动是第一个特性而且是最重要的特性,——这里所说的运动不仅是机械的和数学的运动,而且更是趋向、生命力、紧张,或者用雅科布·伯麦的话来说,是物质的痛苦。物质的原始形式是物质内部所固有的、活生生的、本质的力量,这些力量使物质获得个性,并造成各种特殊的差异。

> 唯物主义在它的第一个创始人培根那里,还在朴素的形式下包含着全面发展的萌芽。物质带着诗意的感性光辉对人的全身心发出微笑。但是,用格言形式表述出来的学说本身却反而还充满了神学的不彻底性。①

英国哲学家托马斯·霍布斯,继承了培根的唯物主义立场,抛弃了培根的物质具有能动性和运动形态多样性的辩证法思想,提出了典型的机械的运动观。他认为运动是形成事物的一般原因,"一切形状的不同,都是由于造成这些形状的运动不同。而运动除了以运动为原因外,不能被了解为有别的原因"②;只有广延或形状才是一切物体所具有的偶性,而运动和静止只是为某些物体所特有的偶性,"因为没有广袤或形状,物体是不能设想的。其他一切不为一切物体所共有、只为某些物体所特有的偶性,像静、动、颜色、硬之类,则逐渐消灭,为别的偶性所代替。"③即是说,只有广延性

---

① 《马克思恩格斯全集》(第1版)第2卷,人民出版社1957年版,第163页。
② 《十六—十八世纪西欧各国哲学》,北京大学哲学系外国哲学史教研室编译,商务印书馆1958年版,第68页。
③ 同上书,第84页。

才是一切物体所具有的根本特性,运动只是某些物体具有的特性。其次,他又把"运动定义为连续地离开一个位置,又获得另一个位置。"①他认为,这种运动只服从力学规律,运动的东西,除非有别的物体使它静止,否则它就会永远运动下去;反之,一个静止的东西,如果没有别的物体力图进入它的位置,它也就永远静止。所有这一切都可以用数学精确计算出来,这里没有神秘的原因,与上帝无关。霍布斯的这种运动观,虽然依据当时的自然科学成就比较彻底地打击了宗教神学,"消灭了培根唯物主义中的有神论的偏见"②,但他否认运动是物质的普遍的根本的属性,又把运动仅仅理解为受外力推动的机械运动;他甚至认为生命也不过是肌体的机械运动,把人与钟表相比,说心脏不过是发条,神经不过是些游丝,关节不过是些齿轮而已。这就由古代朴素的辩证的运动观转到了机械论的形而上学的运动观。马克思指出,从霍布斯开始,"唯物主义在以后的发展中变得片面了。……感性失去了它的鲜明的色彩而变成了几何学家的抽象的感性。物理运动成为机械运动或数学运动的牺牲品;几何学被宣布为主要的科学。"③

17 世纪法国二元论哲学家笛卡尔也把运动理解为位置移动,也是一个机械论者。在 1637 年出版的《方法论》一书中,笛卡尔给出了机械自然观的基本论点。"机械的"一词原义是"力学的",但笛卡尔还赋予它另一层意思,即"可以用机械模型加以模仿的"。在前一种意义上,笛卡尔是很彻底的机械论者,他认为宇宙中无论天上还是地下处处充满着同样的广延物质和运动,他又将运动定义为位移运动即力学运动,而且提出运动守恒原理,使宇宙处在永恒的机械运动之中。在第二种意义上,笛卡尔也是一位很突出的机械论者,他认为人造的机器与自然界中的物体没有本质的差别。他相信,人体本质上是一架机器,它的机能均可以用力学加以解释。

笛卡尔的机械自然观,在内容上是与建立在亚里士多德学说上的中世纪世界观完全对立的。在笛卡尔的体系中,所有物质的东西都是为同一机械规律所支配的机器,动物、植物和无机物如此,人体也是如此;这样他就排除了那种认为自然界总是按照一定的等级制度构成的传统概念,排除了那种认为世间万物形成一条巨大的链条,这条链条从处在宇宙边缘的至善至美的上帝开始,经过天上等级高低不同的天神天使,直到地上各种不同

---

① 《十六—十八世纪西欧各国哲学》,北京大学哲学系外国哲学史教研室编译,商务印书馆 1958 年版,第 76 页。

② 《马克思恩格斯全集》(第 1 版)第 2 卷,人民出版社 1957 年版,第 163 页。

③ 同上书,第 163—164 页。

等级的人、动物、植物和矿物为止的观念。在笛卡尔看来,这个世界并不像经院哲学家们所说的那样是异质的,是由各种不同的物体安排而成的,相反,无机界和有机界是由在质上相同的物体组成的一个同源的机械体系,其中每一物体都遵循着为数学方法的分析所揭示的机械规律。除了机械的世界外,笛卡尔认为还有一个精神的世界。于是,他达到一种明确的二元论。一方面有自然的物质世界,它的本质是广延;另一方面则有内在的思想王国,人只是属于靠着他的灵魂才参与的物质实在,心灵的本质属性是思维。"从笛卡尔的时候起,这种二元论就成了欧洲人思想里的一种根本看法。"①

在笛卡尔看来,物是真正死的东西,除了在开始时从上帝得到的运动之外,物不能再有其他活动。笛卡尔认为自然在整体上由规律支配,而他把自然规律和机械原理看成是同一回事;上帝完全通过在太初时确定下来的"自然规律"来统治宇宙。一旦宇宙创造出来,神就不再干涉他所创造出来的这部自动机器了。世界上物质的总量和运动的总量是常量,是永恒的;"上帝所赋予自然的规律"也是如此。中世纪的人们认为上帝在参与宇宙日复一日、年复一年的活动,上帝委派各种等级的天神天使推动天体运行,同时还不断观察并指导地球上的一切事件。异常事物,如奇迹或彗星出现那样的不祥之兆(当时认为彗星的出现是神或者魔鬼对宇宙过程的正常运动所进行的干扰)特别引起当时人们的注意。但 17 世纪的人们则对进行事件的正常活动感兴趣,想要发现它们具有"规律性"的运行方式。异常事变,如公元 1572 年的新星和公元 1577 年的彗星,当时就被看作是科学的问题而不是神学上的宣讲事例。而这些异常事变,导致那些不能解释它们发生原因的理论体系遭到人们的抛弃。②

但是,在笛卡尔对运动和静止的理解中,也包含着丰富的辩证思想。他在承认上帝创造物质和运动的前提下,用物质微粒的旋涡运动来说明天体的形成和演化过程;认为我们所知觉的那些物质本身所有的性质都是由物质各部分的运动所产生的。所以,他自豪地说:给我物质和运动,我将为你构造出世界来。同时,他认为整个宇宙中运动的量是不变的;这是近代物理学史上对运动守恒定律的最早表述。他还认为运动是绝对的,静止是相对的,如人在行驶的船上,相对于船而言,人是静止的;但船是运动的,地

①　斯蒂芬·F.梅森:《自然科学史》,上海外国自然科学哲学著作编译组译,上海人民出版社 1977 年版,第 159 页。
②　同上书,第 159—160 页。

球也是运动的。所以他说,"全宇宙并没有真正静止的点","我们会因此断言,任何事物,除了在我们思想中使之不变外,都没有恒常的位置。"①这些辩证思想丰富了运动和静止这对范畴的内容。

17世纪的哲学家在力学基础上提出的机械的运动观,在英国科学家和哲学家牛顿那里系统化了。牛顿概括了哥白尼以来力学发展的成就,提出了适用于天体位移运动和地球物体机械-位移运动的三个定律和万有引力定律,建构起能够正确地解释宏观低速范围内的机械-位移运动现象的牛顿力学体系;这是自然科学发展中的一大进步。由于牛顿力学把运动着的物质抽象为两种东西:一种是脱离运动的物质,一种是脱离物质的运动,并认为运动的源泉是外面作用于物体的"力";因此,理论中有两个基本概念:质量和力。质量的根本特征是"惯性",力是从外面作用于物体使之发生运动的源泉;从而把形而上学机械论发展到更彻底的程度。

太阳系里的所有行星的运行方向完全相同,而且轨道面大致在同一个平面内,这是一个十分引人注目的特征。牛顿反对笛卡尔关于天体起源于物质粒子的旋涡运动的假说。牛顿把太阳和行星运动的现状当成永恒的,在试图单纯用力学原理加以解释而解释不通时,提出了"上帝的第一次推动"假定。按照牛顿力学,如果某个行星在它的轨道上单纯受太阳向心引力作用的话,它就会落向太阳。但实际上,行星并没有落向太阳,而是绕太阳在轨道上作椭圆运动。这说明,行星除了受向心引力作用外,一定还受一个切线力的作用。如果这个切线力大小适当,那么按力的平行四边形法则,结果行星既不落向太阳,也不沿切线方向飞去,而是沿合力方向,绕日转动。牛顿认为,引力已有来源,这就是行星与太阳间的万有引力,但是这个"大小适当"的"切线力"就没有来源了。牛顿最后只好说,"重力可以使行星运动,然而没有神的力量就决不能使它们作现在这样的绕太阳而转的圆周运动。因此,由于这个以及其他原因,我不得不把我们这系统的结构归之于一个全智的主宰。""没有神之助,我不知道自然界中还有什么力量竟能促成这样横向运动。"②他认为,只有那万能的上帝才明了天体的质量、距离和引力,最后作出了切线力来自于"神的第一次推动"的唯心主义结论。

牛顿把机械-位移运动区分为绝对运动和相对运动;除了相对运动

---

① 笛卡尔:《哲学原理》,关文运译,商务印书馆1958年版,第40页。
② H. S. 塞耶编:《牛顿自然哲学著作选》,上海外国自然科学哲学著作编译组译,上海人民出版社1974年版,第62页。

以外,还特别注意绝对运动。他写道:绝对运动是物体由一个绝对处所迁移到另一个绝对处所。牛顿的绝对运动观念是从关于存在着绝对空间和时间的论断出发的,而所谓绝对空间和时间就是不动的绝对的处所,物体与之相对进行绝对运动。牛顿也承认相对运动,但是因为相对运动随着参照系的变化而变化,依赖于参照系的选择,所以它不是现实的、真实的运动。20 世纪初相对论的建立,否定了牛顿的形而上学绝对运动观念。

18 世纪初,德国唯心主义哲学家莱布尼兹认识到机械唯物主义运动观的缺陷,提出实体能动说来理解运动和静止这对范畴。莱布尼兹认为,机械论把物质实体看成是僵死的,因而不得不用外力推动来说明事物的运动变化,这是和独立存在的实体观念不符的。他说:"实体(物质的或非物质的)是不能光就它的没有任何能动性的赤裸裸的本质来设想的。能动性是一般实体的本质。"①但是,莱布尼兹认为,这种能动的实体不可能是物质本身,而只能是神秘的精神性的单子——单子本身具有能动的力,这种力归根到底就是欲望的推动力。在他看来,每个单子也就是一个力的中心;每个单子都是"有生命的点"或"特种的灵魂"。单子具有不同程度的知觉,形成各种不同质的物体。事物的运动变化,就是单子的知觉由模糊、混乱到明白、清楚或相反的变化过程。所以,列宁指出:"莱布尼兹通过神学而接近于物质和运动的不可分割的(并且是普遍的、绝对的)联系的原则。"②

莱布尼兹强调运动变化的连续性,肯定"自然界从来不飞跃"。也就是说,任何运动都要经过无数个中间阶段,"从来没有一种运动是从静止中直接产生的,也不会从一种运动直接就回到静止,而只有经过一种较小的运动才能达到,正如我们决不能通过一条线或一个长度而不先通过一条较短的线一样"③。所以,他认为宇宙间没有绝对静止的事物,所谓静止只是运动速度无穷小而不为人所觉察的一种状态。可见,莱布尼兹在唯心主义基础上强调了实体的能动性,运动的绝对性和变化的连续性。

18 世纪初,英国的自然神论者在唯物主义基础上提出了物质能动性的思想。如托兰德指出,物质不仅具有广延性,同样也必然具有能动性。

---

① 《十六—十八世纪西欧各国哲学》,北京大学哲学系外国哲学史教研室编译,商务印书馆 1958 年版,第 328 页。
② 《列宁全集》(第 2 版)第 55 卷,人民出版社 1990 年版,第 60 页。
③ 《十六—十八世纪西欧各国哲学》,北京大学哲学系外国哲学史教研室编译,商务印书馆 1958 年版,第 318 页。

在他看来,17世纪哲学的主要缺点是把运动和物质分离;"从这个似乎为物质所特有的绝对静止的原理产生出其他许多错误观点,即:运动是从外面带进物质的;物质是由互不依赖的各部分构成的;存在着空虚的、没有物质的空间;最后,一切物质都是有生命的(物活论)。"①与过去的唯物主义者相比较,托兰德有一个新论点,这就是他认为运动是物质的属性,是必然为物质所固有并和物质密切相联系的质,物质没有运动就不能存在。在托兰德的运动的观点中,包含着关于物质的内在能动性的猜测:运动是和具有内在能动性的物质不能分离的。这种为物质内部所固有的力量既决定着整个世界的运动,也决定着世界的个别部分在空间的位移。托兰德断言,任何物体都不是绝对静止的,任何静止都是相对的。

托兰德认为物的一切变化,其中包括它们在空间的运动,只是物质的内在能动性的变形;物质是由原子构成的,虚空并不存在;宇宙是物质中的旋风或旋涡系统的系统。他驳斥了唯心主义者和极端的机械论者关于物质是迟钝的和绝对静止的这些臆测,他说:能动性是物质的本质特性,因为物质是所有变形(这些变形称为空间运动、变化、差别和多样性)的实在的主体;物质不动或僵死的概念所借以建立起来的绝对静止,已经作为空洞的虚构,被彻底粉碎和揭穿了。

当然,在托兰德那里,运动仍然主要指物体的位置移动,他并没有摆脱机械论的束缚。托兰德断言:世界上除了位移而外不可能产生任何新东西,万物由于位移而出现和消失(通过产生、生长、变化等等运动),所以一切区别不过是各种运动的名称。托兰德反对物活论关于物质的每一个部分都在思想的原理,他断言,思维只有通过大脑的活动才能实现。托兰德不承认僵死的物质,认为甚至石头都是活着的,不过是以一种特殊的、和有机物质不相同的生活方式活着的。同时他认为把意识赋予整个自然界的作法是荒谬的;意识本身是大脑中创造出来、沿着神经运动的特殊物质,即"以太"。托兰德从唯物主义的立场来解释意识的起源,但他的解释是素朴的,简单化的。②

2. 18世纪法国唯物主义运动观

18世纪法国唯物主义的运动观,一方面继承了17世纪资产阶级唯物主义的成就,克服了它的不彻底性,达到了战斗的无神论;另一方面由

---

① 敦尼克等主编:《哲学史》第1卷,中共中央马克思恩格斯列宁斯大林著作编译局译,生活·读书·新知三联书店1958年版,第480页。

② 同上书,第481—482页。

于力学的发展,也使法国唯物主义的机械性达到了顶峰。马克思曾写道:

> 法国唯物主义和英国唯物主义的区别是与这两个民族的区别相适应的。法国人赋予英国唯物主义以机智,使它有血有肉,能言善辩。他们给它以它过去所没有的气概和优雅风度。他们使它文明化了。
>
> 爱尔维修也是以洛克的学说为出发点的,他的唯物主义具有真正法国的性质。爱尔维修也随即把他的唯物主义运用到社会生活方面(爱尔维修"论人")。感性的印象和自私的欲望、享乐和正确理解的个人利益,是整个道德的基础。人类智力的天然平等、理性的进步和工业的进步的一致、人的天性的善良和教育的万能,这就是他的体系中的几个主要因素。
>
> 拉美特利的著作是笛卡尔唯物主义和英国唯物主义的结合。拉美特利利用了笛卡尔的物理学,甚至利用了它的每一个细节。他的"人是机器"一书是模仿笛卡尔的动物是机器写成的。在霍尔巴赫的"自然体系"中,论述物理学的那一部分也是法国唯物主义和英国唯物主义的结合,而论述道德的部分实质上则是以爱尔维修的道德论为依据。还和形而上学保持着最密切联系并为此受到黑格尔赞许的法国唯物主义者罗比耐("自然论"),和莱布尼兹的学说有非常明显的关系。①

17世纪唯物主义者把广延性看作是物质的唯一的根本属性,18世纪法国唯物主义者则把运动同样看作是物质固有的本质属性。他们批判以前的哲学家割裂物质和运动,并由此导致神的第一次推动的观点,论证了物质的能动性、运动是物质的固有属性的观点。拉美特利首先批判了笛卡尔的神是运动的唯一动力因的观点。他指出:"我们无须大量引证就可以明白地看出,物质本身就包含着这种能使它活动的推动力,这种推动力乃是一切运动规律的直接原因。"②爱尔维修认为,自然处于永恒的动荡和解体中,运动和广延一样,为物体所固有,是存在物的原因。他明确指出,运动就是存在物的一种"形式"。狄德罗进一步指出:"根据有些哲学家们的

---

① 《马克思恩格斯全集》(第1版)第2卷,人民出版社1957年版,第165—166页。
② 《十八世纪法国哲学》,北京大学哲学系外国哲学史教研室编译,商务印书馆1979年版,第203页。

看法,物体就其本身说来,是没有活动也没有力的;这是一个可怕的错误,完全违反全部正确的物理学,全部正确的化学;物体就其本身说来,就其固有的性质本身说来,不管就它的一些分子看,还是就它的全体看,都是充满着活动和力的。"①霍尔巴赫给运动下了一个明确的定义:"运动就是一种努力,由于这种努力,一个物体改变或倾向于改变位置,就是说,继续不断地对应于空间的各个不同部分,或是说相对于其他物体地改变着距离。"②进而指出,"唯一能在我们器官和那些内在或外在于我们的事物之间建立关系的,是运动:只是由于运动,这些事物才给我们以印象,我们才能认识它们的存在,判断它们的性质,把它们彼此加以区分,把它们分别归于不同的种类"③。霍尔巴赫写道:

> 简单地说,经过思考的观察使得我们深信:在自然里,一切都是处在不断的运动之中;自然的各个部分没有一个是真正静止着的;总之,自然就是一个活动着的整体,如果它不活动,或是在自然里没有运动,那么,便什么也不能产生,什么也不能保存,什么也不能活动,而自然也就不成其为自然了。所以,在自然的观念中必然包含着运动的观念。不过,人家也许要问我们:那么这个自然又是从哪里获得它的运动的呢? 我们回答:既然自然是一个巨大的整体,在它之外什么也不能存在,因此自然只能从它本身得到运动。我们要说,运动乃是存在的一种形式,它是必然地从物质的本质中产生的;物质由于它自己特有的能力而活动;它的运动则归因于与它密切关联着的一些其他的力;而各式各样的运动以及由运动产生的一些现象,是从原来存在于以自然为其总体的不同的原始物质中的各种特性、性质和配合而来的。

> 大多数物理学家,都把那些只有借助于某种原动力或是外在原因才运动的物体,看作是没有生命的或是缺少自己运动机能的东西;他们相信能够根据这点得出这样的结论:构成物体的物质,从它的本性上看,就是全然没有生气的。虽然他们看到,每当一个物体被投出去,或是阻挡它动作的障碍物撤开的时候,它便以一种等加速度运动下落或向地心接近;但他们并没有从自己的错误结论中清醒过来;他们宁

---

① 《狄德罗哲学选集》,江天骥等译,商务印书馆1983年版,第114页。
② 霍尔巴赫:《自然的体系》上卷,管士滨译,商务印书馆1964年版,第19页。
③ 同上。

愿假设一个连他们自己都没有任何观念的想象的外因,而不肯承认这些物体的运动基于它们自己的本性。①

　　霍尔巴赫把物质的一切变化都归因于运动;认为正是由于运动,一切存在着的东西才产生、变化、增长和消灭。他和其他法国唯物主义哲学家一样,肯定物质是能动的,运动的根源就在于物质本身之内。他在列举了大量的物理、化学的变化和结构,动物的生长、壮大后指出:"所有这些事实,都无可争辩地给我们证明了,运动在物质之内是自行产生、自行增长、自行加速,并不需要任何外因的帮助"②。总之,法国唯物主义者认为运动的源泉在事物的内部,他们严肃批判了神是第一推动力的观点。他们也认为运动的源泉是力,表面看来似乎和牛顿的观点相同,但牛顿把力看作是来源于物体之外,神是第一推动力,而法国唯物主义者相反,认为力是物质本身固有的特性,他们批评牛顿"主张神是运动的唯一动力因,认为神时时刻刻在那里把运动印入一切形体。但是这种看法只不过是他力图与宗教信仰取得调解的一种假设"③。

　　18世纪法国唯物主义者还具体地探讨了物质运动的源泉。狄德罗认为运动有两种基本形式:位置的改变和内在的激动;与此相联系,引起物质运动的能力也有两种:物体外部的推动力和分子内部的力。前一种力是物体之间的作用和反作用,这是会消灭的;后一种力是分子内部固有的,决不会消耗的,所以是不变的、永恒的,它使分子处于永不停止的激动中。他说,"我把目光放在一般的物体上面:我看见一切物体都在作用与反作用中,都在一种形式之下破坏;都在另一种形式之下重新组合;我看见各种各类的升华、分解、化合,各种与物质的同质性不相容的现象;我由此得出结论:认为物质是异质的;认为自然中有无数不同的元素存在;认为其中的每一个元素都因其不同之点而有其天赋的、不变的、永恒的、不可毁灭的特殊的力;并且认为物体内部的这些力对物体以外有作用:从这里便产生出宇宙中的运动或普遍的骚动。物体内部的这些力对物体以外有作用:从这里便产生出宇宙中的运动或普遍的骚动。"④霍尔巴赫也把运动分为两种:一种是块体运动,即整个物体的转移;另一种是内在的、隐藏的运动。他进一

---

① 霍尔巴赫:《自然的体系》上卷,管士滨译,商务印书馆1964年版,第26页。
② 同上书,第28页。
③ 《十八世纪法国哲学》,北京大学哲学系外国哲学史教研室编译,商务印书馆1979年版,第203页。
④ 《狄德罗哲学选集》,江天骥等译,商务印书馆1983年版,第117页。

步说明,第一种运动是由外来的原因引起的,所以又称为"获得的运动";第二种运动是依赖于物体的分子运动的本质、配合、作用与反作用,所以又可称为"自发的运动"。但是,他们关于物质内部具有力的观点仍然只是猜测,而不是建立在科学实验的基础上的。

某些18世纪法国唯物主义哲学家没有像17世纪哲学家那样,把运动归结为位置移动,而是认为运动包含物体的一切变化、活动和发展。特别是狄德罗概括了当时生物学中朴素的进化观念,猜测到物质进化、发展的思想。在他看来,整个物种像每一个植物或动物一样,都有开端、成长、延续、衰颓和消逝。他认为有机物是由无机物发展而来的。这种朴素的进化和发展观尽管还缺乏科学的论证,然而它是对运动范畴的重大发展。

总的说来,法国唯物主义的运动观肯定了运动是物质的固有属性,运动和物质是不可分割的,运动是绝对的,静止是相对的,物质内部具有运动的力等等;克服了17世纪哲学家割裂物质和运动,把运动完全归于外因推动,并由此得出"第一推动力"的错误。但是,18世纪法国唯物主义者还不可能彻底摆脱机械论的局限性。有的仍然把一切运动形式都归结为机械运动。例如拉美特利就把人比作一架巨大的、极其精确、极其巧妙的钟表。在他看来,人和动物的差别,只不过是人这种机器比动物"多几个齿轮""多几条弹簧"罢了。恩格斯指出:"仅仅运用力学的尺度来衡量化学性质的和有机性质的过程(在这些过程中,力学定律虽然也起作用,但是被其他较高的定律排挤到次要地位),这是法国古典唯物主义的一个特有的、但在当时不可避免的局限性。"[①]

四、德国古典哲学的运动观

18世纪末至19世纪初,资本主义社会生活的急剧变革和自然科学的发展,动摇了机械的运动观,促使哲学家们开始辩证地探讨物质的运动、变化和发展问题。从康德开始的德国古典哲学,批判了形而上学的运动观,探讨了宇宙的发展史,特别是分析了人类意识、精神的发展过程,提出了辩证的发展观。

在僵化的形而上学自然观上打开第一个缺口的,是康德于1755年提出的有关太阳系起源的星云假说。因为康德的假说已经把太阳系理

---

① 《马克思恩格斯选集》第四卷,人民出版社1995年版,第228页。

解成为一个运动、发展、变化的过程。康德研究的问题是："要在整个无穷无尽的范围内揭示把造化的各个巨大环节联系起来的系统性,要运用力学规律从大自然的初始状态推演出天体自身的形成及其运动的起源"①。他追求的目标是"联系起来的系统性"和"天体自身的形成及其运动的起源"。这表明康德不再把自然界看作一个既成事物,而是看成一个发展过程;不再用孤立、静止的方法,而是用联系、发展的观点来研究自然界了。康德认为所有的天体都有从起源到消亡的过程,"因为有这样一个自然规律:凡是有开端的东西,都将不断地接近其衰亡"②。针对牛顿只讲吸引不讲排斥的失误,康德认为排斥与吸引同样简单、同样确实、同样基本、同样普遍;他用这两种作用来说明天体的起源过程。他说:"如果秩序井然且美好的世界结构只是服从其普遍运动规律的物质的一种结果,如果各种自然力的盲目机械性能从混沌中如此美妙地发展出来,并自动地达到如此的完善性,那么,人们在观察世界大厦之美时所得出的神性创造者的证明就完全失效了。大自然本身就够了,神的统治是不必要的。"③他反对上帝"直接插手",反对一只"外来的手";这只"手"就是牛顿所说的上帝的"第一次推动"。恩格斯把康德的这个学说称做是从哥白尼以来天文学取得的最大进步,认为自然界在时间上没有任何历史的那种观念,第一次被动摇了。恩格斯指出:"如果说大多数自然研究家对于思维并不像牛顿在'物理学,当心形而上学啊!'这个警告中那样表现出厌恶,那么他们一定会从康德的这个天才发现中得出结论,从而避免无穷无尽的弯路,省去在错误方向下浪费的无法估算的时间和劳动,因为在康德的发现中包含着一切继续进步的起点。如果地球是某种生成的东西,那么它现在的地质的、地理的和气候的状况,它的植物和动物,也一定是某种生成的东西,它不仅在空间中必然有并存的历史,而且在时间上也必然有前后相继的历史。如果立即沿着这个方向坚决地继续研究下去,那么自然科学现在就会进步得多。"④

康德认为天体形成和演化的根本原因在于原始物质的内部矛盾,即引力和斥力的对立统一。他指出,在宇宙的原始状态中,物质微粒充满了整个宇宙空间。这些物质微粒具有促使它们相互运动的基本能力,这就是引

---

① 《康德自然哲学文集》(注释版)上卷,李秋零译注,中国人民大学出版社 2016 年版,第162 页。

② 同上书,第 255 页。

③ 同上书,第 162 页。

④ 《马克思恩格斯选集》第四卷,人民出版社 1995 年版,第 267 页。

力和斥力。"吸引作为运动的初始源泉,先于一切运动,不需要外来原因"①,它是没有界限的,普遍存在的。同样地,斥力也到处起作用。引力使密度较小的微粒向引力中心聚集,形成太阳。斥力和引力相结合,使向引力中心运动的方向发生改变,直线运动变成圆周运动。行星就是由圆周轨道上的物质微粒构成的。康德关于引力和斥力在宇宙发展史中作用的论述,在哲学上具有多方面的意义。它不仅用物质本身原因解释了天体的产生,而且在物质范畴和对立统一范畴的发展上也做出了贡献。恩格斯指出过:"康德早已把物质看作吸引和排斥的统一体了。"②

在前批判时期,康德不仅在《宇宙发展史概论》一书中运用对立统一的观点说明天体的形成,而且在《将负值概念引入世俗智慧的尝试》一文中从理论上研究了对立统一,探讨了逻辑上的对立面和现实的对立面的区别。他写道:

> 相互对立的东西是:其中一个取消通过另一个而设立的东西。这种对立是双重的;要么是由于矛盾而是逻辑的,要么是实际的,即没有矛盾。
>
> 第一种对立,即逻辑上的对立,是人们迄今为止惟一瞩目的对立。它在于对同一事物同时肯定和否定某种东西。这种逻辑结合的结果,就像矛盾律所说的那样,是什么也不是(否定的、不可想象的无)。一个在运动中的物体是某种东西,一个不在运动中的物体也是某种东西(可以设想的东西);然而,一个在运动中并在同一个理解里面同时不在运动中的物体,就什么也不是。
>
> 第二种对立,即实际的对立,是这样一种对立:此时一个事物的两个谓词相互对立,但并不通过矛盾律。在这里,一个取消了通过另一个而设定的那种东西;但结果却是某种东西。一个物体朝向某个地方的运动力和同一个物体朝相反方向的同等努力并不相互矛盾,它们作为谓词在一个物体中同时是可能的。它们的结果就是静止,而静止是某种东西(可以想象的东西)。③

---

① 《康德自然哲学文集》(注释版)上卷,李秋零译注,中国人民大学出版社2016年版,第225页。
② 《马克思恩格斯全集》(第1版)第20卷,人民出版社1971年版,第410页。
③ 《康德自然哲学文集》(注释版)下卷,李秋零译注,中国人民大学出版社2016年版,第766页。

康德的上述文字,阐述了逻辑上的对立面和现实的对立面的区别。在逻辑上,两个对立的判断不可能同时都是真的,两个判断的相互排斥不会得出任何结果。现实的对立面则是另外一回事。现实的对立面则是两种相反方向的力。二者虽然也是互相排斥,但这种排斥不是毫无结果,而是某种东西。两个相反方向的力作用于一个物体,即会使物体静止。康德认为,这种对立面不仅在自然界而且在人的行为中也存在着,在我们周围世界中比比皆是。他还以"冷""热"概念的"对立统一",说明"实际对立的概念在实践的世俗智慧中也有有益的运用。"①他写道:

> 我们还想从自然科学中借用一个例子。……一个著名的问题是:冷是否需要一个肯定的原因,或者说,冷是否作为阙失可以归因于热的原因不在场呢?就它有助于我的目的而言,我在此稍事逗留。毫无疑问,冷自身是热的否定,很容易看出,它自身没有肯定的理由也是可能的。但同样很容易就可以理解的是,它也可以出自一个肯定性的原因,现实地有时产生自某种东西,无论人们为了一种热的起源的见解把这种东西假定为什么。在自然界中,没有绝对的冷,当人们谈到冷时,都是相对地理解它的。……如果物体中间的火元素在某个空间里处在平衡中,那么这些物体相比之下就既不冷也不热。如果这种平衡被取消,那么,火元素过渡进入的那种物质相对于由此被黜夺火元素的物体就是冷的,而后者与此相反,由于把这种热的物质出让给前者,相对于前者就叫做热的。在这一变化中,就前者而言就叫做变热,就后者而言就叫做变冷,直到一切又恢复平衡。②

从上可见,康德在前批判时期,对"对立统一"做了研究。他承认在客观世界中存在着对立面,对立面的斗争可以产生出积极的结果。

在批判时期,康德关于对立和统一的观点主要集中在他的著名的"二律背反"学说里;他提出了四组著名的"二律背反":第一组是有限与无限的对立;第二组是单一与复合的对立,也就是间断性和连续性的对立;第三组是自由和必然的对立;第四组是必然与偶然的对立。康德认为,人们用理性认识有关世界的总体问题时,必然陷入不可解决的矛盾之中,即"二律背

---

① 《康德自然哲学文集》(注释版)下卷,李秋零译注,中国人民大学出版社2016年版,第774页。

② 《康德自然哲学文集》(注释版)上卷,李秋零译注,中国人民大学出版社2016年版,第185—186页。

反";这种矛盾,既不是可以纠正的逻辑错误,也不是来自感觉经验中的假象,而是理性在进行认识活动时必然产生的,是不可避免的。换言之,康德认为作为现象的条件系列的绝对的统一的世界("物自体")并不是一个经验;一旦把只能运用到经验上的范畴运用到"物自体"上面,矛盾就会必然发生。由此可见,康德已经认识到理性认识中的矛盾不是偶然出现的,而是不可避免的。但是,康德不仅没有说矛盾是事物发展的动力,而且认为事物有了矛盾是不幸的事情;他由理性矛盾做出了要限制人的认识能力的消极结论。

康德不承认理性矛盾的积极意义,也没有在一切概念间的本质关系上建立起对立统一的观念。然而,对于康德的"二律背反"在对立与统一范畴史上的贡献,黑格尔的认识是,"这种思想认为知性的范畴所引起的理性世界的矛盾,乃是本质的,并且是必然的,这必须认为是近代哲学界一个最重要的和最深刻的一种进步。"①

在对立统一的学说上,费希特比康德前进了一步。费希特也探讨了变化发展问题。他说:"自然在自己的永恒转化中迅速前进着,当我还在谈我所观察到的瞬刻时,它已经消逝不见了,一切也都起了变化,在我能够把握这瞬刻以前,一切又都成为另一个样子。一切东西并不总是像它们过去那样,也不总是像我现在把握的那样;它们是变成这样的。"②在费希特看来,自然、社会和人类思维的发展都是同一种原始的力量的和谐发展;这种原始力量即绝对"自我"。这个绝对"自我"是理性和意志统一的精神实体,是产生万物的本原——它设定"自我"和"非我",由于"自我"和"非我"的相互依存、相互限制的对立斗争,"自我"才能认识自己和改造客观世界,达到"自我"和"非我"的统一,并由此推演出整个世界的观念来。这种主观唯心主义的发展观,克服了康德在认识过程中否认矛盾的形而上学,把"自我"和"非我"的对立统一看成是思维发展的规律。这种把矛盾看成是推动精神发展的辩证法,为谢林和黑格尔所继承和发展。

在费希特之后,谢林则创立了客观唯心主义的"同一哲学"。他提出,最高本原是存在和思维、物质和精神、客体和主体的绝对同一。在这个原始的绝对同一中没有任何差别。由于绝对同一的不自觉的盲目活动,才把自己同自己区别开,产生出存在和思维、物质和精神、客体和主体的差别和矛盾,从而产生出世界的万事万物。最后,整个世界以绝对同一为归宿。

---

① 黑格尔:《小逻辑》,贺麟译,商务印书馆1980年版,第131页。
② 费希特:《人的使命》,梁志学、沈真译,商务印书馆1982年版,第8页。

十分明显,谢林的绝对同一只不过是上帝的别名而已;这样一个无差别、无矛盾的绝对同一,也是一个形而上学的怪物。但是,应该肯定,在谢林的同一哲学中也有合理的辩证思想。

首先,在谢林看来,事物发展过程就是产生矛盾和解决矛盾的过程。尽管谢林认为自然界最初是没有任何差别的同一,然而他又认为在无所不包的同一性的范畴之外,不可能有任何东西。因此,与同一相对立的差别,就应该包含在同一本身;同一中就应该有对立。于是,自然界就不再是纯粹的同一性,而具有了两重性。两重性中又有统一性,统一性中又有新的两重性,自然界就是在这样的过程中发展的。谢林认为,自然界的发展经历了三个阶段:质料、物质、有机界。他和康德一样,认为斥力和引力是最初的力。但是,他认为引力和斥力的综合是重力,只有重力才是真正的创造力,只有通过它才能完成"物质的构造"。

其次,谢林明确地论述了对立面的斗争和统一是一切运动的源泉。他说,"对立在每一时刻都重新产生,又在每一时刻被消除。对立在每一时刻这样一再产生又一再消除,必定是一切运动的最终根据。这条原理是动态物理学的基本原理,同各门附属科学的所有基本原理一样,在先验哲学里拥有它自己的地位。"[①]

黑格尔批判地继承了康德、费希特和谢林关于对立与统一的思想,成为欧洲哲学史第一个在唯心主义基础上自觉地系统阐述了对立统一规律的哲学家。恩格斯指出:"这种近代德国哲学在黑格尔的体系中完成了,在这个体系中,黑格尔第一次——这是他的伟大功绩——把整个自然的、历史的和精神的世界描写为一个过程,即把它描写为处在不断的运动、变化、转变和发展中,并企图揭示这种运动和发展的内在联系。"[②]

黑格尔强调矛盾是运动的源泉。他认为矛盾"是一切自己运动的根本,而自己运动不过就是矛盾的表现。"[③]"矛盾是推动整个世界的原则"[④]。黑格尔把整个世界理解为一个既对立又统一的发展过程,他的整个哲学体系可以说就是对这样一个过程的描述。他指出:"可以在一切种类的对象中,在一切的表象、概念和理念中发现矛盾。认识矛盾并且认识对象的这种矛盾特性就是哲学思考的本质。这种矛盾的性质构成我们后来将要指

---

① 谢林:《先验唯心论体系》,梁志学、石泉译,商务印书馆 1976 年版,第 166—167 页。
② 《马克思恩格斯选集》第三卷,人民出版社 1995 年版,第 362 页。
③ 黑格尔:《逻辑学》下卷,杨一之译,商务印书馆 1976 年版,第 66 页。
④ 黑格尔:《小逻辑》,贺麟译,商务印书馆 1980 年版,第 258 页。

明的逻辑思维的辩证的环节。"①

黑格尔批判了"自然界中没有飞跃"的观念,揭示了运动的实质:"变化从来都不仅是从一个大小到另一个大小的过渡,而且是从质到量和从量到质的过渡,是变为他物,即渐进过程之中断以及与先前实有物有质的不同的他物。""单纯的渐进过程突然中断了,遏止了,另一状态的出现就是一个飞跃。一切生与死,不都是连续的渐进,倒是渐进的中断,是从量变到质变的飞跃。"②他把运动的实质视为"一物变为他物"的质变,是新事物的产生,这就突破了法国唯物主义的机械论的局限,对运动的概念做了辩证法的解释。

黑格尔还概括当时的自然科学成果,把自然界区分为"机械性""物理性""有机性"等几个发展阶段。虽然他谈的并不是自然界本身的运动发展,而是潜在于自然界背后的概念之间联系和运动发展,但也在唯心主义立场上否定了机械论,承认并论述了自然界运动形式的多样性。恩格斯指出:"黑格尔(最初的)分类:机械论、化学论、有机论,对当时来说是完备的。机械论:物体的运动;化学论:分子的运动(因为这里也包括物理学;而且两者——物理和化学——都属于同一层次)和原子的运动;有机论:物体的运动和上述两种运动不可分地在一起。因为有机论无疑是把力学、物理学和化学联结为一个整体的更高的统一,在这里三位一体是不能再分离的。在有机体中,机械运动直接由物理变化和化学变化引起,营养、呼吸、排泄等等是如此,纯粹的肌肉运动也同样是如此。"③

不过,黑格尔认为,绝对精神是造物主,世界上的一切事物都是在它的运动过程中产生出来的。在这个运动过程中,绝对精神首先把自己异化为对象,产生了自然界;接着,又克服自己与对象的对立,回复到自身,于是出现了人类社会和国家;最后,在科学(即哲学)里绝对精神把自己理解为绝对精神。这就是黑格尔所理解的世界是一个既对立又统一的发展过程。由于黑格尔把精神看作是世界及其运动发展的本质和灵魂,认为自然和社会本身是没有能动性的,它们不过是精神、概念运动的外在表现,因此,他仅仅是在阐述精神、概念的运动发展中,不自觉地猜测到了自然和社会的运动和发展。所以,他的运动观是辩证法的精华和唯心主义的糟粕混杂在一起的。尽管如此,黑格尔关于矛盾是运动和发展源泉的观点,对克服形

① 黑格尔:《小逻辑》,贺麟译,商务印书馆 1980 年版,第 132 页。
② 黑格尔:《逻辑学》上卷,杨一之译,商务印书馆 1966 年版,第 403—404 页。
③ 恩格斯:《自然辩证法》,于光远等译编,人民出版社 1984 年版,第 150—151 页。

而上学机械论、建立辩证法的运动观，具有决定意义。

五、辩证唯物主义运动观

19世纪初，资本主义国家的阶级矛盾和斗争日益尖锐化。历史证明，资本主义制度不是"最完善""最理想"的制度，它一定要被新的社会制度所代替。这时，自然科学也获得了巨大的进步，特别是细胞学、能量守恒与转化定律、达尔文进化论三大发现，说明自然科学已经从收集材料进入整理材料阶段，它以丰富的成果，大致描绘出一幅关于自然界普遍联系和发展的图画。这时，"新的自然观就其基本点来说已经完备：一切僵硬的东西溶解了，一切固定的东西消散了，一切被当作永恒存在的特殊的东西变成了转瞬即逝的东西，整个自然界被证明是在永恒的流动和循环中运动着。"①同自然界一样，人类社会也表现为"自然历史过程"；辩证唯物主义应运而生。

辩证唯物主义哲学是马克思主义经典作家批判地继承德国古典哲学的优秀成果，在对黑格尔哲学和费尔巴哈哲学辩证否定的基础上建立起来的——用唯物主义改造黑格尔的唯心主义辩证法，剥掉了黑格尔哲学的唯心主义外壳，批判地吸收了它辩证法的合理内核；用辩证法改造以前的唯物主义，并辩证唯物地概括和总结了当时自然科学的既有成就和工人运动的丰富经验；通过理论创新，实现了哲学发展中的质的飞跃和人类认识史上的空前大革命。只有在唯物主义基础上建立起来的辩证法，才是如实反映客观世界的科学的辩证法；只有辩证唯物主义才阐明了科学的运动观。

在马克思主义以前的唯物主义中，运动概念是在"狭隘的"意义上，作为机械运动概念，即客体空间位移的概念使用的。在马克思主义哲学中，运动概念是在"广泛的"意义上，作为任何变化这个概念使用的。恩格斯写道，"运动，就它被理解为存在方式，被理解为物质的固有属性这一最一般的意义来说，囊括宇宙中发生的一切变化和过程，从单纯的位置变动起直到思维。"②而物质的属性，在马克思主义以前的唯物主义中，严格地说，不是变化，而是移动；这是同把稳定性和不变性绝对化了的哲学的形而上学性质一致的。在18世纪唯物主义中，一些专门学科的观念，主要是力学观

---

① 《马克思恩格斯选集》第四卷，人民出版社1995年版，第270页。

② 同上书，第346页。

念,已经本体论化了。在 17 世纪至 18 世纪力学的占优势的发展、它在解释某些非力学现象(如热能现象)中所获得的成就,引起了从力学概念的角度解释一切自然现象的奢望。这种奢望的破灭,使学者们不仅对机械论,而且对唯物主义感到有些失望,他们当中很多人都认为,唯物主义是长期和机械论牢固地联结在一起的。

与形而上学的运动观念相反,辩证唯物主义认为,运动(=变化)是物质的存在方式,是物质固有的不可分离的属性。恩格斯强调指出:"没有运动的物质和没有物质的运动一样,是不可想象的。因此,运动和物质本身一样,是既不能创造也不能消灭的"①。

把运动理解为一般变化,就可以防止像马克思主义以前的唯物主义那样把运动的多种多样的形式归结为某一种形式。同时,运动是属性,这一点不表现在"运动本身"的存在中,而始终只表现在运动的具体形式中。运动作为物质的属性是运动的一切具体形式所固有的那种普遍的东西。与马克思主义以前的唯物主义不同,辩证唯物主义把运动看作相对运动和绝对运动的矛盾的统一。运动的绝对性是指运动的普遍的、作为物质固有属性的性质。运动表现为物质的存在方式,而且运动的绝对性是在相对的、具体的形式中实现的。

作为"马克思主义理论研究和建设工程重点教材"的《马克思主义哲学》教科书,对辩证唯物主义运动观作出了如下论述:

> 运动是标志物质根本属性的哲学范畴。它概括了一切形式的变化和过程的本质,从最简单的位移到各种复杂的物理、化学、生物和社会的变化,直到人的思维这种最复杂的活动。运动就是一般的变化。
>
> 世界是永恒运动着的物质世界。运动是物质不可分离的根本属性,任何物质存在形态,从微观粒子到人类社会,无不处在运动之中。物质和运动是不可分离的。物质不能脱离运动而存在;同样,运动也不能脱离物质而存在。不能设想没有物质的运动,也不能设想没有运动的物质。物质运动是绝对的、永恒的,既不能被创造,也不能被消灭,它只能从一种形式转化为另一种形式。
>
> 物质也存在某种相对的静止状态。相对静止有两种表现形式:一是事物在它发展的一定阶段和一定时期,具有质的稳定性,在这个阶段和这个时期,它的性质基本不变。一是在特定条件下事物之间的相

---

① 《马克思恩格斯选集》第三卷,人民出版社 1995 年版,第 400 页。

互关系没有发生变化,如物体之间的空间关系、人们之间的社会关系未发生变化。但这种性质、相互关系的未发生变化,只是相对于特定条件而言的,静止只能是事物运动的一种特殊表现形态。总之,运动是绝对的,静止是相对的。承认绝对的静止,就无法解释运动的产生,就必定要设想一个"不动的原动者"之类作为原动力,从而陷入神秘主义。①

在阐述"矛盾是一切现实存在着的事物及其运动过程的本质"时,该书写道:

> 所谓事物的本质包含矛盾,就是说一个事物不仅在本质上与自身是同一的,而且在本质上与自身又是对立的。只有承认每一事物的本质中都包含着肯定自身和否定自身两种对立的因素,才能把事物的运动理解为是事物自己的运动,才能真正达到对事物的辩证理解。"要认识在'自己运动'中、自生发展中和蓬勃生活中的世界一切过程,就要把这些过程当作对立面的统一来认识。"②

六、辩证机械-位移运动观的产生与重建问题

在辩证唯物主义运动观得到系统地全面地阐述之时,人们对其思想源头追溯到:两千多年前的赫拉克利特;因为他最早表达了世界在永恒的变化过程中、万物运动变化的源泉在于事物内部的对立面的斗争等观念。那么,辩证机械-位移运动观的源头又该追溯到哪里呢? 换言之,是谁最早表述了辩证机械-位移运动观的核心思想呢? 毋庸讳言,源头在黑格尔的《逻辑学》,在黑格尔对芝诺运动悖论的解答,在"黑格尔位移运动矛盾表述"。按照辩证唯物主义运动观的逻辑,辩证机械-位移运动观不仅认为机械-位移运动是现实的、客观的存在,而且认为每一事物的机械-位移运动的本质中都包含着肯定自身和否定自身两种对立的因素;由此,把事物的机械-位移运动"理解为是事物自己的运动","把这些过程当作对立面的统一来认

---

① 《马克思主义哲学》编写组:《马克思主义理论研究和建设工程重点教材:马克思主义哲学》,高等教育出版社、人民出版社 2009 年版,第 58 页。

② 同上书,第 125 页。

识"。历史上，赫拉克利特最早作出了"我们不能两次踏入同一条河流"的论断，但这只是表达了"事物的机械-位移运动是现实的、客观的存在"，包含着绝对运动与相对静止存在某种关系的思想；他并没有把河水的流动"这些过程当作对立面的统一来认识"。而康德，尽管最早用"排斥与吸引"这"两种"机械-位移运动过程的对立与统一来解释太阳系的起源，但是，他并没有解释"一种"机械-位移运动过程何以能够形成，没有说明"每一事物的本质中都包含着肯定自身和否定自身两种对立的因素"。历史上，黑格尔从时间与空间这两个概念的对立与统一去认识和理解物体的机械-位移运动过程；从空间是连续性与间断性的统一、时间是连续性与间断性的统一，进而得出物体的机械-位移运动过程是连续性与间断性的统一，并且将其用于解答芝诺运动悖论，指出"运动就是实有的矛盾本身"。因此，黑格尔首先从客观唯心主义角度阐述了物体机械-位移运动"本质中都包含着肯定自身和否定自身两种对立的因素"，成为表达辩证机械-位移运动观核心思想的第一人。（黑格尔的机械-位移运动矛盾观，本书的第三章进行了专门的阐述和讨论。）

黑格尔的机械-位移运动矛盾观，在其《逻辑学》《自然哲学》《哲学史讲演录》等著作中都有不同侧重的表述。在《逻辑学》一书中，核心表述是："矛盾不单纯被认为仅仅是在这里、那里出现的不正常现象，而且是在其本质规定中的否定物，是一切自己运动的根本，而自己运动不过就是矛盾的表现。外在的感性运动是矛盾的直接实有。某物之所以运动，不仅因为它在这个'此刻'在这里，在那个'此刻'在那里，而且因为它在同一个'此刻'在这里又不在这里，因为它在同一个'这里'同时又有又非有。我们必须承认古代辩证论者所指出的运动中的矛盾，但不应由此得出结论说因此没有运动，而倒不如说运动就是实有的矛盾本身。"①在《自然哲学》一书中，核心表述是："在运动里，空间设定其自身为时间的，时间设定其自身为空间的；芝诺的悖论否认了运动，如果把地点弄成孤立的空间点，把瞬间弄成孤立的时间点，这个悖论就不可能解决；这个悖论的解决，即运动，只能理解为这样：空间和时间在自身都是连续的，自己运动的物体同时在同一个地点又不在同一个地点，即同时在另一个地点，同样，同一个时间点同时存在又不存在，即同时是另一个时间点。"②在《哲学史讲演录》一书中，核心表述是："运动的意思是说：在这个地点而同时又不在这个地点；这就是空间

① 黑格尔：《逻辑学》下卷，杨一之译，商务印书馆1976年版，第66—67页。
② 黑格尔：《自然哲学》，梁志学等译，商务印书馆1980年版，第183页。

和时间的连续性——并且这才是使得运动可能的条件。"①这个表述,笔者称为"黑格尔位移运动矛盾表述"。恩格斯在1876—1878年间完成的《反杜林论》一书中,在反驳杜林"矛盾＝背理,因而它在现实中是不可能出现的"断言时,在采纳"黑格尔位移运动矛盾表述"的基础上写道:"运动本身就是矛盾;甚至简单的机械的位移之所以能够实现,也只是因为物体在同一瞬间既在一个地方又在另一个地方,既在同一个地方又不在同一个地方。这种矛盾的连续产生和同时解决正好就是运动。"②同时,恩格斯做出了"既然简单的机械的位移本身已经包含着矛盾,那么物质的更高级的运动形式,特别是有机生命及其发展,就更加包含着矛盾"③之"重要论断"。在这里,恩格斯简明扼要、强而有力地论述了辩证唯物主义的"矛盾的客观性和普遍性"原理。这些思想,被列宁、毛泽东等继承与发展。(本书的第四章专门讨论了恩格斯、列宁、毛泽东等经典作家对"黑格尔位移运动矛盾表述"的认识。)

"黑格尔位移运动矛盾表述"是黑格尔基于客观唯心主义的时空观、运动观作出的。在此之前,英国机械唯物主义哲学家托马斯·霍布斯也对时间、空间与机械-位移运动的关系进行过较深入的讨论,他写道:

> 如果我们回想到某件在所谓世界毁灭之前曾经在世界上存在过的东西,或者心里对那件东西有一个影像,而并不设想那件东西是这样或那样,只是设想它存在于心灵以外,那么,我们就立刻有了所谓空间的观念。这当然是一种想象的空间,因为它只是一种影像,可是这正是所有的人称为空间的东西。……现在回到我原来的目的,像这样给空间下定义:"空间"是一个单纯在心灵以外存在的东西的影像;就是说,空间是那样一种影像,在那种影像里面,我们不考虑别的偶性,只考虑它在我们之外呈现。④
>
> 像一个物体在心里留下一个关于它的大小的影像一样,运动的物体也留下一个关于它的运动的影像,也就是关于那个物体从一个空间继续不断地过渡到另一个空间的观念。这个观念或影像,就是我叫做时间的东西(这同普通意见或亚里士多德的定义相去不远)。既然人

---

① 黑格尔:《哲学史讲演录》第一卷,贺麟、王太庆译,商务印书馆1959年版,第289页。
② 《马克思恩格斯选集》第三卷,人民出版社1995年版,第462页。
③ 同上。
④ 《十六—十八世纪西欧各国哲学》,北京大学哲学系外国哲学史教研室编译,商务印书馆1958年版,第80—81页。

人都承认一年是时间,可是并不认为一年是某个物体的偶性或性质,所以他们一定要承认时间并不在我们以外的事物里,而只是在心灵的思想里。……年、月、日除了是我们心里所作的这种计算的名称以外,能够是什么呢?所以时间是一种影像,不过是运动的一种影像。因为如果我们愿意知道时间经过哪些瞬间渡过,我们就应该利用这种或那种运动,像太阳的运动,钟的运动,滴漏中沙土的运动,或者画条线,想象在那上面有某样东西运动,此外我们根本没有别的方法能用来觉察时间了。然而,我说时间是运动的影像时,我并不是说用这个就足以给它下定义了,因为时间这个语词包含着先与后的概念,或者一个物体的运动中的连续的概念,这是就它先在这里后在那里而言。因此,时间的完全定义是这样的:"时间"是运动中的先与后的影像。这与亚里士多德的这个定义是一致的:时间是依照先与后的运动的数目。由于计数是心灵的一种活动,所以说时间是依照先与后的运动的数目,和说时间是被计数的运动的影像是一样的。但是还有一种定义:时间是运动的度量,却并不那样确切,因为我们是以运动来量时间,而不是以时间来量运动。①

恩格斯曾写道:时间空间与物质和运动这样的名词一样,"无非是简称,在这种简称下,我们把许多不同的、可以感知的事物,依据其共同的属性概括起来",而"物质的这两种存在形式没有了物质,当然都是无,都是只在我们头脑中存在的空洞的观念、抽象"②;将此与霍布斯的上述论述相对照,不难看到基本的一致性。恩格斯的《反杜林论》,是在其"哲学编"的第十二节"辩证法。量和质"中,采纳了"黑格尔位移运动矛盾表述"并作出相关论断。而在此前的第五节"自然哲学。时间和空间"中,恩格斯就作出了"一切存在的基本形式是空间和时间,时间以外的存在像空间以外的存在一样,是非常荒诞的事情"③"没有运动的物质和没有物质的运动一样,是不可想象的。因此,运动和物质本身一样,是既不能创造也不能消灭的"④等著名论断,并据此批驳了杜林的谬论。在恩格斯的观念中,时间和空间是运动着的物质的基本存在形式;"时间是指物质运动过程的持续性、

① 《十六—十八世纪西欧各国哲学》,北京大学哲学系外国哲学史教研室编译,商务印书馆1958年版,第81—82页。
② 恩格斯:《自然辩证法》,于光远等译编,人民出版社1984年版,第108页。
③ 《马克思恩格斯选集》第三卷,人民出版社1995年版,第392页。
④ 同上书,第400页。

间隔性和顺序性,是事物运动节律的体现。任何事物的运动过程总有其存在的持续性,一个运动过程与另一运动过程之间总有一定的间隔,总有一定的顺序,总会体现出某种节律,这些都是时间的体现。……空间是指事物运动的广延性、伸张性。这种广延性、伸张性表现为事物之间的并存关系、分离状态,即事物的体积、形态、位置、排列次序等。空间的特点是三维性,即任何事物的广延、伸张都在三个方向进行,都由长、宽、高三个维度构成。时间和空间作为运动着的物质的基本存在形式,是同物质运动不可分离的。一方面,时间和空间离不开物质运动,离开物质运动的时间和空间是不存在的;另一方面,物质运动也离不开时间和空间,离开时间和空间的物质运动也是不存在的。时间和空间与物质运动的不可分离性,表明了时间和空间的客观性。同物质运动一样,作为物质运动的存在形式,时间和空间不依赖于人的意识而客观存在的。"①由此,可以肯定:恩格斯是在坚持辩证唯物主义的时空观、运动观的基础上采纳"黑格尔位移运动矛盾表述"的。

恩格斯没有评述过"黑格尔位移运动矛盾表述"的来源。而黑格尔在《哲学史讲演录》作出的议论"当我们一般地说到运动时,我们总是这样说:物体在这一个地点,然后走向另一个地点。由于它在运动,它已不复在第一个地点,但是也还不在第二个地点;如果它在两个地点中的一个地点,则它就是静止的。人们说,它是介于两个地点之间,但这并没有说明什么;因为介于两个地点之间它还是在一个地点,因此这里还是存在着同样的困难。但运动的意思是说:在这个地点而同时又不在这个地点;这就是空间和时间的连续性——并且这才是使得运动可能的条件",如果不考虑它对既有理论的冲突——例如与形式逻辑的基本定律的冲突,与数学对运动描述方式的冲突——对于一般人类意识,是容易接受的,或者说是有说服力的。在一般人类意识中,一个物体在运动,自然是"在到达某个地方的同时,又正在离开那个地方,正在由这一地点移向下一地点,正在进行位置的变更。"②当人们再进一步说"在某一时刻,物体既到达某个地方,又正在离开这个地方,所以既处于某个位置,又不在这个位置。这是互相矛盾、互相对立的两个方面。但这两个方面是在同一瞬间体现在同一个物体上的,这表明矛盾的统一性,即矛盾双方是互相依赖、互相依存的,同时存在于同一

① 《马克思主义哲学》编写组:《马克思主义理论研究和建设工程重点教材:马克思主义哲学》,高等教育出版社、人民出版社2009年版,第58—59页。
② 申先甲:《基础物理学的辩证法》,科学出版社1983年版,第8页。

个物体的统一的运动过程之中"①,认为"机械位移本身包含着'在'与'不在'的矛盾"②,这似乎就是将黑格尔在《逻辑学》中所言"外在的感性运动是矛盾的直接实有"具体化了。这种"认识与理解的思维行程",列宁的下述论断"运动就是物体在某一瞬间在某一地点,在接着而来的另一瞬间则在另一地点——这就是切尔诺夫追随所有反对黑格尔的'形而上学者'而重复提出的反驳。这个反驳是不正确的:(1)它描述的是运动的结果,而不是运动本身;(2)它没有指出、没有包含运动的可能性;(3)它把运动描写为静止状态的总和、联结,就是说,那种(辩证的)矛盾没有被它清除,而只是被掩盖、推开、隐藏、遮蔽起来"③,可谓最好的注释。即是说,恩格斯在坚持辩证唯物主义的时空观、运动观的基础上采纳"黑格尔位移运动矛盾表述",作出"运动本身就是矛盾;甚至简单的机械的位移之所以能够实现,也只是因为物体在同一瞬间既在一个地方又在另一个地方,既在同一个地方又不在同一个地方。这种矛盾的连续产生和同时解决正好就是运动"之论断,就在于恩格斯认识到:不承认"物体在同一瞬间既在一个地方又在另一个地方,既在同一个地方又不在同一个地方",就不可能用时空概念"再现出"(反映)现实的客观的机械-位移运动。

恩格斯的《反杜林论》是一本论战性著作,然而它奠定了辩证唯物主义哲学体系的基础。列宁说,"反对杜林的论战性的著作(它分析了哲学、自然科学和社会科学中最重大的问题)""是一部内容十分丰富、十分有益的书。"④在《唯物主义和经验批判主义》一书中,列宁又指出:"马克思一再把自己的世界观叫做辩证唯物主义,恩格斯的《反杜林论》(马克思读过全部手稿)所阐述的也正是这个世界观。"⑤因此,对于《反杜林论》中观点的争论,一开始就充满着"意识形态"⑥特点。在列宁时期,考茨基曾对恩格斯采纳"黑格尔位移运动矛盾表述"所作出的论断进行过批评;而列宁发表过《无产阶级革命和叛徒考茨基》一书。英美的一些学者,例如悉尼·胡克,

① 申先甲:《基础物理学的辩证法》,科学出版社1983年版,第8页。
② 同上书,第7页。
③ 《列宁全集》(第2版)第55卷,人民出版社1990年版,第218—219页。
④ 《列宁全集》(第2版)第2卷,人民出版社1984年版,第9页。
⑤ 《列宁全集》(第2版)第18卷,人民出版社1988年版,第258页。
⑥ "从思维和存在、观念与现实的一般关系看,意识形态也像科学一样是现实世界的一种反映,但意识形态是按特定阶级的价值尺度去描述或解释世界,而科学则要求按照客观世界的本来面目去描述或解释世界;意识形态的核心原则是维护特定阶级的价值标准并使之普遍化,科学的核心原则是符合客观世界的真实联系及其规律性。这些本质的区别,决定了科学是不能归属于意识形态范畴的。"(文兴吾:《对"传统的历史唯物主义叙述体系"批判的批判》,《中国社会科学》2012年第10期,第24页)

也激烈地批评过恩格斯采纳"黑格尔位移运动矛盾表述"所作出的论断。这些批评,在相当长的一个时期中,没有得到"坚持科学的辩证唯物主义思想"的学者们的重视。随着世界进入"和平与发展"时期,20 世纪五六十年代,苏联及东欧哲学界开始审视"黑格尔位移运动矛盾表述"的科学性,开展起关于机械-位移运动矛盾问题的若干学术争论。我国自改革开放以来,哲学界也围绕着这些问题开展了若干学术争论。本书的第五章和第六章,分别对国外和国内哲学界的争论,进行了专门的阐述和讨论。

　　如何把辩证唯物主义运动观与源于黑格尔的辩证机械-位移运动观统一起来,"坚持科学的辩证唯物主义思想"、力求使辩证唯物主义的每一个命题都能为科学的理性所把握的哲学家,可谓费尽心机。1962—1965 年,苏联《哲学科学》杂志发表了十多篇围绕如何理解机械运动的矛盾问题的争论文章。该刊编委 N. C. 纳尔斯基在总结这场争论时给出了四点结论:(1)机械运动是辩证矛盾的过程。离开反映论的范围来全面分析机械运动的辩证矛盾是不可能的。把马克思列宁主义哲学经典作家在这个问题上的立场同客观唯心主义者黑格尔的观点等同起来是错误的。(2)按照"有与没有"公式建立起来的充满矛盾的议论,抑或是错误的论断,抑或是需要通过精确化过程而加以解决的任务。(3)辩证矛盾为了以理论判断形式表现自己,并不要求在这些判断中具有意义上相同的、同时既肯定又否定的谓词。(4)争论表明可以用不同的、包括用不矛盾的方式来描写机械运动,可以在某种程度上在认识上"把握"它。[①]1981 年出版的《客观辩证法》指出:在马克思主义以前的唯物主义中运动概念是在"狭隘的"意义上,作为机械运动概念,即客体空间位移的概念使用的。在马克思主义哲学中,运动概念是在"广泛的"意义上,作为任何变化这个概念使用的。在此基础上,该书给出了对运动的定义:"运动是客体的位置或状态的变化"[②];并且提出了如下基本问题:"因为机械的运动不以运动着的物体的任何变化(空间和时间的变化除外)为前提,所以在某种意义上,关于这种运动的概念不同于变化这个概念。伽利略首先提出、后来爱因斯坦作了概括性解释的机械运动的相对性原理认为,在运动着的物体中发生的一切过程完全同物体静止不动时一样:惯性系统的运动不影响这个系统中的事件进程,因此,在这种系统中进行的任何物理实验都不能把非加速运动的状态同对另一个

[①] N. C. 纳尔斯基:《机械运动的矛盾问题——关于在我们杂志上进行的一场争论》,《哲学译丛》1965 年第 12 期,第 64 页。

[②] Ф. Ф. 维亚凯列夫主编:《客观辩证法》,东方出版社 1986 年版,第 153 页。

惯性系统来说是静止的状态区别开来。"①该书进而写道:"在机械运动中实现了空间和时间的规定性的两个对立因素——连续性和非连续性——的客观的综合。其次,运动的矛盾性存在于可能性和现实性的辩证法中。例如,根据辩证的观念,运动着的物体在机械运动时,在同一时间里既处在(现实地)又不处在(潜在地)空间某个地方。"②该书没有再提及"黑格尔位移运动矛盾表述",也没有再提及恩格斯、列宁所作出的那些与"黑格尔位移运动矛盾表述"密切相关的论述。

20世纪八九十年代,我国哲学界取得了新认识:相对论的建立已经否定了黑格尔的位移运动矛盾表述的合理性。③相对论是在否定牛顿绝对时空观和运动观基础上建立的现代科学理论。撇开思想来源不说,黑格尔的时空观、运动观与爱因斯坦通过建立相对论确立起来的时空观、运动观有许多相似之处:它们都以时空关系学说否定牛顿的绝对时空观、运动观,它们都主张时间空间是相互统一的,物体的时空变化就是物体的位移运动本身。但是,相对论对物质运动现象进行描述(或反映)采用了"四维时空"概念。依据"四维时空"概念,"每个确定的事件都有四个数(x、y、z、t)跟它相对应",运动物体"空间坐标的变化 dx、dy、dz 是对应于一个时间元 dt 的"④。在相对论的概念逻辑中,物体的机械运动也就是物体在某一时刻在某一地方(x_1, y_1, z_1, t_1),在另一时刻在另一地方(x_2, y_2, z_2, t_2),根本不存在物体"在这个地点而同时又不在这个地点"这种情况;即是说,黑格尔的运动命题与相对论的科学思想不相容。⑤具体地讲,如果讨论两物体间沿 X 轴方向的直线运动,那么被描述物体的一个时空点为(x_1, t_1),其下一个时空点就为(x_2, t_2)。若 $t_1 \neq t_2$, $x_1 = x_2$,那么物体处于相对静止状态;若 $t_1 \neq t_2$, $x_1 \neq x_2$,那么物体处于相对运动状态。若言 $t_1 = t_2$(同时)而 $x_1 \neq x_2$(物体在不同地点),则是不可能有的状况;这无论对经典物理学还是相对论物理学,都是一样。进一步的研究表明:"黑格尔位移

① Φ. Φ. 维亚凯列夫主编:《客观辩证法》,东方出版社1986年版,第155页。
② 同上。
③ 文兴吾:《机械运动表述新议》,《哲学动态》1988年第8期;《相对论时空理论及其评价再探讨》,《哲学研究》1989年第12期。
④ 爱因斯坦等:《相对论原理(狭义相对论和广义相对论经典论文集)》,赵志田、刘一贯译,科学出版社1980年版,第62页。
⑤ 一般而论,当对同一现象的描述存在着多种命题时,如果其中有一个已经直接或间接地经受了严格的科学实验检验,或有严密的科学逻辑基础,被确定为真,那么其余的要想为真,就必须与它相容,如果不相容,则被它否证。这种做法黑格尔也是同意的。黑格尔曾写道,"哲学与自然经验不仅必须一致,而且哲学科学的产生和发展是以经验物理学为前提和条件。"(黑格尔:《自然哲学》,梁志学等译,商务印书馆1980年版,第9页)

运动矛盾表述"不仅之于自然科学理论为假,之于黑格尔的理论也为假。①

我国学术界围绕"黑格尔位移运动矛盾表述"的争论,直接影响了我国马克思主义哲学教科书建设。1981年首次出版的、由教育部组织编写的、中国人民大学肖前、李秀林、汪永祥主编的《辩证唯物主义原理》哲学教科书,按照恩格斯的理路论述了"矛盾的客观性和普遍性";而肖前任主编,黄楠森、陈晏清任副主编,1994年首次出版的《马克思主义哲学原理》(截至2008年,该书已经印刷18次)教科书中,没有再提及黑格尔的"位移运动矛盾表述"与恩格斯对"矛盾的客观性和普遍性"的论述。此后,作为"马克思主义理论研究和建设工程重点教材",2009年首次出版的《马克思主义哲学》(袁贵仁、杨春贵、李景源、丰子义任教材编写课题组首席专家),以及作为"普通高等教育国家级规划教材"和"高校思想政治理论课重点教材",2016年出版的《马克思主义哲学原理(第4版)》(陈先达、杨耕编著),都是这样。

对于我国当前权威性的马克思主义哲学教科书把"黑格尔位移运动矛盾表述"清理出局的同时,也把恩格斯对矛盾的客观性和普遍性的"重要论断""搁置起来",笔者认为这只是暂时现象。换言之,如果"黑格尔位移运动矛盾表述"被清理出局的同时,恩格斯关于辩证唯物主义的矛盾客观性和普遍性原理的"重要论断"也被淡出,这就重蹈了"在倒洗澡水的同时,把孩子也倒掉了"的覆辙。理由很简单:只要我们是在坚持和发展马克思主义哲学,我们就必须坚持辩证唯物主义的矛盾客观性与普遍性原理;而依据辩证唯物主义的矛盾客观性与普遍性原理,机械-位移运动必然存在辩证矛盾,尽管不是黑格尔表达的那种矛盾。同时,只要坚持"运动本身就是矛盾"、坚持"较低级的运动形式构成较高级运动形式的基础,高级的运动形式包含着低级的运动形式"这些马克思主义哲学基本观点,恩格斯对"矛盾的客观性和普遍性"所做出的"重要论断"就是最根本的、最深刻的、最恰当的。因此,在"黑格尔位移运动矛盾表述"清理出局后,我们需要重新研究恩格斯对机械-位移运动的辩证思想,实现辩证唯物主义对机械-位移运动及其基本矛盾的重新表述;重新使恩格斯的"重要论断"具有科学性和权威性,使辩证唯物主义哲学体系的科学性、完备性建设得以推进。然而,问题的复杂性在于:我国一些知名学者的著述仍然视"黑格尔位移运动矛盾表述"为"真"。例如,2012年出版的孙正聿先生的《马克思主义辩证法研究》一书写道:"'运动'是不间断性与间断性的统一,是事物在每一瞬间既

---

① 参看本书第八章第一节。

在某一点又不在某一点,是事物存在的每一瞬间都既是它自身又不是它自身,因而'运动'就是'矛盾'。"①为此,笔者清楚地认识到:要卓有成效地推进辩证唯物主义哲学体系的科学性、完备性建设,必须就"黑格尔位移运动矛盾表述"的真伪与相关学者开展进一步的商讨,使新的观点与新的研究方向在学界真正确立起来。

推进辩证唯物主义哲学体系的科学性、完备性建设,必须从根本上否定"黑格尔位移运动矛盾表述",必须科学地把握恩格斯与黑格尔思想的分野,深入研究恩格斯关于机械-位移运动的辩证思想;要用辩证唯物主义的理论与方法,重构机械-位移运动的哲学表述,重新阐明其基本矛盾,由此恢复恩格斯对矛盾的客观性普遍性原理作出的"重要论断"的科学性、权威性。同时,辩证唯物主义作为建立在通晓思维的历史和成就之基础上的理论思维,必须对芝诺运动悖论进行重新解答。这些工作是艰难的。这正是本书以"批判与重建"为名,要解决的问题和实现的创新之所在。

重建辩证机械-位移运动观,核心思想是使"辩证机械-位移运动观与辩证唯物主义运动观真正统一起来"。长期以来,辩证机械-位移运动观的表述囿于出自黑格尔客观唯心主义的"黑格尔位移运动矛盾表述",是与辩证唯物主义运动观不统一的。对于来自黑格尔哲学体系的命题,辩证唯物主义哲学必须下一番去伪存真、去粗取精的功夫;这是一项需要长期坚持开展的工作。其中,也关联着如果科学地评价历史上波普尔对辩证矛盾的批判。

第三节　论波普尔的问题哲学及其对辩证矛盾的批判

被尊为问题哲学鼻祖的波普尔,在《辩证法是什么》一文中和《开放社会及其敌人》一书中,都对"辩证矛盾"进行了激烈的批判。波普尔对辩证矛盾的批判,是与其关于"问题"的理论紧密相关的。本节在讨论波普尔的问题理论与知识增长模式的基础上,梳理波普尔对辩证矛盾的批判,以及我国哲学界对波普尔批判的反驳。

波普尔关于问题的理论研究是与他的"三个世界"的理论和进化认

---

① 孙正聿:《马克思主义辩证法研究》,北京师范大学出版社 2012 年版,第 19 页。

识论紧密联系在一起的,基本表达即"$P_1 \longrightarrow TT \longrightarrow EE \longrightarrow P_2$"所示的知识增长模式。这个模式表示,科学知识的积累是一个不断解决问题的过程,科学不是始于观察,而是始于问题(problem)。面临着问题P_1,人们首先提出假说,作为对此问题的尝试性解决的理论,即TT(tentative theory)。然后,对这一假设进行严格的检验,即通过证伪消除错误,即EE(error elimination),进而产生新的问题P_2。如此反复,问题愈来愈深入、广泛,对问题做尝试性解决的理论的确认度和逼真度也愈来愈高。

一、波普尔的"三个世界"理论

在波普尔看来,"存在着三个世界。第一世界是物理世界或物理状态的世界;第二世界是精神世界或精神状态的世界;第三世界是概念东西的世界,即客观意义上的观念的世界——它是可能的思想客体的世界:自在的理论及其逻辑关系、自在的论据、自在的问题境况等的世界。"[①]在波普尔之前,哲学家们普遍认为世界有客观世界与主观世界之分;波普尔却提出,独立于这两个世界之外,还存在着"世界3"。具体地讲:世界1是物理世界,如物质、能量、一切生物的机体,包括动物的躯体和头脑,等等。世界2是人的心理现象,包括意识、感觉等心理状态和过程,这是哲学中通常所说的主观世界。世界3是思想的内容,是人类精神产物的世界,是客观知识的世界。思想的内容可以被物质化,成为人造产品和文化产品,如语言、艺术品、图书、机械设备、工具、房屋建筑,等等;思想内容也可以是用语言表达出来的人的意识的固定对象,如问题、猜测、理论、反驳、证据,等等。[②]波普尔写道:"我希望一开始就声明我是一个实在论者,有点像一个朴素的实在论者,我提出存在物理世界和一个意识状态世界,而且这两个世界是相互作用的。并且在我将要更充分地说明的意义上我相信存在一个第三世界。……关于客观第三世界的这个论点的大部分反对者当然会承认,问题、猜测、理论、论据、期刊和书籍是存在的。但他们通常都说,所有这些实体本质上都是主观精神状态或活动的行为意向的符号表现或语

① 卡尔·波普尔:《客观知识——一个进化论的研究》,舒炜光等译,上海译文出版社1987年版,第164—165页。
② 赵敦华:《现代西方哲学新编》,北京大学出版社2001年版,第203页。

言表现；他们还说这些实体是交流的手段，就是说，是唤起其他人类似的精神状态或活动的行为意向的符号手段或语言手段。"①波普尔提出下述两个思想实验，"作为证明第三世界（或多或少地）独立存在的一个标准论据"②。

实验（1）：我们所有机器和工具，连同我们所有的主观知识，包括我们关于机器和工具以及怎样使用它们的主观知识都被毁坏了；然而，图书馆和我们从中学习的能力依然存在。显然，在遭受重大损失之后，我们的世界会再次运转。

实验（2）：像上面一样，机器和工具被毁坏了，并且我们的主观知识，包括我们关于机器和工具以及怎样使用它们的主观知识也被毁坏了；但这一次是所有的图书馆也都被毁坏了，以至于我们从书籍中学习的能力也没有用了。

波普尔说，"如果你们考虑一下这两个实验，你们对第三世界的实在性、意义和自主程度（以及它对第二和第一世界的作用），也许会理解得更清楚些。因为在第二种情况下，我们的文明在几千年内不会重新出现。"③

波普尔把"认识论看成是关于科学知识的理论"，指出"洛克、贝克莱、休谟甚至罗素的传统的认识论从相当严格的词义上来说是离题的"④，偏离了科学知识这一研究主题。他写道："传统认识论已经在主观的意义上——在通常使用'我知道'或'我在想'这些语词的意义上——研究了知识和思想。我肯定地说，这已经把认识论研究引向枝节问题上去了：人们打算研究科学知识，实际上却研究了某种与科学知识不相干的东西。因为科学知识根本不是在通常使用'我知道'一词的意义上的知识。'我知道'意义上的知识属于我称谓的'第二世界'，即主体的世界，而科学知识属于第三世界，属于客观理论、客观问题和客观论据的世界。"⑤因此，需要区分两种不同意义的知识或思想的存在："（1）主观意义上的知识或思想，它包括精神状态、意识状态，或者行为、反应的意向，和（2）客观意义上的知识或思想，它包括问题、理论和论据等等。这种客观意义上的知识同任何人自称自己知道完全无关；它同任何人的信仰也完全无关，同他的赞成、坚持或

① 卡尔·波普尔：《客观知识——一个进化论的研究》，舒炜光等译，上海译文出版社1987年版，第115页。
② 同上书，第116页。
③ 同上。
④ 同上书，第116、117页。
⑤ 同上书，第116—117页。

行动的意向无关。客观意义上的知识是没有认识者的知识;它是没有认识主体的知识。"①弗莱格②写下的"我通过一个思想理解的,不是思想的主观活动而是它的客观内容"③这句话,很好地表达了"客观意义上的思想"的存在。波普尔还写道:"这两类关系是完全不同的。一个人的思维过程既不可能与另一人的思维过程发生矛盾,也不可能与他自己在其他时候的思维过程发生矛盾;但是他的思想的内容——即自在的陈述——当然能够与另一人思想的内容发生矛盾。另一方面,内容或陈述本身不可能处于心理学关系之中:在内容或自在陈述意义上的思想和在思维过程意义上的思想属于两个全然不同的'世界'。"④

第三世界本质上是人类心智的产物,但又具有客观自主性。把世界3同世界2区别开来的原因在于:心理和思想过程是流动的、不定型的、隐蔽的,而任何知识都有相对稳定的、固定的和公众可以接近的内容。波普尔认为:"具有决定性的事情是,我们能够把客观的思想,即理论,以某种方式置于人们面前,以便人们批评、议论它们,我们必须用某种稳定的(特别是语言的)形式把它们明确地陈述出来。"⑤这就是说,只有把客观知识的世界与属于个人的主观世界区别之后,才会有知识自身的积累和发展,知识才能成为全人类的精神财富,而不至于仅仅存在于发明家的头脑里。"显然对科学感兴趣的一切人必然对世界3对象感兴趣。一个物理科学家首先可能主要对世界1对象——比方说,晶体和 x 线感兴趣。但是不久他必定会认识到许多问题取决于我们对事实的解释,即取决于我们的理论,因此也就是取决于世界3对象。同理,一个科学史家,或一个对科学感兴趣的哲学家,必然主要是世界3对象的研究者。大家承认,他也可能对世界3理论和世界2思维过程之间的关系感兴趣,但是后者使他主要对它们与理论即与属于世界3的对象的关系感兴趣。"⑥波普尔还指出,很多世界

① 卡尔·波普尔:《客观知识——一个进化论的研究》,舒炜光等译,上海译文出版社1987年版,第117页。
② 在波普尔看来,波尔察诺在他的《科学论》中就谈论过"自在的真理"或"自在的陈述"以与人们借以思考或把握真理的(主观的)思想过程或真的和假的陈述相对照,而弗莱格则清楚地区分了主观的思想活动即主观意义的思想和客观思想或思想内容;这些观点对于他提出"世界3"理论,始终具有最为重要的意义。
③ 卡尔·波普尔:《客观知识——一个进化论的研究》,舒炜光等译,上海译文出版社1987年版,第117页。
④ 卡尔·波普尔:《无穷的探索——思想自传》,邱仁宗、段娟译,福建人民出版社1984年版,第191页。
⑤ 同上书,第192页。
⑥ 同上书,第193页。

3 的成员是按照人的思想意识进行创造的结果,但是,它们一旦被创造出来之后,就有了不依赖于人的思想的独立性。比如,自然数字序列"1,2,3,4,……"是人创造的,但是,奇数和偶数却不是人创造的,它们只是人的创造活动的一个后果。即使人们没有意识到它们,它们也自主地存在于自然数字序列之中。他说:"我认为,在承认第三世界是实在的或者(可以说是)自主的同时还可以承认第三世界是人类活动的产物。人们甚至可以承认,第三世界是人造的,同时又明明是超乎人类的。它超越了自己的创造者。"[1]因此,第三世界的自主性与客观实在性是一致的:第三世界的客观实在性决定了它的自主性,而它的自主性则体现了它的客观实在性。此外,自主性还意味着不可还原性。世界 3 的自主性是相对于其他两个世界而言的。每个世界都有自己固有的、其他世界所没有的特性和特殊规律;并且,这些特性和特殊规律在原则上是不可预测的,不能从其他世界的特征和规律中推测出来。自主性观念反对把知识还原为思想,把精神现象还原为物质现象。[2]

波普尔建构第三世界理论,为他提出的科学方法论提供关键的理论前提。波普尔认为他所主张的认识论与传统认识论相反,不是研究第二世界或世界 2 的问题,而是研究第三世界或世界 3 的问题,是"关于科学知识的理论"。他说:"与认识论相干的是研究科学问题和问题境况,研究科学推测(我把它看作是科学假说或科学理论的别名),研究科学讨论,研究批判性论据以及研究证据在辩论中所起的作用;因而也研究科学杂志和书籍,研究实验及其在科学论证中的价值。或简言之,研究基本上自主的客观知识的第三世界对认识论具有决定性的重要意义。"[3]因此,"所有科学工作都是为使客观知识发展的工作。我们是使客观知识进一步发展的工人,就像建造教堂的工匠一样。"[4]根据波普尔的科学发展观,科学发明是从问题开始的;但是,在一般情况下,问题不是人们有意识制造的,它们从猜测以及对猜测的批判过程中涌现出来:问题是人们创造活动的始料未及的后果。问题使得人们的主观意识集中于一个焦点,激发了主观能动性和创造性。问题在科学发明中的作用充分显示了世界 3 对世界 2 的作用。[5]

---

① 卡尔·波普尔:《客观知识——一个进化论的研究》,舒炜光等译,上海译文出版社 1987 年版,第 169 页。
② 赵敦华:《赵敦华讲波普》,北京大学出版社 2007 年版,第 114 页。
③ 卡尔·波普尔:《客观知识——一个进化论的研究》,舒炜光等译,上海译文出版社 1987 年版,第 119 页。
④ 同上书,第 130 页。
⑤ 赵敦华:《赵敦华讲波普》,北京大学出版社 2007 年版,第 115 页。

在波普尔的"三个世界"理论中,三个世界是统一、连贯的。它们的统一性表现为:第一,宇宙的发展按照由世界1,经过世界2,到世界3的连贯直向方向进行;第二,三个世界之间存在着相互作用。世界1和世界2、世界2和世界3之间存在着直接的相互作用,世界1和世界3之间的相互作用需要以世界2为中介。例如,世界1和世界2的相互作用表现于生理和心理之间的相互作用,世界2对世界3的作用表现于思想意识对语言、理论和艺术创作的作用,世界3通过世界2的中介与世界1之间的相互作用表现于人类知识和物质条件、自然环境之间的相互作用。①

二、波普尔的进化认识论

进化认识论有两个主题:知识和感觉;这也是传统认识论的主题。传统认识论以物理学为模式,强调主观和客观的区分。在这种模式下,知识被视为人所特有的理性思维的结果,感觉是外界事物经过感官的改造之后留在人脑中的印记。进化认识论以生物学为模式,强调主客观的同步变化与一致性:知识的本质是生物的变异活动,感觉是在有机体与环境相一致的基础上出现的事物表象。波普尔认为,他在科学方法论中提倡的变革,是把认识论的物理学模式转变为生物学模式。波普尔把进化论的逻辑定位在"境况逻辑":"作为境况逻辑的达尔文主义可理解如下。设有一个世界,一个恒定性有限的框架,其中有变异性有限的实体。于是因变异而产生的某些实体('适应'框架条件的那些实体)可以'生存'下来,而其他实体(与条件发生冲突的那些实体)则被淘汰掉。"②波普尔所说的"境况逻辑"实际上指的是这样一种思维程式,它把事物存在的决定性条件理解为变异、排错,而不是遗传、保守;他写道:"进化论的中心问题是:根据这个理论,不能很好地适应周围环境变化的动物必将灭亡,所以,幸存者(活到某一时刻)必定是那些能很好地适应环境的动物。这个公式简直可以说是一个重言式,因为'目前能很好地适应'的意思正好就是'具有那些迄今使它活下来的本能'。换言之,达尔文学说中有相当大的一部分不是经验性质的,而是一个逻辑的自明之理。……但是,假使现存的生物体对环境的改

---

① 赵敦华:《现代西方哲学新编》,北京大学出版社2001年版,第203页。

② 卡尔·波普尔:《无穷的探索——思想自传》,邱仁宗、段娟译,福建人民出版社1984年版,第177页。

变和变化着的条件十分敏感，假定在生物体的特性和那些变化着的环境之间没有预先建立的协调，那么，我们就可以说这样一些话：只是在生物体产生突变、其中有些突变是对即将发生的改变做出的调节、因而包含可变性的情况下，它们才能存活下来；这样只要我们在一个正在变化着的世界上找到了活着的生物体，我们就会发现，这些幸存者就是能很好地适应环境的生物体。……因此可以说，导致了这一整个调节过程的尝试和排错的方法不是经验的方法，而是属于境况的逻辑。我认为这就解释了（可能是太简要地）达尔文学说中的逻辑的或先天的成分。"[1]因此，"我的理论试图把我们在分析从动物语言到人类语言的进化时所学到的东西应用到整个进化上去。……它采取了新达尔文主义的进化论；但它是重述了的，因为它指出它的'变异'可以被解释为多少是偶然的试错策略，而且'自然选择'可以被解释为通过排错来控制变异的一种方式。"[2]

波普尔把达尔文的进化论理解为境况逻辑的具体化，目的是把进化论对生命现象的解释转变为科学研究的纲领——物种的进化是如此，知识的积累、社会的发展、人的精神的成长也无不如此，这种思维程式对于生命科学、社会科学、知识论和哲学都具有指导作用。波普尔认为，知识的根本作用是解决问题；任何生物都要解决如何生存、如何适应环境的问题，在生命进化和一个有机体发展的每一阶段，我们都必须假定具有倾向和期望形式的某种知识的存在——"有机体只有在它的行动中显示一种为生存而斗争的有力的倾向或气质或脾性，才可能实际生存下来。于是，这样一种倾向往往变成一切有机体的遗传结构的一部分；它将在它们的行为中和它们的许多组织中（如果不是全部的话）显示出来。"[3]由此，我们可以说，任何生物都拥有必要的知识。这种广义上的知识是人类知识的前身。广义的知识的定义是：以解决问题为目标的尝试性的探索活动。[4]进而言之，达尔文

---

① 卡尔·波普尔：《客观知识——一个进化论的研究》，舒炜光等译，上海译文出版社1987年版，第73—74页。

② 同上书，第254页。

③ 同上书，第280页。

④ 波普尔说："探索者有一个问题要解决，这意味着他有某些知识，即使是模糊的知识。这些知识是先前通过实质上相同的试错方法而获得的。这一知识起着导向作用，它排除了完全的任意性。""动物甚至植物也是问题的解决者。并且它们也用竞争的尝试性解决和消除错误的方法来解决它们的问题。"（赵敦华：《赵敦华讲波普》，北京大学出版社2007年版，第104页）"所有知识的增长都在于修改以前的知识——或者是改造它、或者是大规模地抛弃它。知识绝不能始于虚无，它总是起源于某些背景知识——即在当时被认为是理所当然的知识——和某些困难以及某些问题。这些困难和问题通常由两个方面的冲突产生，一方面是我们背景知识中的内在期望，另一方面则是某些新的（转下页）

主义对于波普尔来说是一个科学研究的纲领；在这一纲领的理论框架中，他建立了进化认识论，使他的"试错法""猜测—反驳"等科学方法论获得了认识论乃至本体论的依据。波普尔认为，认识论的主要任务是理解人类知识与动物知识之间的连续性与非连续性。为此，他把知识分为"动物知识、前科学知识和科学知识"，指出"知识的增长是一个十分类似于达尔文叫做'自然选择'的过程的结果；即自然选择假说：我们的知识时时刻刻由那些假说组成，这些假说迄今在它们的生存斗争中幸存下来，由此显示它们的（比较的）适应性；竞争性的斗争淘汰那些不适应的假说。"[①]

1965 年，波普尔在"关于云和钟"[②]一文中，有系统地阐明了他的进化认识论理论纲要；首先出现的是描述有机体进化序列的四段图式：

$$P \longrightarrow TS \longrightarrow EE \longrightarrow P$$

其中"P"表示问题，"TS"表示试探性解决方法，"EE"表示排除错误。但是这个序列不是简单循环的，新产生的问题与原来的问题不同。为了表明这一点，以上图示重写为：

$$P_1 \longrightarrow TS \longrightarrow EE \longrightarrow P_2$$

但是，新的图示仍然丢了一个重要的因素：试探性解决方式的多样性，尝试的多样性。因此，最后变成了如下的图示：

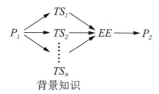

波普尔指出，从进化论的观点看，这个图示表示进化面临着生存问题，表示有机体进化模式："它有多种多样的试探解决办法——变种或变异。但是只有一种排错办法——消灭有机体。"[③]然而，这是一个广泛的"进化理论"，从阿米巴原虫到爱因斯坦都服从这个进化模式。

（接上页）发现，诸如我们的观察、或由观察所提示的某些假设。"（卡尔·波普尔：《客观知识——一个进化论的研究》，舒炜光等译，上海译文出版社 1987 年版，第 75 页）

① 卡尔·波普尔：《客观知识——一个进化论的研究》，舒炜光等译，上海译文出版社 1987 年版，第 273 页。
② 同上书，第 217—267 页。
③ 同上书，第 256 页。

波普尔强调，他对这个图式所讲到的"问题"和"解决问题"都是"在客观的或非心理学意义上"或"从事后的认识来谈的"。①从事后认识的意义上，我们可以说"阿米巴解决了一些问题""某些器官的进化解决了某些问题"②，因此，如波普尔所言：阿米巴原虫和爱因斯坦都是通过排错过程，在尝试性的解决中接近适应性的同一方式，来处理他们的问题的；"从阿米巴到爱因斯坦只有一步"③之遥。那么，这"一步之遥"的差别是什么呢？表现在以下两个方面。

第一，"阿米巴的行动不是理性的……爱因斯坦的行动是理性的。"④阿米巴原虫和其他较低级的生物并未真正意识到它们所面临的问题，而有理性的人类却常常能意识到（虽然常常并不一定清楚地意识到）他们所面临或面对的问题，并试图（有意识地）去解决它。阿米巴原虫和其他较低级的生物做出的"试探性解决办法"，即"TS"，或者是出于本能性的行为，或者是某种随机性的变异；而在人类，尤其是在科学研究中，所谓"尝试性解决办法"，即"TS"，就丰富多了，除了一般生物学意义上的反应以外，更主要的是为了解决问题而提出的种种"试探性解决方案"，包括为解决科学问题而提出的种种"试探性的假说"或理论。波普尔强调："正是在科学上，我们才最为意识到我们试图解决的问题。"⑤

第二，"对自己的想法采取有意识的批判态度，的确是爱因斯坦的方法和阿米巴的方法之间的重要区别。"波普尔指出："爱因斯坦不像阿米巴，每当脑子里出现一个新的解决办法时，他总是有意识地尽力找出其中的毛病、发现其中的谬误；他批判地探讨他自己的解决办法。""这就使得以下情况成为可能：如果某个假设看来能经受住比较认真的批判，爱因斯坦就在更仔细地检查这个或那个假设之前，很快地放弃掉上百个不合适的假设。"⑥"这是不同于原始人和阿米巴的。这里没有批判态度，因而经常发生的只是，自然选择通过消灭承认或相信错误的假设或期望的那些有机体来排除该假设或期望。因此，我们可以说，批判的或理性的方法在于排除

---

① 卡尔·波普尔：《客观知识——一个进化论的研究》，舒炜光等译，上海译文出版社1987年版，第258页。
② 同上书，第258—259页。
③ 同上书，第259页。
④ 同上。
⑤ 同上书，第258页。
⑥ 同上书，第259页。

我们的假设以代替我们去死亡：这是体外进化的一个情况。"①

三、波普尔的"知识增长模式"

波普尔提出的前述公式"$P_1 \longrightarrow TS \longrightarrow EE \longrightarrow P_2$"是一个包含人类的体外进化,特别是"第三世界"进化(人类文化进化和科学进化等等)在内的广义的进化论模式,他甚至把它视为"事物的基本进化序列"。而当他重点讨论他的"知识增长模式"时,他往往是把他的上述公式作了一个小小的修改,即修改为"$P_1 \longrightarrow TT \longrightarrow EE \longrightarrow P_2$"。

1966 年,波普尔在美国丹佛大学举行的一次国际会议致开幕词,发表的题为"实在论者的逻辑观、物理观和历史观"的演讲中,就已经明确地作出了这样的修改。他讲道:"关于理论成长的方式……我现在要提出一个总的图式,我发觉它作为对理论成长的描述愈来愈有用。它是这样的:

$$P_1 \longrightarrow TT \longrightarrow EE \longrightarrow P_2$$

其中'P'代表'问题','TT'代表'试探性理论',而'EE'则代表'(尝试)排除错误',尤其是利用批判性讨论排除错误。我的四段图式试图指出,把批判或排除错误应用于试探性理论的结果,通常是新问题的突现,或者说,其实是种种新问题的突现。问题在得到解决并且其答案受过适当的考察之后,有助于产生子问题即新问题,它们较之旧问题具有更大深度、更丰富。"②

波普尔在演讲中进一步指出,考虑到试探性理论的多样性,"我的四段图示可以用不同方法来表达,例如,把它写成如下:

$$P_1 \left\{ \begin{array}{l} TT_a \longrightarrow EE_a \longrightarrow P_{2a} \\ TT_b \longrightarrow EE_b \longrightarrow P_{2b} \\ TT_n \longrightarrow EE_n \longrightarrow P_{2n} \end{array} \right.$$

这个四段图式表明:如果可能的话,应该提出许多理论,作为解决一些给定问题的尝试,并且要批判地考查每个试探性解决方案。那样,我们便会发现每个理论都引发出新问题;而我们可以把那些有希望引发出最异常

① 卡尔·波普尔:《客观知识——一个进化论的研究》,舒炜光等译,上海译文出版社1987 年版,第 260 页。
② 同上书,第 298 页。

和最有意义的新问题的理论探究到底。如果新问题,比如 P_{2b} 原来仅是老问题 P_1 的化身;那么,我们说,我们的理论仅仅设法稍微转换了一下问题;而且在某些情况之下,我们可以此判决性地否弃试探性理论 TT_b。"①

在"知识增长模式"问题上,波普尔虽然表述过上述比较复杂的形式,但是他经常使用的却是他的简化模式"$P_1 \longrightarrow TT \longrightarrow EE \longrightarrow P_2$"。他强调"这个图式分析用途很广,而且全部使用第三世界客体,如问题、猜测和批判性论据"②,它适用于分析科学知识的增长,"而利用猜测和反驳的图式($P_1 \longrightarrow TT \longrightarrow EE \longrightarrow P_2$)所做的分析也可以适用于历史"③。他还指出,"在划分(自然)科学与人文科学上费力劳神,长期以来已成为一种风气,而且已经成为一种麻烦。解决问题的方法即猜测与反驳的方法,是这两种科学都采用的。它用于恢复一篇破旧不堪的文本,也用于建立一个放射性学说。"④这就是说,利用猜测和反驳的"知识增长模式"将自然科学和人文社会科学统一起来了。

波普尔的"知识增长模式",强调了"问题"在认识过程中、知识增长过程中的重要作用:"科学始于问题""科学从问题开始(而不是从观察或理论开始,虽然问题的'背景'无疑会包括理论和神话)"⑤,"科学和知识的增长永远始于问题,终于问题——愈来愈深化的问题,愈来愈能启发新问题的问题。"⑥并且,"一种理论对于科学知识增长所能做出的最持久的贡献,就是它所提出的新问题"⑦。也就是在这个基础上,波普尔强调科学的历史就是问题的历史,或"科学问题境况的历史"⑧,"科学史不应该看成理论的历史,而应该看成问题境况及其变化(有时是感觉不出来的变化,有时是革命性的变化)的历史。这些变化是通过解决问题的各种尝试引起的。因此从历史上说,不成功的尝试对于取得进一步的成就可能像成功的尝试一样重要"⑨。在波普尔看来,"问题"在哲学的发展中也起到了巨大的作用,他说:"一个哲学家所能做的事情之一,也是可列入他的最高成就的事情之

---

① 卡尔·波普尔:《客观知识——一个进化论的研究》,舒炜光等译,上海译文出版社 1987 年版,第 298—299 页。
② 同上书,第 175 页。
③ 同上书,第 178 页。
④ 同上书,第 196 页。
⑤ 同上书,第 154、191 页。
⑥ 卡尔·波普尔:《猜想与反驳——科学知识的增长》,傅季重等译,上海译文出版社 1986 年版,第 318 页。
⑦ 同上书,第 318 页。
⑧ 同上书,第 195—196 页。
⑨ 同上书,第 187 页。

一,就是看出前人未曾看出的一个谜、一个问题,或一个悖论。这甚至是比解决这个谜更高的成就。"①在从"问题到问题"的"知识增长模式"中,波普尔突出地强调了理性批判的作用。他认为,在人类知识增长的过程中,"我们的出发点是常识,我们获得进步的主要手段是批判"②;"科学本质上是批判的"③,"阿米巴和爱因斯坦的区别在于,尽管他(它)们都是使用尝试和排除错误的方法,但阿米巴不喜欢出错,而爱因斯坦却对错误很感兴趣:他怀着在发现错误和排除错误的过程中学习、提高的愿望,有意识地寻找自己的错误。科学的方法就是批判的方法。"④波普尔指出,在科学中"我们解决问题是通过试探性地提出各种竞争性理论和假说(可以说就像试探气球);而且为了排错,使这些理论和假说受到批判性讨论和经验性检验"⑤,"科学理论的检验是它们的批判性讨论的一部分。"⑥强调理性的批判是波普尔的知识论的一大特色,也是他的一大贡献。迄今为止,还没有哪一种科学哲学理论是如此地强调理性批判的作用的。⑦

四、波普尔对辩证矛盾的批判

波普尔对辩证矛盾的批判,主要是在《辩证法是什么》一文和《开放社会及其敌人》一书中。波普尔对辩证矛盾的批判是有系统的,可以分解为"对试错法与辩证法的比较""对黑格尔辩证矛盾的批判""对辩证唯物主义的矛盾观念的批判"三部分。

1. 波普尔对试错法与辩证法的比较

在《辩证法是什么》一文中,波普尔首先指出,所谓试错法就是试探和清除错误的方法。人的思维总是力图对面临的任何问题都找到一切可能想到的解答,而用来取得一个解答的方法通常都是一样的:这就是试探和清除错误的方法。这是人类思维发展、特别是哲学发展中的方法,从根本

---

① 卡尔·波普尔:《猜想与反驳——科学知识的增长》,傅季重等译,上海译文出版社1986年版,第263页。

② 卡尔·波普尔:《客观知识——一个进化论的研究》,舒炜光等译,上海译文出版社1987年版,第36页。

③ 同上书,第85页。

④ 同上书,第75页。

⑤ 同上书,第251页。

⑥ 同上。

⑦ 林定夷:《问题学之探究》,中山大学出版社2016年版,第30页。

上说，也是生物机体在适应环境的过程中所采用的方法。

波普尔对人类思维发展、特别是哲学发展中不同思想体系的斗争，用试错法作出了如下解释："对一个问题作出反应，人们似乎总是喜欢：或者提出某种理论，尽可能加以坚持（如果理论错了，他们宁愿与之同归于尽也不愿放弃），或者一旦发现其弱点即进行攻击。……凡是称得上人类思想的一种发展的任何事，都具有这一特点。如果不发生这种情况，则主要是由于一种理论或体系教条地坚持了很长一段时期。但很少有（如果有的话）这样的事，即思想的发展是缓慢的、稳定的、持续不断的，是通过逐步改进而不是通过试探和错误以及思想体系的斗争而前进的。"①他同时承认，"尽可能坚持一种理论的教条态度是很重要的，否则我们就看不到这一理论中有些什么——我们还不曾真有机会看到它的力量就把它抛弃了；结果，任何理论都永远不可能发挥这样的作用：给世界带来秩序，使我们对未来事件作好准备，使我们注意到没有这种理论就永远也看不见的事件。"②他进而指出，"如果愈来愈自觉地发挥试错法的作用，它就会开始表现出'科学方法'的特征。这一'方法'可简要描述如下。科学家面对问题，试探地提出某种解答——也即理论。科学即使接受这个理论，也只是暂时的。科学方法最主要的特点在于：科学家全力以赴地批判并检验这一理论。批判和检验齐头并进；从许许多多不同的方面批判理论以便找出一切可能的弱点。检验理论就是使这些弱点受到尽可能严格的审查。这当然又是试错法的一种变形。理论总是试探地提出，再受到检验。检验的结果如表明理论错了，则排除这个理论；试错法本质上就是排除法。"③他还提出，作为科学方法的试错法要取得成功，必须满足三个条件，"应提出足够数量（和独创）的理论，所提理论应足够多样化，并应进行足够严格的检验。"④

对于"辩证法"，波普尔认为，就现代意义的、特别是在黑格尔及其之后而言，"是这样一种理论，它坚持某些事物、特别是人的思想发展的特

---

① 卡尔·波普尔：《猜想与反驳——科学知识的增长》，傅季重等译，上海译文出版社1986年版，第447页。

② 同上。

③ 同上。波普尔把"理论"与"假说"相等同，从要点上概括地讲，波普尔试错法的科学方法特征也可以描述为：(1)科学家面对问题，试探地提出某种解答，即假说；(2)科学家全力以赴地批判并检验这一假说；(3)批判是从多方面对假说进行批判活动，找出一切可能的弱点；检验是对找出的弱点进行严格的审查；(4)根据检验结果来决定是否排除先前的假说。

④ 同上。有时，波普尔又把这三条简化为两条，即：充分大胆的尝试，尽量严格的检验。使"大胆尝试，严格检验"，成为他的整个科学方法论的简练概括。

征是所谓辩证三段式：正题、反题、合题。先有某种观念或理论或活动，可称之为'正题'。这一正题往往生出对立面来，因为像世界上的多数事物一样，它多半只有有限的价值，而且也会有缺点。对立的观念或运动叫做'反题'，因为它直接与前一正题对立。正题同反题之间的斗争一直进行到得到某种结果，它在某种意义上超越了正题和反题，因为认清了二者各自的价值，并试图保持二者的优点、避免二者的局限性。这一结果是第三步，叫做合题。合题一旦达到，又可能转而成为新的辩证三段式的第一步……这意味着又可以把这一合题称为产生新的反题的正题。这样，这种辩证三段式将进到更高水平，在得到第二个合题时它就达到第三级水平了。"①尽管"辩证三段式很好地描述了思想史的某些步骤，特别是观念和理论的某些发展，以及根据这些观念或理论所兴起的社会运动的某些发展。这样一种辩证发展可以通过证明它符合于我们上面讨论过的试错法而得到'解释'。但必须承认，它同（上面说的）理论通过试错而发展并不完全一样。"②

波普尔具体地谈论了他的"四段式"的试错法同"三段式"辩证法在内容上的区别。首先，他认为试错法比辩证法更有用。辩证法的三段式只限于承认"一个正题与一个反题"的对立，而他的四段式则认为可以有多个正题，也可以有多个反题的对立；用试错法作诠释的范围比用辩证法作诠释的范围广泛一些。③第二，在理论的发展中，试错法只注重一个观念以及对该观念的批判，只认为一个观念同对它的批判之间的斗争，也就是一个正题与其反题之间的斗争；试错法不像辩证法那样，既认为这一斗争必然会得到进一步的发展，又认为一个正题同反题之间的斗争会导致一个合题。试错法的第三阶段不是合题，而是弃题；一般的情况是"正题"或"反题"受批判而被清除（证伪），至于被清除后将由什么样的理论来取代，那是不可预言的。

通过辩证法与试错法的比较，波普尔告诫人们对辩证法"不要承认得

---

① 卡尔·波普尔：《猜想与反驳——科学知识的增长》，傅季重等译，上海译文出版社1986年版，第447页。

② 同上。

③ 波普尔写道：试错法"并不限于提出一个正题作为开始的情况，它很容易适于这样的情况：从一开始就提出许多不同的正题，它们互相独立，并且不一定是一个与另一个对立。但也要承认，人类思想某一分支的发展常常是甚至一般总是从某一单一观念开始的。如果是这样，那么辩证法图式也往往可用，因为这一正题将受到批判，并以这种方式'产生'了如辩证法家常说的它的反题。"（卡尔·波普尔：《猜想与反驳——科学知识的增长》，傅季重等译，上海译文出版社1986年版，第449页）

过多。……对辩证法家所用的许多隐喻,我们一定要当心,但不幸人们对这些隐喻往往过于认真了。"①第一,"辩证法说正题'产生'了它的反题。实则只是我们的批判态度才产生了反题,如果缺乏这种态度——情况往往如此——就不会产生反题。"②第二,辩证法说正题同其反题之间的"斗争""产生"了合题。实际上"斗争是一种理解力,理解力必然可以产生新思想,而人类思想史中却有许多无益的斗争最后一无所获。"③第三,辩证法认为能够得到合题,说合题"'保留'了正题和反题中的最好成分,通常也只是对这一合题的相当粗糙的描述。这种描述即使正确也会引起误解,因为合题除了所'保留'的老观念之外,总是还包含着某种不能归结为早先发展阶段的新观念。换句话说,合题通常总是比由正题和反题所提供材料构成的东西多得多。考虑到这一些,辩证法诠释即使可以应用,也很难用它提议的合题由正题和反题中所包含的观念构成这一点来帮助思想发展。……尽管如此,他们又几乎总是认定可以用辩证法作为一种可以帮助他们促进或者至少预见未来的思想发展的方法。"④

2. 波普尔对黑格尔辩证矛盾的批判

波普尔说,上述这些还不是辩证法最根本的问题,"最重大的误解和混乱还是来自辩证法家谈到矛盾时的那种不严格的方式。"⑤他指出:辩证法家"正确地看到,在思想发展的历史中矛盾极为重要——正像批判一样地重要"⑥,因为批判总是指出某种矛盾⑦;"正确地看到,矛盾——特别是'导致'合题形式的进步的正题同反题之间的矛盾——极其富于成果,而且确实是任何思想进步的动力"⑧;然而,却错误地"结论说:没有必要回避这些

---

① 卡尔·波普尔:《猜想与反驳——科学知识的增长》,傅季重等译,上海译文出版社1986年版,第450页。

② 同上。

③ 同上。

④ 同上书,第450—451页。

⑤ 同上书,第451页。

⑥ 同上。

⑦ 对于"批判总是指出某种矛盾",波普尔写道:"或者是受批判理论之中的矛盾,或者是这一理论同另一我们有一定理由接受的理论之间的矛盾,或者是这一理论同某种事实之间——更确切地说也即这一理论同某种事实陈述之间的矛盾。批判只有指出某种这样的矛盾或者干脆同这一理论相矛盾(也即批判可以干脆就是一个反题陈述),才有一定的作用。但是批判从一个十分重要的意义上说乃是任何智力发展的主要动力。没有矛盾,没有批判,就没有变革理论的理性动力,也就没有智力的进步。"(卡尔·波普尔:《猜想与反驳——科学知识的增长》,傅季重等译,上海译文出版社1986年版,第451页)

⑧ 卡尔·波普尔:《猜想与反驳——科学知识的增长》,傅季重等译,上海译文出版社1986年版,第451页。

富于成果的矛盾。他们甚至断言矛盾是回避不了的,因为世界上矛盾无所不在。"①这样一个论断无异给传统逻辑的所谓'矛盾律'(更完整地说也即'不矛盾律')以打击。矛盾律断言:两个互相矛盾的陈述决不可能同真,或者说,一个由合取二矛盾陈述所组成的陈述,根据纯粹逻辑理由,必定被斥为虚假的。辩证法家根据矛盾的富有成效而主张必须摈弃传统逻辑的这条定律。他们认为辩证法由此即可导致一种新的逻辑——辩证逻辑。……这些主张都很惊人,但毫无根据。它们的根据其实只是一些模棱两可、含混不清的说法而已。"②波普尔强调:"辩证法家说,矛盾富有成效、丰富多彩、导致进步,在一定意义上我们也承认这是真的。但是,只有当我们决心不容忍矛盾、决心改变任何包含矛盾的理论时,这才是真的;换句话说,千万不要认可一种矛盾。仅仅由于我们的这种决心,批判即揭示矛盾才会促使我们变革我们的理论并由此得到进步。……这一点无论怎样强调也不过分:如果我们改变这种态度,决定容忍矛盾,那么矛盾一定立即失去任何效果。矛盾再也不会导致智力进步。因为我们如准备容忍矛盾,那么揭示理论中的矛盾就不可能促使我们变革理论了。换句话说,一切批判(也就是揭示矛盾)都会失去力量。批判可以遇到这样的回答:'为什么不呢?'甚至更热情的呼叫'正是这样!'也就是说批判遇到的回答会是对已向我们揭示出来的矛盾表示欢迎。"③

波普尔始终坚持并反复地指出,"科学是按照矛盾不能被允许和可以避免这一假设而推进的,因而发现矛盾就会迫使科学家尽一切努力去消除它……然而,黑格尔从他的辩证法三段式中却推演出一个非常不同的教条。既然矛盾是科学进步的手段,他得出结论说,矛盾不仅是允许的和不可避免的,而且是非常有必要的。这就是黑格尔的学说,它必然要毁灭所有的论证和进步。因为,如果矛盾是不可避免的和必要的,那么,就不需要消除它们,这样,所有的进步就必然会完结。"④他还进一步写道:"这种学

① 卡尔·波普尔:《猜想与反驳——科学知识的增长》,傅季重等译,上海译文出版社1986年版,第451页。
② 同上书,第451—452页。
③ 同上书,第452页。在《辩证法是什么》一文中,波普尔分析了辩证法承认矛盾的"认识论根源":历史上排除矛盾的努力推动了科学发展,使辩证法家产生了错觉和误解,认为没有必要回避这些富有成果的矛盾,而应欢迎和接受它们。他告诫辩证法家:二者不可兼得。要么由于矛盾富有成效而爱好矛盾,因而决不能接受矛盾;要么准备接受矛盾,那矛盾将变得毫无成效,并且一切理性批判、讨论和智力进步都将成为不可能。
④ 卡尔·波普尔:《开放社会及其敌人》第二卷,郑一明等译,中国社会科学出版社1999年版,第80页。

说只是黑格尔主义的主要原则之一。黑格尔的意图是要自由地操纵一切矛盾。他主张'一切事情本身都是矛盾的'，为的是为一种观点辩护——这种观点不仅意味着所有科学的终结，而且意味着所有合理论证的终结。他希望承认矛盾的原因在于，他想终止合理的论证，并从而终止科学和理智的进步。通过使论证和批评成为不可能，他试图使他自己的哲学证伪一切批评，这样，就可以把自身建成为免受一切攻击的强制的独断论，建成为一切哲学发展之不可逾越的顶峰"①，"黑格尔及其学派那样提出的辩证法理论……把人们危险地引入歧途。"②

对于"接受矛盾，就要放弃任何一种科学活动，这就意味着科学的彻底瓦解"，波普尔指出"这一点可以这样来证明：如果承认了两个互相矛盾的陈述，那就一定要承认任何一个陈述；因为从一对矛盾陈述中可以有效地推导出任何一个陈述来。"③这个论断的逻辑依据是经典逻辑演算的一条定理："$p \wedge$ 非 $p \rightarrow q$"，即从 p 与非 p 的合取可推出任意命题 q，换言之，从矛盾可以推出任何命题。波普尔认为这条定理是"基础逻辑中那些未必无关紧要并值得每一个思考的人认识与理解的少量事实之一。"④在《辩证法是什么》一文中，他花了很大篇幅详细讨论这一定理；采用两种不同论证方式，从一些更简单更直观的逻辑定理将它导出。然后，举出从"现在太阳高照并且现在没有太阳"这个矛盾命题，既可推论出"恺撒是叛徒"，也可推论出"恺撒不是叛徒"的例子；同样，"我们还可推导出'2＋2＝5'和'2＋2≠5'——不仅可以推出任何我们喜欢的陈述，也可以推出我们并不喜欢的否定陈述"⑤。从而使不熟悉逻辑理论的人也能理解："如果一种理论含有矛盾，则它可以导出一切，因而实际上什么也导不出。如果一种理论给它所肯定的每一信息都加上其否定，那就不能给我们任何信息。因此，一种包含着矛盾的理论作为一种理论是毫无用处的。"⑥

对于"有人曾说过，从一对矛盾陈述出发我们可以随意引出任何结论这一事实，并不能证实矛盾理论无用：首先，这个理论虽然矛盾，它本身使人感到兴趣；其次，它可以引起使之前后一致的校正；最后，我们可以发展

① 卡尔·波普尔：《开放社会及其敌人》第二卷，郑一明等译，中国社会科学出版社 1999 年版，第 80 页。
② 卡尔·波普尔：《猜想与反驳——科学知识的增长》，傅季重等译，上海译文出版社 1986 年版，第 462 页。
③ 同上书，第 453 页。
④ 同上。
⑤ 同上书，第 456 页。
⑥ 同上。

一种方法,即使是特设的方法(诸如量子理论中避免发散的方法),以阻止我们得出显然可由这一理论逻辑地导出的假结论"①,波普尔指出"所有这一切都很有理,但这样一种权宜的理论会造成前面讨论过的一种严重危险:如果我们真想容忍这种理论,就不会再去探求一种更好的理论;反过来说,如果我们探求更好的理论,那就是因为我们认为上述理论由于含有矛盾而是一种糟糕的理论。在这里同在任何地方一样,接受矛盾必定导致批判的终结,从而导致科学的毁灭。"②

对于黑格尔摈弃传统逻辑的矛盾律而伸张"承认矛盾"的"辩证逻辑",波普尔指出,"我们必须记住:在黑格尔时代甚至更晚得多的时代,逻辑通常被描述并定义为推理的理论或思维的理论,因而逻辑的基本定律也被称为'思维规律'。这就完全可以理解,黑格尔既然相信辩证法真实地描述了我们推理和思维时的实际程序,他当然坚持必须改造逻辑,使辩证法成为逻辑理论的一个重要部分,如果不是最重要的部分的话。这就有必要抛弃'矛盾律',它显然是接受辩证法的严重障碍。这里我们看到这一观点的起源:辩证法既然可与逻辑相媲美,也就是'基本的',而且还是对逻辑的改进。我已批判过这种辩证观点,我只想重复一下,任何一种逻辑推理,不管在黑格尔之前还是之后,也不管是在科学中还是在数学或任何一种真正理性的哲学中,总是建立在矛盾律基础之上的。"③

波普尔还分析和阐述了黑格尔伸张"承认矛盾"的"辩证逻辑"与康德思想的渊源关系。他写道:"在《纯粹理性批判》一书中,康德在休谟的影响下认为,纯粹的思辨或理性一旦贸然进入经验不能检验的领域,很可能陷入矛盾或'二律背反',产生出他明确地描述为'纯粹幻想''胡说''幻想'的东西……他试图表明,一切形而上学的判断或论题,例如,世界在时间上的开端或上帝的存在,都会有反判断或反题形成对照;他认为,两者都可以从同样的前提推论出来,而且可以在同样'自明'的程度上得到证明。换句话说,当离开经验的领域时,我们的思辨就没有科学的地位,因为对每一个论证来说,都必然有一个同样有效的反论证"④,而黑格尔认为"康德指出的二律背反是完全正确的,不过他对它的担心却是错误的。黑格尔断言,二

① 卡尔·波普尔:《猜想与反驳——科学知识的增长》,傅季重等译,上海译文出版社1986年版,第458页。
② 同上书,第458—459页。
③ 同上书,第467—468页。
④ 卡尔·波普尔:《开放社会及其敌人》第二卷,郑一明等译,中国社会科学出版社1999年版,第77—78页。

律背反正好处在必然自相矛盾的理性的本性之中;这不是我们人类能力的弱点,而是一切触及矛盾和二律背反的合理性的真实本质;因为理性正是这样发展的"①;于是"黑格尔这样说:康德反驳了形而上学,但没有反驳理性主义。因为黑格尔所说的与'辩证法'相对立的'形而上学'是一种不考虑进化、运动、发展的理性主义系统,它力图把实在想象为某种稳定、不动而且没有矛盾的东西。黑格尔用他的同一哲学推出,既然理性是发展的,世界也一定发展;既然思想或理性的发展是辩证的,世界也一定按照辩证三段式发展。"②波普尔还作出了如下总结:黑格尔"大致是这样论证的:'康德说理性主义必然引起矛盾,由此反驳了理性主义。我承认这一点。但这个论证显然是从矛盾律那里取得力量的:它反驳的只是那种承认矛盾律的系统,也即力求摆脱矛盾的系统。对于像我这样的系统来说,并没有危险,这种系统准备容许矛盾存在,这就是辩证系统。'显然这种论据建立了一种极端危险的教条主义,这种教条主义再也不需要害怕任何种类的打击。因为我前面说过,对任何理论的任何打击、任何批判,都必须以揭示出某种矛盾的方法为基础,要么揭示理论本身的内在矛盾,要么揭示理论与某种事实之间的矛盾。这样,黑格尔用以取代康德的方法是有效的,但不幸过于有效了。这使他的系统坚不可摧,免于遭到任何一种批判或打击,从而它也是一种非常特殊的意义上的教条主义,我愿意称之为一种'强化的教条主义'"③。

此外,波普尔还指出了黑格尔伸张"承认矛盾"的"辩证逻辑"与其(绝对)唯心主义的"同一哲学"的渊源关系,指出"这是同一哲学的荒谬绝伦之处"④。波普尔写道:"黑格尔的同一哲学'凡是合理的就是现实的,凡是现实的就是合理的,因而理性和现实是同一的',无疑是一种在新的基础上重建理性主义的尝试。它容许哲学家由纯粹推理来建造关于世界的理论,并认定这必然是关于实在世界的真实理论。"⑤"如果理性和实在是同一的,

---

① 卡尔·波普尔:《开放社会及其敌人》第二卷,郑一明等译,中国社会科学出版社1999年版,第79页。对于康德指出的二律背反,黑格尔在《小逻辑》中写道,"这种思想认为理智的范畴所引起的理性世界的矛盾,乃是本质的,并且是必然的,这必须认为是近代哲学界一个最重要的和最深刻的一种进步。"(黑格尔:《小逻辑》,贺麟译,商务印书馆1980年版,第131页)在《哲学史讲演录》中,黑格尔写道:"康德指出了四个矛盾;这未免太少了,因为什么东西都有矛盾。在每一个概念里都很容易指出矛盾来。"(黑格尔:《哲学史讲演录》第四卷,贺麟、王太庆译,商务印书馆1978年版,第279页)
② 卡尔·波普尔:《猜想与反驳——科学知识的增长》,傅季重等译,上海译文出版社1986年版,第466页。
③ 同上书,第466—467页。
④ 同上书,第469页。
⑤ 同上书,第465页。

理性又是辩证发展的(哲学思想的发展就是很好的例证),那么实在也一定是辩证发展的。世界一定是由辩证逻辑规律所支配的。这样我们在世界中也一定会发现为辩证逻辑所认可的同样的矛盾。正是世界充满矛盾这一事实从另外一个角度向我们表明,必须放弃矛盾律。因为这条定律说,一个自我矛盾的命题或者一对互相矛盾的命题不可能是真的,也就是说,不可能符合于事实。换句话说,这条定律意味着自然界也即事实世界中永远不会发生矛盾,事实永远不会彼此矛盾。但是根据理性与实在同一的哲学,则肯定既然观念可能彼此矛盾那么事实也可能彼此矛盾,事实正像观念一样也是通过矛盾而发展,因而矛盾律必须放弃。"① 波普尔继而指出,"只要我们稍微深入看看这些所用矛盾的事实,就会发现,辩证法家所提供的全部事例刚好说明,我们生活的世界有时表现出某种也许可以借用'极性'这个词来描述的结构。正电和负电的存在就是这种结构的一个事例。这只是一种隐喻的、不精确的说法,例如说正电和负电是彼此矛盾的。真正矛盾的一个事例应是这样两个句子:'这里的这一物体在 1938 年 11 月 1 日上午 9 时到 10 时之间带正电';而关于同一物体的另一个类似句子是说:它在同一时刻不带正电。……这应当是两个句子之间的矛盾,而对应的矛盾事实应当是这样的事实:一个物体在同一时刻既带正电,又带负电,从而在同一时刻既吸引又不吸引某些带负电的物体。然而无须说,这样的矛盾事实是不存在的。(更深入的分析可表明,不存在这样的事实并不是一条类似物理定律的定律,而是以逻辑为根据的,也即以支配科学语言运用的规则为根据的)"②。在这里,波普尔明确表达了"矛盾只在理论之中,自然界并不存在矛盾"的思想;在他看来,正电和负电并不是彼此矛盾的,而说"同一物体在同一时刻既带正电又不带正电、既吸引又不吸引某些带负电的物体"才是矛盾。

3. 波普尔对辩证唯物主义的矛盾观念的批判

辩证唯物主义是马克思主义经典作家批判地继承德国古典哲学的优秀成果,在对黑格尔哲学和费尔巴哈哲学辩证否定的基础上建立起来的——用唯物主义改造黑格尔的唯心主义辩证法,剥掉了黑格尔哲学的唯心主义外壳,批判地吸收了它辩证法的合理内核;用辩证法改造以前的唯物主义,并辩证唯物地概括和总结了当时自然科学的既有成就和工人运动

---

① 卡尔·波普尔:《猜想与反驳——科学知识的增长》,傅季重等译,上海译文出版社 1986 年版,第 468—469 页。

② 同上书,第 469 页。

的丰富经验；通过理论创新，实现了哲学发展中的质的飞跃和人类认识史上的空前大革命。只有在唯物主义基础上建立起来的辩证法，才是如实反映客观世界的科学的辩证法。然而，波普尔却说："辩证法同唯物主义的结合在我看来甚至比辩证唯心主义还要糟糕。"①

波普尔认为，黑格尔关于理性和实在同一的哲学之所以说成（绝对）唯心主义，是因为它说实在类似于心灵或具有理性的特征，而这样一种辩证的同一哲学可以很容易地倒转过来成为一种唯物主义。②但是，"我们必须记住，支持辩证法最有利的论据就在于它适用于思想发展、特别是哲学思想发展。现在我们莫名其妙地面对这样一个陈述：物理实在是辩证发展的——一个极端教条主义的论断，很少科学根据"③。波普尔写道："如果黑格尔所谓辩证推理是指废弃矛盾律的推理，那么他当然不可能在科学中给出任何这种推理的事例。（辩证法家引用的许多事例都毫无例外停留在上述恩格斯所提到的例子的水平上——谷粒和 $(-a)^2 = a^2$——甚至更糟）"④——"我们可以看到，辩证解释把谷种看作正题，由种子发育成的作物是反题，而所有从这一作物生产的种子是合题。这样的应用把本来已经太模糊的辩证三段式的意义更加扩大，显然更危险地增加了辩证法的模糊性。其结果是：我们把发展说成是辩证法，只不过是说那是分阶段的发展，并没有说出更多的东西。但是说作物发芽是种子的否定，因为当作物生长起来种子就不存在了，而由作物生长出许多新的种子则是否定的否定——更高水平上的新的开始——则显然只是玩弄词藻。（恩格斯说出这个任何小孩都知道的例子的理由就在这里吗？）"⑤"辩证法家在数学领域所提出的典型事例更加糟糕。以海克的简要形式引用恩格斯用过的著名事例：'更高的合题定律……经常应用于数学中。否定 $(-a)$ 自乘变成 a^2，即否定的否定达到的合题。'但即使认为 a 是正题、$-a$ 是反题或否定，仍然可以期望否定的否定是 $-(-a)$ 即 a，这不是'更高的'合题而是等同于原来的正题本身。换句话说，为什么恰恰通过反题自乘才能得到合题呢？为什么不能通过例如正题加反题（得 0）或者正题乘反题（得 $-a^2$ 而不是 a^2）而得到呢？而且从什么意义上说 a^2'更高于'a 或 $-a$ 呢？（这当然不是说数

---

① 卡尔·波普尔：《猜想与反驳——科学知识的增长》，傅季重等译，上海译文出版社1986年版，第472页。
② 同上。
③ 同上书，第471页。
④ 同上书，第468页。
⑤ 同上书，第460页。

值更大,因为如 $a=1/2$,则 $a^2=1/4$)。这一事例表明应用辩证法的模糊观念是极其任意的。"

总的来说,波普尔基于"试错法"对"矛盾"的理解和对待矛盾的态度,与马克思主义的辩证法是有原则性差别的。

(1)波普尔认为,辩证法本来与"试错法"一样,只是一种关于思想的历史发展的学说,而马克思主义者却把它变成了既是一种逻辑理论,又是一种关于世界的一般理论。这种主张很惊人,但毫无根据,只是一些模棱两可、含混不清的说法而已。而他的试错法,语言清楚明白,只是一种关于科学知识的增长理论,没有奢望成为一种一般的世界观。

(2)波普尔认为马克思主义辩证法肯定客观事物中存在着矛盾,矛盾普遍地存在于一切事物以及人的认识之中;而他则否定客观事物中存在矛盾。如果说有矛盾存在,也只存在于人的思想中。因为所谓"矛盾"就是思想不一致,就是逻辑混乱,而逻辑混乱是不能肯定,只能否定的。因为容许逻辑混乱,这就意味着科学的彻底垮台。

(3)波普尔认为马克思主义辩证法人为地设置矛盾,而他的试错法是力求清除矛盾。假如故意设置矛盾,那么即使看到矛盾也不会去改变它。换言之,就会失去所有批判的力量,因为批判就是指出矛盾。而失去批判,理智的进步也就宣告终结。

(4)波普尔认为马克思主义辩证法反对形式逻辑的"矛盾律",这是十分错误的举动;而试错法则肯定形式逻辑的"矛盾律"。

(5)波普尔认为马克思主义辩证法肯定辩证逻辑,而他的试错法则反对辩证逻辑。他断言,科学的思想逻辑只有一种,那就是形式逻辑,而且只是形式逻辑的演绎部分,除此之外,别无逻辑可言。他认为马克思主义辩证法别出心裁,不但反对形式逻辑,而且另建辩证逻辑,这必然会导致逻辑上的极大混乱。他说,辩证法者经常认为辩证法是逻辑的一部分,而且是比较好的一部分,它是作了某种革新的现代化的逻辑,这是完全错误的。因为无论如何得不出辩证法与逻辑有任何相似之处的结论。可以说逻辑是一种演绎推理,但是我们没有任何理由相信辩证法能演绎出什么东西来。

五、我国哲学界对波普尔批判的认识

波普尔的批判理性主义哲学,诞生于 20 世纪 30 年代初,成长于第二次世界大战及冷战时期,是一个影响很广的哲学流派。它对西方的科学哲学影响甚大,有人认为它占有"继往开来"的地位:继逻辑实证主义衰落以后,开创出了一个新的历史主义科学哲学流派;也有人把他的科学哲学称作为"爱因斯坦—波普尔科学哲学"①。波普尔哲学对西方的自然科学界也有相当大的影响,以"试错—证伪"理论影响了一大批纯粹的自然科学家;英国著名生物学家、诺贝尔奖金获得者梅多沃,英国著名天文学家邦迪,澳大利亚著名生物学家、诺贝尔奖金获得者艾克尔斯等,都很推崇他的哲学。波普尔还直接与艾克尔斯合作,探索人脑的机制,这在当时的哲学家中是绝无仅有的。

波普尔对中国科学界和哲学界的影响,最初是通过"自然辩证法"学术平台实现的;1980 年 11 月,中国自然辩证法研究会筹委会主办了关于波普尔科学哲学的学术讨论会。我国著名科学家钱学森说:"西方的卡尔·波普尔和托马斯·库恩的许多思想对我们科学技术工作者是有启发的,就像恩格斯把黑格尔哲学倒过来一样,现在西方科学哲学中很多思想也可以倒过来立正,为我所用。"②1982 年 7 月,夏基松出版《波普哲学述评》一书,引起了中国学术界对波普尔哲学的广泛关注。该书在其第二章"科学哲学:科学方法论"专设了子标题"'试错法'与辩证法"进行讨论,提出"波普认为他的试错法有别于辩证法,这当然是正确的。两者有重大差别,不能混为一谈。而他的反辩证法的论点都是错误的。"③而具体的错误,被归纳为以下几点。④

第一,波普尔把马克思主义辩证法的"否定之否定"规律与黑格尔的"三段论"等同起来是错误的。马克思主义辩证法来源于黑格尔的辩证法,但根本区别于他的辩证法。黑格尔的"三段论"最终调和矛盾,马克思主义的"否定之否定"规律则正确地反映了新东西辩证地否定旧东西而不断前进的客观趋向。波普尔把两者混为一谈,这正好说明了他对马克思主义辩证法并不真正理解。

第二,波普尔对马克思主义许多观点的攻击是出于歪曲或捏造。他说马克思主义辩证法只限于"一个正题和一个反题",事实上马克思主义辩证法从来承认矛盾的多样性和复杂性;他说马克思主义"任意设置"对立面,

---

① 夏基松:《波普哲学述评》,黑龙江人民出版社 1982 年版,第 2 页。
② 《中国自然辩证法研究通信》,1981 年总 73 期。夏基松:《波普哲学述评》,黑龙江人民出版社 1982 年版,第 3 页。
③ 夏基松:《波普哲学述评》,黑龙江人民出版社 1982 年版,第 130—131 页。
④ 同上书,第 131—132 页。

事实上马克思主义辩证法从来坚持矛盾的客观性和普遍性。矛盾不是人的主观所任意设置的,革命者的任务不是人为地设置矛盾,而是自觉去发现矛盾,积极地去揭露并且解决客观矛盾,以推动事物的规律性发展。

第三,波普尔攻击马克思主义辩证法反对形式逻辑及其"矛盾律",这不是出于无知,便是故意捏造。马克思主义肯定形式逻辑,因为形式逻辑是关于思维规律的科学。马克思主义也肯定形式逻辑的"同一律"（A＝A）,因为它反映客观事物的质的相对稳定性及其相互的区别性,否定形式逻辑及其"同一律"（"矛盾律"不过是"同一律"的不同形式表现）,就违背了客观事实,就会造成思维的混乱。但是,马克思主义也肯定辩证逻辑,认为形式逻辑是思维的低级逻辑,而辩证逻辑则是思维的高级逻辑,前者只反映客观事物在相对稳定状态下的关系的一面,辩证法则全面地反映了客观世界的辩证发展规律。辩证逻辑与形式逻辑不是彼此相互排斥而是互相依存,辩证统一的。任何肯定一方,否定另一方都是错误的,否定形式逻辑就会造成思维的逻辑混乱,反之,否定辩证逻辑就会造成思维的片面性和僵化。

第四,波普尔认为马克思主义辩证法的概念含义不清。其实,"含混不清"的是他自己的形而上学理解,而不是马克思主义辩证法。波普尔反对恩格斯在《反杜林论》中的例子,说新种子相对于旧种子来说并没有什么新东西,这是不对的。植物的新品种是通过新种子对旧种子的否定而培育出来的。不承认新种子中的新内容,就否定了植物进化的可能性。而说 a 与 $-a$ 的否定之否定 $-(-a)$ 即 a,前一个 a 与后一个是同一个 a,并没有什么新内容,这也是错误的。人的认识通过 a 与 $-a$ 的否定之否定深化了:一个懂得 $-(-a)$ 是 a 的人的数学知识水平,难道与一个只知道 $a＝a$ 的幼儿园孩子的知识水平是一样的么? 显而易见,马克思主义辩证法是清楚易懂的,造成混乱不清的是波普尔自己的形而上学观点。

1985 年国家教委确定"马克思主义哲学原理体系改革"作为"七五"规划重点课题,翌年又被提升为国家"七五"规划重点课题,由全国高校马克思主义哲学专业的博士点共同承担,课题组由十余位博士生导师和著名教授组成;《马克思主义哲学原理》(上、下册)这部教科书就是这一课题研究的主要成果。该书在讨论"辩证矛盾"时写道:辩证法的发展史表明,矛盾是辩证法的核心范畴。但是,在考察辩证法的发展史时,在把握矛盾范畴的辩证含义时,首先必须注意把辩证矛盾和逻辑矛盾区分开来。所谓逻辑矛盾是人们的思维过程不合逻辑、违反逻辑规则造成的,它是思维中的自相矛盾,是叙述的矛盾。而辩证矛盾则指的是对立同一,它是客观事物自身所固有的,也是生活本身的矛盾。这种对立同一在人们思维中的正确反映也是辩证矛盾,它同思维过程中违反逻辑规则而造成的逻辑矛盾不是一回事。任何科学的认识都要求排除荒谬的逻辑矛盾,而任何科学的认识都是在研究相关对象所固有的辩证矛盾。所谓认识事物的实质,也就是认识事物的矛盾。可见,承认辩证矛盾和允许逻辑矛盾是完全不同的。承认辩证矛盾是辩证法的前提和出发点,而陷入逻辑矛盾则往往是诡辩论的特征。在哲学史上,曾经把揭露和克服思维中或叙述中的逻辑矛盾的方法称为辩证法,那是辩证法思想尚不成熟的表现。在现代,某些西方哲学家混淆辩证矛盾和逻辑矛盾的区别,借口逻辑矛盾只存在于不正确的思维过程中而否认辩证矛盾的存在,则是对辩证法思想的攻击和否定,是形而上学世界观的露骨表现。可见,无论在任何情况下,混淆了辩证矛盾和逻辑矛盾的区别,都会导致对辩证矛盾范畴的不准确的或歪曲的理解,从而导致对于整个辩证法学说的不准确的或歪曲的理解。①

《马克思主义研究》1998 年第 4 期发表的《评波普尔和邦格对辩证法矛盾观的批判》一文认为,波普尔作为 20 世纪的著名哲学家,在《辩证法是什么》这篇文章中所表现出来的对辩证法的"错觉和误解"以及由此生发的偏见,"令人难以置信"。②该文写道:"作为辩证法的核心范畴的矛盾并不是经典逻辑演算所刻画的逻辑矛盾。辩证法的矛盾法则即对立统一法则,非但不与矛盾律相抵忤,反而应是以之为前提的。正是建立在科学实践观基础上的马克思主义辩证法,深刻地揭示了人类思维辩证法的不可分割性,从而表明了遵守形式逻辑法则的必要性和重要性。以把握对象的对立统一机制为目标的辩证思维,应自觉地把拒斥逻辑矛盾作为自己的内在规范。"③进而指出,"严格地说,辩证法的矛盾范畴即辩证矛盾,有本体与认知两个层面的语义。在本体层面上通常又称为'客观矛盾',与对立统一等义,指称任一认识对象自身包含的既互相排斥互相反对又相互依存相互贯

---

① 肖前主编:《马克思主义哲学原理》上册,中国人民大学出版社 1994 年版,第 236—237 页。

② 仓茫:《评波普尔和邦格对辩证法矛盾观的批判》,《马克思主义研究》1998 年第 4 期,第 85 页。

③ 同上。该文还作了如下的举例说明。恩格斯指出:在科学理论研究中,"任何时候都必须用思想的首尾一贯性去帮助还不充分的知识。"列宁也明确要求:"'逻辑矛盾'——当然在正确的逻辑思维的条件下——无论在经济分析中或在政治分析中都是不应当有的。""一切分析"都"不容许'逻辑矛盾'"。马克思的《资本论》,不仅是运用辩证法矛盾学说的典范,也是运用矛盾律的典范。我们在其中看到的是举世公认的首尾一贯性和逻辑条理性,而看不到违反矛盾律的逻辑混乱。波普尔认为辩证法的矛盾学说容许甚至等同于逻辑矛盾的观点,显然是不正确的。

通的两个方面之间相反相成的关系。由于两个相关对象可视为以它们为构成因素的整体对象的两个方面,对象之间的对立统一关系亦可统摄于此语义层面。辩证矛盾的认知层面,则是指对客观矛盾的主观把握(反映),即思想中形成的关于对象对立统一关系的认识。在这一语义层面上,辩证矛盾与逻辑矛盾一样,同属认知性范畴,因而二者具有可比性。从原子形态说,辩证矛盾所断言的是两种既相反又相成的属性同时属于某一对象,而逻辑矛盾所断言的却是某一属性同时既属于又不属于某对象,同是关于对象一属性的断言,二者有着明晰的不同。从推广形态说,辩证矛盾断言具有对立属性的对象之间存在对立统一关系,而逻辑矛盾断言的却是两个具有矛盾关系或反对关系的命题同时为真,其区别更是泾渭分明。例如辩证法的著名命题:'运动是(时间和空间的)非间断性与(时间和空间的)间断性的统一。运动是矛盾,是矛盾的统一。'所断言的是运动既具有连续性又具有间断性,两种属性的相反相成构成一种客观矛盾。它既不意味着'运动既有又没有连续性',又不意味着'运动既有又没有间断性',因而决不是对逻辑矛盾的肯定。"①

2001 年,邓晓芒在《开放社会中的自我禁闭——波普尔〈开放社会及其敌人〉评析》一文中写道:"最有意思的是波普尔对辩证法的批判。他在本书中以他特有的机械方式把黑格尔辩证法的基本原则'对立的统一'分为对立的方面、即'矛盾',和统一的方面即'同一哲学',并把这两个'原则'称之为'黑格尔主义的两大支柱',这种划分方式本身就说明了他对辩证法根本还没有入门。对于第一方面,他承认矛盾(或消除矛盾)是'科学思维有时藉以进步的方式','然而,这意味着科学是按照矛盾不能被允许和可以避免这一假设而推进的,因而发现矛盾就会迫使科学家尽一切努力去消除它',而黑格尔却主张'矛盾不仅是允许的和不可避免的,而且是非常有必要的',这就'必然要毁灭所有的论证和进步。因为,如果矛盾是不可避免的和必要的,那么,就不需要消除它们,这样,所有的进步就必然会完结'。最后一句话就好比说,如果面包是需要的,那就不需要吃掉它!波普尔想把这种愚蠢的想法强加给黑格尔,只说明了自己的拙劣。波普尔在《猜想与反驳》中的另一段话说得聪明一些:'辩证法家说,矛盾富有成效、丰富多彩、导致进步,在一定意义上我们也承认这是真的。但是,只有当我们决心不容忍矛盾、决心不改变任何包含矛盾的理论时,这才是真的;换句

---

① 仓茫:《评波普尔和邦格对辩证法矛盾观的批判》,《马克思主义研究》1998 年第 4 期,第 85 页。

话说，千万不要认可一种矛盾。仅仅由于我们的这种决心，批判即揭示矛盾才会促使我们变革我们的理论并由此得到进步。'他竟没有发现，这正是黑格尔的意思！矛盾之所以必要，在黑格尔看来正在于它迫使我们不得不去努力克服它，也就是说，只有当我们决心不承认它是真的时，它才是真的！波普尔无意中说出了一个地地道道的辩证命题，他却还洋洋得意地自以为这是对辩证法的一个颇为机智的反驳！……看看波普尔对黑格尔辩证法的一系列批判，简直令人怀疑他是否认真读完过黑格尔的任何一本著作。"①

2009年问世的《马克思主义理论研究和建设工程重点教材：马克思主义哲学》强调"矛盾概念反映的是事物内部或事物之间对立和统一关系。矛盾即对立统一。当我们的认识由事物的现象深入到本质时，就会形成关于矛盾的观念"②，指出"辩证矛盾"思维有着悠久的历史："在中国，矛盾的观念早就产生了。《易》就以阴阳变化来解释世界，《易传》称'一阴一阳之谓道'、'一阖一辟谓之变'，这就把阴阳的对立统一看成是运动变化发展的根本动力……""在西方，古希腊哲学家赫拉克利特就已经意识到对立双方的相互依存、相互排斥和相互转化构成了事物的对立统一关系，并把这种对立统一关系上升为宇宙万物运动变化发展的普遍法则……"③该书写道："正确理解矛盾的含义，要注意把辩证矛盾和逻辑矛盾区别开来。逻辑矛盾是指人们的思维过程违反逻辑规则造成的矛盾，它是思维中的自相矛盾。辩证矛盾则是指事物本身所固有的对立统一关系，它同思维过程中由于违反逻辑规则而造成的逻辑矛盾完全不是一回事。任何科学的认识都要求排除逻辑矛盾，而任何科学的认识又都是研究对象本身所固有的辩证矛盾的。当代西方哲学家波普尔责难辩证法，认为矛盾学说'必然导致科学的瓦解，批判的瓦解，理性的瓦解'，其错误就在于他把辩证矛盾等同于逻辑矛盾，不理解作为辩证法范畴的矛盾并不是形式逻辑所说的逻辑矛盾，不理解辩证思维把拒斥逻辑矛盾作为自己的思想前提，一切分析都'不容许有逻辑矛盾'。"④

---

① 邓晓芒：《开放社会中的自我禁闭——波普尔〈开放社会及其敌人〉评析》，《江苏社会科学》2001年第1期，第33页。
② 《马克思主义哲学》编写组：《马克思主义理论研究和建设工程重点教材：马克思主义哲学》，高等教育出版社、人民出版社2009年版，第120页。
③ 同上书，第120—121页。
④ 同上书，第121页。

第二章　康德与芝诺运动悖论"飞矢不动"

黑格尔关于位移运动矛盾的认识,与其对历史上的芝诺运动悖论的解答密切联系。然而,如果我们把黑格尔的这些工作与康德在《自然科学的形而上学初始根据》一书中开展的一些工作相联系,也就能够领悟到黑格尔重视芝诺运动悖论以及提出位移运动矛盾表述的"时代意义"。

第一节　康德对"飞矢不动"问题的研究

在 1786 年出版的《自然科学的形而上学初始根据》一书中,康德立足当时整个经验自然科学已有的成就,对经验自然科学所采用的方法展开了全面的批判;此时,他的《纯粹理性批判》《未来形而上学导论》等一系列重要著作已使他赢得了世界性的声誉。对于近代科学的发展确立起来的位移运动观念,康德持肯定态度。他写道:"物质是空间中的运动物","一切是经验之对象的运动,都仅仅是相对的;运动在其中被知觉到的空间,是一个相对的空间","一个事物的运动就是该事物与一个已知空间的外部关系的改变";"唯有对一个运动的、亦即物理学的点人们才能说:运动在任何时候都是地点的改变。"[①]其后,康德写道:"一个处在运动中的物体在它通过的线的任何一个点上都存在一个瞬间。现在问题是:它在这个瞬间是静止的还是运动的? 毫无疑问,人们将说后者;因为只是就它在运动而言它才在这个点上在场。"[②]正是康德提出的这个问题,把近代科学的位移运动概

---

① 《康德自然哲学文集》(注释版)上卷,李秋零译注,中国人民大学出版社 2016 年版,第 284、285、286 页。

② 《康德自然哲学文集》(注释版)上卷,李秋零译注,中国人民大学出版社 2016 年版,第 289 页。康德在 1770 年的《论可感世界与理知世界的形式及其原则》一文中写道:空间和时间"这两个概念之被考虑,本来一个是为了对象的直观,另一个是为了状态的(转下页)

念与历史上芝诺否认运动存在的四个论证之一的"飞矢不动"①关联起来。为了讲清楚"运动的物体在每个瞬间点上是运动的而非静止的"，康德着实下了一番功夫。

康德画出了下图②，作出了一系列分析和讨论。

$$A \qquad\qquad B \quad \cdots \quad \cdots \quad a$$

图 2-1

康德写道，"人们可以这样设想"③：

> 物体以匀速前进通过直线 AB 并且从 B 退回到 A，这样，由于它在 B 处的那个瞬间是两次运动所共有的，所以从 A 到 B 的运动是 1/2 秒，而从 B 到 A 的运动也是 1/2 秒，两次运动一共经历了整整 1 秒，以至于没有时间的哪怕是最小部分用在物体在 B 处的在场上。于是，无须对这两个运动作任何添加，后一个运动，亦即发生在 BA 方向上的运动就转换成与 AB 处在一条直线上的 Ba 方向上的运动。在这里，当物体在 B 处时，它必须不是被视为在那里静止的，而是被视为运动着的。因此，在前一种运动中，即在自身回转的运动中，物体在 B 点也必须被视为运动着的；但这是不可能的，因为按照所假定的东西，这只是一个属于运动 AB 同时也属于同样的运动 BA 的瞬间，后一个运动与前一个运动相反，并与它在同一个瞬间相联结，这个瞬间必须表示运动的完全缺乏，因而如果这种缺乏就构成静止的概念的话，还表示在匀速运动 Aa 中物体在任何一点上，例如在 B 点上，都是静止的，这与上面的主张是矛盾的。与此相反，人们可以直接把直线 AB 设想为竖立在 A 点之上，使得一个物体从 A 升高到 B，当它在 B 点由于重力而失去了自己的运动之后，同样再由 B 点落回到 A；则我

（接上页）直观，尤其是表象状态的直观。因此，人们还把空间也作为形象运用于时间的概念，用一条线来表现它，用点来表示它的界限（瞬间）。"（李秋零主编：《康德著作全集》第 2 卷，中国人民大学出版社 2004 年版，第 414 页）

① "飞矢不动"论证是：飞着的箭在不同的时间处于不同的位置，甲时在 A 点，乙时在 B 点，在连续的时间中，箭相继地在一系列的点上。既然是在某一点上，怎么能运动呢？运动实际上是一系列静止的总和。（中国大百科全书总编辑委员会《哲学》编辑委员会：《中国大百科全书·哲学》，中国大百科全书出版社 1987 年版，第 841 页）

② 《康德自然哲学文集》（注释版）上卷，李秋零译注，中国人民大学出版社 2016 年版，第 289 页。

③ 同上书，第 289—291 页。

要问:这物体在 B 点可以被视为运动的,还是被视为静止的呢? 毫无疑问,人们将说是静止的,因为在它到达这个点之后,它此前的一切运动都失去了,之后应当首先有一个同样的返回运动继起,所以它还尚未存在。而人们会补充说,运动的缺乏就是静止。但在前一种假定匀速运动的场合里,运动 BA 也是只有在之前运动 AB 已经停止、从 B 到 A 的运动尚未存在、因而在 B 处必须假定一切运动的缺乏,并且按照通常的解说假定静止的情况下才能开始。但是,人们毕竟不能假定静止,因为对于任何被给予的速度来说,没有任何一个物体可以在其匀速运动的一个点上被设想为静止的。而在第二种情况中,既然这种上升和下落同样只不过是由一个瞬间而彼此分割开来的,硬要静止的概念又有什么依据呢? 这样说的根据在于,后一种运动并未被设想为带有已知速度的匀速运动,而是被首先设想为均匀减速运动,然后被设想为均匀加速运动,然而,速度在 B 点并没有被完全减掉,而是仅仅被减至比任何可能给出的速度更小的程度,凭借这个速度,如果不落回,而是其降落线 BA 被置于 Ba 方向上,因而物体一直还被看作是在上升,那么,它就会以一个纯然的速度要素(在这种情况下就撒开了重力的阻抗),在任何如此大小尚可告知的时间中,匀速地仅仅经过一个比任何可告知的空间都更小的空间,因而就会是永远根本不改变它的地点了(对任何一种可能的经验来说)。这样一来,物体就在同一地点被置于一种持续的在场状态中,即被置于静止的状态中,尽管这静止马上就由于重力的连续作用,即由于这种状态的改变而被取消。存在于一个持存的状态之中和持存于这个状态之中(当没有别的东西推移它时),这是两个不同的概念,其中一个概念并不妨害另一个概念。因此,静止不能用运动的缺乏来解释,这种缺乏作为等于 0 的东西是完全不能构想的,而是必须用在同一地点的持久在场来解释,因为这个概念也可以用以无限小速度经过一个有限时间的运动表象来构想,从而能够被用于事后数学在自然科学上的运用。

通过上述分析和讨论,康德给出的结论是:"静止就是在同一地点的持久在场:而实存一段时间、亦即持续一段时间的东西,就是持久的。"①因此,康德对"运动的物体在每个瞬间点上是运动的而非静止的"

---

① 《康德自然哲学文集》(注释版)上卷,李秋零译注,中国人民大学出版社 2016 年版,第289 页。

认识,一如日后罗素所指出的,"在某个瞬间,运动的物体就在它所在的地方,如芝诺所说的飞矢的情形;但是我们不能说,它在这个瞬间是静止的,因为这个瞬间并非持续一个有限的时间,而且这个瞬间也没有开端和终点以及介乎二者之间的间隔。静止在贯穿某个有限时段(不论如何短暂)的一切瞬间都处于同一位置;它并不单纯是一个物体在某个瞬间在它所在的地方。"①

　　上述分析和讨论的核心认识是:静止不能用运动的缺乏(没有位置变化)来解释,而是用在同一地点的持久在场来解释,因为"同一地点的持久在场"这个概念也可以用以无限小速度经过一个有限时间的运动表象来构想。这种认识,表征着康德对运动与静止及其相互关系的基本认识;是康德从1746—1786年历经40年研究才形成的认识。因此,如果我们要真正理解康德的上述分析和讨论,评价其分析和讨论的合理性与价值,也就需要回顾一下康德对运动与静止及其相互关系的认识。

第二节　康德对"现实的运动"与"活力"的认识

　　1746年,康德作为一名哲学系的大学生向系主任呈交了论文"关于活力的真正测算的思想:以及对莱布尼兹先生和其他力学家在这一有争执问题上所使用的证明的评判,包括一些主要涉及物体的力的先行性考察"②,供审查。这篇文章的刊印成书,发行时间是1749年。

　　1644年笛卡尔在《哲学原理》一书中表达了他在1630年前后就已经确定的观点,即物质的运动有一个确定的量,这个量即便在单个的部分那里有所变化,在整个世界中却始终保持是同样的量。运动在其总和中,表明为不变所凭借的量度是:运动物质的量与其速度的乘积。笛卡尔也把这个"运动的大小"(mv)理解为力的结果、作用或用力,理解为产生推动别的物质的效果的东西。③牛顿在《自然哲学之数学原理》一书中采纳了笛卡尔

---

①　罗素:《我们关于外间世界的知识》,陈启伟译,上海译文出版社1990年版,第101—102页。

②　《康德自然哲学文集》(注释版)上卷,李秋零译注,中国人民大学出版社2016年版,第7—154页。

③　同上书,第10页。

的认识,写道:"运动的量是运动的度量,可由速度和物质的量共同求出。"①然而,莱布尼兹看到笛卡尔的运动量度和落体定律是矛盾的,但又不能否认笛卡尔的运动量度在许多情况下是正确的,于是他把运动的力分成了惰力和活力②,前者由质量和速度的乘积(mv)量度,后者由质量和速度平方的乘积(mv^2)量度。为此,引发两个学派之间围绕运动量度的论战。当康德写自己的书时,莱布尼兹的观点被视为权威性的。康德在书中提及了截至1747年争论各方的主要代表的著作;不过,似乎恰恰不知道达朗贝尔的《动力学》(1743年),在该书中达朗贝尔宣称围绕运动量度的争论是一场口舌之争。③

　　为了让人们能清楚地看到莱布尼兹的观点的不足,康德写道:"我把所有的运动都划分为两个基本类型。第一个类型具有这样的特性,它被赋予某个物体,并保持在该物体自身中,如果没有一个障碍与它对抗,它将无限地继续。另一种运动是一种始终在推动着的力的持续作用……它仅仅建立在外部的力之上,而且一旦外部的力不再维持它,它就立刻消失。第一种运动的事例是射出的子弹和所有被抛出的物体;第二种运动的事例则是一个用手轻轻推动的球,或者所有被支撑或者以一般的速度被牵引的物体。……人们可以轻而易举地理解,与第二种力相比,在第一种运动中表现出来的力具有某种无限的东西。因为一旦推动的力撤掉,第二种力就会部分地消失,并突然地自己停下来;因此人们可以这样看待它,似乎它在每一瞬间都会消失,但也同样经常地重新产生,而与此相反,第一种力是一种自身不会消失的、在持续的时间里完成自己作用的力的内在源泉。因此,它与前者的关系就像瞬间与时间的关系,或者就像点与线的关系。"④在完成"运动的双重划分"的基础上,康德指出:"在任何时候,莱布尼兹力的尺度都是以这一公式陈述的:如果一个物体在现实的运动中,则它的力就与

---

① 伊萨克·牛顿:《自然哲学之数学原理》,王克迪译,陕西人民出版社、武汉出版社2001年版,第5页。

② 莱布尼茨在1695年以如下的话引入了惰力和活力的区分:"因此,它显然是一个双重的努力,亦即我也称之为诱惑的基本努力或者无限小以及以连续性和重复来塑型的基本努力,也就是冲击自身。……因此,力同样是双重的:一种是基本的力,我也称之为惰力,因为在它里面还不存在运动,而是只有运动的诱惑,这样的诱惑就属于枪管中的子弹,或者投石器中的石头,甚至在它被绳子捆绑期间;而另一种是常规的力,与现实的运动相结合,我称之为活力"。(《康德自然哲学文集》(注释版)上卷,李秋零译注,中国人民大学出版社2016年版,第10—11页)

③ 《康德自然哲学文集》(注释版)上卷,李秋零译注,中国人民大学出版社2016年版,第11页。

④ 同上书,第25—26页。

它的速度的平方成正比。"①"活力新测算的辩护者们在这一点上与笛卡尔学派还是意见一致的,即如果物体的运动只是处在开始,物体就具有一种与其单纯的速度成比例的力。但是,一旦能够把运动称为现实的,那么,按照他们的看法,物体就以速度的平方为尺度。"②那么,"究竟什么是一种现实的运动"? 康德答道:"不仅在某一运动处于开端的那一点上的情况下,而且在由于该运动的持续而一段时间流逝掉的情况下,人们都称该运动为现实的。"③"据此,在运动中用掉的时间是活力真正的和唯一的特征;唯有它才是活力相对于惰力借以获得一种特殊尺度的东西。"④

康德试图运用下图具体地揭示出莱布尼兹的观点的内在矛盾。

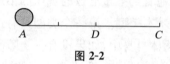

图 2-2

康德写道:"让我们借助从 A 发端的直线 AB 来说明从运动开端直到物体碰到一个它所作用的对象为止所流逝掉的时间。于是,物体在 B 拥有了活力,但是在开端的点 A 它并没有活力;因为在这儿,它仅仅以一种运动的努力来向与它相对立的支点施压。"⑤

康德指出:"一种现实的运动的标志是运动有限的持续期。但这个持续期或者从运动的开端所流逝的时间是不确定的,因而是可以任意地假定的。据此,如果线段 AB 表示运动期间流逝掉的时间,那么,物体在 B 有一种现实的运动,此外在作为半程的 C、在作为 1/4 的 D、在此后这段时间的所有更小部分上、哪怕人们无限地使它任意小,物体都有一种现实的运动;因为它是大小不确定的概念允许这样的。因此,我可以设想这段时间无限小,而不会由此使运动现实性的概念损失什么。但是,如果这段持续期的时间是无限小,那么,它就可以被计算为无,而物体就仅仅处在初始点,即处在单纯的运动努力中。因此,物体的力在任何现实的运动中都以平方为尺度,如果这一点不用其他的限制——例如莱布尼兹规律所要求的——就是正确的,那么,它即使在单纯的运动努力中也就已经如此了;而

① 《康德自然哲学文集》(注释版)上卷,李秋零译注,中国人民大学出版社 2016 年版,第 29 页。
② 同上书,第 30 页。
③ 同上。
④ 同上。
⑤ 同上书,第 30—31 页。

这必然自己否定自己。"①换言之，"一个在时间流逝的条件下具有活力的物体，并不是在任何可能任意短暂的时间中都拥有一种活力的；不是的，这个时间必须是确定无疑的；因为如果它更为短暂，物体就不再具有这种活力。因此，莱布尼兹关于力的测算的规律就不能成立；因为它不加区别地把一种活力赋予一般有一段长度的时间运动（这无非就是说现实地运动）的物体，这段时间可以任意地短或长。"②

在完成第二章"对莱布尼兹学派活力学说的研究"后，康德书写了第三章"什么把活力的一种新测算表现成为大自然真正的力的尺度"。他对活力和惰力进行了重新界说，提出"在惰力与活力之间有无数多的中间单位"。他写道："一个物体，在自身中充分地确立自己的运动，以致从它的内在努力出发就可以充分地理解，它将自由地、持久地、不受阻碍地在自身中把这运动保持到无限，这样的物体就具有一种以其速度的平方为尺度的力，或者如我们想称谓的那样，具有一种活力。与此相反，如果它的力并不是在自身中拥有保持自己的根据，而是仅仅以外部原因的在场为基础，这种力就与单纯的速度成正比，也就是说，它是一种惰力。"③"这马上就得出结论：如果这个物体虽然有一些、但却不能完备地在自身中说明自己的力，那么它的力就有一些接近活力，并且与惰力有一些区别；在这两个终极的界限即完全的惰力和完全的活力之间，必然还存在着无限多从前者向后者过渡的中间单位。"④

康德说，"物体的力虽然还不是活力、但却在朝着这个目标前进的那种状态，我称之为力的变活或者活化"⑤；并对"物体从其内部的动力出发把来自外部的压力无限地提高并使它成为一个迥然不同的类别"⑥即成为活力的机制，作出了如下"思辨的"阐述："物体的自然力在自身之中延续着从外部接受来的压力，并且由于它借助一种得到延续的努力而将事先像一个点的强度在自身中积累起来，直到它变得像一条线，这条线与从外部在它里面激发的与速度成正比的力也是成正比的，这样，它就由此而将以外部获得的、事先也仅仅像一条线的力自身积累起来，以至它如今像一个平面，在这个平面中，外部给予的速度和力表现为一条边，而从物体内部自己生

①　《康德自然哲学文集》（注释版）上卷，李秋零译注，中国人民大学出版社2016年版，第107页。
②　同上书，第31页。
③　同上书，第120页。
④　同上书，第121页。
⑤　同上书，第122页。
⑥　同上书，第120页。

成的强度构成另一条边，后者与前者成正比。"①

康德还指出，"活力在自然界中的存在仅仅建立在这样的条件之上，即自然界中存在着自由的运动。"②反过来也就是："一个在自由运动中将自己的速度毫不减弱地维持到无限的物体，就具有一种活力，即具有一种以速度的平方为尺度的力。"③这种力的条件："（1）物体自身必须包含着在一个畅通无阻的空间中不变地、自由地并且持久地维持其运动的根据。（2）从以上所证明的已经看出：物体并不是从将它置于运动之中的外部原因获得这种力的，相反，这种力是在外部刺激之后从物体自身内部的自然力产生的。（3）这种力在物体中是在一个有限的时间里产生的。"④而"行星自由持久的运动，以及证明自由运动的物体仅仅按照阻力的规定而丧失自己的运动、没有这种规定就将永远维持这种运动的无数其他经验，都提供了这种保证，断定了自然界中活力的存在。"⑤同样，"经验证实了逐渐的变活"⑥——"一个自由地、不变地运动的物体在其运动的开始并不拥有其最大的力，相反，如果它已经运动了一段时间，它的力就会更大。我觉得，每一个人都有某些能够证实这一点的经验。我自己就发现，在一杆火枪装得完全同样满的情况下，在其他条件都完全相同的情况下，如果我在离目标几步远的地方点燃火枪，则其枪弹就比我在离目标仅仅几寸远的地方向一块木头射击时射入木头更深得多。那些比我有更好的机会做试验的人们，有可能对此作出更为精确的、得到更好测定的检验。不过，经验教导我们，一个不变地、自由地运动的物体，其强度是按照我们在这里证明的定理在物体中产生，并且只有在一段确定的时间之后才获得其充足的量的。"⑦

第三节　康德关于"运动与静止的新学术概念"

1758年4月，康德宣讲了题为"运动与静止的新学术概念：以及自然

---

① 《康德自然哲学文集》（注释版）上卷，李秋零译注，中国人民大学出版社2016年版，第122页。
② 同上书，第127页。
③ 同上书，第123—124页。
④ 同上书，第124页。
⑤ 同上书，第124—125页。
⑥ 同上书，第128页。
⑦ 同上书，第128—129页。

科学的首要理由中与此相关的结论"①的论文。该文十分强调机械-位移运动的相对性,强调运动与静止的相对性。

康德写道:"运动就是位置的改变。……一个事物的位置是通过该事物的环境、通过它的地位、通过它与周围其他事物的外部关系被认识的。于是,我可以在与紧紧围绕一个事物的某些外部对象的关系中来观察该物体。这样,如果该物体不改变这种关系,我就说它是静止的。"②"我决不应当说一个物体是静止的,却不同时补充说明就那些事物来说它是静止的;我也决不应当说它在运动,却不同时列举出就哪些对象来说它改变了自己与它们的关系。即使我可以想象出一个空无一物的数学空间来充当物体的容器,对此也毫无帮助。因为我怎么才能区分开不为任何物体所占有的各个部分和各自不同的场所呢?"③

接着,康德说"假定有两个物体,其中之一的物体 B 就我已知的所有对象来说是静止的。另一个物体 A 却以某种速度朝着它移动。尽管球体 B 与其他外部对象保持着一种尚未被改变的关系,但是,如果根据运动着的球体 A 来观察它,它就不是这个样子了。因为它们的关系是相互的。就某些对象来说被称作是静止着的球体 B,与球体 A 一样分享了彼此关系的改变。它们两者相互接近了。为什么我不应当不顾语言的一切顽固性而说,虽然就其他外部对象来说球体 B 是处于静止中,但就运动着的球体 A 来说,它却处于对等的运动之中?"④

康德在接下来的讨论中还指出:"在一个物体碰撞上另一个运动着的物体时一般来讲有效的东西,在它遇上一个静止的物体时也同样有效,因为静止可以看作是一种无限小的运动。如果一般来讲,一种力的尺度适用于现实的运动,那么,它也必然适用于现实的挤压,因为挤压可以看作是一种通过一个无限小的空间的现实运动。"⑤康德认为,"静止可以看作是一种无限小的运动"⑥之观点是与莱布尼兹的连续律相统一的。他写道:"按照莱布尼兹的看法,在物理学的意义上,它是这样被表述的:一个物体不是

① 《康德自然哲学文集》(注释版)下卷,李秋零译注,中国人民大学出版社 2016 年版,第752—761 页。
② 同上书,第 754 页。
③ 同上书,第 755 页。
④ 同上书,第 752—761 页。
⑤ 同上书,第 758 页。
⑥ "静止可以看作是一种无限小的运动"这种观点,在康德 1746 年的文章中就出现过;康德写道:"静止同一种非常小的运动没有区别。"(《康德自然哲学文集》(注释版)上卷,李秋零译注,中国人民大学出版社 2016 年版,第 32 页)

一下子就向另一个物体传递力,而是通过静止开始直到某种速度的所有无限小的中间程度而将自己的力让渡给它。"①在另一篇文章中他还写道:"形而上学的连续律是:所有的变化都是连续的或者流动的,也就是说,相互对立的状态只是通过一系列中间的不同状态才前后相继的。由于两个对立的状态处于时间的不同瞬间,但在两个瞬间之间总是有某段时间的中断,其瞬间的无限系列中实体既不在某个给定的状态中,也不在另外一个状态中,甚至不在任何状态中,所以,它在不同的状态中,依此类推,以至无限。"②

对于人们把运动与静止视为相互对立的关系,康德在 1764 年的《将负值概念引入世俗智慧的尝试》一文中写道,"相互对立的东西是:其中一个取消通过另一个而设立的东西。这种对立是双重的;要么是由于矛盾而是逻辑的,要么是实际的,即没有矛盾。"③他说,"第一种对立,即逻辑上的对立,是人们迄今为止唯一瞩目的对立。它在于对同一事物同时肯定和否定某种东西。这种逻辑结合的结果,就像矛盾律所说的那样,是什么也不是(否定的、不可想象的无)。一个在运动中的物体是某种东西,一个不在运动中的物体也是某种东西(可以设想的东西);然而,一个在运动中并在同一个理解里面同时不在运动中的物体,就什么也不是。"④而"第二种对立,即实际的对立,是这样一种对立:此时一个事物的两个谓词相互对立,但并不通过矛盾律。在这里,一个取消了通过另一个而设定的那种东西;但结果却是某种东西。一个物体朝向某个地方的运动力和同一个物体朝相反方向的同等努力并不相互矛盾,它们作为谓词在一个物体中同时是可能的。它们的结果就是静止,而静止是某种东西(可以想象的东西)。……这种的结果也是无,但却是与矛盾不同意义的无(欠缺的无、可以想象的无)。我们后面要把这种无称之为零,它的意思与通常在世俗智者那里使用的否定、阙失、不在场的意思是一回事,只是有一个更详细的规定。"⑤康德尤其指出:"如果否定是一种实际对立的结果,那么我想把它称之为黜夺;但如果它不是从这样一种对立产生的,则任何一个否定在此都应当叫做阙失。后者并不要求任何肯定性的理由,而只要求肯定性理由的阙失;但前者却

① 《康德自然哲学文集》(注释版)下卷,李秋零译注,中国人民大学出版社 2016 年版,第758 页。
② 李秋零主编:《康德著作全集》第 2 卷,中国人民大学出版社 2004 年版,第 407 页。
③ 《康德自然哲学文集》(注释版)下卷,李秋零译注,中国人民大学出版社 2016 年版,第766 页。
④ 同上。
⑤ 同上。

有一个真正的肯定理由和一个同样大的对立的理由。静止在一个物体中要么仅仅是一种阙失，即在没有运动力存在的情况下的对运动的一种否定；要么是一种黜夺，即在可以发现运动力的情况下结果亦即运动却被一个对立的力取消。"①"静止可以要么归因于缺乏动因要么归因于两个相互阻挡的动力的争执"②，对于后者，"静止并不是因为缺乏运动，而是因为它们彼此反作用。"③

在《将负值概念引入世俗智慧的尝试》一文中，康德还讨论了两个运动之间存在的与静止相关的"现实的对立"与"可能的对立"。他写道："由于一个物体的运动与另一个物体的运动并不矛盾，如何通过一个运动而取消另一个运动，却是另一个问题。如果我以不可入性为前提条件，它与任何力图进入一个物体所占有的空间的力量都处于实际的对立中，那么，我就已经可以理解运动的取消了"。④而"就两个在同一直线上以同样的力相对运动的物体而言，由于这两个力在两个物体的碰撞中将互相传递"，它们是"现实的对立"。而"就两个在同一直线上以同样的力沿着相反的方向运动的物体而言，一个力是另一个力的负面；但是，由于它们在这一场合并不相互传递自己的力，它们就仅仅处于可能的对立中，因为每一个物体都具有与另一个物体同样多的力，如果它撞到像前一个物体那样在这个方向上运动的物体，它里面的力就会被取消"⑤。

第四节　解析康德对"飞矢不动"问题的解答

本节具体分析康德在《自然科学的形而上学初始根据》一书中对"一个处在运动中的物体在它通过的线的任何一个点上都存在一个瞬间。它在这个瞬间是静止的还是运动的？"问题的解答；明确康德对"运动的物体在

---

① 《康德自然哲学文集》(注释版)下卷，李秋零译注，中国人民大学出版社 2016 年版，第771 页。

② 同上书，第 775 页。

③ 同上书，第 786 页。

④ 同上书，第 789 页。对于"不可入性"，康德指出，"如果某物在那里阻挡一个力求进入一个空间的运动物体，这个空间也就被某物占有了。但这种阻挡也就是不可入性。据此，物体是借助不可入性占有空间的。但是，不可入性是一种力，因为它表示一种阻挡，即与一个外部的力相反的行为。"(李秋零主编：《康德著作全集》第 2 卷，中国人民大学出版社2004 年版，第 407 页)

⑤ 同上书，第 781—782 页。

每个瞬间点上是运动的而非静止的"的具体认识。

康德的解答与认识,是对一个理想实验或思想实验,以及一个现实的物理过程进行概念分析而作出的。

首先,康德所言"物体以匀速前进通过直线 AB 并且从 B 回到 A,这样,由它在 B 处的那个瞬间是两次运动所共有的,所以从 A 到 B 的运动是 1/2 秒,而从 B 到 A 的运动也是 1/2 秒,两次运动一共经历了整整 1 秒,以至于没有时间的哪怕是最小部分用在物体在 B 处的在场上",表达的是"物体从 A 至 B 运动,并且在 B 遇到阻碍又反向运动回到 A"的运动过程。从物理学原理看,既然物体在 B 处作反向运动,且"没有时间的哪怕是最小部分用在物体 B 处的在场上",那么物体在 B 处与"他物"发生的是"基于刚体的完全弹性碰撞"(由于刚体不形变,所以完全弹性碰撞这个过程是不需要时间的);这在现实中是不存在的。因此,康德的这段话述说的是一个理想实验或思想实验。

由"物体在 B 处作反向运动,且没有时间的哪怕是最小部分用在物体 B 处的在场上",康德推论出一个"二律背反"。一方面,"无须对这两个运动作任何添加,后一个运动,亦即发生在 BA 方向上的运动就转换成与 AB 处在一条直线上的 Ba 方向上的运动。在这里,当物体在 B 处时,它必须不是被视为在那里静止的,而是被视为运动着的。"于是,也就必须得出"在自身回转的运动中,物体在 B 点也必须被视为运动着的"。另一方面,要得出"在自身回转的运动中,物体在 B 点也必须被视为运动着的"的结论,"这是不可能的,因为按照所假定的东西,这只是一个属于运动 AB 同时也属于同样的运动 BA 的瞬间,后一个运动与前一个运动相反,并与它在同一个瞬间相联结,这个瞬间必须表示运动的完全缺乏"。两者综合起来即是:既必须承认"在自身回转的运动中,物体在 B 点是运动着的",又必须承认"在自身回转的运动中,物体在 B 点是完全缺乏运动的"。康德进而指出,承认"物体在 B 点是完全缺乏运动的",而"这种缺乏就构成静止的概念的话",那么"在匀速运动 Aa 中物体在任何一点上,例如在 B 点上,都是静止的,这与上面的主张是矛盾的",因为讨论的前提是"物体以匀速前进通过直线 AB",而"对于任何被给予的速度来说,没有任何一个物体可以在其匀速运动的一个点上被设想为静止的。"为消除"二律背反",康德得出的结论是:"静止不能用运动的缺乏来解释。"

"静止不能用运动的缺乏来解释,而是用在同一地点的持久在场来解释,因为'同一地点的持久在场'这个概念也可以用以无限小速度经过一个有限时间的运动表象来构想",即静止可以看作是:物体用无限小的速度,经历有限时间,通过无限小空间的现实运动;或者说,"静止可以看作是一种无限小的运动。"这是康德多年研究形成的观点。康德运用这些观点,接着分析了"物体作上抛运动"这种"现实的物理过程"的概念表达。他写道:"人们可以直接把直线 AB 设想为竖立在 A 点之上,使得一个物体从 A 升高到 B,当它在 B 点由于重力而失去了自己的运动之后,同样再由 B 点落回到 A;则我要问:这物体在 B 点可以被视为运动的,还是被视为静止的呢?"对于一般观念,康德说"毫无疑问,人们将说是静止的,因为在它到达这个点之后,它此前的一切运动都失去了,之后应当首先有一个同样的返回运动继起,所以它还尚未存在。而人们会补充说,运动的缺乏就是静止。"对此,康德追问道:"既然这种上升和下落同样只不过是由一个瞬间而彼此分割开来的,硬要静止的概念又有什么依据呢?"他进而指出,上抛物体的运动过程"被首先设想为均匀减速运动,然后被设想为均匀加速运动,然而,速度在 B 点并没有被完全减掉,而是仅仅被减至比任何可能给出的速度更小的程度,凭借这个速度,如果不落回,而是其降落线 BA 被置于 Ba 方向上,因而物体一直还被看作是在上升,那么,它就会以一个纯然的速度要素(在这种情况下就撇开了重力的阻抗),在任何如此大小尚可告知的时间中,匀速地仅仅经过一个比任何可告知的空间都更小的空间,因而就会是永远根本不改变它的地点了(对任何一种可能的经验来说)。这样一来,物体就在同一地点被置于一种持续的在场状态中,即被置于静止的状态中,尽管这静止马上就由于重力的连续作用,即由于这种状态的改变而被取消。存在于一个持存的状态之中和持存于这个状态之中(当没有别的东西推移它时),这是两个不同的概念,其中一个概念并不妨害另一个概念。"康德的这段话说的是:在上抛运动达到的最高点 B 点处,物体的运动速度并没有被完全减掉,而是仅仅被减至无限小的程度;物体凭借无限小的速度,作匀速上升运动,由此也就不再考虑重力的阻抗。既然是以无限小的速度上升,那么在有限的时间内就只能上升无限小的空间,因而就是根本不改变它的地点。而这种状态又在重力的连续作用下被取消,物体又以无限小的速度开始下降,在有限的时间内下降无限小的空间,因而也是根本不改变它的地点。物体以无限小的速度运动,与物体持续地(持久地)存在于无限小的运动速度的状态之中(当没有别的东西推移它时),是两个不同的概念;其中一个概念并不妨害另一个概念。前者是"(无限小速度的)运动",后者则是"静止"——"静止就是在同一地点的持久在场:而实存一段时间、亦即持续一段时间的东西,就是持久的。"于是,既然在理想实验或思想实验中,在"物体作上抛运动"的"现实的物理过程"中,"物体在 B 处作反向运动,且没有时间的哪怕是最小部分用在物体 B 处的在场上",也就必须承认"物体在 B 处不是静止的",尽管"物体在 B 点是完全缺乏运动的"。

下面,我们明确几点认识。

第一,康德对其提出的"一个处在运动中的物体在它通过的线的任何一个点上都存在一个瞬间。现在的问题是:它在这个瞬间是静止的还是运动的?"的解答,亦即"飞矢不动"问题的解答,是通过明确给出"静止"的定义——"静止就是在同一地点的持久在场;而实存一段时间、亦即持续一段时间的东西,就是持久的。"——来实现的。在康德的观念中,"一个处在运动中的物体在它通过的线的任何一个点上都存在一个瞬间",亦即物体的位置随时间变化之运动过程中,物体在每一个瞬间都在一个确定的地方,但是我们不能说它是静止的;因为"静止"是在贯穿某个有限时段(不论如何短暂)的一切瞬间都处于同一位置,并不单纯是一个物体在某个瞬间在它所在的地方。

第二,康德通过对一个理想实验或思想实验,以及一个现实的物理过程"物体作上抛运动"的概念表达进行分析,得出"不能依据运动(量)的缺乏就判定物体处于静止状态"的结论是有科学价值的。两千多年前,亚里士多德在《物理学》中就作出了"因为是静和动对立的,因此静止应是能运动的事物的运动的缺失""静止是运动的缺失"①等论断。然而,现代物理学对于物体"基于刚体的完全弹性碰撞"而发生反向运动的瞬间,以及物体上抛运动到达最高点而发生下降运动的瞬间的认识都是:此时物体的运动量缺乏了(为零),但是物体由于受到弹性力、重力的作用,是处于运动状态而不是静止状态。

第三,康德对现实的物理过程"物体作上抛运动"的概念分析中,有一个"无限小"速度掩盖的"逻辑矛盾";以"无限小"速度上升时,不再考虑重力的阻抗;而正是在"重力的阻抗"的作用下,物体才由以"无限小"速度上升转到以"无限小"速度下降。另一方面,物体由以"无限小"速度上升转到以"无限小"速度下降,是两个阶段,必定存在一个"速度为 0"的"中介";"正"与"负"之间横亘的"零"是以"无限小"的用语跨越不过去的。②运用

---

① 亚里士多德:《物理学》,张竹明译,商务印书馆 1982 年版,第 146、157 页。

② 对此,引述梅洛-庞蒂在讨论位移运动时写下的这段话是有教益的:"当我说江湖骗子把鸡蛋变成手帕,或魔术师把自己变成在房顶上的一只鸟儿时,我的意思不是一个物体或一个存在消失了,立即被另一个物体或另一个存在代替。在消失的东西和出现的东西之间,应该有一种内在联系;在消失的东西和出现的东西应该是相继以这两种形式呈现的同一个东西的两种表现或两种显现,两个阶段。"(莫里斯·梅洛-庞蒂:《知觉现象学》,姜志辉译,商务印书馆 2001 年版,第 344—345 页)

"瞬间"的模糊性来对付问题,在现代科学背景下,已不再可行。2010 年
9 月,美国《科学》杂志发表了美国国家标准技术研究院(NIST)C. W.
Chou 等的论文《光钟与相对论》,阐述了他们利用当时世界上最精确的一
对铝原子钟所做的验证爱因斯坦关于狭义相对论的"钟慢效应"和广义相
对论的"钟慢效应"观点的两个实验。[①]他们研制出的铝原子钟,精准度为
运行 37 亿年后误差不超过±1 秒。"37 亿年误差不超过 1 秒",即能够把
瞬间分割到"37 亿年分之一秒";这是百分之一秒、千分之一秒、万分之一
秒不能同日而语的。这就把"潜在的无限小瞬间"变成了"现实的无限小瞬
间"。故此,究竟在哪一瞬间运动量缺乏——作为等于 0 的东西——已是
完全能够构想的。

　　第四,在康德对现实的物理过程"物体作上抛运动"的概念分析中,正
确的描述与结论应该是:在上抛运动达到的最高点 B 点处,物体的运动速
度被完全减掉,而不是仅仅被减至无限小的程度;此时物体的运动量为零。
但是物体由于受到重力的作用,是处于运动状态而不是静止状态;物体在
重力的作用下,将在无限小的瞬间,实现无限小的下降速度,进而作匀加速
下降运动。故此,物体的静止不能单纯用物体运动量的缺乏来解释,还必
须同时具备"物体所受合外力为零"这个条件。换言之,物体处于静止状态
必须同时满足两个条件:"物体的运动量为零"与"物体所受合外力为零"。

　　第五,康德对"静止"给出的"定义"——"静止就是在同一地点的持久
在场:而实存一段时间,亦即持续一段时间的东西,就是持久的。"——仅仅
是给出了静止的表象,而没有把握静止状态的本质,因为与"瞬间"有关联
的"静止就是在同一地点的持久在场"是有歧义的。如前所述,把时间分割
到"37 亿年分之一秒" 瞬间,是与百分之一秒、千分之一秒、万分之一秒的
瞬间不能同日而语的;即是说,"瞬间"的含义没有精确化,在同一论断中也
可能会发生偷换术语之含义的情形。用直觉来理解"持续一段时间的东
西,就是持久的",会以为它们的含义是清楚的;因此"同一地点的持久在
场",只是一种停留在"表象思维"的表述。在对外部现象或事物把握得或
表述得"对不对"的问题中,有"表象之真"与"思想之真"之分,即"表象"是
否正确地反映了对象的"现象",以及"思想"是否正确地反映了对象的"本
质"。[②]"所谓'表象',按照通行的普通心理学的定义,就是'感知过的事物

---

①　C. W. Chou, D. B. Hume, T. Rosenband, et al. "Optical clocks and relativity". *Science*,
　　2010, 329(5999):1630—1633.
②　孙正聿:《马克思主义辩证法研究》,北京师范大学出版社 2012 年版,第 23 页。

在头脑中的再现'；所谓'表象思维'，就是以'表象'的自我运动的方式来理解和描述经验世界。在这种'表象思维'中，最大的特点就是概念围绕表象旋转，概念变成指称表象的'名称'。因此，'表象思维'也可以说是没有概念内容的'名称'的自我运动。表象思维之所以沉浸在物质材料里，以思维方式上看，是以外物作为思维的尺度，因而是一种消极的客观性原则"，"作为哲学的形而上学，它的根本特征是以思维（概念）规定感性（事物）"。①

第六，康德用运动去规定静止，把静止看作是运动的一种特殊情况，这是非常重要的。这种思想，在恩格斯那里，得到进一步的发扬光大。

---

① 孙正聿：《马克思主义辩证法研究》，北京师范大学出版社 2012 年版，第 53、66 页。

第三章　黑格尔的机械-位移运动矛盾观

第一节　黑格尔的时空观、运动观概说

黑格尔出生于 1770 年,比康德小 46 岁,他的《自然哲学》发表于 1817 年,比康德的《自然科学的形而上学初始根据》晚 31 年。在《自然哲学》一书中,黑格尔批判康德把时间和空间看成是感性直观形式的主观唯心主义,肯定康德认为时间和空间是单纯的抽象的形式的观点;他说"如果我们撇开康德概念中属于主观唯心论及其规定的东西,那么剩下的正确规定就在于认为空间是一种单纯的形式,即一种抽象,而且是直接外在性的抽象"。①同时,黑格尔肯定了牛顿把时间和空间规定为自然界存在的客观形式,而批评了牛顿把时间和空间同物质运动割裂开的观点。黑格尔针对牛顿的绝对空间概念写道,有人以为空间"必然是像一个箱子,即使其中一无所有,它也仍然不失为某种独立的特殊东西。可是,空间是绝对柔软的,完全不能作出什么抵抗……人们绝不能指出任何空间是独立不依地存在的空间,相反地,空间总是充实的空间,绝不能和充实于其中的东西分离开。……确实可以说,空间是一种秩序"。②针对牛顿的绝对时间概念,黑格尔写道,"时间并不像一个容器,它犹如流逝的江河,一切东西都被置于其中,席卷而去。时间仅仅是这种毁灭活动的抽象。事物之所以存在于时间中,是因为它们是有限的;它们之所以流逝,并不是因为它们存在于时间中;反之,事物本身就是时间性的东西,这样的存在就是它们的客观规定性。所以,正是现实事物本身的历程构成了时间"。③

---

① 黑格尔:《自然哲学》,梁志学等译,商务印书馆 1980 年版,第 41 页。
② 同上书,第 43 页。
③ 同上书,第 50 页。

按照黑格尔的观点,自然界是逻辑理念完成自己的外化,即自然是精神的己外存在;时间和空间是绝对精神外化为自然界的两个范畴,是纯抽象的、观念的东西。力学领域是理念在自然界发展的最初阶段,空间是己外存在的肯定形式,时间是其否定形式。空间之所以是己外存在的肯定形式,是因为在空间中一切事物依然保持持续存在,甚至界限都具有持续存在的方式;时间之所以是己外存在的否定形式,是因为在时间中各个漠不相干的持续存在自己扬弃自己,而时间正是这种持续不断的自我扬弃的存在。黑格尔说:"自然界最初的或直接的规定性是其己外存在的抽象的普遍性,是这种存在的没有中介的无差别性,也就是空间。空间是己外存在,因此空间构成完全观念的、相互并列的东西;这种相互外在的东西还是完全抽象的,内部没有任何确定的差别,因此空间就是完全连续的"①,"时间是那种存在的时候不存在,不存在的时候存在的存在,是被直观的变易;这就是说,时间和各种确实是完全瞬间的,即直接自我扬弃的差别"②。黑格尔关于空间和时间的论述旨在按照它们各自的特点推演它们的相互过渡,而过渡的终了显现出"时间和空间的本质就是运动"。他的推演如下:

(1)"空间作为潜在的概念,一般在自身具有概念的各种区别","空间的差别本质上是特定的、质的差别。作为这样的差别,它 α)首先是空间自身的否定。因而空间是直接的和无差别的己外存在;这就是点。β)可是,这种否定是空间的否定,即它本身是空间性的;点在本质上作为这种关系,即作为扬弃自身的东西就构成线,构成点的这种原初的他在或空间性的存在。γ)然而,他在的真理性是否定的否定,所以线过渡到面。……这时空间性总体就在自身包含着否定的环节。"③于是空间的各个环节就不再是寂然不动的彼此并列的东西,而是自我扬弃的先后相继的存在。所以,黑格尔宣称,"从(无差别的)空间中产生了差别,这就意味着空间不再是这种无差别性,空间在其整个非静止状态中是自为的,不再是无能为力,停滞不动的。这种纯量,作为自为地存在着的差别,就是潜在地否定的东西,即时间。""空间的真理性是时间,因此空间就过渡到时间。"④

(2)作为时间的"此刻"(现在)是过去的结果,并且孕育着将来;从时间的肯定意义上说,只有现在存在,而过去和将来只存在于记忆和希望之中;结果是原来以否定的形式彼此相继的环节转化成为以肯定的形式彼此

---

① 黑格尔:《自然哲学》,梁志学等译,商务印书馆 1980 年版,第 39—40 页。
② 同上书,第 47 页。
③ 同上书,第 42—43 页。
④ 同上书,第 43 页。

并列的环节,转化成为没有差别的彼此外在的环节。黑格尔宣称:"因为时间的各个结合为统一体的对立环节直接扬弃了它们自身,所以时间就是直接消融于无差别性,消融于无差别的彼此外在性或空间。"①这样,黑格尔又完成了时间向空间的过渡。

(3)由时间转化成的无差别的彼此外在性的是一个持久的点,它既是一个作为普遍东西而存在过的此处,又是一个扬弃了自己的此刻,因此,作为空间的此处与作为时间的此刻就直接得到统一。至此,"空间与时间的这种直接的统一已经是它们存在的根据……它们的统一仅仅是被表现为从一物过渡到他物的运动,……'此处'这时同样是时间,是一个直接扬弃了自身的现在,是一个曾经存在过的此刻。因为此处是持久的点,所以此处同时就是此刻。这种此处与此刻的统一便是位置。"②黑格尔进一步写道:"位置作为这种被设定的空间与时间的同一性,最初也就是被设定的矛盾,这种矛盾就是空间与时间的矛盾,就是其自身里的每个方面。位置是空间性的,因而无差别的个别性,并且仅仅作为空间性的此刻,作为时间,才是这样。因此,位置作为这样的个别性,就直接对自身漠不相关,对自身是外在的,是其自身的否定,并且构成另一个位置。空间在时间中和时间在空间中的这种消逝和自我再生是一个过程,在这个过程中,时间自身在空间中被设定为位置,而这种无差别的空间性也同样在时间中被设定;这就是运动。然而这种变易本身同样是其矛盾的内在融合,是位置与运动这两者的直接同一的、特定存在的统一,即物质。"③

通过以上推演与阐释,黑格尔不仅得出"运动的本质是成为空间和时间的直接统一;运动是通过空间而现实存在的时间,或者说,是通过时间才被真正区分的空间。因此,我们认识到空间与时间从属于运动。……空间与时间在运动中才得到现实性"④的论断,而且得出"就像没有无物质的运动一样,也没有无运动的物质。运动是过程,是由时间进入空间和由空间进入时间的过渡;反之,物质则是作为静止的同一性的空间与时间的关系"⑤等论断。

下面,我们明确几点认识。

第一,黑格尔的时空观、运动观是以客观唯心主义思想为基础的,认为

---

①　黑格尔:《自然哲学》,梁志学等译,商务印书馆1980年版,第55页。

②　同上书,第55—56页。

③　同上书,第56页。

④　同上书,第58页。

⑤　同上书,第60页。

抽象理论思维构成世界的本质。黑格尔从"空间点"的矛盾分析开始,使空间过渡到时间,继之对"时间维度"进行矛盾分析,又完成时间向空间的过渡;由此认为:(1)空间过渡到时间、时间过渡到空间,空间与时间的这种统一已经是它们存在的根据,它们的统一被表现为从一物过渡到他物的运动;空间在时间中和时间在空间中的这种消逝和自我再生是一个过程,这个过程就是运动。(2)空间与时间的这种直接的统一,此处与此刻的统一,便是位置;位置是空间性的,因而无差别的个别性,并且仅仅作为空间性的此刻,作为时间,才是这样。因此,在黑格尔的理论中,现实物体的位置变化,亦即时空变化,也就是物体的机械-位移运动;或者说,物体的机械-位移运动与物体的时空变化(位置变化)是同一的。黑格尔所言"从观念性到实在性、从抽象到具体存在的过渡,即这里的从空间与时间到表现为物质的实在性的过渡"①,正是通过抽象的时空概念的相互过渡构成的"运动"与时空概念直接的统一而形成的"位置"的同一性而实现的。更具体地讲,观念性的空间与时间概念因其各自的规定性不同,而向对方过渡,这种过渡就是"运动"("运动就是:自己成为对方,扬弃自己"②),而这种运动形成了"空间与时间的直接的统一"的新概念"位置"。由于"理解运动即是在概念的形式内表达它的本质"③,于是,现实物体的机械-位移运动就是"空间与时间的直接的统一",即物体的位置变化。黑格尔写道:"从观念性到实在性的过渡也明确表现在众所周知的机械现象中,就是说,观念性可以代替实在性,实在性可以代替观念性;……在运动量中速度只是空间与时间的量的关系,可以代替质量;反之,当质量增大而速度相应地减小时,也会产生相同的现实结果。砖头本身并不能把人砸死,而是只有通过获得的速度,才会产生这个结果,这就是说,人是被空间和时间砸死的。……力的作用是某种实在的、可以感到的东西,力与其表现具有相同的内容,正是这种力就其实在的表现而言,是通过空间与时间这两个观念环节的关系达到的。"④

第二,黑格尔在《自然哲学》一书中,论证了空间是连续性与间断性的统一、时间是连续性与间断性的统一;然后通过空间与时间的相互过渡,论证了空间和时间的本质是运动。于是,才有了《哲学史讲演录》的论断:"时间和空间的本质就是运动,因为本质是普遍;理解运动即是在概念的形式

---

① 黑格尔:《自然哲学》,梁志学等译,商务印书馆1980年版,第57页。
② 黑格尔:《哲学史讲演录》第一卷,贺麟、王太庆译,商务印书馆1959年版,第281页。
③ 同上书,第286页。
④ 黑格尔:《自然哲学》,梁志学等译,商务印书馆1980年版,第58页。

内表达它的本质。运动作为否定性和连续性的统一,是被表达为概念、为思想;但在时空里,连续性以及点积性均不能单纯地认为本质。"①这就是所谓"辩证法的著名命题:'运动是(时间和空间的)非间断性与(时间和空间的)间断性的统一。运动是矛盾,是矛盾的统一'"②的来源。按照黑格尔理论的概念逻辑,其中存在着这样的一些推断:空间是连续性与间断性的统一,时间是连续性与间断性的统一,"这两方面在空间和时间里被假定为一了;因此空间和时间就有了矛盾"③;空间由于自身矛盾就过渡到时间,时间也由于自身矛盾而过渡到空间,"空间之消融于时间和时间之消融于空间、时间在空间中的自我再生和空间在时间中的自我再生是一个过程,这个过程就是运动。"④由于运动是时间和空间的本质,而时间和空间都是连续性与间断性的统一,因此运动是连续性与间断性的统一。

第三,自然界中物体的机械-位移运动,从根本上讲:一如康德的认识"一个事物的运动就是该事物与一个已知空间的外部关系的改变"⑤。在康德处,位置与空间的地点同义,故物体之间的空间关系的改变,也就是物体之间的相对位置变化;如果以时空概念来描述"物体之间的相对位置变化",也就是(被视为)运动的物体的所在的地点(位置)随时间的变化,即:物体在不同时间在不同地点。黑格尔则区别了"地点"概念与"位置"概念。"地点"是空间性的;空间的点是完全观念的、相互并列的东西,这种相互外在的东西还是完全抽象的,内部没有任何确定的差别。而"位置"是空间与时间的统一、此处与此刻的统一,是物体与空间时间的"三位一体"的统一。因此,现实物体之间的机械-位移运动,也就是(被视为)运动的物体的"位置变化",而不再表达为"物体的所在的地点随时间的变化"。黑格尔写道:"一般的表象以为空间与时间是完全分离的,说我们有空间而且也有时间;哲学就是要向这个'也'字作斗争。"⑥现实物体之间的机械-位移运动,表达为:运动的物体的"位置变化",直接就是(被视为)运动的"物体在不同时间在不同地点",而不再是(被视为)运动的物体"所在的地点随时间的变化"。这样,很好地贯彻了时空关系学说的思想:不是物体的机械-位移运

---

① 黑格尔:《哲学史讲录》第一卷,贺麟、王太庆译,商务印书馆1959年版,第286页。

② 仓茫:《评波普尔和邦格对辩证法矛盾观的批判》,《马克思主义研究》1998年第4期,第85页。

③ 黑格尔:《哲学史讲录》第一卷,贺麟、王太庆译,商务印书馆1959年版,第283页。

④ 梁志学:《论黑格尔的自然哲学》,上海人民出版社1986年版,第105页。

⑤ 《康德自然哲学文集》(注释版)上卷,李秋零译注,中国人民大学出版社2016年版,第285页。

⑥ 黑格尔:《自然哲学》,梁志学等译,商务印书馆1980年版,第47页。

动存在于时间和空间之中,物体的机械-位移运动本身是时间性与空间性的;表达物体的机械-位移运动的基本概念有两个,即时间和空间;要完备地表达物体的机械-位移运动,必须把时间和空间概念统一起来。

第四,对于"康德问题":"一个处在运动中的物体在它通过的线的任何一个点上都存在一个瞬间。现在问题是:它在这个瞬间是静止的还是运动的?"亦即芝诺的"飞矢不动"问题,黑格尔在《自然哲学》一书中,运用"位置是空间与时间的统一、此处与此刻的统一,是物体与空间时间的'三位一体'的统一""物体的机械-位移运动与物体的位置变化是同一的"思想,给出了如下回答:

> 位置是空间性的,因而无差别的个别性,并且仅仅作为空间性的此刻,作为时间,才是这样。因此,位置作为这样的个别性,就直接对自身漠不相关,对自身是外在的,是其自身的否定,并且构成另一个位置。①

> ……一个位置仅仅指向另一个位置,从而扬弃自身,变成另一个位置;但差别也是一种被扬弃的差别。每个位置就其本身而言,仅仅是这个位置,这就是说,两个位置是彼此等同的;换句话说,位置是完全普遍的此处。某物占据着它的位置,改变着它的位置,因而形成另一个位置;但是,某物一如既往地占据着它的位置,没有离开它的位置。芝诺说,运动应该是变换位置,然而飞矢没有离开它的位置;他在这样证明没有运动时,就说出了位置固有的这种辩证法。……有三种不同的位置,即此刻的、要占据的以及被扬弃的……但同时只有一个位置,只有那些位置所包含的一种共同的东西,只有一切变化所包含的一种不变的东西,这就是直接按照其概念而存在的持久性,而这样的持久性就是运动。②

黑格尔解答的要义是:位置具有个别性,位置是可感之物;位置是空间与时间的统一,连续性与间断性的统一,可区分与不可区分的统一,"变"与"不变"的统一。就位置的时间性而言,位置可区分为"三种不同的位置,即此刻的、要占据的以及被扬弃的";就位置的空间性而言,"两个位置是彼此等同的,位置是完全普遍的此处",于是又"只有一个位置"。就位置是物体

---

① 黑格尔:《自然哲学》,梁志学等译,商务印书馆 1980 年版,第 56 页。
② 同上书,第 58 页。

与空间时间的"三位一体"的统一而言，"某物一如既往地占据着它的位置，没有离开它的位置"；就位置是空间与时间的统一、是物体在"不同时间在不同地点"而言，物体又经历着"此刻的、要占据的以及被扬弃的"位置。而在位置所包含的上述对立面的统一中，有一种共同的东西，这就是"自己成为对方，扬弃自己"的"持久性""普遍性"，即运动。于是，作为"物体与空间时间的'三位一体'的统一"的"位置"的"'变'与'不变'的统一"，既是物体的机械-位移运动的表现形式，也是物体的机械-位移运动的存在方式。相应地，"物体在不同时间在不同地点"，既是物体的机械-位移运动的表现形式，也是物体的机械-位移运动的存在方式；除此之外，再没有更多的"由此及彼"的"运动"了。因此，作机械-位移运动的物体，在其运动过程的任何瞬间，都是运动着的。

第五，在《自然哲学》一书中，黑格尔以他那种独特的方式表达了"空间和时间的本质就是运动"之思想。这个命题在黑格尔那种独特形式下的内容是：空间由于自身矛盾就过渡到时间，时间也由于自身矛盾而过渡到空间，"空间之消融于时间和时间之消融于空间、时间在空间中的自我再生和空间在时间中的自我再生是一个过程，这个过程就是运动。"①而对现实事物的机械-位移运动"理解"中，黑格尔阐明了物体的"位置变化"与物体的机械-位移运动是同一的；"在运动过程中，一个作为此处和此刻、空间与时间的直接统一的位置，既通过时间把自身设定为被扬弃的位置、此刻的位置与要占据的位置，又通过空间把自身设定为以前、此刻和以后，但同时既扬弃了三个空间位置的区分，又扬弃了这三个时间维度的区分。"②

"物体的'位置变化'（'物体在不同时间在不同地点'之'时空变化'）与物体的机械-位移运动是同一的"观念，是与牛顿的时空观、运动观根本对立的，而与爱因斯坦通过建立相对论确立起来的时空观、运动观是一致的。爱因斯坦曾对牛顿的时空与运动关系分析道："在这里，关键是：被认为是独立于那些经验到它的主体而存在的'物理实在'至少在原则上被设想为一方面是由空间和时间，另一方面又是由那些相对于空间和时间而运动着的永久存在的质点所组成。"③即是说，在牛顿的概念逻辑中，机械-位移运动是运动物体相对于时空框架的空间位置变化过程。爱因斯坦在 1905 年

① 梁志学：《论黑格尔的自然哲学》，上海人民出版社 1986 年版，第 105 页。
② 同上书，第 105—106 页。
③ 《爱因斯坦文集》第一卷，许良英等编译，商务印书馆 1976 年版，第 550 页。

建立狭义相对论之时推导出了时间坐标与空间坐标相统一的洛伦兹变换,而牛顿力学体系中时间坐标与空间坐标相分离的伽利略变换只是其近似情况,即更高一级的真理在前者而不是后者。1908年,爱因斯坦的数学老师闵可夫斯基采用"四维时空"理论重新诠释了爱因斯坦的狭义相对论,强调时间空间是相互统一的。闵可夫斯基写道:"我们感觉中的对象,总是牵涉联合着的地点和时间。从来没有人脱离时间而观察地点,或者脱离地点而观察时间。""从现在起,孤立的空间和孤立的时间注定要消失成为影子,只有两者的统一才能保持独立的存在。"①在广义相对论建立后,爱因斯坦指出"四维时空"并不玄乎,"四维时空"对经典物理学和相对论物理学都是正确的。他写道:"四个确定的数对应于每一个事件;每个确定的事件都有四个数跟它相对应。因此,所有的事件构成一个四维连续区。这一点也没有什么神秘之处,上面这句话无论对经典物理学或相对论来说都是同样正确的……从相对论的观点看来,时间和空间从一个坐标系过渡到另一个坐标系时都是要改变的,而洛伦兹转换就是考察事件的四维世界的四维时—空连续区的转换性质的。"②按照"四维时空"理论,物体的机械运动也就是物体在某一时刻在某一地方(x_1, y_1, z_1, t_1),在另一时刻在另一地方(x_2, y_2, z_2, t_2);时间和空间是对物质及其运动进行描述的两个基本概念;物质及其运动是第一性的,时间和空间是第二性的;物体的位移运动与物体的"四维时空"的位置变化是同一的:物体的"四维时空"的位置变化既是物体位移运动的表现形式,也是物体位移运动的存在方式。很显然,如果撇开思想来源不说,黑格尔的时空观、运动观与爱因斯坦通过建立相对论确立起来的时空观、运动观有许多一致之处。

第二节　黑格尔对位移运动矛盾的认识

黑格尔在《逻辑学》《自然哲学》《哲学史讲演录》中都阐发了他对位移运动矛盾的认识,而且总是与对芝诺运动悖论的认识相联系。

---

① 爱因斯坦等:《相对论原理(狭义相对论和广义相对论经典论文集)》,赵志田、刘一贯译,科学出版社1980年版,第62页。
② 爱因斯坦、英费尔德:《物理学的进化》,周肇威译,上海科学技术出版社1962年版,第153页。

一、《逻辑学》的认识

在《逻辑学》中，黑格尔在第二编"本质论"的第二章"本质性或反思规定"考察矛盾、对立面及与之有关的范畴时写道："必须承认矛盾是更深刻的、更本质的东西。因为同一与矛盾相比，不过是单纯直接物、僵死之有的规定，而矛盾则是一切运动和生命力的根源；事物只因为自身具有矛盾，它才会运动，才具有动力和活动。……至于有人主张没有矛盾，主张矛盾不是当前现有的东西，那么，我们倒不需为这样的断言去操心；一个本质的绝对规定必定在一切经验中、一切现实事物中、一切概念中都找得到的。……矛盾不单纯被认为仅仅是在这里、那里出现的不正常现象，而且是在其本质规定中的否定物，是一切自己运动的根本，而自己运动不过就是矛盾的表现。外在的感性运动是矛盾的直接实有。某物之所以运动，不仅因为它在这个'此刻'在这里，在那个'此刻'在那里，而且因为它在同一个'此刻'在这里又不在这里，因为它在同一个'这里'同时又有又非有。我们必须承认古代辩证论者所指出的运动中的矛盾，但不应由此得出结论说因此没有运动，而倒不如说运动就是实有的矛盾本身。"[①]

理解和认识黑格尔的上述言论，需要明确以下几点。

第一，作为黑格尔逻辑学研究目的和对象的"纯概念"，并不是我们现实的有血有肉的人的思想和概念，而是他所谓的"客观思想""客观概念"，亦即独立于人的思想之外而又体现于自然和人的思想之中的思想和概念；"纯概念"是指"有""无""一""多""质""量""必然""偶然"等等所谓不含丝毫"感性杂质"的概念。黑格尔认为，"纯概念"是自然界和人类社会的本质，自然界和人类社会是"纯概念"的表现和"自我实现"，逻辑学所要把握的唯一目标是"具体概念"（具体真理）。所谓"具体概念"，就是说"有""无""一""多""质""量""必然""偶然"等等"纯概念"（或最一般的规定性）是内在地联系在一起、有机地统一在一起的，而各个逻辑规定性则是"具体概念"的组成因素和环节。黑格尔逻辑学的全部内容，就是关于"具体概念"的各个环节（亦即"有""无""质""量"等等逻辑规定）间如何必然联系、相互转化以及如何有机地统一起来的阐述和说明。黑格尔的逻辑学的三个部分"存在论""本质论""概念论"，不仅是《逻辑学》这一著作的目录区分，同时也表示了逻辑学的研究对象"具体概念"自我发展和自我认识过程中的

[①] 黑格尔:《逻辑学》下卷，杨一之译，商务印书馆1976年版，第66—67页。

三个阶段或环节。黑格尔关于对立面的同一和矛盾的思想,虽然主要是在第二部分"本质论"中专门论述的,但实际上贯穿于三个部分,它是黑格尔逻辑学的整个指导思想。[①]

第二,黑格尔把运动理解为任何变化和过程;"变"是"有"与"无"的对立与统一,因此,运动是"有又非有"的对立与统一。"运动"可以说是黑格尔逻辑学中最原初(逻辑在先)的三个概念之一。在黑格尔逻辑学中,大体上讲来,较低级的概念潜伏着较高级的概念,最初的概念是潜伏着的最终的概念;因为在逻辑概念的系列中,每一个较后的、较高的概念,都是从较前的、较低的概念中推演出来、引申出来的。"存在论"中的"有"(纯有)是逻辑学中最初的、最低的概念,是一个没有任何进一步规定的、毫无内容的概念。这样的"有"实际上也就等于"无",所以"有"这一概念可以推演出"无"的概念。同样,我们也可以说"无"就是"纯有";因为当思想到"无"时,也就是思想到一种空虚,而这种空虚毕竟还是一种"有",只不过是一种"纯有"罢了。这样,既然"有"可以转化为"无","无"又可以转化为"纯有",那么我们也就可以推演出一个关于二者相互转化的概念"变"。[②]黑格尔写道,"纯有与纯无是同一的东西。这里的真理既不是有,也不是无,而是……无中之有和……有中之无。但是这里的真理,同样也不是两者的无区别,而是两者并不同一,两者绝对有区别,但又同样绝对不曾分离,不可分离,并且每一方都直接消失于它的对方之中。所以,它们的真理是一方直接消失于另一方之中的运动,即变;在这一运动中,两者有了区别,但这区别是通过同样也立刻把自身消解掉的区别而发生的。"[③]他还说,"变是有与无的不分离……变作为有与无的统一,乃是规定了的统一,或者说,有和无两者都是在这种统一之中。……变用这种方式,便在一个双重规定之中了;在一重规定里,无是直接的,即规定从无开始,而无自己与有相关,就是说过渡到有之中;在另一重规定里,有是直接的,即规定从有开始,有过渡到无之中,——即发生与消灭。两者都同样是变,它们虽然方向不同,却仍然相互渗透、相互制约。一个方向是消灭;有过渡到无,但无又是它自己的对立物,过渡到有,即发生。这个发生是另一个方向;无过渡到有,但有又扬弃自己而过渡到无,即消灭。它们不是相互扬弃,不是一个在外面将另一个扬弃,而是每一个在自身中扬弃自己,每一个在自身中就是自己的

---

① 张世英:《论黑格尔的逻辑学》,上海人民出版社 1981 年版,第 96、106—107、124—125、162 页。

② 同上书,第 164 页。

③ 黑格尔:《逻辑学》上卷,杨一之译,商务印书馆 1966 年版,第 70 页。

对立物。"①

第三,黑格尔承认就具体的人的认识而言,感性事物是在认识活动之先就独立存在的,他说:"那与自己对立、感官可以觉察的(如这个动物、这个星宿等),是本身存在,独立不依的"②。他还承认人的思想在感觉、表象之后,他说:"按照时间的次序,人的意识,对于对象总是先形成表象,后才形成概念,而且唯有通过表象,依靠表象,人的能思的心灵才进而达到对于事物的思维的认识和把握。"③但是,黑格尔认为这种看法只是一种普通常识;他说:"以为构成我们表象内容的那些对象首先存在,然后我们主观的活动方随之而起,通过……抽象手续,并概括各种对象的共同之点而形成概念,——这种想法是颠倒了的。反之,宁可说概念才是真正的在先的。事物之所以是事物,全凭内在于事物并显示它自身于事物内的概念活动。"④"真正讲来,只有感官可以觉察之物才是真正附属的,无独立存在的,而思想倒是原始的,真正独立自存的。"⑤他指出,"我们所意识到的情绪、直观、欲望、意志等规定,一般被称为表象。所以大体上我们可以说,哲学是以思想、范畴,或更确切地说,是以概念去代替表象。……一个人具有表象,却未必能理解这些表象对于思维的意义,也未必能深一层理解这些表象所表现的思想和概念。反之,具有思想与概念是一回事,知道符合这些思想和概念的表象、直观、情绪又是一回事。"⑥

在现实物体作位移运动问题上,论及其表象,黑格尔曾讲道:"当我们一般地说到运动时,我们总是这样说:物体在这一个地点,然后走向另一个地点。由于它在运动,它已不复在第一个地点,但是也还不在第二个地点"。⑦而当黑格尔以"变"的"概念去代替表象"时,也就作出了"外在的感性运动是矛盾的直接实有。某物之所以运动,不仅因为它在这个'此刻'在这里,在那个'此刻'在那里,而且因为它在同一个'此刻'在这里又不在这里,因为它在同一个'这里'同时又有又非有"的论断。这就是说:物体在位移运动时,在同一时间里既处在(现实地)又不处在(潜在地)空间某个地方;这是"有与无的统一"——"在某一时刻,物体既到达某个地方,又正在离开这个地方,所以既处于某个位置,又不在这个位置。这是互相矛盾、互

<hr>

① 黑格尔:《逻辑学》上卷,杨一之译,商务印书馆1966年版,第96—97页。
② 黑格尔:《小逻辑》,贺麟译,商务印书馆1980年版,第119页。
③ 同上书,第37页。
④ 同上书,第334页。
⑤ 同上书,第119页。
⑥ 同上书,第40页。
⑦ 黑格尔:《哲学史讲演录》第一卷,贺麟、王太庆译,商务印书馆1959年版,第289页。

相对立的两个方面。但这两个方面是在同一瞬间体现在同一个物体上的,这表明矛盾的统一性,即矛盾双方是互相依赖、互相依存的,同时存在于同一个物体的统一的运动过程之中"①,因此,"机械位移本身包含着'在'与'不在'的矛盾"②。

第四,黑格尔不仅写道"无论天上地下,都没有一处地方会有某种东西不在自身内兼含有与无两者"③,而且写道"天地间绝没有任何事物,我们不能或不必在它里面指出矛盾或相反的规定"④;他不仅一般地指出了对立面统一即矛盾性,是一切事物运动、变化、发展的内在根据,而且指出了对立面统一即矛盾性具有不同的形态:一切真实的同一、差异、对立都是对立面统一,都具有矛盾性,或者说,它们本身都是矛盾,只是形态不同而已。《逻辑学》中指出的"机械位移本身包含着'在'与'不在'的矛盾","有又非有"的抽象的矛盾,在《自然哲学》一书中被发展为"机械位移本身包含着空间与时间的对立与统一、连续性与间断性的对立与统一",发展为"位置是空间与时间的统一、连续性与间断性的统一、可区分与不可区分的统一、'变'与'不变'的统一"。

二、《自然哲学》的认识

在《自然哲学》一书中,如前所述,黑格尔通过分析空间概念的内在矛盾,论证了空间是连续性与间断性的统一;通过分析时间概念的内在矛盾,论证了时间是连续性与间断性的统一;通过空间与时间的相互过渡,论证了空间和时间的本质是运动。换言之:观念性的空间与时间概念因其各自的规定性不同,而向对方过渡,这种过渡就是"运动";而这种运动,形成了作为"空间与时间的直接的统一"的"具体的点""位置"。黑格尔写道:

> 空间在其自身是漠不相关的彼此外在存在与没有差别的连续性之间的矛盾,是其自身的纯粹否定性,是首先向时间的过渡。同样,因为时间的各个结合为统一体的对立环节直接扬弃了它们自身,所以时间就是直接消融于无差别性,消融于无差别的彼此外在性或空间。因

---

① 申先甲:《基础物理学的辩证法》,科学出版社 1983 年版,第 8 页。
② 同上书,第 7 页。
③ 黑格尔:《逻辑学》上卷,杨一之译,商务印书馆 1966 年版,第 73 页。
④ 黑格尔:《小逻辑》,贺麟译,商务印书馆 1980 年版,第 200 页。

此,否定的规定性,具有排斥作用的点,在空间里已不再是仅仅自在地与概念相一致,而是被设定的,并且通过构成时间的整体否定性,在自身内是具体的;这样具体的点就是位置。①

空间与时间的这种直接的统一已经是它们存在的根据;因为空间的否定东西是时间,而时间的肯定东西或差别的存在则是空间。可是在这里空间和时间这两者是被设定为有不同的重要性,或者说,它们的统一仅仅是被表现为从一物过渡到他物的运动,因此,开端、实现与结果陷于分离之中;然而,结果恰恰表现了它们的根据和真理。持久性的要素是由时间转化成的自相等同;这种自相等同就是空间,因为空间的规定性是无差别的一般特定存在。点在此处就像它真实存在的那样,原来是作为一种普遍的东西而存在的;这个"此处"这时同样是时间,是一个直接扬弃了自身的现在,是一个曾经存在过的此刻。因此此处是持久的点,所以此处同时就是此刻;这种此处与此刻的统一便是位置。②

其后,黑格尔结合芝诺的"飞矢不动"论证,阐明了位置是可区分与不可区分的统一、"变"与"不变"的统一;明确提出"运动恰恰在于:在一个位置同时又在另一个位置,同样也可以说不在另一个位置,而只是在这个位置。"③"在运动里,空间设定其自身为时间的,时间设定其自身为空间的;芝诺的悖论否认了运动,如果把地点弄成孤立的空间点,把瞬间弄成孤立的时间点,这个悖论就不可能解决;这个悖论的解决,即运动,只能理解为这样:空间和时间在自身都是连续的,自己运动的物体同时在同一个地点又不在同一个地点,即同时在另一个地点,同样,同一个时间点同时存在又不存在,即同时是另一个时间点。"④黑格尔的这些论述,坚持着"物体位移运动就是物体的一个个位置的生成过程,位置是空间与时间的统一、此处与此刻的统一、连续性与间断性的统一"的思想。

总结黑格尔在《自然哲学》中对芝诺的悖论的解答,我们可以看到两种形式:其一,"运动恰恰在于:在一个位置同时又在另一个位置,同样也可以说不在另一个位置,而只是在这个位置";这是运用了他的"位置与运动的直接同一"的观点。其二,"运动,只能理解为这样:空间和时间在自身都是

---

①　黑格尔:《自然哲学》,梁志学等译,商务印书馆 1980 年版,第 55 页。
②　同上书,第 56 页。
③　同上书,第 68 页。
④　同上书,第 183 页。

连续的,自己运动的物体同时在同一个地点又不在同一个地点,即同时在另一个地点,同样,同一个时间点同时存在又不存在,即同时是另一个时间点";这是从前一种形式派生出来的观点,即"物体位移运动与物体的位置变化、时空变化是同一的"观点。值得注意的是:黑格尔这里所言"空间和时间在自身都是连续的",仍然是基于"空间和时间是连续性与间断性的统一"的立场作出的。黑格尔曾写道:"关于空间、时间、或物质的两种矛盾说法,认为它们可以无限分割,还是认它们为绝不可分割的'一'(或单位)所构成,这不过是有时持量为连续的,有时持量为分离的看法罢了。如果我们假设空间、时间等等仅具有连续的量的规定,它们便可以分割至无穷;如果我们假设它们仅具有分离的量的规定,它们本身便是已经分割了的,都是由不可分割的'一'(或单位)所构成。两说都同样是片面的。"①在黑格尔看来,这些矛盾的理论的弊病都在于把"量"或者看成连续的,或者看成分离的,而没有把"量"看成既是连续的又是分离的。他说,"既然两个对立面每一个在自身那里包含着另一个,没有这一方也就不可能设想另一方,那么,其结果就是:这些规定,单独看来都没有真理,唯有它们的统一才有真理。这是对它们的真正的、辩证的看法,也是它们的真正的结果。"②

三、《哲学史讲演录》的认识

黑格尔在《哲学史讲演录》中,在具体解答芝诺运动悖论的"两分法"论证时,对位移运动的矛盾问题写道:

> 时间和空间的本质就是运动,因为本质是普遍;理解运动即是在概念的形式内表达它的本质。运动作为否定性和连续性的统一,是被表达为概念、为思想;但在时空里,连续性以及点积性均不能单纯地认为本质。从表象看来这两个环节本身都是不可分离的。假如我们把空间或时间表象为可以无限分割,则我们因而就会得到无限数的点,但里面也同样存在着连续性,——这就是包括无限数的点的空间。但这种连续性作为概念即意谓着所有这些点都是相同的;因此正确讲来,它们不是被当作点,被当作相互外在的"一"。

---

① 黑格尔:《小逻辑》,贺麟译,商务印书馆 1980 年版,第 221—222 页。
② 黑格尔:《逻辑学》上卷,杨一之译,商务印书馆 1966 年版,第 208 页。

运动是作为时空对立之统一的无限者。这两个环节［时空］也同样表现为存在的东西；它们是那样的无区别，以致我们不假定它们为概念，而假定它们为存在。在作为存在的时空里否定性就是有限度的量，它们是作为有限度的空间和时间而存在着。而实际的运动就是通过一个有限度的空间和时间……①

黑格尔的前一段话，从时间和空间都是连续性与间断性的统一，得出运动是连续性与间断性的统一；因为时间和空间的本质就是运动。后一段话，联系黑格尔所言"从哲学看来，单纯的概念、普遍，乃是无限性的或纯粹现象的单纯本质，——无限性就是纯概念的运动"②，说的是：空间、时间与运动"从观念性到实在性、从抽象到具体存在的过渡，即这里的从空间与时间到表现为物质的实在性的过渡"③。通过抽象的时空概念的矛盾而相互过渡构成的"运动"与时空概念直接的统一而形成的"位置"，现实物体的机械-位移运动，即"实际的运动就是通过一个有限度的空间和时间"，即物体的位置变化。或者说，现实物体的机械-位移运动就是物体在"有限的时间通过有限的空间"。

而当黑格尔具体解答芝诺运动悖论的"阿基里斯与龟"论证时，他不仅论及了一般人类意识对位移运动的表象，而且作出了"黑格尔位移运动矛盾"的"原型"论断。他写道：

当我们一般地说到运动时，我们总是这样说：物体在这一个地点，然后走向另一个地点。由于它在运动，它已不复在第一个地点，但是也还不在第二个地点；如果它在两个地点中的一个地点，则它就是静止的。人们说，它是介于两个地点之间，但这并没有说明什么；因为介于两个地点之间它还是在一个地点，因此这里还是存在着同样的困难。但运动的意思是说：在这个地点而同时又不在这个地点；这就是空间和时间的连续性，——并且这才是使得运动可能的条件。芝诺在他一贯的推理里把这两点弄得严格地相互反对了。我们也使空间和时间成为点积性的；但同样也必须容许它们超出限制，这就是说，建立这限制作为没有限制，——作为分割了的时点，

① 黑格尔：《哲学史讲演录》第一卷，贺麟、王太庆译，商务印书馆 1959 年版，第 286 页。
② 同上书，第 285 页。
③ 黑格尔：《自然哲学》，梁志学等译，商务印书馆 1980 年版，第 57 页。

但又是没有被分割的。①

把黑格尔在这里所言的"运动的意思是说：在这个地点而同时又不在这个地点；这就是空间和时间的连续性，——并且这才是使得运动可能的条件"，与其在《自然哲学》所言的"运动，只能理解为这样：空间和时间在自身都是连续的，自己运动的物体同时在同一个地点又不在同一个地点，即同时在另一个地点，同样，同一个时间点同时存在又不存在，即同时是另一个时间点"相比较，前者只是后者的一部分，即少了对"时间的间断性与连续性的对立与统一"的描述——"同一个时间点同时存在又不存在，即同时是另一个时间点"。但是，不等于说黑格尔在这里不强调"时间的间断性与连续性的对立与统一"；因为，在黑格尔的理论中空间和时间在运动中是统一的。因此，他把似乎只是对"空间的间断性与连续性的对立与统一"的描述——"在这个地点而同时又不在这个地点"，说成是"这就是空间和时间的连续性"；并且还继续写道："我们也使空间和时间成为点积性的；但同样也必须容许它们超出限制，这就是说，建立这限制作为没有限制，——作为分割了的时点，但又是没有被分割的。"

黑格尔之所以写下"运动的意思是说：在这个地点而同时又不在这个地点"，是为了说明亚里士多德解答芝诺"阿基里斯与龟"论证所持观点的合理性。但是，这段文字却是对康德观点的"冒犯"，也是违背"矛盾律"的。康德在 1770 年的《论可感世界与理知世界的形式及其原则》一文中写道："矛盾律也是以时间的概念为前提，把它当作条件，以它作为自己的基础。因为只有把 A 和非 A 设想为同时（也就是说，在同一个时间）属于同一个东西，它们才彼此矛盾，但它们是可以前后相继地（在不同的时间里）属于同一个东西的。"②"只有在我能够对同一主体在同一时间说 A 和非 A 的情况下，我才能够对不可能的东西作出判断。"③"只有当同一时间在所要表述的同一事物上给定矛盾对立的东西的时候，才出现不可能性：一切同时既是又不是的东西，都是不可能的。"④"在众多的位置（地点）上同时存在，这是无论如何也不可能的，因为不同的位置（地点）是彼此外在的，从而在不同位置上的事物也彼此外在，并且对自己也外在地

① 黑格尔：《哲学史讲演录》第一卷，贺麟、王太庆译，商务印书馆 1959 年版，第 289 页。
② 李秋零主编：《康德著作全集》第 2 卷，中国人民大学出版社 2004 年版，第 409 页。
③ 同上书，第 414 页。
④ 同上书，第 427 页。

在场，这是自相矛盾的。"①

第三节 黑格尔对"芝诺运动悖论"的解答

黑格尔对芝诺运动悖论的全面的、有系统的解答，集中在他的《哲学史讲演录》中。黑格尔指出："芝诺对运动曾特别作了客观辩证法的研究。……芝诺否定了运动，因为运动存在着内在矛盾……至于说有运动，说运动的现象是存在的，——芝诺完全不反对这话……问题乃在于考察运动的真理性；但运动是不真的，因为它是矛盾。因此他想要说的乃是：运动不能享有真正的存在。"②即是说，黑格尔对芝诺论证本质的认识，一如列宁所言，"问题不在于有没有运动，而在于如何在概念的逻辑中表达它。"③黑格尔对芝诺运动悖论的解答，是在亚里士多德解答的基础上，运用他的"时间空间的连续性与间断性的统一""时间和空间的本质是运动"等思想作出的。亚里士多德对芝诺论证的转述和反驳都在其《物理学》一书中。

一、对"两分法"论证的解答

亚里士多德对"两分法"论证的反驳，是依据对时间和空间作分割展开的。他认为芝诺的论证是建立在一个错误的假设之上，即"一个事物不可能在有限的时间里通过无限的事物，或者分别地和无限的事物相接触。"④他指出，把长度和时间被说成是无限的，有两种涵义：或分起来的无限，或延伸上的无限；前者是向内的无限，至小无内，后者是向外的无限，至大无边。⑤而运动的物体通过一个分割上无限的事物，是在无限的时间里

① 李秋零主编：《康德著作全集》第 2 卷，中国人民大学出版社 2004 年版，第 425 页。
② 黑格尔：《哲学史讲演录》第一卷，贺麟、王太庆译，商务印书馆 1959 年版，第 281—282 页。
③ 《列宁全集》（第 2 版）第 55 卷，人民出版社 1990 年版，第 216 页。
④ 亚里士多德：《物理学》，张竹明译，商务印书馆 1982 年版，第 168 页。
⑤ 亚里士多德指出，"一般地说，一切连续事物被说成是'无限的'都有两种涵义：或分起来的无限，或延伸上的无限。"（亚里士多德：《物理学》，张竹明译，商务印书馆 1982 年版，第 168—169 页）

而不是在有限的时间里进行的;经过一定的时间可以越过一定的距离。他写道:"既然时间是连续的,量就也是连续的,花一半时间就通过一半量,或一般地说,花较少的时间就通过较小的量,因为量的一分再分总是能够以和分时间时同样的比例进行的。……事物在有限的时间里不能和数量上无限的事物相接触……却能和分起来无限的事物相接触,因为时间本身分起来也是无限的。"①故此,亚里士多德认为芝诺"两分法"之"佯"在于:只无限分割空间而未随之无限分割时间。

对于芝诺的"两分法"论证,黑格尔在《哲学史讲演录》中指出:"芝诺在这里提出了空间可无限分割的问题。因为空间和时间是绝对连续的,所以可以没有停顿地分割下去。每一个量——每一时间和空间总是有量的——又可以分割为两半;这种一半是必须走过的,并且无论我们假定怎样小的空间,总逃不了这种关系。运动将会是走过这种无穷的时点,没有终极;因此运动者不能达到他的目的地。"②黑格尔的这段话业已指出了亚里士多德对芝诺"两分法"论证的反驳是不充分的;因为即使在"无限分割空间也随之无限分割时间","运动将会是走过这种无穷的时点,没有终极"。黑格尔讲道:"无限性就是纯概念的运动……一如我既没有真实地无限地分割空间,同样在运动中的物体也没有真实地经过无限的空间;那一定的空间作为有限的东西呈现在那里,为那运动的物体而存在着。……那被分割的空间并不是绝对的点积性[即非连续性],而那纯粹的连续性也不是未被分割的和不可分割的;同样时间也是普遍的东西,不是纯粹的否定性、点积性,而也是连续性。两者皆表现在运动里:纯否定性表现为时间,连续性表现为空间。……理解运动即是在概念的形式内表达它的本质。运动作为否定性和连续性的统一,是被表达为概念、为思想;但在时空里,连续性以及点积性均不能单纯地认为本质。"③"因此当我们以前说,连续性是无限分割的可能性的根据时,则意思是说,连续性只是假定,不过对这种连续性所假定的,乃是无限多的、抽象地绝对的限度之存在","抽象地坚执着那假想的一半一半地分割,也同样是错的。"④黑格尔的解答概言之:运动本身是存在的,但是把空间和时间的连续性和间断性对立起来,则无法理解运动;"实际的运动就是通过一个有限度的空间和时间,并不是通过

---

① 亚里士多德:《物理学》,张竹明译,商务印书馆 1982 年版,第 168—169 页。
② 黑格尔:《哲学史讲演录》第一卷,贺麟、王太庆译,商务印书馆 1959 年版,第 282 页。
③ 同上书,第 285—286 页。
④ 同上书,第 287 页。

无限的空间和时间。"①

二、对"阿基里斯与龟"论证的解答

对于"阿基里斯与龟"论证,亚里士多德认为其与"两分法"论证是一回事,即支撑论证的论点是相同的,都是采用无限分割空间的方法;结论也是一样的:如若有运动,是不能达到目标的。二者的区别,只在于所假设的连续长度"二分"与非"二分"分割。并且在"阿基里斯与龟"论证中,芝诺是先给定了一个前提,不允许阿基里斯越过规定的有限的距离,即阿基里斯每一次都只能到达龟的一个个出发点;如果允许,阿基里斯是能够追上龟的。亚里士多德写道:"这两个论证里得到的结论都是因为无论以二分法还是以非二分法分取量时都达不到终结……因此,对这个论证的解决方法也必然是同一个方法。认为在运动中领先的东西不能被追上这个想法是错误的。因为在它领先的时间内是不能被赶上的,但是,如果芝诺允许越过所规定的有限的距离的话,那么它也是可以被赶上的。"②对于亚里士多德的这种议论,苏联哲学家米·亚·敦尼克等编撰的《古代辩证法史》写道:"这并没有回答以下问题:如果它们即阿基里斯与乌龟服从给定的运动条件,阿基里斯如何赶上乌龟? 因此,亚里士多德无论用何种方法也没有克服这个困难,他只是说,为此应当'容许'阿基里斯赶上乌龟。其实,全部问题在于如何论证这个能够'容许'。"③客观上讲,这种批评是不对的,亚里士多德此前已为"这个能够'容许'"作出了论证与铺垫。他写道:"位移"是"空间方面的运动"④,"万物皆在时间里运动……时间决定了运动的连续性"⑤,"不可能有任何连续事物是由不可分的事物合成的"⑥;"既然一切量都能分解成较小的量(因为已经说明过:连续的事物是不能由不可分的部分合成的,而任何量都是连读的),因此较快的事物必然或(1)在相等的时间里通过较大的量,或(2)在较短的时间里通过相等的量,或(3)在较短的时间里通过较大的量"。⑦故此,合乎亚里士多德著作话语逻辑的"阿基里

①　黑格尔:《哲学史讲演录》第一卷,贺麟、王太庆译,商务印书馆 1959 年版,第 286 页。

②　亚里士多德:《物理学》,张竹明译,商务印书馆 1982 年版,第 191—192 页。

③　米·亚·敦尼克等编:《古代辩证法史》,齐云山等译,人民出版社 1986 年版,第 106 页。

④　亚里士多德:《物理学》,张竹明译,商务印书馆 1982 年版,第 145 页。

⑤　同上书,第 150 页。

⑥　同上书,第 162 页。

⑦　同上书,第 165 页。

斯与龟"之"佯"应是:芝诺把阿基里斯原本"无条件是一个的运动"①,即连续的运动,言说成阿基里斯尾随乌龟进行无数个起点的一系列运动。亚里士多德指出,"虽然在连续的事物里含有无限数的'一半',但这不是现实意义上的而是潜能意义上的。如果这个人在实际上这样做,他就会使得运动不连续而是时断时续"②。

　　对于芝诺的"阿基里斯与龟"论证,黑格尔认为亚里士多德的"这个答复是不错的,包含了一切。"③黑格尔画了一个图,如图 3-1④ 所示;进行了具体分析。

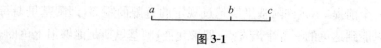

图 3-1

　　黑格尔指出,"(1)就空间而论:在同一段时间里甲走完距离 bc,而乙走完距离 $ab+bc$。在表象里我们最容易解决这问题:即因为乙走得较快些,他在同一段时间内比起那走得慢的人可以通过较长的距离;所以他可以走到甲出发的地方,并且还可走得更远。(2)但这应该有的一段完整的时间,却可分为乙走过 ab 的一段时间和乙走过 bc 的一段时间。甲先有第一段时间以走过 bc;所以甲到了 c 的时点,就是乙到了 b 的时点。照亚里士多德说,必须超出那个限度,那必须通过的,就是时间;既然时间是连续的,所以要解除这困难就必须说:必须把那被区分为两个时段的时间认作是一段时间,在这段时间里,乙由 a 走到 b,又由 b 走到 c。""当我们一般地说到运动时,我们总是这样说:物体在这一个地点,然后走向另一个地点。……但运动的意思是说:在这个地点而同时又不在这个地点;这就是空间和时间的连续性,——并且这才是使得运动可能的条件。芝诺在他一贯的推理里把这两点弄得严格地相互反对了。我们也使空间和时间成为点积性的;但同样也必须容许它们超出限制,这就是说,建立这限制作为没有限制,——作为分割了的时点,但又是没有被分割的。"⑤

　　黑格尔对于"阿基里斯与龟"论证的解答,基本上是支持着亚里士多德的解答。但黑格尔从取消时间分割的限制来解除困难,较之亚里士多德要

　　①　亚里士多德:《物理学》,张竹明译,商务印书馆 1982 年版,第 152 页。
　　②　同上书,第 256 页。
　　③　黑格尔:《哲学史讲演录》第一卷,贺麟、王太庆译,商务印书馆 1959 年版,第 288 页。
　　④　同上。
　　⑤　同上书,第 288—289 页。

求取消空间的限制来解除困难,似乎又进了一步。设置空间的限制,"线段的可分性是容易理解的;我们可以截断一竿或分割一线来使它具体化。可是'区划时间'却不过是一句比拟而已……将时间分成各段,对于希腊人只是一种心理的行为,对于我们也同样是一种心理的行为。"①黑格尔的基本观点依然是"空间与时间的间断性与连续性的对立与统一"。当他说"运动的意思是说:在这个地点而同时又不在这个地点",是为了说明亚里士多德要求"取消空间的限制"的合理性;当他说"作为分割了的时点,但又是没有被分割的",就是说"时间是间断性与连续性的对立与统一","照亚里士多德说,必须超出的那个限度,那必须通过的,就是时间"。当他说"我们也使空间和时间成为点积性的;但同样也必须容许它们超出限制,这就是说,建立这限制作为没有限制",就是直接在陈述他的基本观点:"空间与时间的间断性与连续性的对立与统一"。

三、对"飞矢不动"论证的解答

对于"飞矢不动"论证,亚里士多德写道:"飞着的箭静止着。这个结论是因为把时间当作是由'现在'合成的而引起的,如果不肯定这个前提,这个结论是不会出现的。"②即是说,"飞矢不动"论证之"佯"在于:把时间看作由一个一个的此刻所组成。亚里士多德指出,"时间不是由不可分的'现在'组成的,正如别的任何量也都不是由不可分的部分组合成的那样。"③

对于"飞矢不动"论证,黑格尔指出,"在此处、此刻本身内是没有区别的。在空间内,这一点和那一点同样是一个此处,这个是此处,这个是此处,而另一个又是此处……;而这个'此处'永远是同一的'此处',它们彼此间完全没有区别。所以,在这里,'此处'的连续性,相同性就有效地建立起来以与复多的'意见'相反对了。每一个地点都是不同的地点,——因此也是同一的。复多性[不同性]只是臆想的。真的客观的区别不出现在这些感性的关系里,而只出现在精神的关系里。"④单独看黑格尔这些解答,容易让人坠入云雾,但是在了解了他在《自然哲学》中阐述的思想后,也就容易明确他的解答了。

① T. 丹齐克:《数:科学的语言》,苏仲湘译,商务印书馆1985年版,第104页。
② 亚里士多德:《物理学》,张竹明译,商务印书馆1982年版,第192页。
③ 同上书,第191页。
④ 黑格尔:《哲学史讲演录》第一卷,贺麟、王太庆译,商务印书馆1959年版,第290页。

如前所述,黑格尔在《自然哲学》中通过他的逻辑演绎得到了"此处与此刻的统一便是位置""位置与运动这两者的直接同一"等命题;物体的位移运动是物体从一个位置到另一个位置。黑格尔在《自然哲学》中还写道:"一个位置仅仅指向另一个位置,从而扬弃自身,变成另一个位置;但差别也是一种被扬弃的差别。每个位置就其本身而言,仅仅是这个位置,这就是说,两个位置是彼此等同的……某物占据着它的位置,改变着它的位置,因而形成另一个位置;但是,某物一如既往地占据着它的位置,没有离开它的位置。芝诺说,运动应该是变换位置,然而飞矢没有离开它的位置;他在这样证明没有运动时,就说出了位置固有的这种辩证法。这种辩证法正是无限的概念,而无限的概念就是此处,因为时间是在此处本身被设定的。"①由于黑格尔阐明了"过去、现在与将来"是外在的事物的变易本身,从而揭示了"过去、现在与将来"的客观存在的前提条件:没有这种变易就没有时间,也就谈不上过去、现在和将来。黑格尔指出,人们可以设想"有三种不同的位置,即此刻的、要占据的以及被扬弃的……但同时只有一个位置,只有那些位置所包含的一种共同的东西,只有一切变化所包含的一种不变的东西,这就是直接按照其概念而存在的持久性,而这样的持久性就是运动。"②把物体的运动分为过去的运动、现在的运动、将来的运动,是相对的、有条件的;"现在"可以定义为任何大于零的时间间隔。显然,这种划分是人类根据自己认识的需要设定的,渗透了人的意识的因素,而物质自己是不在分割自己的运动过程的;这就是黑格尔在《哲学史讲演录》所言"真的客观的区别不出现在这些感性的关系里,而只出现在精神的关系里"的意蕴。

在解答"飞矢不动"论证后,黑格尔联系"两分法""阿基里斯与龟"论证作出了如下小结:"在前两个证明里,在前进中的连续性是占优势:没有绝对的限度,也没有被限制的空间,而是绝对的连续性,超出一切限度。而现在这里所坚持的恰好相反:即绝对的限度,连续性的中断,没有到对方的过渡。"③

四、对"一半等于一倍"论证的解答

对于"一半等于一倍"论证,亚里士多德写道:"这里错误在于他把一个

---

① 黑格尔:《自然哲学》,梁志学等译,商务印书馆 1985 年版,第 58 页。
② 同上。
③ 黑格尔:《哲学史讲演录》第一卷,贺麟、王太庆译,商务印书馆 1959 年版,第 291 页。

运动的事物经过另一个运动事物和以同速度经过同大小的静止事物所花的时间看作是相等的,事实上这两者是不相等的"①,"一半时间等于一倍时间""这个结论是根据上述错误假定得出的。"②

对于"一半等于一倍"论证,黑格尔在《哲学史讲演录》中尽管也说得不少,但本质上是重复着亚里士多德在《物理学》一书中给出的观点。他说,"这第四个形式讨论的是存在于相反的运动中的矛盾。对立在这里具有另一种形式:(1)但普遍者作为共同的东西又是完全属于每一部分,而每一部分单独只作它一部分的工作。(2)只有每一部分单独为自己所做的工作,才被认为是真实的(存在的)。这里一个物体所走的距离是两个物体所走过的距离的总和;犹如当我向东走两尺,从同一出发点的另一人向西走两尺,于是我们就有了四尺的距离,——这就是把两人所走的距离加起来,在两人的距离里,两者都是积极的。"③

对于芝诺的四个论证,黑格尔认为"他曾经掌握了我们空间和时间观念所包含的诸规定;他曾经把它们[即时空的诸规定]提到意识前面,并且在意识里揭露出它们的矛盾。康德的'理性矛盾'比起芝诺这里所业已完成的并没有超出多远。"④他还说:"不要把它们了解为反对运动的实在性的辩驳,像最初看来那样,而须把它们了解为如何规定运动的必然方式,但同时又须指出规定运动的方法应如何进行。……我们必须像芝诺对于运动所曾思维过那样去思维运动,而使得运动的假定本身进一步向前运动。"⑤

---

① 亚里士多德:《物理学》,张竹明译,商务印书馆1982年版,第192页。
② 同上书,第193页。
③ 黑格尔:《哲学史讲演录》第一卷,贺麟、王太庆译,商务印书馆1959年版,第292页。
④ 同上书,第293页。
⑤ 同上书,第286页。

第四章 经典作家对"黑格尔位移运动矛盾表述"的认识

第一节 恩格斯对"黑格尔位移运动矛盾表述"的认识

恩格斯在《反杜林论》第二版的"序言"中写道:"马克思和我,可以说是把自觉的辩证法从德国唯心主义哲学中拯救出来并用于唯物主义的自然观和历史观的唯一的人。"①辩证唯物主义哲学是马克思主义经典作家批判地继承德国古典哲学的优秀成果,在对黑格尔哲学和费尔巴哈哲学辩证否定的基础上建立起来的——用唯物主义改造黑格尔的唯心主义辩证法,剥掉了黑格尔哲学的唯心主义外壳,批判地吸收了它辩证法的合理内核;用辩证法改造以前的唯物主义,并辩证唯物地概括和总结了当时自然科学的既有成就和工人运动的丰富经验;通过理论创新,实现了哲学发展中的质的飞跃和人类认识史上的空前大革命。只有在唯物主义基础上建立起来的辩证法,才是如实反映客观世界的科学的辩证法。于是,对于来自黑格尔哲学体系的命题,辩证唯物主义哲学必须下一番去伪存真、去粗取精的功夫;这是一项艰巨的、需要长期坚持开展的工作。在1873年出版的《资本论》德文第二版的"跋"中,马克思阐明了他对自己的辩证法与黑格尔的辩证法之间的关系的观点:"我的辩证方法,从根本上来说,不仅和黑格尔的辩证方法不同,而且和它截然相反。在黑格尔看来,思维过程,即他称为观念而甚至把它变成独立主体的思维过程,是现实事物的创造主,而现实事物只是思维过程的外部表现。我的看法则相反,观念的东西不外是移入人的头脑并在人的头脑中改造过的物质的东西而已。"②恩格斯则言:

---

① 《马克思恩格斯选集》第三卷,人民出版社1995年版,第349页。
② 《马克思恩格斯全集》(第1版)第23卷,人民出版社1972年版,第24页。

"对我来说,事情不在于把辩证规律硬塞进自然界,而在于从自然界中找出这些规律并从自然界出发加以阐发。"①"不言而喻,在我对数学和自然科学作这种概括叙述时,是要在细节上也使自己确信那种对我来说在总的方面已没有任何怀疑的东西,这就是:在自然界里,正是那些在历史上支配着似乎是偶然事变的辩证法运动规律,也在无数错综复杂的变化中发生作用;这些规律也同样地贯串于人类思维的发展史中,它们逐渐被思维着的人所意识到。这些规律最初是由黑格尔全面地、不过是以神秘的形式阐发的,而剥去它们的神秘形式,并使人们清楚地意识到它们的全部的单纯性和普遍有效性,这是我们的期求之一。显然,旧的自然哲学,无论它包含有多少真正好的东西和多少可以结果实的萌芽,是不能满足我们的需要的。"②

在 1876—1878 年间完成的《反杜林论》一书中,恩格斯在反驳杜林的"矛盾＝悖理,因而它在现实中是不可能出现的"断言时写道:"当我们把事物看作是静止而没有生命的,各自独立、相互并列或先后相继的时候,我们在事物中确实碰不到任何矛盾。我们在这里看到某些特性,这些特性,一部分是共同的,一部分是相异的,甚至是相互矛盾的,但是在这种情况下是分布在不同事物之中的,所以它们内部并不包含任何矛盾。如果限于这样的考察范围,我们用通常的形而上学的思维方式也就行了。但是一当我们从事物的运动、变化、生命和彼此相互作用方面去考察事物时,情形就完全不同了。在这里我们立刻陷入了矛盾。运动本身就是矛盾;甚至简单的机械的位移之所以能够实现,也只是因为物体在同一瞬间既在一个地方又在另一个地方,既在同一个地方又不在同一个地方。这种矛盾的连续产生和同时解决正好就是运动。"③同时,根据当时科学达到的水平,按照从低级到高级的顺序和复杂程度,把宇宙中各种各样的物质运动归结为机械的、物理的、化学的、生物的和社会的五种基本运动形式(不同的物质运动形式有着不同的物质基础,各种物质运动形式是相互联系的,它们依一定条件能相互转化),作出了"既然简单的机械的位移本身已经包含着矛盾,那么物质的更高级的运动形式,特别是有机生命及其发展,就更加包含着矛盾"④的"重要论断"。

恩格斯所言"甚至简单的机械的位移之所以能够实现,也只是因为物

---

① 《马克思恩格斯选集》第三卷,人民出版社 1995 年版,第 351 页。
② 同上书,第 349—350 页。
③ 同上书,第 462 页。
④ 同上。

体在同一瞬间既在一个地方又在另一个地方,既在同一个地方又不在同一个地方",显然是采纳了黑格尔在《哲学史讲演录》中所作出的论断。而"既然简单的机械的位移本身已经包含着矛盾,那么物质的更高级的运动形式,特别是有机生命及其发展,就更加包含着矛盾",则是简明扼要、强而有力地论述了辩证唯物主义的"矛盾的客观性和普遍性"原理。对于黑格尔的《哲学史讲演录》,马克思曾说黑格尔"最早了解全部哲学史"①,恩格斯认为这是"最天才的著作之一"②。

在恩格斯的观念中,运动是标志物质根本属性的哲学范畴,它概括了一切形式的变化和过程的本质,从最简单的位移到各种复杂的物理、化学、生物和社会的变化,直到人的思维这种最复杂的活动;运动就是一般的变化。而"时间、空间不是实体,而是人们对现实世界的物质关系以及普遍存在的物质运动过程进行抽象得到的、并且反过来用于描述和量度物质及其运动的两个基本概念。这两个基本概念就其来自于人类思维对外部世界的抽象,它们是主观的;就其抽象对象是客观实在,它们又是客观的。"③恩格斯在《反杜林论》中采纳"黑格尔位移运动矛盾表述"之前,作出了"一切存在的基本形式是空间和时间,时间以外的存在像空间以外的存在一样,是非常荒诞的事情"④"没有运动的物质和没有物质的运动一样,是不可想象的。因此,运动和物质本身一样,是既不能创造也不能消灭的"⑤等著名论断,因此,恩格斯是在坚持辩证唯物主义的时空观、运动观的基础上采纳"黑格尔位移运动矛盾表述"的。此外,恩格斯从来没有重复过黑格尔"空间和时间是对立的统一""空间和时间是间断性和连续性的统一"等说法。在恩格斯的著述中,对机械-位移运动的辩证思想,重新回到了康德的"自然科学的唯物主义"思想之上。

第二节　列宁对"黑格尔位移运动矛盾表述"的认识

列宁对"黑格尔位移运动矛盾表述"的认识,集中在列宁的《哲学笔记》

---

① 《马克思恩格斯全集》(第1版)第29卷,人民出版社1972年版,第529页。
② 《马克思恩格斯全集》(第1版)第38卷,人民出版社1972年版,第203页。
③ 文兴吾:《相对论时空理论及其评价再探讨》,《哲学研究》1989年第12期,第36页;文兴吾、徐荣良:《相对论时空理论与辩证唯物主义时空观新论》,《天府新论》1993年第2期,第48、51页。
④ 《马克思恩格斯选集》第三卷,人民出版社1995年版,第392页。
⑤ 同上书,第400页。

中。列宁在 1914—1916 年间阅读黑格尔的《逻辑学》和《哲学史讲演录》时，做了许多"摘要"和"批注"，其中有不少与"黑格尔位移运动矛盾表述"相关的文字。例如，列宁摘录了黑格尔《逻辑学》的如下论述："不应当认为矛盾只是在有些地方出现的不正常现象；矛盾是在其本质规定中的否定的东西，它是一切自己运动的原则，而自己运动不过是矛盾的表现。外在的感性运动本身就是矛盾的直接的定在。某物之所以运动，不仅因为它在这个'此刻'在这里，在另一个'此刻'在那里，而且因为它在同一个'此刻'在这里又不在这里，因为它同时又在又不在同一个'这里'。我们必须承认古代辩证论者所指出的运动中的矛盾，但是不应当由此得出结论说，运动因此是没有的，相反地，应当说，运动就是存在着的矛盾本身。"①

列宁在阅读《哲学史讲演录》时，肯定了黑格尔对芝诺论证总体性质的认识：芝诺从没有想到要否认作为"感性确定性的"运动，问题仅仅在于运动的真实性。并写下了自己的意见："这点可以而且应该倒转过来：问题不在于有没有运动，而在于如何用概念的逻辑来表述它。"②列宁对黑格尔在讨论芝诺的"两分法"论证中所叙述的第欧根尼用步行来反驳之事，表示出极大的兴趣。列宁摘录了黑格尔所言"但这件轶闻还有下文，当一个学生满意于这种反驳时，第欧根尼就用棍子打他，理由是：先生既然提出了理由来辩驳，学生也应当提出理由来反驳。因此不应满足于感性确定性，而必须去理解"，还摘录了黑格尔"时间和空间的本质是运动，因为本质是普遍；理解运动，就是用概念的形式来表达运动的本质。运动作为概念、作为思想，表达的是否定性和非间断性的统一；但无论是非间断性和点截性，都不能被设定为本质"论述；同时，写下了自己的认识："'理解就是用概念的形式来表达'。运动是时间和空间的本质。表达这个本质的基本概念有两个：(无限的)非间断性和'点截性'(＝不间断性的否定，即间断性)。运动是(时间和空间的)非间断性与(时间和空间的)间断性的统一。运动是矛盾，是矛盾的统一。"③

列宁还完整地摘录了黑格尔在解答"阿基里斯与龟"论证时作出的下述论述："当我们一般地谈论运动的时候，我们是这样说的：物体在一个地点，然后向另外一个地点转移。当物体运动时，它就不再在第一个地点，但也不在第二个地点；如果它在其中的一个地点，那它就是静止的。如果说

---

① 《列宁全集》(第 2 版)第 55 卷，人民出版社 1990 年版，第 116—117 页。
② 同上书，第 216 页。
③ 同上书，第 217 页。

它在两个地点之间,那就等于什么也没有说,因为说它在两个地点之间,那它还是在某一个地点,所以同样的困难还是存在着。而运动则意味着物体在这个地点同时又不在这个地点;这就是空间和时间的非间断性,——正是这种非间断性才使运动成为可能。"①列宁在最后一个句子旁边划了两条粗线并在空白处写着"注意对!"稍前,在摘录的开始,列宁在空白处作了一个批注:"参看切尔诺夫对恩格斯的反驳",而紧跟着的摘录的结尾解释说:"运动就是物体在某一瞬间在某一地点,在接着而来的另一瞬间则在另一地点,——这就是切尔诺夫追随所有反对黑格尔的'形而上学者'而重复提出的反驳。这个反驳是不正确的:(1)它描述的是运动的结果,而不是运动本身;(2)它没有指出、没有包含运动的可能性;(3)它把运动描写为静止状态的总和、联结,就是说,那种(辩证的)矛盾没有被它清除,而只是被掩盖、推开、隐藏、遮蔽起来。"②

对于黑格尔的论述"造成困难的从来就是思维,因为思维把一个对象的实际联接在一起的各个环节彼此区分开来",列宁除摘录外,还在空白处写上"对!"同时,提出了自己的认识:"如果不把不间断的东西割断,不使活生生的东西简单化、粗陋化,不加以划分,不使之僵化,那么我们就不能想象、表达、测量、描述运动。思想对运动的描述,总是粗陋化、僵化。不仅思想是这样,而且感觉也是这样;不仅对运动是这样,而且对任何概念也都是这样。"③

理解和认识列宁的上述表态、观点及其历史意义,需要明确以下几点。

第一,列宁在 1908 年写作的《唯物主义和经验批判主义》一书的"结论"中清楚地表述了他关于哲学史分析的方法论。其一,把考察的哲学体系的理论基础同辩证唯物主义相比较。其二,确定这一哲学体系在当时其他哲学学派中的地位。其三,考察它与自然科学的关系。其四,确定它的党性面目,看它属于基本哲学党派中的哪一派——唯物主义还是唯心主义。④这也是列宁对待黑格尔哲学的一般方法论立场。黑格尔作为哲学家是一个具有两面性的人物,他是一个唯心主义者,同时又是一位辩证法大师。马克思在《资本论》第二版的"跋"中写道:"辩证法在黑格尔手中神秘化了,但这决不妨碍他第一个全面地有意识地叙述了辩证法的一般运动形式。在他那里,辩证法是倒立着的。必须把它倒过来,以便发现神秘外壳

---

① 《列宁全集》(第2版)第55卷,人民出版社1990年版,第218页。
② 同上书,第218—219页。
③ 同上书,第219页。
④ 《列宁全集》(第2版)第18卷,人民出版社1988年版,第374—375页。

中的合理内核。"①这就使列宁把黑格尔哲学作为马克思主义唯物辩证法的来源来考察。因此,列宁一般是在马克思主义以前的古典哲学发展的总背景上来强调黑格尔作为一位哲学家的重要意义的。他在《唯物主义和经验批判主义》中指出:马克思鄙视庸俗唯物主义者毕希纳、杜林,以及实证主义者和新康德主义者,"因为他们不能理解黑格尔的辩证法,并且还对它采取轻视的态度"②,"毕希纳之流和杜林之流……就是不能够从绝对唯心主义的粪堆中啄出这颗珍珠"③;与此相反,"恩格斯能够……抛弃黑格尔的唯心主义,并且了解黑格尔辩证法的天才的真理的内核。"④在 1914 年完成的"卡尔·马克思(传略和马克思主义概述)"中,列宁写道:"马克思和恩格斯认为,黑格尔辩证法这个最全面、最富有内容、最深刻的发展学说,是德国古典哲学的最大成就。他们认为,任何其他关于发展的原理、进化的原理的说法,都是片面的、内容贫乏的,只能把自然界和社会的实际发展过程(往往伴有飞跃、剧变、革命)弄得残缺不全。"⑤在读黑格尔的《逻辑学》时进一步写道:"我总是努力用唯物主义观点来读黑格尔的著作:黑格尔是倒置过来的唯物主义(恩格斯的说法)"⑥。在 1922 年《论战斗唯物主义的意义》一文中,列宁建议"从唯物主义观点出发对黑格尔辩证法作系统研究"⑦。

第二,列宁用唯物主义观点阅读黑格尔著作的方法是:一方面要除去他的神秘主义观念,同时又要极细致地分析黑格尔的著作。⑧列宁对黑格尔的《逻辑学》评价道:"在黑格尔这部最唯心的著作中,唯心主义最少,唯物主义最多。'矛盾',然而是事实!"⑨列宁进而说明了他得出这个结论的理由是:"黑格尔在一切概念的更换、相互依赖中,在它们的对立面的同一中,在一个概念向另一个概念的过渡中,在概念的永恒的更换、运动中,天才地猜测到的正是事物、自然界的这样的关系。"⑩并且,不止一次地强调指出,"黑格尔在概念的辩证法中天才地猜测到了事物(事物、现象、自然界)的辩证法"⑪。由于"列宁用唯物主义观点阅读黑格尔的著作,把发展

---

① 《马克思恩格斯全集》(第 1 版)第 23 卷,人民出版社 1972 年版,第 24 页。
② 《列宁全集》(第 2 版)第 18 卷,人民出版社 1988 年版,第 353 页。
③ 同上书,第 254 页。
④ 同上书,第 324 页。
⑤ 《列宁全集》(第 2 版)第 26 卷,人民出版社 1988 年版,第 55 页。
⑥ 《列宁全集》(第 2 版)第 55 卷,人民出版社 1990 年版,第 86 页。
⑦ 《列宁全集》(第 2 版)第 43 卷,人民出版社 1987 年版,第 23 页。
⑧ 马·莫·罗森塔尔主编:《哲学家列宁》,沈真等译,北京出版社 1986 年版,第 405 页。
⑨ 《列宁全集》(第 2 版)第 55 卷,人民出版社 1990 年版,第 203 页。
⑩ 同上书,第 166 页。
⑪ 同上。

和辩证矛盾性原则应用到客观世界、自然界和事物中去,从而在这个问题上确立了自然界和思维的统一,把思维的自己运动看作自然界自己运动的反映。同时,列宁多次有力地强调黑格尔关于辩证矛盾是自己运动源泉这个天才思想的意义,也强调自己运动这个思想本身的意义。"①

第三,列宁在《唯物主义和经验批判主义》一书中和《哲学笔记》中,都对辩证唯物主义的反映论作了深刻的哲学论证。他指出辩证唯物主义的反映论是从下述原理出发的,即物质是不依赖于认识主体而客观存在的("自在之物"),它们是能够被人所认识的("为我之物")。这个原理,是以下述论断为基础的:我们的知识的源泉是外部世界,是运动着的物质,而物质的内容可以在人的意识中得到反映;但是,这种反映不是镜子式的、僵死的反映,而是能动的反映。对于这种同主体的认识能力相联系的能动性的特点,列宁作了如下的说明:"认识是人对自然界的反映。但是,这并不是简单的、直接的、完整的反映,而是一系列的抽象过程,即概念、规律等等的构成、形成过程,这些概念和规律……有条件地近似地把握永恒运动着和发展着的自然界的普遍规律性。"②他还说:"物质的抽象,自然规律的抽象,价值的抽象等等,一句话,一切科学的(正确的、郑重的、不是荒唐的)抽象,都更深刻、更正确、更完全地反映自然。从生动的直观到抽象的思维,并从抽象的思维到实践,这就是认识真理、认识客观实在的辩证途径。"③"表象不能把握整个运动,例如它不能把握秒速为 30 万公里的运动,而思维则把握而且应当把握。从表象中获得的思维,也反映实在;时间是客观实在的存在形式。黑格尔的唯心主义是在这里,即在时间的概念中(而不是在表象对思维的关系中)。"④

第四,在辩证唯物主义哲学发展史上,恩格斯在选用黑格尔《哲学史讲演录》对物体的位移运动的矛盾表述⑤——"运动的意思是说:在这个地点而同时又不在这个地点"——的基础上,作出了"运动本身就是矛盾;甚至

---

① 马·莫·罗森塔尔主编:《哲学家列宁》,沈真等译,北京出版社 1986 年版,第 414 页。

② 《列宁全集》(第 2 版)第 55 卷,人民出版社 1990 年版,第 152—153 页。

③ 同上书,第 142 页。

④ 同上书,第 197 页。

⑤ 之所以说是"选用",这是因为恩格斯在阅读和研究黑格尔的《自然哲学》中肯定会知道黑格尔在《自然哲学》中对位移运动的论断:"运动,只能理解为这样:空间和时间在自身都是连续的,自己运动的物体同时在同一个地点又不在同一个地点,即同时在另一个地点,同样,同一个时间点同时存在又不存在,即同时是另一个时间点。"恩格斯写作《反杜林论》是在 1876—1878 年间,而早在 1858 年他给马克思的信中就写道:"请把已经答应给我的黑格尔的《自然哲学》寄来。"(恩格斯:《自然辩证法》,于光远等译编,人民出版社 1984 年版,第 327 页)

简单的机械的位移之所以能够实现,也只是因为物体在同一瞬间既在一个地方又在另一个地方,既在同一个地方又不在同一个地方。这种矛盾的连续产生和同时解决正好就是运动"之论断,提出了辩证唯物主义的矛盾客观性和普遍性原理的基本表述"既然简单的机械的位移本身已经包含着矛盾,那么物质的更高级的运动形式,特别是有机生命及其发展,就更加包含着矛盾"。但是,恩格斯没有具体阐述"运动的意思是说:在这个地点而同时又不在这个地点"这个出自黑格尔客观唯心主义哲学体系的命题,为什么从辩证唯物主义的观点来看是正确的。列宁完成了这项工作。列宁从反映论出发,既承认黑格尔所言"当我们一般地谈论运动的时候,我们是这样说的:物体在一个地点,然后向另外一个地点转移"恰当地表述了一般人类意识对物体位移运动的"表象",也承认黑格尔作出的分析"当物体运动时,它就不再在第一个地点,但也不在第二个地点;如果它在其中的一个地点,那它就是静止的。如果说它在两个地点之间,那就等于什么也没有说,因为说它在两个地点之间,那它还是在某一个地点,所以同样的困难还是存在着"是恰当的。于是,列宁认为黑格尔所言"运动则意味着物体在这个地点同时又不在这个地点;这就是空间和时间的非间断性,——正是这种非间断性才使运动成为可能"是正确的。并且,从辩证唯物主义的反映论看,黑格尔所言"理解运动,就是用概念的形式来表达运动的本质"也是正确的。正是基于这"一系列认识",列宁作出了"运动是时间和空间的本质。表达这个本质的基本概念有两个:(无限的)非间断性和'点截性'(=不间断性的否定,即间断性)。运动是(时间和空间的)非间断性与(时间和空间的)间断性的统一。运动是矛盾,是矛盾的统一"之论断。并且,以此反观"运动就是物体在某一瞬间在某一地点,在接着而来的另一瞬间则在另一地点,——这就是切尔诺夫追随所有反对黑格尔的'形而上学者'而重复提出的反驳",作出了"这个反驳是不正确的:(1)它描述的是运动的结果,而不是运动本身;(2)它没有指出、没有包含运动的可能性;(3)它把运动描写为静止状态的总和、联结,就是说,那种(辩证的)矛盾没有被它清除,而只是被掩盖、推开、隐藏、遮蔽起来"之论断。

　　第五,在恩格斯和列宁的思想中,运动是客观存在的,"问题不在于有没有运动,而在于如何用概念的逻辑来表述它";客观存在的运动是第一性的,思维的概念表述是第二性的。运动与物质是不可分割的,没有不运动的物质,也没有脱离物质的运动;时间和空间是对客观存在的物质和运动进行抽象得到的两个基本概念,因此,运动的物质或物质的运动是时间和空间的本质,时间和空间是物质和运动的两种存在形式。物体作机械-位移运动的矛盾具体表现为:"物体在这个地点同时又不在这个地点"——"在某一时刻,物体既到达某个地方,又正在离开这个地方,所以既处于某个位置(地点),又不在这个位置(地点)。这是互相矛盾、互相对立的两个方面。但这两个方面是在同一瞬间体现在同一个物体上的,这表明矛盾的统一性,即矛盾双方是互相依赖、互相依存的,同时存在于同一个物体的统一的运动过程之中"①,即"机械位移本身包含着'在'与'不在'的矛盾"②;这就是"(时间和空间的)非间断性与(时间和空间的)间断性的统一"。在列宁看来,不承认"机械位移本身包含着'在'与'不在'的矛盾",就不可能完备地用概念"表达""反映"现实存在的机械-位移运动过程。至于为什么现实的机械-位移运动是"(时间和空间的)非间断性与(时间和空间的)间断性的统一",列宁的论述——"如果不把不间断的东西割断,不使活生生的东西简单化、粗陋化,不加以划分,不使之僵化,那么我们就不能想象、表达、测量、描述运动。思想对运动的描述,总是粗陋化、僵化。不仅思想是这样,而且感觉也是这样;不仅对运动是这样,而且对任何概念也都是这样"——可看作是对其的回答。即是说,在列宁的思想中,运动本身是"不间断的东西",但思维要用概念对其正确"表达""反映",就必须遵从"(时间和空间的)非间断性与(时间和空间的)间断性的统一"的观念,因为思维把对象的实际上联结在一起的各个环节彼此分割开了。

第六,列宁和黑格尔都得出"运动是(时间和空间的)非间断性与(时间和空间的)间断性的统一"之命题,都承认"运动的意思是说:在这个地点而同时又不在这个地点";但是,黑格尔是先得出"运动是(时间和空间的)非间断性与(时间和空间的)间断性的统一"之命题,然后从其中"派生出""引申出""运动的意思是说:在这个地点而同时又不在这个地点"之命题。而列宁则是先得出"运动的意思是说:在这个地点而同时又不在这个地点"之命题,然后用"运动是(时间和空间的)非间断性与(时间在和空间的)间断性的统一"之命题对前一个命题进行"哲学诠释"。这正是说:"黑格尔看来,思维过程,即他称为观念而甚至把它变成独立主体的思维过程,是现实事物的创造主,而现实事物只是思维过程的外部表现。"③对辩证唯物主义而言:"事情不在于把辩证规律硬塞进自然界,而在于从自然界中找出这些规律并从自然界出发加以阐发。"④

① 申先甲:《基础物理学的辩证法》,科学出版社 1983 年版,第 8 页。
② 同上书,第 7 页。
③ 《马克思恩格斯全集》(第 1 版)第 23 卷,人民出版社 1972 年版,第 24 页。
④ 《马克思恩格斯选集》第三卷,人民出版社 1995 年版,第 351 页。

第三节 毛泽东对"黑格尔位移运动矛盾表述"的认识

　　毛泽东青年时代就对西方思想有浓厚的兴趣。1919 年下半年杜威到北京大学讲学时,正值毛泽东刚离开北京。但许多报刊对杜威讲演的实用主义、政治哲学、教育哲学等进行详细报道或连载。毛泽东追踪阅读这些报刊,对杜威的讲演录都详细加以研究。1920 年,毛泽东直接听过杜威在北大作的"现代的三大哲学家"的讲演。1920 年10 月,毛泽东积极参加了杜威和罗素在湖南长沙讲演的筹备和接待工作,并被特聘为讲演大会的记录员。他奔走于各讲演会场之间,亲听了杜威和罗素的讲演,听完之后便立即与一些新民会会员展开详细的讨论。

　　早年毛泽东在哲学思想方面受蔡元培影响较大。他在对泡尔生《伦理学原理》一书所作批语中的一些观点,来自蔡元培编写的《哲学大纲》;《哲学大纲》在编写时兼采了孔德的观点。蔡元培对尼采及柏格森哲学和美学思想的介绍,都给了毛泽东较深的影响。1914—1918 年,毛泽东在湖南第一师范学校就读期间还接触过黑格尔的思想。他读过《新青年》和其他杂志上介绍黑格尔(当时译为赫克尔)的有关著作,并在对马克思主义发生兴趣之后继续阅读黑格尔哲学著作。毛泽东和朋友们把讨论黑格尔哲学作为学习研究的一个重要内容。李维汉在毛泽东主办的湖南自修大学校刊《新时代》第一卷第二、三号上发表的《观念史观批评》,就较系统地评述过黑格尔唯心辩证法的得失。这篇文章的观点应该说凝结了他和毛泽东、蔡和森等人长期以来对黑格尔哲学"共同讨论、共同研究"的成果。毛泽东把马君武翻译的《赫克尔(黑格尔)一元论哲学》作为重要的研究著作,曾多次阅读并将此书推荐给别人。40 年之后的 1965 年 8 月 5 日,他在会见外宾时还是强调黑格尔的书必须看。毛泽东曾说,不读唯心主义的书、形而上学的书,就不懂得唯物主义和辩证法。1932 年他读了德波林的《欧洲哲学史》。①

---

　　① 田辰山(Chenshan Tian):《中国辩证法:从〈易经〉到马克思主义》,萧延中译,中国人民大学出版社 2016 年版,第 134—135 页。

毛泽东最早阅读恩格斯的《反杜林论》，是在 1932 年。①从 1935 年 11 月起，毛泽东便开始认真钻研哲学。他在保安和延安除阅读马列著作外，还阅读了苏联和中国学者撰写的哲学著作 10 余种，其中包括西洛可夫、爱森堡等著，李达、雷仲坚合译的《辩证法唯物论教程》（中译本第 3 版），米丁主编、沈志远译的《辩证唯物论与历史唯物论》（上册），斯大林著、博古译的《辩证唯物论与历史唯物论》，李达著的《社会学大纲》，艾思奇著的《思想方法论》等。毛泽东在博览群书、特别是悉心研究苏联马克思主义哲学教科书的基础上，撰写出了《辩证法唯物论（讲授提纲）》这一影响深远的讲义。

一、《辩证法唯物论（讲授提纲）》的相关论断

1937 年 4 月，毛泽东应抗日军政大学的邀请去讲授哲学课。为了讲课的需要，毛泽东自己编写了一本教材，题目叫《辩证法唯物论（讲授提纲）》。毛泽东撰写讲授提纲时，参考过苏联哲学教科书，如西洛可夫、米丁等编著的哲学教科书，既从中获益，又超出了它们，有自己的独立构思，并结合中国思想文化条件和中国革命实际的特点赋予了新的时代内容。《辩证法唯物论（讲授提纲）》总共三章的谋篇布局可说是一个相对完整的结构：第一章唯物论与唯心论，第二章辩证法唯物论，第三章唯物辩证法；尽管由于 1937 年 7 月抗日战争全面爆发，第三章未能最终完成。它是作者在充分吸收他人劳动成果基础上精心构思的产物，成为毛泽东努力学习和运用马克思主义哲学、建构中国的马克思主义哲学的一个重要里程碑。20 世纪 50 年代初，毛泽东将《辩证法唯物论（讲授提纲）》中有关章节加以修改，以《实践论》《矛盾论》为题，先在苏联、后在中国的报刊上公开发表，产生巨大的影响。

《辩证法唯物论（讲授提纲）》写道：

---

① 1932 年 4 月，红军打下当时福建的第二大城市漳州，没收了一批军事、政治、科学方面的书送到总政治部，其中有一些马列著作。根据《反杜林论》的译者吴黎平的回忆文章：他于 1932 年 11 月第一次见到了毛泽东，"毛泽东看一看我就说：'你是吴亮平，《反杜林论》不就是你翻译的吗？'我说，是。他说：'这本书我看过好几遍了。今天碰到你，很高兴。'然后，他又讲了《反杜林论》是怎么样怎么样的一本书。"（王占仁：《毛泽东读〈反杜林论〉相关问题略考》，《光明日报》2011 年 5 月 18 日，第 11 版）

辩证法的发展观：主张从事物自己里头，从一事物对他事物的关系里头，去研究事物的发展，即把事物的发展看作是事物内部必然的、独立的、自己的运动，即事物的自动。事物发展的根本原因，不在外面而在内面，在于事物内部的矛盾性，任何事物内部都有这种矛盾性，因此引起了事物的运动与发展。……事实上，即便是外力推动的机械运动，也要通过事物内部的矛盾性。①

恩格斯说："矛盾就是运动"。列宁对于矛盾统一法则所下的定义，说它就是"承认（发现）一切自然（社会和精神也在内）现象和过程中的相互排除的对立倾向"。这些意见是对的吗？是对的。一切事物中包含的矛盾方面之相互依赖和相互斗争，决定一切事物的生命，推动一切事物的发展。没有矛盾，就没有世界。因此，这一法则，是最普遍的法则，适用于客观世界的一切现象，也适用于思想现象。它在辩证法中，是一个最根本的、最具有决定意义的法则。

为什么说矛盾就是运动？恩格斯的说法，不是有人反驳过了的吗？这是因为马克思、恩格斯、列宁论矛盾的学说，变成了无产阶级革命之最重要的理论基础。资产阶级理论家之拼命的攻击，总想推翻恩格斯这个"运动即矛盾"的定律，举起了他们的反驳，并且搬出了下述的理由。他们说：实在世界中事物的运动，是在各个不同的瞬间，经过各个不同的空间点，当事物处于某一点时，它就占据那一点，到另一点时，又占据另一点。这样，事物的运动是在空间和时间上分成许多段落的，这里没有任何矛盾；如有矛盾就不能运动。

列宁指出这种说法的全部荒谬性。指出这种说法，事实上把不断的运动，看成在空间上和时间上的许多段落、许多静止状态，结果是否定了运动。他们不知道事物处于某一个新位置，是因为事物从空间的某一点走到另一点的结果。所谓运动，就是处于一点，同时又不处于一点。没有这一个矛盾，没有这个连续和中断的统一，动和静、止和行的统一，运动就根本不可能。否定矛盾，就是否定运动。一切自然、社会和思想的运动，都是这样一种矛盾统一的运动。②

---

① 毛泽东：《辩证法唯物论（讲授提纲）》，中国人民解放军政治学院训练部，第56—57页。
② 同上书，第62—63页。

二、毛泽东关于辩证法与形式逻辑思考的曲折历程

毛泽东19岁起就在湖南省立图书馆自学,其间认真研读了严复翻译的《穆勒名学》和《群学肄言》,这是毛泽东首次接触形式逻辑,他从这里了解了形式逻辑的基本知识和思维方式。1920年11月26日毛泽东给当时新民学会会员罗学瓒的信中,便开始使用了诸如"以感情论事""时间上以偏概全""空间上以偏概全""以主观概客观"等形式逻辑的专业术语。[①]然而,受苏联和国内学界的影响,毛泽东很长一段时间内将形式逻辑误解为形而上学,即视为辩证法的对立面。

毛泽东在1936年11月—1937年4月期间阅读的西洛可夫、爱森堡等著,李达、雷仲坚合译的《辩证法唯物论教程》(中译本第3版)一书写道:"辩证法的否定,和形式的,形而上学的论理学的否定,在哪一点上不同呢?在形式论理学(指形式逻辑——引者注),所谓否定是绝对的否定。形式论理学把否定看作完全地取消。……形而上学的论理学,没有看见过程之内部的矛盾的发展,过程之自己的否定;认为否定性不是发展着的矛盾之内部的起动的动因,而是外的动力。"[②]受其影响,毛泽东批注道:"形式论理的错误在于把否定看作过程与过程间的外的否定,再则看作绝对的否定,这是完全不理解现实的看法。辩证唯物论即科学的考察与此相反,物质的现实是自己运动的,并且这自己运动是互相联结的。"[③]而毛泽东在1937年7月以前阅读的,米丁主编、沈志远译的《辩证唯物论与历史唯物论》(上册)写道:"照形而上学和形式逻辑的观点,矛盾只在人的思维中有发生的可能,在客观现实中是不会有矛盾的。然而这种逻辑上的矛盾,照形式逻辑的见解说来,正是我们应当设法避免的毛病。根据形式逻辑的观念,矛盾是表示思想的错误,表示思维进程的不正确,它阻碍着思维的正确发展。"[④]对此,毛泽东批示道:"形式论理所谓错误正是正确,而所谓正确正是错误。思想正带矛盾性,二者同时肯定正是对的。"[⑤]故此,毛泽东在

---

① 龚育之等:《毛泽东的读书生活》,生活·读书·新知三联书店2010年版,第139页。
② "这里存在着一个未加任何论证的等式:形式的论理学＝形而上学的论理学＝形而上学。通过一个算术中的'等量代换',结果一切本应对形而上学说的话全都转给形式论理学了。"(龚育之等:《毛泽东的读书生活》,生活·读书·新知三联书店2010年版,第139页)
③ 中共中央文献研究室编:《毛泽东哲学批注集》,中央文献出版社1988年版,第119页。
④ 同上书,第161—162页。
⑤ 同上书,第162页。

《辩证法唯物论(讲授提纲)》中写道:

> 形而上学的发展观与辩证法的发展观,这两种对于世界观上面的斗争,就形成了思想方法上面形式论理与辩证论理的斗争。资产阶级的形式论理学上有三条根本规律,第一条叫做同一律,第二条叫做矛盾律,第三条叫做排中律。同一律说:在思想过程中概念是始终不变化的,它永远等于自己。例如……中国永远等于中国,某人永远等于某人。它的公式是:甲等于甲。这一规律是形而上学的。恩格斯说它是旧宇宙观的根本规律。它的错误,在于不承认事物的矛盾与变化,因而从概念中除去了暂时性相对性,给予了永久性、绝对性。不知事物同反映事物的概念都是相对的变化的,……中国也不永远等于中国,中国在变化着,过去古老封建的中国同今后自由解放的中国是两个东西。某人也不永远等于某人,人的体格思想都在变化着。①

> 什么是矛盾律呢?矛盾律说:概念自身不能同时包含二个或二个以上互相矛盾的意义,假如某一个概念中包含了二个矛盾的意义,就算是论理的错误。矛盾的概念,不能同时两边都对,或两边都不对,对的只能是其中的一边,它的公式是:甲不等于非甲。康德曾举出如下四种矛盾思想……依照形式论理学的矛盾律,这些矛盾乃是一种错误,必须加以排除。但实际上思想是事物的反映,事物无一不包含着矛盾,因之概念也无一不包含矛盾。这不是思想的错误,正是思想的正确。辩证论理的矛盾统一律,就在这个基础上面建立起来。只有形式论理排除矛盾的矛盾律,乃是真正的错误思想。矛盾律在形式论理学中只是同一律之消极的表现,作为同一律的一种补充,目的在于巩固所谓概念等于自身,甲等于甲的同一律。

> 排中律是什么呢?排中律说:在概念之两相反的意义中,正确的不是这个就是那个,决不会两个都不正确,而跑出第三个倒是正确的东西来。它的公式是:甲等于乙,或不等于乙,但不会等于丙。他们不知道事物同概念是发展着的,在事物同概念的发展过程中,不但表现其内部的矛盾因素,而且可以看见这些矛盾因素的移去、否定、解决,而转变成为非甲非乙的第三者,转变成为较高一级的新事物或新概念。正确的思想,不应排除第三者,不应排除否定之否定律。……形式论理的排中律,也是它的同一律的补充,只承认概念的固定状态,

---

① 毛泽东:《辩证法唯物论(讲授提纲)》,中国人民解放军政治学院训练部,第58—59页。

反对它的发展，反对革命的飞跃，反对否定之否定的法则。

由此看来，整个形式论理学的规律，都是反对矛盾性，主张同一性，反对概念及事物的发展变化，主张概念及事物的凝固静止，是同辩证法正相反对的东西。

形式论理家为什么这样做？因为他们在事物的联系以外，在事物不间断的相互作用以外去看事物；即在静止中看事物，不在运动中看事物；在割断中看事物，不在联系中看事物。所以他们以为承认事物及概念中的矛盾性及否定之否定的关系，是不可能的，而主张了死板凝固的同一律。①

全部形式论理学只有一个中心，就是反动的同一律。全部辩证法也只有一个中心，就是革命的矛盾律。辩证法是否反对事物或概念之相对的同一性呢？不反对。辩证法承认事物或概念之相对的同一性。那么，辩证法为什么要反对形式论理学的同一律呢？因为形式论理学的同一律，是排出矛盾绝对的同一律。辩证法承认事物或概念的同一性，说的是同时包含矛盾，同时又互相联结；这种同一性就是指矛盾之互相联结，它是相对的、暂时的。形式论理的同一律既然是排除矛盾的绝对的同一律，它就不得不提出反对一概念转变到它概念，一事物转变到它事物的排中律。而辩证法却把事物或概念的同一性看作暂时的、相对的、有条件的，而因矛盾的斗争引导事物或概念变化发展的这种规律，则是永久的、绝对的、无条件的。因为形式论理不反映事物的真相，因此辩证法不能容许其存在。科学的真理只有一个，这真理就是辩证法。②

从上可见，毛泽东此时误将形式逻辑与形而上学混为一谈，将它们视为辩证法的对立面。同时代的李达的《社会学大纲》和潘梓年的《逻辑与逻辑学》中也都把形式逻辑作为形而上学进行批判，并着重批判形式论理学作为方法论的观点。③毛泽东对形式逻辑同一律的误解，主要受到人们对恩格斯观点的误读的影响。恩格斯在批判形而上学抽象同一律时，批判了旧形而上学意义上的同一律；他写道："旧形而上学意义上的同一律是旧的观点的基本原理：$a=a$，每一事物都与自身同一。一切都是永恒的，太阳系、星体、有机体都是如此。这个定律在每一个别场合下都被自然研究一

---

① 毛泽东：《辩证法唯物论（讲授提纲）》，中国人民解放军政治学院训练部，第59—61页。
② 同上书，第61—62页。
③ 龚育之等：《毛泽东的读书生活》，生活·读书·新知三联书店2010年版，第144—145页。

件一件地驳倒了,但是在理论上还保留着,仍被旧事物的拥护者用来抵制新事物;一件事物不能同时既是自身又是他物。但是新近自然研究从细节上证明了这样的事实:真实的具体的同一性自身包含着差异、变化。——抽象的同一性,像形而上学的一切范畴一样,足以满足日常应用,在这种场合涉及的只是狭小的环境或很短的时间……但是,对综合性自然科学来说,即使在每一单个部门中,抽象的同一性也是完全不够用的,而且,虽然总的说来在实践中现在已经被排除,但是在理论上仍然支配着人们的头脑,大多数自然研究家还以为同一和差异是不可调和的对立物,而不是各占一边的两极,这两极只是由于相互作用,由于把差异性纳入同一性之中,才具有真理性。"①这里的同一律,被人们误认为是形式逻辑中的同一律。毛泽东主张从辩证法的矛盾论出发批判形式逻辑的"同一律",实质上是误将形式逻辑的"同一律"与形而上学中的概念混为一谈。然而,在《辩证法唯物论(讲授提纲)》相关内容基础上发表《矛盾论》一文时,毛泽东彻底抛弃了这一错误理解。1951年,毛泽东在给田家英等人的信中提出关于《矛盾论》的修改意见时写道:"论形式逻辑的后面几段,词意不达,还须修改"②。《矛盾论》正式出版的时候,论形式逻辑的那一节全部删除了。这表明毛泽东不再将形式逻辑中的"同一律"看作是辩证法矛盾论的对立面。这是毛泽东关于逻辑思维认识的重要转折点。③

　　1956年,毛泽东阅读了周谷城的《形式逻辑与辩证法》一文。该文提出了新的见解:形式逻辑的对象是推论方式,它的法则只是对推论过程的形式规定,它的任务侧重于依据大前提如何推论,却不追问大前提是怎样成立的;它对任何事物都没有主张,因而没有观点上的倾向性,没有阶级性;它既可为辩证法服务,也可为形而上学服务;既能为正确的主张服务,也能为错误的主张服务;在认识活动中,"辩证法是主,形式逻辑是从;主从虽有别,却时刻不能分离"。④此文一出,引起了广泛的学术探讨;毛泽东对这场学术争论也非常关注,并对周谷城文章做出评价。1957年10月16日,毛泽东召集中央报刊、作家协会、科学院负责同志开会,当谈到批评要有说服力时,毛泽东说:《新建设》上周谷城写了一篇逻辑问题的文章,我看也不错。⑤毛泽东的赞许态度,对周谷城本人也流露过。当时参加讨论的文章绝大部分都是

---

① 《马克思恩格斯选集》第四卷,人民出版社1995年版,第321—322页。
② 龚育之等:《毛泽东的读书生活》,生活·读书·新知三联书店2010年版,第141页。
③ 张莎莎:《毛泽东关于辩证法与形式逻辑的思考》,《江汉论坛》2018年第3期,第71—75页。
④ 龚育之等:《毛泽东的读书生活》,生活·读书·新知三联书店2010年版,第146—147页。
⑤ 同上书,第147页。

和周谷城"商榷"的,毛泽东接见周谷城时,鼓励他不要怕,积极写文章,继续辩论。①毛泽东还对周谷城说,要把形式逻辑"同辩证法混同,甚至改成辩证法,是不可能的。它是一门独立学科,大家学一点"②。1961 年 1 月 4 日,毛泽东同何其芳谈到《不怕鬼的故事》的序文,在涉及逻辑问题时说:"逻辑是管写文章前后不矛盾,至于大前提正确与否,那是多种学科的问题。天文、地理、自然科学、社会科学,等等。"在这里,毛泽东肯定了形式逻辑的作用,确认形式逻辑是从思维形式上解决前后不矛盾,对于思维的大前提形式逻辑是不能左右的。这一点与普通逻辑学的观点是一致的。

毛泽东不仅确认了辩证法与形式逻辑不属于同一学科,最后,还从辩证法与形式逻辑是否是"主从关系"和"高低关系"做出了解释。20 世纪 60 年代,大多数学者根据恩格斯在《反杜林论》中指出的"初等数学,即常数数学,是在形式逻辑的范围内活动的,至少总的说来是这样;而变数的数学,其中最重要的部分是微积分,本质上不外是辩证法在数学方面的运用"得出结论,认为辩证法与形式逻辑同属于一门学科,并且具有高低之分。毛泽东在 1956 年阅读周谷城的《形式逻辑与辩证法》时,则表达了形式逻辑与辩证法之间是无高低之分的,认为它们分别属于不同的学科。1965 年 12 月在杭州,毛泽东更明确地说:说形式逻辑好比低级数学,辩证逻辑好比高等数学,我看不对。形式逻辑是讲思维形式的,讲前后不相矛盾的。它是一门专门科学,同辩证法不是什么初等数学和高等数学的关系。数学有算术、代数、几何、微分积分,它包括许多部分。形式逻辑却是一门专门科学。任何著作都要用形式逻辑,《资本论》也要用。形式逻辑对大前提是不管的,要管也管不了。那得由各门科学来管。他还举例说明,各个阶级可能从不同的前提出发进行推理,政治上互相对立的派别会从对立的前提作推理,得出的结论也相反,但并不妨碍他们的推理都是合乎形式逻辑的。换句话说,毛泽东认为形式逻辑不管前提的思想内容,因而没有阶级性。③

毛泽东关于辩证法与形式逻辑的思考,经历从最初的误解到最后的正确理解过程漫长而艰辛。毛泽东通过对辩证法与形式逻辑的思考,一方面为形式逻辑去阶级性和确立其独立学科地位做出了重要的贡献,另一方面,这一厘清辩证法与形式逻辑之间的差异和联系的过程,也促进了毛泽东更好地理解辩证法和运用辩证法。

---

① 龚育之等:《毛泽东的读书生活》,生活·读书·新知三联书店 2010 年版,第 147 页。
② 《毛泽东同志八十五诞辰纪念文选》,人民出版社 1979 年版,第 190 页。
③ 龚育之等:《毛泽东的读书生活》,生活·读书·新知三联书店 2010 年版,第 151—152 页。

第五章　国外学术界对"黑格尔位移运动矛盾表述"的讨论

第一节　考茨基、悉尼·胡克的批评

自从恩格斯在《反杜林论》中选用黑格尔《哲学史讲演录》对物体的位移运动的矛盾表述"运动的意思是说：在这个地点而同时又不在这个地点"，作出了"运动本身就是矛盾；甚至简单的机械的位移之所以能够实现，也只是因为物体在同一瞬间既在一个地方又在另一个地方，既在同一个地方又不在同一个地方。这种矛盾的连续产生和同时解决正好就是运动"之论断后，批评与反驳此起彼伏。不仅有列宁提及的切尔诺夫的"反驳"，还有列宁斥之为"叛徒"的考茨基的"批评"。

一、考茨基的批评

卡尔·考茨基（1854—1938 年）是德国社会民主党和第二国际的领导人之一，是马克思代表作《资本论》第四卷的编者。考茨基从 19 世纪 80 年代初转向马克思主义，到 1909 年出版《取得政权的道路》止，他是马克思、恩格斯的追随者。列宁在 1918 年的《无产阶级革命和叛徒考茨基》这部著作中就明确地指出："我们从考茨基的很多著作中知道，他是能够做一个马克思主义的历史学家的，虽然他后来成了叛徒，他的那些著作始终是无产阶级的可靠的财富。"①1938 年托洛茨基在《卡尔·考茨基》一文中写道："考茨基在马克思主义理论方面无疑留下了许多有价值的著作，并成功地

---

① 《列宁全集》（第 2 版）第 35 卷，人民出版社 1985 年版，第 269 页。

将其应用于各个领域。他的分析思想以非凡的力量而著称。但这并不是马克思、恩格斯或列宁那样的普遍的创造性智慧:说到底,终其一生,考茨基都只是一个天才的评论家。"①

考茨基在 1927 年出版的《唯物主义历史观》一书中,对恩格斯采纳"黑格尔位移运动矛盾表述"所作出的论断进行了"委婉的批评"。批评之前,考茨基讨论了若干相关问题。他讨论了康德的观点"虽然我们只能通过感官认识外部世界,但是这种认识并不是仅仅为我们以外的事物的种类所决定的,它同时也为我们的认识能力的本性所决定。因此我们看到的并不是事物本来的样子,而是事物向我们显现的样子。我们的意识中所保有的外部世界的形象是并不向我们表示自在的物的,它所表示的只是现象。"②他说:"我们完全可以超过康德,主张我们能够对外界、对自在物的世界获得十分确切的表象。当然,一个孤立的、不变的事物,我们是不能认识它的本来面目的。我们对它的表象总是经常受到我们的精神器官的状况的制约。当我们同时具有若干个事物的表象,或者具有一个或若干个事物的连续变化的表象,而我们的身体状况并未因患病或中毒(如酒精中毒)而改变时,情形就不同了。那时我们发现在这些表象中都有一种共同的东西,即我们的不变的认识能力。我们把我们的这些不同的表象拿来互相比较一下,就可以把那个在这些表象中全都一样的主观因素撇开。如果我们用 a 表示一个人,用 b 和 c 表示两个在这个人以外的自在事物,那么,这两个事物各自在这人的意识中的表象就是人和物的产物,即 a·b 和 a·c。我把这两个表象比较一下,就可以把其中的人撇开,得出:ab∶ac=b∶c。换句话说,我的感官向我指出的那些在我以外的事物之间的差别是实际存在的,是这些事物的实际差别。它们并不是我的认识能力制造出来的。"③"我们的感官向我们指出外部世界的实际差别的时候,这并不是说,我们的思维对这些差别总是作出正确的判断。我把一根笔直的棍子一半插到水里的时候,棍子看起来就是弯的。难道,这是感官的欺骗吗? 完全不是。我的感官向我指出了一种实际的差别,可是我却在一个不对头的位置上去寻找这种差别。我的感官印象向我指出的那种差别并不是我的棍子的两半之间的差别,而是空气与水之间的差别。在这两种介质里光波是以不同的方

① Leon Trotsky. *Karl Kautsky*. The New International, Vol. V, No. 2, February 1939, pp.50—51.
② 考茨基:《唯物主义历史观》第 1 分册,《哲学研究》编辑部编译,上海人民出版社 1964 年版,第 56 页。
③ 同上书,第 58 页。

式传播的。"①

在讨论"行动与认识"时,考茨基指出:"人同动物一样,不仅是一种直观的和思维的存在,而且也是行动的存在。人从行动中获得的知识之丰富,决不下于从观察中所获得的知识。"②"行动不仅给予我以'我存在'这种确实性,而且也给我以这样一种确实性,即在我头脑中有所反映的世界是在我之外实在地存在着的,并不单单存在于我的头脑内。因为行动不过是指进攻性地或防御性地作用于存在于我之外的事物而已。而我的行动也向我提供出认识我的自我的最好的可能性;我的自我也同外界一样,只有在外界与我之间的关系中才能被我所认识。"③"大脑所指挥的器官越多、越复杂,有机体借以维持生存的关系越复杂,有机体所拥有的认识能力就越高度发达。"④在"思想的相互顺应"一节中,他又指出:"感觉器官愈是多样的,有机体也就是'自我'从外界的同一点上所得的印象也愈是多样的。……假如每一种感觉都造成一种特殊的意识,而每一种感觉刺激都造成一种特殊器官的特殊运动……其结果就会是各种印象和运动毫无意义地混在一起,而这些印象和运动就会不是促进而是危害有机体了。"⑤"只有在各种器官分工的同时还发展出一个中枢器官的高级有机体才具有生活能力。这个中枢器官在意识中把各种不同的感觉从同一客体获得的各种印象组成一个统一的形象,另一方面又使各种不同的运动器官从属于一个统一的意志冲动,而这个统一的意志冲动又把这些运动器官的统一合作导向一个共同目的。"⑥至此,考茨基作出了如下论断:

> 克服各个感觉的许多印象和听命于意志的各个器官的许多运动中可能有的许多矛盾,使这些印象和这些运动之间没有矛盾地互相适应:这是精神从一开始的时候就有的许多任务之一,也就是说,是感觉神经和运动神经的中枢器官、即大脑的许多任务之一。⑦

假如不是精神对经验的总体加以整理并把凡是还清楚地保存在意识中的一切经验纳入一个没有矛盾的完整联系中,那么这个经验的

---

① 考茨基:《唯物主义历史观》第1分册,《哲学研究》编辑部编译,上海人民出版社1964年版,第59—60页。
② 同上书,第121页。
③ 同上书,第124页。
④ 同上书,第122页。
⑤ 同上书,第157—158页。
⑥ 同上书,第158页。
⑦ 同上。

总体就会形成比当下的感觉印象更庞杂得多的一团混乱。①

要把这些丰富万分的研究资料整理得没有矛盾,是一个艰巨的任务。然而人的精神还是不屈不挠地进行这项工作。因为按照在动物中已经存在着的精神的自然天性看来,人的精神完全不能容忍在自己的思想中有任何矛盾。②

上述论断的核心要义是:"就我们的意识来说,在我们的思想中存在矛盾是完全不能容忍的事情。哪里发现一个矛盾,意识就要极力想法把它扬弃。"③而从我们梳理出的考茨基的思维行程看,他的思想又是与辩证唯物主义关于物质与意识、行动与认识之能动的反映论精神相一致的。并且,他充分利用了人类学研究的成果。

考茨基在作出"按照在动物中已经存在着的精神的自然天性看来,人的精神完全不能容忍在自己的思想中有任何矛盾"的结论后,引出了恩格斯在《反杜林论》中作出的"运动本身就是矛盾;甚至简单的机械的位移之所以能够实现,也只是因为物体在同一瞬间既在一个地方又在另一个地方,既在同一个地方又不在同一个地方。这种矛盾的连续产生和同时解决正好就是运动"④的论断,并阐释道:"恩格斯当然是说——在这里也是根据黑格尔——,矛盾不仅出现在我们的思维中,而且也出现在现实之中"⑤。他写道,"恩格斯所指出的矛盾,是藏在他给运动所下的定义之中,而这个运动又被他称为一个东西在其中是同时在两处的一个过程。这个在定义中的矛盾,促使我们去寻求另一定义,却不促使我们去主张某一事物可以不仅似乎是,而且真是在现实中同其他事物同时既合不拢又合得拢。"⑥"只要我们把命题扭转过来,如果我们不把运动看作是一个物体在运动起止的两个地方同时存在,而看作是从这两个地方同时离开,那么在运动上也就没有矛盾了。物体在达到 B 以前已经离开 A。在这样的想法中就完全没有什么充满矛盾的东西。想要使运动物体固定在一点上的尝试,只能通过我们刚从康德的一个二律背反中见识到的那个超出到无限性

---

① 考茨基:《唯物主义历史观》第 1 分册,《哲学研究》编辑部编译,上海人民出版社 1964 年版,第 158 页。
② 同上书,第 158—159 页。
③ 同上书,第 161 页。
④ 《马克思恩格斯选集》第三卷,人民出版社 1995 年版,第 462 页。
⑤ 考茨基:《唯物主义历史观》第 1 分册,《哲学研究》编辑部编译,上海人民出版社 1964 年版,第 159 页。
⑥ 同上书,第 160—161 页。

中去解决。当一个物体在一定时间内从一点 A 向另一点 B 运动的时候，我们也许只能说，如果我们把 A 和 B 的距离以及运动经过的时间都分成无限的小部分，那么'这个物体是'，用恩格斯的话来说，在一定的瞬间在一定的地方，就这些最小的空间部分和时间部分的一个部分看来，我们可以说运动着的物体在一个一定的时间点上是在一个一定的地方。但是，既然无限的东西是我们所无法得到表象的，那么想要使一个运动着的物体在一个一定的瞬间固定在一个一定的地方，这不是我们能解决的问题，因此对我们来说，从这里也不能产生与相反的东西的矛盾。"①

要理解和认识考茨基的意见，进而明白他对恩格斯观点的批评与"修正"，我们先明确以下几点。

第一，考茨基指出，"矛盾这个词可以有两种理解法：一种是表示对立，另一种是表示两个现象或思想合不拢。世界上有许多对立，这是没有人争论的。连恩格斯……反对的杜林都说：'各种力量的对抗……是存在于世界上的一切活动的根本形态。'"②因此，需要讨论的只是"矛盾是否也可能作为一种合不拢的东西"③。"确定两个现象彼此是否合得拢的，是一个判断。而判断是仅仅存在于能出错的我的意识之中，而不存在于外界。"④在考茨基看来，恩格斯说"运动本身就是矛盾"，正是由于恩格斯对简单的机械的位移运动给出了一个"有矛盾"的定义——"物体在同一瞬间既在一个地方又在另一个地方，既在同一个地方又不在同一个地方"，即"运动又被他称为一个东西在其中是同时在两处的一个过程"；一旦出现"矛盾"，只是说明我们的判断有误，这种"矛盾"判断是仅仅存在于判断者的意识之中，而不存在于外界。于是，考茨基说："这个在定义中的矛盾，促使我们去寻求另一定义，却不促使我们去主张某一事物可以不仅似乎是，而且真是在现实中同其他事物同时既合不拢又合得拢。"对于考茨基所说：不能主张某一事物"在现实中同其他事物同时既合不拢又合得拢"，我们可以结合爱因斯坦提出的相对论对事物的时空描述，作出一个明确的界说。

1916 年，爱因斯坦在反思狭义相对论时、空测量的本质时写道："我们对于时间空间的一切确定，总是归结到对时间空间上的重合所作的测定。……我们的量度结果无非是确定我们量杆上的质点同别的质点的这

①　考茨基：《唯物主义历史观》第 1 分册，《哲学研究》编辑部编译，上海人民出版社 1964 年版，第 160 页。
②　同上。
③　同上。
④　同上。

种会合,确定时钟的指针、钟面标度盘上的点,以及所观察到的在同一地点和同一时间发生的点事件三者的重合。"①这是狭义相对论创建伊始就采用的基本观点;无论是"对钟"的操作,同时性的相对性的阐明,洛伦兹变换的导出,无一不是按照这种时、空测量范式进行的。②爱因斯坦在开创物理学新纪元的著名论文《论动体的电动力学》中写道:"我们应当考虑到:凡是对时间在里面起作用的我们的一切判断,总是关于同时的事件的判断。比如我说,那列火车 7 点钟到达这里,这大概是说:我的表的短针指到 7 同火车的到达是同时的事件。"③即是说,物质运动过程的次序和持续由钟的指针与刻度盘上的刻度相重合所指示的数和指针移动完成的周期数来表征,其到达的位置和通过的距离由尺上的刻度以及刻度间隔来表征。④按照爱因斯坦所澄清的观念,运动的物体在某个时刻在某个地方这种"客观事件",是由"时钟的指针、钟面标度盘上的点,以及所观察到的在同一地点和同一时间发生的点事件三者的重合""唯一地"确定的。我们不能说"时钟、量尺、点事件""三者的重合"既发生又没有发生,既确定又不确定。这也就是从对运动物体的时空描述方面,界说了考茨基所言:不能主张某一事物"在现实中同其他事物同时既合不拢又合得拢"。

第二,在考茨基的观念中,恩格斯对简单的机械的位移运动的定义出现矛盾,只说明他的判断是一个不正确的判断,必须对其进行"修正"。那么,考茨基所言"只要我们把命题扭转过来,如果我们不把运动看作是一个物体在运动起止的两个地方同时存在,而看作是从这两个地方同时离开,那么在运动上也就没有矛盾了",究竟说了点什么呢? 从上下文的关联看,说的应该是:我们不要说"物体在同一瞬间既在一个地方又在另一个地方",而要说"物体在同一瞬间既离开一个地方又离开另一个地方";后者是没有矛盾的——"运动就是指在时间系列中完成的位置变化"⑤,是物体不断离开一个又一个地点的过程——是清楚无误的。谁都不会反对:"物体在达到 B 以前已经离开了 A。在这样的想法中就完全没有什么充满矛盾

① 《爱因斯坦文集》第二卷,范岱年等编译,商务印书馆 1977 年版,第 285 页。
② 文兴吾:《相对论时空理论再认识》,《中国社会科学》1990 年第 5 期,第 30—31 页。
③ 《爱因斯坦文集》第二卷,范岱年等编译,商务印书馆 1977 年版,第 85 页。
④ 文兴吾:《相对论时空理论及其评价再探讨》,《哲学研究》1989 年第 12 期,第 36 页。爱因斯坦指出:"这样的空间时间观点历来存在于物理学家的头脑中,虽然通常他们未必意识到这一点。"(爱因斯坦等:《相对论原理——狭义相对论和广义相对论经典论文集》,科学出版社 1980 年版,第 96 页)
⑤ 考茨基:《唯物主义历史观》第 1 分册,《哲学研究》编辑部编译,上海人民出版社 1964 年版,第 126 页。

的东西。"应该明确,考茨基作出"不把运动看作是一个物体在运动起止的两个地方同时存在,而看作是从这两个地方同时离开"的论断,是基于时间和空间的"无限小"划分来论述的。他说,"当一个物体在一定时间内从一点 A 向另一点 B 运动的时候,我们也许只能说,如果我们把 A 和 B 的距离以及运动经过的时间都分成无限的小部分,……就这些最小的空间部分和时间部分的一个部分看来,我们可以说运动着的物体在一个一定的时间点上是在一个一定的地方。"他又说,由于涉及"无限的小部分",而"无限的东西是我们所无法得到表象的,那么想要使一个运动着的物体在一个一定的瞬间固定在一个一定的地方,这不是我们能解决的问题"。于是,他得出结论:既然"物体在一定的瞬间在一个一定的地方"的认识都是无法确定的,那么也就"不能产生与相反的东西的矛盾",即"物体在同一瞬间既在一个地方又在另一个地方"这种矛盾。至于"物体在同一瞬间既离开一个地方又离开另一个地方",就"无限的小部分"而言,也就是"在同一瞬间离开同一个地方"。

第三,考茨基提出康德的"二律背反"并不表明现实的矛盾。他写道:"康德也想指出一定的矛盾,当然只是在思维中,但在此却是不可避免的,这就是他所谓的二律背反。在此只举其中的一个。康德认为既可以证明世界是有限的,也可以证明它是无限的。这就是一个已完成的矛盾。"①"如果我们把这个主张扭转过来并且认定我们既无法得到世界的有限性的表象,也无法得到世界的无限性的表象,那么矛盾就立刻在现实世界里消失了。正像我们不能证明无限性一样,我们也不能证明有限性。无限性根本是无法得到表象的。但是如果我们想不到这个世界的彼岸的什么,也就无法想到这个世界的界限。在这里并不是出现了在经验之中的矛盾,而是出现了两个互相矛盾的都想超出经验的尝试。既然两个尝试的每一个都失败了,那么这两个尝试就不能成为现实世界的矛盾。"②此外,考茨基还写道:"按照恩格斯所描述的讲来,运动和发展不被看作自我和周围世界这两个因素的相互作用,而只被看作个体这一个因素的自己运动,而反题也和正题一样是从同一个体中求得。在这里,黑格尔的榜样显然还有强烈的影响。黑格尔的榜样也是只从一个因素来说明运动,即只从由自己本身中设定自己的否定的那个精神来说明运动。"③应该承认,恩格斯的论断"简

---

① 考茨基:《唯物主义历史观》第1分册,《哲学研究》编辑部编译,上海人民出版社1964年版,第159页。
② 同上书,第160页。
③ 同上书,第144页。

单的机械的位移之所以能够实现,也只是因为物体在同一瞬间既在一个地方又在另一个地方,既在同一个地方又不在同一个地方。这种矛盾的连续产生和同时解决正好就是运动",确实也是把运动"看作个体这一个因素的自己运动,而反题也和正题一样是从同一个体中求得。"

二、悉尼·胡克的批评

考茨基之后,有系统地对恩格斯的观点进行批评并产生较大影响的是波普尔与美国学者悉尼·胡克。后者具体地批评了恩格斯基于"黑格尔位移运动矛盾表述"的一些观点,其间运用了当时的新科学知识,即罗素基于康托尔的无限数理论提出的知识。

悉尼·胡克(1902—1989 年)是美国实用主义哲学家、西方马克思学学者,在著名实用主义哲学家约翰·杜威指导下获哲学博士学位。曾获古根海姆奖学金,到柏林大学、慕尼黑大学、莫斯科马克思恩格斯学院学习研究;是第一批获准进入莫斯科马克思恩格斯学院的西方学者。1927 年开始在纽约大学任教,任哲学系主任、教授、华盛顿学院主席;1969 年退休后任该校荣誉教授。胡克对实用主义和马克思主义富有个性的阐述与研究,奠定了其在实用主义的马克思主义学者中的领军地位;凭借《对卡尔·马克思的理解》和《从黑格尔到马克思》两本著作,成为美国学术史上第一位马克思主义哲学教授,奠定了他在西方马克思主义发展史中的重要地位。

悉尼·胡克在 1940 年出版的《理性、社会神话和民主》一书中写道:"辩证法的一切规律的基本前提是:相信矛盾'是客观地存在于事物和过程之中的'。至少可以说,这是对'矛盾'这个名词的奇怪的应用,因为自从亚里士多德的时代以来,认为矛盾的是命题或判断或陈述,而不是事物或事件,也已经成为逻辑理论的一种老生常谈了。恩格斯完全知道这种传统的用法,但在反驳杜林时,却认为,不承认可以把矛盾的概念应用于事物,这恰恰暴露了常识和形式逻辑的局限性。"[1]"恩格斯不仅认为矛盾是客观地存在于自然界之中的,他还坚称它'而且也是一种现实的力量'"[2]。然而,

---

① 悉尼·胡克:《理性、社会神话和民主》,金克、徐崇温译,上海人民出版社,1987 年版,第 201—202 页。

② 同上书,第 202 页。

"恩格斯为他的关于运动就是矛盾的主张所提出的唯一的论证,是在很久以前由芝诺所提出的各种总的考虑中的一个考虑的变种。但是,芝诺是用它来证明运动的非实在性,而恩格斯却用它来证明矛盾的客观存在。"①悉尼·胡克认为,恩格斯作出"运动本身就是矛盾;甚至简单的机械的位移之所以能够实现,也只是因为物体在同一瞬间既在一个地方又在另一个地方,既在同一个地方又不在同一个地方。这种矛盾的连续产生和同时解决正好就是运动"②的论断,"存在有一个重大的跳跃。因为恩格斯用如同上述的考察所能证明的全部东西,乃是关于运动的某些违反矛盾律的描述与陈述。在他能够得出结论说运动是矛盾的以前,他必须首先说明:要找到和运用关于运动的任何其他描述或陈述而又不陷于前后矛盾,那是不可能的。但他不仅没有这样做;而且在他于1894年写《反杜林论》第三版的序言的时候,关于能够用完全没有矛盾的方式来描述运动,这是已经清楚的了。对于任何分子的运动,都能够用这样一种表述,来加以描绘,这就是指出:它在空间的地位,在任何时候都是时间的连续的函数。而关于连续的函数的概念,则是不需要假定时间和空间的无限小的间隙,就已经表述得很清楚的,而恩格斯却认为这种间隙是包含在运动中的,而且对于微积分理论来说还是基本的。"③悉尼·胡克还写道:

可以更进一步指出:严格地说来,恩格斯对于运动所作的描述,完全没有显示出形式上的矛盾。如果我们承认物体具有不同的部分,那么,说它在同一时间内占据着两个不同的地方,这是完全正当的;而如果我们把不同的时间加以区分开来,那也不难承认一个物体能够在同一个地方,又不在同一个地方。抑有进者,既然在事物的本性中,没有无广延的点和无绵延的瞬间,那么,恩格斯的公式就可以适用于静止着的物体,正如它可以适用于运动着的物体一样。这样,他就会证明得太多了,因为不仅运动是矛盾的,而且它的对立面:静止,也会是矛盾的。而既然世界上每一样我们可以对它有效地应用时空坐标的东西,都是或者运动着或者静止着的,而这种或者运动或者静止,又不是绝对的,而是相对于某种其他的东西而言的,那么,矛盾这个名词就没

① 悉尼·胡克:《理性、社会神话和民主》,金克、徐崇温译,上海人民出版社,1987年版,第202—203页。
② 《马克思恩格斯选集》第三卷,人民出版社1995年版,第462页。
③ 悉尼·胡克:《理性、社会神话和民主》,金克、徐崇温译,上海人民出版社,1987年版,第203页。

有什么特定的意义。当它不是在实际上使人糊涂的时候,它就是无用的。①

理解和认识悉尼·胡克的上述言论,我们明确以下几点。

第一,悉尼·胡克的上述议论的核心要义是:把矛盾的概念应用于事物,也就是承认对客观物理过程的表述可以违反形式逻辑的矛盾律,"它是同科学探讨的基本原则截然地不能调和的,因而甚至不能首尾一贯地把它表述出来。"②恩格斯作出"运动就是矛盾"的论断,并对机械-位移运动作出违反形式逻辑的矛盾律的表述时,理应首先说明"要找到和运用关于运动的任何其他描述或陈述而又不陷于前后矛盾,那是不可能的";但是,恩格斯并未这样做。而在恩格斯1894年写《反杜林论》第三版的序言时,"无矛盾"地描述或陈述机械-位移运动已是可能的了;因为康托尔1874年发表了关于无穷级数的革命性论文,"证明了全体有理数1,2,3,……的集合与'无穷地包含更广泛'的所有代数数的集合,恰恰包含着同样多的元素","与直观所能预测的相反,两个不等长的线段包含着同样数目的点"。③因此,在悉尼·胡克看来,恩格斯时至1894年还主张"运动就是矛盾"并对机械-位移运动作出违反形式逻辑的矛盾律的表述,根据是"不充分"的,在方法论上是有缺陷的。

第二,科学界把康托尔的工作用于对芝诺运动悖论作"无矛盾"的解答,是1894年以后的事。代表性人物是英国数学家、哲学家罗素。罗素在1901年就把康托尔的工作与对芝诺论证的解答相联系;他写道,"芝诺关心过三个问题……这就是无穷小、无穷和连续的问题……从他那个时代到我们自己的时代,每一代最优秀的智者都尝试过解决这些问题,但是广义地说,什么也没有得到。魏尔斯特拉斯、戴德金和康托尔彻底解决了它们。它们的解答清楚得不再留下丝毫怀疑。这个成就可能是这个时代能够夸耀的最伟大的成就……无穷小的问题是魏尔斯特拉斯解决的,其他两个问

---

① 悉尼·胡克:《理性、社会神话和民主》,金克、徐崇温译,上海人民出版社1987年版,第203—204页。

② 同上书,第202页。在同一页,悉尼·胡克还写道:"假如一切存在都像恩格斯所说的那样是自相矛盾的,而一切正确的思维又是事物的映象或反映,那么,一致性就会成为虚假性的确实可靠的标志了。而把一致性看作至少是真理的一个必要条件的科学,也就不能前进一步了。"

③ E. T. 贝尔:《数学大师——从芝诺到庞加莱》,徐源译,上海科技教育出版社2004年版,第677、684页。

题的解决是由戴德金开始,最后由康托尔完成的。"①而罗素对芝诺运动悖论有系统的全面解答,则集中在1915年出版的《我们关于外间世界的知识》一书中。罗素认为,"芝诺的辩论……就其反对有限长度的时空由有限数目的点和瞬间构成这种观点而言,他的论证不是诡辩,而是完全正确的"②,但是只要注意到康托尔在19世纪后期建立的无穷数理论,芝诺提出的问题也就得到解决了。罗素提出,芝诺的"飞矢不动"和"运动场"论证隐藏的错误前提是:把有限长度的时空看作是由有限数目的点和瞬间构成;而"两分法"和"阿基里斯与龟"论证隐藏的错误前提是:认为无穷集合不可能,"不可能有任何东西超出整个没有终结的系列"。③他讲道,"在一个连续的运动中,我们要说运动的物体在任一给定的瞬间占据某一位置,在其他瞬间占据其他位置;任何两个瞬间之间的间隔和任何两个位置之间的间隔都是有限的,但是运动的连续性却表现在下面这个事实,即我们所取的两个位置和两个瞬间不论如何接近,总有无穷多更接近的位置在亦更接近的那些瞬间被占据"④,而康托尔的理论业已告诉我们:任意两条线段,无论它们的长度如何,都具有相同数量的点;因此,互相前后相继的两个时刻和位置,其间存在着无数的点,就像实数系中的数一样:"任意两个分数,二者不论如何接近,总有比一个大而比另一个小的其他一些分数,因此没有两个分数是连续的。例如,没有任何分数是1/2之后最接近的分数。假如我们选择一个稍稍大于1/2的分数,比如说51/100,我们就会看到还有另外一些分数更接近1/2,例如101/200。因此,任何两个分数的差不论多么小,其间总有无穷多的其他分数。"⑤因此,可以说"运动着的物体所经过的路程是非间断的,这在数学上表现为连续曲线上没有'相邻'的两点,任意两点之间都存在着无数多的点,然而路程上的每一个点又是间断的,即是某一个点而不是另一个点。"⑥

尽管罗素对芝诺运动悖论解答的基本观点得到学术界的普遍认同,但也不乏质疑的声音。法国哲学家梅洛-庞蒂在1945年出版的《知觉现象学》一书中对位移运动问题的讨论就是一个例子。梅洛-庞蒂写道,"人们

① E. T. 贝尔:《数学大师——从芝诺到庞加莱》,徐源译,上海科技教育出版社2004年版,第667—668页。
② 罗素:《我们关于外间世界的知识》,陈启伟译,上海译文出版社1990年版,第127页。
③ 同上书,第127、136页。
④ 同上书,第101页。
⑤ 同上书,第98页。
⑥ 中国大百科全书总编辑委员会《哲学》编辑委员会:《中国大百科全书·哲学》,中国大百科全书出版社1987年版,第1136页。

反驳芝诺的论证，说不应该把运动当作在一系列不连续瞬间中依次占据的一系列不连续位置，说空间和时间不是由离散成分的聚集构成的，是徒劳的。……即使人们发明一种数学工具来研究无限的位置和瞬间，人们也不能在同一的运动物体中设想始终处在最接近的两个瞬间和两个位置之间的转变活动本身。"[①]他说像罗素那样"思考运动时，我不理解运动能为我开始，能作为现象呈现给我"[②]，"最终也就没有任何办法能把本义的运动归因于'运动物体'"[③]。尤其是，人们后来又发现"罗素对芝诺运动悖论的解答是建立在虚假基础上的'上层建筑'"[④]。于是，悉尼·胡克以罗素的观点去否定恩格斯的观点，就是很不恰当的了。

第三，悉尼·胡克提出"恩格斯对于运动所作的描述"——"简单的机械的位移之所以能够实现，也只是因为物体在同一瞬间既在一个地方又在另一个地方，既在同一个地方又不在同一个地方"——"完全没有显示出形式上的矛盾"，这是与康德作出的下述论断根本对立的。康德写道："在众多的位置（地点）上同时存在，这是无论如何也不可能的，因为不同的位置（地点）是彼此外在的，从而在不同位置上的事物也彼此外在，并且对自己也外在地在场，这是自相矛盾的。"[⑤]"只有当同一时间在所要表述的同一事物上给定矛盾对立的东西的时候，才出现不可能性：一切同时既是又不是的东西，都是不可能的。"[⑥]那么，问题出在哪里呢？问题出在胡克把抽象的理论表述与现实进行了不恰当的"比对"。胡克的"挑剔"是以"在事物的本性中，没有无广延的点和无绵延的瞬间"为根据，由此作出"如果我们承认物体具有不同的部分，那么，说它在同一时间内占据着两个不同的地方，这是完全正当的；而如果我们把不同的时间加以区分开来，那也不难承认一个物体能够在同一个地方，又不在同一个地方"的论述；而康德、黑格尔、恩格斯的理论描述，则是在伽利略、牛顿创立的近代力学基础上作出的。伽利略、牛顿等人采用一种十分简便的方法研究力学，假定物体在位置移动中不发生别的物理运动，甚至都不研究同热运动的关系；假定物体的质量都集中在一个点（质点）上，不考虑物体的体积与形状；假定力的作用发生在两个物体中心（质点）的连线上，都是中心力。他们的这种方法是

---

① 莫里斯·梅洛-庞蒂：《知觉现象学》，姜志辉译，商务印书馆 2001 年版，第 341—342 页。
② 同上书，第 342 页。
③ 同上书，第 341 页。
④ 参看本书第七章第二节。
⑤ 李秋零主编：《康德著作全集》第 2 卷，中国人民大学出版社 2004 年版，第 425 页。
⑥ 同上书，第 427 页。

非常成功的。有了牛顿力学,人们不仅可以解释许多力学现象,而且可以对物体的位移运动状态做出准确的预言。事实上,哥白尼的研究就已经撇开"太阳、月亮和星辰是由什么构成的"这个问题,而只说明它们的表观运动问题;这类考虑可以被归结为或抽象为那些只是涉及空间位置和位置变化的纯几何的问题。具有巨大体积但很遥远的"星星非常简洁地适合于这种抽象,因为它们表现得如此相似于毕达哥拉斯派的数学所已熟悉的质点。"①从星星相对于我们(或更确切地说,相对于地平线上的一个固定点)的位置发生变化这种意义上说,星星在"运动"。在牛顿力学中,瞬间是一个无穷小的概念,它既不是长度为零的时段,也不是有确定长度的时段,因此它既不是可分的,也不是不可分——瞬间是一种抽象的数学结构。相反,"对感觉—意识而言的直接东西是绵延。绵延在自身中有过去和将来,感觉—意识的直接绵延的时间宽度是非常不确定的,它依赖于个体的感觉者。因此,对每个感觉者来说,在自然界中不存在明显必然是现在的唯一因素","我们否认这种被直接给予的瞬间现在。在自然中找不到这样的东西,它最终是不存在的。"②

第二节　20世纪五六十年代苏联及东欧哲学界的讨论

在1956—1964年这段时间里,苏联共产党相继举行了第二十次(1956年2月)、第二十一次(1959年1月)和第二十二次(1961年10月)代表大会。这三次党代表大会在战后苏联的社会政治生活中、在国际共产主义运动中,占有极重要地位。这些会议广泛涉及苏联国内、国际共产主义运动和当代世界历史舞台上的种种迫切问题,深入地反映了苏联社会生活已发生和正在发生的许多变化。此间,苏联哲学界特别突出地探讨了作为一门科学的辩证法及其规律和范畴的问题,探讨了社会主义成长为共产主义的辩证法问题,在这方面出版了大量论著,提出了许多新颖而大胆的见解,努力克服个人崇拜时期苏联哲学中广泛流传的公式化、教条主义、脱离现实生活和实践的现象。在探讨这些问题的同时,苏联哲学家对以往流行

---

① M. W. 瓦托夫斯基:《科学思想的概念基础——科学哲学导论》,范岱年译,求实出版社1982年版,第670页。

② 阿尔弗雷德·怀特海:《自然的概念》,张桂权译,中国城市出版社2002年版,第69页。

的观点进行了清理。①

一、A. 柯尔曼的思考

1958 年,在苏联科学院哲学研究所举行的矛盾问题会议上,当时还在莫斯科自然科学与技术史研究所任职、后任捷克斯洛伐克科学院院长的捷克斯洛伐克哲学家 A. 柯尔曼,以"矛盾的物质基础及其在思维中的反映"②为题作了报告。他讲道:恩格斯在《反杜林论》中对物体机械运动的那段陈述,采用了"A 并且非 A"的联结式,这"跟他关于辩证矛盾的其他一切陈述有了分歧,而且同样跟其他马克思主义经典作家的陈述有了分歧"③,"马克思在他的《数学手稿》和其他著作中既未违背矛盾律亦未违背其他形式逻辑规律……他对形式逻辑规律没有发生过丝毫怀疑……决没有把黑格尔式的自白强加到唯物辩证法之上。"④他提出:如果对恩格斯的那个论断中的不确定的概念"在"有了比较准确的理解,"那么,我们便会说'物体在同一个瞬间在同一个地方经过并且静止'。于是,矛盾就不在于对物体在某一瞬间是否在某一地方这个问题既作肯定的又作否定的回答,而在于物体在某一瞬间和某一地方既有相对运动又有相对静止。"⑤

A. 柯尔曼的报告,首先提出《苏联大百科全书》对辩证矛盾的定义是不能令人满意的;他在报告中,从列宁的论断出发,重新界说了辩证矛盾:"矛盾是同一个对象的两个不同的、相反的方面的本质差别、不平衡,这种不平衡引起了两方面的冲突。这样一些相反的方面,就是在一定运动的界限内或一定社会内部作用于一定物体的外部的或内部的诸力量与诸趋势。"⑥他提出:在物质世界中出现了各种不同的矛盾,根本矛盾就是空间和时间之间的矛盾;"时间和空间是物质存在的根本形式,是物质存在的条件。时间和空间的物质的矛盾统一在于时间的不可逆性同空间的可逆性的结合。这种结合以各种不同的方式,通过这两个主要形式的对立的特性而表现在不同的序列的阶段中。有时是时间,有时是空间,它们仿佛不是

---

① 贾泽林、周国平等编著:《苏联当代哲学》(1945—1982),人民出版社 1986 年版,第 35 页。
② A. 柯尔曼:《矛盾的物质基础及其在思维中的反映》,《哲学译丛》1964 年第 2 期,第 1—10 页。
③ 同上书,第 6 页。
④ 同上书,第 9 页。
⑤ 同上书,第 7 页。
⑥ 同上书,第 1—2、6 页。

表现出自己的连续性方面,就是表现出自己的间断性方面。"①"时间和空间之间的矛盾是建立一切自然规律性的矛盾这个论断,已由 E.涅特洛瓦的发现而得到了最明显的证实;涅特洛瓦在 1918 年就表明,能量、动量与动量矩守恒定律,可以从时空的特性(均匀性与各向同性)中推出来。"②"时间和空间之间的矛盾构成物质的本质这个论断,完全符合大家所熟知的列宁的原理。列宁说,时间是矛盾的,因为它是连续性和间断性的统一,空间是矛盾的,因为它同样是连续性和间断性的统一。归根到底,在列宁关于运动是时空的本质的陈述中,包含着我们关于时空矛盾的论断。"③

A. 柯尔曼在报告中力图说明辩证逻辑与形式逻辑的关系,阐明恩格斯的一些表述存在的问题。他说:

> 事物本身的对立面的统一和斗争这种客观辩证法,是由辩证逻辑来反映的。……形式逻辑的情况不同,形式逻辑虽然也与辩证逻辑一样,是现实的反映,但它却是比较片面地反映现实的,它孤立地研究相反的两方面中的任何一方面,把一方面跟另一方面分割开,不考虑它们的变化。形式逻辑不是辩证逻辑的一部分,形式逻辑更不包含着辩证逻辑。如恩格斯所说的,形式逻辑与辩证逻辑的关系使我们回想起初等数学与高等数学的关系。每一种逻辑对于完全了解另一种逻辑,都是不可或缺的。如果辩证逻辑是运动的逻辑,那么,形式逻辑便是静止的逻辑。但静止决不是运动的特殊情况,而是运动的相对环节、运动的极限情况。人们不可把现实世界中的事情分为两类:在一类事情中人们使用辩证逻辑,在另一类事情中人们使用形式逻辑。为了完全研究清楚任何一种现实现象,对于静止和运动来说,两种逻辑都是不可或缺的。由此可知,形式逻辑的规律,其中包括矛盾律,也对辩证逻辑有约束力。④

> 辩证逻辑应该研究作为事物的相反的诸方面的本质差别的矛盾;不过,在这里,辩证逻辑也必须考虑到矛盾律,矛盾律不允许我们对于在同一个意义上理解的同一个问题同时既作肯定的又作否定的回答。然而,大家知道,我们在《反杜林论》中发现了恩格斯的下列陈述:"运动本身就是矛盾;甚至简单的机械的位移之所以能够实现,也只是因

---

① A. 柯尔曼:《矛盾的物质基础及其在思维中的反映》,《哲学译丛》1964 年第 2 期,第 2 页。
② 同上书,第 4 页。
③ 同上书,第 5 页。
④ 同上书,第 6 页。

为物体在同一瞬间既在一个地方又在另一个地方，既在同一个地方又不在同一个地方。这种矛盾的连续产生和同时解决正好就是运动。"换句话说，对于物体在某一瞬间是否在某一地方这个问题，恩格斯在这段引语的最后一部分中同时既作了肯定的又作了否定的回答，因而他违背了矛盾律。①

如果机械运动实际上跟形式逻辑的矛盾律不一致，那么，就没有任何运动会跟这个规律一致，这是由于一切运动形式，即使是最高的运动形式，都以这种或那种方式包含有机械运动。但是，如果一切现实事物、整个物质世界与自己的一切现象、与矛盾律不能一致，那么，我们便不可能再认为这个规律是反映现实的必要而充分的规律了，而是必定会承认这个规律不反映任何现实事物，并且无论如何我们不得不放弃这个规律。②

A. 柯尔曼还阐述了以下观点。

第一，恩格斯在《反杜林论》"引论"中指出形而上学家的思想方法的特征时，说"他们在绝对不相容的对立中思维，'是则是，否则否，除此之外即是鬼话。'"③柯尔曼则指出，"形而上学家的错误并不在于他说'是则是，否则否'，而不是说'既是且否'，因为辩证法家的思维也应该不矛盾。"他说：形而上学家真正的不幸，是如同恩格斯在"引论"中也强调过的，在于他以为"一个事物不能同时是自己又是别的东西"，因为他只"看到一个一个的事物，忘记它们互相的联系；看到它们的存在，忘记了它们的生成和消逝；看到它们的静止，忘记了它们的运动""只见树木，不见森林"④；而恩格斯"却说形而上学家就是那种断言'事物或是存在，或是不存在'的人。当然，这是一种错误的表述：因为，如果我们把这个陈述理解为在某一瞬间和某一关系中对'事物'的看法，那么，或者事物存在着是真的，或者事物不存在是真的，但毫无疑问不会同时既是这一个又是另一个。"⑤

第二，柯尔曼讲道，"由于抱着辩证法在若干情况下可以对唯一的一个问题作出或甚至于要求两个同时相反的回答这样的意见，恩格斯便堵塞了正确理解所谓高等数学与初等数学的关系，即算术、代数和分析的关系的

---

① A. 柯尔曼：《矛盾的物质基础及其在思维中的反映》，《哲学译丛》1964年第2期，第6页。
② 同上书，第7页。
③ 《马克思恩格斯选集》第三卷，人民出版社1995年版，第360页。
④ 同上。
⑤ A. 柯尔曼：《矛盾的物质基础及其在思维中的反映》，《哲学译丛》1964年第2期，第8页。

途径。恩格斯错误地认为,'高等数学中从微分学的最初的一些证明开始,几乎所有的证明,从初等数学的观点来看,严格地说都是错误的'。"①事实上,"微积分的一切概念,变数、函数、极限、无限小、微商、积分、变分等等概念,尽管它们也可能是辩证法的,但在它们的定义中都毫无例外地服从形式逻辑的一切规律,连数学分析的一切证明也都严格地考虑到了这些规律。……数学分析就像算术或代数一样,也不允许丝毫违背形式逻辑规律,这也给我们解答了一个'谜',即:依据形式逻辑原理进行工作的电子脑,为什么会胜任各种极其不同的分析课题。在高等数学的概念中仿佛明显地包含有辩证逻辑,尤其辩证矛盾,这就是一个简单的例证。"②"电子脑的工作与思维脑的功能的类似恰恰建立在形式逻辑规律的间断性之上,这种间断性表现在形式逻辑规律的确实性与完备性、矛盾律与排中律中"③。

第三,柯尔曼说,"为什么公开指出恩格斯的个别错误是正确的呢?因为我们的思想敌人,无论是资产阶级的哲学家和自然科学家还是修正主义者,为了贬低唯物辩证法,至今都死抓着这个错误。我在国外跟唯心主义者进行过不少的论战,他们既揪出恩格斯的这个错误观点来,也揪出他的其他个别错误观点(如《自然辩证法》中的若干札记)来。……唯心主义者死抓住这一切,借口跟我们的错误作斗争,反对辩证唯物主义。正因如此,所以我们才有义务取消他们的这种可能性,使我们公开地、诚恳地摆脱这样的错误。这样,我们就将赢得许多动摇不定的自然科学家。"④

二、苏联《哲学科学》杂志的争论

1962—1965 年,苏联《哲学科学》杂志发表了十多篇围绕如何理解机械运动的矛盾问题的争论文章。该刊编委 И. С. 纳尔斯基在总结这场争论时写道:"在很长一段时间里,在《哲学科学》杂志上对机械运动的矛盾性问题进行了争论。对这个问题的注意并不是偶然的。今天,静止和运动、间断和连续、有限和无限等等的矛盾问题,已经从抽象的思考变为现代物理学、数学以及其他科学的迫切的和极为具体的问题。所以,在认识客观现实的新阶段的基础上,逻辑学家和哲学家对这个问题的兴趣增长起来,

---

① A. 柯尔曼:《矛盾的物质基础及其在思维中的反映》,《哲学译丛》1964 年第 2 期,第 8 页。
② 同上书,第 8—9 页。
③ 同上书,第 10 页。
④ 同上书,第 9—10 页。

这个问题有机地包含着如何在科学理论中反映客观矛盾的方法问题。""争论的参加者想要弄清，到底什么是空间位移过程的现实辩证矛盾。争论是这样展开的：在辩论的参加者面前产生了一个问题——这些矛盾是否具有这样一种结构，即同一个对象在同一关系上具有同时又不具有某过程（运动）。这两个问题在讨论时往往同爱利亚的芝诺的著名疑难'飞矢不动'相联系。""争论的参加者对问题表示了不同的态度并提出了相应的论据。在我们看来，这场争论的科学价值就在于此。"①

《哲学科学》关于机械运动的矛盾问题的争论，开始于 В. И. 斯维杰尔斯基在该刊 1962 年第 2 期发表《论机械运动的矛盾性》一文。1958 年，斯维杰尔斯基的《空间与时间》②一书在苏联"国家政治书籍出版社"出版，系统地阐述了辩证唯物主义关于空间和时间的重要理论，概括了人类对时空观念的历史发展，探讨了空间和时间与物质和运动联系；以大量的自然科学资料，特别是现代物理学成就论证了辩证唯物主义时空观念的正确性，批判了相对主义者、"物理学的"唯心主义者在时空问题上所做的结论。斯维杰尔斯基在《论机械运动的矛盾性》一文中提出，辩证矛盾的诸方面，不论是静止和运动、连续和间断、必然和偶然、有限和无限等等，从来没有这种情况：在同一时间和同一关系上表现在同一对象上，违反形式逻辑的矛盾律。斯维杰尔斯基利用"点"来说明机械运动的表述问题，把物体的轨迹上的每一个点看成"该空间结构的极限表现"，把运动的瞬时看成"该时间结构的极限表现"。

Б. А. 德拉贡则认为，对运动着的物体来说，"若是没有物体在同一时间内在这里又不在这里，从一个地点转到另一个地点则是不可能的"。他把这个"在这里又不在这里"看成运动的基本辩证矛盾和所有真正辩证矛盾的根本结构的例子。德拉贡指出了斯维杰尔斯基看法的模糊之处，提出了自己对"地点"概念的解释。与德拉贡不同，Г. С. 巴基舍夫认为，指出某一事实（性质）的存在和指出它在同一地点、同一时间和同一意义上的不存在，这只是在认识的"经验水平上"所做的表面判断。他甚至把这类判断"有"与"没有"称为对辩证法的"讽刺"。А. С. 包格莫洛夫认为形式逻辑在某些认识领域里不能取得有效结果，研究现象的变化和"不稳定性"的地方就是这种领域。他援引语言的约定性来证明：在运动过程中，在同一"时

---

① И. С. 纳尔斯基：《机械运动的矛盾问题——关于在我们杂志上进行的一场争论》，《哲学译丛》1965 年第 12 期，第 64—71 页。

② В. И. 斯维杰尔斯基：《空间与时间》，许国葆、戎象春、李浩然译，上海人民出版社1959 年版。

间"在同一关系上,物体 A"在又不在"地点 B。按照语言的约定性,"在又不在"乃是对运动事实的一种象征说法。这类约定法的使用模拟了认识运动矛盾的过程的一个历史阶段。不同谓词也出现在以下情况:物体 A 在加速度运动的情况下,在某瞬间"以速度 v 运动"和"不以速度 v 运动"。

多数争论的参加者所持的观点是:客观辩证矛盾不仅是可能的,而且在逻辑上不矛盾地对它加以思考完全是理所当然的。这样做,科学并不是要使辩证法"服从"形式逻辑,相反倒是要遵循马克思列宁主义辩证法,这一辩证法要求认识事物的思维具有具体性和确定性。逻辑上不矛盾地来思维客观辩证矛盾,这并不是一下子可以达到的,而且对全部可认识的现实来说,任何时候也不会绝对完全地实现。达到这种思维的过程是长期的和困难的、无限的和辩证的。

不少参加者都认为:用路线上各别的"点"和运动的时间"瞬时"这些术语来分析机械运动,就会"僵化"运动过程,这不仅无助于消除在反映运动中产生的形式逻辑矛盾,反倒是加深了这种矛盾,而且,以非间断"点"的连续统(例如通过函数)的术语所作的分析,尽管也能够做到不矛盾地描写运动,但得不到比外部描写更多的东西。一些作者指出,在解决运动的矛盾时,或者把感觉明晰性同数学抽象(点、瞬间)的理想化混搅在一起,或者将它们对立起来,而没有考虑后者的特殊性;芝诺的疑难部分说来是由于不正确地把物质客体的有限领域中的属性移入了数学(思想的)客体的无限领域而产生的。

一些作者努力想在某种程度上为科学保留这样一个真的"论断(M)":"物体在作机械运动时,同时在又不在轨迹上的该地点"。[①]梅留兴把路程(l)上的"点"和时间(t)上的"瞬时"解释为 dl 和 dt,指出这些微分并不是固定的有限量,因而包含在论断中的"在又不在"的说法是不确定的,所以整个说来论断并不假。但是,纳尔斯基指出:这种解释并没证明"论断(M)"是真的,因为除了"真"和"假"之外,作为第三种意义的"不确定性"并不是它们的联结式;换句话说,通过"在和不在"这一联结式来表达"不确定性",这种表达法只有看成近似的东西才是容许的。"不确定性"也出现在点和瞬时的术语中;例如季诺维也夫指出,对于等于零的时间间隔,即对"瞬时"来说,经验的表述是不适用的,因为它们在这儿是不能被检验的,而在这个意义上说是不确定的;通过微分和极限术语来表达的论断严格说来

---

① 纳尔斯基说:严格地讲指的不是"物体",而是物体的这些或那些"质点",即物体的这种部分,其(部分)大小可以忽略不计。

也不能认为是经验的。对此,纳尔斯基指出:通过个别"瞬时"和"点"这类术语作出的论断引出了在一定条件下在认识论上加以固定的"第三种"状态——"位于",它不同于"静止"和"运动"而且对它们来说是不确定的。A和非A状态之间的过渡一般也应当看作是某种"第三种"状态,因为通过A和非A联结式来描写过渡状态实际上不会给认识它的特点带来任何好处。而且,坚持这种假定,"保持"这种联结式只会妨碍认识的前进过程、甚至使之陷于停顿,堵塞了认识的发展前途并使认识无力抵御非逻辑性的侵袭。E.K.渥依施维罗对"论断(M)"提出了一个更灵活的解释。他认为"点"(瞬时)是截距(长度)缩小的极限,由此出发去寻找对"在又不在"公式的合理解释;他还指出,并非只能用一种方式来不矛盾地描写运动,例如,有一种方式则是用"经过"这个谓词。纳尔斯基指出:渥依施维罗通过截距和间距缩小的极限的术语来给点和瞬时下定义,他的解释的有益之处在于:在分析从截距和间距"缩减"的过程,向这个缩减的"不动"的极限过渡的过程中,涉及连续和间断的辩证矛盾。

纳尔斯基认为:机械运动的"二律背反"产生的原因是,反映客观物理运动的不间断性和间断性的实在矛盾的认识能力还不完备。由于上述的不完备性而产生出第二个认识论的矛盾,即通过路程对时间关系的连续"移动的"函数来没有矛盾地描写运动与通过物体"处于"轨迹的点上的许多"固定"点来描写运动之间的矛盾。这个认识论矛盾上升为理论(几何学)的空间的不间断和间断的辩证统一,并不完全符合于物理过程中的不间断和间断的统一,因为在这些过程中既没有"点"也没有"瞬时",而只有它们的大体上相像的形象。"在这里又不在这里"这一用语既不是运动的不间断和间断的现实矛盾的完全相符的反映,也不是认识它们时出现的矛盾的完全相符的反映。纳尔斯基还指出:从函数关系上描写运动的不间断性完全不是绝对的,因为把常数代入(为达到具体化目的)函数依赖关系的公式中去会引起从不间断性到它的对立面,即间断性轨迹线通过在其上的固定点来表现的辩证飞跃;这是那位发表了一系列反对唯物主义辩证法文章的、尚武精神的反马克思主义者悉尼·胡克所不想理解的。纳尔斯基尤其指出:尽管列宁在一定的条件下采纳了黑格尔对运动的一些见解,但是在思想基础上却有本质区别。对于黑格尔来说,外在的感性运动本身是矛盾的直接实有,是同主体思维的概念运动的矛盾相一致和相等同的;而对于列宁来说,"问题不在于有没有运动;而在于如何在概念的逻辑中表达它",即在反映论基础上表达它。这是对问题的极端对立的两种看法,就像辩证唯物主义同唯心主义的对立一样。

　　争论的大多数参加者都承认,在"在这里和不在这里"的公式背后,隐藏着运动的间断性和连续性的更为本质的辩证矛盾。但是,就连这一矛盾也不能表达机械运动的全部实质;而且它不是引起物体位移的致动矛盾。这一矛盾是由于把时间和空间看成两个"平行"的紧密的集才产生的:空间和时间表现为统一的、不可分割的连续统。

　　分析和总结这场争论,纳尔斯基认为可以给出以下四点结论。

　　第一,机械运动是辩证矛盾的过程。外国一些作者否认运动的辩证性质,这是错误的。但是离开反映论的范围来全面分析机械运动的辩证矛盾是不可能的。这就是说,不可把从认识上反映运动"结果"的水平上产生的矛盾同运动的客观矛盾等同起来,更不可把同运动的泉源(致动矛盾)等同起来。此外,还应把在认识中反映运动的几何学的、运动学的和动力学的水平加以区分。作为一门科学的几何学的概念("点""截距"等等)是思想加工过的抽象,对这些概念说来,在现实世界中存在着的乃是为科学逐渐全面认识的近似的原形。把马克思列宁主义哲学经典作家在这个问题上的立场同客观唯心主义者黑格尔的观点等同起来是错误的。要知道黑格尔主张的是存在和思维的同一原则,这个原则同反映论对立,并导致把思想上的问题同客观进行的运动的致动矛盾等同起来。这种等同是错误的,如果在我们的时代还接受它,那就是不懂唯物主义辩证法的本质。

　　第二,按照"有与没有"公式建立起来的充满矛盾的议论,抑或是错误的论断,抑或是需要通过精确化过程而加以解决的任务。但这根本不是说,辩证法乃是认识的低级阶段,只是为不矛盾的形式逻辑思维做准备的阶段。正是辩证逻辑才指出了认识中克服歪曲矛盾的真实图景的陈旧公式的途径。它指出这些或那些新的、即使外表不矛盾的公式的不充分性。这一认识运动的过程是无限的、它被包括于相对真理与绝对真理的辩证相互关系的范畴之中。上述这些并不意味着形式逻辑是辩证思维的"局部情况"。不论形式逻辑还是辩证法都在理论认识的一切阶段上起作用,这已为这次争论再次证实。但是形式逻辑乃是辩证思维的从属方面。

　　第三,辩证矛盾为了以理论判断形式表现自己,并不要求在这些判断中具有意义上相同的、同时既肯定又否定的谓词。另一方面,即使在不同的、同时又必定相互联系和相互制约的关系上具有这种既肯定又否定的谓词(或者具有不同的——带有同样的保留——谓词),这也并不妨碍辩证矛盾一定要成为辩证矛盾。空间的间断性和连续性(在认识反映机械运动的几何学水平上)的矛盾,运动过程本身的间断性与连续性(在运动学的反映水平上)的矛盾,作用和反作用(在动力学水平上)的矛盾,恰恰都带有这种性质。

第四,争论表明可以用不同的、包括用不矛盾的方式来描写机械运动,可以在某种程度上、在认识上"把握"它。另一方面,运动的更为深刻的辩证矛盾的存在并不意味着其中每一矛盾都一定是这样一种矛盾:它是该客体运动的内部原因,即包含于后者本质中的泉源。要求任何一个表现呈现出的矛盾都一定是被研究客体的基本矛盾的泉源,即它的自身原因,这种要求带有黑格尔式的性质。不仅要区别在不同水平上贯穿于被研究客体中的辩证矛盾,也要区别就其作用和结构来说属于不同种类的辩证矛盾。所以,辩证唯物主义进一步发展的任务之一就是建立辩证矛盾的类型学。

三、V. 切尔尼克的论辩

1964 年,斯洛伐克科学院哲学研究所的 V.切尔尼克发表了《正确思维中的辩证矛盾是可能的吗?》[①]一文。他指出:反映现象的内在同一性的思维必须按照不矛盾律来进行,更深刻地反映事物的内在对立统一的思维则必须按照辩证逻辑规律来进行。在认识的第一个阶段上,我们描述本质的各个表现形式并把它们中的每一个归结为抽象的同一性,这时不矛盾律是必要且充分的;在第二个阶段上,我们深入地分析本质,认识事物本质中的内在矛盾,这时不矛盾律是必要而不充分的;在第三个阶段上,我们依据对本质所作的辩证分析,从本质推演出各式各样的现象,这时不矛盾律也是必要而不充分的。他提出:辩证逻辑规律包含了形式逻辑规律,把它作为自己的从属环节,正如相对论力学规律包含了古典力学规律一样。事物本质中的内在矛盾是阐明不矛盾律过渡到辩证矛盾规律的联结性环节,正如洛仑兹变换是阐明古典力学规律过渡到相对论力学规律的联结性环节一样。

切尔尼克逐步提出了以下论述与论据。

第一,形式逻辑不矛盾律通常的定义是:两个判断(陈述),若其中一个判断对某一思想内容有所肯定,而另一个判断在同一个时间与同一个关系上对这一个思想内容加以否定,则不能同时为真。这个规律生效的一般条

---

① V. 切尔尼克:《正确思维中的辩证矛盾是可能的吗?》,《哲学译丛》1965 年第 9 期,第 64—77 页。

件是：思想内容是一个，必须在同一个时间、同一个地方与同一个方面陈述这个思想内容。这个条件的本体论意义就在于要求所述对象是完全确定的。

第二，我们思考的对象是某种现象。现象是本质及其表现形式的统一。一定的现象，只有它的本质和表现形式被决定了，也就是说，只有它的全部内在因素与外在因素被给定了，才能加以确定。一个现象只有在一定时刻才能有同一个本质和同一个表现形式。在不同的时刻，它虽然能近似地具有同一个本质，基本上是同一的，但是不能具有同一个形式，因为这种形式取决于本质与各个外在因素的交错情况，而各个因素在不同的时间和不同的地方又不可能绝对相同。因此，关于同一个时间、同一个地方和同一个方面的同一个现象的陈述，就是关于一个完整的、具有完全的形式的、不重复的现象的陈述，或者说，是关于一个表现形式陈述。

第三，本质首先是现象的内在同一。其次，与表现形式的外在同一——它的性质是不可重复的、单一的——不同，作为现象的内在同一的本质则是普遍的东西，是一切有关现象里可以重复的东西。本质也取决于各个内在的、基本的（本质固有的）因素。只有在理论思维的推论阶段，我们才遇到各个完整的现象，即以一定形式表现出来的各个本质性事物，并在这种或那种条件下从业已认识的本质推演出它的各个不同的表现形式。

第四，事物的本质构成我们思维的一个特殊对象。本质有辩证性：它是现象的同一性，但不是单纯的同一性，而是具体事物的同一性、对立物的同一性。事物本质中的内在矛盾是事物"自己运动"的源泉。将现象的本质反映为现象的内在同一性的思维，必须按照形式逻辑不矛盾律和排中律来进行。将事物的本质更深刻地反映为事物的内在对立统一的思维，是按照一种更为复杂的思维规律进行的，这种思维规律包含形式逻辑，把它作为自己的从属环节。从表面上看，人们可能觉得辩证矛盾规律排斥不矛盾律。但实际上，辩证矛盾规律以应用不矛盾律为前提。没有内在差别的同一性是纯粹抽象的、片面的同一性，辩证矛盾若无自己相互排斥的方面的同一性，便不是什么辩证矛盾。本质的特殊性、双重的性质，就是阐明形式逻辑不矛盾律过渡到作为理论思维规律的联结环节。一些作者把这种过渡描绘为取消不矛盾律。这种误解之所以发生，乃是因为没有把不矛盾律在一切思维中的必要效用问题跟它在理论思维领域的充分效用问题作足够的区分。

在明确提出上述思想后，切尔尼克批评柯尔曼等一些"修正主义哲学家"在"资产阶级的马克思主义批评面前退却"，力图反驳他们责难马克思

列宁主义经典作家在某些场合使用了"逻辑矛盾的陈述"的言论。他写道:

> 说马克思列宁主义经典作家在某些场合使用了"逻辑矛盾的陈述",这是正确的。但问题在于是否一切思维矛盾都荒谬绝伦。换句话说,问题在于除了形式逻辑矛盾是否就不能有另一类型的思维矛盾。
>
> 然而,断章取义地引用恩格斯所说的"物体在同一瞬间既在一个地方又在另一个地方,既在同一个地方又不在同一个地方"或黑格尔所说的"运动就意味着在这个地方同时又不在这个地方"——列宁给这句话的评语是:"注意!对!"——,这毕竟不能令人满意。这根本没有说明隐藏在这种断章取义的引文背后的究竟是黑格尔的唯心主义辩证法还是马克思的唯物辩证法。而且,这样的辩证矛盾表述究竟是必须看作最后有效的呢,还是相反地应该仅仅视为深入分析的出发点呢,也同样不清楚。因此,我们必须研究马克思列宁主义经典作家在哪些方面"使用了逻辑矛盾的陈述"。①
>
> 恩格斯关于运动的矛盾性的著名论述,应该结合着杜林的形而上学来理解。杜林否认客观实在中有辩证矛盾,断言"现实的矛盾"是绝顶的荒谬,从而堵塞了理解从静止到运动的过渡、运动的本质的道路。在杜林看来这个问题是不可解决的:"在合理的力学里"决没有"严格的静止与运动之间的桥梁"。恩格斯以真正的、科学的运动本质问题代替杜林的假问题。这个问题的条件就在于黑格尔所说的"运动就意味着在这个地方同时又不在这个地方",恩格斯所说的"物体在同一瞬间既在一个地方又在另一个地方,既在同一个地方又不在同一个地方"。一般运动,即抽象领域里研究的运动的问题是不能有其他表述方式的。如果我们说运动就是物体在某一瞬间在某一地方,在另一瞬间在另一地方,那么我们就回避了问题的条件。如果物体在两个地方中的某一地方,那它就是静止的;如果它在这两个地方之间,它也同样是静止的,而如果它是从前一个地方过渡到后一个地方,那么它就既不在前一个地方,但也不在后一个地方。在认为抽象理论思维构成世界的本质的黑格尔那里,运动即既在一个地方同时又不在一个地方这个论断,或多或少意味着问题的终结。然而,在认为一般运动仅仅是

---

① V. 切尔尼克:《正确思维中的辩证矛盾是可能的吗?》,《哲学译丛》1965 年第 9 期,第 71—72 页。

具体的、现实的运动之抽象的恩格斯那里,这个论断则仅仅是解决问题的出发点,它仅仅是暂时给出一些问题的条件。真正的运动本质问题在这个抽象领域里是解决不了的,它的解决以深刻分析各种具体运动及其辩证矛盾为前提。这就是恩格斯要去分析数学、生物学和社会科学中的具体矛盾,即分析曲线与直线的矛盾、有机体与环境的物质代谢的矛盾与社会中的阶级斗争的原因。恩格斯嘲笑了杜林,指出这样一些"荒谬的矛盾"如何能在自然科学与社会科学中起很重要的作用。

显然,恩格斯的想法是绝对正确的,所以列宁也就反驳了切尔诺夫对恩格斯的批判。断言物体在某一瞬间在一个地方,在另一瞬间则在接着而来的另一地方,这固然正确地描述了运动的外部形式,"描述"了"运动的结果",然而回避了运动的本质问题,"自身没有包含运动的可能性"。运动的本质问题被撇开了,"那种(辩证的)矛盾没有被它消除,而只是被掩盖、推开、隐藏、搁置起来"。①

我们的选择是:或者不矛盾律被理解为禁止辩证矛盾,从而在认识论里起消极作用,或者被理解为探求和更准确地把握知识问题的条件,从而在知识论里起积极作用。第三种选择是没有的。②

切尔尼克认为,柯尔曼"看不到不矛盾律的积极作用,因而从语义方面改变不矛盾律的表达方式,想从这个地方找到一条逃脱逻辑悖论的出路",从而建议以"物体在同一个瞬间在同一个地方经过并且静止"代替所谓"不精确"的表达"同一瞬间在同一个地方又不在同一个地方"。他说:"对于这种逻辑的与语义的见解我们虽然提不出任何异议,然而这种见解却完全没有解决问题,而是搪塞了问题。说物体通过一个地方,无非是说它是运动的。显然,人们只是把问题移到另一条轨道上去了。问题只是披了另一件外衣:不是'物体在一个地方而又不在一个地方',而是'物体运动(通过这个地方)而又不运动(静止)'"。③切尔尼克提出:"认识发展的历史以别的方式解决了芝诺的悖论。……芝诺对于运动是抽象地、即仅仅依据它的两个必要因素(时间的与空间的)作出判断的。在这个抽象领域里他所能做的只不过是提出问题罢了。"芝诺运动悖论的解决,"就在于引入一个新的

---

① V. 切尔尼克:《正确思维中的辩证矛盾是可能的吗?》,《哲学译丛》1965 年第 9 期,第 72 页。
② 同上书,第 74 页。
③ 同上书,第 75 页。

运动因素,即速度。运动是依据差异(参数 s,v 与 t)的统一而被解释清楚的。但这个领域也显得是抽象的。还应该引入加速度的因素,从一个物质点上的作用力与这一点的质量的关系出发来阐明运动。但认识运动的这个领域仍然显得是抽象的,科学还必须进而作更深入的分析,考察微观粒子的内部结构、它们的波动性与微粒性的对立。因此,运动的本质问题是在从抽象前进到具体的过程中,通过辩证矛盾的分析的不断深化而得到解决的。"①

切尔尼克以现代数学解决无限小问题为例,阐述了把握事物运动的本质问题是如何"在从抽象前进到具体的过程中,通过辩证矛盾的分析的不断深化而得到解决的。"他说:无限小"问题的条件是由于必须讨论等于零而又不等于零的数量而被给定的。在这个条件中已经暗含着这样的意思:不能把无限小理解为一定范围内的静止的数量,而应该把它理解为过程。现代数学事实上是把无限小理解为"无限递减"的过程。如果我们选择一个任意小的正数 e,在一定过程中出现了这样一个时刻,在这个时刻以后总是数量 $|x|<e$,则在这个过程中 x 被称为无限小。把无限小规定为过程是需要分析这个过程的两个矛盾着的方面的。数学讨论了这个'基本可变的过程'和'分配到这个过程上的各个数量'(时刻)的统一。只有这样,才能得出无限小的更精确的定义。因此,对无限小的认识的发展也同样是从对它的抽象理解——它是等于零同时又不等于零的数量——前进到对它的具体认识——它是'无限递减'的内在矛盾过程。"②

四、Ю. A. 彼特罗夫的"精细化"研究

彼特罗夫曾在《哲学科学》1964 年第 2 期发表论文《反映运动的若干逻辑问题》,И. C. 纳尔斯基在总结《哲学科学》杂志的争论时赞同过 Ю. A. 彼特罗夫的观点。③在《关于辩证矛盾的非逻辑矛盾形式的表述问题》④一文中,彼特罗夫系统地阐述了他的研究成果。他首先指出了以下问题。

① V. 切尔尼克:《正确思维中的辩证矛盾是可能的吗?》,《哲学译丛》1965 年第 9 期,第 75 页。
② 同上书,第 75—76 页。
③ И. C. 纳尔斯基:《机械运动的矛盾问题——关于在我们杂志上进行的一场争论》,《哲学译丛》1965 年第 12 期,第 67 页。
④ Ю. A. 彼特罗夫:《关于辩证矛盾的非逻辑矛盾形式的表述问题》,《世界哲学》1988 年第 5 期,第 67—69 页。

第一,不论黑格尔或形而上学者,都不能正确解决关于以逻辑上的非矛盾形式来反映运动的辩证矛盾的问题。

黑格尔提出"运动意味着物体在一个地方同时又不在一个地方",认为物体的机械-位移运动在客观上是具有辩证矛盾的性质的:它在某个地方同时又不在某个地方。如果物体只是在空间的某个地方,那么它在每一瞬间就静止着而不可能有运动。如果它在每一瞬间不在空间的某个地方,那么它就没有经过这个地方,因而也不会有运动。但是,黑格尔未能考虑到反映运动的辩证规律,即为反映运动所必需的简单化、粗糙化、理想化而予以引入和扬弃的规律,因为他认为,物体在一个地方同时又不在一个地方这个语句的语法形式就是逻辑矛盾,但它却是对客观情况的绝对确切的描述。黑格尔的这种解决法常被形而上学者用来反对辩证法。如果说,黑格尔轻视逻辑上的非矛盾性而似乎是为了"拯救"辩证矛盾;那么,形而上学者则相反,他们摒弃辩证矛盾而似乎是为了"拯救"逻辑上的非矛盾性。换言之,形而上学者是用前一任务来替代后一任务:前一任务是,不把运动理解为逻辑矛盾,也就不能反映运动的辩证矛盾;后一任务是,如何以逻辑上的非矛盾形式来反映运动的辩证矛盾的过程。

第二,按照列宁的思想,解决这一问题的辩证法的实质就在于:反映客观的运动辩证法时,我们就会不可避免地把它简单化、粗糙化,直至会通过它的对立面——静止、停下来、"使活生生的东西僵化"等来予以表述。如果估计到反映的辩证法,那么就可以说,"运动意味着物体在一个地方同时又不在一个地方"这个表达式是对客观运动过程的辩证法的表述,而且是它的简单化、粗糙化等的表述。尽可能精确地、以非逻辑矛盾的方式来表述运动的辩证法,需要利用现代形式逻辑、指号学、数学的成果。要将这样的解决变成可能,就必须对形成用来描述运动辩证法的抽象所凭借的一切认识论前提进行精确化。

第三,以非逻辑矛盾的方式来表述运动的辩证法,不仅要指明解决以逻辑的非矛盾形式反映运动辩证法这个问题的思想,而且要指明这种解决法的技术。

在明确提出上述思想后,彼特罗夫给出了"以非逻辑矛盾的方式来表述运动的辩证法"的"三部曲"。概要地讲,他的工作就是:把"黑格尔位移运动矛盾表述"——"运动意味着物体在一个地方同时又不在一个地方"——视为对物体机械-位移运动过程的辩证法的正确表述,然后从现代科学的成果找出一些的"说辞",表明可以用非逻辑矛盾的方式诠释"黑格尔位移运动矛盾表述"。彼特罗夫写道:"现把下述这点当作已经解决的问题,即:'运动意味着物体在一个地方同时又不在一个地方'这个语句是对现实运动过程的辩证法的表述。我们用符号 M_0(即具有零数字的语句 M)来表示这个语句。要求精确语句 M_0 中的所有术语,这第一是为了有可能对这个语句在逻辑上的不矛盾性作出判断;第二是为了使这个语句本身成为非逻辑矛盾的语句。……整个精确化的过程可分为以下若干阶段"[①]。

第一阶段,用对 M_0 大大精确了的,并在含义上与其等价的语句 M_1 取代所研究的语句 M_0,而 M_1 则取自恩格斯的下述命题:"运动本身就是矛盾;甚至简单的机械的位移之所以能够实现,也只是因为物体在同一瞬间既在一个地方又在另一个地方,既在同一个地方又不在同一个地方。这种矛盾的连续产生和同时解决正好是运动。"语句 M_1 即是下述这个语句:运动的物体在同一瞬间既在空间的一个地方又不在这个地方。此时,还不能判断语句 M_1 在逻辑上是否矛盾,因为"在""不在""物体""地方""瞬间"这些术语的含义还没有得到精确化。用直觉来理解它们,那会以为它们的含义是清楚的。然而,直觉绝不会揭示出这些抽象的形成所凭借的认识论前提(特别是理想化)。因此,在一种情形下,物体可被看作为零度的点,在另一种情形下它就可被看作实无穷小的量,在第三种情形下它也可被看作潜无穷小的量,而在第四种情形下它还可被看作有穷的量,等等;这些不同情形,都可以同样地提到瞬间、地方及其他的术语。此外,即使在同一论断中也可能会发生偷换术语之含义的情形,而这却常常发生在这些术语的含义未经明显精确化的时候。由此也就要求转到第二阶段的精确化。

第二阶段的精确化是在某种理论的语言的基础上得到实现的,这种语言能够用来确切地表述语句 M_1,同时,它被用之于判断语句在逻辑上的非矛盾性又是足够精确的。谈论一个语句是否包含逻辑矛盾,则这个语句中的术语必须是在同样的认识论前提下对现实的反映。例如,认为"物体在某一瞬间在某个地方"和"物体在某一瞬间不在某个地方"这两个语句构成逻辑矛盾,则必须是:这两个语句中的"物体""瞬间""地方""在"这些术语要在相同的一些认识论前提下来反映研究客体。为要使语句 M_1 得到精确化,彼特罗夫运用了 E. K. 伏伊什维洛的研究成果。[②]伏伊什维洛把空间的点(地方)和时间的点(瞬间)看作包括这些点在内的间隔的、无限缩小的界

---

① Ю. А. 彼特罗夫:《关于辩证矛盾的非逻辑矛盾形式的表述问题》,《世界哲学》1988 年第 5 期,第 68—69 页。

② E. K. 伏伊什维洛:《再论运动悖论、辩证矛盾和逻辑矛盾》,苏联《哲学科学》1964 年第 4 期。

限,即看作潜无穷小,这是用微积分语言对点作出的理解。这种理解也是对含义极为丰富而又不确定的词——"点"的一种精确化和具体化。物体的点则被看作几何点。用 N 表示任一运动物体的点,以空间点 s 及与其相应的时间点 t 规定物体的点。然后,取任一时间间隔(t,t_1)(这里 $t<t_1$)和物体点的运动轨迹的间隔(s,s_1)(这里 $s<s_1$)。假定这些间隔可无限缩小,直至终点;但是,在左边的终点(s 和 t)则是规定了的。结果就得到组成间隔(t,t_1)和(s,s_1)之部分的时间间隔和空间间隔的无限序列。时间点 t 和空间点 s 将是相应序列中的诸项所趋近的界限。用 Δt 表示取值于间隔(t,t_1)的时间间隔集的变量,用 Δs 表示取值于间隔(s,s_1)的空间间隔集的变量。这样,语句 M_1 就可被读作:"N 点在瞬间 t 在空间的点 s 上,和 N 点在瞬间 t 不在空间的点 s 上。"用 M_2 来表示这个语句。

M_2 中的语句"N 点在瞬间 t 在空间的点 s 上",可以被解释为语句 M_{2a}:"对于任一多么小的间隔 Δs 来说,总可以找到时间间隔 Δt,而在这个间隔内 N 点没有超出 Δs(即在 Δs 上)。"Δs 可无限缩小而趋近于 s 点,但它在任何情形下总是相应于某个间隔 Δt 的,运动的物体可定位于任一多么小的空间间隔内。

而 M_2 中的语句"N 点在瞬间 t 不在空间的点 s 上"(把它称为 M_{2b})表示:"对于任一多么小的间隔 Δt 来说,总可以指明 N 点在 Δt 时间内将超出空间间隔 Δs。"在此情形下,Δt 可无限缩小而趋近于 t 点,但总可以找出间隔 Δs,而它将被 N 点在 Δt 时间内所通过。

以上引进微积分语言而得的相应的理想化,使语句 M_1 精确起来,获得了语句 M_2 即 M_{2a} 和 M_{2b},而且语句 M_1 含义的本质方面也没有丧失掉。因此就可以指出,语句 M_2 不是逻辑矛盾的语句。为了证明这一点,就应当转到逻辑的精确语言上来,即转到第三阶段的精确化。

第三阶段,用"H"表示"在"的关系。这样,用谓词逻辑的语言来表述语句 M_{2a} 和 M_{2b}(即 M_2)就可得到语句 M_3:

$$\forall \Delta s \, \exists \Delta t \, H(N, \Delta t, \Delta s) \wedge \forall \Delta t \, \exists \Delta s \rightarrow H(N, \Delta t, \Delta s)。$$

至此,可以确切而肯定地说,语句 M_3 不是逻辑矛盾的语句;对语句 M_0"运动意味着物体在一个地方同时又不在一个地方"的含义,作出精确化乃是可能的:它可以用非逻辑矛盾的形式(即语句 M_3)对运动的辩证矛盾作出反映。[①]

---

① Ю. A. 彼特罗夫:《关于辩证矛盾的非逻辑矛盾形式的表述问题》,《世界哲学》1988 年第 5 期,第 69 页。

于是,"A 和非 A"类型的形式上的背反不是客观辩证法的最终表现,这种背反应该在某种结构中得到解决和扬弃。①

第三节　20 世纪七八十年代苏联哲学界的主流观点

一、《古代辩证法史》的观点

1971—1978 年,苏联一批知名哲学家主持编写了一套辩证法史丛书,共五本,即:《古代辩证法史》《十四—十八世纪辩证法史》《辩证法史——德国古典哲学》《马克思主义辩证法史——从马克思主义产生到列宁主义阶段之前》《马克思主义辩证法史——列宁主义阶段》。苏联过去曾出过一些有关辩证法史的著作,但系统地阐述辩证法史的成套著作,还是第一次出版。编写辩证法史的任务,1967 年就提出来了。②《古代辩证法史》是丛书的第一本,是在苏联著名古希腊哲学史研究家、苏联科学院通讯院士米哈依尔·亚历山大洛维奇·敦尼克的领导下,由苏联科学院哲学研究所研究人员集体编写的,1972 年由莫斯科思想出版社出版。该书阐述和剖析了古代哲学(从米利都学派到新柏拉图派)主要代表人物的学说中的辩证法要素,同时探讨了古希腊哲学家赋予"辩证法"这一名词的种种不同含义。作者用专门的篇幅介绍了苏联哲学史家在研究古代辩证法方面所做的工作,分析批判了现代资产阶级对古代辩证法的解释。

该书有系统较深入地讨论了关于芝诺运动悖论的各种观点。该书写道:"芝诺反对运动的真理性的最有意思的证明包含在'(飞)箭'疑难中,……关于箭飞的思想导致不能容许的逻辑矛盾,因此事物的运动实质上是不可能的。如果撇开后来的解释,论据的内容是这样的:箭在自己运动的每一瞬间都在空间占据一定的位置,并且不能越过它的界限,因此,在这位置上它是静止的。对于箭飞行的任何其他瞬间也完全可以这样说;这意味着,箭在飞行的全部期间都是静止的;但是,按照条件,箭不是静止的,而是运动着。……后来,黑格尔在肯定的意义上解释这个疑难,在运动的每一瞬间,箭的任何一点既处在又不处在空间的同一点上。黑格尔对芝诺

---

① 贾泽林、周国平等编著:《苏联当代哲学》(1945—1982),人民出版社 1986 年版,第 87 页。
② 同上书,第 88 页。

疑难的这种解释引起人们写了大量论战性的著作。"①"在辩证法史上列宁最先指出隐含在'箭'的疑难中的机械运动的结构和对机械运动的认识这一问题的极为深刻的辩证的含义","首先注意到作为现实过程的运动和它的抽象的几何的'结果'之间的本质区别":"实际上,时间的瞬间和路程的点——这并不是物理的客体,而是数学的理想化,在现实世界里,与它们相应的只是一些近似的原型。"②"这种有条件的认识论立场能够确定运动着的物质点在每一'瞬间'的存在,即在其运动的时间点,在其路径的任一新的点上的存在。当人们忽视辩证的反映原则并把现实的物理运动同所谓几何学的'结果'混为一谈时,'箭'的疑难是不能解决的。这种混淆意味着,把认识论上的'固定'错误地当作物理上的'静止',从而导致谬误。在逻辑上从这种固定既不能引出箭的静止,也不能引出箭的运动(更确切地说,固定可同样存在于物体静止和物体运动之中)。可以这样说:芝诺错误地将那些只有对于路程分段和时间间隔来说是正确的论断归于点和瞬间(在时间间隔中物体的位置不变时谈物体的不动性是对的,而在物体的位置在瞬间中不变的情况下断言物体的不动性,则是不对的)。另外,可以在逻辑上没有矛盾地把点和瞬间解释为潜在的无限小的分段与间隔,我们的Ю.А.彼特罗夫和某些作者论述了这一问题。"③"因此,'箭'的疑难是在描述运动时把过程划分为'最后的成分'和借助理想化的抽象而作出的最终的确定的片面性所产生的结果。这个疑难是以下两个方面之间辩证矛盾的相互关系的产物:一方面是客观运动的诸矛盾,另一方面是这些矛盾在意识中的不完善的反映,这种反映是借助于确定运动过程的被分割了的和'凝固化了的'最简单状态而得到的。"④

该书阐明的以下观点及其对一些问题的提法,同样是需要重视的。

该书提出:"运动的不可能性的'一般证明'是直接和'箭'的辩证问题联结在一起的。……如何合理地(在概念的逻辑中)表述从运动着的(和变化着的)物体的一个位置(和状态)转到另一个位置和状态——这就是芝诺所指出的困难。"⑤"在芝诺那里,运动的理性的(逻辑的)反映导致形式逻辑的矛盾,从而否认了运动的'真理性'。列宁指出,认识论上的间断性仿

---

① 米·亚·敦尼克等编:《古代辩证法史》,齐云山等译,人民出版社1986年版,第107—108页。
② 同上书,第108页。
③ 同上书,第109页。
④ 同上。
⑤ 同上书,第110—111页。

佛使运动粗糙化了，但是没有它，一般地说，认识是不可能的，所以只能说一些变形的和粗糙化的认识方式为另一些不太粗糙化的认识方式所代替，虽然完全摆脱它们的这种缺点是不可能的。……但这并没有为理论认识的悲观主义提供任何根据。"①

对于芝诺的"两分法"论证，该书写道：欧美国家的一些重要哲学刊物上"研究这个悖论（疑难）的现代作者们以一种心理学观点来考察这一情况。按照这些作者的意见，这种情况就在于，芝诺完全人为地引入了'不能达到的目标'，因为他那样地来划分运动的轨道，即划分后得到越来越小的小段，而在这种划分中没有丝毫的必然性。"②而"在现代有关数学方法论的著作中，芝诺的'两分法'问题是作为对与微分运算相对立的积分运算的论证而被表述的。例如，如果根据某种规律，有限的线段潜在地（或现实地）区分为无限的连续性（或多），那么问题在于如何逆运算，这种逆运算按连续性或多给出最初的线段。这个问题成了数学分析和点集论问题。"③

对于芝诺的"阿基里斯与龟"论证，该书写道："在现代，这个疑难是在多（集）论中被人加以解释，并在柏·罗素、阿·格律恩堡和其他逻辑学家及数学家的著作中从多（集）论立场得到了解决，要注意到这里的困难在于，如果我们不能切实地确定阿基里斯的路程分段连续性的最后完成阶段如何才能达到，我们就不能认为这个连续性是可计算的和实际上能完成的。格律恩堡用以下的方式克服这一困难。他诉诸康托尔的点的连续统的概念，在这种点的连续统中那些最终的、封闭它的点是完全合理的。因此，'级数中缺少在其进程中运动得以完成的最后的间隔，并不妨碍比所有间隔更加后来的瞬间的存在，而这一瞬间将成为运动的完成瞬间。'这里把运动的间隔和瞬间列入不同的范畴具有重要意义。……然而理论上对多的阐述有赖于引进新的、更加困难的问题来解决一些先前的困难。这些困难之一正在于如何以不矛盾的方式想象用因素的未完成的无限连续性来描述的运动的完成。格律恩堡提出了摆脱这一困难的新奇的办法。但是他不能排除与多的理论联系着的一般认识论上的困难"④。

从上我们可以明确：该书对芝诺运动悖论的"飞矢不动"论证给予了特别的强调，给出了苏联哲学家所做的工作和确立的观点；而对"两分法""阿

---

① 米·亚·敦尼克等编：《古代辩证法史》，齐云山等译，人民出版社 1986 年版，第 111 页。
② 同上书，第 105 页。
③ 同上。
④ 同上书，第 106—107 页。

基里斯与龟"论证,却只是评介了欧美哲学家的观点。另一方面,对于"飞矢不动"论证,该书说"黑格尔在肯定的意义上解释这个疑难,在运动的每一瞬间,箭的任何一点既处在又不处在空间的同一点上";即是说,该书认为"黑格尔位移运动矛盾表述"是黑格尔为消解"飞矢不动"论证而提出来的。然而,"黑格尔位移运动矛盾表述"是黑格尔在解答"阿基里斯与龟"悖论时提出的。于是我们只能说:该书的"张冠李戴",只表明作者存在着严重的思想混乱。

二、苏联高等学校教材的观点

《在辩证唯物主义教学中批判现代资产阶级哲学》,系苏联高等和中等专业教育部批准出版的供学习马克思列宁主义哲学的大学生和研究生使用的教材,也是供从事马克思列宁主义哲学教学的教师使用的教学参考书;由 А.П.舍普图林等编著、И.С.纳尔斯基审定,1975 年由莫斯科《高等学校》出版社出版。中译本名《辩证唯物主义诸问题与现代资产阶级哲学(在辩证唯物主义教学中批判现代资产阶级哲学)》,由上海人民出版社1987 年出版。

该书在给出恩格斯在《反杜林论》中基于"黑格尔位移运动矛盾表述"所作出的论断后写道:

> 各种旨在否认矛盾客观存在的论据,其依据都是把一般矛盾等同于在形式逻辑基础上加以分析的、人所共知的形式上、逻辑上的矛盾(即逻辑矛盾),并把辩证法关于矛盾普遍性的原理与形式逻辑要求消除那种表明认识有误的认识矛盾对立起来。因此,弄清辩证矛盾与形式逻辑矛盾之间的区别将证明把辩证法与形式逻辑对立起来是没有根据的。
>
> 辩证矛盾就其结构来说,它是以中间环节为中介的对立面的统一,然而形式逻辑矛盾却是由于把对立命题直接等同、联结或相提并论而产生的。另外,无论在辩证矛盾、抑或在形式逻辑矛盾的场合下,当然都是指处于同一时间、同一关系中的对立面……当一物相对于某一物体运动得快些,相对于另一物体运动得慢些,而相对于第三个物体则处于静止时,这就没有任何矛盾。显然,只有在对立面处于同一

时间、同一关系的情况下,才能谈得上矛盾。①

至于说对立面的间接统一,那么经验约略地给人带来一定的信息。当人们判定物体和现象的变化将导致与出发状态相反的结局时,他们也就在思考矛盾。新东西日渐陈旧;移动着的物体在每一瞬间均处于一定的位置上,但又不同于静止的物体,它在另一瞬间早已不处于这一位置上了(这时就产生一个问题:长时间内的静止与短时间的瞬间静止之间有何区别呢?),生长着的东西经常遭到毁灭,不同商品在交换中被视为相同的东西等等。

经验提供给我们的运动,只是告诉我们"对象之间和对象内部"存在着矛盾,但它既没有指出,也没有向我们揭示辩证矛盾的结构。只有从理论上考察这种或那种运动的特殊本性,才能科学地理解辩证矛盾的结构。在这种情况下,原则没区别就显示出来了:形式逻辑矛盾作为对立命题的直接统一,应当被排除掉,因为它不能被证实(至少其中一个论断在经验到的客观世界中不能被证实),然而在被表述为两个对立命题的辩证矛盾中,却不存在证实问题,因为两个对立论断都能被证实;但存在另一种问题,即理论上的解决矛盾问题。而这种理论上的解决矛盾会使人们发现客观现实本身中对立面间接统一的中间环节。②

辩证逻辑的出发点是,违反形式逻辑规律和规则对科学地解决辩证矛盾会产生消极影响。比如,由形式逻辑发现的同一律"A=A",根本不排斥包含在"A=A 并且 A=非 A"这一公式中的辩证矛盾。"A=A 并且 A=非 A"这一公式把"A=A"这一公式作为自己的一个非独立部分,即作为一个因素、一个方面包括到自身之中。但是,如果把这个公式描述为"A=A∧非 A",那就不对了。问题在于,合取符号"∧"是形式逻辑符号,它表示把"A"和"非 A"直接联系起来加以比较,然而在辩证矛盾中,对立面却通过中介即经过一系列中间环节才彼此联系起来。这里要遵守形式逻辑同一律 A=A,这就是说,在逻辑推论中不该偷换概念,即 A 直接等于 A。比如说,我不能断言:"运动着的物体在同一关系、同一时间内既在运动又不在运动。"从来没有一个唯物辩证法的代表人物作出过这样的断定,而且任何一个思想健

---

① A. П. 舍普图林等编著:《辩证唯物主义诸问题与现代资产阶级哲学(在辩证唯物主义教学中批判现代资产阶级哲学)》,赵修义等译,上海人民出版社 1987 年版,第 112—113 页。

② 同上书,第 113—114 页。

全的人也不会作出这样的断定,因为在现实情况中,一个物体只有在不同的关系、不同的参数系统中,它才能既在运动着又不在运动着。①

三、《客观辩证法》的观点

苏联从 20 世纪 70 年代就计划撰写和出版唯物主义辩证法的多卷本基础性著作。②由 Φ. B. 康斯坦丁诺夫和 B. Γ. 马拉霍夫主编的《唯物主义辩证法》共五卷;第一卷考察客观辩证法问题,第二卷考察主观辩证法问题,第三卷考察自然界和自然科学的辩证法问题,第四卷考察社会发展的辩证法问题,第五卷批判分析各种非马克思主义的辩证法观念。第一卷《客观辩证法》于 1981 年出版,受到好评。

《客观辩证法》一书的第三章"对作为现象的客体的辩证分析"中,设立了"运动。空间和时间"一节,阐述了唯物主义辩证法对运动、空间与时间及其相互关系的认识。该书指出:在马克思主义以前的唯物主义中运动概念是在"狭隘的"意义上,作为机械运动概念,即客体空间位移的概念使用的。在马克思主义哲学中,运动概念是在"广泛的"意义上,作为任何变化这个概念使用的;一如恩格斯所言"运动,就它一般的意义来说,就它被理解为存在的方式、物质的固有属性来说,包括宇宙中发生的一切变化和过程,从单纯的位置变动起直到思维。"③在此基础上,该书给出了对运动的定义:"运动是客体的位置或状态的变化"④,并指出"对这种转变作准确的描述是一个最复杂的问题"⑤,一如列宁所言"如果不把不间断的东西割断,不使活生生的东西简单化、粗陋化,不加以划分,不使之僵化,那么我们就不能想象、表达、测量、描述运动。思想对运动的描述,总是粗陋化、僵化。不仅思想是这样,而且感觉也是这样;不仅对运动是这样,而且对任何概念也都是这样。"⑥

该书进而写道:

---

① A. Π. 舍普图林等编著:《辩证唯物主义诸问题与现代资产阶级哲学(在辩证唯物主义教学中批判现代资产阶级哲学)》,赵修义等译,上海人民出版社 1987 年版,第 118 页。

② 贾泽林、周国平等编著:《苏联当代哲学》(1945—1982),人民出版社 1986 年版,第 74 页。

③ 恩格斯:《自然辩证法》,于光远等译编,人民出版社 1984 年版,第 124 页。

④ Φ. Φ. 维亚凯列夫主编:《客观辩证法》,东方出版社,1986 年版,第 153 页。

⑤ 同上书,第 155 页。

⑥ 《列宁全集》(第 2 版)第 55 卷,人民出版社 1990 年版,第 219 页。

在古希腊罗马哲学中,在反映运动的矛盾性质上的困难使芝诺提出了著名的疑难。在当代也在试图解决这些疑难。现在利用集合论、数理逻辑等等越来越强有力的逻辑数学工具来解决这些疑难。但是,如果断言只有逻辑数学手段才能解决芝诺的疑难,那就错了。

运动的矛盾性是多方面的。首先,运动在空间和时间的非连续性和连续性的统一方面是矛盾的。例如,在机械运动中实现了空间和时间的规定性的两个对立因素——连续性和非连续性——的客观的综合。其次,运动的矛盾性存在于可能性和现实性的辩证法中。例如,根据辩证的观念,运动着的物体在机械运动时,在同一时间里既处在(现实地)又不处在(潜在地)空间某个地方。

运动的矛盾性还表现在稳定性和可变性这两个因素的统一。状态的任何变化都必定伴有这个变化的基础的保持、稳定、静止(例如,位置的保持是位置可能变化的条件)。换句话说,可变性是和稳定性密切相联系的。因此,例如,机械运动的矛盾性就是作为变化和稳定这两个因素的统一的运动的矛盾性的表现形式。任何状态的辩证法在于:一种现象总是具有在同一时间既使状态保持不变,又在这个状态的范围内发生变化的特点。

辩证唯物主义关于运动是属性的论点是以平衡或静止的问题的解决为前提,而平衡或静止被看作没有运动和变化。从辩证法观点来看,状态始终是运动的状态,因为没有运动,物质就不存在。所以,静止是运动的某种既定状态的保持。静止和运动的区别就在于,运动始终是与运动的某种状态向其他不同质的状态转变相联系的。[①]

概要地讲,《客观辩证法》一书在给出运动的定义"运动是客体的位置或状态的变化"的基础上,对运动的矛盾多样性进行了综合的、系统的阐述:运动的矛盾性既表现在空间和时间的非连续性和连续性的统一,也表现在稳定性和可变性这两个因素的统一;运动始终是与运动的某种状态向其他不同质的状态转变相联系的,静止是运动的某种既定状态的保持,运动的矛盾性存在于可能性和现实性的辩证法中。既然"运动是客体的位置或状态的变化",运动包含机械-位移运动,那么,机械-位移运动的矛盾性也就是:空间和时间的非连续性和连续性的统一,稳定性和可变性的统一;存在于可能性和现实性的辩证法中。可以说,该书的

---

① Ф. Ф. 维亚凯列夫主编:《客观辩证法》,东方出版社 1986 年版,第 155—156 页。

这些论述具有逻辑形式与内容的完备性,并且把苏联哲学界乃至欧美的各种新观点、新认识"辩证地"综合起来了。尤其需要注意的是:该书没有再提及"黑格尔位移运动矛盾表述",也没有再提及恩格斯、列宁所作出的那些与"黑格尔位移运动矛盾表述"密切相关的论述。该书提出的"根据辩证的观点,运动的物体在机械运动时,在同一时间里既处在(现实地)又不处在(潜在地)空间某个地方",似乎"可以克服黑格尔和恩格斯表述的不足,因为这个表述既体现了物体运动的相对静止——在同一时间现实地仅仅在空间某个地方,又体现了物体运动的绝对性——它又潜在地不处在这个地方,即在另一时刻将不在这一地方。"[①]由此,"如下表述也能成立:'机械运动是指物体既在某一瞬间,又不在这一瞬间,既在某一地方,又不在这一地方的推移过程'。"[②]

然而,一旦把物体的机械-位移运动明确定义为"物体既在某一瞬间,又不在这一瞬间,既在某一地方,又不在这一地方的推移过程",人们也就容易指出上述观点的缺陷。

在近现代科学体系与辩证唯物主义哲学体系中,我们面对的自然界是由无限的事物组成的一个整体,事物的内部和外部都进行着各种各样的运动变化;事物间的位置变化是最基本的运动形式。例如,河水在河床中流动,地球在绕太阳运动,人在路上的行走。谈论物体的位移运动,总是要说明是相对于哪个参照物(参考系)的位移运动;位移运动是事物之间的相互依从关系。参考系的建立,就是为了用时空坐标描述事物间的这种相对位置变化关系。[③]在这种关系中,客观发生的物体间的位置变化是第一性的,时空描述是第二性的,时间空间只是描述物质及其运动的两个基本概念。《客观辩证法》一书在讨论空间和时间时也写道:"辩证唯物主义以及一般唯物主义的代表,都坚持空间和时间的客观性和属性性质。空间和时间在下述意义上是绝对的:它们是物质的属性;没有空间一时间的特点,就不存

---

① 万年:《我们应如何表述运动》,《社会科学战线》1993 年第 5 期,第 282 页。

② 同上。

③ 物理学中的参考系,也就是"用刚体和钟建立这样一个系统(参考物体),使量杆和钟在相互作好刚性安排的情况下可用以直接指示位置和时间"。(爱因斯坦:《狭义与广义相对论浅说》,杨润殷译,上海科学技术出版社 1964 年版,第 76 页)而我们对物质及其运动过程在"时间空间的一切确定,总是归结到对时间空间上的重合所作的测定。……我们的量度结果无非是确定我们量杆上的质点同别的质点的这种会合,确定时钟的指针、钟面标度盘上的点,以及所观察到的同一地点和同一时间发生的点事件三者的重合。"(《爱因斯坦文集》第二卷,范岱年等编,商务印书馆 1977 年版,第 285 页)即是说,物质运动过程的次序和持续由钟的指针与刻度盘上的刻度相重合所指示的数和指针移动完成的周期数来表征,其到达的位置和通过的距离由尺上的刻度以及刻度间隔来表征。

在物质客体。同时,把空间和时间说成某些在物质客体之外、与物质客体并列的特殊'本质',这也是没有意义的。当人们说客体是在空间和时间中运动的时候,这种说法有以下意义:这个客体是以另一个客体的空间和时间规定性为'背景'运动的。同任何物质客体都没有联系的'纯粹的'空间和时间是不存在的。"①由此,容易看到:"机械-位移运动是指物体既在某一瞬间,又不在这一瞬间,既在某一地方,又不在这一地方的推移过程"之表达,并没有阐明机械-位移运动的本质,它甚至没有表明机械-位移运动只是物体系统间的相互位置变化。另一方面,它把人们经验到的"事件之流"(物体不停息的位置变化)置于"先后"的"时间关系"中,把机械-位移运动视为伴随时间流程由一个地方向另一个地方的推移过程;从而存有"不是运动(逻辑上)先于时间,而是时间(逻辑上)先于运动,没有时间则没有运动,而没有运动,时间照样存在"②之意蕴。当然,如果一定要赋予它以时空关系学说的意蕴,那么也就必须像爱因斯坦那样阐明其中的"时间坐标"(瞬间)的意义,进而阐明"时间"是如何构成的。一经阐明,并且像爱因斯坦那样把握时间、空间与机械-位移运动的关系,也就不存在"既在某一瞬间,又不在这一瞬间""既在某一地方,又不在这一地方"的"推移过程"了。

第四节　美国学者 E. 马奎特的观点

1991 年 6 月,由美国明尼苏达大学马克思主义教育出版社组织、以明尼苏达大学物理学和天文学学院教授 E. 马奎特(Erwin Marquit)为团长的马克思主义学者访华团与中国社会科学院哲学研究所的有关负责人和部分专家学者在北京举行了学术讨论会。会议的主题是如何在自然科学、社会科学和人文科学等各个领域应用马克思主义的观点和方法。③同年,《哲学研究》发表了 E. 马奎特的论文《量子客体的波粒二象性构成对立面的统一吗?》,提出"类波现象和类粒子现象在其他情形中也可分别表征为不可定域性和可定域性。可定域性和不可定域性是互为条件并相互排斥

---

① Ф. Ф. 维亚凯列夫夫主编:《客观辩证法》,东方出版社 1986 年版,第 166 页。
② 吴国盛:《时间的观念》,中国社会科学出版社 1996 年版,第 132 页。
③ 星河:《中美学者共同探讨马克思主义哲学的应用问题》,《哲学动态》1991 年第 7 期,第 8—10 页。

的概念,因而是辩证对立的空间概念。但我们不应认为量子客体是粒子或是波,或既是粒子又是波,所以不存在对立面的统一。这种对立面统一的存在将构成形式逻辑中的矛盾。"①E. 马奎特对物理学的哲学问题、马克思主义的矛盾学说有着长期而深入的研究。1979—1980 年,他在美国学术期刊《科学与社会》发表了《非间断空间和分立空间运动的辩证法》《辩证法与形式逻辑中的矛盾》等论文。

马奎特在《非间断空间和分立空间运动的辩证法》开篇的引言中写道②:

> 对立面的统一和互相渗透的辩证法则怎样在机械运动(即有形物体位移的运动)中起作用的问题,由于种种原因而引人注目。首先,这个问题同最古老的哲学疑难之一———爱利亚学派的芝诺提出的飞矢疑难有联系。其次,它同辩证逻辑和形式逻辑之间的关系问题有联系,因为首先是黑格尔,后来又是恩格斯,曾用一种似乎跟形式逻辑相冲突的方法看待机械运动。最后,机械运动问题必然涉及空间和时间的概念,而且鉴于当前对空间和时间的结构展开的讨论,这个问题获得了新的意义。

> 六十年代期间,苏联《哲学科学》就这个问题组织了一次讨论,发表了十余篇有关的论文。以后在苏联的一次专题讨论会上,对这个问题又作了进一步讨论,并公布了讨论记录。

> 人们通常从有关运动的辩证论述中可以看到,运动中的主要矛盾是跟间断性和非间断性的概念联系在一起的。本文所要论证的是,尽管非间断和间断的矛盾可能成为对运动的感知中的主要矛盾,但它并不构成物理过程本身的主要矛盾。此外,为了不排除时空具有某种分立结构的可能性,改变有关运动的概念是必要的。

接下来,马奎特在"机械运动中的辩证的矛盾"子标题下回顾了芝诺的"飞矢不动"论证,回顾了黑格尔的观点以及恩格斯所作出的与"黑格尔位

---

① E. 马奎特(Erwin Marquit):《量子客体的波粒二象性构成对立面的统一吗?》,《哲学研究》1991 年第 10 期,第 54—55 页。该文的发表,较之笔者在《哲学动态》1985 年第 10 期发表否定"微观客体是波粒二象性的矛盾体"之"传统观点"的论文《微观客体是波粒二象性的矛盾体吗?》,晚了 6 年;较之笔者在《中国社会科学》1987 年第 3 期发表的论文《"波粒二象性是自然界的基本矛盾"吗?》,晚了 4 年。

② E. 马奎(克)特(Erwin Marquit):《非间断空间和分立空间运动的辩证法》,《国外社会科学》1980 年第 9 期,第 23 页。

移运动矛盾表述"相关的论断；进而写道："如果人们未能把运动看作是一个由运动的各个瞬间联结起来的过程，这就明显地与形式逻辑相冲突，列宁把人们的这种无能描绘为主观辩证法。这种主观辩证法跟客观辩证法有明显的不同，它是发生在物质世界的过程中客观存在的矛盾在思维上的反映。"①他同意 И. C. 纳尔斯基对《哲学科学》的争论的总结所言："参加这次讨论的大多数人都承认，在'亦此亦彼'的模式中隐藏着运动的非间断性和间断性之间更重要的辩证矛盾。……这个矛盾本身并不反过来包括机械运动的全部本质，更不能说是这个矛盾诱发了物体的位移。因为位移只有当时间和空间被看作两个'平行'的稠集时才发生；而且这体现了那个现实过程的一种抽象，在那个过程中，物质的变化、空间和时间这三者构成一个单一的完整的连续统一体。……但是，运动的理论概念化中的主要问题，仍然是描述运动的非间断性这一任务。"②他也同意纳尔斯基曾对机械运动自相矛盾现象作出的解释，"在于认识没有完整地反映客观物理运动的非间断性和间断性之间的真正矛盾。作为这种不足的结果，产生了一个第二位的认识论上的矛盾，即通过时间进程的永恒的'滑动'作用来对运动作不矛盾的描绘与通过无数'凝固点'使有形物体沿着轨道'定位'来对运动进行描绘之间的矛盾。这个认识论上的矛盾来源于理论上（几何学上）的空间的非间断和间断的矛盾统一，而且跟物理过程的这样一种非间断和间断的统一不一致，因为这些物理过程既不包含'点'也不包含'瞬间'，而仅仅是提供与它们近似的模式。"③

在作出上述论述之后，马奎特提出了自己对《哲学科学》的争论的看法："这场讨论，虽然力求把客观存在于物理实在中的非间断和间断的统一同我们的认识对这种实在的反映中相应的统一联系起来；实际上，它只不过集中讨论了把物理实在中运动的非间断性（辩证法本身固有的一个概念）同我们对这种运动的感知具有的间断性统一起来所存在的困难。困难的根源看来不在于运动的非间断性，而在于把运动看成是一系列的静止状态这种感知的间断性。这个事实并不足以使我们有根据设想，这一类型的间断性跟产生运动的物理过程的那些主要的、非常活跃的矛盾的一极是一致的。但是，我们感知功能上的不足，并不能给物理过程和它在思维中的反映之间造成不可逾越的障碍。我们把握运动的矛盾本质的能力，在人类

---

① E. 马奎（克）特（Erwin Marquit）：《非间断空间和分立空间运动的辩证法》，《国外社会科学》1980 年第 9 期，第 24 页。

② 同上。

③ 同上。

认识的一定阶段上可能是有限的、不完整的,但对于认识反映中潜在的可能达到的准确性,不可能有客观存在的限制。正像事物本身没有不可知的东西一样,'矛盾本身'也没有不可知的'矛盾'。"①

在第二个子标题"罗素真正解决了芝诺的疑难吗?"下,马奎特指出:欧美哲学界通常认为"如果把飞矢疑难置于空间、时间和运动的数学上的非间断性的假设下来研究,罗素就已经最终地消除了这个疑难",而"在罗素看来,芝诺的错误在于把这些时间上的瞬间看作一连串瞬间的有限系列:这一瞬间、下一瞬间等等,矢在不同的瞬间处于不同的场位。罗素写道:'答案在于非间断系列的理论:我们发现不得不假设,矢在飞行中,在下一瞬间占据了下一场位。但是实际上,并没有什么下一场位和下一瞬间。'……罗素在这里说的是,把任何瞬间看作'下一'瞬间是毫无意义的,因为根据非间断性的概念,在任何两个瞬间之间,常常有密集在一起的无数个瞬间。"②马奎特还指出,美国哲学家"萨蒙认为这种场位和瞬间对应的概念,使得罗素做出了措辞虽然'过分戏剧化但基本上是正确的'评论,说芝诺的飞矢'在它飞行的每一个瞬间上,确实是静止的。'萨蒙解释说:'静止和运动的区别,只有当我们考虑物体在若干不同的瞬间上所处的场位时才产生。这就是说,除了在相应的时间处于相应的地方以外,没有任何更多的由此到彼的运动过程。在这种意义上,假设运动系由不动所构成,并不荒谬。'"③

在阐明和分析罗素及其追随者观点之后,马奎特提出了下述观点:"按照格鲁巴姆、萨蒙和罗素的观点,运动这个概念与一种不动的连续系列完全等同。这种观点是否确凿的可以观察到的事实值得怀疑。例如,一组无限密集的场位的存在,显然就是一种假说而不是观察到的事实。由于把运动简化成为一种函数关系,其中包括两组独立存在的无限密集的场位和瞬间,这种观点就使得空间和时间的物理结构不可能受到运动物体本身的影响——而这种影响,我们已经知道确是存在的。例如,根据广义相对论的理论,我们知道物体的质量确实影响局部几何形状。"④"由于就空间和时间的分立性而言,罗素的论证没有驳倒芝诺关于运动不可能的断言,在接

---

① E. 马奎(克)特(Erwin Marquit):《非间断空间和分立空间运动的辩证法》,《国外社会科学》1980 年第 9 期,第 24 页。

② 同上书,第 24—25 页。

③ 同上书,第 24 页。

④ 同上书,第 25—26 页。

受空间和时间的量子化的可能性时,我们仍然面临一种概念上的困难"①,"因为在那种情况下,就会有'下一'场位和'下一'瞬间"②。他强调:"绝不应该反对那种能使人们接近真实并在一定应用范围内获得效益的数学函数。但是,必须弄清楚它在接近物质属性的过程中所起的作用。而首先要注意的是,决不容许那种我们愿意受其局限的描绘客观真实的理论框架来妨碍我们更深入地探索物质的属性。"③

那么,马奎特又是如何认识与理解物体的机械-位移运动的呢?他又是如何解答"飞矢不动"疑难的呢?马奎特提出,物体的机械-位移运动可以这样看待:

> 在具有一定广延性的有形物体的机械运动中(图 5-1),相应的过程可以描绘成物体离开 A 区进入 B 区,这里 A 区在 P 平面的左边,B 区在右边。
>
> 于是,机械运动中的非间断和间断的统一便具有下列意义:平面 P 通过把空间分成两个对立的、不同质的区,即一在其左一在其右,造成了一种间断性。像所有的辩证对立物一样,这种对立也是相对的,即相对于 P 平面;而从 A 区至 B 区的运动则是绝对的、非间断的。从运动考虑,只要物体还没有完成它从一边到另一边的运动,P 平面的位置就不一定要精确地定在这个地方。如果我们这里考虑的不是具有一定广延性的物体,而是某个有形点的运动,情况也是如此。④

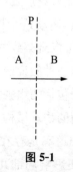

图 5-1

在作出上面的图示和解释之后,马奎特又进一步出此断言:

---

① E. 马奎(克)特(Erwin Marquit):《非间断空间和分立空间运动的辩证法》,《国外社会科学》1980 年第 9 期,第 25 页。
② 同上书,第 26 页。
③ 同上。
④ 同上。

根据上述论证我们发现,要解决芝诺的疑难,关键在于这样一个事实,即我们的确没有根据去断言一个运动着的物体在某个特定的瞬间存在于某个确定的地方(场位)。由存在这个词所表达的定场概念,只应当用来指相对静止的物体。

现在我们可以看出,把机械运动的基本矛盾看作离开一个区域进入另一个区域是有益的。通过不把定场作为处于运动中的物体的一个属性,我们就把运动看成为物质的一个基本属性。①

对于马奎特的上述议论和断言,我们不妨试想一下,精通数学,擅长分析,且劝告我们按数学家那样思想运动的哲学家罗素,将怎样反驳马奎特呢? 或许会有如下的情况。

罗素:马奎特先生,您的"运动着的物体"从 A 区到达 B 区的过程中是否需要时间?

马奎特:需要时间。

罗素:您说需要时间? 那好! 您那"我们的确没有根据去断言一个运动着的物体在某个特定的瞬间存在于某个确定的地方"之断言是错误的。因为,既然需要时间,您那"运动着的物体"在穿过 P 面那一瞬间就存在于 P 点上。因此,人们就完全可以这样说:运动着的物体在某个特定的瞬间就存在于某个特定的地方。

马奎特:那么就不需要时间吧。

罗素:不需要时间? 这无论根据我们的经验和我们的数学对运动的描述,都是不可能的。根据我们的经验,物体在改变自己的空间位置时,必然有时间流逝,不可能只出现现实的空间位置变化而不需要时间。并且,我们数学是这样来求运动物体的瞬时速度的:把位置 x 作为时间 t 的函数,找出位置 x 与时间 t 的函数关系;设物体在 x 位置时时间有个增量 Δt,相应地,物体就有一个位移 Δx,Δx 是物体在 Δt 内走完的距离,它在时间间隔$(t, t+\Delta t)$内的平均速度为 $v = \Delta x/\Delta t$。当 Δt 很小,无限趋于零时,$\Delta x/\Delta t$ 的极限就是运动物体在 x 位置时的瞬时速度。如果现在按照您的意见不需要时间,那么,您那"运动着的物体"穿过 P 面的速度就是无穷大,这是荒谬的啊!

马奎特:……?

---

① E. 马奎(克)特(Erwin Marquit):《非间断空间和分立空间运动的辩证法》,《国外社会科学》1980 年第 9 期,第 26 页。

罗素:马奎特先生,既然您用相对论否定我的观点,现在我也用相对论来否定您的观点,您大概没有注意到自从狭义相对论产生就已经冲破您的断言了。因为相对论采用"四维时空连续区"的思想,正是断言一个运动着的物体在某一特定的瞬间存在于某一确定的地方,在接着的下一瞬间又存在于另一确定的地方。

马奎特:……?

此外,把时空量子化与芝诺运动悖论相联系,在马奎特之前,苏联哲学博士莫斯杰巴宁柯 1974 年在其关于时空问题的哲学专著中就已经开展了。他指出,芝诺的"两分法"和"阿基里斯与龟"论证"建立在关于空间连续和无限可分的假定的基础上。如果怀疑这一假定的正确性,那么,这个疑难的表达本身就失去了意义。"①他认为,依据当时量子物理学的发展,一些科学家提出了时空量子化假说,人们应该考虑"量子物理学所发现的当过渡到小尺度时运动规律和空间—时间关系发生实质性变化的可能性","尽管自然科学长期没有为分立空间的假说提供任何证据。"②莫斯杰巴宁柯这里的思想简言之就是:如果科学家们提出的时空量子化假说最终若被证明是正确的,那么,芝诺的"两分法"和"阿基里斯与龟"疑难就被解决;但是,他又不敢先验地肯定科学的发展最终不会使他失望。值得注意的是,莫斯杰巴宁柯只讨论了"两分法"和"阿基里斯与龟",回避了"飞矢不动";而按照罗素的观点,承认时间和空间的间断性就无法回答"飞矢不动"。马奎特则在第三个子标题"复式分离时空的运动"下,依据他给出的关于物体的机械-位移运动的理解,讨论了时空量子化条件下对"飞矢不动"的解答。马奎特强调:"应该记住,我们仍然是在一个基本上属于经典性的框架里描述运动,而对这种运动作数学上的表述时立刻会碰到许多难以克服的困难。由于事实上机械运动并不是自然界发生的唯一物理过程,这个问题就更为复杂了。比如说,人们必须研究'机械时间'同'电磁时间''核子时间'等等之间有什么联系的问题。但是,这里要指出的主要之点是:不论是空间的分立性还是时间的分立性,都没有给一种辩证的自然观带来障碍。"③

在马奎特的讨论中,一个基本观念愈加清楚地显现出来,这就是:物体

① A. M. 莫斯杰巴宁柯:《宏观世界、巨大世界和微观世界的空间和时间》,王鹏令、陈道馥译,中国社会科学出版社 1985 年版,第 145 页。
② 同上。
③ E. 马奎(克)特(Erwin Marquit):《非间断空间和分立空间运动的辩证法》,《国外社会科学》1980 年第 9 期,第 28 页。

的机械-位移运动是物体在时间流程中的位置变化过程；即物体在时间流程中由一个地方转移到另一个地方的过程。这种观念也为梅洛-庞蒂所主张。对于罗素所言："当一个物体运动时，除了它在不同时间在不同位置上之外，就没有任何事情发生了"①，"运动意味着'关系'，……运动是由运动着的东西做成的，并不是由一些运动做成的。运动表示如下事实：物体在不同时间可以在不同地点，无论时间多么接近，所在地方仍可不同"②；梅洛-庞蒂指出，这种纯粹关系论的相对的运动必然需要预设两个关系者：一个运动物体，一个外部的客观参考点。而"运动物体与运动的区分一旦形成，就没有无运动物体的运动……就没有绝对的运动……芝诺的论证就又有了道理。人们反驳芝诺的论证，说不应该把运动当作在一系列不连续瞬间中依次占据的一系列不连续位置，说空间和时间不是由离散成分的聚集构成的，是徒劳的。……即使人们发明一种数学工具来研究无限的位置和瞬间，人们也不能在同一的运动物体中设想始终处在最接近的两个瞬间和两个位置之间的转变活动本身。"③于是，梅洛-庞蒂说：像罗素那样"思考运动时，我不理解运动能为我开始，能作为现象呈现给我"④，"最终也就没有任何办法能把本义的运动归因于'运动物体'"⑤。他还写道："运动到达某一点和运动从'邻近'点出发应该是同一个事件，这种情况的发生只是因为有一个突然离开一个点和占据另一个点的运动物体。"⑥

应该承认，这种观念也为芝诺的论证所持有。马奎特在论文中回顾芝诺的"飞矢不动"论证时，谈到苏联学者"V. I. 斯维德尔斯基援引 A. O. 马科维尔斯基的话，对这个论点作出两种解释"⑦：

> 这一论证的第一种形式是，如果矢在飞行中的每一点上都占有一块与自身体积相等的、界限分明的地方，运动就不可能，因为为了运动，物体需要有比它自身所占的空间更大的空间；所以，在每一个个别的位置上，物体都不是在运动，而是处于静止。这些静止状态的总和不可能形成运动，因而运动是不可能的。

---

① 罗素：《我们关于外间世界的知识》，陈启伟译，上海译文出版社 1990 年版，第 103 页。
② 罗素：《西方哲学史》下卷，马元德译，商务印书馆 1976 年版，第 361 页。
③ 莫里斯·梅洛-庞蒂：《知觉现象学》，姜志辉译，商务印书馆 2001 年版，第 341—342 页。
④ 同上书，第 342 页。
⑤ 同上书，第 341 页。
⑥ 同上书，第 344—345 页。
⑦ E. 马奎(克)特(Erwin Marquit)：《非间断空间和分立空间运动的辩证法》，《国外社会科学》1980 年第 9 期，第 23 页。

提供这一论证的第二种形式是一个类似的推理过程：矢在运动时总有着时间上的某一瞬间或时刻；由于每一瞬间都是不可分的，矢在那个瞬间上就不可能改变其位置。由于时间是由许多个别的瞬间组成，矢的运动就是必须由静止状态的总和构成，而这又证明了运动的不可能性。因此，考虑到矢总是处于许多特定的却又无法区分的"此地"和"此时"中，以此推论，矢的每一个位置都是不可区分的，即它是静止的。

上述解释，一如苏联的《古代辩证法史》所写道："如何合理地（在概念的逻辑中）表述从运动着的（和变化着的）物体的一个位置（和状态）转到另一个位置和状态——这就是芝诺所指出的困难。"①而苏联的《客观辩证法》一书也有如下论述："运动是客体的位置或状态的变化。对这种转变作准确的描述是一个最复杂的问题。列宁写道：'如果不把不间断的东西割断，不使活生生的东西简单化、粗陋化，不加以划分，不使之僵化，那么我们就不能想象、表达、测量、描述运动。思想对运动的描述，总是粗陋化、僵化。不仅思想是这样，而且感觉也是这样；不仅对运动是这样，而且对任何概念也都是这样。'"②文中的"这种转变"正是指的"离开一个点和占据另一个点的""过渡"过程。很显然，列宁作出的另一个论断"运动就是物体在某一瞬间在某一地点，在接着而来的另一瞬间则在另一地点，……(1)它描述的是运动的结果，而不是运动本身；(2)它没有指出、没有包含运动的可能性"③，同样坚执着为马奎特愈加清楚地阐明的那种观念。

① 米·亚·敦尼克等编：《古代辩证法史》，齐云山等译，人民出版社 1986 年版，第 110—111 页。
② Ф. Ф. 维亚凯列夫主编：《客观辩证法》，东方出版社 1986 年版，第 155 页。
③ 《列宁全集》（第 2 版）第 55 卷，人民出版社 1990 年版，第 218—219 页。

第六章　我国学术界对"黑格尔位移运动矛盾表述"的讨论

第一节　我国学术界 20 世纪六七十年代的讨论

我国学术界在 20 世纪六七十年代就发表过不少关于机械-位移运动矛盾问题的文章;之所以出现这种情况,与这个时期掀起的学习毛泽东著作的热潮密切相关。而毛泽东对物体机械-位移运动矛盾的认识,与他学习恩格斯的《反杜林论》和苏联 20 世纪 30 年代的哲学教科书,及其对"黑格尔位移运动矛盾表述"的认识,密切相关。

1960 年 3 月,毛泽东建议政治局委员人人都订一份《哲学研究》。这一时期,毛泽东关心的主要是思维与存在的统一性问题的讨论,感兴趣的主要是工农兵学哲学、用哲学的文章。①

1960 年 11 月 25 日,《光明日报》的哲学副刊发表了署名为"中共哈尔滨工业大学机械系机床及自动化专业分总支委员会"的文章《从"积木式机床"看机床内部的矛盾运动规律》(以下简称《机床》)。毛泽东阅读这篇文章后,请《红旗》杂志加以转载,并代《红旗》杂志编辑部给作者写了下面这封信:

中共哈尔滨工业大学机械系机床及自动化专业分总支委员会同志们:

看了你们在 1960 年 11 月 25 日《光明日报》上发表的文章,非常高兴,我们已将此文在本杂志上转载。只恨文章太简略,对六条结论使人读后有几条还不甚明了。你们是否可以再写一篇较长的文章,例

---

① 龚育之等:《毛泽东的读书生活》,生活·读书·新知三联书店 2010 年版,第 154 页。

如一万五千字到二万字,详细地解释这六条结论呢?对于车、铣、磨、刨、钻各类机床的特点,也希望分别加以分析。我们很喜欢读你们的这类文章。你们对机械运动的矛盾的论述,引起了我们很大的兴趣,我们还想懂得多一些,如果你们能满足我们的(也是一般人的)要求,则不胜感谢之至。①

信末原署"毛泽东 1960 年 11 月 28 日",后来改署为《红旗》杂志编辑部 1960 年 12 月 6 日"。

《机床》一文产生的背景是 1958—1960 年上半年全国开展两个运动,即"双革(技术革新与技术革命)四化(机械化、半机械化、自动化、半自动化)"与"学习毛主席著作的群众运动"。在这两个运动中,作为哈尔滨工业大学校长的李昌要求全校教师,特别是骨干教师要把学习毛主席的哲学著作同寻找科研方向和方法,同推进教学内容、教学方法的改革结合起来。同时还要求教师和学生到工厂中去亲临技术现场,在推进"双革四化"中学习和运用毛泽东的哲学思想,同时提高工厂的技术实践。在此背景下,哈工大机械系的教师和学生直接参与了哈尔滨机联机械厂"积木式机床"的设计与制造。基于对技术现场的技术创造活动的直接体验,李昌指出:"机联机械厂之所以能创造出积木式机床,就是因为他们抓住了机床的主要矛盾。""我们要向他们学习,首先要学习他们这方面的经验,用唯物辩证的观点和方法分析我们在'科学实验'中遇到的问题,把自然辩证法的学习和研究工作开展起来。"②

1961 年,厦门大学马列主义夜大学开办了自然辩证法研究班,旨在加强理科教师的辩证唯物主义哲学的素养,逐步学会运用这一正确的世界观和方法论来研究自然科学中的哲学问题,从而不断提高理科的教学质量和科学研究水平。研究班以自学为主,讨论为辅,适当地组织一些带有启发性的专题报告;以读好恩格斯的《自然辩证法》一书为主,补读一些其他有关的马克思主义经典著作和《红旗》等报刊所发表的有关论文;并且要求在领会文献的精神实质的基础上,写出确有心得的读书笔记。相继讨论过的问题有:自然科学从形而上学复归到辩证法的问题、自然现象中的质量互变包括部分质变的问题、自然现象中的必然性与偶然性的关系问题、抽象

---

① 龚育之等:《毛泽东的读书生活》,生活·读书·新知三联书店 2010 年版,第 110—111 页。
② 关士续:《李昌与哈工大自然辩证法研究》,《哈尔滨工业大学学报(社科版)》2000 年第 2 期,第 16—24 页。

假说在自然科学中的作用问题、数学的发展动力问题以及非生物界中诸运动形态的基本矛盾,其中包括机械运动的基本矛盾。①研究班对于机械运动的基本矛盾的认识,周济撰写了一篇综述文章。②文章写道:"毛泽东同志在《矛盾论》中指出:'每一物质的运动形式所具有的特殊的本质,为它自己的特殊的矛盾所规定'。'科学研究的区分,就是根据科学对象所具有的特殊的矛盾性'。那么,作为力学或机械学的研究对象的特殊矛盾,亦即规定机械运动的特殊本质的基本矛盾是什么呢? 厦门大学马列主义夜大学自然辩证法研究班最近就此问题,展开了热烈的争论。争论中大家畅所欲言,各抒己见,一共提出了六种不同的见解。每种见解都有一定的理由,但也受到讨论对方的质疑和异议。"六种不同的见解分别是:主张机械运动的基本矛盾是作用与反作用的矛盾;主张机械运动的基本矛盾是既在这里和又不在这里的矛盾;主张机械运动的基本矛盾是动能与位能的矛盾;主张机械运动的基本矛盾是时间和位移的矛盾;主张机械运动的基本矛盾是力与运动状态的矛盾,或外力与位移的矛盾;主张机械运动的基本矛盾是时间和空间的矛盾。周济具体地记述了各种见解的根据,以及反对方质疑和异议的理由。

1964 年,中国科学院主办的刊物《自然辩证法研究通讯》发表了王鼎昌的论文《机械运动的矛盾》③。该文主张"机械运动本身的矛盾是:物体在同一瞬间既在这个地方又不在这个地方",指出"对机械运动历来就有辩证法观点和形而上学观点的斗争";力图从研究机械运动的力学来说明机械运动中的矛盾。他写道:

速度 $v=dx/dt$ 标示物体机械运动的状态。运动的物体一定具有速度,速度反映着运动本身的矛盾(一分为二)。一方面,它是指物体在某一时刻 t 在某一位置 x 的速度。它反映着运动物体在 t 时刻确实在 x 位置。另一方面,dx 是空间位置的微小变量,可以理解为物体离开 x 位置的趋势的强度。所以速度又反映着运动物体在 t 时刻,确实在离开 x 位置,不在 x 位置。力学通过物理量 x(位置坐标)、t(时间)、v(速度)描绘了物体的机械运动状态,反映了物体同一时刻

①　自通:《我校自然辩证法研究班积极开展〈自然辩证法〉的学习活动》,《厦门大学学报(哲学社会科学版)》1962 年第 2 期,第 135 页。

②　周济:《关于机械运动的基本矛盾问题——自然辩证法研究班专题讨论综述之一》,《厦门大学学报(哲学社会科学版)》1962 年第 2 期,第 130—134 页。

③　王鼎昌:《机械运动的矛盾》,《自然辩证法研究通讯》1964 年第 4 期,第 1—5 页。

既在这个地方又不在这个地方的矛盾。①

物体只要是作机械运动,它就要发生位置的变动。物体不占有空间是不可能的,不占有空间就更谈不上空间位置的变化,因此任一时刻物体总是会处于空间某一位置的;但同时它又不固定在这一位置,离开这一位置,否则这物体就不是运动,而是静止着。物体同一时刻既在这个地方又不在这个地方,是机械运动中相互联系着的两个方面,这两个方面对立、排斥、斗争是绝对的。在这个地方,是物体具有确定的位置,表征物体维持一定位置的趋向;不在这个地方,是物体不具有确定的位置,表征物体离开一定位置的趋向。这对立双方斗争的结果,引起转化:前一时刻物体不在这个地方的趋向,到了下一时刻就转化成在新的位置上,具有确定位置的趋向,于是又产生新的矛盾。这种矛盾的连续产生及其同时的解决,也就是连续不断的运动。②

1976 年,中国科学院物理研究所主办的刊物《物理》发表了一组关于机械运动的基本矛盾问题的"物理学争鸣"文章③。其中,江礼斌的文章写道④:

> 马克思主义者认为:世界是物质的,物质都是运动的。物质为什么会运动? 因为有矛盾。一切物质内部都是一分为二的,都有矛盾的两个侧面,它们都相互依存又相互斗争,这就构成了运动。"矛盾即是运动。"
>
> 对于机械运动,即物体在空间中随时间的推移所发生的相对位置变化的运动,上述辩证唯物论的运动观认为:一个物体在同一瞬间内,既在某处又在别处,"同一瞬间内在某处"作为矛盾的一个方面而存在,"同一瞬间内又不在某处"、"同一瞬间内又在别处",则作为矛盾的另一个方面而存在。它们二者矛盾着,正是这种矛盾才构成了机械运动。其中任何一个方面都不能成为运动。如当雨点既在空中的某处又不在某处的时候,才开始了自己的下落运动;它正在越来越接近地

---

① 王鼎昌:《机械运动的矛盾》,《自然辩证法研究通讯》1964 年第 4 期,第 3 页。
② 同上。
③ 这组"物理学争鸣"文章,除江礼斌的《两种不同的运动观》,还有周志成的《试论运动三定律》、李复龄的《机械运动物体的内部矛盾是什么?》、王瑞昌的《不能把外力看成是纯粹的外因》。(《物理》1976 年第 1 期,第 58—64 页)
④ 江礼斌:《两种不同的运动观》,《物理》1976 年第 1 期,第 63—64 页。

面而又没有到达地面的时刻,它才仍在运动中,并未结束。所以恩格斯说:"运动本身就是矛盾;甚至简单的机械的位移之所以能够实现,也只是因为物体在同一瞬间既在一个地方又在另一个地方,既在同一个地方又不在同一个地方。这种矛盾的连续产生和同时解决正好就是运动。"

和辩证唯物论的运动观相反,历史上还有另外一种运动观。就是牛顿他们所认为的:物质本质上是静止的,内部没有矛盾,只是由于外力的作用才运动起来。物体作机械运动时,某一瞬间内在某处就是在某处,而决不能同时又在别处;在别处就是在别处,而决不能同时又在某处。例如雨点从空中落到地上,在开始下落的一瞬间,它处在开始运动的地方,第二瞬间处在第二个地方,第三瞬间处在第三个地方,直至所需一定时间的最后一瞬间,它便落在地面上了。所有这些连贯起来,便构成了雨点下落的运动,也就是说,雨点在许多瞬间内,分别停留在许多静止的地方,连起来就成为运动。

在辩证法看来,这种把运动看成无数静止状态的总和与联结,表面上描述了运动,实际上却取消了运动。按照这个逻辑,把位置当成只是空间上的点,把时刻看成只是时间上的点,把运动看成单纯的一个个静止状态的叠加,其结果必然导致世界上无所不在的只是静止而不是运动;静止可以独立于运动之外。显然这是荒谬的。这种观点没有指明:为什么物体可能向另外一处转移的原因。正因为物体在甲处的一瞬间,同时又包含有它自己的对立面——不在甲处而在乙处,从而自甲处到乙处的运动才成为可能。如若物体在甲处的同时,并不包含着不在甲处,那么物体永远也不能超出甲处;如若物体一瞬间在甲处就是在甲处,另一瞬间在乙处就是在乙处,物体移动的可能性就没有得到说明。只有同一瞬间里物体既在甲处又在乙处,机械运动才能发生。

1978 年,《厦门大学学报(自然科学版)》发表了陈明德的论文《关于机械运动的矛盾问题》[①]。该文写道:机械运动是每人每天几乎要碰到无数次的最简单、最基本、最低级的物质运动形式。唯物辩证法认为,矛盾存在于一切运动的过程之中,并贯穿于一切机械运动过程的始终。列宁在《谈

---

① 陈明德:《关于机械运动的矛盾问题》,《厦门大学学报(自然科学版)》1978 年第 2 期,第 99—105 页。

谈辩证法问题》一文中指出,"要认识世界上一切过程的'自己运动',自生的发展和蓬勃的生活,就要把这些过程当作对立面的统一来认识。"该文论述道:

> 物体只要进行机械运动(不论惯性运动或非惯性运动)就会发生空间位置随时间的变动。这种位置变动的根本原因在哪里呢?恩格斯在批判杜林否认矛盾的谬论时,……在历史上第一次正确阐明了简单的机械位移的动因在于运动本身,在于其内部矛盾,即物体在同一瞬间"既在同一个地方又不在同一个地方"的对立统一,从而深刻揭示了机械位移的辩证过程。物体既要在空间占有确定的位置,同时它又不固定在这一位置,而要离开这个位置,否则运动就会停止。"在同一个地方"指的是物体内部有维持一定位置的趋向和性质,反映时空的间断性。"不在同一个地方"指的是物体内部具有离开一定位置的趋向和性质,反映时空的连续性。在位置变化的过程中,物体内部这对矛盾双方斗争的结果,各自向着相反的方向变化:前一时刻,物体"不在同一个地方"的矛盾方面,到了下一时刻就转化为在新的位置上"在同一个地方"的矛盾方面。正是这一矛盾的不断产生和同时解决,形成了连续不断的机械位移,使位置变化过程表现为静与动、止与行的对立统一,空间位置随时间"不变"与"可变"的对立统一,不间断性与间断性的统一。
>
> 力学中用位置和速度描述物体机械运动的状态。速度表示物体机械运动的快慢和方向。物体(平动)的瞬时速度是(任一点)位置矢径 r 对时间 t 的变化率,即 $v = dr / dt$。"速度,运动的量,是和某一特定的流过的时间成比例的空间。"特定空间 r 与流过的特定时间 dt 是 0 和非 0 的对立统一。它们既是一个特定的点和瞬间,又是过程和运动。dr 和 dt 是 0,表示物体在 t 时刻确实处在 r 这一位置,不是 0,表示物体在 dt 这段时间间隔内又确实在空间 r 内运动着,不断离开 r 位置。而 dr 与 dt 这两个特定的 0 的特定比例,既表示了物体在 r 位置的运动状态,又反映出物体离开 r 位置的运动趋向和强弱。所以,瞬时速度 v 正是物体在同一瞬间"既在同一个地方又不在同一个地方"的对立统一。[①]

---

① 陈明德:《关于机械运动的矛盾问题》,《厦门大学学报(自然科学版)》1978 年第 2 期,第 99—100 页。

上述论题及其主要观点在申先甲的《基础物理学的辩证法》一书的第一章"机械运动的矛盾"中得到全面而系统地展现。申先甲写道：

> 毛泽东同志指出："矛盾是简单的运动形式（例如机械性的运动）的基础更是复杂的运动形式的基础。"机械运动虽然是最简单的运动形式，却也是一个辩证的过程，是由事物内部的矛盾产生的，矛盾是机械运动的基础。[①]
>
> 自然界中物体的机械运动，其表现形式虽是多种多样的，但都有其共同的特点，即都发生着位置的变动。所谓"位置的变动"，其中包含着两个基本概念：一个是空间，表示出物体的位置；一个是时间，表示着位置的变化。每个时刻物体占有一个相应的位置，不同时刻物体到达于不同的位置，从而表现出物体位置的变动。但是，这样描写的只是运动的结果，而不是运动本身，没有揭示出物体怎么会从一个位置移到另一个位置。因为，这种说法并没有揭示出使机械运动成为可能的矛盾根据。[②]

申先甲认为，恩格斯在《反杜林论》中正确地指出了"机械位置本身包含着'在'和'不在'的矛盾"。他论述道：

> 一个物体在某一时刻到达于某一个地方，在任一瞬间占据空间的一定位置，即"在一个地方"，"在同一个地方"，这反映出机械运动过程中有相对静止的一面。有了"在一个地方"的这个方面，物体在任一时刻才有确定的位置，才可以保持一定条件下的相对稳定性，也为发展变化提供了前提。但静止只是相对的、暂时的。如果物体只有"在一个地方"的方面，就不会发生位置的移动。
>
> 一个物体在到达某个地方的同时，又正在离开那个地方，正在由这个地点移向下一地点，正在进行位置的变更。所以物体"又在另一个地方"，"不在同一个地方"，这反映出机械运动过程中物体有不断运动、变化的一面。正是由于物体在一个时刻具有不在同一个地方的这个方面，物体才有运动的趋势，才能发展、变化，产生空间位置的改变。所以，"不在同一个地方"是物体机械运动过程中变动的、积极的、绝对

---

① 申先甲：《基础物理学的辩证法》，科学出版社1983年版，第6页。
② 同上书，第7页。

的方面。但若只有这个方面,运动就会瞬息万变,毫无稳定性,物体就没有位置,没有轨迹,也就无法认识和描述了。

在某一时刻,物体既到达某个地方,又正在离开这个地方,所以既处于某个位置,又不在这个位置。这是互相矛盾、互相对立的两个方面。但这两个方面是在同一瞬间体现在同一个物体上的,这表明矛盾的统一性,即矛盾双方是互相依赖、互相依存的,同时存在于同一个物体的统一的运动过程之中。

可见,物体之所以能够运动,就是因为它具有矛盾。某个时刻,物体处在空间的一个确定位置上;但同时又正在离开这个位置,发生位置的变动,不具有绝对确定的位置。同一瞬间物体既在一个地方又不在同一个地方,这两个方面互相对立、互相否定,又互相联系、互相依存。"一动一静",没有动就没有静;"不止不行",没有静也谈不上动,这正表明机械运动是静止和运动的矛盾的对立统一过程。这两个方面的对立斗争,引起矛盾的转化:不在一点转化为在一点,在一点转化为不在一点,这种矛盾的连续产生和同时解决,就构成了连续的运动过程,使物体机械位移的实现成为可能。如果没有这种矛盾,机械运动也就不可能发生。①

申先甲说,机械运动中"在"和"不在"的矛盾,体现了时间和空间的间断性和连续性的矛盾。他论述道:

机械运动是物体的空间位置随时间的变更,所以它是时间与空间的统一。但时间与空间既是间断的,又是连续的。例如,时间可以分成好多小时、分、秒,空间可以分成好多位置、好多点,这种可分性表明它们是间断的;但时间和空间又是连续的,从一个时刻到另一个时刻,从一个地点到另一个地点,是连续不断的,可以过渡的。如果只有连续性,就分不出时刻,分不出地点;如果只有间断性,就割断了时空的联系,从一个时刻不能进入下一个时刻,从一个地点不能到达另一个地点,一切变化就成为不可能的了。所以时间和空间既是间断的,又是连续的,是间断性与连续性的辩证统一。

列宁指出:"运动是(时间和空间的)不间断性与(时间和空间的)间断性的统一。运动是矛盾,是矛盾的统一。"机械运动是通过时

---

① 申先甲:《基础物理学的辩证法》,科学出版社 1983 年版,第 7—9 页。

空关系表现出来的,它总表现为某一特定时间(时刻)同某一特定空间(位置)的重合,同时又在破坏着这种重合。在运动过程中,物体在"这时",却又不断地超越"这时"的界限而不在"这时";在"这里",却又不断地突破"这里"的限制而不在"这里"。"这时在这里",体现了时间和空间的间断性;"这时在这里又在那里",体现了时间和空间的连续性,它使物体具有了比自身"这时在这里"更长的时间和空间,即进入"彼时彼地"了。这样,物体才既存在于一定的时空范围之中,却又不断克服被限制的时间和被限制的空间,超越这个有限的时空界限,从而形成连绵不断的运动之流。所以,机械运动本身,正反映着时间和空间的间断性与连续性的对立统一。①

申先甲在作出图 6-1 的基础上,

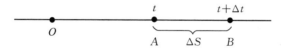

图 6-1　当时间间隔 Δt 和位移 ΔS 趋于零时,比值 $\Delta S/\Delta t$ 的极限值就
可以精确地描写物体经过 A 点时的运动情况

进一步论述了"即时速度这一概念,就体现着时间与空间的间断性与连续性的对立统一",他写道:

　　设某一时刻 t 物体经过 A 点,再经过一段时间 Δt 后,即在 $t+\Delta t$ 时刻,物体经过 B 点,ΔS 即物体在此段时间内所发生的位移。比值 $\Delta S/\Delta t$ 就是物体在该段时间间隔 $t \sim t+\Delta t$ 内的平均速度。一般说,平均速度随所取的时间间隔的不同而有所差异,而且也只能表现出在所取的时间间隔内运动的平均快慢程度。所以,平均速度不能精确表示运动的真实情况,而只能给予运动以粗略的描述。如果把时间间隔 Δt(因而位移 ΔS)取得越来越短,比值 $\Delta S/\Delta t$ 也就越来越精确地描写着物体在该段时间内(也即该段路程上)的运动状况。当时间间隔 Δt(因而位移 ΔS)趋于零时,比值 $\Delta S/\Delta t$ 就趋于某一极限,这个值就是物体在 t 时刻的即时速度,也就是物体经过 A 点时的即时速度。所以即时速度可定义为位移对时间的一次导数,即

① 申先甲:《基础物理学的辩证法》,科学出版社 1983 年版,第 9—10 页。

$$v = \lim_{\Delta t \to 0} \frac{\Delta S}{\Delta t} = \frac{dS}{dt}$$

不难看出，Δt 趋于零表示物体运动过程中的某一特定时刻 t，ΔS 趋于零表示物体经过某一位置 A。所以 Δt 和 ΔS 趋于零，是对位移和运动的否定，表示物体某一时刻"在"某一位置；dS/dt 即物体某一时刻在某一位置的速度。因此，即时速度的存在表明着某一时刻和某一位置的重合、对应，表明着时间和空间连续中的间断。但是，Δt 和 ΔS 又是时间进程和空间位置的微小变化，它们本身就是对任何一个特定时刻和特定位置 A 的否定，因而是表示着位移，肯定了运动，表现着物体"不在"某一固定的位置；Δt 趋于零和 ΔS 趋于零还是一个连续的、无限逼近零的过程。在任意大小的时间间隔 Δt 之内各个时刻点的连续性和任意大小的空间间隔 ΔS 之内各个空间点的连续性，才使时间和空间的无限分割、无限逼近成为可能，使求导数成为可能。所以，dt 和 dS 的本身就是矛盾，它们既是"瞬间"和"地点"，又是时间和空间的某段"间隔"；即时速度 dS/dt 正表现着在某一时刻和某一位置处物体突破这一时空限制的趋势和强度，它深刻地反映了物体运动中同一瞬间既在一个地方又不在同一个地方的矛盾本质。[1]

申先甲的《基础物理学的辩证法》一书的不少观点，被高清海主编的《马克思主义哲学基础》教科书所采纳。[2]

第二节　我国学术界 20 世纪八九十年代的讨论

一、围绕"黑格尔位移运动矛盾表述"的完备性的争论

1981 年首次出版的、中国人民大学肖前[3]等主编的《辩证唯物主义原

---

[1] 申先甲：《基础物理学的辩证法》，科学出版社 1983 年版，第 10—11 页。

[2] 高清海主编：《马克思主义哲学基础》（上册），人民出版社 1985 年版，第 498—499 页。高清海主编的《马克思主义哲学基础》教科书，被视为"中国学者对马克思主义哲学教学体系的新探索"。"李达主编的《马克思主义哲学大纲》实际上开始了中国学者对马克思主义哲学体系的新探索，然而由于种种历史原因，这一探索一度中断了。重启对马克思主义哲学教学体系新探索的，是高清海主编，1985—1987 年出版的《马克思主义哲学基础》（上、下册）。"（袁贵仁、杨耕：《马克思主义哲学教学体系的形成与演变（下）》，《哲学研究》2011 年第 11 期，第 11 页）

[3] 20 世纪 50 年代末，肖前参加了由艾思奇主编的新中国第一本哲学教科书《辩证（转下页）

理》哲学教科书,是我国改革开放后,由教育部组织编写的第一部哲学专业教材。该书按照恩格斯的理路论述了"矛盾的客观性和普遍性",写道:

> 在机械运动中,最简单的位移就是连续和间断的对立统一。正如恩格斯所说:"运动本身就是矛盾;甚至简单的机械的位移之所以能够实现,也只是因为物体在同一瞬间既在一个地方又在另一个地方,既在同一个地方又不在同一个地方。这种矛盾的连续产生和同时解决正好就是运动。"如果我们只片面地承认连续性或间断性,都无法解释运动的过程和运动的可能性,就会作出"轮不碾地"或"飞矢不动"的错误结论。除位移外,机械运动还有作用力与摩擦力、离心力与向心力、弹性与塑性、强度与韧性等等矛盾。……生命过程中的矛盾也是普遍的。恩格斯指出:"既然简单的机械的位移本身已经包含着矛盾,那么物质的更高级的运动形式,特别是有机生命及其发展,就更加包含着矛盾。"①

1984 年 10 月,中国社会科学院哲学研究所编辑的《哲学动态》发表熊立文的论文《辩证思维应该如何表述运动》②,提出肖前等主编的《辩证唯物主义原理》用"物体在同一瞬间既在一个地方又在另一个地方,既在同一个地方又不在同一个地方"来表述(机械)位移运动是不恰当的;应该"采用这样一个命题:'运动就是,当既是此刻又非此刻时,物体既在这里又不在这里。'"

熊立文写道:

> 黑格尔认为时间和空间的本质就是运动,时间是连续性和点积性的统一,空间是连续性和点积性的统一,这些思想都很深刻。……在黑格尔看来,时间的点积性,空间的连续性,二者的对立统一,就是运动。运动作为间断性和连续性统一的含义也在于此。现在我们再来看《逻辑学》中的那个命题:"某物之所以运动,不仅因为它在这个'此

(接上页)唯物主义历史唯物主义》的撰写工作,成为该书的主要执笔人之一。该书由人民出版社于 1961 年初版,1962 年修订再版,1968 年修订后又第三次出版。在该书的几次修订中,肖前始终承担着主要工作,做出了重要的贡献。(高鸿:《历经风雨　前行不已——记著名马克思主义哲学家肖前》,《中国人民大学学报》2004 年第 2 期)

① 肖前、李秀林、汪永祥主编:《辩证唯物主义原理》,人民出版社 1981 年版,第 201—202 页。

② 熊立文:《辩证思维应该如何表述运动》,《哲学动态》1984 年第 10 期,第 27—30 页。

刻'在这里,在那个'此刻'在那里,而且因为它在同一个'此刻'在这里
又不在这里。"这个命题中,时间恰恰表现为纯否定性、点积性,而空间
则表现为连续性和点积性的统一。对于黑格尔的这种看法,我是不赞
同的。①

辩证唯物主义把时间和空间看作物质运动的存在形式,机械运动
是物体在一定时间内的空间位置的移动。物体在改变自己的空间位
置时必然有时间的流逝。如果承认物体在空间位置上有变化,而时间
停顿,这不仅违反了辩证唯物主义,而且会在数学中造成很大困难。
速度是表示物体机械运动状态的概念,瞬时速度表现出运动物体在某
一时刻或某一瞬间所具有的速度。数学上这样来求运动物体的瞬时
速度:把距离 S 作为时间 t 的函数,找出距离 S 与 t 之间的函数关系。
设时间有一个增量 Δt,相应地距离也有一个增量 ΔS。ΔS 是物体在
Δt 内所走的距离,它在时间间隔$(t, \Delta t)$内的平均速度为 $v = \Delta S/\Delta t$。
当 Δt 很小,无限趋近于零时,$\Delta S/\Delta t$ 的极限就是运动物体在某一时
刻的瞬时速度。这是微分学中求瞬时速度的基本思想。恩格斯对微
分学的评价很高,认为微积分是运动进入数学,辩证法进入数学的结
果,认为"只有微分学才能使自然科学有可能用数学来不仅表明状态,
并且也表明过程:运动。"但如果时间 Δt 为零(在某一瞬间,或某一"此
刻"),距离 ΔS 不是零(物体在这里又不在这里),则 $\Delta S/\Delta t$ 为无穷
大,即物体的运动速度为无穷大。这是不可能的,与客观事实不符。②

熊立文在评说了黑格尔在《逻辑学》中的命题后,又继续评说了黑格尔
在《哲学史讲演录》中给出的命题。她写道:

再来看"运动的意思是说:在这个地点而同时又不在这个地点"这
个命题,它的含义与前一个命题的意思一样,不过有必要看看黑格尔
推出这个命题的过程。黑格尔首先解决"阿基里斯"问题。……解决
芝诺的疑难后,黑格尔讨论一般的运动:"当我们一般地说到运动时,
我们总是这样说:物体在这一个地点,然后走向另一个地点。由于它
在运动,它已不复在第一个地点,但也还不在第二个地点;如果它在两
个地点中间的一个地点,则它就是静止的。……但运动的意思是说:
在这个地点而同时又不在这个地点;这就是空间和时间的连续

---

① 熊立文:《辩证思维应该如何表述运动》,《哲学动态》1984 年第 10 期,第 28—29 页。
② 同上书,第 29 页。

性，——并且这才是使得运动可能的条件。"这里关键在于对"同时"的理解。如果把"同时"理解为同一段时间，像他在解决阿基里斯问题时所说的那样，这个命题就没有什么矛盾，也不会引起那么大争议了。但这里黑格尔的意思很清楚，"同时"指同一个"此刻"，因为不同的时段是同一的，不同的时间点也是同一的。诚然，时间是间断的，也是连续的。我们可以把物体运动时所持续的一段时间分成两段时间，也可以把连续的两段时间看成同一段时间，却不能把同一段时间中的不同时刻看成同一时刻，不能把物体在 A 点的时刻与它在 B 点的时刻看成"同时"，看作同一时刻。因为时间除了具有间断性和连续性两个特点外，还有一个重要的特性——顺序性，或借用数学的术语，时间中的时间点是"有序的"。辩证唯物主义认为，时间是物质运动的顺序性、间隔性和持续性。时间的流逝是依次相继，永远向前，一去不复返的。现代科学认为，某一事件在时间上的先后顺序是确定的，不可逆转的。炮弹总要先发射后落地，发射和落地不可能同时发生，更不可能先落地后发射。不承认时间的顺序性，把同一段时间里的两个不同的时刻看成同一时刻会导致谬论。因此，"在这个地点而同时又不在这个地点"这个命题也是不正确的。①

熊立文最后总结道：

芝诺发现了运动中时间和空间的连续性与间断性的矛盾，但他把时间和空间的连续性与间断性割裂开并严格地对立起来，用间断性反对连续性，从而断言运动没有真理性。黑格尔解决芝诺疑难的基本出发点是承认运动中的矛盾，认为时间、空间都是连续性与间断性的统一，并且力图在表述中显示出物体运动在空间上从一点到另一点的过渡。但他忽视了物体运动在时间上从此时到彼时的过渡，或者说，没有能正确地表达出时间从此时到彼时的过渡。因此，黑格尔关于机械运动的命题是不恰当的。时空同是物质运动的存在形式，辩证思维表述物体机械运动的命题应该表达出空间位置的改变和时间的流逝。我们也承认简单的机械运动中存在着矛盾，但运动应该是（时间和空间的）连续性与（时间和空间的）间断性的统一，而不是时间的间断性与空间的连续性的统一，也不是时间的间断性与空间的间断性和连续性的统一。我想，是不是可以采用这样一个命题："运动就是，当既是

①　熊立文：《辩证思维应该如何表述运动》，《哲学动态》1984 年第 10 期，第 29—30 页。

此刻又非此刻时，物体既在这里又不在这里。"①

《哲学动态》1985 年第 3 期发表了刘立林的论文《也谈辩证思维应该如何表述运动——与熊立文同志商榷》②。该文认为，不论从唯物辩证法的基本原理还是从客观物体的运动规律来看，"传统的命题"都是正确的，并没有什么不恰当之处，倒是熊文提出的新命题，是不恰当的。刘立林写道：

> 唯物辩证法认为，时间是一维的，它总是朝着由过去、现在到将来的一个方向流逝，时间的这种一去不复返性即不可逆性，是由事物发展过程绝对不会重复的性质所决定的。而空间是三维的，就是任何一个物体都具有一定的长度、宽度和高度，不论它自身各要素之间的位置关系还是它同其他物体的位置关系，都只能是上下、左右、前后。现代物理学常常使用"四维世界"的概念，并不是说空间是四维的，而是说事物只能存在于三维空间和一维时间中。因为要描述宇宙天体和空中飞行物，必须由三维空间和一维时间构成的四维时空连续区才能进行。因此，"四维世界"的概念正好证明了物体的运动乃是时间的一维性和空间维的统一。我们用"物体在同一瞬间既在一个地方又在另一个地方，既在同一个地方又同一个地方"这个传统的命题来表述机械运动，便恰到好处地表明了运动的这一实质。就是说，由于运动是时间的一维性和空间的三维性的对立统一，因而这一客观存在的矛盾，注定了物体在运动中，它自身体积所固有的三维性，必然使它自身在同一瞬间既在一个又在另一个地方，既在同一个地方又不在同一个地方。③
>
> 事实也只能是这样。例如，"自转"是物体以自己体内一直线为轴的旋转。这是机械运动的一种十分普遍的形式。太阳、行星和卫星都有自转，庞大的恒星系统也有自转。在这种自转的运动中，总是在同一个"此刻"，物体的轴心部位"在一个地方"而轴心以外的那些部位"又在另一个地方"，物体的轴心部位"在同一个地方"而轴心以外的那些部位"又不在同一个地方"。这种矛盾的连续产生和同时解决，就构成物体的自转过程。再如，我们的地球不仅在进行自转，而且在自转

---

① 熊立文：《辩证思维应该如何表述运动》，《哲学动态》1984 年第 10 期，第 30 页。
② 刘立林：《也谈辩证思维应该如何表述运动——与熊立文同志商榷》，《哲学动态》1985 年第 3 期，第 20—22 页。
③ 同上书，第 20 页。

的同时又在围绕太阳公转。因此,在同一瞬间,就地球的自转来说,它"在一个地方",而就它的公转来说,它"又在另一个地方",就它的自转来说,它"在同一个地方",而就它的公转来说,它"又不在同一个地方"。这是显而易见的事实。①

在黑格尔看来,时间的纯否定性(点积性)与空间的连续性的对立统一就是运动,运动作为间断性与连续性统一的含义也在于此。我认为,黑格尔的这种思想是十分深刻而明智的。因为时间的点积性、间断性、纯否定性,正是时间的一维性的表现,也正是物质运动的顺序性、间隔性和持续性的表现;空间的连续性,则正是空间的三维性的表现,也正是物体的长度、宽度与高度以及位置、规模和体积的表现。这样一来,便知黑格尔的上述命题,恰好表明了运动的实质乃是时间的一维性与空间的三维性的对立统一。这与现代物理学所说的"四维世界"的概念是完全吻合的,又怎么会是"不正确"的呢?!②

《哲学动态》1985 年第 11 期发表《应如何表述运动问题(来稿综述)》③,主要综述了陈竹虚撰写的、陆震和高惠珠合撰的、赵学前撰写的三篇文章。这些文章都认为黑格尔提出的、后为恩格斯赞同的命题是正确的,倒是熊文的新表述没有把问题的解决推进一步。

陈竹虚认为:黑格尔的命题与物理学、数学客观地表述运动的方法是吻合的。普通物理学说,某物在时间 t 发生了从 a 至 b 的空间位移 S,把 t 和 S 按照一定规则加以微分,t 就成了"此刻""瞬间",而距离 S 就成了"在这里又不在这里"。熊文谈到的运动在数学上的表述,若用哲学语言来说,正是"物体在'此刻'既在这里又不在这里";这说明黑格尔的命题"不会在数学中造成困难"。但熊文提出时间 t 为零、距离 S 不是零、物体的运动速度 $v = \Delta S / \Delta t$ 为无穷大的假设,是与客观事实不符的;因为时间可以分割到无限小,甚至趋近于零,但毕竟还不是零。陈竹虚还说,即使黑格尔的命题不能成立,采用熊文的表述也不是前进了一步。熊文的表述不但不排斥而且包含了这样的意思:"此刻"物体"在这里","非此刻"物体"不在这里"。这就割裂了时空的连续,仅仅把点积性的时间与点积性的空间加在一起来表述运动。

---

① 刘立林:《也谈辩证思维应该如何表述运动——与熊立文同志商榷》,《哲学动态》1985 年第 3 期,第 21 页。

② 同上。

③ 本刊编者:《应如何表述运动问题(来稿综述)》,《哲学动态》1985 年第 11 期,第 24—26 页。

赵学前说：熊文对传统表述中的"同一瞬间"或"同一个此刻"作了错误的理解，认为这是绝对的时间间断。其实，任何一瞬间，既是时间的间断，又是时间的连续。如"十二点整"这一瞬间，同在它以外无论怎样小的时间间隔之间，总会有把二者连结起来的时间延续，不可能形成时间上的"零间隔"。其次，熊文的新命题并没有说明什么是运动本身，只是描述了运动的结果，重犯了历史上某些形而上学者的错误。辩证法告诉我们，运动固然是绝对的，但也有相对的静止，也正由于有相对的静止，我们才可能把握、描述和表达运动。例如火车的运动，就表现在地面的相对静止中，而地面实际上是处于地球自转、公转以及太阳系绕银河系公转的各种运动之中，如果不把实际上运动不居的地面看作静止的，我们就无法表达、描述和测量火车的运动。所以，一般地表述机械运动，也要把实际上既间断又连续的时间（或空间）当做纯否定性、纯间断性的东西。于是产生了传统命题。这个命题是把实际上既连续又间断的时间加以割断、割碎、分隔开来，并通过它来表现、表述和测量运动。这个命题之所以正确地揭示了运动的实质，就因为遵循了"运动表现在静止中"原则。熊文把这种人为地"割断"、"割碎"并使之"僵化"的"同一瞬间"，当做现实中的时间"停顿"或时间"为零"，以此来否定传统命题的正确性，这是不懂辩证逻辑，不懂概念的矛盾本身的结果。

赵学前还对刘立林赞同传统命题、反对熊文新命题所作的论证提出异议。他写道：

> 首先，传统命题中的"物体"是指同一个物体或某物体的同一个部位，可是刘文的第一个例证说的是同一物体的不同部位，这就歪曲了传统命题的原意。在刘文看来，这种"既在又不在"的矛盾是由物体的三维性所产生。按此逻辑，由于一切物体都有三维性，那么一切物体，包括相对静止的物体，都包含同一瞬间"既在又不在"的矛盾，都处于机械运动之中，这也就无从区分运动和静止了。
>
> 其次，传统命题所说的"在与不在"的矛盾，是相对于同一个参照系而言的，可是刘文的第二个例证中所说的"既在又不在"的矛盾，却是相对于不同的参照系而言的："就地球的自转来说，它在一个地方"，这是地球相对于地轴、以地轴作参照物；"就它的公转来说，它又在另一个地方"，这是地球相对于太阳、以太阳作参照物。显而易见，这种例证就完全曲解了传统命题，同时也使运动和静止的界限化为乌有。
>
> 再次，刘文把黑格尔的"时间的点积性、间断性、纯否定性"了解为"时间的一维性的表现"，把"空间的连续性"了解为"空间的三维性的

表现",于是把传统命题了解为:"运动的实质乃是时间的一维性与空间的三维性的对立统一"。这就是刘文提出上述两个例证的理论根据。但这一套理论是错误的:(1)时间的一维性既包括时间的间断性,也包括时间的连续性,把它同时间的间断性等同起来,是错误的;(2)空间的三维性也既包括空间的间断性,也包括空间的连续性,把它同空间的连续性等同起来,也是错误的。①

二、对芝诺运动悖论的再认识

1981 年,南开大学学报发表了一组三篇讨论芝诺运动悖论文章②,分别是张中瑞的《浅谈芝诺"二分法"中的辩证法思想》、李合堂的《试析芝诺例证的形而上学性质》和曹风彦的《试论芝诺的诡辩论》。1982 年,复旦大学学报发表了罗契、邓宏伟的论文《为芝诺悖论一辩》③。

1983 年,时任中国科学院学部委员、中国科学技术大学基础物理中心主任的方励之在中国自然辩证法研究会主办的《自然辩证法报》上发表论文《从芝诺佯谬所想到的》④。方励之的这篇文章,不仅收入到他的《哲学是物理学的工具》论文集,而且也运用到他与李淑娴合著的《力学概论》一书。方励之说:1983 年他到南方的一所大学去讲物理,偶然的机会看到该校哲学系学生办的墙报,上面有一则讨论哲学和自然科学的相互关系的短文。其中有一个论点,即认为有的问题用目前的自然科学也说明不了,而依靠哲学却能加以解释,并举例说,古希腊哲学家芝诺的"阿基里斯追不上龟"的论证,至今自然科学仍不能说明,只有用时间的"连续性和分立性的矛盾统一"才能加以理解。方励之认为,上面引述的论点是否确切姑且不谈,但是芝诺佯谬对于这种论点来说恰巧是一个很好的反例,即只有援用自然科学的成果才能真正深入理解芝诺佯谬这类哲学论辩的含意。方励之写道:

---

① 本刊编者:《应如何表述运动问题(来稿综述)》,《哲学动态》1985 年第 11 期,第 26 页。

② 张中瑞:《浅谈芝诺"二分法"中的辩证法思想》,李合堂:《试析芝诺例证的形而上学性质》,曹风彦:《试论芝诺的诡辩论》;《南开学报》(哲学社会科学版)1981 年第 5 期,第 63—67 页。

③ 罗契、邓宏伟:《为芝诺悖论一辩》,《复旦学报》(社会科学版)1982 年第 1 期,第 100—105 页。

④ 方励之:《从芝诺佯谬所想到的》,(中国自然辩证法研究会主办)《自然辩证法报》1983 年第 8 期。参见方励之:《哲学是物理学的工具》,湖南科学技术出版社 1988 年版第 97—99 页。

芝诺佯谬是这样论证的:"在赛跑的时候,跑得最快的永远追不上跑得最慢的,因为追者首先必须达到被追者的出发点,这样,那个跑得慢的必定总是领先一段路。"

芝诺佯谬的关键是用了两种不同的时间测量。从原则上说,任何一种测量时间的"钟",都是依靠一种具有重复性的过程。例如,太阳的升没,人体的脉搏,吊灯的摆动,分子的振动等等都是具有重复性的过程,都可以作为测量时间的钟。用循环的次数或重复的次数作为时间的标值 t。

芝诺问题中除了普通的钟,还有另一种很特别的"钟"。后者是用阿基里斯(希腊神话中的飞毛腿)每一次都要到达上一次龟所到达的位置作为一个循环。用这种重复性过程测得的时间称为芝诺时 t'。例如,当阿基里斯在第 n 次达到了龟在第 n 次的起始点时,芝诺时 $t'=n$。这样,在任何 t' 为有限的时刻,阿基里斯总是落在龟的后面,永远追不上龟。只有当时间 t' 达到无限,阿基里斯才有可能追上龟。

现在稍为作些定量的分析。如果阿基里斯和龟的奔跑速度分别是 v_1 和 v_2,并且,在开始时,二者相距为 L_0 容易推知,当芝诺时 $t'=n$ 时,日常钟 t 所测指的时间应当是:

$$t = \sum_{m=0}^{n-1} \frac{L}{v_1}\left(\frac{v_2}{v_1}\right)^m$$

上式也可写成:

$$t' = \frac{1}{\ln(v_2/v_1)}\ln\left[1-\left(\frac{v_1-v_2}{L}\right)t\right]$$

这个公式告诉我们芝诺"钟"t' 和日常钟二者之间的变换关系,可以称芝诺变换。芝诺变换的特点是有奇性,即当 $t=L/v_1-v_2$ 时,t' 达到无限。因此,当 t' 从零增加到无限(相当于经过完全部 t' 时间),它只覆盖了 t 上的一个有限范围,即从零到 L/v_1-v_2。

由此看到,芝诺佯谬之"佯",是在于芝诺时 t' 不可能度量阿基里斯追上龟之后的现象。在芝诺时 t' 到达无限之后,还是有时间的,但是用芝诺"钟"t' 已经无法度量它们了。简言之,芝诺选择的时间测量的方法不好。实际上,可以找到许多种类似于芝诺的变换,造成芝诺式的佯谬。即有的时间测量只能用来描述一定的局限范围中的运动,而不能描述其外的现象。[1]

---

[1]　方励之:《哲学是物理学的工具》,湖南科学技术出版社 1988 年版,第 97—99 页。

方励之进一步将上述结论与他所从事的"黑洞"研究相联系,他说:

> 这个结论启发我们提出更深的问题:我们选择测量时间的日常钟是否也有上述的局限性? 亦即,当日常钟 t 达到无限之后,是否也还有时间? 是否也还有 t 也无法度显的 t 之后的现象? 答案是肯定的。黑洞理论告诉我们,芝诺时 t' 所具有的局限性,在日常时 t 中也是有的,即不能用 t 来度量落入黑洞之后的过程,落入黑洞之后的现象涉及 t 无限之后的时间。为了描述落入黑洞之后的过程,要用其他的时间度量,要遇到新的有奇性的时间变换,它的性质和芝诺变换十分相似。①

方励之最后写道:

> 总之,芝诺佯谬留给我们的启示是,时间与时间的度量不同,一种时间度量达到无限之后还可以是有时间的。"时间之后的时间""无穷之后的存在",就是蕴含在芝诺佯谬中的哲理。
>
> 至此,似乎已经可以看清,在芝诺佯谬中自然科学和哲学的关系到底是怎样了。现在的理科学生,常常不满意或不甚满意我们的哲学或自然辩证法的课程,原因也许是多方面的。但是我想,在一些自然科学早有深入研究的论题上,我们的教学却还停留在"连续性和分立性的矛盾统一"这类即使不算肤浅至少也是过分古典的水平上,这可能是令人不满意的一个重要原因。②

1988 年,《自然辩证法报》发表了笔者撰写的《析芝诺佯谬的实质——续方励之先生》③一文。拙文写道:芝诺运动悖论困扰了无数思想家,两千多年来"仁者见仁,智者见智",议论纷纷,莫衷一是。很显然,援用现代科学的新成就,对这种在人类认识史上有重大影响的哲学论辩作出令人信服的回答,或者从中发现蕴含的哲理,无论对科学的发展,还是哲学的发展,都有重大意义。但是说"芝诺佯谬的关键是用了两种不同的时间测量"(即一种是"日常时 t",另一种是"芝诺时 t'"),"芝诺佯谬之'佯',是在于芝诺时 t' 不可能度量阿基里斯追上龟之后的现象";并没有

---

① 方励之:《哲学是物理学的工具》,湖南科学技术出版社 1988 年版,第 99 页。

② 同上。

③ 文兴吾:《析芝诺佯谬的实质——续方励之先生》,(中国自然辩证法研究会主办)《自然辩证法报》1988 年第 20 期,第二版。

揭示出芝诺佯谬的实质,不能看作是对芝诺所提出的问题的合理解答。因为芝诺是以诘难人们不能以理性表达出感觉的经验事实,或者说,感性的经验经不起理性的分析来否认运动的真理性,而"方文"却说当日常时 $t=L/v_1-v_2$(式中 v_1 是龟的运动速度,v_2 是阿基里斯的运动速度,L 是两者的初始距离),阿基里斯已经追上龟了,只是由于此时芝诺时 t' 已达到无限,芝诺时无法度量追上后的现象,如此而已;于是,这样的问题就依然存在,即怎样在概念的逻辑中表达出日常时从 0 到 $t=L/v_1-v_2$ 这一间隔中,阿基里斯追上乌龟并超越它这一现实过程。须知,数学确实能够给出运动得快的物体追上运动得慢的物体的形式解,经验也确实告诉我们运动得快的物体在有限的时间能够追上运动得慢的物体,而芝诺佯谬要我们回答的问题却是:怎样在概念的逻辑中表达出这一现实过程。

拙文进而提出了对于芝诺运动悖论实质的新见解。

  对于芝诺佯谬的实质,我认为芝诺事实上在两千多年以前就以佯谬的形式指出了:倘若坚持人们习见的运动观念,亦即牛顿纳入其科学体系中的那种运动观念,根本无法表现现实的运动。这种观念把时间和空间看作是独立于物质运动的客观实在,把物体的机械运动理解为是一种在统一的、均匀的一维时间流程和三维虚空的容器中进行的物质过程。然而,正是依据这种观念,芝诺认为,在统一的时间流程和空间框架中,进行着阿基里斯与龟的运动,后面的阿基里斯必须花一定时间到达乌龟的出发点时,乌龟在这段时间中已经朝前爬了一段;当阿基里斯跑到乌龟的第二个出发点时,乌龟又朝前爬行了一小段;而客观存在的空间本身又是可以无限分割的,因此阿基里斯只能不断地接近乌龟,却永远也不可能超越乌龟。

  下面我们看一下,这种佯谬是否存在于表征现代科学的时空观和运动观的相对论概念逻辑体系中呢?回答是:不复存在。相对论在否定牛顿时空观和运动观的基础上,揭示出"物体的机械运动和物体的时空变化是同一的"这种物体的机械运动和时间、空间不可分割的新关联;即是说,物体的时空变化既是物体机械运动的表现形式,也是物体机械运动的存在方式;或者说,物体在有限的时间通过有限的空间,就是实现了的物体机械运动。很显然,根据相对论所揭示的这种关联,芝诺的"阿基里斯与龟"佯谬就荡然无存了。因为,对于相对论来说,速度较快的机械运动也就是时空变化率较大的物质过程,速度较快的运动物体理应在相同的时间间隔中通过较长的距离。阿基里斯无论落后乌龟多远,但只要有足够时间,他总是会追上乌龟的。①

1997 年,阳兆祥在《芝诺佯谬古今谈》②一文中也指出:方励之将黑洞问题产生的佯谬与古代的芝诺佯谬进行类比,是不恰当的;前者是物理问题,而后者是哲学问题。他写道:"对于黑洞佯谬,时间的引力延缓是一个真实的物理效应,因而由此而产生的黑洞外观察者看不到物体落入黑洞过程的现象,原则上是可以通过实验观测来检验的(目前由于黑洞的存在尚未最后证实,还不可能进行这类观测,但在理论上是完全可行的),这里不涉及任何哲学的论辩。然而芝诺佯谬的情况则不同。提出'运动中的快者永远追不上慢者'并没有实践上的根据;问题的产生,是由于我们在思想中对时间进行无穷的分割,从而引起在概念上无限与有限的矛盾,因而它本质上是一个哲学问题。"

阳兆祥进而指出:

"芝诺佯谬"作为一个哲学问题,在历史上最先是亚里士多德、后来是黑格尔用更清晰的语言澄清了它的实质。把他们的看法用今天的语言来表达大致如下:芝诺在"两分法"(要走完一段路程先要走完一半,而要走完余下的一半又要先走完这一半的一半,如此类推以致无穷,于是永远走不完这段路程)和"阿基里斯问题"中的论证是基于这样的前提,即认为时空可以进行无穷的分割,这意味着我们在概念上认为时空具有"连续性"。的确,如果时空的本性是连续的,那么芝诺的论证就是正确的;因为绝对意义下的走完那一半又一半或阿基里斯追上乌龟,都是对时空分割的终结,这就与时空可以无穷分割的前提相矛盾。然而这两个命题在实践中显然是错误的,由此似乎只能得出这样的结论,即时空的连续性的概念不能解释运动。那么我们转而假定它的反面,即认为时空的本性是"间断"的,它们是由不可再分割的一个一个的"时空点"构成的,结果又如何呢? 当然,从时空的间断性,可以消除两分法和阿基里斯问题的佯谬,因为,那"走完一半又一半"或"追了又追"的过程现在不再是无止境的了,当分割进行至不能再分割的"时空点"时就告结束。但这样一来,又要和芝诺的另一个"飞箭不动"(飞着的箭是不动的,因为任何物体在占据一个与它自身

---

① 文兴吾:《析芝诺佯谬的实质——续方励之先生》,(中国自然辩证法研究会主办)《自然辩证法报》1988 年第 20 期,第二版。

② 阳兆祥:《芝诺佯谬古今谈》,《自然辩证法通讯》1997 年第 1 期,第 71—77 页。

相等的空间时是静止的,而飞着的箭在任何瞬间总是占据与它相等的空间)的佯谬相矛盾。在论证"飞箭不动"问题时,芝诺反过来从时空具有间断性这个相反的前提出发。因为,只有时空是间断的,所谓"瞬间"才能是不可再分割的时间"点",而运动的物体,譬如说一个质点才能在瞬间处于一个特定的空间"点",这就是芝诺的"占据一个与自身相等的空间"的含义。但这样一来,所谓运动,便不过是一系列静止状态的总和,有如电影银幕上静止画面的逐格更替,这显然不是真正意义下的运动。运动的本来含义就是不停顿,在任何瞬间都不处在一个固定的地点,而这就要求我们必须设想时空可以无穷分割,不存在不可分的"时空点",所谓"瞬间"和"地点"都不过是一些虽然很小、但并不为零的时空间隔,只有这样的时空概念才能与运动的形象一致。于是,我们就遇到了一个两难的局面:单独用时空的"连续性"或"间断性"的概念都不能完全描述运动,但一并使用二者在逻辑上却是相互矛盾的。

黑格尔用他的辩证法来解决这个困难。他认为,我们的一切概念就其本性来说是辩证的,就是说它们包含着矛盾,这里出现的"连续性"和"间断性"的矛盾只是一个例子。但这不是坏事,因为一切真实的事物无不包含对立的成分于其中。因此,认识一个对象,就是要认识其对立成分的具体统一。就时空而言,芝诺佯谬正好说明,"连续性"或"间断性"单独而言都不能代表时空的本质,只有在二者的统一中我们才能理解和认识运动。在一些现象(例如阿基里斯问题)中我们必须用时空的间断性的概念;而对另一些现象(例如飞箭的运动),我们又必须用时空的连续性的概念。因此,运动就是时空的连续性和间断性的统一。据此,黑格尔还提出了那个时常引起争议的命题:运动就是物体在这个地点同时又不在这个地点。大家知道,黑格尔的这些观点已被批判地吸收到马克思主义哲学中。

"芝诺佯谬"作为哲学史上的千古难题,曾经引发了历代哲学家的无数玄思,在黑格尔之后,我认为还没有哪位哲学家提出了更深刻、更令人信服的解释。黑格尔思想的真理性,直到今天也仍然渗透在自然科学的基本概念中。物理学家为了描述机械运动,至今仍然要使用同一时刻的"位置"和"瞬时速度"两个概念。所谓位置就是某时刻位于空间中的一个点,这里,时空就必须被看成是由间断的时空点所构成;而所谓瞬时速度就是任何时刻都不是一个点,因为它是比值 $\Delta x/\Delta t$ 在 $\Delta t \to 0$ 时的极限,这里,时空又必须认为可以无穷分割,Δx 和 Δt 都永不为零,否则 0/0 就失去了意义。大家知道,在力学中,为了确定物体的运动状态,同一时刻的位置和速度都是不可少的。可见,物理学家在同时使用这两个概念的时候,就已经不自觉地承认了时空的连续性和间断性的矛盾统一。现代量子物理还发现了另一种特殊的连续性和间断性的矛盾,就是微观物质的波动—微粒二象性。在这方面,量子力学的处境很像早年的微积分:它有一套完备的数学形式,理论和实践也符合得很好,但关于它的基础却引起了激烈的争论。这场争论已经延续了半个多世纪,争论的核心也是这样一个两难问题:为了描述量子现象,连续性的"波动"和间断性的"微粒"的概念都是必需的,因为它们各与一类实验相适应;然而一并使用这两个概念在逻辑上却是矛盾的。"不能只用波动或微粒概念,而必须从它们的某种互相排斥而又互相补充的关系中去描述微观现象"。——这就是尼尔斯·玻尔在他的"互补原理"中用康德式的二律背反表达出来的辩证思想。①

1992年,《哲学动态》发表了吴国盛的论文《芝诺悖论今昔谈》②。吴国盛写道:"爱利亚的芝诺为了捍卫老师巴门尼德关于'存在'不动、是一的学说,提出了著名的运动悖论和多悖论,以表明运动和多是不可能的。尽管他的结论在常人看来很荒谬,但他居然给出了乍看起来颇令人信服的论证,故人们常常称这些论证构成了悖论或佯谬,不过,若细细推敲,其结论未必荒谬,其论证未必令人信服,故中性地称这些论证为芝诺论辩最为合适。"③对于黑格尔,吴国盛说:

> 黑格尔对芝诺悖论的解决是:"运动的意思是说:在这个地点又不在这个地点;这就是空间和时间的连续性,——并且这才是使得运动可能的条件。"这个解决方法要点在于强调时间空间的连续性,而且对连续性赋予新的、特有的解释,不过,它似乎并没有直接针对芝诺论辩本身来提出批评,而且关于连续性的独特解释与数学和逻辑所要求的精确性不相容。受黑格尔影响,我国哲学界一般认为芝诺不懂得连续性和间断性的辩证关系,把这两者机械地对立起来,所以造成运动悖论,这大意是说,芝诺的论证没使用辩证逻辑,因而是无效的。这种批评同样是笼而统之,不关痛痒。④

---

① 阳兆祥:《芝诺佯谬古今谈》,《自然辩证法通讯》1997年第1期,第75—76页。
② 吴国盛:《芝诺悖论今昔谈》,《哲学动态》1992年第12期。该文后作为吴国盛的《自然本体化之误》一书的第三章。
③ 吴国盛:《自然本体化之误》,湖南科学技术出版社1993年版,第89页。
④ 同上书,第91—92页。

吴国盛把 19 世纪以来从数学的、逻辑的角度提出的众多解决方案,统称为分析的方法;将相关研究梳理为"无穷级数的求和""无限机器问题""飞矢与速度问题""运动场与时空的不连续结构"等问题,并把柏格森和罗素的观点互补起来,给出了自己的看法;最终以"'运动'在'证明'之外"的认识结束了对芝诺悖论的讨论。

三、以"不确定性"替代"辩证矛盾"的争论

1986 年,金观涛在《发展的哲学——论"矛盾""悖论"和"不确定性"》[①]一文中写道:1975 年,意大利哲学家卢乔·科莱蒂提出"无矛盾哲学原理",引起了一场震撼西方哲学界的争论。"无矛盾原理"的争论,只是数百年来科学家和哲学家之间屡屡出现的冲突以新的形式再次爆发出来而已。很多自然科学家一开始就认为,辩证法中使用的"矛盾"概念,是和科学所要求的理论清晰性格格不入的。早在黑格尔出版他关于逻辑学的洋洋巨著时,同时代的著名数学家高斯在给友人的信中就流露了自己的反感。他说:"您不大相信职业哲学家们的概念和规定中的混乱,这不大奇怪……即使您看一看现代哲学家——谢林,黑格尔以及他们的同谋者,你也会由于他们的规定而毛发悚然"。[②]

金观涛进而写道:

> 一些科学家认为:辩证法大师关于"矛盾无处不在"的论断往往是如下原因带来的,一是人们用来把握事物的概念似是而非,二是人们所使用的语言和推理过程不够严密。哲学家认为,机械运动本身就是矛盾。运动意味着某一物体同时既在某处又不在某处。物理学家针锋相对地指出,"既在某处又不在某处"之所以构成矛盾,正是因为人们所用的概念含糊不清。在这里,"某一时刻"和"某处"的确切意思究竟是什么呢?根据经典力学,运动的宏观物体在确定的时刻都有一个确定的位置,比如在确定的 t_1 处于一个确定的位置 x_1。当我们讲运动的物体不处于这个地方时,我们所讲的时刻已经不是 t_1 而是 $t_1+\Delta t$,物体的位置也应是 $x_1+v\Delta t$。我们只要引入无穷小量,将时间、位

① 金观涛:《发展的哲学:论"矛盾"、"悖论"和"不确定性"》,《走向未来》1987 年第 1 期。该文后作为金观涛的《系统的哲学》一书的第二篇"发展的哲学——论'矛盾'和'不确定性'"的第一章。
② 金观涛:《系统的哲学》,新星出版社 2005 年版,第 121—122 页。

置概念精确化,那就根本不会有什么矛盾。矛盾是我们对"某一时刻"和"某处"定义不严格造成的。①

总之,在辩证法认为存在着矛盾的地方,科学家总是尽可能用定义的严格化将矛盾消解掉。"不严格""思维的混乱"以及诸如此类的批评曾如暴风骤雨般地落到辩证法的头上。随着科学的迅猛发展以及随之而来的科学哲学的兴起,争论又变为西方科学哲学和辩证法哲学交锋的中心。而今天,"无矛盾哲学原理"的论战意味着争论已经深入到思辨哲学的内部,对于矛盾规律的科学考察,已成为辩证法在当前形势下的深刻需要,成为辩证法自我反省运动的中心任务,这一运动试图摆脱哲学那直观朴素的形态,追求辩证法基本概念的严格化精确化。②

金观涛还写道:

哲学家早就知道,人在用概念、模型、语言认识自然规律时,概念常常可能是不正确的,认识可能是不完全的,主观性错误几乎是不可避免的。因此,怎样排除主观错误历来是一个重大的哲学难题。这里有两种不同的解决方案,一种是辩证逻辑采取的,即在我们进行某种规定,实行某种理论抽象时,为了避免绝对化的形而上学变形,而使用悖论性语言,把规定性搞得似是而非。每个规定本身看来似乎都避免了绝对化,更接近于现实。而科学家则采取另一种方案。他们用确定无疑的逻辑语言来把握每一个概念,并大胆地承认其中可能有错,但却通过纠错机制来发现错误,通过反反复复地纠错来逼近真理。为了使理论结构是可以发现错误的,它的无矛盾性和清晰性就特别重要了。只有在这种结构中,我们才能从抽象出来的概念和提出的普遍性假设中推出明确的结论,这样的结论才能和观察事实相比较,才可能被证实或证伪。只有这样我们才知道原有概念中哪些部分是要修改的。……辩证逻辑一旦把看来深刻全面但是用悖论性语言表达的概念结成一个理论之网时,逻辑推理的确定性就破坏了。只要愿意,任何一个结论都可以推导出来……③

为了证明困难的深刻性,这里,有必要引用一个数理逻辑的基本

---

① 金观涛:《系统的哲学》,新星出版社 2005 年版,第 122 页。

② 同上书,第 123 页。

③ 同上书,第 128—129 页。

定理。数理逻辑已经证明,任何一个理论体系,如果它内部存在着互相矛盾的命题(逻辑悖论),那么整个理论体系就是不可靠的,我们可以从中推出任何一个荒诞的命题。用逻辑学家的话说,就是当"两个互相矛盾的命题同时都真,可以推出,所有的命题都真"。希尔伯特有一句名言:"如果你证明了 $2 \times 2 = 5$,那么我可以证明女巫飞出烟囱"。表面上看,$2 \times 2 = 5$ 是一个错误的数学命题,而女巫飞出烟囱却是神话,它们两者毫不相干。但数理逻辑却表明,只要理论体系中有"既是"又"不是"这样悖论性命题,那么整个逻辑推理就会成为随心所欲,任何荒唐的结论都可能被推导出来。有人对这一点觉得不可思议,要罗素从 $2 + 2 = 4$ 和 $2 + 2 = 5$ 同时成立的悖论中推出"罗素与某主教 x 是一个人"。罗素立即作了下面推导,"假设 $2 + 2 = 5$,且 $2 + 2 = 4$,故 $4 = 5$,两边减一,得 $3 = 4$,再减一,得 $2 = 3$,再减一,得 $1 = 2$,大家知道罗素与某主教 x 是两个人,由于 $1 = 2$,所以推出罗素与某主教 x 是一个人。"在这里,每一步推导都是严格的。①

金观涛在罗列辩证矛盾的若干为人所诟病之处后,又指出"第一次有可能使科学家感到辩证法关于发展的哲学构想具有某种合理性的是集合论中悖论的发现"②,"'矛盾'深刻的一面终于同时对于科学和哲学都显现出来了!"③他说,很多科学家认为辩证哲学家之所以肤浅,关键在于辩证哲学家对现代科学最前沿的思想缺乏真正的理解;然而,科学的发展导致的"集合论中悖论的发现",却使科学家从"悖论对逻辑的破坏"看到了辩证哲学家所言"矛盾"深刻的一面。金观涛认为,真正迫切需要开展的工作是"追求辩证法基本概念的严格化精确化。"④在用科学来改造哲学理念指导下,金观涛根据系统要素或子系统之间的互为因果联系原理、系统控制调节原理,以及系统无组织力量增长规律,提出了"矛盾等价于不稳定性和不确定性",以及用"不确定性"取代"矛盾",使之成为辩证哲学核心概念和"对立统一规律的精确表达"的观点和主张。他写道:

> 在系统论中,各子系统之间互为因果的联系方式可以是形形色色的。子系统之间的互为因果也可以出现在不同的层次上。但只要规定性之间存在着互为因果关系,那就无疑有两种作用模式。一种是互

---

① 金观涛:《系统的哲学》,新星出版社 2005 年版,第 125 页。
② 同上书,第 130 页。
③ 同上书,第 133 页。
④ 同上书,第 123 页。

为因果导致自我肯定,它表示互相调节,系统稳定。另一种则代表互相否定,它意味着系统调节功能破坏、不稳定和系统崩溃。这也正是我们在生命系统中、生态系统中、社会系统中经常见到的,生命或者处于内稳态,或者出现疾病甚至死亡;生态或者平衡,不平衡,出现互相瓦解的恶性循环。既然无限期追溯因果链最终都会发现循环圈,既然世界上任何一个整体都是系统,那么我们自然可以产生一个大胆的哲学猜想:人们以往用"内在矛盾"和"对立统一规律"表达的哲学思想能不能用另外一个系统论式的哲学概念来重新表述呢? 即把"矛盾"理解为系统的不稳定,它正处于内部调节破坏而导致的一种不确定状态? 我认为,可以把矛盾等价于不稳定性和不确定性![1]

1988年和1990年,王干才在《哲学动态》和《中国社会科学》发表文章对金观涛的观点进行商榷。王干才称金观涛以"不确定性"取代"矛盾"的观点为"取代论"。他首先总结了"取代论"的根据:

　　"取代论"的根据主要有三个方面。第一,矛盾概念一旦精确化就必然导致逻辑悖论。比如说"运动就是某一物体同时既在某处又不在某处",对同一主词给予相反的谓词,"使对立面同时并存",势必构成逻辑悖论,不可避免地带来思维混乱,使主观矛盾和客观矛盾混淆在一起而不能自拔。与此相反,哥德尔定理证明了不确定性不仅不会破坏逻辑的严密性,而且它本身就是任何一个逻辑体系所固有的,正是这种不确定性推动了逻辑体系像系统演化一样向前发展。

　　第二,矛盾分析的关键在于揭示对立面怎样互相依存,又怎样互相排斥,从而说明事物为什么能表现出某种确定的质的规定性,以及事物发展的动力、实质、趋势和方式。但是这一学说是用悖论性语言表达的,不符合科学理论清晰性和无矛盾性的要求。如果用"不确定性"取代矛盾概念,不仅不会出现逻辑悖论,而且还可赋值运算,能够更精确地解决矛盾分析所模糊了的一系列问题,因此用"不确定性"取代矛盾就是理所当然的了。

　　第三,不确定性广泛存在于客观现实和逻辑思维之中。在量子力学中表现为不能同时测量微观客体的空间位置和它的动量,海森伯的测不准定理具体表明了这一点。在信息论中,不确定性对于指示事物之间的互相作用、互相关系至关重要,信息输入代表了不确

---

[1]　金观涛:《系统的哲学》,新星出版社2005年版,第136—137页。

定性程度的减少。对策论为军事、经济战略战术的制订提供了一套深刻精确的研究方法，而对策论方法的基础正是斗争双方面临格局时的不确定性。在逻辑思维中表现为哥德尔不完备性定理：逻辑体系的无矛盾性和绝对确定性（即完备性）不能同时成立。说得详细一点就是，如果一个复杂的逻辑体系中任何一个命题非真即假，都可以用逻辑推理加以判定，或者用数学语言讲，这个理论体系是完备的，那么，这个理论体系就不可能是无矛盾的。如果我们要求这个理论体系是无矛盾的，它就不可能是完备的。其中必定存在着非真非假（对这个体系本身而言，就是指真假不可证明）不可判定的问题。既然不确定性普遍存在于现实事物和思维领域之中，因而它便具有了世界观属性。从这一点看，不确定性和矛盾范畴等价，用前者取代后者就是题中应有之义。①

王干才进而指出：

实际上，问题并不这样简单。我们使用任何范畴、任何理论，目的都是为了正确反映、把握客观存在，揭示事物的本质，使主观符合客观。从"取代论者"的观点来看，并不否认矛盾范畴是对客体普遍存在着的对立统一关系的科学抽象，不否认矛盾范畴正确地把握了客体的内在发展和自我否定，而且也并没有说明"不确定性"比起"矛盾"在真实、客观地反映事物及其运动本质方面究竟优越在何处。因此，应该确认，用其他范畴取代矛盾范畴并不是因为它没有正确反映存在，而是另有原因。最突出的一点就是从矛盾观点去理解、表达事物的本质，特别是它的运动发展时所用的语言是悖论性的，因而会破坏逻辑，遭到科学的冷遇。这就提出了两个问题：第一，在现时条件下，表达运动的悖论性语言是由什么引起的，换句话说，要表达事物的本质、运动的经验事实，不用悖论性语言行不行？第二，现行逻辑建立的基础是什么，究竟应不应该破坏，使用矛盾范畴究竟遭到了什么样性质的科学冷遇？

我们知道，要表达某种思想，必须运用概念，而概念本身都具有静止、互相隔离的特点。一个概念用语言或文字、符号表述出来以后，它本身所包含的内容就凝固起来了，不会随着事物本身的变化而变化。比如"白"这个概念，就其含义来说，它只是表达了事物现时所具有的

---

① 王干才：《矛盾含义辨析》，《中国社会科学》1990年第2期，第26—27页。

一种"白"的属性。它既不能表达出事物此时此地所包含着的另一方面，例如黑的属性；同时，更不能表达出事物本身由白逐渐变黑的属性，因为"白"这个语词或文字自身是不会由于色度的逐渐加深而能同步反映出事物本身变化情况的。但是，反过来，如果不用"白"，就又表达不出此时此地事物确实具有的"白"的那方面的属性。这样势必出现一种两难情况：不用概念无法反映事物，用了它又不能不将此时事物两方面的性质只表达出一个侧面，不能不割断事物此时的性质与彼时性质的内在联系。要克服认识的片面、僵化，就只能用悖论性语言加以描述。这种情况并不是人为虚构、主观随意造成的，而是由认识对象本身，以及思维反映存在的形式所具有的本性决定的。至于说这样做会破坏形式逻辑那也是题中应有之义。相反，如果和形式逻辑完全相洽才是不可思议的。因为现在通行的形式逻辑只是知性思维的产物，以追求关于对象的确定性知识为目的，忽略了事物在具有肯定性规定的同时所包含着的否定性内容、事物的质在保持相对稳定的同时所具有的不断变化着的特点。现代数理逻辑又无非是传统逻辑高度形式化的结果，在性质上和形式逻辑并没有根本区别。既然如此，作为客观、全面、正确地反映事物本质真实面目的矛盾范畴以及用矛盾观点建立起来的科学体系当然要破坏具有片面性弊病的现行逻辑。突破形式逻辑、数理逻辑的局限性而遭到一些坚持知性思维的科学家的冷遇，这不是很正常的现象吗？事实上从康德、黑格尔起就已经开始了这项"破坏"工作，当代一些著名的哲学家、科学家也对传统逻辑的"不矛盾律"屡屡提出非议。维特根斯坦明确地批评"数学家仍对于矛盾的宗教式的恐惧"，提出要接受矛盾，并预言"总会有一天出现包含有矛盾的数学演算研究，人们将会真正感到自豪，因为他们把自己从协调性的束缚中解放出来了"。普里斯特提出"悖论逻辑"概念，沃佩卡等人提出半集理论，采用"真子类"概念，试图建立容纳矛盾的形式系统，这些都是所谓"破坏"现行逻辑的有益尝试。但是，这种"破坏"和由于主观思维混乱所造成的逻辑矛盾对思维规律的违犯有着本质的区别。①

王干才还写道：

　　退一步讲，即使"不确定性"确实比矛盾范畴优越，既把握了客观

---

① 王干才：《矛盾含义辨析》，《中国社会科学》1990年第2期，第27—28页。

世界不断发展变化的事实,又不会破坏现行逻辑,但能不能说它已经
包容了矛盾范畴的全部丰富内容呢?恐怕不能得出肯定的结论。比
如,从矛盾观点出发可以很好地理解并令人信服地说明事物运动的实
质、内容、动力、方式、趋向等一系列问题,换用"不确定性"就难以做到
这一点,甚至比矛盾范畴给人的模糊感更强。如果再追问一下"不确
定性"产生的原因、实质何在,就又可能说是因为事物自身固有的内在
和外在矛盾所致。不是用不确定性去说明矛盾,而是恰恰相反,要用
矛盾去说明不确定性。这种情况表明,"不确定性"和"矛盾"本来就不
是一个层次上的范畴。前者是用来描述经验事实的现象层次上的范
畴,后者是用来揭示事物内在联系的本质层次上的范畴。二者的对象
不同,说明事物的深刻程度不同。既是这样,又怎能谈得上用一个去
取代另一个呢?①

金观涛的著述中不曾具体地讨论过以"不确定性"如何取代"黑格
尔位移运动矛盾表述"中的"既在这一点同时又不在这一点"的矛盾。
但马奎特的论文,在作出图 5-1 后的讨论,可以看作是对金观涛的观点
的注释与补充。马奎特写道:"在具有一定广延性的有形物体的机械
运动中(图 5-1),相应的过程可以描绘成物体离开 A 区进入 B 区,这里
A 区在 P 平面的左边,B 区在右边……于是,机械运动中的非间断和间
断的统一便具有下列意义:平面 P 通过把空间分成两个对立的、不同
质的区,即一在其左一在其右,造成了一种间断性。像所有的辩证对
立物一样,这种对立也是相对的,即相对于 P 平面;而从 A 区至 B 区的
运动则是绝对的、非间断的。从运动考虑,只要物体还没有完成它从
一边到另一边的运动,P 平面的位置就不一定要精确地定在这个地方。
如果我们这里考虑的不是具有一定广延性的物体,而是某个有形点的
运动,情况也是如此。"②

围绕金观涛以"不确定性"取代"矛盾"的观点的争论,至今还不时存
在。例如,《系统科学学报》2016 年第 3 期发表的《系统"不确定性"="辩
证法"吗? ——与香港中文大学金观涛教授商榷》③一文。

① 王干才:《矛盾含义辨析》,《中国社会科学》1990 年第 2 期,第 29 页。
② E. 马奎(克)特(Erwin Marquit):《非间断空间和分立空间运动的辩证法》,《国外社会科
学》1980 年第 9 期,第 26 页。
③ 龙叶先:《系统"不确定性"="辩证法"吗? ——与香港中文大学金观涛教授商榷》,《系
统科学学报》2016 年第 3 期,第 12—16 页。

四、对"黑格尔位移运动矛盾表述"的否定

阐明"黑格尔位移运动矛盾表述"已为现代科学的发展所否证,是笔者在 20 世纪 80 年代后期开展的一项工作。最早指出这个问题,是 1988 年 6 月在中国自然辩证法研究会主办的《自然辩证法报》发表的《对机械运动及其表述的新见解》①一文。同年,在《哲学动态》发表的论文《机械运动表述新议》②,更深入地讨论了这个问题。现将《自然辩证法报》发表的内容,转录如下:

> 对于宏观物体的机械运动,我国的哲学教科书都采用恩格斯在《反杜林论》中提出的"物体在同一瞬间既在一个地方又在另一个地方,既在同一个地方又不在同一个地方"这一表述。对于这一传统表述,有人指出现实的客观辩证法应该在不违反形式逻辑的基本规律的各种概念中进行表述;而传统表述却是形式逻辑矛盾来表达辩证矛盾的;关于在同一时间和同一关系中选取的同一客体,不能说出彼此矛盾的两个判断这一要求遭到破坏。也有人指出,采用传统表述将与物理学、数学客观地表述运动的方法相冲突。因为如果时间 Δt 为零,距离 Δx 不为零,则 $\Delta x/\Delta t$ 为无穷大,即物体的速度为无穷大,这是与实际的运动过程不相符的。但是,由于各种原因,这些异议似乎并没有动摇传统表述的地位。它们遭到的只是来自不同角度的指责和以不同方式出现的为传统表述的辩护。然而对于这些异议,笔者是同意的。笔者在此将进一步指出一个一直为人们忽视的基本事实:伴随爱因斯坦相对论的建立产生的相对论时空观,以及相对论所揭示出的物体机械运动和时间、空间的新关联,已经从根本上否定了传统表述。辩证唯物主义哲学必须根据现代科学的新成就重新确立对物体的机械运动的表述。
>
> 在牛顿的绝对时空观中,绝对时间是依其本性在均匀地、与任何其他外界事物无关地流逝着;绝对空间就其本性而言,也是与外界任何事物无关而永远是相同的;物体的机械运动是一种在统一的、均匀的一维时间流程和三维虚空的容器中进行的物质过程;即时间和空间是与物质的运动截然分开的,它们作为物体的机械运动得以进行的必

---

① 文兴吾:《对机械运动及其表述的新见解》,《自然辩证法报》1988 年第 11 期,第二版。
② 文兴吾:《机械运动表述新议》,《哲学动态》1988 年第 8 期,第 30—32 页。

备条件而独立存在;时间和空间彼此也是相互独立的,不同参考系对于运动的描述遵从伽利略变换式。然而,相对论却指出,在高速情况下,不同的参考系对运动的描述并不遵从伽利略时空变换,而是遵从洛伦兹时空变换,运动物体在其运动方向上空间尺度要缩短,时间进程要变慢。现代科学实验严格地检验和证明了相对论的这些思想。相对论的成功,雄辩地说明了牛顿把物体的运动和时间、空间分割开来,把时间和空间分割开来是理想化的做法,牛顿所认识的那种物体的机械运动和时间、空间的关联是错误的。在相对论中,时间和空间,以及时间、空间和物体的运动是不可分割地联系着的,为了表征这种联系,相对论采用了构成"四维时空连续区"的思想,这就是说,在相对论中,对于一个物理事件的描述,只要我们提到它处于一定的时间,那么它就处于一确定的地点;反之,只要提到它处于一定的地点,那么它也就处于一确定的时刻。同一物理事件,在不同的坐标系中进行描述,时间坐标和空间坐标都是不相同的,并且如果两个坐标系的相对速度接近光速时,则时间坐标和空间坐标的差异十分明显。很显然,在这样的时空观念中,物体的机械运动只能被理解为物体由一个时空点(x_1, y_1, z_1, t_1)向另一个时空点(x_2, y_2, z_2, t_2)的过渡,或者说,物体的后一个时空点对其前一个时空点的连续超越。在这里,物体的机械运动和物体的时空变化是同一的,即物体的时空变化既是物体的机械运动的表现形式,也是物体的机械运动的存在方式。爱因斯坦曾写道:在相对论中,运动已经由某种东西来代表,它是存在四维时空连续区中的某种东西,而不是三维空间连续区中变化的某种东西。

至此,我们已能清楚地看到传统表述和相对论揭示的物体的机械运动的本质之间的根本对立:既然在"四维时空连续区"中,不同的时间点对应着不同的空间点,而物体的机械运动是物体由一个时空点不断地过渡到另一个时空点,那么就根本不可能存在"物体在同一瞬间既在一个地方又在另一个地方,既在同一个地方又不在同一个地方"这种情况。

那么,在相对论时空观背景下,辩证唯物主义哲学应该怎样表述物体的机械运动呢?我认为可以这样表述:"物体的机械运动就是,物体既在这一个时空点上又在另一个时空点上,既在同一个时空点上又不在同一个时空点上。""物体在同一个时空点上",这说明物体在一定的时空区域内运动着,这反映了物体的机械运动相对静止、"不变的"、间断的一面;"它又不在同一个时空点上",这说明物体在超越一定的时空界限,在进行着时空的变更,这又反映着物体的机械运动不断

"变"的、连续的一面；正是这种"不变"和"变"的对立统一，这种间断性和连续性的对立统一，构成了物体机械运动的全部过程。

最后，我想指出：也正是依据相对论所揭示出的物体的机械运动和时间、空间的新关联，才使得我们能够科学地把握作机械运动的物体自己运动的辩证本性。在我国哲学界，一直有不少同志热衷于探讨物体机械运动为什么能形成的内部原因，我想，在这些同志看来，我这里还有一个问题没说清楚，这就是：究竟什么原因使得作机械运动的物体能够从一个时空点过渡到另一个时空点形成连续不断的运动之流的呢？事实上，如果不深入领会相对论所揭示出的物体机械运动和时间、空间不可分割的联系，在思想中继续受物体的机械运动和时间、空间相互独立的那种观念的限制，耽于传统表述的那种框架，这种问题就必然存在。然而，现在我们应该明确，根据相对论的概念逻辑，作机械运动的物体从一个时空点过渡到另一个时空点，这完全是由于运动物体的本性所决定的；因为任何物质客体都有质量，从而具有一种保持自己运动状态不变的性质；这种物质客体的固有属性就是运动物体由一个时空点过渡到另一个时空点，形成连续不断的运动之流的"原因"。在这里，我们不仅看到了作机械运动的物体自己运动的辩证本性，深刻地理解了恩格斯所说"惯性只是运动不灭的反面表现"的科学含义，而且也看到，物体的机械位移确实只具有纯粹外在的性质，并不触及发生位移的事物的内部状态。当然，在明确这些之后，那种依据几条语录，杜撰出作机械运动的物体内部存在着"惯性和机械运动转移性"这一特殊矛盾，并以此来说明物体的机械运动为什么能够形成的研究就变得纯属多余。①

同年，我在《哲学动态》发表的《机械运动表述新议》一文中，更深入地讨论了这个问题。拙文总结了由熊立文引起的争论，并在此基础上重申了"对机械运动及其表述的新见解"的观点，提出了若干新认识。拙文写道：

宏观物体的机械运动是宏观世界中最简单、最基本的运动形式，人作为宏观生物每时每刻都体验着它，但如何表述它，似乎至今仍存争议。我国哲学界，长期以来都用"物体在同一瞬间既在一个地方又在另一个地方，既在同一个地方又不在同一个地方"来表述之。1984 年《哲学动态》第 10 期登载了熊立文《辩证思维应该如何表述运

---

① 文兴吾：《对机械运动及其表述的新见解》，《自然辩证法报》1988 年第 11 期，第二版。

动》一文。熊文认为辩证思维采用传统表述是不恰当的。它指出,传统表述不符合黑格尔自己的合理思想,因为传统表述仅仅使空间表现为连续性和点积性的统一,而时间却表现为纯否定性、点积性,即是说,未能表达出时间和空间都是点积性和连续性的统一,不符合辩证唯物主义的基本原理。他认为:"运动就是:当既是此刻又非此刻时,物体既在这里又不在这里"。

熊文发表之后,引起了一场讨论。刘立林等从不同角度为传统命题辩护,认为熊文的新命题不仅没有使运动的表述前进一步,而且重犯了历史上某些形而上学者的错误。对于这场讨论,我有一些不同看法。

我同意熊文揭示传统表述的不恰当性所作出的那些论证,我认为它正确地提出了问题,但没有触及传统表述的实质,因此不能正确地解决问题。①

接下来,拙文重申了"对机械运动及其表述的新见解"的观点,进而指出:

在我国哲学界,通常和教科书和一些哲学著述都努力致力于在吸取相对论的科学成果的基础上,论证马克思主义哲学"时间和空间是物质运动的存在形式"这一基本原理,阐述物质运动和时间、空间不可分割的联系,批判牛顿形而上学的绝对时空论,但似乎都不曾注意相对论所揭示出的物体机械运动和时间、空间的新关联与牛顿所认识的那种关联在本质上的区别:在相对论中,物体的机械运动即物体的时空变化。②

拙文还对芝诺运动悖论进行重新解答。拙文写道:

在我国哲学界,通常都赞赏黑格尔从哲学史上著名的"芝诺佯谬"中敏锐地注意到运动本身包含着内在矛盾,认为黑格尔指出时间和空间是间断性和连续性的统一的思想是深刻的,指责芝诺不懂得辩证法,不懂得时间和空间所固有的内在矛盾性,不懂得有限和无限的对立统一。这些意见不能说完全不对;但是这些意见都没有表达出黑格尔工作的实质和芝诺工作的实质。实质上"芝诺佯谬"提出了:倘若把

① 文兴吾:《机械运动表述新议》,《哲学动态》1988 年第 8 期,第 30—31 页。
② 同上书,第 31 页。

时间、空间和物体的机械运动分割开来,把物体的机械运动看作是在时间和空间框架中进行的物质过程;那么,用这种关联根本无法表达现实的运动。当然也可以这样说:芝诺在两千多年以前就指出了依据人们习见的运动观念,即牛顿表述运动的那种方法是根本无法逻辑自洽地表述运动。限于篇幅,我们仅以芝诺的"二分法"佯谬为例作出分析。在这个佯谬中,芝诺指出:某物从甲地到乙地的运动永远达不到终点。因为物体在达到终点以前,首先必须穿过全程的一半,而穿过这一半以前,又必须穿过这个一半的一半,如此类推,这个物体只能在原地不动;因此运动是不存在的,因为它甚至不可能开始。仔细分析这个佯谬,我们将发现这个佯谬存在的基础是:物体的运动在时间和空间的框架中进行,时间和空间两者是没有联系的。在这种条件下,芝诺对空间进行无限分割,而不随之对时间无限分割,最后在"即使对无限分割之后的空间无限小量,物体也必须用有限小的时间间隔去通过它"的前提下,推论出"物体通过有限的距离必须要用无限的时间"这种佯谬。然而,这种佯谬在把物体的时空变化与物体的机械运动看作是直接同一的相对论概念逻辑体系中是不复存在的。在那里,空间的无限小量对应着时间的无限小量,当然这也就是物体的机械运动的无限小量(根据量子力学的逻辑,这种无限小量是有其极限的),物体在有限的时间通过有限的空间,这就是实现了的物体机械运动自身。

鉴于以上分析,我们应该承认:"辩证法大师"黑格尔并没有发现"芝诺佯谬"的深层结构,没有也不可能认识到像今天的相对论所揭示出的物体机械运动和时间、空间的那种关联,他所做的工作只是用"时间和空间是间断性和连续性的统一"这一思想,以及"运动就是物体在一个地方同时又不在一个地方"这种违反逻辑规则的"辩证判断"把芝诺发现的问题搪塞过去,或者说掩盖起来了。①

同年,笔者在《自然辩证法报》发表《析芝诺佯谬的实质——续方励之先生》一文,对芝诺的"阿基里斯与龟"佯谬进行了重新解答。②

1989 年,笔者在《哲学研究》发表的《相对论时空理论及其评价再探讨》一文的结束语中进一步强调了这些问题。拙文写道:

---

① 文兴吾:《机械运动表述新议》,《哲学动态》1988 年第 8 期,第 31—32 页。
② 文兴吾:《析芝诺佯谬的实质——续方励之先生》,(中国自然辩证法研究会主办)《自然辩证法报》1988 年第 20 期,第二版。

正确理解和评价相对论时空理论,对我国哲学的发展有重要的现实意义,许多以前争论不休的问题可以在科学的基础上予以正确地解决。例如,对于宏观物体的机械运动的表述问题,我国哲学界历来存在争议,然而我们现在应该明白,我国的"传统表述"确实是错误的。因为依据相对论所揭示出的物体机械运动和时间、空间的那种关联,根本不可能存在"物体在同一瞬间既在一个地方又在另一个地方,既在同一个地方又不在同一个地方"这种情况。又如,对于哲学史上著名的"芝诺佯谬",我们也不必再耽于黑格尔那种依据客观唯心主义思想基础和他那独特的思想方法所推演出来的结论,完全可以依据相对论的科学思想予以正确解答。①

在《中国社会科学》1990 年第 5 期的《相对论时空理论再认识》一文中,笔者又有系统地讨论了"四维时空"理论及其在相对论发展史上的重要意义,批评了学术界的一些不当观点。②此后,笔者还进一步撰文讨论了相对论时空理论与辩证唯物主义时空观的关系。③

---

① 文兴吾:《相对论时空理论及其评价再探讨》,《哲学研究》1989 年第 12 期,第 40 页。
② 文兴吾:《相对论时空理论再认识》,《中国社会科学》1990 年第 5 期,第 33—34 页。
③ 文兴吾:《相对论否定了反映论的认识理想吗?》,《天府新论》1991 年第 2 期;文兴吾、徐荣良:《相对论时空理论与辩证唯物主义时空观新论》,《天府新论》1993 年第 2 期。

第七章　对黑格尔后解答芝诺运动悖论的著名观点的批判

　　黑格尔之后,对芝诺运动悖论进行过系统研究和解答的著名哲学家,是法国哲学家亨利·柏格森(Henri Bergson,1859—1941 年)和英国哲学家伯特兰·阿瑟·威廉·罗素(Bertrand Arthur William Russell,1872—1970 年);两人都因为哲学的成就而获得诺贝尔文学奖。柏格森主要因他的《创造进化论》一书,1927 年获得诺贝尔文学奖。1950 年,罗素获得诺贝尔文学奖的"颁奖词"前几段话如下:

　　1946 年,罗素的巨著《西方哲学史》问世时,他本人已经 74 岁,从他巨著中的各种深沉的功力来看,我们才了解他是经过多么艰难困苦的努力才有了这一成果。如在谈到苏格拉底之前的哲学家时,他说:"在研究某个哲学家时,正确的态度应是不卑不亢,先为他们的立场设身处地地想想,直至了解他的思想,才尽可能地放弃先前的偏见,采取正确的批判态度。"

　　在这部书的另一处,他又写道:"忘记哲学所讨论的问题,或在心目中存在着各种先入为主的、固定的哲学答案,都是不好的,教我们如何学会生活在疑问中,但又别让疑问搞得麻木不仁,这可能是我们当前那些研究哲学的人的最主要的课题。"

　　半个世纪以来,由于罗素个人思想的高超,使他一直成为全球瞩目与争论的中心,他自己除了固定的写作与研究以外,也随时准备迎接任何战斗,未曾一日懈怠。在人类知识和数理方面,他的研究成果可以与牛顿在力学上的成就相媲美。但并不是由于他在这方面的成就而获得诺贝尔文学奖,而是因为他能够把一般性的哲学思想成功地介绍给人们,他这样做,是对哲学家始终保持兴趣的最成功的范例。①

---

① 《20 世纪诺贝尔文学奖颁奖演说词全编》,毛信德等译,百花洲文艺出版社 2001 年版,第 383—384 页。

2018 年,笔者发表《芝诺运动悖论研究的演进》①一文,其中对柏格森、罗素解答芝诺运动悖论的观点及其主要争论进行了梳理。拙文旨在通过把握芝诺运动悖论当代研究格局,向学术界申明:芝诺运动悖论至今并未得到有效的解决,需要更进一步的深入研究;尽快找出芝诺的论证存在的真正的问题,对于辩证唯物主义哲学体系的发展与完善,是亟待解决的重大问题。下面我们更深入地讨论柏格森、罗素解答芝诺运动悖论的观点及其主要争论。

第一节　"柏格森对芝诺运动悖论的解答"批判

一、柏格森对芝诺运动悖论的解答

柏格森在他的几本著名的书《论意识的直接材料》(1889 年)(英译本为《时间与自由意志》)、《材料与记忆》(1896 年)、《形而上学导论》(1896年)、《创造进化论》(1907 年)、《思想与运动》(1934 年)中,都论说了芝诺运动悖论。柏格森认为,芝诺否认运动的四个悖论用空间规定运动,把不间断的绵延割断,是根本错误的;而实在情况却是:运动在绵延之中,绵延在空间之外。②

1.《时间与自由意志》的解答

柏格森的生命哲学致力于对传统机械论时间观的批判。在《时间与自由意志》一书中,柏格森阐述了他的绵延观。柏格森提出有两种"时间":一种是真正的时间,是纯粹绵延的,另一种是科学的时间,即度量的时间,是空间化的;他写道:"对于时间确有两种可能的概念,一种是纯粹的,没有杂物在内,一种偷偷地引入了空间的观念。当我们的自我让自己活下去的时候,当自我不肯把现有状态跟以往状态隔开的时候,我们意识状态的陆续出现就具有纯绵延的形式……一种没有区别的陆续出现,并可以把它当作一堆因素的互相渗透、互相联系和共同组织;其中每个因素代表着整体,又只有抽象的思想才能把每个因素跟整体辨别或分

---

① 文兴吾:《芝诺运动悖论研究的演进》,《社会科学研究》2018 年第 2 期,第 140—147 页。
② 柏格森的绵延说和他的记忆理论有密切关联。按照这种理论,记住的事物残留在记忆中,从而和现在的事物渗透在一起:过去和现在并非相互外在的,而是在意识的整体中融混起来。

开。"而当"我们把时间投入空间,用有关广度的字眼来表示绵延;因而陆续出现变成一根连续不断线条或链环的样子,其各部分彼此接触而不互相渗透。"①为了把两种时间的分野以较严格的形式陈述出来,柏格森讨论了如下思想实验:

> 我们设想有一根无限长的直线,并想象有一点 A(一种物质)在直线上移动。如果 A 对自己有知觉,则它会觉得自己在变,因为它在动;它会觉得有东西在陆续出现,但是这番陆续出现在它的意识里会具有一根线条的形式吗?如果 A 能(好比说)上升到它所经过线条的上方,并且同时看到线条上并排置列着的几个点,那么,毫无疑问,陆续出现会有线条的形式。但是 A 若这样做,A 就会形成关于空间的观念;它就会看出,它所经历的种种变化呈现在空间内,而不呈现在绵延中。②

概言之,柏格森认为:以绵延为本质特征的真正时间是与空间对立的:绵延是流动的质,空间是排列的量;绵延是连续不断,空间是间断可分;绵延是内在的,空间是外在的,我们在外界找不到绵延而只找到同时发生;绵延是生命的界说,空间是物质的规定。绵延的时间是形而上学所要认识的对象,而科学的、空间化的时间是理智为实践的功用所做的构造。③天文学家和物理学家为了测定运动的速度,从而假设时间为一种数量,于是时间被钟表分成等量的部分,"但严格讲,纯绵延并不是一种数量;一旦我们企图测量它,则我们就不知不觉地使用空间来代替它。"④

柏格森指出,正如有两种时间一样,运动也有两个因素:一是运动物体所经过的空间,这是可分的;二是经过空间的动作,这是不可分的。他通过一些例子进行了讨论:

> 想想当你忽然看见一颗流星的时候,你得到什么经验。在这种极端迅速的运动里,你自然地、本能地辨别两种东西:一种是流星所经过的空间,它对你显得像一条发亮的线;一种是对于运动或对于可动性的感觉,而它是绝对不可分割的。试把眼睛闭着而做出一个很快的手势;只要不想到手势所经过的空间,则意识就只会有一个完全性质式

① 柏格森:《时间与自由意志》,吴士栋译,商务印书馆 1997 年版,第 67—68 页。
② 同上书,第 69 页。
③ 杨河:《时间概念史研究》,北京大学出版社 1998 年版,第 169 页。
④ 柏格森:《时间与自由意志》,吴士栋译,商务印书馆 1997 年版,第 72 页。

的感觉。①

我们看出一种是完全强度性的感觉，一种是对于所经过空间之广度性的表象，而这两种被混合在一起。我们在一方面认为运动具有它所经过空间的那种可分性；我们在这方面竟于忘记：把一件物体分开是很可能的，但把一个动作分开则不成功。我们在另一方面又使自己习惯于把这个动作自身投入到空间去，把这动作跟运动物体所经过的整个一根线联系起来；简言之，把这运动凝固化。我们在这方面竟于好像不知道：把一种进展这样地安放在空间就等于肯定：甚至在意识之外，过去是跟现在同时存在的！②

在阐明上述观点之后，柏格森指出：人们通常把运动和所经过的空间混淆起来，正是这种混淆产生了芝诺的运动悖论。他写道："乃是由于人们把运动跟所经过的空间混为一谈。因为两点之间的距离是无限地可分的；如果运动所包括的各部分真像这距离自身的各部分一样，则这距离是永远无法越过的。"③

对于芝诺的"阿基里斯与龟"论证，柏格森说：

为什么阿基里斯的确跑到乌龟的前面去了呢？这是由于阿基里斯的每一步和乌龟的每一步，从其为动作而言，都是各自不可分割的，但从其为空间的距离而言，又是彼此长短不齐的。因而在赛跑进行了一定时间之后，步数的相加会使阿基里斯所经过的空间，比乌龟所经过的空间加上阿基里斯所让它的那段路程，还较长些。当芝诺按照乌龟步法的规律来改造阿基里斯的行动时，他恰恰没有顾到这一点；他忘记了只有空间才是可照任何方式分开和重新合拢的，因而他把运动和空间混在一起。④

2.《材料与记忆》的解答

在《材料与记忆》一书中，柏格森指出"每个运动，只要是作为两个静止点之间的中间过程，就绝对是不可分的。这并非假定，而是事实，是通常被

---

① 柏格森：《时间与自由意志》，吴士栋译，商务印书馆 1997 年版，第 76 页。
② 同上书，第 75—76 页。
③ 同上书，第 76 页。
④ 同上。

假定掩盖起来的事实。"①他写道："我的一只手放在 A 点上。我把这只手挪到 B 点上，一次性地经过了 AB 两点之间的间隔。这个运动里包括两个东西：一个是我看见的形象；另一个是行动，我的肌肉感觉使我意识到了这个行动。我的意识使我内心感到的只有一个事实，因为 A 是静止点，B 是另一个静止点，而 A 和 B 之间被放入了一个不可分的（或者至少是尚未分开的）行动，被放入了从 A 点到 B 点的一段间隔，而这就是运动本身。"②当然，"我的手如果不经过一系列中间位就不能从 A 点到达 B 点，而这一系列中间位置则近似一条道路的一个个分段，其数目由你随意确定；这些都是真的。"于是，"我们在此处发现了一个错觉的源头，这个错觉伴随着对真实运动的知觉，也掩盖了对真实运动的知觉。可见的运动就是从一个点移动到另一个点，因此，它也就是在跨越空间。被跨越的空间是无限可分的；运动被应用在（例如说）它所经过的那个线段上时，被跨越的空间似乎就成了这个线段所占据的空间，因此，它也像这个线段一样，是可以被划分的。"③"芝诺悖论的根源就是上面这个错觉。它们都把时间和运动与描述时间和运动的线段看成了一回事。"④

对于"两分法"论证，柏格森写道，芝诺"假定运动的实体处于静止状态，然后只承认一个个段落，它们数目无尽，沿着将要被跨越的线段排列开来。他说，我们无法想象身体如何越过这些段落之间的间隔。但是，按照这种方法，他仅仅证明了一点：（按照推论）不可能用静止的东西来构成运动；谁都不会怀疑这一点。唯一的问题是，如果运动被假定为事物，那么，假设有无数的点已经被经过，这是否存在某种倒溯的荒谬性呢？但是，我们不必对此感到惊异，因为运动是一个未被分割的事实，或者说是一系列未分割的事实，而运动的轨迹则是无限可分的。"⑤即是说，在柏格森看来，芝诺的"两分法"论证唯一提出的问题是：如果物体的运动存在，那么物体如何能越过数目无尽的点。然而，这是一个错误的问题，因为运动与运动的轨迹不是一回事。

对于"阿基里斯与龟"论证，柏格森写道：在这个论证中"运动的确是给定的；它甚至涉及两个运动的实体；不过，总是出于同样的错误，这里存在着一个假定，即它们的运动与它们的路径完全一致，而我们可以随心所欲

① 柏格森：《材料与记忆》，肖聿译，华夏出版社 1999 年版，第 167 页。
② 同上书，第 168 页。
③ 同上书，第 169 页。
④ 同上书，第 171 页。
⑤ 同上书，第 171—172 页。

地划分运动,就像可以随心所欲地划分路径一样……于是,我们就根据自己制定的规律任意重构了阿基里斯和乌龟的运动,而这个规律与运动性的真实条件并不相符。"①1911 年,柏格森在牛津大学的一次演讲中讲道:如果我们要求阿基里斯评论一下他的奔跑,"也许,他会如是回复我们:'芝诺想要我从我以前停留的点到乌龟以前离开的点,再从乌龟以前离开的点到现在离开的点,如此等等;他就是这样让我奔跑的。对我而言,奔跑完全是另一个样子。我迈出第一步,接下来第二步,如此等等;最后,在一定数量的步伐之后,我只需再迈出一步,就可以超过乌龟。这样,我完成了一系列不可分的动作,我的奔跑就是这一系列动作。它包含了多少步,就可以分成多少个部分。如果像芝诺所说的那样进行,就是承认奔跑可以被任意地分解'。"②

对于"飞矢不动"论证,柏格森写道:"同样的错误也出现在芝诺的第三个论证(箭矢)里,但表现得更加明显。这个错误出现在这样的结论里:由于可以划分出一个运动实体路径上的每一个点,我们就有权在这个实体运动的绵延里分割出一个个不可划分的瞬间。"③

柏格森认为芝诺的"一半时间等于一倍时间"论证遭到不公正的蔑视,相反,它最富启发性,"它更坦率地揭示了其他三个论证所掩饰的推论,其荒谬性才表现得更加明显而已。"④柏格森写道:"有人说,这是个幼稚的结论,因为芝诺根本就没有考虑到一个事实,即这个速度一种情况下是另一种情况下的两倍。当然如此,但是我要问:他能够觉察到这一点吗? 在同一时间内,一个移动的实体经过两个实体的不同长度,其中一个实体静止,另一个在运动;如果一个人把绵延看作一种绝对的东西,而或者把它放在意识里,或者把它放在某种参与意识的东西里,那么,这一点对他来说是清楚的。这是因为,当这种绝对的或者意识的绵延的确定部分流逝时,同一个移动的实体经过那两个实体时会越过两个空间,其中一个是另一个的两倍,而我们却不能由此得出结论说,一个绵延是其自身的两倍,因为绵延依然独立于两个空间之外。但是,芝诺全部推论中的错误,则恰恰来自这个事实:他把真实的绵延放在了一边,而仅仅考虑到了它在空间里的客观轨迹。因此,这同一个移动实体走过的两条路线,又如何不应当接受同一个相等的考虑(即绵延)的度量呢? 而且,它们又如何不能表现同样的绵延

---

① 柏格森:《材料与记忆》,肖聿译,华夏出版社 1999 年版,第 172 页。
② 柏格森:《思想与行动》,邓刚、李成季译,上海人民出版社 2015 年版,第 145—146 页。
③ 柏格森:《材料与记忆》,肖聿译,华夏出版社 1999 年版,第 172 页。
④ 同上。

呢,即使它们当中的一个是另一个的两倍?芝诺由此得出'一段绵延是它自身的两倍'的结论,这完全符合于他的假定的逻辑,而他的第四个论证则与其他三个同样有价值。"①在这里,柏格森重新诠释了芝诺的"一半时间等于一倍时间"论证。

在逐一讨论芝诺否认运动的四个论证后,柏格森作出了如下总结:"呈现于自发知觉中的运动是一个相当清晰的事实;爱利亚学派指出的那些困难和矛盾,与运动本身关系甚少,而与大脑对运动僵死的、人为的认识有关。"②

3.《创造进化论》的解答

在《创造进化论》一书中,柏格森着重对"飞矢不动"论证进行了讨论。他写道:"芝诺说,箭矢在每个瞬间都是静止的,因为它没有时间去移动,也就是说,没有时间去占据至少两个连续的位置,除非至少有两个瞬间允许它如此。因此,在一个既定瞬间里,箭矢便停止在一个既定的点上。箭矢前进的每一个点都是静止的,因此,在它运动的全部时间里,箭矢都是静止的。"③"实际上,倘若箭矢离开 A 点,下落到了 B 点,那么,它的运动 AB(只要它还是运动)就像发射这个箭矢的弓的张力一样简单,一样不可分解……我们虽然能任意分割这个一次性地创造出来的轨道,却无法分割对它的创造,因为那是个正在进展的行动,而不是个事物。假定运动的实体存在于其进程的一点上,这就是将其进程在这一点上剪断,分割了这个进程,就是用两个轨道代替了我们最初考察的那一个轨道。这就是区分出了两个连续的行动,而根据假定,本来只有一个行动。"④

对于其他三个论证,柏格森说,"只要指出一点即可:它们都是将运动运用在了那条已经越过的线路上,并且假定凡是对于那条线路是真实的,对运动也就是真实的……它们全都表达着同一个基本谬论……只要我们在思想上承认真正运动的连续性,这种荒谬便立即会烟消云散;我们每一个人每次抬起一只手臂或者向前迈出一步时,都会意识到真正运动的这种连续性。……运动实体描画出来的线路允许它本身接受任何一种分割,因为它并不具有内在的组织。然而,一切运动却都是被内向地具体完成的。"⑤

---

① 柏格森:《材料与记忆》,肖聿译,华夏出版社 1999 年版,第 172—173 页。
② 同上书,第 173 页。
③ 柏格森:《创造进化论》,肖聿译,华夏出版社 2000 年版,第 266 页。
④ 同上书,第 267 页。
⑤ 同上书,第 267—268 页。

　　总结柏格森对芝诺否定运动的四个论证的解答,正如柏格森在牛津大学的演讲中所概括,"所有这些论证都包含着对运动与运动经历的空间的混淆,或者说,至少包含着这样的信条:可以如同处理空间一样地处理运动,将其无限细分而无需考虑衔接。"①

二、罗素和梅洛-庞蒂对柏格森观点的批判

1. 罗素对柏格森观点的批判

　　罗素坚决反对柏格森关于芝诺运动悖论的观点。他写道:在数学中,把变化、甚至把连续变化理解为由一连串的状态构成。但是,柏格森主张任何一连串的状态都不能代表连续的东西,事物在变化当中根本不处于任何状态;他把认为变化是由一连串变化中的状态构成的这种见解称作电影式的见解,认为这是理智特有的、有害的见解。真变化只能由真绵延来解释;真绵延暗含着过去和现在的相互渗透,而不意味着各静止状态所成的一个数学的继起。②罗素认为:芝诺的论证"暗中假定了柏格森的变化论的要义。那就是说,他假定当物件在连续变化的过程中时,即便那只是位置的变化,在该物件中也必定有某种内在的变化状态。该物件在每一瞬间必定和它在不变化的情况下有本质的不同"③;"柏格森的见解坦白说是悖论的见解"④;"柏格森的关于绵延和时间的全部理论,从头到尾以一个基本混淆为依据,即把'回想'这样一个现在事件同所回想的过去事件混淆起来……只要一认识到这种混淆,便明白他的时间理论简直是一个把时间完全略掉的理论。"⑤

　　罗素还写道:"像柏格森的哲学这样一种反理智哲学的一个恶果是,这种哲学靠着理智的错误和混乱发展壮大。因此,这种哲学便宁可喜欢坏思考而不喜欢好思考,断言一切暂时困难都是不可解决的,而把一切愚蠢的错误都看作显示理智的破产和直觉的胜利。"⑥运动是连续的,"如果我们一定要假定运动也是不连续的,由运动的连续性便产生某些困难之点。如

---

① 柏格森:《思想与行动》,邓刚、李成季译,上海人民出版社 2015 年版,第 145 页。
② 罗素:《西方哲学史》下卷,马元德译,商务印书馆 1976 年版,第 361 页。
③ 同上书,第 362 页。
④ 同上书,第 363 页。
⑤ 同上书,第 365 页。
⑥ 同上书,第 360 页。

此得出的这些难点,长期以来一直是哲学家的老行当的一部分。但是,如果我们像数学家那样,避开运动也是不连续的这个假定,就不会陷入哲学家的困难。假若一部电影中有无限多张影片,而且因为任何两张影片中间都夹有无限多张影片,所以这部电影中决不存在相邻的影片,这样一部电影会充分代表连续运动。那么,芝诺的议论的说服力到底在哪里呢?"①

2. 梅洛-庞蒂对柏格森观点的批判

如果说上述罗素的批判是对柏格森观点的否定,那么法国哲学家梅洛-庞蒂在《知觉现象学》中对位移运动问题的讨论则是"否定之否定"。

梅洛-庞蒂对位移运动问题的讨论一开始就写道"即使运动不能用位置的移动或变化来定义,但运动仍然是位置的移动或变化"②;即是说,"运动是位置的移动或变化"是一个基本的事实。随后,梅洛-庞蒂讨论了逻辑学家的运动观念与心理学家的运动观念,逻辑学家的运动观念可谓对应着罗素的运动观念,心理学家的运动观念可谓对应着柏格森的运动观念。再后,梅洛-庞蒂指出,"我们不能认为心理学家是有道理的,也不能认为逻辑学家是有道理的,两者合二为一才是有道理的,我们应该找到使正题和反题都成为真的方法"③,并提出了现象学家对运动的"把握"。

梅洛-庞蒂写道:当我们思考运动,力图获得运动的本质或真理,我们就置身于批判的态度或检验的态度之中;但是,这种对运动进行逻辑分析的态度必然会消解运动现象,并阻止我们把握真正的运动经验。④在逻辑学家那里,"当一个物体运动时,除了它在不同时间在不同位置上之外,就没有任何事情发生了"⑤,这种纯粹关系论的相对的运动必然需要预设两个关系者:一个运动物体,一个外部的客观参考点。梅洛-庞蒂指出,"运动物体与运动的区分一旦形成,就没有无运动物体的运动……就没有绝对的运动……芝诺的论证就又有了道理。人们反驳芝诺的论证,说不应该把运动当作在一系列不连续瞬间中依次占据的一系列不连续位置,说空间和时间不是由离散成分的聚集构成的,是徒劳的。……即使人们发明一种数学工具来研究无限的位置和瞬间,人们也不能在同一的运动物体中设想始终处在最接近的两个瞬间和两个位置之间的转变活动本身。"⑥于是,梅洛-

① 罗素:《西方哲学史》下卷,马元德译,商务印书馆 1976 年版,第 361—362 页。
② 莫里斯·梅洛-庞蒂:《知觉现象学》,姜志辉译,商务印书馆 2001 年版,第 340 页。
③ 同上书,第 346 页。
④ 同上书,第 340 页。
⑤ 罗素:《我们关于外间世界的知识》,陈启伟译,上海译文出版社 1990 年版,第 103 页。
⑥ 莫里斯·梅洛-庞蒂:《知觉现象学》,姜志辉译,商务印书馆 2001 年版,第 341—342 页。

庞蒂阐明了像逻辑学家那样"思考运动时,我不理解运动能为我开始,能作为现象呈现给我"①,"最终也就没有任何办法能把本义的运动归因于'运动物体'"②。

接下来,梅洛-庞蒂讨论了心理学家的运动观。他指出:身体随时能够自行开始运动,我们都能知觉到本己身体的这种自发运动;这表明知觉每时每刻都在实际地向我们呈现绝对运动。在这种运动中,没有保持同一的运动物体,没有外部参照点,从而没有任何相对性。在心理学实验中"人们甚至能证明,运动不是一个运动物体相继占据在两端之间的所有位置……如果是实际运动,情况也没有什么不同:如果我注视卸一辆卡车的工人一块一块地往下扔砖头,我看到处在最初位置和最终位置的工人的手臂,我没有看到处在中间位置的工人的手臂,不过,我对工人的手臂运动有一个鲜明的知觉。"③这一切都意味着:运动并不是运动物体依次通过一系列无定限的位置;只有当运动物体在开始、继续或完成其运动时,它才会被给予我们。换言之,只有当我们在知觉中经验到一个被运动占据的物体时,"运动物体"才会显现。因此,运动对运动物体来说不是一种外在的指称,不是它与外部环境的关系,不是外在于运动物体本身的一个关系系统。④

梅洛-庞蒂在叙述了心理学家的运动观的持之有据后,又指出了心理学家的上述一切并没有让人们认识到运动是什么。他写道:"当人们谈论运动的感觉,或谈论运动的特殊意识……只有当运动的知觉用运动的意义,用构成运动的所有因素,特别是用运动物体的同一性来理解运动,运动的知觉才能是运动的知觉,才能把运动当作运动来认识。"⑤具体地讲,"当我说江湖骗子把鸡蛋变成手帕,或魔术师把自己变成在房顶上的一只鸟儿时,我的意思不是一个物体或一个存在消失了,立即被另一个物体或另一个存在代替。在消失的东西和出现的东西之间,应该有一种内在联系;在消失的东西和出现的东西应该是相继以这两种形式呈现的同一个东西的两种表现或两种显现,两个阶段。同样,运动到达某一点和运动从'邻近'点出发应该是同一个事件,这种情况的发生只是因为有一个突然离开一个点和占据另一个点的运动物体。"⑥事实上,正如柏格森理论的当代传人吉

① 莫里斯·梅洛-庞蒂:《知觉现象学》,姜志辉译,商务印书馆2001年版,第342页。
② 同上书,第341页。
③ 同上书,第342—343页。
④ 同上书,第343页。
⑤ 同上书,第345页。
⑥ 同上书,第344—345页。

尔·德勒兹所言,柏格森"通过运动的物理经验来重复绵延的心理经验,有一个问题就变得紧迫起来。从心理经验的角度看,'外在的事物也绵延吗?'的问题仍然无法确定。"[①]

梅洛-庞蒂认为逻辑学家与心理学家的观点都只有部分正确,需要找到某种原则对两者进行综合。他写道:逻辑学家强调"动态现象"的一种构成"运动是位置的移动或变化","强调根据我们在其轨迹中看到运动物体的运动描述时,他是对的"[②],而心理学家主张"运动的知觉相对于运动物体的知觉不是第二位的……运动物体的同一性直接'来自体验'……在运动中即使没有一个运动物体,也至少有一种变化,只要我们不把这种变化与我们在轨迹的某个点中断运动时得到的静止图形混淆在一起。心理学家就是在这里超过了逻辑学家。"[③]然而,对于"与我的移动的手臂共有的动作把我在外部空间没有找到的运动给了我,因为回到我的内部生活的我的运动在那里重新找到无广延的统一性"——"柏格森用来反对思维内容的实际体验在他看来已得到证实,它是一种直接'材料'"[④],梅洛-庞蒂说:"这就是在模棱两可中寻找答案……如果我的动作的意识真正是一种共有的意识状态,那么它就不再是运动的意识,而是一种不能把运动告诉我们的不可言喻的性质。正如康德所说的,外部体验是不可言喻的内部体验所必需的,因为内部体验不表示任何东西。"[⑤]

梅洛-庞蒂声称"我们从破坏运动的一种运动思维转到力求建立运动的一种运动体验,也从这种体验转到如果缺少它体验就不表示任何东西的一种思维"[⑥],这就是与身体体验紧密联系的"现象运动"新思维。梅洛-庞蒂指出"之所以身体向运动知觉提供运动知觉的建立所必需的基础或背景,是因为身体如同一种感知能力,因为身体被固定在某个范围,与一个世界吻合"[⑦];他对"如何想象身体这个中介? 为什么物体和身体的关系能确定物体是运动的或静止的?"[⑧]等问题进行了具体的讨论。

总结梅洛-庞蒂在《知觉现象学》一书中对位移运动问题的讨论,可以

① 吉尔·德勒兹:《康德与柏格森解读》,张宇凌、关群德译,社会科学文献出版社 2002 年版,第 136 页。
② 莫里斯·梅洛-庞蒂:《知觉现象学》,姜志辉译,商务印书馆 2001 年版,第 346 页。
③ 同上书,第 346—347 页。
④ 同上书,第 350 页。
⑤ 同上书,第 351 页。
⑥ 同上书,第 346 页。
⑦ 同上书,第 354 页。
⑧ 同上书,第 354 页。

得出如下认识:梅洛-庞蒂不认为柏格森已经合理地解决了芝诺疑难,也不认为柏格森对芝诺论证的解答是无稽之谈;尽管他批评了柏格森的延绵观,但却继承和发展了柏格森把运动问题与运动知觉及其身体体验紧密关联进行研究的理路。

第二节 "罗素对芝诺运动悖论的解答"批判

一、罗素对芝诺运动悖论的解答

罗素对芝诺论证的解答,主要集中在《我们关于外间世界的知识》(1915 年)一书中。罗素认为,"芝诺的辩论……就其反对有限长度的时空由有限数目的点和瞬间构成这种观点而言,他的论证不是诡辩,而是完全正确的"①,但是只要注意到康托尔在 19 世纪后期建立的无穷数理论,那么,在康托尔以后,芝诺提出的问题也就得到解决了。罗素提出,芝诺的"飞矢不动"和"运动场"论证隐藏的错误前提是:把有限长度的时空看作是由有限数目的点和瞬间构成;而"两分法"和"阿基里斯与龟"论证隐藏的错误前提是:认为无穷集合不可能,"不可能有任何东西超出整个没有终结的系列"。②

罗素在 1901 年就把康托尔的工作与对芝诺论证的解答相联系。罗素写道,"芝诺关心过三个问题……这就是无穷小、无穷和连续的问题……从他那个时代到我们自己的时代,每一代最优秀的智者都尝试过解决这些问题,但是广义地说,什么也没有得到。魏尔斯特拉斯、戴德金和康托尔彻底解决了它们。它们的解答清楚得不再留下丝毫怀疑。这个成就可能是这个时代能够夸耀的最伟大的成就……无穷小的问题是魏尔斯特拉斯解决的,其他两个问题的解决是由戴德金开始,最后由康托尔完成的。"③

对于"两分法"论证,罗素写道,"在这里芝诺首先诉诸任何距离无论如何小都可分成两半这一事实。由此自然就推出,一条线上必有无穷多的

---

① 罗素:《我们关于外间世界的知识》,陈启伟译,上海译文出版社 1990 年版,第 127 页。
② 同上书,第 127、136 页。
③ E. T. 贝尔:《数学大师——从芝诺到庞加莱》,徐源译,上海科技教育出版社 2004 年版,第 667—668 页。

点。……如果我们认为这个论证是反对主张无限可分性的人的,那么我们必须设想其进行如下:'把还须通过的距离不断分成两半所得的点在数目上是无限的,而且是接连相续地达到的,而到达每一点都在到达其前一点之后的一个有限的时间;但是无穷多有限时间的总和必是无限的,因此这个过程永远不会完成。'[①]罗素指出,"这个论证表面看似颇有力,只是由于下面这个错误的假设,即:除了无限系列的整体之外,不可能有任何东西。我们看到 1 是在 1/2,3/4,7/8,15/16,……这整个无限系列之外的,就可知道这个假设是错误的。"[②]换言之,罗素是说:芝诺的"两分法"论证构成一个无限序列"1/2,1/4,1/8,1/16,……",它产生出一个级数"1/2,3/4,7/8,15/16,……",后者的极限为 1,这可以直接看出来或用求和公式求得;因此,这个论证隐藏的前提"认为无穷集合不可能,不可能有任何东西超出整个没有终结的系列"是错误的。

对于"阿基里斯与龟"论证,罗素写道,"这个论证与前一个论证本质上是一样的。它表明,如果阿基里斯能追上龟,那必是从他起跑之后经过了无穷多的瞬间。这实际上是对的,但是认为无穷多的瞬间构成一个无限长的时间则是不对的,因此不能得出阿基里斯永远追不上龟的结论。"[③]罗素是说,"阿基里斯与龟"论证也涉及了一个几何级数,在无限系列的整体之外,无限项之和是有限的。具体来说,如果设阿基里斯以每分钟 100 米的速度前进,龟以每分钟 1 米的速度前进,设龟原在阿基里斯之前 990 米;问阿基里斯需要多少时间才能追上龟?"常识"告诉我们,阿基里斯每分钟赶上龟 99 米,原有的990 米的距离在 10 分钟之后就完全赶上了。而采用芝诺的方式来推理:当阿基里斯走到龟原在的位置时,龟又走了原距离的 1/100,即 9.9 米;当阿基里斯又走到龟的第二位置时,龟又走了 9.9 英尺的 1/100,即 0.099 米。"说过一遍的话可以永远重复下去",龟与阿基里斯的距离就成为几何级数"990,9.9,0.099,0.000 99,……",其和可用求和公式求得为 1 000。就是说,阿基里斯必须跑 1 000 米才能追上龟,而这就要他花 10 分钟。

对于"飞矢不动"论证,罗素写道:"如果说前两个论证并未假定一个有限的空间部分是由一个有限系列的接连相续的瞬间构成的;那么这个论证则似乎假定了这个观点;无论如何这个论证之好像讲得有道理似乎就依赖于有致密相连的瞬间这个假设。……假设一个由一千瞬间组成的时段,并

---

① 罗素:《我们关于外间世界的知识》,陈启伟译,上海译文出版社 1990 年版,第 128—129 页。

② 同上书,第 129—130 页。

③ 同上书,第 130 页。

假设飞矢穿过这个时段。在这一千瞬间的每个瞬间上,这支矢都是在它所在的地方,虽然在下一瞬间它又在另外的地方了。它是永远不动的……解决就在于连续系列的理论。我们看到很难不假定,箭矢在飞行时在下一个瞬间占据下一个位置;但是事实上并没有下一个位置,也没有下一个瞬间,一旦在想象上领悟了这一点,就可看到这个困难消失了。"①那么,连续系列的理论是如何解决了"飞矢不动"疑难的呢?罗素指出,"在一个连续的运动中,我们要说运动的物体在任一给定的瞬间占据某一位置,在其他瞬间占据其他位置;任何两个瞬间之间的间隔和任何两个位置之间的间隔都是有限的,但是运动的连续性却表现在下面这个事实,即我们所取的两个位置和两个瞬间不论如何接近,总有无穷多更接近的位置在亦更接近的那些瞬间被占据"②,康托尔的理论业已明确告诉我们:任意两条线段,无论它们的长度如何,都具有相同数量的点。因此,在紧邻的下一个时刻时,芝诺的箭是如何处于一个新的位置?答案就是:没有下一个位置,也没有下一个瞬间。罗素指出,互相前后相继的时刻和位置,就像实数系中的数一样;"设有任意两个分数,二者不论如何接近,总有比一个大而比另一个小的其他一些分数,因此没有两个分数是连续的。例如,没有任何分数是1/2之后最接近的分数。假如我们选择一个稍稍大于1/2的分数,比如说51/100,我们就会看到还有另外一些分数更接近1/2,例如101/200。因此,任何两个分数的差不论多么小,其间总有无穷多的其他分数。"③那么,箭从一个位置到任何一个临近的位置之前,它必须穿过无穷数量的位置,它是如何到达最近的位置的呢?这也不是问题。为了穿过一个单位长度,物体必须穿过无穷个位置,所需要的时间也许只不过是一秒钟,但是一秒钟也包含无穷多个时刻。又曰:箭在它飞行的每一时刻都占据一个确定的位置,因此在每一个时刻箭都是静止的——这一结论对每一个时刻都是适用的。对此,罗素指出,"在某个瞬间,运动的物体就在它所在的地方……但是我们不能说,它在这个瞬间是静止的,因为这个瞬间并非持续一个有限的时间,而且这个瞬间也没有开端和终点以及介乎二者之间的间隔。静止在贯穿某个有限时段(不论如何短暂)的一切瞬间都处于同一位置;它并不单纯是一个物体在某个瞬间在它所在的地方。"④

对于"一半时间等于一倍时间"论证,罗素认为"只有在反对有限的时

① 罗素:《我们关于外间世界的知识》,陈启伟译,上海译文出版社 1990 年版,第 130—131 页。
② 同上书,第 101 页。
③ 同上书,第 98 页。
④ 同上书,第 101—102 页。

间由有限数目的瞬间组成这个假定上是有效的"①,"争论的逻辑的本质的东西"在于:"如果我们假定,时间是由一系列致密瞬间组成的,运动就是经过一系列致密的点……在诸 A,诸 B 和诸 C 的情形中,B 在每一瞬间都与一新 A 相对,因此 B 所经过的 A 的数目就是从运动开始以来的瞬间的数目。但是在运动之际,B 所经过的是诸 C 的一倍,然而不可能每一瞬间经过一个以上的 C。因此从运动开始以来的瞬间的数是 B 所经过的 A 的数目的一倍,虽然我们先前发现它们的数目相等。芝诺的结论即由这个结果推得的。"②

二、对罗素观点的肯定与置疑

罗素对芝诺运动悖论的解答,是 20 世纪以来学术界的主流观点;并得到后继者的不断完善。卡尔·B. 波耶在其名著《微积分概念史》中写道:"数学不能指出运动是否连续,因为它只是研究假设的关系,可以使它的变量随意地为连续或不连续。芝诺的疑难是由于没有精确认识这一事实,以及对问题缺乏精确的说明而产生的结果。运动的动态直观与静态的连续性概念混淆一起。前者是实证的科学描述,而后者只是先验的数学定义。因此,前者可以启发我们用连续变量对运动作出数学的定义,但由于感性认识的局限性,不能证明必须这样定义。如果芝诺疑难用连续变量,以及所导出的极限概念、导数和积分等的精确数学术语作出叙述,则其外表的矛盾就自行消失了。"③1998 年出版的《不列颠百科全书》(第 15 版)的"芝诺"辞条写道:芝诺的"这些悖论对于逻辑和数学的严密性的发展是有贡献的,而且只有发展了连续和无穷的精确概念后,才有可能解决这些悖论。……他掌握了二难推理中的一种非常有力的复杂论证,一是假定了不可分性,另一是假定了无穷可分性,两者都导致和原来的假设相矛盾。……在芝诺的一生中好像并没有注意到任何的数学蕴含关系(即怀疑在几何中应用无穷小)。但是,事实上,由他的悖论提出的关于数学连续统

---

① 罗素:《我们关于外间世界的知识》,陈启伟译,上海译文出版社 1990 年版,第 132—133 页。

② 同上书,第 133—134 页。

③ 卡尔·B. 波耶:《微积分概念史》,上海师范大学数学系翻译组译,上海人民出版社 1977 年版,第 310 页。

的逻辑问题是严肃的、基本的问题,而且亚里士多德是没有能力去解决它们的。"①1990 年出版的《大美百科全书》的"芝诺"辞条写道:芝诺否认运动的四个论证中,有两个例证很有名,其一阿基里斯与龟,其二是飞矢不动。前一个例证"依赖在间隔的测量和点的数目之间明确的区分,该区分直到 20 世纪,才得到完全的理解",后一个例证"直到 19 世纪,用集合论和复变函数才被驳倒。"②

尽管罗素对芝诺运动悖论解答的基本观点得到当今学术界的普遍认同,但也不乏质疑的声音。

20 世纪末,美国数学物理学家 W. 麦克劳林尝试通过赋予时空以更精细的内禀结构来解决芝诺悖论问题,依据的是在 A. 鲁滨逊非标准分析基础上提出的所谓非标准实数的成立。③这种方法虽然消除了取极限的结构,但是非标准实数连续统本身又存在尚待解决的问题,从而使问题更加复杂化;F. W. 迈耶斯坦在《运动是幻觉吗? 现代视角下的芝诺悖论》④一文中对此作出了具体的讨论。

美国学者 E. 马奎特在 1979 年的论文⑤中则指出:罗素及其支持者"认为运动是空间上的点和时间上的瞬间之间的函数关系"——"如果我们问:运动着的矢是怎样从某个 A 点到达某个 B 点的? 回答是:它是通过在相应的时间上,根据一定的场位和时间之间的函数关系,占有所有的介入场位而到达 B 点的。……罗素在这里说的是,把任何瞬间看作'下一'瞬间是毫无意义的,因为根据非间断性的概念,在任何两个瞬间之间,常常有密集在一起的无数个瞬间。"⑥尽管我们"绝不应该反对那种能使人们接近真实并在一定应用范围内获得效益的数学函数。但是,必须弄清楚它在接近物质属性的过程中所起的作用。而首先要注意的是,决不容许那种我们愿意受其局限的描绘客观真实的理论框架来妨碍我们更深入地探索物质的属性。"⑦马奎特写道:

---

① 《不列颠百科全书》第 18 卷,中国大百科全书出版社 1999 年版,第 474 页。
② 《大美百科全书》第 29 卷,外文出版社 1994 年版,第 492 页。
③ W. I. McLaughlin:"Resolving Zeno's Paradoxes", *Scientific American*. 1994,Vol.271,No.5,pp.84—89.
④ F. W. Meyerstein:"Is movement an illusion? Zeno's paradox: From a modern viewpoint", *Complexity*. 1999,Vol.4,No.4,pp.26—30.
⑤ E. 马奎(克)特(Erwin Marquit):《非间断空间和分立空间运动的辩证法》,《国外社会科学》1980 年第 9 期,第 23—29 页。
⑥ 同上书,第 25 页。
⑦ 同上书,第 26 页。

把运动简化成为一种函数关系,其中包括两组独立存在的无限密集的场位和瞬间,这种观点就使得空间和时间的物理结构不可能受到运动物体本身的影响——而这种影响,我们已经知道确是存在的。例如,根据广义相对论的理论,我们知道物体的质量确实影响局部几何形状。根据量子力学我们知道,对粒子所在的场位能够测定到什么程度,取决于它的动量的大小。在这两种情况下,我们所涉及的仍然是关于非间断空间和时间的假设。①

马奎特进一步指出,如果考虑到量子力学所发现的当过渡到小尺寸时空间和时间可能有分立性的问题,即时空量子化假说,罗素的解答也就完全失效了,"因为在那种情况下,就会有'下一'场位和'下一'瞬间,而且芝诺的疑难也未被驳倒。"②苏联学者莫斯杰巴宁柯在 1974 年的著作中也指出:如果科学家提出的时空量子化假说最终若被证明是正确的,那么芝诺的"两分法"和"阿基里斯与龟"疑难就将以有别于罗素的观点得到新的解决:"特别是,我们不可能无限地平分路段,因为在划分的某一阶段上将达到'最小长度'l_0,l_0 不容继续划分。因此……就变成一个有限序列:$1/2+1/4+1/8+\cdots+1/n$,这里,n 虽然很大,但毕竟是一个有限的数。"③

三、对罗素观点的否定

如果说马奎特、莫斯杰巴宁柯的批评还只是外在的质疑,那么,笔者 1994 年的论文④则是对罗素解答内在的否定:阐明了"罗素对芝诺佯谬的解答是建立在虚假基础上的'上层建筑'",是一种已为罗素自我否定的过去的观点。拙文写道:

在罗素看来,芝诺的"飞矢不动""运动场"论证是根据"有限的时

---

① E. 马奎(克)特(Erwin Marquit):《非间断空间和分立空间运动的辩证法》,《国外社会科学》1980 年第 9 期,第 25—26 页。
② 同上书,第 26 页。
③ A. M. 莫斯杰巴宁柯:《宏观世界、巨大世界和微观世界的空间和时间》,王鹏令、陈道馥译,中国社会科学出版社 1985 年版,第 145 页。
④ 文兴吾:《析黑格尔、罗素对芝诺佯谬的解答》,《天府新论》1994 年第 2 期;中国人民大学复印报刊资料《外国哲学与哲学史》1994 年第 3 期。

空由有限数目的点和瞬间构成这个假定"①,"两分法""阿基里斯与龟"论证"或许意在驳斥相反的假定"②;但这些都是以时间、空间是实体为前提的。罗素指出,"芝诺争论的逻辑本质的东西"是"时间是由一系列致密瞬间组成的,运动就是经过一系列致密的点"③;即"把瞬间当作独立于事件以外的东西,事件占有这些瞬间正像帽子挂在帽钉上一样"④。罗素认为,"我们可以下述几种方法来避免芝诺的悖论,一是主张时空虽确由点和瞬间构成,但其数目在任何有限的间隔中都是无限的;二是根本否定时空由点和瞬间构成;三是完全否定时空的实在性。芝诺本人作为巴门尼德的支持者,在这三种可能的演绎中似乎采取最后一种,无论如何就时间来说是这样的。"⑤

从罗素给出的三种可选择的方案中,我们可以看到:罗素已经明白芝诺的论证首先设定了时间、空间是实体,由此才派生出时间、空间的连续性和间断性问题;否定时间、空间是实体,可以彻底消除芝诺的悖论。在这三种方案中,罗素选择的是第一种。罗素为什么取第一种而不取第三种或者第二种呢?

罗素不取第二种是容易理解的。在罗素时代,"柏格森明确主张而在许多哲学家的学说中都暗含着的观点认为,运动是某种不可分的东西,不能有效地分析为一系列的状态"⑥,认为"对运动的数学说明由于假定了点和瞬间而成为虚构的"⑦。罗素认为"这是一个更普遍的理论的一部分,这个理论认为分析永远是歪曲伪造"⑧;罗素要与这种"反理智哲学"⑨作斗争。至于罗素不取第三种,则是由于一定历史阶段上人类的认识和实践条件的限制所决定的。罗素在1903年出版的《数学原理》一书中就发表了他对芝诺佯谬的见解,当时爱因斯坦的相对论还未建立;1915年罗素在《我们关于外间世界的知识》一书中进一步阐发他对芝诺佯谬的观点时,爱因斯坦的狭义相对论刚建立不久,广义相对论还在酝酿之中;罗素未能认识到相对论的建立将实现

---

① 罗素:《我们关于外间世界的知识》,陈启伟译,上海译文出版社1990年版,第134页。
② 同上。
③ 罗素:《我们关于外间世界的知识》,陈启伟译,上海译文出版社1990年版,第133页。
④ 罗素:《人类的知识》,张金言译,商务印书馆1989年版,第323页。
⑤ 罗素:《我们关于外间世界的知识》,陈启伟译,上海译文出版社1990年版,第134页。
⑥ 同上书,第112页。
⑦ 同上书,第109页。
⑧ 同上书,第133—134页。
⑨ 罗素:《西方哲学史》下卷,马元德译,商务印书馆1976年版,第360页。

人类时空观念的重大变革。这就使得罗素不否定时间、空间是实体的观点，相反，在坚持时间、空间是独立的客观实在观点的基础上，"并与这个较简单的或至少较熟悉的假设相联系来考察"历史上存在的各种问题。

罗素写道："物理学家们按其想象对物质世界所作的图画式的解释"中，"设想有一个无所不包的空间，运动即在其中发生，而且直至最近以前，我们也会假定有一个包含万有的时间。但是相对论已给予'局部时间'概念以突出地位，而稍稍减弱了人们对单一均匀的时间之流的信念。关于相对论的最后结果如何我们不必妄断，但是我认为，我们保准可以说，它并没有消除使各个不同的局部时间相互关联的可能性，因而也不会产生人们有时设想的那样深远的哲学后果。事实上，尽管在测量上有困难，我认为物理学讲运动的一切仍然是以这一个包含万有的时间为基础的。因此在物理学上还像在牛顿时代一样，我们仍有一群可称为粒子的不可毁灭的实体，它们在唯一的空间和唯一的时间中相互作相对的运动"①。"从形式上看，数学采取一种绝对时空的理论，即假定除了在时空中的事物之外，还有被称为'点'和'瞬间'的实体，它们为事物所占有。不过，这个观点虽为牛顿所倡导，数学家们却久已认为只是一个方便的虚构。就我们所能看到的而言，无论支持还是反对它，都没有可以设想的证据。……但是在严格的理论上这二者是大不一样的，因为否定点和瞬间导入了一个不可证实的教条的成分"②；"因此首先我们且承认点和瞬间，并与这个较简单的或至少更熟悉的假设相联系来考察一下这些问题"③。

由于罗素不否认时间、空间是实体，并且反过来"与这个较简单的或至少更熟悉的假设相联系来考察"哲学史上的各种问题；罗素看到的也就是："芝诺曾经证明，如果我们坚持有限空间或时间中的点和瞬间的数目必是有限的，那么就不可能把空间和时间分析为点和瞬间。后来一些哲学家认为无限数是自相矛盾，因而在这里发现一个二律背反：根据芝诺提出的理由，空间和时间不可能是由无限数目的点和瞬间构成的。因此，空间和时间如果是实在的，就一定不能认为是由点和瞬间组成的"④。罗素认为，"如此得出的这些难点，长期以来一直

---

① 罗素：《我们关于外间世界的知识》，陈启伟译，上海译文出版社1990年版，第76—77页。
② 同上书，第109—110页。
③ 同上书，第96页。
④ 同上书，第96页。

是哲学家的老行当的一部分"①，但这些难点不是不可解决的；"解决就在于连续系列的理论。我们看到很难不假定，箭矢在飞行时在下一个瞬间占据下一位置；但是事实上并没有下一个位置，也没有下一个瞬间，一旦在想象上领悟了这一点，就可看到这个困难消失了"②。罗素写道："如果我们像数学家那样，避开运动也是不连续的这个假定（即把运动简化为一种函数关系，其中包括两组独立存在的无限密集的位置和瞬间——引者注），就不会陷入哲学家的困难。假若一部电影中有无限多张影片，所以这部电影中决不存在相邻的影片，这样一部电影会充分代表连续运动。那么，芝诺议论的说服力到底在哪里呢？"③

罗素上述议论的意思是：把任何瞬间或位置看作"下一瞬间"或"下一位置"是毫无意义的，因为根据康托尔提供的观点，在任何两个瞬间或两个位置之间，存在着密集在一起的无限个瞬间和无限个位置。于是，罗素指称芝诺的"飞矢不动"和"运动场"论证的错误在于：把有限长度的时空看作是由有限数目的点和瞬间构成④；而"两分法"和"阿基里斯与龟"论证的错误在于：认为"无穷集合之不可能"⑤，认为"不可能有任何东西超出整个没有终结的系列"⑥。对于后者，罗素写道："如果阿基里斯能追上龟，那必是从他起跑之后经过了无穷多的瞬间。这实际上是对的；但是认为无穷多的瞬间构成一个无限长的时间则是不对的，因此不能得出阿基里斯永远追不上龟的结论"⑦；只要"我们看到 1 是在 1/2，3/4，7/8，15/16，……这整个无限系列之外的"，我们也就知道芝诺的"两分法"论证是不正确的。⑧

从上我们看到罗素对芝诺佯谬的解答是依据什么样的观念、在什么样的基础上提出来的。然而，一当我们发现罗素后来又宣布："因为我们已经抛弃牛顿的学说，我们就一定不要把瞬间当作独立于事件以外的东西，事件占有这些瞬间正像帽子挂在帽钉上一样。"我们自然也就得出：罗素对芝诺佯谬的解答只能是历史上的观点了，罗素对芝诺

---

① 罗素：《西方哲学史》下卷，马元德译，商务印书馆 1976 年版，第 361—362 页。
② 罗素：《我们关于外间世界的知识》，陈启伟译，上海译文出版社 1990 年版，第 131 页。
③ 罗素：《西方哲学史》下卷，马元德译，商务印书馆 1976 年版，第 362 页。
④ 罗素：《我们关于外间世界的知识》，陈启伟译，上海译文出版社 1990 年版，第 134 页。
⑤ 同上书，第 123 页。
⑥ 同上书，第 136 页。
⑦ 同上书，第 130 页。
⑧ 同上书，第 129—130 页。

佯谬的解答是建立在虚假基础上的"上层建筑"。①

笔者对罗素观点的否定,可以简述成如下文字:

> 罗素对芝诺运动悖论的解答,主要集中在《我们关于外间世界的知识》(1915 年)一书中。他认为,就其反对有限长度的时空由有限数目的点和瞬间构成这种观点而言,他的论证不是诡辩,而是完全正确的;只要注意到康托尔在 19 世纪后期建立的无穷数理论,芝诺提出的问题也就得到解决了。罗素对芝诺运动悖论的解答是 20 世纪以来西方学术界的主流观点,但是他却未能合理地解决芝诺运动悖论。罗素在 1901 年就把康托尔的工作与解答芝诺运动悖论相联系,当时牛顿绝对时空观在科学界占统治地位;而在《我们关于外间世界的知识》中,罗素认为相对论时空观不可能取代牛顿绝对时空观,故坚持以牛顿绝对时空观为基础解答芝诺运动悖论。然而,罗素后来又承认相对论时空观取代牛顿绝对时空观的有效性,在《人类的知识》(1948年)中他宣称:"因为我们已经抛弃牛顿的学说,我们就一定不要把瞬间当作独立于事件以外的东西。"于是,罗素对芝诺运动悖论的解答,就只能是建立在罗素自己已经认为是虚假的前提之上的解答。②

罗素对芝诺运动悖论的解答是建立在牛顿绝对时空观基础之上,而在罗素摈弃时空实体论和坚持时空关系论之后,罗素及其支持者都不曾阐明:昔日的解答,现在还是完备的吗? 然而,一般的理智告诉我们:前提为假,合理推导或概括出的结论必然不真。

第三节　解析量子芝诺悖论的研究

拙文《芝诺运动悖论研究的演进》除梳理了围绕黑格尔、柏格森、罗素观点的主要争论外,还梳理了 20 世纪 70 年代后期提出的量子芝诺效应研究。拙文阐明了"量子芝诺悖论的研究也没有开辟芝诺运动悖论研究的新

---

①　文兴吾:《析黑格尔、罗素对芝诺佯谬的解答》,《天府新论》1994 年第 2 期,第 53—54 页。

②　文兴吾:《罗素与"芝诺运动悖论"》,《中国社会科学文摘》2018 年第 6 期,第 150 页。

途径","量子芝诺悖论"与时空量子化假说没有关联。

1977 年,美国得克萨斯大学的两位物理学家发表论文《量子理论中的芝诺悖论》①,尔后,学术界发表了不少以"量子芝诺悖论""量子芝诺效应"为主题的论文。②但是,这些研究成果并不像一些报刊所言"'飞矢不动'悖论不仅吸引了哲学界的关注,在物理学界也引起了广泛的关注和探讨。是否有可能通过物理学实验真正地实现芝诺悖论,让人们更加接近理解运动的本质?"③而只是物理学家借用哲学中的典故表达自己的研究成果,表达他们发现的量子力学理论体系中似乎存在的自相矛盾的判断。一如人们研究"国防建设中的钢铁长城"并不是"关注和探讨""长城"本身,或更加接近理解长城的本质。

《量子理论中的芝诺悖论》一文提出了如下问题:对于量子系统进行观察,会对这个量子系统产生影响——是量子力学的基本假设(理论前提)之一。假设存在一个状态不稳定的、随时可能发生衰变的粒子,如果人们对它进行观测的结果是还没有发生衰变,那么其观测行为也就使得这个粒子的波函数塌缩到"不衰变"的状态。从理论上来讲,对这个粒子进行持续不断的观测,该粒子的状态就将保持在"不衰变"的状态。如果把粒子的衰变投影为一支处于区域 D 的"量子箭",当我们连续观察"箭"是否由 D 到达不相交的区域 D'时,将发现"箭"不能移动到另一个地方。于是,对于量子力学理论体系而言,出现了一个矛盾的结论:不稳定的粒子只要不停地观察它是否衰变,就不会衰变。作者声称,在这个问题未解决之前,对量子理论的完备性必须保持怀疑。然而,这一怀疑成为揭示量子领域新现象"不稳定的粒子在反复观测时将永远不会衰减"(量子芝诺效应)的先声。1990 年,美国国家标准与技术研究所与科罗拉多大学的科学家大卫·维因兰德(David Wineland)和他的同事们在《物理评论 A:原子,分子和光学物

---

① B. Misra, E. C. G. Sudarshan. The Zeno's Paradox in Quantum Theory, *Journal of Mathematical Physics*. 1977, Vol.18, No.4, pp.756—763.

② 2017 年 9 月 8 日,笔者以"量子芝诺悖论"(Quantum Zeno Paradox)和"量子芝诺效应"(Quantum Zeno Effect)在"知网"进行"标题"检索,英文论文前者有 53 篇,后者有 633 篇。

③ 苗千:《哲学悖论的物理学形式》,《三联生活周刊》2013 年第 37 期,第 150—151 页。

理》发表论文《量子芝诺效应》①，阐述了他们发现量子芝诺效应的实验。这个实验将几千个原子捕捉在一个磁场内，然后用经过精密计算的激光束冲击，在持续的观测下，这些原子给出了量子芝诺效应的明确证据。2012年，维因兰德获得了诺贝尔物理学奖，获奖理由是"发现测量和操控单个量子系统的突破性实验方法"。学术界已把《量子理论中的芝诺悖论》一文指称的"量子芝诺悖论"改称为"量子芝诺效应"；一些人把这个效应用西方的一句谚语"盯着水壶水不沸"来比附，更有人将其比附为"不断地问你睡着了吗，你就睡不着"。

有必要明确，"量子芝诺悖论"与时空量子化假说没有关联；《量子理论中的芝诺悖论》一文写道，"连续观测的过程似乎是量子理论中的一个容许过程"，"同意对观察频率的限制等于声称存在一个基本的和不可分割的时间单位。虽然基本时间间隔的存在是一个令人兴奋的可能性，但它并不是当前被接受和检验的物理理论的一部分。"②

---

①　Wayne M. Itano, D. J. Heinzen, J. J. Bollinger, and D. J. Wineland, "Quantum Zeno effect," *Physical Review A：Atomic，Molecular and Optical Physics*. 1990，Vol.41，No.5，pp.2295—2300 .

②　文兴吾：《芝诺运动悖论研究的演进》，《社会科学研究》2018年第2期，第145页。

第八章 "黑格尔位移运动矛盾表述"批判

第一节 解析"黑格尔位移运动矛盾表述"

"黑格尔位移运动矛盾表述"源自"黑格尔位移运动矛盾观",而"黑格尔位移运动矛盾观"又以时间空间概念的矛盾运动为理论根据,其中交织着黑格尔对芝诺运动悖论的解答。

一、解析"黑格尔位移运动矛盾观"

"黑格尔位移运动矛盾观"最早出现在《逻辑学》一书中。黑格尔在《逻辑学》中所言"某物之所以运动,不仅因为它在这个'此刻'在这里,在那个'此刻'在那里,而且因为它在同一个'此刻'在这里又不在这里,因为它在同一个'这里'同时又有又非有"①,如果不考虑它对既有理论的冲突——例如与形式逻辑的基本定律的冲突,与数学对运动描述方式的冲突——对于一般人类意识,是容易接受的,或者说是有说服力的。因为人们都会承认:既然物体在不断地"动",它就是在不同的时间在不同的地点;同样,既然物体在不断地"动",它就是"在这里又不在这里,……在同一个'这里'同时又有又非有"。因此,黑格尔在《逻辑学》中的说法可以说是对位移运动"表象"的描述,也可以说是一般人类意识对位移运动"直觉"的描述;这与亚里士多德提出"重物比轻物下落得快"是对一般人类经验"直觉"的描述,别无二致。正如"对于'大石块为什么比小石块落得快',亚里士多德有着

---

① 黑格尔:《逻辑学》下卷,杨一文译,商务印书馆 1976 年版,第 66—67 页。

很清楚的理论解释"①一样,黑格尔对"外在的感性运动是矛盾的直接实有"也有深入的"理论解释"。黑格尔的"理论解释"是在《自然哲学》一书中给出的,是以时间空间概念的"矛盾运动"为根据而展开的。

在《自然哲学》一书中,黑格尔把时间和空间说成是由绝对精神外化为自然界的两个范畴,是纯抽象的、观念的东西。②黑格尔说空间是"己外存在"的肯定形式,是直接的、无差别的、外在的连续性;时间是"己外存在"的否定形式,是被直观的变易、直接自我扬弃的差别,"正像空间一样,时间也是连续的,因为时间是抽象地自身相关的否定性,在这样的抽象性中尚没有出现实在的区分。"③黑格尔对空间和时间性质的论述,旨在依其各自的特点按照"正、反、合""辩证三段式"推演它们的相互过渡;由此推演出"运动"范畴,得到"时间和空间的本质是运动"的命题。④简略地讲,黑格尔从"空间点"的矛盾分析开始,使空间过渡到时间;继之,对"时间维度"进行矛盾分析,又完成时间向空间的过渡。至此,"空间与时间的这种直接的统一已经是它们存在的根据……它们的统一仅仅是被表现为从一物过渡到他物的运动,……'此处'这时同样是时间,是一个直接扬弃了自身的现在,是一个曾经存在过的此刻。因为此处是持久的点,所以此处同时就是此刻。这种此处与此刻的统一便是位置。"⑤黑格尔进一步写道:"位置作为这种被设定的空间与时间的同一性,最初也就是被设定的矛盾,这种矛盾就是空间与时间的矛盾,就是其自身里的每个方面。位置是空间性的,因而无差别的个别性,并且仅仅作为空间性的此刻,作为时间,才是这样。因此,位置作为这样的个别性,就直接对自身漠不相关,对自身是外在的,是其自身的否定,并且构成另一个位置。空间在时间中和时间在空间中的这种消逝和自我再生是一个过程,在这个过程中,时间自身在空间中被设定为位置,而这种无差别的空间性也同样在时间中被设定;这就是运动。然而这种变易本身同样是其矛盾的内在融合,是位置与运动这两者的直接同一的、特定存在的统一,即物质。"⑥通过以上推演与阐释,黑格尔不仅得出"运动的本质是成为空间和时间的直接统一;运动是通过空间而现实存在

---

① 参看文兴吾:《科技进步与社会发展导论》,四川人民出版社2016年版,第104页。
② 黑格尔批判康德把时间和空间看成是感性直观形式的主观唯心主义,肯定康德认为时间和空间是单纯的抽象的形式的观点;同样,肯定了牛顿把时间和空间规定为自然界存在的客观形式,批评了牛顿把时间和空间同物质运动割裂开的形而上学观点。
③ 黑格尔:《自然哲学》,梁志学等译,商务印书馆1980年版,第48页。
④ 黑格尔的具体推演和论证,可参看本书第三章第一节。
⑤ 黑格尔:《自然哲学》,梁志学等译,商务印书馆1980年版,第55—56页。
⑥ 同上书,第56页。

的时间,或者说,是通过时间才被真正区分的空间。因此,我们认识到空间与时间从属于运动。……空间与时间在运动中才得到现实性"①的论断,而且得出"就像没有无物质的运动一样,也没有无运动的物质。运动是过程,是由时间进入空间和由空间进入时间的过渡;反之,物质则是作为静止的同一性的空间与时间的关系"②等论断。

综合以上议论,在黑格尔的思想中,物体位移运动的内在矛盾是空间与时间的对立与统一。空间与时间之所以构成对立与统一关系,首先是因为黑格尔把它们分别规定为"己外存在"的肯定形式和否定形式;这是基于他把空间与时间视为自然界的开端的观点。而物体位移运动,就是物体的时空变化;物体位移运动与物体的时空变化是同一的。或者说,物体位移运动就是物体的一个个位置的生成过程,位置是空间与时间的统一,此处与此刻的统一。另一方面,《逻辑学》中指出的"机械位移本身包含着'在'与'不在'的矛盾""有又非有"的抽象的矛盾,在《自然哲学》一书中被发展为"机械位移本身包含着空间与时间的对立与统一、连续性与间断性的对立与统一",发展为"位置是空间与时间的统一、连续性与间断性的统一、可区分与不可区分的统一、'变'与'不变'的统一"。

二、解析黑格尔对芝诺运动悖论的解答

黑格尔对芝诺运动悖论的具体解答,最早出现在《自然哲学》一书中。对于芝诺的"飞矢不动"论证,同时也是对于"康德问题",黑格尔是这样解答的:"芝诺说,运动应该是变换位置,然而飞矢没有离开它的位置;他在这样证明没有运动时,就说出了位置固有的这种辩证法。这种辩证法正是无限的概念,而无限的概念就是此处,因为时间是在此处本身被设定的。有三种不同的位置,即此刻的、要占据的以及被扬弃的……但同时只有一个位置,只有那些位置所包含的一种共同的东西,只有一切变化所包含的一种不变的东西,这就是直接按照其概念而存在的持久性,而这样的持久性就是运动。"③黑格尔的上述解答,正是运用了他的"位置与运动的直接同一"的观点,亦即"物体位移运动与物体的时空变化是同一的"观点。因此,

---

① 黑格尔:《自然哲学》,梁志学等译,商务印书馆1980年版,第58页。
② 同上书,第60页。
③ 同上书,第58页。

作位移运动的物体,在其运动过程的任何瞬间,都是运动着的。

在《自然哲学》的另一处,黑格尔对芝诺运动悖论作出了如下评述:"在运动里,空间设定其自身为时间的,时间设定其自身为空间的;芝诺的悖论否认了运动,如果把地点弄成孤立的空间点,把瞬间弄成孤立的时间点,这个悖论就不可能解决;这个悖论的解决,即运动,只能理解为这样:空间和时间在自身都是连续的,自己运动的物体同时在同一个地点又不在同一个地点,即同时在另一个地点,同样,同一个时间点同时存在又不存在,即同时是另一个时间点。"①黑格尔的这段评述,同样坚持着"物体位移运动就是物体的一个个位置的生成过程,位置是空间与时间的统一、此处与此刻的统一"的思想;他强调"空间和时间在自身都是连续的",也就是强调位置生成过程是连续的、运动是连续的。黑格尔这里的议论,与罗素的观点有异曲同工之妙。②

总结黑格尔在《自然哲学》中对芝诺的悖论的解答,我们已经看到两种形式,其一是运用了他的"位置与运动的直接同一"的观点,亦即"物体位移运动与物体的时空变化是同一的"观点(以下简称"形式一");其二是运用从"形式一"派生出来的观点"运动,只能理解为这样:空间和时间在自身都是连续的,自己运动的物体同时在同一个地点又不在同一个地点,即同时在另一个地点,同样,同一个时间点同时存在又不存在,即同时是另一个时间点。"(以下简称"形式二")

黑格尔在《哲学史讲演录》中对芝诺的"飞矢不动"论证的解答,基本上是按照"形式一"进行的。而对芝诺的另外三个论证的解答,则主要是沿袭着亚里士多德的思想,并辅之以"形式二"进行的。对于"一半时间等于一倍时间"论证,黑格尔基本上是重复着亚里士多德在《物理学》一书中给出的观点。对于"两分法"论证,黑格尔是在亚里士多德解答的基础上进一步指出,如果不正确地理解无限性,把空间和时间的连续性和间断性对立起来,则无法理解运动。对于"阿基里斯与龟"论证,黑格尔基本上是支持着亚里士多德的解答;不同之处是:黑格尔从取消时间分割的限制来解除困难,而亚里士多德则要求取消空间的限制来解除困难。然而,正是在对"阿

---

① 黑格尔:《自然哲学》,梁志学等译,商务印书馆 1980 年版,第 183 页。

② 罗素写道:运动是连续的,"如果我们一定要假定运动也是不连续的,由运动的连续性便产生某些困难之点。如此得出的这些难点,长期以来一直是哲学家的老行当的一部分。但是,如果我们像数学家那样,避开运动也是不连续的这个假定,就不会陷入哲学家的困难。假若一部电影中有无限多张影片,而且因为任何两张影片中间都夹有无限多张影片,所以这部电影中决不存在相邻的影片,这样一部电影会充分代表连续运动。那么,芝诺的议论的说服力到底在哪里呢?"(罗素:《西方哲学史》下卷,马元德译,商务印书馆 1976 年,第 361—362 页)

基里斯与龟"论证的解答中，黑格尔作出了包含所谓"黑格尔位移运动矛盾表述"的如下论断："运动的意思是说：在这个地点而同时又不在这个地点；这就是空间和时间的连续性，——并且这才是使得运动可能的条件。"①这个论断，较之"形式二"，少了"同一个时间点同时存在又不存在，即同时是另一个时间点"的表达，即是说少了对时间的连续性的表达。

三、"黑格尔位移运动矛盾表述"与黑格尔理论的相容性问题

"黑格尔位移运动矛盾表述"——"运动的意思是说：在这个地点而同时又不在这个地点"——是黑格尔运用在《自然哲学》一书中建构起来的时空与运动理论，在《哲学史讲演录》中解答芝诺的阿基里斯与龟论证时提出来的。"黑格尔位移运动矛盾表述"较之其在《自然哲学》中的完整表述——"运动，只能理解为这样：空间和时间在自身都是连续的，自己运动的物体同时在同一个地点又不在同一个地点，即同时在另一个地点，同样，同一个时间点同时存在又不存在，即同时是另一个时间点"——少了"同一个时间点同时存在又不存在，即同时是另一个时间点"的表达，即是说少了对时间的连续性的表达。但是，黑格尔在《哲学史讲演录》中作出"黑格尔位移运动矛盾表述"后，又振振有词地说："这就是空间和时间的连续性，——并且这才是使得运动可能的条件。"于是，也就存在着如下两个问题：其一是如何理解黑格尔的说法，其二是"黑格尔位移运动矛盾表述"与黑格尔理论是相容的吗？

第一个问题，历史上，正是由于直接看待"黑格尔位移运动矛盾表述"，出现了由熊立文引发的"黑格尔位移运动矛盾表述"的完备性讨论。②熊立文所言"这里关键在于对'同时'的理解。如果把'同时'理解为同一段时间，像他在解决阿基里斯问题时所说的那样，这个命题就没有什么矛盾，也不会引起那么大争议了。但这里黑格尔的意思很清楚，'同时'指同一个'此刻'，因为不同的时段是同一的，不同的时间点也是同一的。诚然，时间是间断的，也是连续的。我们可以把物体运动时所持续的一段时间分成两段时间，也可以把连续的两段时间看成同一段时间，却不能把同一段时间中的不同时刻看成同一时刻，不能把物体在 A 点的时刻与它在 B 点的时

---

① 黑格尔：《哲学史讲演录》第一卷，贺麟、王太庆译，商务印书馆 1959 年版，第 289 页。
② 参看本书第六章第二节。

刻看成'同时',看作同一时刻"①,是完全正确的。然而,熊立文提出的"新命题"——"运动就是,当既是此刻又非此刻时,物体既在这里又不在这里"②,又是与黑格尔在《自然哲学》中的"完整表述"完全一致的。因此,真正需要辨明的问题是:黑格尔在《哲学史讲演录》中,对"阿基里斯与龟"论证的解答,是否自觉地坚持与维护了他在《自然哲学》中提出的基本观点。答案是"肯定的"。

黑格尔对于"阿基里斯与龟"论证的解答,基本上是支持着亚里士多德的解答。不同的是:黑格尔从取消时间分割的限制来解除困难,较之亚里士多德要求取消空间的限制来解除困难,更有说服力。③黑格尔在用自己的方式、具体解答"阿基里斯与龟"论证中,强调"时间是连续性和间断性的统一",作出了"既然时间是连续的,所以要解除这困难就必须说:必须把那被区分为两个时段的时间认作是一段时间"的论述。而在解答"阿基里斯与龟"论证后,黑格尔又通过对"一般人类意识对运动的观念"的讨论④讲道:"运动的意思是说:在这个地点而同时又不在这个地点",则是为了说明亚里士多德要求"取消空间的限制"的合理性。至于"运动的意思是说:在这个地点而同时又不在这个地点"这段话,明明白白地只是强调"空间是连续性和间断性的统一",但黑格尔接下来又说"这就是空间和时间的连续性,——并且这才是使得运动可能的条件";我们只能结合黑格尔继续作出的论述:"芝诺在他一贯的推理里把这两点弄得严格地相互反对了。我们也使空间和时间成为点积性的;但同样也必须容许它们超出限制,这就是说,建立这限制作为没有限制,——作为分割了的时点,但又是没有被分割的"来理解。在最后这段论述中,黑格尔是在强调"空间是连续性和间断性的统一","在这个地点而同时又不在这个地点"的基础上,补充了对"时间是连续性和间断性的统一"的强调,因为"作为分割了的时点,但又是没有被分割的",即"同时"指同一个"此刻"又不是指同一个"此刻"。

---

① 熊立文:《辩证思维应该如何表述运动》,《哲学动态》1984 年第 10 期,第 29 页。
② 同上书,第 30 页。
③ 设置空间的限制,"线段的可分性是容易理解的;我们可以截断一竿或分割一线来使它具体化。可是'区划时间'却不过是一句比拟而已……将时间分成各段,对于希腊人只是一种心理的行为,对于我们也同样是一种心理的行为。"(T. 丹齐克:《数:科学的语言》,苏仲湘译,商务印书馆 1985 年版,第 104 页)
④ "当我们一般地说到运动时,我们总是这样说:物体在这一个地点,然后走向另一个地点。由于它在运动,它已不复在第一个地点,但是也还不在第二个地点;如果它在两个地点中的一个地点,则它就是静止的。人们说,它是介于两个地点之间,但这并没有说明什么;因为介于两个地点之间它还是在一个地点,因此这里还是存在着同样的困难。"(黑格尔:《哲学史讲演录》第一卷,贺麟、王太庆译,商务印书馆 1959 年版,第 289 页)

对于第二个问题，即"黑格尔位移运动矛盾表述"与黑格尔理论是相容的吗？则有两个不同的答案，即："黑格尔位移运动矛盾表述"与黑格尔在《自然哲学》中提出的观点是"不相容的"，而与黑格尔在《逻辑学》中提出的观点是"相容的"。

显然，简单地依据"黑格尔位移运动矛盾表述"仅仅是黑格尔在《自然哲学》中作出的"完整表述"的一部分，就得出"黑格尔位移运动矛盾表述"与黑格尔在《自然哲学》中提出的观点是"不相容的"，可能有"理由不充足"之嫌。而当我们阐明黑格尔在《自然哲学》中作出的"完整表述"与罗素和爱因斯坦的理论是相容的，"黑格尔位移运动矛盾表述"与罗素和爱因斯坦的理论不相容；也就清楚无误地阐明了"黑格尔位移运动矛盾表述"与黑格尔在《自然哲学》提出的观点是"不相容的"。

撇开时空的实体性，从时空关系学说来看，罗素的时空连续理论与爱因斯坦的"四维时空连续区"理论是一致的。罗素把运动简化成为一种函数关系，其中包括两组独立存在的无限密集的场位和瞬间。罗素依据康托尔的无穷数理论提出，运动着的物体所经过的路程是非间断的，这在数学上表现为连续曲线上没有"相邻"的两点，任意两点之间都存在着无数多的点，然而路程上的每一个点又是间断的，即是某一个点而不是另一个点；同样，把任何瞬间看作"下一"瞬间是毫无意义的，因为根据非间断性的概念，在任何两个瞬间之间，常常有密集在一起的无数个瞬间。[①]对照黑格尔在《自然哲学》中的"完整表述"——"运动，只能理解为这样：空间和时间在自身都是连续的，自己运动的物体同时在同一个地点又不在同一个地点，即同时在另一个地点，同样，同一个时间点同时存在又不存在，即同时是另一个时间点"，容易看到它们是一致的。黑格尔所说的"时间和空间的间断性与连续性的统一"，主张的正是罗素所坚持的"时间和空间密集的点结构"。这种"时间和空间密集的点结构"，也正是爱因斯坦的"四维时空连续区"理论所坚持的。

然而，在相对论的概念逻辑中，物体的机械运动也就是物体在某一时刻在某一地方(x_1, y_1, z_1, t_1)，在另一时刻在另一地方(x_2, y_2, z_2, t_2)，根本不存在物体"在这个地点而同时又不在这个地点"这种情况。具体地

---

① "把时间空间看成连续的，也就是把它看成一个实数连续统，用实数连续统描述时间出现两个问题：第一，任一时刻不存在一个紧随其后以及它所紧随的之前的时刻；第二，任意两时刻之间有无穷多个时刻。"（吴国盛：《自然本体化之误》，湖南科学技术出版社1993年版，第98页）可以在逻辑上没有矛盾地把点和瞬间解释为潜在的无限小的分段与间隔。

讲,如果讨论两物体间沿 X 轴方向的直线运动,那么被描述物体的一个时空点为(x_1,t_1),其下一个时空点就为(x_2,t_2)。若 $t_1 \neq t_2$,$x_1 = x_2$,那么物体处于相对静止状态;若 $t_1 \neq t_2$,$x_1 \neq x_2$,那么物体处于相对运动状态。若言 $t_1 = t_2$(同时)而 $x_1 \neq x_2$(物体在不同地点),则是不可能有的状况。这无论对经典物理学还是相对论物理学,都是一样。进一步讲,尽管按照罗素所言,在运动物体的上一个时空点(x_1,t_1)与下一个时空点(x_2,t_2)之间,还存在着无穷多个时空点,但是,在罗素的理论中绝对没有"$t_1 = t_2$(同时)而 $x_1 \neq x_2$(物体在不同地点)"的情况出现。这说明"黑格尔位移运动矛盾表述"与罗素和爱因斯坦的理论不相容。

事实上,"黑格尔位移运动矛盾表述"与黑格尔在《自然哲学》中提出的观点是"不相容的",也可以采取如下的分析得出。在黑格尔的理论中,现实的位移运动就是实现着的位置变化,而"非静止状态的抽象就是时间本身"①,位置变化是作为过程而存在的,凡是过程则都是需要时间的;不可能出现"$t_1 = t_2$(同时)而 $x_1 \neq x_2$(物体在不同地点)"这种情况。

黑格尔在《哲学史讲演录》中给出的"黑格尔位移运动矛盾表述",与黑格尔在《自然哲学》中提出的观点"不相容",不仅与罗素的观点有了深刻的分歧,更为相对论的科学思想所否定。但是,"黑格尔的位移运动矛盾表述"则是与黑格尔在《逻辑学》中提出的观点是"相容的"。

在《逻辑学》中,黑格尔在第二编"本质论"的第二章"本质性或反思规定"考察矛盾、对立面及与之有关的范畴时写道:

> 矛盾不单纯被认为仅仅是在这里、那里出现的不正常现象,而且是在其本质规定中的否定物,是一切自己运动的根本,而自己运动不过就是矛盾的表现。外在的感性运动是矛盾的直接实有。某物之所以运动,不仅因为它在这个"此刻"在这里,在那个"此刻"在那里,而且因为它在同一个"此刻"在这里又不在这里,因为它在同一个"这里"同时又有又非有。我们必须承认古代辩证论者所指出的运动中的矛盾,但不应由此得出结论说因此没有运动,而倒不如说运动就是实有的矛盾本身。②

上述文字是对康德观点的"冒犯",也是"从运动着眼"对"矛盾律"的挑

---

① 黑格尔:《自然哲学》,梁志学等译,商务印书馆 1980 年版,第 48 页。
② 黑格尔:《逻辑学》下卷,杨一之译,商务印书馆 1976 年版,第 66—67 页。

战;它表明外在的感性运动是矛盾的直接实有,承认有运动就得承认"运动就是矛盾"。康德在 1770 年的《论可感世界与理知世界的形式及其原则》一文中写道:"矛盾律也是以时间的概念为前提,把它当作条件,以它作为自己的基础。因为只有把 A 和非 A 设想为同时(也就是说,在同一个时间)属于同一个东西,它们才彼此矛盾,但它们是可以前后相继地(在不同的时间里)属于同一个东西的。"①"只有在我能够对同一主体在同一时间说 A 和非 A 的情况下,我才能够对不可能的东西作出判断。"②"只有当同一时间在所要表述的同一事物上给定矛盾对立的东西的时候,才出现不可能性:一切同时既是又不是的东西,都是不可能的。"③"在众多的位置(地点)上同时存在,这是无论如何也不可能的,因为不同的位置(地点)是彼此外在的,从而在不同位置上的事物也彼此外在,并且对自己也外在地在场,这是自相矛盾的。"④

"黑格尔位移运动矛盾表述"——"运动的意思是说:在这个地点而同时又不在这个地点"——正好是对康德的"在众多的位置(地点)上同时存在,这是无论如何也不可能的"论断的清清楚楚、完全对应的彻底否定。康德说,"在众多的位置(地点)上同时存在,这是无论如何也不可能的","因为不同的位置(地点)是彼此外在的,从而在不同位置上的事物也彼此外在,并且对自己也外在地在场,这是自相矛盾的。""黑格尔位移运动矛盾表述"则说:"在众多的位置(地点)上同时存在"是可能的;如果这是"自相矛盾",那么"运动就是自相矛盾"。于是,"黑格尔位移运动矛盾表述"与黑格尔在《逻辑学》对位移运动"表象"的描述,构成了一种感性认识与理性认识的相互关系——"在认识活动中,人的感性机能使对象的感性存在变成头脑中的表象,人的理性机能则使对象的内在规定变成头脑中的思想。因此,在认识活动中,感性与理性的矛盾就呈现为表象与思想的矛盾运动;反过来说,表象与思想的矛盾运动,是感性与理性的矛盾在认识活动中的体现。"⑤从"黑格尔位移运动矛盾表述"与黑格尔在《逻辑学》中的论述相呼应看,通过对《自然哲学》的"完整表述"的"阉割"而得到"运动的意思是说:在这个地点而同时又不在这个地点"的表述,实为黑格尔理论的"完备性"的需要。

---

① 李秋零主编:《康德著作全集》第 2 卷,中国人民大学出版社 2004 年版,第 409 页。
② 同上书,第 414 页。
③ 同上书,第 427 页。
④ 同上书,第 425 页。
⑤ 杨耕等:《马克思主义哲学基础理论研究》,人民出版社 2013 年版,第 199 页。

第二节　对否定"黑格尔位移运动矛盾表述"的再认识

自笔者 1988 年在《自然辩证法报》和《哲学动态》发表《对机械运动及其表述的新见解》和《机械运动表述新议》，提出"黑格尔位移运动矛盾表述"已为相对论的"四维时空"理论所否证，以及 1989 年在《哲学研究》发表的《相对论时空理论及其评价再探讨》一文的结束语中进一步强调了这个问题，迄今已是三十多年过去了。其间，尽管权威性的马克思主义哲学教科书已将"黑格尔位移运动矛盾表述"清除出局，但是，仍有一些学者的著述视"黑格尔的位移运动矛盾表述"为"真"。为此，笔者清楚地认识到：要卓有成效地推进辩证唯物主义哲学体系的科学性、完备性建设，必须就"黑格尔的位移运动矛盾表述"的真伪与相关学者开展进一步的商讨，使新的观点与新的研究方向在学界真正确立起来。

一、对一些重要观点的澄清

《社会科学研究》2021 年第 2 期发表了笔者的论文《矛盾理论的前沿问题沉思》。该文的第二部分内容，冠以"不应当抱住'黑格尔位移运动矛盾表述'不放"的子标题，其下写道[1]：

> 作为"马克思主义理论研究和建设工程重点教材"《马克思主义哲学》编写课题组主要成员、马克思主义辩证法研究的知名学者孙正聿先生，在 2012 年出版的《马克思主义辩证法研究》一书中仍然视"黑格尔位移运动矛盾表述"为"真"；写道：机械-位移"'运动'是不间断性与间断性的统一，是事物在每一瞬间既在某一点又不在某一点，是事物存在的每一瞬间都既是它自身又不是它自身，因而'运动'就是'矛盾'。"[2]为此，笔者清楚地认识到：要卓有成效地推进辩证唯物主义哲学体系的科学性、完备性建设，与孙正聿先生的一场商榷在所难免；要

---

[1]　文兴吾：《矛盾理论的前沿问题沉思》，《社会科学研究》2021 年第 2 期，第 155—157 页。

[2]　孙正聿：《马克思主义辩证法研究》，北京师范大学出版社 2012 年版，第 19 页。

在彻底否定他所持旧观点的基础上,使新的观点与新的研究方向在学界真正确立起来。

以下讨论就教于孙正聿先生。

第一,对于机械-位移"'运动'是不间断性与间断性的统一",我们指出:这个在黑格尔哲学体系中有意义的命题,对于近现代科学和辩证唯物主义哲学而言,是没有意义的,是没有指称对象的。

黑格尔在《自然哲学》一书中,论证了空间是连续性与间断性的统一、时间是连续性与间断性的统一;然后通过空间与时间的相互过渡,论证了空间和时间的本质是运动。在黑格尔理论的概念逻辑中,存在着这样的推断:既然运动是时间和空间的本质,而时间和空间都是连续性与间断性的统一,那么运动就是连续性与间断性的统一。

近现代科学认同"总体的运动是连续性与间断性的统一",这是基于:运动是物质的固有性质和存在方式,各种物质运动形式相互联系并相互转化;也认同"机械-位移运动是时间和空间的连续性与间断性的统一"。但是,不会认同"机械-位移运动是连续性与间断性的统一"。按照近现代科学,位移运动是物体之间具有动量与动能的相互位置变化过程。由此可以得到一个陈述:如果一个物体相对于某参照物(参考系)运动,那么存在着两个可测量的性质,其一是位置变化,其二是有作功的能力,以至于在这个参照物(参考系)看来:该物体因其运动而具有运动量为 $mv^2/2$(动能)或 mv(动量)。[①]例如,当我们说"子弹在飞""汽车在跑",除了子弹、汽车相对于我们在发生位置变化外,子弹和汽车还具有对我们作功而造成破坏的能力。我们可以说"位移运动的连续性,是指相对运动的物体系统在没有新的外部作用条件下,保持原有的运动量(动量与动能)不变的性质;若有新的外部作用,物体系统的运动量也始终不为零",却不可能对"位移运动是连续性与间断性的统一"作出任何有意义的诠释,因为它是黑格尔以客观唯心主义思想为基础、依据他那种独特的推演方式得出的、为解答芝诺运动悖论而"杜撰"出来的一个判断。这个判断是没有现实的指称对象的。

第二,对于机械-位移运动"是事物在每一瞬间既在某一点又不在某一点",前面我们已经指出了这个命题"不仅之于自然科学理论为

---

① 文兴吾:《位移运动的矛盾问题:辩证唯物主义哲学体系基础问题研究》,《学术论坛》2017 年第 6 期,第 98 页。

假,之于黑格尔的理论也为假";这里不再赘述。

第三,对于说机械-位移运动中"事物存在的每一瞬间都既是它自身又不是它自身",我们指出:这是孙先生想当然地"杜撰"机械-位移运动的"矛盾"。在辩证唯物主义哲学中,物质运动被分为机械-位移运动、物理运动、化学运动、生命运动和社会运动五种形式。①在客观世界的物质运动中,物体作单纯的机械-位移运动是不存在的,它总是同其他运动形式相互联系着。而力学作为研究物体机械-位移运动的科学,在研究机械-位移运动时,是把物体的机械-位移运动同其他运动形式的联系中抽象出来,仅仅研究物体在外力作用下的位置变动,而不研究物体的物理性质、化学性质等其他变化。在经典力学中,被研究的物体被抽象为质点或绝对刚体来处理,不涉及物体本身具体性质的变化。恩格斯写道:"不论就广义或狭义而论,力学上只知道量,它所计算的是速度和质量,最多再加上个体积。"②这就是说,在机械-位移运动中"事物存在的每一瞬间都始终是它自身"。这种问题,在康德那里就已解决,他写道:"物质,例如一桶啤酒,是运动的,因而这与说'桶内的啤酒处在运动中'是意义不同的。一个事物的运动与这个事物里面的运动不是一回事,而这里所说的只是前者。""一个事物的运动就是该事物与一个已知空间的外部关系的改变。"③

第四,既然孙先生强调"用概念的逻辑去表达运动,这就是辩证法问题"④,强调"能否掌握和运用'辩证法',从根本上说,就在于能否'通晓思维的历史和成就',能否掌握人类自身的思想史"⑤,强调"在'对不对'的问题中,又可以分为'表象'之真与'思想'之真的问题"⑥;那么,也就应该真正认真地想一想:黑格尔对机械-位移运动所作的那些论述,究竟是开辟了辩证思维表达运动的道路,还是仅仅停留在表象思维?笔者的认识是:黑格尔在《逻辑学》中所言"某物之所以运动,不仅因为它在这个'此刻'在这里,在那个'此刻'在那里,而且因为它在同一个'此刻'在这里又不在这里,因为它在同一个'这里'同时又有

---

① 《马克思主义哲学》编写组:《马克思主义哲学》,高等教育出版社、人民出版社 2009 年版,第 60—61 页。

② 恩格斯:《自然辩证法》,于光远等译编,人民出版社 1984 年版,第 153 页。

③ 《康德自然哲学文集》(注释版)上卷,李秋零译注,中国人民大学出版社 2016 年版,第 286 页。

④ 孙正聿:《马克思主义辩证法研究》,北京师范大学出版社 2012 年版,第 19 页。

⑤ 同上书,第 11 页。

⑥ 同上书,第 23 页。

又非有"①,如果不考虑它对既有理论的冲突——例如与形式逻辑的基本定律的冲突,与数学对运动描述方式的冲突——对于一般人类意识,是容易接受的,或者说是有说服力的。因为人们都会承认:既然物体在不断地"动",它就是在不同的时间在不同的地点;同样,既然物体在不断地"动",它就是"在这里又不在这里,……在同一个'这里'同时又有又非有"。因此,黑格尔在《逻辑学》中的说法可以说是对位移运动"表象"的描述,也可以说是一般人类意识对位移运动"直觉"的描述。即使经历了《自然哲学》的一大圈"空间与时间的矛盾运动",到《哲学史讲演录》作出的位移运动矛盾的表述——"运动的意思是说:在这个地点而同时又不在这个地点"②,仍然是停留在表象思维,停留在对"动"的表象描述上。在一般人类意识中,一个物体在运动,自然是"在到达某个地方的同时,又正在离开那个地方,正在由这一地点移到下一地点,正在进行位置的变更。"③当人们再进一步说,"在某一时刻,物体既到达某个地方,又正在离开这个地方,所以既处于某个位置,又不在这个位置。这是互相矛盾、互相对立的两个方面。但这两个方面是在同一瞬间体现在同一个物体上的,这表明矛盾的统一性,即矛盾双方是互相依赖、互相依存的,同时存在于同一个物体的统一的运动过程之中"④,认为"机械位移本身包含着'在'与'不在'的矛盾"⑤,这似乎是将黑格尔在《逻辑学》中所言"外在的感性运动是矛盾的直接实有"概念化、理论化了,事实上仍然是在表象思维中"兜圈子",停留在对"动"的表象描述与诠释上。这里需要注意"诠释法"和"定义法"的异同:两者都要求对事物或事理等概念的特点作出说明,但诠释法只要求从某个方面说明一个或一些特点,不要求面面俱到;定义法却必须说出其本质特征,要求作出最正确、最科学的解释。在黑格尔对机械-位移运动所作的论述中,始终没有阐明"机械-位移运动是物体系统间的相互位置变化"这一本质特征——这个对于机械-位移运动存在起决定性作用的条件。然而,康德早在1758年的"运动与静止的新学术概念"一文中,就对这个基本问题作出了很深入的阐述。康德写道:

"物体的运动和静止的判断永远不可能是固定不变的,而总是可

---

① 黑格尔:《逻辑学》下卷,杨一之译,商务印书馆1976年版,第67页。
② 黑格尔:《哲学史讲演录》第一卷,贺麟、王太庆译,商务印书馆1959年版,第289页。
③ 申先甲:《基础物理学的辩证法》,科学出版社1983年版,第8页。
④ 同上。
⑤ 同上书,第7页。

以在新的视域中加以改变。例如,假定我在一艘停泊在普雷格河上的船里。我面前的桌子上放着一个球体。我根据桌子、墙壁和船的其他部分来观察这个球体,并且说它是静止的。紧接着,我从船上向河岸望去,发现用来固定船的缆绳已经解开,船正在缓慢地顺流而下。我立即说,球体在运动,而且是自东向西沿着河的流向运动。但是有人告诉我,地球在每天的运动中以大得多的速度自西向东自转。我又马上改变了自己的看法,说球体有一种截然相反的运动,其速度从天体学出发是很容易确定的。但是,人们提醒我,就行星系来说,地球的整个球体以更快的速度自东向西运动。我不得不说我的球体也有这种运动,并且改变我过去为它规定的速度。……现在我开始认识到……我决不应当说一个物体是静止的,却不同时补充说明就哪些事物来说它是静止的;我也决不应当说它在运动,却不同时列举出就哪些对象来说它改变了自己与它们的关系。"①

应该明确,依据近现代科学和哲学的发展,"思维如何以概念的运动去把握存在的运动"已经可以有完备的回答:物体的机械-位移运动本质上是物体之间具有作功能力(动量与动能)的相互位置变化过程;物体之间的相对位置变化是本质的、第一性的,时间和空间描述是派生的、第二性的,物体的时空变化与物体的机械-位移运动是同一的②。描述机械-位移运动必须选定参照物(参考系)。在参考系确定后,如果不考虑运动物体与其他物体的相互作用,仅仅是对运动物体进行时空描述,也就是通常的物理教科书对机械-位移运动的定义"物体在空间中的位置随时间的变化",亦即:物体在某一瞬间在一个地方,在接着而来的另一瞬间则在另一个地方。这种定义,现在并不为芝诺的"飞矢不动"论证所困扰,因为在每一瞬间对应的每一地点上运动物体的"运动量"都不为零。机械-位移运动拥有对外作功的能力,这是史前人类就知道并广泛运用的事实——人们以大力投掷削尖头的木棒来刺杀野兽;然而只有到了近代科学建立后,人们才通过时空描述与力学描述将这种"对外作功的能力"数量化。上述这些对于物体的机械-位移运动本质的认识及其表述、描述,才真正实现了列宁

---

① 《康德自然哲学文集》(注释版)下卷,李秋零译注,中国人民大学出版社2016年版,第754—755页。

② "时间、空间不是实体,而是人们对现实世界的物质关系以及普遍存在的物质运动过程进行抽象得到的、并且反过来用于描述和量度物质及其运动的两个基本概念。"(文兴吾:《相对论时空理论再认识》,《中国社会科学》1990年第5期,第30页)

"用概念的逻辑去表达运动"①的论断。并且，一切形式的芝诺运动悖论，在此之下，都将荡然无存。

二、爱因斯坦"概念创造方法论"与 "黑格尔位移运动矛盾表述"

"黑格尔位移运动矛盾表述"是黑格尔基于客观唯心主义的时空观、运动观作出的。如果我们不追究其客观唯心主义的来源，而一定要赋予黑格尔的工作以现代科学及其方法论意义，那么，我们可以将其作为一个来自于黑格尔思想体系的"科学假说"，并与爱因斯坦的"概念是思维的自由创造"思想，以及麦克斯韦的"电磁波的运动"模型相联系。

爱因斯坦的概念创造方法论对现代的自然科学家和科学哲学有深刻的影响。爱因斯坦认为科学研究要有经验背景，要与经验呼应，但科学认识不是从经验事实中按归纳法引出的，不存在着从经验到理论的必然性的逻辑通道，而是要通过自由思考来创造或发明新的概念，并以它为中心来建立新的理论体系，再从理论推演出与经验相符的结论来。爱因斯坦讲道："科学力求理解感性知觉材料的关系，也就是用概念来建立一种逻辑结构，使这些关系作为逻辑结果而纳入这样的逻辑结构。对构造全部结构的概念和规则的选择是自由的。只有结果才是选择的根据。那就是说，选择应当造成感性经验材料之间的正确关系。"②1952 年，他还为这种方法论作出了图示③，如图 8-1 所示。

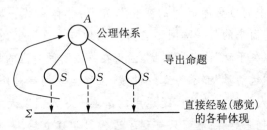

图 8-1　爱因斯坦概念创造方法论示意图

①　列宁写道："问题不在于有没有运动，而在于如何用概念的逻辑来表达它。""认识是人对自然界的反映。但是，这并不是简单的、直接的、完整的反映，而是一系列的抽象过程，即概念、规律等等的构成、形成过程，这些概念和规律……有条件地近似地把握永恒运动着和发展着的自然界的普遍规律性。"（《列宁全集》第 55 卷，北京：人民出版社 1990 年版，第 216、152—153 页）
②　《爱因斯坦文集》第一卷，许良英等编译，商务印书馆 1976 年版，第 235 页。
③　同上书，第 541 页。

图 8-1 中：Σ 是已知的直接经验，A 是公理或一般性的假设，由它们推出一定的结论来。这样，公理的演绎推导使我们由 A 通过逻辑道路得出各个个别结论 S。然后 S 可以同 Σ 相联，这也就是所谓的用实验来验证。爱因斯坦强调：A 和 S 中出现的概念同直接经验之间不存在必然的逻辑联系。他说，“从心理状态方面来说，A 是以 Σ 为基础的。但是 A 同 Σ 之间不存在任何必然的逻辑联系，而只有一个不是必然的直觉的（心理的）联系，它不是必然的，是可以改变的”[①]；但他认为概念与直接经验之间，最终必须要有可靠无误的现实的“对应”，“如果这种对应不能可靠无误地建立起来（虽然在逻辑上它是无法理解的），那么逻辑机器对于‘理解真理’将是毫无价值（比如，神学）。”[②]1924 年，爱因斯坦在《评理论物理学中问题的提法上的变化》一文中指出：“我们用感性知觉只能间接地得到关于外在世界的客体的知识。广义的物理学所面临的任务是建立这样一些关于实际发生的事件和现象的概念，以便在那些为我们的感官所感知的知觉之间确立起有规律的联系。显然，只有借助于思辨的理论才能完成这个任务。现在，大家都知道，科学不能仅仅在经验的基础上成长起来，在建立科学时，我们免不了要自由地创造概念，而这些概念的适用性可以后验地用经验方法来检验。”[③]

爱因斯坦在表述“概念是思维的自由创造”这一观点时，曾经用过不同的用语。起初（1918 年），爱因斯坦指出从感性材料到概念或原理的建立“并没有逻辑的道路；只有通过那种以对经验的共鸣的理解为依据的直觉”[④]；后来，这种“以对经验的共鸣的理解为依据的直觉”往往与“自由发挥幻想”[⑤]“理智的自由发明”[⑥]“思维的自由创造”[⑦]“大胆思辨”[⑧]“用创造性的想象力去理解和连贯”[⑨]等语词，在相同或近似的意义下交错使用。不管用语如何变化，其基本意思始终如一：概念（或原理、定律）不能从直接经验通过逻辑过程（“归纳”“推导”等）产生，而只有通过非逻辑过程（“直

---

① 《爱因斯坦文集》第一卷，许良英等编译，商务印书馆 1976 年版，第 541 页。

② 同上书，第 542 页。

③ 同上书，第 309 页。

④ 同上书，第 102 页。

⑤ 同上书，第 263 页。

⑥ 同上书，第 314 页。

⑦ 同上书，第 409 页。

⑧ 《爱因斯坦文集》第三卷，许良英等编译，商务印书馆 1979 年版，第 495 页。

⑨ 爱因斯坦、英费尔德：《物理学的进化》，周肇威译，上海科学技术出版社 1962 年版，第 2 页。

觉""假说""猜测""想象"等)创造出来。①既然如此,我们就不必过分追究"黑格尔位移运动矛盾表述"的客观唯心主义的来源,而把它看成由黑格尔"思维的自由创造"得到的公理或一般性的假设的一个"导出命题";由此,把关注的重点放在"黑格尔位移运动矛盾表述"是否是黑格尔思想体系"合理的""导出命题"。

另一方面,在建立电磁科学理论的实践中,最初,科学界受著名科学家威廉·吉尔伯特(1544—1603 年)观点的束缚,认为电和磁彼此独立无关,只是孤立地研究电和磁。而奥斯特由于受到德国古典哲学的同一性思想的影响和启发,坚信电、磁之间有某种关系,电一定可以转化为磁。在比较了电与磁吸引和排斥的相似性,以及它们规律的相似性之后,奥斯特提出了电与磁之间究竟有什么联系和作用的问题,并于1807 年起就开始做实验进行研究探索;最终在 1820 年作出了"通电导体周围存在磁场"的发现。电流有磁效应,磁有没有电流效应呢? 法拉第从 1822 年起开始寻找磁产生电的效应,并于 1831 年作出了"穿过闭合回路中的磁通量发生变化时,回路中就会产生感应电流"的发现。1862 年,麦克斯韦发表了《论物理的力线》一文,不仅解释了法拉第的实验研究结果,而且发展了法拉第的思想。他通过对电磁感应现象——闭合回路中磁场发生变化就产生感生电流——的分析,提出了存在感生电场。这种电场,不是由电荷所产生的,而是由变化的磁场所产生的。按照电磁的对称性,他又进一步提出:既然变化的磁场会引起感生电场,那么,变化的电场也会引起感生磁场。通常导体中的电流称为传导电流,电流是电荷传导而形成的,电流会产生磁场。现在,变化的电场也会引起感生磁场;变化的电场其作用等效于传导电流,但由于它并不是真正的电荷传导而形成的电流,故称为位移电流。这样一来,就有两种电流可以产生磁场,一种是传导电流,一种是位移电流。按照麦克斯韦的观点,感生电场产生位移电流,位移电流产生感生磁场,感生磁场(变化的磁场)产生感生电场。于是,变化着的电场和变化着的磁场会相互连续地产生,并以横波的形式向空间散布开去,这便是电磁波。

原本认为电和磁彼此独立无关,而今是:变化的电场激发磁场,变化的磁场又激发电场,这种变化着的电场和磁场共同构成了统一的电磁波运动。这与黑格尔的"空间是己外存在的肯定形式,时间是己外存在的否定

① 钱时惕、沙青:《论爱因斯坦关于"概念是思维的自由创造"的思想》,《自然辩证法通讯》1981 年第 1 期,第 30—35 页。

形式,空间和时间都是间断性与连续性的统一;从而使空间过渡到时间、时间过渡到空间。由于空间在时间中和时间在空间中的这种消逝和自我再生是一个过程,这个过程就是运动",存在显著的共同之处:"对立面的相互激发、渗透和转化的过程,构成了运动。"不同的是:麦克斯韦的电磁相互激发的电磁波运动过程,是实在的物理过程,而黑格尔的时空相互过渡的运动过程,则是思想、概念的运动过程。这种思想、概念的运动,"外化为"客观实在的位移运动的"本质",黑格尔是通过提出"空间与时间的统一、此处与此刻的统一、物体与空间时间的'三位一体'的统一"的"位置"概念实现的;即客观实在的"位移的运动就是前后不同位置之间相互联系的过程"①。于是,黑格尔阐明了物体的"位置变化"与物体的机械-位移运动是同一的——"在运动过程中,一个作为此处和此刻、空间与时间的直接统一的位置,既通过时间把自身设定为被扬弃的位置、此刻的位置与要占据的位置,又通过空间把自身设定为以前、此刻和以后,但同时既扬弃了三个空间位置的区分,又扬弃了这三个时间维度的区分。"②同样,也阐明了物体的位置变化是间断性与连续性的统一,物体的机械-位移运动是间断性与连续性的统一。

从"位移的运动就是前后不同位置之间相互联系的过程"和"位置"是"空间与时间的统一""此处与此刻的统一",可以直接得出《自然哲学》的表述:"运动,只能理解为这样:空间和时间在自身都是连续的,自己运动的物体同时在同一个地点又不在同一个地点,即同时在另一个地点,同样,同一个时间点同时存在又不存在,即同时是另一个时间点。"但是,却不可能得出"黑格尔位移运动矛盾表述"。这就说明"黑格尔位移运动矛盾表述"不可能是黑格尔理论的一个"导出命题",而只能是黑格尔"阉割"自身理论的一个"拼凑命题"。一如我们不能够对"变化的电场激发磁场,变化的磁场又激发电场,这种变化着的电场和磁场共同构成了统一的电磁波运动"的电磁波理论,只说"变化的电场激发磁场",而不说"变化的磁场又激发电场",还妄称"这种变化着的电场和磁场共同构成了统一的电磁波运动"一样;也不能从《自然哲学》的"完整表述""运动,只能理解为这样:空间和时间在自身都是连续的,自己运动的物体同时在同一个地点又不在同一个地点,即同时在另一个地点,同样,同一个时间点同时存在又不存在,即同时是另一个时间点"中,去掉其间的"同一个时间点同时存在又不存在,即同

---

① 肖前主编:《马克思主义哲学原理》(上册),中国人民大学出版社1994年版,第150页。

② 梁志学:《论黑格尔的自然哲学》,上海人民出版社1986年版,第105—106页。

时是另一个时间点"，而妄称"运动的意思是说：在这个地点而同时又不在这个地点；这就是空间和时间的连续性"。

以上从根本上阐明了"黑格尔位移运动矛盾表述"的虚假性与"无根性"。[①]

第九章　辩证机械–位移运动观重建研究

否定"黑格尔位移运动矛盾表述",并不是否认位移运动存在矛盾;而只是说位移运动的矛盾,并不是黑格尔所表述的那种矛盾。我们必须重新表述机械–位移运动的基本矛盾。长期以来,辩证机械–位移运动观的表述囿于出自黑格尔客观唯心主义的"黑格尔位移运动矛盾表述",是与辩证唯物主义运动观不统一的;重建辩证机械–位移运动观,核心思想是使"辩证机械–位移运动观与辩证唯物主义运动观真正统一起来"。只要我们重视恩格斯的辩证运动观及其辩证机械–位移运动观与黑格尔思想的分野,仅仅运用恩格斯对辩证运动观与辩证机械–位移运动观的系统研究成果,就足以重建起辩证唯物主义对机械–位移运动及其基本矛盾的清晰且完备的表述。

第一节　恩格斯对辩证运动观与
辩证机械–位移运动观的研究

马克思主义哲学史研究表明,恩格斯通过《反杜林论》《路德维希·费尔巴哈和德国古典哲学的终结》《社会主义从空想到科学的发展》《自然辩证法》四部著作,把马克思的思想转变成了辩证唯物主义哲学体系的雏形。在恩格斯的理论思维中,物质、运动与矛盾,是辩证唯物主义哲学体系的三大基础:物质,表征客观实在;运动,作为物质的固有属性;矛盾,是事物运动与发展的根据。也是三位一体的板块:物质是运动着的,运动是物质的运动,运动是由物质系统的内在矛盾决定的。

一、恩格斯对物质与运动关系的认识

恩格斯在 1877—1878 年完成的《反杜林论》一书中写道：

> 在杜林先生之前，唯物主义者已经谈到了物质和运动。杜林先生把运动归结为机械力这样一种所谓的运动的基本形式，这就使他不可能理解物质和运动之间的真实联系，顺便说一下，这种联系对先前的一切唯物主义者来说也是不清楚的。可是事情是十分简单的。运动是物质的存在方式。无论何时何地，都没有也不可能有没有运动的物质。宇宙空间中的运动，各个天体上较小的物体的机械运动，表现为热或者表现为电流或磁流的分子振动，化学的分解和化合，有机生命——宇宙中的每一个物质原子在每一瞬间都处在一种或另一种上述运动形式中，或者同时处在数种上述运动形式中。任何静止、任何平衡都只是相对的，只有对这种或那种特定的运动形式来说才是有意义的。例如，某一物体在地球上可以处于机械的平衡，即处于力学意义上的静止；这决不妨碍这一物体参加地球的运动和整个太阳系的运动，同样也不妨碍它的最小的物理粒子实现由它的温度所造成的振动，也不妨碍它的物质原子经历化学的过程。没有运动的物质和没有物质的运动一样，是不可想象的。因此，运动和物质本身一样，是既不能创造也不能消灭的；正如比较早的哲学（笛卡尔）所说的：存在于宇宙中的运动的量永远是一样的。因此，运动不能创造，只能转移。如果运动从一个物体转移到另一个物体，如果它是自己转移的，是主动的，那么就可以把它看作是被转移的、被动的运动的原因。我们把这种主动的运动叫作力，把被动的运动叫作力的表现。因此非常明显，力和力的表现是一样大的，因为在它们两者中，实现的是同一的运动。
>
> 可见，物质的没有运动的状态，是最空洞的和最荒唐的观念之一，是纯粹的"热昏的胡话"。①

此前，1873 年 5 月 30 日恩格斯在给马克思的一封信中谈论他的"自然辩证法"的构思时就曾写道：

---

① 《马克思恩格斯选集》第三卷，人民出版社 1995 年版，第 399—400 页。

　　自然科学的对象是运动着的物质、物体。物体是离不开运动的，各种物体的形式和种类只有在运动中才能认识，处于运动之外，处于同其他物体的一切关系之外的物体，是谈不上的。物体只有在运动之中才显示出它是什么。因此，自然科学只有在物体的相互关系之中，在物体的运动之中观察物体，才能认识物体。对运动的各种形式的认识，就是对物体的认识。所以，对这些不同的运动形式的探讨，就是自然科学的主要对象。

　　1. 最简单的运动形式是位置移动（是在时间之中的——为了使老黑格尔高兴）——机械运动。

　　……

　　2. 本义上的物理学——研究这些运动形式的科学，它逐一研究了每种运动形式之后确认，在一定的条件下这些运动形式互相转化；并且最后发现，所有这些运动形式在一定的强度（因不同的运动着的物体而异）下就产生超出物理学范围的作用，即物体内部构造的变化——化学作用。

　　3. 化学。过去，对于研究上述运动形式来说，无论研究的是有生命的物体或无生命的物体，都没有多大关系。无生命的物体所表现出来的现象甚至是最纯粹的。与此相反，化学只有在那些从生命过程中产生的物质身上才能认识最重要的物体的化学性质；人工制造这些物质越来越成为化学的主要任务。它构成了向关于有机科学的过渡，但是，这种辩证的过渡只是在化学已经完成或者接近于完成这种实际的过渡的时候才能实现。①

　　恩格斯还请马克思把这封信转给卡·肖莱马和赛·穆尔看。并且在信的最后写道："如果你们认为这些东西还有点意义，请不要对别人谈起，以免被某个卑鄙的英国人剽窃，加工这些东西总还需要很多时间。"②可见，关于物质运动的辩证唯物主义观点是恩格斯最早、最全面、独立地提出来的。

　　在1880年（抑或1881年）的《运动的基本形式》一文中，恩格斯作出了言简意赅的表述：

　　运动，就它被理解为存在方式，被理解为物质的固有属性这一最

①　《马克思恩格斯选集》第四卷，人民出版社1995年版，第614—615页。
②　同上书，第616页。

一般的意义来说,囊括宇宙中发生的一切变化和过程,从单纯的位置变动起直到思维。①

在 1885 年(抑或 1884 年)写作的《关于"机械的"自然观》一文中,恩格斯指出:

> 物质及其存在方式,运动,是不能创造的,因而是它们自己的终极的原因;同时,如果我们把那些在宇宙的运动的相互作用中暂时的和局部的孤立的或者被我们的反思所孤立的个别原因,称之为起作用的原因,那么我们绝没有给它们增加什么新的规定,而只是增加了一个混乱的因素而已。不起作用的原因绝不是原因。
>
> 注意。作为物质的物质是纯粹的思想创造物和纯粹的抽象。
>
> 当我们把各种有形体地存在着的事物概括在物质这一概念下的时候,我们是把事物的质的差异撇开了。因此,和特定的、存在着的物质不同的作为物质的物质,不是感性地存在着的东西。如果自然科学企图寻找统一的作为物质的物质,企图把质的差异归结为同一的最小粒子的结合上的纯粹量的差异,那么这样做就等于不要求看到樱桃、梨、苹果,而要求看到作为水果的水果,不要求看到猫、狗、羊等等,而要求看到作为哺乳动物的哺乳动物,要求看到作为气体的气体、作为金属的金属、作为石头的石头、作为化合物的化合物、作为运动的运动。……这种见解,这种"片面的数学观点",这种认为物质只在量上可以规定而在质上则自古以来都相同的观点,"无非是"十八世纪法国唯物主义的"观点"。它甚至倒退到毕达哥拉斯那里去了,他早就把数,即量的规定性,理解为事物的本质。②

他还写道:

> 的确,据说我们也不知道什么是物质和运动!当然不知道,因为物质本身和运动本身还没有人看到过或在其他场合下体验过;只有现实地存在着的各种物和运动形式才能看到或体验到。物、物质无非是各种物的总和,而这个概念就是从这一总和中抽象出来的,运动无非

---

① 《马克思恩格斯选集》第四卷,人民出版社 1995 年版,第 346 页。
② 恩格斯:《自然辩证法》,于光远等译编,人民出版社 1984 年版,第 155—156 页。

是一切感官可感知的运动形式的总和;"物质"和"运动"这样的词无非是简称,我们就用这种简称把感官可感知的许多不同的事物依照其共同的属性概括起来。因此,不研究个别的物和个别的运动形式,就根本不能认识物质和运动,并且通过认识个别的物和个别的运动形式,我们也就相应地认识物质和运动本身。因此,当耐格里说我们不知道什么是时间、空间、物质、运动、原因和结果的时候,他不过是说:我们先用我们的头脑从现实世界作出抽象,然后又无法认识我们自己作出的这些抽象,因为它们是思维的事物,而不是感性的事物,而一切认识都是感性的量度! 这正是黑格尔所说的难处:我们固然能吃樱桃和李子,但是不能吃水果,因为还没有人吃过水果本身。①

在辩证唯物主义的整个理论体系中,运动的观点是最基本的、起始的观点。恩格斯曾反复指出,辩证法是"关于一切运动的各个最普遍的规律的科学"②,是"关于自然、人类社会和思维的运动和发展的普遍规律的科学"③;十分明确地把事物的运动摆在辩证法研究的起点和中心的位置上。恩格斯的这个思想是一贯的;他把"一切都存在而又不存在,因为一切都在流动,都在不断地变化,不断地生成和消逝"的观点,称为"原始的、素朴的但实质上正确的世界观"④,把"认为世界不是既成事物的集合体,而是过程的集合体"的思想,称为"一个伟大的基本思想"⑤,并要求人们把这个基本思想分别运用于每一个研究领域。恩格斯还把辩证法和形而上学对立起来,指出形而上学的思维方法"主要是把事物当作一成不变的东西去研究"⑥。同样,马克思曾着重强调"辩证法对每一种既成的形式都是从不断的运动中,因而也是从它的暂时性方面去理解"⑦。

辩证唯物主义不仅认为一切都在运动,更加重要的是认为"物质是一切变化的主体"⑧;一切运动无不有其物质承担者,没有物质承担者的"运动"只能是唯心主义者的虚构。在恩格斯的理论中,运动是物质存在的形式;运动只能是物质的运动,物质只能是运动的物质;物质和运动两者决不

① 《马克思恩格斯选集》第四卷,人民出版社 1995 年版,第 343 页。
② 同上书,第 365 页。
③ 《马克思恩格斯选集》第三卷,人民出版社 1995 年版,第 484 页。
④ 同上书,第 359 页。
⑤ 《马克思恩格斯选集》第四卷,人民出版社 1995 年版,第 244 页。
⑥ 同上。
⑦ 《马克思恩格斯选集》第二卷,人民出版社 1995 年版,第 112 页。
⑧ 《马克思恩格斯全集》(第 1 版)第 2 卷,人民出版社 1957 年版,第 164 页。

能分割。我们通过对各种运动形式相互转化的研究,就能认识物质的性质。他写道:

> 物料本身的各种不同的形式和种类又只有通过运动才能认识,物体的属性只有在运动中才显示出来;关于不运动的物体,是没有什么可说的。因此,运动着的物体的性质是从运动的形式得出来的。①

恩格斯认为,每一种运动形式总是与相应的物质形式相联系而不可分割。机械运动的物质基础是天体以及天体上的宏观物体;热运动的物质基础是分子。恩格斯说:"热是一种分子运动的发现,是划时代的。"②化学变化的物质基础是原子。恩格斯在世时,电磁现象的物质承担者——电子、电磁场等还未发现。恩格斯认为,必须"弄清楚:什么是电运动的真正物质基础,什么东西的运动引起电现象。"③

在牛顿的经典物理学中,很明显地将物质与运动分割开了;因为牛顿提出了上帝的"第一次推动"。在牛顿看来,如果没有"第一次推动",日月星辰是不会运动的。显然,承认"第一次推动",实际上就是割裂了物质与运动,否定了运动是物质的属性,违反了物质运动的守恒和转化定律。恩格斯把能量守恒定律称之为19世纪自然科学的"三大发现"之一,称这一定律是"伟大的运动基本规律"④"绝对的自然规律"⑤,并对这一定律从哲学上、从物理学上都进行了深刻的分析。这一定律的最科学、最完整的命名——能量守恒和转化定律——正是恩格斯首先引入的。恩格斯写道:

> 如果说新发现的、伟大的运动基本规律十年前还仅仅被概括为能量守恒定律,仅仅被概括为运动不生不灭这种表述,就是说,仅仅从量的方面加以概括,那么,这种狭隘的、消极的表述日益被那种关于能的转化的积极的表述所代替,在这里过程的质的内容第一次获得了它应有的地位,对世界之外的造物主的最后记忆也消除了。当运动(所谓能)从动能(所谓机械力)转化为电、热、位能等等,以及发生相反转化时,运动的量是不变的,这一点现在已无须再当作什么新的东西来宣

---

① 恩格斯:《自然辩证法》,于光远等译编,人民出版社1984年版,第147页。
② 同上书,第153页。
③ 同上书,第204页。
④ 《马克思恩格斯选集》第三卷,人民出版社1995年版,第352页。
⑤ 恩格斯:《自然辩证法》,于光远等译编,人民出版社1984年版,第116页。

扬了。这种认识,是今后对转化过程本身进行更为丰富多彩的研究的既得的基础,而转化过程是一个伟大的基本过程,对自然的全部认识都综合于对这个过程的认识。①

恩格斯最先对能量守恒和转化定律作了辩证唯物主义的分析。他指出,这一定律的发现使"物理学和以前的天文学一样,达到了一种结果,这种结果必然指出运动着的物质的永远循环是最终结论。"②历史上,笛卡尔提出"存在于宇宙中的运动的量永远是一样的"命题,本身是与"上帝创造世界"密切关联的——在笛卡尔的哲学体系中,上帝创造了广延,并把运动放进宇宙;由于运动只是在创世时一下子赋予宇宙的,所以世界中运动的总量必然是个常量。正是用这样的论证方法,笛卡尔就得出他的动量守恒原理。既然按照作为19世纪自然科学的伟大发现的能量守恒和转化定律,物质的运动不能产生、不能消灭、只能转化,那么,宇宙中物质的运动必然是没有开端和结束的。如果说有开端,便说明物质的运动能产生;如果说有结束,便说明物质的运动能消灭。然而这两者都是不可能的,物质的运动只能转化。由此可见,宇宙中物质的运动是永恒进行着的。

恩格斯认为,能量守恒和转化定律的发现对于克服18世纪机械论的片面性具有决定性的意义。如果说康德和拉普拉斯的天体演化假说,打开了形而上学自然观的第一个缺口,那么能量守恒和转化定律则给予了形而上学自然观以致命的打击。能量守恒和转化定律表明了:各种各样的物质运动形式——机械运动、分子热运动、电磁运动等等——它们之间不是孤立的、静止的,而是变化的、相互联系的、相互转化的。这就从根本上否定了认为各种运动形式之间是相互隔绝、相互分离的形而上学观点,从根本上否定了静止不变的、僵硬的形而上学自然观。恩格斯认为这一定律不仅从量上,把机械能、热能、电磁能等等统一起来;而且从质上,肯定了物质运动及其转化的永恒性。

能量守恒和转化定律说明了世界的统一性,说明了物质世界运动的终极原因在于物质世界本身,而非物质世界之外某种精神性的东西。恩格斯十分赞赏"从斯宾诺莎一直到伟大的法国唯物主义者——坚持从世界本身说明世界"③,"斯宾诺莎:实体是自身原因——把交互作用显著的表达出

① 《马克思恩格斯选集》第三卷,人民出版社1995年版,第351—352页。
② 恩格斯:《自然辩证法》,于光远等译编,人民出版社1984年版,第13页。
③ 《马克思恩格斯选集》第四卷,人民出版社1995年版,第266页。

来了"①。他写道:

> 交互作用是我们从现代自然科学的观点考察整个运动着的物质时首先遇到的东西。我们看到一系列的运动形式,机械运动、光、电、磁、化学的化合和分解、凝聚状态的转变⋯⋯都是相互转化互相制约的,在这里是原因,在那里就是效果,并且在这儿在各种不断变换的形式中的运动的总和是不变的⋯⋯机械运动转换为热、电、磁、光等等,反之亦然。⋯⋯交互作用是事物的真正的终极原因。我们不能追溯到比对这个交互作用的认识更远的地方,因为正是在它背后没有什么要认识的东西了。如果我们认识了物质的运动形式(由于自然科学存在的时间并不长,在这上面我们的认识的确还有很多缺陷),我们也就认识了物质本身,并且因此我们的认识就完备了⋯⋯只有从这个普遍的交互作用出发,我们才能达到现实的因果关系。为了了解单个的现象,我们就必须把它们从普遍的联系中抽出来,孤立地考察它们,而且在这里不断交替着的运动就显示了出来,一个为原因,另一个为效果。②

他还写道:

> 一切在自然界中数之不尽的起作用的原因,过去一直被看作一种神秘的不可解释的存在,即所谓力——机械力、热、放射(光和辐射热)、电、磁、化合和分解的化学力,现在都已经证明是一种并且是同一种能(即运动)的特殊形式,即存在方式;我们不仅能够证明,它在自然界中经常发生从一种形式到另一种形式的转化,而且甚至可以在实验室中和工业中实现这种转化,并且在某一形式中的一个给定量的能确乎总是相当于在这种或那种另一形式中的一定量的能。这样,我们可以用千克米去表示热量单位,又可以用热量单位去表示一个单位的或任何大小的电能或化学能的单位,反之亦然;我们同样可以把一个活的机体所消耗的和获得的能量测量出来,并且用任何单位,例如用热量单位,表示出来。自然界中一切运动的统一,现在已经不再是一个

---

① 恩格斯:《自然辩证法》,于光远等译编,人民出版社 1984 年版,第 96 页。
② 同上书,第 95—96 页。

哲学的论断，而是自然科学的事实了。①

　　既然恩格斯说"交互作用是事物的真正的终极原因"②"我们所接触到的整个自然界构成一个体系，即各种物体相联系的总体……它们是相互作用着的，而这种相互作用就是运动"③，并且说过"辩证法是关于普遍联系的科学"④，那么，在辩证唯物主义理论体系中，相互作用（或联系）是否处于比运动更基本、更本质的地位？答案是否定的。在恩格斯的思想中，物质是运动着的，运动是物质的运动，运动着的物质是普遍地相互联系、相互作用的；普遍联系与相互作用指的正是"物质的运动""运动着的物质"之间存在的普遍联系和相互作用。恩格斯所言"我们不能追溯到比对这个交互作用的认识更远的地方，因为正是在它背后没有什么要认识的东西了。如果我们认识了物质的运动形式，我们也就认识了物质本身"，正是这些思想的清晰表达。对于这些思想，恩格斯在《运动的基本形式运动的基本形式》一文中有着完整的论述：

　　　　我们所接触到的整个自然界构成一个体系，即各种物体相联系的总体，而我们在这里所理解的物体，是指所有物质的存在，从星球到原子，甚至直到以太粒子，如果我们承认以太粒子存在的话。这些物体处于某种联系之中，这就包含了这样的意思：它们是相互作用着的，而这种相互作用就是运动。由此可见，没有运动，物质是不可想象的。其次，既然我们面前的物质是某种既有的东西，是某种既不能创造也不能消灭的东西，那么由此得出的结论就是：运动也是既不能创造也不能消灭的。只要认识到宇宙是一个体系，是各种物体相联系的总体，就不能不得出这个结论。⑤

　　正是在《运动的基本形式》一文中，恩格斯运用"物质的运动""运动着的物质"之间存在的普遍联系和相互作用，进一步阐明了"一切运动都在于吸引和排斥的相互作用"，由此把辩证法的矛盾理论（对立与统一规律）与能量守恒和转化定律有机地结合起来，从而把物质、运动、矛盾有机地结合

---

① 　恩格斯：《自然辩证法》，于光远等译编，人民出版社 1984 年版，第 29—30 页。
② 　同上书，第 96 页。
③ 　《马克思恩格斯选集》第四卷，人民出版社 1995 年版，第 347 页。
④ 　同上书，第 259 页。
⑤ 　同上书，第 347 页。

起来。他写道:

> 如果两个物体相互作用,结果它们当中的一个或两个发生位置变动,那么这种位置变动就只能是互相接近或互相分离。这两个物体不互相吸引,就互相排斥。或者如力学上所说的,在这两个物体之间起作用的力是有心力,即沿着它们的中心点所联结起来的直线的方向起作用的力。在宇宙中,这种事情在发生着,不断地和绝无例外地发生着,而且许多运动看起来不管是多么复杂,这在今天毕竟已成为不言自明的了。……所以一切运动的基本形式都是接近和分离,收缩和膨胀,——一句话,是吸引和排斥这一古老的两极对立。
>
> 应当明确指出:吸引和排斥在这里不是被看作所谓"力",而是被看作运动的简单形式。如康德早就把物质看作吸引和排斥的统一……
>
> 一切运动都在于吸引和排斥的相互作用。然而运动只有在每一个吸引被另一处的相应的排斥所抵偿时,才有可能发生。否则一方会逐渐胜过另一方,运动最后就会停止。所以,宇宙中的一切吸引和一切排斥,一定是互相平衡的。于是,运动既不能消灭也不能创造的定律,就采取这样的表达方式:宇宙中的每一个吸引运动,都必定由一个相等的排斥运动来补充,反过来也是这样;或者如古代哲学早在自然科学中提出力的守恒或能量守恒定律以前所说的,宇宙中一切吸引的总和等于一切排斥的总和。
>
> 但是,这里似乎还留下了一切运动总有一天会停止的两种可能性:这或者是由于排斥和吸引有一天在事实上终于互相抵消,或者是由于全部排斥最终占有物质的一个部分,而全部吸引则占有另一个部分。从辩证法的观点看来,这两种可能性自始就可以不存在。原来,辩证法根据我们直到目前为止的自然科学实验的结果,已经证明了:所有的两极对立,都以对立的两极的相互作用为条件;这两极的分离和对立,只存在于它们的相互依存和联结之中,反过来说,它们的联结,只存在于它们的分离之中,它们的相互依存,只存在于它们的对立之中。①

恩格斯进一步提出:"运动在吸引和排斥的相互作用中是怎样表现出

---

① 《马克思恩格斯选集》第四卷,人民出版社 1995 年版,第 348—349 页。

来的呢?"并说,"这最好是就运动本身的各单个形式来研究。这样最终就会得出结论。"①他首先分析了康德和拉普拉斯的天体演化学说。他写道:

　　大家知道,按照这种看法,整个太阳系是由某种旋转着的极稀薄的气体逐渐收缩而产生的,旋转运动在这个气团的赤道线上显然最为强烈,并且使个别的气环从这个气团上分离出去,然后这些气环就收缩成行星、小行星等等,并按照原来的旋转方向围绕着中心体旋转。这一旋转本身,通常是用气体的单个质点所固有的运动来说明。这种运动朝极不相同的方向发生,但是最后总有某一多余部分朝一定的方向运动下去,这就引起旋转,这种旋转必然随着气团的收缩而不断地加强。但是,关于旋转的起源,不管提出什么样的假说,都是排除了切线力,使之化为向心运动的某种特殊的现象形式。如果行星运动的一个要素,即直接向心的要素,通过重力,即行星和中心天体之间的吸引而体现出来,那么,另一个要素,即切线要素,则表现为气团各个质点原有排斥的残余,即以衍生的或改变了的形式出现的这种残余。于是,一个太阳系的生存过程就表现为吸引和排斥的相互作用,其中由于排斥以热的形式放射到宇宙空间中去,从而对于这一体系来说逐渐消失,所以吸引越来越占优势。

　　一目了然:在这里被理解为排斥的运动形式,和现代物理学所说的"能"是同一个东西。由于太阳系的收缩和由此而来的构成现在的太阳系的各个天体的分离,太阳系便失去了"能",而这一损失,按照亥姆霍兹的著名的计算现在已经达到原来以排斥的形式出现的在太阳系中的全部运动的量的 453/454。②

以上讨论清楚地表明:在恩格斯的思想中,"运动的物质"与"物质的运动"及其"相互作用的对立与统一关系"是三位一体的。

二、恩格斯对时间空间与物质运动关系的认识

恩格斯对时间空间与物质运动关系的认识,是建立在通晓人类时空观

---

① 《马克思恩格斯选集》第四卷,人民出版社 1995 年版,第 349 页。
② 同上书,第 348—349 页。

念发展历史和成就的理论思维;是 19 世纪最新自然科学研究成果与哲学研究成果的结晶及其辩证统一。

在人类的认识史上,对时间和空间的认识始终是与对物质运动的认识纠缠在一起的。古希腊爱利亚学派的芝诺运动悖论揭示出来的真实问题是:人类日常意识对时间空间与物质运动关系的理解是有问题的。其后亚里士多德花了很多工夫来谈论时间、空间及其与物质运动的关系。亚里士多德写道:"空间的位移是基本的运动……在我们说一个事物在运动时,只有当这个事物是作的空间运动时,我们所说的'运动'这个词才是用的本义;如果事物始终静止在同一地方,在这种情况下发生增、减或质变,我们总是说事物在作'某种运动',而不简单地说它在'运动'。"[①]"应该注意到,如果不曾有过某种空间方面的运动,也就不会有人想到空间上去。须知也正是因为这个缘故我们才特别觉得宇宙也是在空间里的,因为它总是在运动着"[②];"时间是运动和运动持续量的尺度,而时间计量运动是通过确定一个用以计量整个运动的运动来实现的"[③];"如果没有意识的话,也就不可能有时间,而只有作为时间存在基础的运动存在了(我们想象运动是能脱离意识而存在的)。但运动是有前和后的,而前和后作为可数的事物就是时间。"[④]亚里士多德的思想,纠结于时空实体观念与时空关系学说之间。他还指出:"如果空间是一事物,那么它就会在别的事物里……显然就会有空间的空间,等等乃至无穷了。"[⑤]

近代科学革命以来,时间空间与物质运动关系受到科学与哲学的普遍关注。伽利略在《关于两门新科学的对话》一书中初步建立了时间、空间和运动速度三者之间的数学关系。伽利略提出的自由落体定律,描述了落体空间距离的变化与时间的平方成正比。伽利略对自由落体问题的研究,是一种改变了问题的研究:"伽利略想做的是描述运动,而不是思考运动。他所看到的是,物体以变化的速度通过了某段路线和距离,他将这段路线(或轨迹)看作速度函数的变量。"[⑥]这种思考的结果,得到了一种新的分析运动的方式,或者说,一种新的运动概念。"首先,对怎样运动的数学研究必然要把时间和空间概念推到一个显著的地位,当我们从数学上来处理任何

---

① 亚里士多德:《物理学》,张竹明译,商务印书馆 1982 年版,第 263—264 页。
② 同上书,第 100 页。
③ 同上书,第 129 页。
④ 同上书,第 136 页。
⑤ 同上书,第 94 页。
⑥ 亚历山大·柯瓦雷:《伽利略研究》,刘胜利译,北京大学出版社 2008 年版,第 112—113 页。

情形的运动时,我们是按照它在某些单位时间里走过某些单位的距离来分析它①;第二,"伽利略对速度和加速度的精确研究,使他设计出一种对时间进行几何表示的简单技术,这种技术特别适合于他试图说明的真理。"②而笛卡尔在《哲学原理》一书中为了清晰地表明"位移运动即物体之间的相对位置变化"认识,分别对"外在的场所是什么""空间和场所的差异在哪里""外在的场所如何可以正确地认为是周围物体的表层"③进行了深入的阐述。笛卡尔对空间问题的讨论,是与人类的生存经验、生活经验密切关联的;除了一些话语方式不同外,笛卡尔的观点是与爱因斯坦日后阐述的如下观点根本一致的。爱因斯坦说,"对于空间概念,下面的见解似乎是紧要的。把物体 B, C, ……加到物体 A 上去,我们能形成新的物体;这就是说我们延伸了物体 A。我们能延伸物体 A,使它同任何别的物体 X 相接触。物体 A 的一切延伸的全体,我们可称之为'物体 A 的空间'。因此,说一切物体都是在(任意选定的)物体 A 的空间里,这是正确的。在这个意义上,我们不能抽象地谈论空间,而只能谈论'属于物体 A 的空间'"④。我们不能简单地说"物体在空间中运动",而应该"代之以相对于在实际上可看作刚性的一个参考物体的运动'"⑤。

近代科学的发展,凸显了时空实体学说与时空关系学说的分歧。1687 年,牛顿在其构建力学体系的《自然哲学的数学原理》一书中,以"附注"的形式阐述了自己的时空观。他写道:

> 绝对的、真实的和数学的时间由其特性决定,自身均匀地流逝,与一切外在事物无关,又名延续;相对的、表象的和普通的时间是可感知和外在的(不论是精确的或是不均匀的)对运动之延续的量度,它常被用以代替真实时间,如一小时,一天,一个月,一年。
>
> 绝对空间:其自身特性与一切外在事物无关,处处均匀,永不移动。相对空间是一些可以在绝对空间中运动的结构,或是对绝对空间的量度,我们通过它与物体的相对位置感知它;它一般被当作不可移动空间,如地表以下、大气中或天空中的空间,都是以其与地球的相互

① 爱德文·阿瑟·伯特:《近代物理科学的形而上学基础》,徐向东译,北京大学出版社 2003 年版,第 70 页。
② 同上书,第 73 页。
③ 笛卡尔:《哲学原理》,关文运译,商务印书馆 1958 年版,第 40—41 页。
④ 《爱因斯坦文集》第一卷,许良英等编,商务印书馆 1976 年版,第 158 页。
⑤ 爱因斯坦:《狭义与广义相对论浅说》,杨润殷译,上海科学技术出版社 1964 年版,第 8 页。

关系确定的。绝对空间与相对空间在形状与大小上相同,但在数值上并不总是相同。例如,地球在运动,大气的空间相对于地球总是不变,但在一个时刻大气通过绝对空间的一部分,而在另一时刻又通过绝对空间的另一部分,因此,在绝对的意义上看,它是连续变化的。①

在牛顿的观念中,"处所是空间的一个部分,为物体占据着,它可以是绝对的或相对的,随空间的性质而定。""绝对运动是物体由一个绝对处所迁移到另一个绝对处所;相对运动是由一个相对处所迁移到另一个相对处所"。②

牛顿绝对时空观一出现就受到了同时代人的激烈批判。其中三位哲学家代表了其中最著名的三种批判:笛卡尔(或笛卡尔主义者)、贝克莱和莱布尼兹。这三种批判也导致了三种不同的空间观。三种批判的共同点都是基于各自的形而上学理由拒斥绝对空间的独立实存,即都拒绝承认有一个独立于其内容物的自在空间。在他们看来,无论将绝对空间构想为独立自存的实体还是作为属性归属于上帝这个神圣实体,都是无法获得辩护的。这些观念还会带来严重的神学问题。它们或者会将空间变成独立于上帝的永恒实体,或者会导致上帝内在于空间。因此,他们都选择让空间植根于某种相对的、附属性的实体。笛卡尔主义者将空间归属于物质性的实体,贝克莱和莱布尼兹则将空间归属于精神性的实体。③

关于绝对空间的各种"形而上学—神学"争论背后隐含的基本问题是:一方面,几何学与经典物理学的理论体系内在地要求预设一个同质、无限的空间概念,以便用它来表述各种数学定律,并将这些定律构造为一个整体性的系统,这意味着,近代自然科学的产生与发展需要预设空间的某种绝对性作为前提条件。另一方面,由于人类经验似乎无法提供这种绝对性,牛顿、笛卡尔、莱布尼兹与贝克莱归根结底都需要通过上帝来提供这种绝对性。但是,这种神学意义上的绝对永远不可能是人类心灵能够先天认识的对象;它无法抵挡怀疑论者的攻击,从而严重威胁着近代自然科学追求知识的绝对确定性基础的努力。④

---

① 伊萨克·牛顿:《自然哲学之数学原理》,王克迪译,陕西人民出版社、武汉出版社 2001 年版,第 10—11 页。
② 同上书,第 11 页。
③ 刘胜利:《身体、空间与科学——梅洛-庞蒂的空间现象学研究》,江苏人民出版社 2014 年版,第 25 页。
④ 同上书,第 3 页。

康德的空间观"哥白尼革命",是对上述困难以及休谟的怀疑论挑战作出回应,实质上是用一种人类学意义上的"绝对"来替代神学意义上的绝对。他不再根据上帝的某种属性,也不再根据我们面对的世界及其中的各种事物的秩序来构想空间,而是把空间构想为人类与世界及诸事物打交道的方式本身。对于康德来说,空间(与时间)是使人类认识成为可能的先天直观形式。换言之,不是世界与诸事物已有的现成秩序让我们看到了空间,而是我们朝向世界与诸事物的观看本身为它们赋予了空间秩序;并不是各种外部事物已经预先处在物理空间之中,然后我们通过现象来获得几何空间的观念,恰恰相反,是我们的先天直观形式使我们每时每刻都能够拥有并运用一个几何空间来构成各种各样的物理空间,来理解外部事物的空间秩序。

黑格尔在《自然哲学》一书中,批评了康德把时间和空间看成是感性直观形式的主观唯心主义,肯定了康德认为时间和空间是单纯的抽象的形式的观点;他说"如果我们撇开康德概念中属于主观唯心论及其规定的东西,那么剩下的正确规定就在于认为空间是一种单纯的形式,即一种抽象,而且是直接外在性的抽象"。①同时,黑格尔肯定了牛顿把时间和空间规定为自然界存在的客观形式,批评了牛顿把时间和空间同物质运动割裂开的观点。按照黑格尔的观点,自然界是逻辑理念完成自己的外化,即自然是精神的己外存在;时间和空间是绝对精神外化为自然界的两个范畴,是纯抽象的、观念的东西。力学领域是理念在自然界发展的最初阶段,空间是己外存在的肯定形式,时间是其否定形式。空间之所以是己外存在的肯定形式,是因为在空间中一切事物依然保持持续存在,甚至界限都具有持续存在的方式;时间之所以是己外存在的否定形式,是因为在时间中各个漠不相干的持续存在自己扬弃自己,而时间正是这种持续不断的自我扬弃的存在。黑格尔关于空间和时间的论述旨在按照它们各自的特点推演它们的相互过渡,而过渡的终了显现出"时间和空间的本质就是运动"。②由此,黑格尔不仅得出"运动的本质是成为空间和时间的直接统一;运动是通过空间而现实存在的时间,或者说,是通过时间才被真正区分的空间。因此,我们认识到空间与时间从属于运动。……空间与时间在运动中才得到现实性"③的论断,而且得出"就像没有无物质的运动一样,也没有无运动的物

---

① 黑格尔:《自然哲学》,梁志学等译,商务印书馆1980年版,第41页。
② 参看文兴吾:《析黑格尔、罗素对芝诺佯谬的解答》,《天府新论》1994年第2期,第49—50页。
③ 黑格尔:《自然哲学》,梁志学等译,商务印书馆1980年版,第58页。

质。运动是过程,是由时间进入空间和由空间进入时间的过渡;反之,物质则是作为静止的同一性的空间与时间的关系"①等论断。

恩格斯的时空观点是在充分批判地吸收前人对时间、空间和物质运动关系有益的研究成果基础上提出来的,可以概括为:时间和空间不是实体,而是人们对现实的、普遍存在的物体运动过程进行抽象得到的,并且又反过来描写或量度物体运动过程的两个基本概念;物质运动是第一性的,时间和空间作为描写或量度物体运动过程的两个基本概念是第二性的;这两个基本概念就其来自于人类思维对外部世界的抽象,它们是主观的,就其抽象对象是客观实在,它们又是客观的。

恩格斯既看到黑格尔把时间、空间看作是人们对外部世界进行抽象得到的两个基本概念,认为不是物质及其运动存在于作为实体的时间和空间之中,相反,物质及其运动本身是时间性和空间性的,"时间和空间的本质是运动"等思想,是黑格尔"神秘外壳中的合理内核",是揭示了时间、空间和物质运动的真实关系的;更看到费尔巴哈从形式和内容的关系角度去把握时间、空间和物质及其运动的关系,是发现了真理的。恩格斯依据"唯物主义既然承认客观实在即运动着的物质不依赖于我们的意识而存在,也就必然要承认时间和空间的客观实在性"②这一逻辑,明确提出"一切存在的基本形式是空间和时间,时间以外的存在像空间以外的存在一样,是非常荒诞的事情"③,"物质的这两种存在形式离开了物质,当然都是无,都是只在我们头脑中存在的空洞的观念、抽象"④;现实中,时间和空间与物质和运动这样的名词一样"无非是简称,在这种简称下,我们把许多不同的、可以感知的事物,依照其共同的属性概括起来"⑤。由此,既从原则上否定了那种把时间、空间看作是独立于物质及其运动的客观实在的观点,也堵塞了对时间、空间作唯心主义理解的通道,把时空关系学说确立在唯物主义的基础之上了。

辩证唯物主义时空观从内容和形式相互依存的角度把握时间、空间和物质、运动的关系,从思维和存在、抽象和具体相统一的角度理解时间、空间和物质、运动的关系,是与爱因斯坦通过自然科学的实践活动确定下来的认识根本一致的。在相对论建立起来后,爱因斯坦曾这样谈道:"如果我

① 黑格尔:《自然哲学》,梁志学等译,商务印书馆1980年版,第60页。
② 《列宁全集》(第2版)第18卷,人民出版社1988年版,第179页。
③ 《马克思恩格斯选集》第三卷,人民出版社1995年版,第392页。
④ 恩格斯:《自然辩证法》,于光远等译编,人民出版社1984年版,第108页。
⑤ 同上。

们假定一切物质会在世界中消失,那么在相对论以前,人们相信,空间和时间会在虚空的世界中继续存在。但是依据相对论,如果物质及其运动消失了,那就不会再有什么空间或者时间了"①;"空间、时间……从逻辑上说来,这些概念是人类智力的自由创造物,是思考的工具,这些概念能把各个经验相互联系起来,以便更好地考察这些经验。"②爱因斯坦的前一段话显然表明了辩证唯物主义从内容和形式的相互依存角度把握时间、空间和物质、运动的相互关系的正确性;后一段话则是与辩证唯物主义关于时间、空间"无非是简称,在这种简称下,我们把许多不同的、可以感知的事物,依照其共同的属性概括起来"之观点在本质上是相同的。

恩格斯的时空观点与历史上的一些著名观点虽有联系,但有着根本的区别。从人类实践论的观点看辩证唯物主义时空观之前的传统时空理论,其欠缺与不足在于:它们均不能从人的生存实践活动出发理解时间和空间,而只能经验直观或超验抽象地去理解时间和空间,只能从主观与客观分离割裂的立场出发来理解时间和空间。然而,辩证唯物主义时空观是从内容和形式相互依存的角度把握时间、空间和物质、运动的关系,从思维和存在、抽象和具体相统一的角度理解时间、空间和物质、运动的关系;正是从人的生存实践活动出发理解时间和空间。以下两段文字,是恩格斯在《反杜林论》和《自然辩证法》中就时间和空间问题作出的重要论断。

按照杜林先生的说法,时间仅仅通过变化才存在,不是变化存在于时间之中并通过时间而存在。正因为时间是和变化不同的,是离开变化而独立的,所以可以用变化来量度时间,因为在量度的时候总是需要一种与所量度的东西不同的东西。而且,不发生任何显著变化的时间,远非不是时间;它宁可说是纯粹的、不受任何外来的混入物所影响的时间,因而是真正的时间,作为时间的时间。事实上,如果我们要把握完全纯粹的、排除一切外来的不相干的混入物的时间概念,那么,我们就不得不把所有在时间上同时或相继发生的各种事变当作与此无关的东西放在一旁,从而设想一种其中没有发生任何事情的时间。因此,我们这样做并没有使时间概念沉没在一般的存在观念中,而是由此才得到纯粹的时间概念。③

① 菲利普·弗兰克:《科学的哲学》,许良英译,上海人民出版社1985年版,第146页。
② 爱因斯坦:《狭义与广义相对论浅说》,杨润殷译,上海科学技术出版社1964年版,第112页。
③ 《马克思恩格斯选集》第三卷,人民出版社1995年版,第392—393页。

先从感性的事物得出抽象,然后又期望从感性上去认识这些抽象的东西,期望看到时间,嗅到空间。经验论者深深地陷入经验体验的习惯之中,甚至在研究抽象的东西的时候,还以为自己置身在感性体验的领域内。我们知道什么是一小时或一米,但是不知道什么是时间和空间!仿佛时间不是实实在在的小时而是其他某种东西,仿佛空间不是实实在在的立方米而是其他某种东西!物质的这两种存在形式离开了物质当然都是无,都是仅仅存在于我们头脑之中的空洞的观念、抽象。的确,据说我们也不知道什么是物质和运动!当然不知道,因为物质本身和运动本身还没有人看到过或在其他场合下体验过;只有现实地存在着的各种物和运动形式才能看到或体验到。物、物质无非是各种物的总和,而这个概念就是从这一总和中抽象出来的,运动无非是一切感官可感知的运动形式的总和;"物质"和"运动"这样的词无非是简称,我们就用这种简称把感官可感知的许多不同的事物依照其共同的属性概括起来。因此,不研究个别的物和个别的运动形式,就根本不能认识物质和运动,并且通过认识个别的物和个别的运动形式,我们也就相应地认识物质和运动本身。因此,当耐格里说我们不知道什么是时间、空间、物质、运动、原因和结果的时候,他不过是说:我们先用我们的头脑从现实世界作出抽象,然后又无法认识我们自己作出的这些抽象,因为它们是思维的事物,而不是感性的事物,而一切认识都是感性的量度![①]

以上引文表明,恩格斯正是从人的生存实践活动出发,理解和诠释时间和空间——时间和空间是"用我们的头脑从现实世界作出抽象"得到的两个基本概念,"我们就用这种简称把感官可感知的许多不同的事物依照其共同的属性概括起来"。"它意味着:在我们原初的世界经验中,不存在完全无意义、纯粹被动的质料,也不存在纯粹主动的先天形式。质料总已经蕴涵着原初的形式,两者之间是不可相互还原的奠基关系。在其中,一个匿名的现象身体或身体主体已经在原初地把握着世界。"[②]

应该明确,作为辩证唯物主义时空观基础的自然科学的时空观,原初是建立在对物质及其运动的广延性、伸张性、持续性、次序性的测度基础上

---

① 《马克思恩格斯选集》第四卷,人民出版社 1995 年版,第 342—343 页。
② 刘胜利:《现象空间的诞生——斯特拉顿实验的现象学解释》,《自然辩证法通讯》2012 年第 1 期,第 66 页。

的,本身就有着一个由具体到抽象、由个别到一般的演化过程。下面展现的是近代科学之父伽利略完成的著名的"斜面实验",表明自然科学的空间测度与描述,最早就是与人的身体紧密联系的。

　　取大约 12 库比特长、半库比特宽、三指厚的一个木制模件或一块木料,在上面开一条比一指稍宽的槽,把它做得非常直、平坦和光滑,并且用羊皮纸给它画上线,羊皮纸也是尽可能地平坦和光滑,我们沿着它滚动一个硬的、光滑的和非常圆的黄铜球。把这块木板放在倾斜的位置,使一端比另一端高出 1 或 2 库比特,照我刚才说的把球沿着槽滚下,并用马上将要描述的方法记录下落所需的时间。我们不止一次地重复这个实验,为的是精确地测量时间,以使两次观测的偏差不超过 1/10 次脉搏。在完成这种操作并且确认它的可靠性之后,我们现在仅在槽的 1/4 长度上滚这个球;在测得它下降的时间后,我们发现它精确地是前者的一半。接下去我们尝试别的距离,把球滚过整个长度的时间与 1/2、2/3、3/4 或者任何分数长度上的时间作对比,在成百次重复的这种实验中,我们总是发现通过的距离之比等于时间的平方之比,并且这对于平面,即我们滚球的槽所在平面的所有倾角都是对的。①

　　为了测量时间,我们用一个大的盛水的容器,把它放在高处;在容器的底部焊上一根小直径的能给出细射流的水管,在每一次下落的时间内,我们把射出的水收集在一个小玻璃杯内,不管是对槽的整个长度还是它的部分长度,在每一次水下落后,这样收集的水都在非常精密的天平上被称量;这些重量的差别和比例给了我们时间的差别和比例,我们以这样的精度重复操作了许多许多次,结果没有可以感知的差别。②

上述文字中的"库比特",是古埃及采用的长度测量单位,表示从人的肘到中指尖的距离;1 库比特约为 0.46 米。因此,在伽利略的理论建构中,"一个匿名的现象身体或身体主体已经在原初地把握着世界"。

同样,牛顿建构理论时,使用着英尺的空间单位,"一个匿名的现象身体或身体主体已经在原初地把握着世界"。在英语里,"foot"是脚的意思;

① 伽利略:《关于两门新科学的对话》,武际可译,北京大学出版社 2006 年版,第 164 页。
② 同上书,第 164—165 页。

同时长度单位英尺也写作"foot",这是因为,英尺本身就是从脚的长度上得来的。古代的欧洲人用脚来表示长度,久而久之,一种基于成年男子单脚的长度就被公认为英国等国家认可的标准度量衡。13 世纪初期,英国尺度紊乱,全国没有统一的标准,为全国贸易往来带来了很多麻烦,仅尺度上带来的民事纠纷就使英国皇室大为苦恼,他们先后召开了 10 余次大臣会议商讨此事。由于商量来、讨论去,始终确定不下来一个统一的标准,曾在大宪章上签字的约翰王便愤怒地在地上踩了一脚,然后指着凹陷下去的脚印对大臣们庄严宣布:"There is a foot, let it be the measure from this day forward.(这个脚印让它永远作为丈量的标准吧!)"大英博物馆中珍藏着用膨胀系数很小的合金制成的长方形框子,其中空心部分即为英王御足的标准长度。因为英王穿着鞋,所以,1 英尺的标准长度为 30.48 厘米。

恩格斯还对时间和空间的无限与有限问题进行了讨论。他依据能量守恒与转化定律深入讨论了空间和时间的无限性。既然,肯定了空间和时间是物质存在的基本形式,指出了空间和时间不可能脱离物质的运动,那么,在理解空间时间的无限性时,也就决不能脱离物质的运动孤立地来谈时空在数量上的无限性,而是必须与物质的运动密切联系起来,必须从量和质两方面来理解时空的无限性。恩格斯写道:

> 除永恒变化着、永恒运动着的物质以及这一物质运动和变化所依据的规律以外,再没有什么永久的东西。……物质在它的一切变化中永远还是物质,它的任何一个属性都不会丧失……①

既然物质的运动是永恒的、不可消灭、不可创造,因而,作为物质运动存在形式的空间和时间,也就必须是永恒的、不可消灭、不可创造。物质运动既不能在什么时候突然从"无"中产生,也不会在什么时候突然消灭,变成"无"。物质的运动是没有开端的,也是没有结束的。如果认为物质的运动在时间中有开端和结束,这就等于说物质的运动可以创造、可以消灭,这显然是不可能的;如果认为物质运动在空间上有起源和界线,这就等于说物质的运动是从非物质的"空间"中出现的,这就等于说在运动的物质世界之外还有非物质的东西,这显然也是不可能的。因而,从物质运动的永恒性,我们就能得出空间和时间的永恒性,这便是空间时间无限性的第一个内容。

---

① 恩格斯:《自然辩证法》,于光远等译编,人民出版社 1984 年版,第 23 页。

其次,恩格斯认为物质运动的形式是多样的。多种多样的物质运动决不可能归结为一种物质运动的形式。恩格斯认为物质运动的不灭性、永恒性,不能仅仅从数量上去把握,而且还必须从质量上去理解。恩格斯写道:

> 物质的运动,不仅是粗略的机械运动、单纯的位置移动,而且还有热和光、电和磁的应力、化学的化合和分解、生命,以及最后的,是意识。如果说,物质在其整个无限悠久的存在中只有唯一的一次,而且是在一个和它的永恒性比较起来只是无限短的时间内,有可能分化自己的运动,从而展开这个运动的全部多样性,而在这以前和以后则永远只局限于单纯的位置移动,——这样说,就是主张物质是会死亡的,而运动是短暂的。[①]

物质运动的形式既然是多种多样的,各种物质运动的形式既然在永恒变化着,那么,作为物质运动存在的基本形式的空间和时间也决不是单一的,决不是不变的。从物质运动的无限多样、永恒变化,我们就得出空间和时间也是无限多样、永恒变化的;空间在结构上、时间在节奏上都是无限的。这便是空间时间无限性的第二个内容。[②]

恩格斯对时间空间与物质运动关系的认识,以及对物质与运动关系的认识,在作为"马克思主义理论研究和建设工程重点教材"、2009 年问世的《马克思主义哲学》一书中得到很好的概括与展现。该书在讨论"物质及其存在形态"时指出:

> 现代科学为合理地划分物质运动形态亦即物质存在形态提供了理论证据。划分物质存在形态的依据是物质的运动形式。一般说来,物质运动有机械运动、物理运动、化学运动、生命运动和社会运动五种形式。……物质运动的五种形式构成了一个层层递进的等级阶梯。在这一等级阶梯之中,一方面,较低级的运动形式构成较高级运动形式的基础,高级的运动形式包含着低级的运动形式;另一方面,高级运动形式又具有自己的特殊规定性,不能归结为低级的运动形式。[③]

---

① 恩格斯:《自然辩证法》,于光远等译编,人民出版社 1984 年版,第 21 页。
② 查有梁:《恩格斯与物理学》,四川辞书出版社 1999 年版,第 136—137 页。
③ 《马克思主义哲学》编写组:《马克思主义哲学》,高等教育出版社、人民出版社 2009 年版,第 60—61 页。

在讨论"矛盾的普遍性与特殊性"中,该书写道:

> 矛盾的普遍性或绝对性这个问题有两方面的意义。其一是说,矛盾存在于一切事物的发展过程中;其二是说,每一事物的发展过程中存在着自始至终的矛盾运动。……每一种运动形式内部都包含着特殊的矛盾,正是这种特殊矛盾构成一事物区别于他事物的特殊本质。机械运动、物理运动、化学运动、生命运动、社会运动、思维运动,每一种运动形式所具有的特殊本质,都为自己的特殊矛盾所规定。①

在"运动、时间和空间"子标题下,该书论述道:

> 时间和空间是运动着的物质的基本存在形式。时间是指物质运动过程的持续性、间隔性和顺序性,是事物运动节律的体现。任何事物的运动过程总有其存在的持续性,一个运动过程与另一运动过程之间总有一定的间隔,总有一定的顺序,总会体现出某种节律,这些都是时间的体现。时间的特点是一维性或不可逆性。这是指时间只有从过去到现在、从现在到将来一个维度。所谓"机不可失,时不再来",正是人们对时间不可逆性的体验。空间是指事物运动的广延性、伸张性。这种广延性、伸张性表现为事物之间的并存关系、分离状态,即事物的体积、形态、位置、排列次序等。空间的特点是三维性,即任何事物的广延、伸张都在三个方向进行,都由长、宽、高三个维度构成。
> 时间和空间作为运动着的物质的基本存在形式,是同物质运动不可分离的。一方面,时间和空间离不开物质运动,离开物质运动的时间和空间是不存在的;另一方面,物质运动也离不开时间和空间,离开时间和空间的物质运动也是不存在的。时间和空间与物质运动的不可分离性,表明了时间和空间的客观性。同物质运动一样,作为物质运动的存在形式,时间和空间也是不依赖于人的意识而客观存在的。……既然时间、空间是物质的运动形式,物质运动与时间、空间不可分离,那么,时间、空间的无限性便不能脱离时间、空间具体存在的有限性而独立存在,而是体现于有限性之中的无限性。②

---

① 《马克思主义哲学》编写组:《马克思主义哲学》,高等教育出版社、人民出版社 2009 年版,第 125—126 页。
② 同上书,第 58—60 页。

有必要指出，20 世纪 90 年代以来，我国学术界在对马克思的实践唯物主义的研究中，重视了海德格尔、梅洛-庞蒂、列斐伏尔等人关于空间的身体本源论的研究成果①，重视了列斐伏尔的社会空间学说，进一步提出了马克思的时空观问题，并对传统的辩证唯物时空观提出了批判的观点。1996 年，俞吾金在《马克思时空观新论》一文中写道："关于马克思主义哲学教科书体系的改革问题已成为学术界的共识。近年来，有不少论著在这个方面作出了可贵的探索，但几乎都没有触及马克思的时空理论。人们仍然借用传统哲学教科书中关于时空问题的表述，试图对马克思哲学的整个体系作出新的说明。这种努力是不可能取得成功的。事实上，只有重新反思马克思的时空理论，揭示出长期以来被马克思哲学的解释者们所掩蔽的马克思在时空理论上的重大发现和划时代创造的真相，对马克思哲学体系的重新理解和构造才真正是可能的。"②俞吾金的观点，在学术界引起了不同的反应；江秉国、张奎良撰文发表了反对的观点③，而冉思伟的《当代空间问题的辩证向度研究》则非常肯定④。

对此，我们的认识是：阐明空间范畴根源于身体活动空间的观念、源于社会空间，深入研究马克思的时空理论，对于丰富和发展马克思主义哲学时空观具有重要意义。但是，我们不能因为有了空间的身体起源论，就否定马克思主义哲学的空间范畴"是指事物运动的广延性、伸张性。这种广延性、伸张性表现为事物之间的并存关系、分离状态，即事物的体积、形态、位置、排列次序等"⑤。正如我们不会因为有了空间的身体起源论而否认欧几里得几何学与非欧几何学的正确性一样。这也如同人们在努力弄清楚某一个人的父母的来路之后，绝不会否认这个人是由他的父母所生、有着他父母的遗传基因的一样；也如同人们在弄明白修建房屋的钢材的冶炼方法和制造方法之后，不会否认修建房屋的钢材通常所具有的硬度、强度

---

① 海德格尔、梅洛-庞蒂、列斐伏尔对空间概念本源的研究成果，阐明了位置空间的观念本身是滞后于我们直接拥有的身体活动空间的观念，即后者对于前者具有始源性：我们首先有着"身体"的意识，有着"身体空间"的意识，有着"身体实践活动空间"的意识。身体空间的意识，身体实践活动空间的意识，就是人的存在的尺度的意识，人的实践活动空间的意识；是我们与外部世界事物空间并存关系的意识，是我们对自身与外部事物运动的广延性、伸张性的意识。

② 俞吾金：《马克思时空观新论》，《哲学研究》1996 年第 3 期，第 11 页。

③ 江秉国：《对〈马克思时空观新论〉的一点看法》，《哲学研究》1997 年第 1 期。张奎良：《马克思时空观新论》，《江海学刊》2004 年第 1 期。

④ 冉思伟：《当代空间问题的辩证向度研究》，浙江大学出版社 2017 年版，前言：第 3—5 页。

⑤ 《马克思主义哲学》编写组：《马克思主义哲学》，高等教育出版社、人民出版社 2009 年版，第 59 页。

和韧性一样。换言之,厘清当代的空间范畴源于身体活动空间的观念、源于社会空间,这是一种思想的进步;而当我们承认空间的身体本源论、承认社会空间理论就要否定辩证唯物主义空间范畴,则是一种思想的退步或混乱。对于马克思的实践时空观及其重大意义,以及与传统的辩证唯物主义时空观的关系,张奎良、刘奔的以下论述可谓公允。张奎良写道:

> 马克思既然用实践超越了抽象的物质或自然,确立了实践活动的世界基础地位,那么原来作为物质存在基本形式的时空也就必然相应地向实践转移。经过马克思的哲学革命变革,时空已不局限于与物质相联结,为物质而存在,只表征物质存在的持续性和广延性;而是相反,时空开始与实践活动相关联,为实践而存在,用以表征实践活动的规模大小和持续的长短。因此,对马克思来说,时空既是他一贯认同的物质存在的基本形式,更是人类实践活动的基本形式,它表明实践活动的持续和广延特性。……马克思新时空观的重大意义在于它使时空由原来对物质存在的"解释"转向对实践活动的规模和持续性的关注,使时空问题成为人类实践活动时刻都必须重视的问题。①

刘奔写道:

> 按照现代观念,时间和空间的本质就是运动;时—空结构从属于运动;不存在脱离物质运动而独立自存的时—空结构,也没有一成不变的、适用于一切运动系统的绝对时空模式;物体的时空特性取决于它所属的物质系统运动形式的特点。……这实际上是说,物质运动的形式是具体的,在具体的运动形式中展开的时空关系也有其更具体的方式。每一种运动形式都有自己的时间、空间和时空结构,时空问题的哲学研究,应当充分注意不同运动形式中时空关系的"更具体的方式"。
>
> 把这个逻辑贯彻到底,就不能不承认:物质运动的社会形式也有自己特有的时空结构。这个推论能够成立,自然会发生这样的问题:哲学上的时空范畴只满足于概括自然科学研究成果,何以具有普遍意义?不了解社会运动形式中时空关系的"更具体的方式",套用自然科学的时空概念,能否深刻地把握社会运动的本质呢?

---

① 张奎良:《马克思时空观新论》,《江海学刊》2004年第1期,第14页。

这是坚持思维的首尾一贯性必然要提出的问题。社会时—空特性，无非是社会运动的规律性在时—空关系上的体现。①

"社会时—空特性，无非是社会运动的规律性在时—空关系上的体现"，这正是马克思主义哲学教科书的基本观点："现代科学为合理地划分物质运动形态亦即物质存在形态提供了理论证据。划分物质存在形态的依据是物质的运动形式。一般说来，物质运动有机械运动、物理运动、化学运动、生命运动和社会运动五种形式"。"按照恩格斯的定义，时空既然是物质存在的基本形式，那么，时空的特性就应由物质的状况所决定，这是逻辑上的潜台词，是可以而且应该能够导引出来的。"②因此，当人们强调马克思"是从社会存在本体论或实践唯物主义的基础上来谈论时间、空间问题""实际上创立了社会形态时空的新学说"③，并不需要、也不可能否认辩证唯物主义时空观的传统表述；相反，是在丰富和发展着辩证唯物主义时空观的传统表述。

三、恩格斯对机械-位移运动的系统认识

在恩格斯的理论思维中，机械-位移运动是最基本的运动形式；一切运动都包含机械-位移运动，但是机械-位移运动又不能完全代替和表征其他更高级运动形式。他写道：

> 一切运动都和某种位置变动相联系，不论这是天体的、地上物体的、分子的、原子的或以太粒子的位置变动。运动形式越高级，这种位置变动就越微小。位置变动决不能把有关的运动的本性包括无遗，但是也不能和运动分开。所以必须首先研究位置变动。④
> 所以我们看到：在自然科学的历史发展中，最先产生的是关于简单的位置变动的理论，即天体和地上的物体的力学。⑤

---

① 刘奔：《时间是人类发展的空间——社会时—空特性初探》，《哲学研究》1991年第10期，第3页。
② 张奎良：《马克思时空观新论》，《江海学刊》2004年第1期，第12页。
③ 俞吾金：《马克思时空观新论》，《哲学研究》1996年第3期，第19页。
④ 《马克思恩格斯选集》第四卷，人民出版社1995年，第346—347页。
⑤ 同上书，第346页。

在自然科学家那里,运动总是不言而喻地被认为是和机械运动、位置变化等同的。这是从化学产生前的 18 世纪留传下来的,并且大大妨碍了对各种过程的清楚的理解……由于同样的误解,还产生了想把一切都归结为机械运动的狂热。……这样就把其他运动形式的特殊性抹煞了。这决不是应该说,每一个高级的运动形式不可以总是必然地与某个现实的机械的(外部的或分子的)运动相联结;正如高级的运动形式同时还产生其他的运动形式一样,正如化学作用不可能没有温度变化和电的变化,有机生命不可能没有机械的、分子的、化学的、热的、电的等等变化一样。但是,这些次要形式的在场并没有把历次的主要形式的本质包括无遗。终有一天我们会用实验的方法把思维"归结"为脑子中的分子的和化学的运动;但是难道因此就把思维的本质包括无遗了吗?①

一切运动都包含着机械运动,即物质的较大或较小部分的位置变化,而认识这些机械运动,是科学的第一个任务,然而也只是它的第一个任务。但是这些机械运动并没有穷尽所有的运动。运动不仅仅是位置变化,在高于力学的领域中它也是质的变化。热是一种分子运动的发现,是划时代的。但是,如果我除了说热是分子的某种位置变化之外对热不知道再说些别的什么,那么我还不如闭口不谈的为妙。②

1873 年 5 月 30 日,恩格斯在给马克思的信中写道:

最简单的运动形式是位置移动(是在时间之中的——为了使老黑格尔高兴)——机械运动。

(a) 单个物体的运动是不存在的,但是相对地说,可以把下落看作是这样的运动,向着许多物体所共有的一个中心点运动。但是,只要单个物体不是向着中心而是向着另外的一个方向运动,那么虽然它还是受落体定律的支配,但是这些定律已经变化成为

(b) 抛物线定律并直接导致几个物体的相互运动——行星等等的运动,天文学,平衡——在运动本身中的暂时的或外表上的平衡。但是,这种运动的真正结果最终总是运动着的诸物体的接触,一些物体落到另一些物体上面。

① 恩格斯:《自然辩证法》,于光远等译编,人民出版社 1984 年,第 151 页。
② 同上书,第 153 页。

（c）接触的力学——相互接触的物体。普通力学,杠杆、斜面等等。但是接触的作用并不仅限于此。接触直接表现为两种形式:摩擦和碰撞。二者都具有这样的一种特性,在一定的强度和一定的条件下产生新的、不再仅仅是力学的作用,即产生热、光、电、磁。①

恩格斯的这段话首先说的是:物体的机械-位移运动,本质是物体间的相对位置变化。自然科学把机械-位移运动说成是"在时间之中的"位置移动,本身是为了更完备地描述机械-位移运动,以速度概念反映物体作机械-位移运动的"快慢"。为什么如此说,可以"使老黑格尔高兴"呢? 这是因为黑格尔把物体的机械-位移运动看作是"时间消融于空间""空间消融于时间"的"矛盾运动"的表征——"空间之消融于时间和时间之消融于空间、时间在空间中的自我再生和空间在时间中的自我再生是一个过程,这个过程就是运动。"②

既然物体的机械-位移运动本质上是物体间的相对位置变化,那么一如康德所言,"我决不应当说一个物体是静止的,却不同时补充说明就哪些事物来说它是静止的;我也决不应当说它在运动,却不同时列举出就哪些对象来说它改变了自己与它们的关系。"③因此,恩格斯说:"单个物体的运动是不存在的。"同时他指出物体的下落运动可以"看作是""单个物体的运动",因为它是"向着许多物体所共有的一个中心点运动",本身是"相对于"地球中心的运动。然而,只要单个物体的下落运动"不是向着中心而是向着另外的一个方向运动",那么物体的运动轨迹就是抛物线,物体的运动就成为"物体相对于地面"或"地面相对于物体"的"相对运动"。

太阳系中的各大行星之间的运动,就是行星之间的相对运动,这是"在运动本身中的暂时的或外表上的平衡"。恩格斯进而指出,地面上做抛物线运动的物体最终是会落到地面上的;行星绕中心天体的运动,以及行星之间的相对运动,最后是会形成一些天体落到另一些天体之上。这是因为物体之间存在着吸引与排斥的相互作用,而在太阳系中吸引远远大于排斥。恩格斯说,"牛顿的引力。能够给予它的最好的评价就是:它没有说明而是例证了行星运动的现状。"④并根据吸引和排斥是相互联系的这一基本

① 恩格斯:《自然辩证法》,于光远等译编,人民出版社 1984 年版,第 329 页。
② 梁志学:《论黑格尔的自然哲学》,上海人民出版社 1986 年版,第 105 页。
③ 《康德自然哲学文集》(注释版)下卷,李秋零译注,中国人民大学出版社 2016 年版,第 754—755 页。
④ 恩格斯:《自然辩证法》,于光远等译编,人民出版社 1984 年版,第 254 页。

思想,对太阳系中行星的运动状况作出了解释:"如果行星运转的一个要素,即直接向心的要素,表现为重力,表现为行星和中心天体之间的吸引,那么,另一个要素,即切线方向上的要素,就以气团各个质点原始排斥衍生的或改变了的形式的残余表现出来。于是,一个太阳系的生存过程,就表现为吸引和排斥的交替起作用,在这个过程中由于排斥以热的形式辐射到宇宙空间,它对这一体系来说愈来愈多地消失,所以吸引愈来愈占优势。"[1]

恩格斯还写道:"让我们进一步考察地球上的一个物体。它是靠重力和地球联结在一起的,正像地球是靠重力和太阳联结在一起一样;但是它和地球不同,不能作自由的行星般的运动。它只有靠外来的推动才能运动起来,而且推动一旦终止,它的运动也就很快停止,这或者仅仅是由于重力的作用,或者是由于重力和该物体在其中运动着的媒质的阻抗的共同作用。这一阻抗归根到底也是重力的作用,如果没有重力,地球上面就不会有任何具有阻抗的媒质,就不会有任何大气了。所以在地球上面的纯粹的机械运动中,我们所碰到的是重力(即吸引)占有决定性的优势的情形,因而在这里运动的建立显示为两个阶段:首先是抵抗重力的作用,然后是让重力起作用,——一句话,是先使物体上升,然后再使之下降。"[2]"这样,在一个天体上的小的物体的机械运动,都终止于两个物体的接触,这种接触有两种只是在程度上不同的形式,即摩擦和碰撞。因此,我们首先要研究摩擦和碰撞的机械作用。但是我们发现,它们并不因之而被穷究:摩擦产生热、光和电,碰撞产生热和光,也许还产生电——由此便有物体运动向分子运动的转化。"[3]"那么,当这个地球上的力学的过程达到它的终点的时候,当重物先被举起然后又降落到原来高度的时候,构成这个过程的运动将怎样呢?对纯粹的力学说来,它是消失了。但是,我们现在知道,它决没有消灭。它有一小部分转化为空气的声波振动,而绝大部分则转化为热——这些热一部分传给了起阻抗作用的大气,一部分传给了落体本身,最后一部分则传给了所落到的地面。"[4]

对于"机械运动、活力消失"[5],恩格斯指出有如下两种形式。

第一种是它转化为机械的位能,例如,通过一个重物的上升。这

---

① 恩格斯:《自然辩证法》,于光远等译编,人民出版社 1984 年版,第 128—129 页。
② 同上书,第 129 页。
③ 同上书,第 148 页。
④ 同上书,第 130—131 页。
⑤ 同上书,第 194 页。

种形式的特点是：这种位能不仅能回过来转化为机械运动——而这种机械运动和原来的机械运动具有同样的活力，——并且它也只能有这种形式变换。机械的位能决不能产生热或电，除非它先转化为现实的机械运动。用克劳胥斯的用语来说，这是一个"可逆的过程"。

机械运动消失的第二种形式发生在摩擦和碰撞的情况下——这二者仅仅在程度上有所不同。摩擦可以理解为一个跟着一个和一个挨着一个发生的一连串小的碰撞，碰撞可以理解为集中于一个瞬间和一个地方的摩擦。摩擦是慢性的碰撞，碰撞是激烈的摩擦。在这里消失了的机械运动是作为机械运动而消失的。它决不能立即自行恢复原状。这个过程不是直接地可逆的。这种运动转化为质上不同的各种运动形式，转化为热，转化为电——转化为分子运动的各种形式。

所以，摩擦和碰撞引起从物体运动（力学的对象）向分子运动（物理学的对象）的转化。①

现在我们知道，摩擦和碰撞是动能借以转换为分子能，即转换为热的两种形式。因此，每当发生摩擦时，作为动能的动能就失去了，而且不是作为动力学意义上的位能，而是在热这种特定形式中作为分子运动重新出现。所以，由于摩擦而失去的动能，首先从所考虑的系统的动力学的方面来看，是真正失去。只在它以后从热的形式反过来转化为动能时，它才能重新变成动力学上有效的东西。②

恩格斯同样深刻地阐明了物体的机械-位移运动也是由其他运动形式转化而来的，"也是从另一种运动中产生的，但绝不是从不动中产生的"③，例如"在太阳上发生的机械运动不过是由于热和重力发生冲突而造成的"④。人的行走之位移运动，同样是由其他运动转移而来，"我们自己身上具有使运动转移的手段，这些手段在某种限度内能够受我们的意志支配而活动起来，特别是臂上的肌肉，我们能够用它来使别的物体发生机械的位置变化，即运动，可以用它来举、持、掷、击等等，并因此得到一定的有用的效果。在这里，运动看起来是产生出来的，而不是转移过来的，于是就引起这样一个观念：仿佛力终究产生运动。肌肉力也不过是运动的转移，这

---

① 恩格斯：《自然辩证法》，于光远等译编，人民出版社1984年版，第194—195页。
② 同上书，第193页。
③ 《马克思恩格斯选集》第三卷，人民出版社1995年版，第395页。
④ 《马克思恩格斯选集》第四卷，人民出版社1995年版，第272页。

只是现在才在生理学上得到了证明。"①

恩格斯对力学中"力"的概念进行了深刻的揭示。他写道:

> 关于力的观念,如各方面所承认的(从黑格尔起到赫尔姆霍茨止),是从人的机体在其环境中的活动中借用来的。我们说肌肉的力、手臂的举重力、腿的弹跳力、肠胃的消化力、神经的感觉力、腺的分泌力等等。换句话说,为了避免说明我们的机体的某种机能所引起的变化的真实原因,我们就编造出某种虚构的原因,编造出某种和这个变化相当的所谓力。②

> 在力学中,人们把运动的原因假定为某种已知的东西,人们所关心的不是运动的起源,而只是它的作用。因此,如果有人把一种运动的原因称之为力,这一点也不会伤害力学之为力学;但是人们习惯于把这个名称也借用到物理学、化学和生物学里面去,这样一来混乱就不可避免了。③

> 一切自然过程都是两方面的,它建立在至少是两个起着作用的部分的关系之上,建立在作用和反作用之上。可是,由于力这个观念起源于人的机体对外在世界的作用,以后又起源于地球上的力学,它包含的意思是:只要一部分是主动的、起作用的,而另一部分是被动的、接受作用的;这样一来,它就把直到现在未能证实的关于两性间的差异推广到无生命的存在物去了。受了力的作用的第二部分的反作用,最多只表现为一种被动的作用,表现为一种阻抗。这种看问题的方法就在纯粹力学(正是在这里,所讲的只是运动的简单的转移及其量的计算)以外的许多领域中也是容许的。④

> 力。如果任何运动从一个物体转移到另一个物体,那么,只要这一运动是自己转移的,是主动的,人们就能够把它看作而它也显现为运动的原因,只要这一个运动是被转移的,被动的;于是人们就能够把这个原因、这一主动的运动看作力,它也显现为力,而把这一被动的运动看作为而它也显现为力的表现。根据运动不灭定律,从这里自然而然地就得出结论,力与它的表现是恰恰同样大的,因为在力和它的表现当中都是同一个运动。但是,自己转移的运动或多或少在量上是可

---

① 恩格斯:《自然辩证法》,于光远等译编,人民出版社 1984 年版,第 264 页。
② 同上书,第 135 页。
③ 同上书,第 141 页。
④ 同上书,第 137 页。

以规定的,因为它出现在两个物体上,而这两个物体中间的一个,能够作量度单位去量度另一个物体上的运动。运动的可量度性使力这个范畴具有它的价值,否则它就没有什么价值了。因此,运动愈是可以量度,力和力的表现这些范畴对考察来说就愈有用。因此,这些范畴在力学中特别有用,在那里,人们还把力进一步的分解,把它看作复合的东西,从而时常得到新的结果,可是,人们不要忘记,这不过是头脑中的运算罢了;如果人们把力的平行四边形中所表示的真正的合力的类比应用到真正简单的力上,那么这些简单的力并不因此就变为真正的合力。在静力学中也是如此。其次,在其他运动形式(热、电、吸铁时的)转变为机械运动形式时也是如此;在这里,原来的运动可以用产生出来的机械效果来量度。但是就在这里,在各种不同的运动形式同时被考察时,“力”这个范畴或简语的局限性已经暴露出来了。没有一个正式的物理学家再把电、磁、热简单地称为力,正如他不再把它们称为物质或无重之物一样。……把热看作一种运动形式,这是物理学上最近的进步,而且这样一来,力这一范畴就在这里被扬弃了:从某些观点来看——从转移的观点来看——它们能够显现为力,并因而可以量度了。例如,热可以用受热的物体的膨胀程度来量。……人们简单地说:热使物体膨胀;然而如果说:热具有使物体膨胀的力,这只不过是一种单纯的同义反复,而如果说:热是使物体膨胀的力,那就和实际不符合了,因为:(1)用别种方法也可以产生膨胀,例如在气体中,(2)这样并没有把热穷尽无遗地表达出来。①

物体的机械-位移运动是通过时空关系表现出来的;恩格斯不仅阐明了“一切存在的基本形式是空间和时间,时间以外的存在像空间以外的存在一样,是非常荒诞的事情”②,而且明确指出:时间空间与物质和运动这样的名词一样,“无非是简称,我们就用这种简称把感官可感知的许多不同的事物依照其共同的属性概括起来”,“物质的这两种存在形式离开了物质当然都是无,都是仅仅存在于我们头脑之中的空洞的观念、抽象。”③把这样的时空观与辩证唯物主义运动观结合起来审视物体的机械-位移运动,必然得出:物体间的相对位置变化是第一性的,时间和空间作为对物质及

① 恩格斯:《自然辩证法》,于光远等译编,人民出版社1984年版,第261—262页。
② 《马克思恩格斯选集》第三卷,人民出版社1995年版,第392页。
③ 《马克思恩格斯选集》第四卷,人民出版社1995年版,第343页。

其运动进行描述的两个基本概念是第二性的。在这样的概念逻辑系统中,根本不存在"运动何以可能"的问题,根本不存在"空间和时间的连续性"或"空间和时间的间断性与连续性的统一""是使得运动可能的条件"的说法。另外,"在机械运动中,最简单的位移就是连续和间断的对立统一"①,"机械运动就是连续性和间断性的内在统一"②——这些源自黑格尔的命题,对于辩证唯物主义哲学体系而言,也是不可转换和理解的。③

对于物体的机械–位移运动的"运动量",黑格尔说:"速度,运动的量,是和某一特定的流过的时间成比例的空间。"④而自然科学发展史上,笛卡尔最早提出"运动量"守恒(即动量守恒)的思想,用于对机械–位移运动"运动量"的表达。牛顿在《自然哲学之数学原理》一书中采纳了笛卡尔的认识,写道:"运动的量是运动的度量,可由速度和物质的量共同求出。"⑤然而,莱布尼兹看到笛卡尔的运动量度和落体定律是矛盾的,但又不能否认笛卡尔的运动量度在许多情况下是正确的,于是他把"运动的力分成了死力和活力"⑥,前者由质量和速度的乘积(mv)量度,后者由质量和速度平方的乘积(mv^2)量度。为此,引发两个学派之间围绕运动量度的论战。许多著名学者,如康德、达兰贝尔、基尔霍夫、赫姆霍茨、麦克斯韦等,都发表过相关论著。事实上,当时欧洲的许多物理学家、数学家都卷入了这场争论。一些支持笛卡尔,同意用 mv 作为运动的量度;一些支持莱布尼兹,同意用 mv^2 作为运动的量度;也有一些两者都同意,例如汤姆生和台特就是这样,他们对存在的矛盾不加解释。对此恩格斯批评他们说:"他们竟以这样非常刺眼的方式把这两个相互矛盾的运动量度并列在一起。一点也不打算解释这一矛盾,或者哪怕是把它掩饰一下。"⑦此外,还有一些对这一争论采取虚无主义的态度,达兰贝尔就是这样,他在 1743 年作了一个"最后的判决书",他宣布运动的量度是 mv,还是 mv^2 的争论"是毫无益处的咬文嚼字的争论"⑧。1880—1881 年间恩格斯写下《运动的量度。——功》一文,以辩证思维方法深入研究了这场已持续近两百年的争

---

① 肖前、李秀林、汪永祥主编:《辩证唯物主义原理》,人民出版社 1981 年版,第 201 页。
② 高清海主编:《马克思主义哲学基础》(上册),人民出版社 1985 年版,第 498 页。
③ 文兴吾:《位移运动的矛盾问题:辩证唯物主义哲学体系基础问题研究》,《学术论坛》2017 年第 6 期,第 98 页。
④ 恩格斯:《自然辩证法》,于光远等译编,人民出版社 1984 年版,第 145 页。
⑤ 伊萨克·牛顿:《自然哲学之数学原理》,王克迪译,陕西人民出版社、武汉出版社 2001 年版,第 5 页。
⑥ 恩格斯:《自然辩证法》,于光远等译编,人民出版社 1984 年版,第 174 页。
⑦ 同上书,第 179 页。
⑧ 同上书,第 175 页。

论;他写道:

> 把这场由莱布尼兹这样的人物反对笛卡尔这样的人物而引起的,而且又由康德这样的人物用他的相当大部头的处女作参预于其中的争论说成是毫无益处的咬文嚼字的争论,看起来是不行的。并且,运动有两个互相矛盾的量度,一下子是和速度成正比,一下子是和速度平方成正比,这怎样能在事实上协调起来呢?[1]

> 达兰贝尔以后的力学家们决没有接受他的判决书,因为他的最后的判决是有利于把 mv 当作运动的量度的。他们死抱住他用来表述莱布尼兹对死力和活力所作的区别的话:对于平衡,即对于静力学,mv 是有效的;对于受阻碍的运动,即对于动力学,mv^2 是有效的。这种区别虽然总的说来是正确的,但是在这种形式下,其逻辑意义无异于这种众所周知的下士的解决办法:在值班时总是说"对我",在下班后总是说"使我"。大家都默认这个区别:事情既已如此,我们就无法改变它,如果在这种双重的量度中暗含有矛盾,我们又能怎么样呢?[2]

恩格斯指出,"也许赫尔姆霍茨会帮助我们。在他的《论力的守恒》这一著作中他建议用 $mv^2/2$ 来表示活力"[3]。1847 年,赫尔姆霍茨在《论力的守恒》一书中提出用 $mv^2/2$ 取代 mv^2 来表示活力,他的理由是:欲使质量为 m 的物体升高 h,需要对物质做功,其功的量为 mgh;另一方面,如果质量为 m 的物体是作竖直上抛运动,欲使之升高 h,则物体的初速度应为 $v=(2gh)^{1/2}$,这与物体从 h 高处自由下落的末速度是相等的。从 $v=(2gh)^{1/2}$ 可得出 $gh=v^2/2$,将它代入 mgh,则得 $mgh=mv^2/2$,于是赫姆霍茨建议用 $mv^2/2$ 来表示机械运动的量度。

但是,赫姆霍茨并未理解到功与能之间的关系。他虽然也认识到用 $mv^2/2$ 来表示"活力"就使之与功的量度一样了,然而他同时又认为这一改变是没有意义的,在他看来仅仅 $mv^2/2$ 比 mv^2 在计算上方便些。恩格斯说:"这是难以置信的。赫姆霍茨在 1847 年还这样弄不清活力和功的相互关系,以致完全没有觉察到,他是怎样把活力的先前的比例量度变为它的绝对量度。而且仍然完全没有意识到,他由于自己的大胆的处理而作了多

---

① 恩格斯:《自然辩证法》,于光远等译编,人民出版社 1984 年版,第 175 页。
② 同上书,第 178 页。
③ 同上。

么重要的发现,他仅仅考虑到方便,就推荐 $mv^2/2$ 来代替 mv^2!力学家们也是为了方便的缘故才采用了 $mv^2/2$。"[①]

恩格斯从辩证唯物主义的运动观出发,从能量守恒与转化定律出发,从功能关系出发,深刻地分析了这一问题。恩格斯写道:

> 我们已经知道,活力无非是给定量的机械运动作功的能力,所以在我们看来,这一作功的能力和它实际作出的功,用力学的量度来表示一定彼此相等,这是自明之理,因此,如果 $mv^2/2$ 量度功,那末活力也一定得用 $mv^2/2$ 来量度。但这是科学上发生的情形。理论力学形成了活力这一概念,工程师的应用力学形成了功这一概念,并强迫理论家接受它。理论家们非常不习惯把思维摆在计算之上,以致多年来都没有认识到二者的相互联系,他们用 mv^2 量度其中的一个,用 $mv^2/2$ 量度另一个,最后才采用 $mv^2/2$ 作为二者的量度,但这不是因为有了理解,而是为了计算起来简单![②]

恩格斯对争论各方的基本论点、实验依据、数学推导都作了详尽的分析,并研究了由机械装置所传递和改变的运动,研究了完全弹性碰撞和非弹性碰撞,也研究了动能与势能的相互转化,以及机械能转化为热能,等等。他根据能量守恒和转化定律来分析关于机械运动的两种量度,从而看出了 mv 与 $mv^2/2$ 的区别与联系,看出了它们的应用条件,得到了那些在当时被机械观所局限的物理学家所认识不到的结论。恩格斯写道:

> 这样,我们就发现,机械运动确实有两重量度,但是也发现,每一种量度适用于某个界限十分确定的范围之内的一系列现象。如果已经存在的机械运动以保持机械运动的方式进行传送,那么它是按照质量和速度的乘积的比例进行传送的。但是,如果机械运动传送的方式是:它作为机械运动是消失掉了,而以位能、热、电等等形式重新出现,一句话,如果它转变为另一种形式的运动,那么这一新形式的运动的量就同原来运动着的质量和速度平方的乘积成正比。一句话,mv 是在机械运动中量度的机械运动;$mv^2/2$ 是在机械运动转化为一定量的其他形式的运动的能力方面来量度的机械运动。我们已经看到,这两

---

① 恩格斯:《自然辩证法》,于光远等译编,人民出版社 1984 年版,第 187 页。
② 同上书,第 187—188 页。

种量度因为是互不相同的,所以归根到底并不互相矛盾。①

恩格斯的解答,从现代科学的发展看,清楚得不再留下任何怀疑;这个重大成果,彰显了辩证唯物主义的强大力量。必须指出:当时的工程师、力学家们虽然已经在使用"功"这一概念,并能进行计算了,但他们并未对功的物理意义有深刻认识。恩格斯在分析了两种运动的量度后指出:"但是,现代力学怎样表述从机械运动到在量上与之成正比的另一种运动形式的转变呢?——它作了功,而且确实作了这么多的功。"接着恩格斯就明确指出了"功"的物理实质:"功是从量方面看出来的运动形式的变换。"②在这里,恩格斯并不是按照机械观去理解"功",并不是把"功"仅仅局限为"力和在力的方向上的位移的乘积"。事实上,各种不同物质运动形式是可以相互转化的。一种物质运动形式的变化可以分别是其他许多种物质运动形式中的任一种转化而来。例如,使一个物体温度升高 $\Delta Q = cm\Delta t$,这既可以通过机械力作功转化而来,也可以通过电流作功转化而来,等等,但无论是哪一种转化而来,都肯定作了一定数量的功 ΔA。总之,作了一定量的功,就能导致运动形式的变化。因而,恩格斯指出:"质变、形式变换是物理学上的一切功的基本条件。"③"隐含在一定量的机械运动中的作功能力,叫做这一机械运动的活力"。④

恩格斯还深刻地阐述了机械-位移运动中的相对静止的意义。恩格斯在《反杜林论》中写道:"运动应当在它的对立面即静止中找到自己的尺度,这对于我们的这位形而上学者来说当然是一道难题和一服苦药。这确实是一个明显的矛盾,而任何矛盾在杜林先生看来都是悖理。但是这毕竟是事实"⑤。例如"把 50 千克重的石头举到 10 米高,悬空而挂,使它处在自身等同的状态和静止的状况中……悬挂着的石头代表机械运动的一定的量,这个机械运动的量可以根据石头的重量及其与地面的距离确切地计量,可以通过各种方法——例如垂直落下,从斜面滚下,绕轴旋转——随意加以利用"⑥。"从辩证的观点看来,运动可以表现在它的对立面中,即表现在静止中,这根本不是什么困难。从辩证的观点看来,这全部对立,正如

①　恩格斯:《自然辩证法》,于光远等译编,人民出版社 1984 年版,第 184 页。
②　同上书,第 185 页。
③　同上书,第 186 页。
④　同上。
⑤　《马克思恩格斯选集》第三卷,人民出版社 1995 年版,第 402 页。
⑥　同上书,第 401—402 页。

我们已经看到的，都只是相对的；绝对的静止、无条件的平衡是不存在的。个别的运动趋向于平衡，总的运动又破坏平衡。因此，出现静止和平衡，这是有限制的运动的结果"①。

第二节　基于恩格斯思想及发展的辩证位移运动观重建

一、恩格斯的辩证机械-位移运动观与黑格尔的分野

恩格斯在《反杜林论》一书中，在反驳杜林"矛盾＝悖理，因而它在现实中是不可能出现的"断言时，采纳了"黑格尔位移运动矛盾表述"，写道："运动本身就是矛盾；甚至简单的机械的位移之所以能够实现，也只是因为物体在同一瞬间既在一个地方又在另一个地方，既在同一个地方又不在同一个地方。这种矛盾的连续产生和同时解决正好就是运动。"②但是，恩格斯对机械-位移运动的思想与黑格尔相去甚远：黑格尔对芝诺运动悖论兴趣盎然，恩格斯则反之；黑格尔沿袭亚里士多德的"潜能"位移运动观，恩格斯则秉持 19 世纪最新科学运动观；黑格尔认为机械-位移运动是概念矛盾运动的表现，而恩格斯认为辩证位移运动观只能通过自然科学呈现在人们面前。

1. 对芝诺运动悖论态度的巨大反差

历史上，是黑格尔最早从矛盾的观点来看待辩证位移运动，作出了"黑格尔位移运动矛盾表述"。这个命题的提出，又是与他想解答历史上著名的哲学疑难芝诺运动悖论紧密相关的。黑格尔应该看到了：康德对芝诺的"飞矢不动"论证的解答是没有自圆其说的，并且对芝诺运动悖论的许多问题都没有涉及。另一方面，在近代自然科学的发展中，霍布斯、笛卡尔否定了亚里士多德的运动概念，提出了近代科学对位移运动的表达命题；霍布斯对位移运动的定义是"不断地放弃一个位置，又取得另一个位置"③，而笛卡尔认为位移运动的日常意义就是"一个物体由此地到彼地的动作"，严格的定义则是"一个物质部分（或物体）由其紧相邻接的物体

①　《马克思恩格斯选集》第三卷，人民出版社 1995 年版，第 402 页。

②　同上书，第 462 页。

③　北京大学哲学系外国哲学史教研室编译：《十六—十八世纪西欧各国哲学》，商务印书馆 1961 年版，第 85 页。

（或我们认为是静止的物体），移近别的物体"。①这些命题是绕不过芝诺的"两分法""飞矢不动"论证的。于是黑格尔着手用自己特有的"三段论"辩证逻辑，对芝诺运动悖论进行重新解答，对辩证位移运动观进行了表达。

然而，对于芝诺运动悖论，恩格斯明显无兴趣，从未具体地谈论过。对于黑格尔的哲学史著作，马克思恩格斯都非常推崇；马克思曾说黑格尔"最早了解全部哲学史"②，恩格斯认为这是"最天才的著作之一"③。恩格斯在阅读黑格尔的哲学史讲演录时，写作了"古代人的自然观"札记；沿着黑格尔的顺序，依次摘记和议论了泰勒斯、阿那克西曼德、阿那克西米尼、毕达哥拉斯，接下来就是芝诺所在的爱利亚学派。然而恩格斯只写下了"爱利亚学派"④几个字，不曾有过任何摘记与议论。思想起来，恩格斯对其无兴趣的直接的原因是：在恩格斯的理论思维中，运动是物质的固有属性，运动不可创生也不可消失，机械-位移运动是由其他运动形式转换而来的，说运动不存在，只是痴人说梦，肯定是人的思维在哪儿出了毛病。对于恩格斯来说，"物体的属性只有在运动中才显示出来；关于不运动的物体，是没有什么可说的。"⑤

2. 黑格尔沿袭着亚里士多德的"潜能"位移运动观

（1）亚里士多德的"潜能"位移运动观

亚里士多德在《物理学》一书中对运动的定义是"潜能的事物（作为潜能者）的实现即是运动""运动是潜能事物作为能运动者的实现"⑥，对位移运动的定义是"能移动的事物之实现就是位移"⑦。亚里士多德肯定了运动的多样性，把事物的质变、增减、产生、灭亡、位移等变化都包括在"运动"范畴中。

在亚里士多德那里，运动并不是一个原初的概念，需要根据其他更基本的概念进行定义。潜在与现实便是这样的基本概念。运动必须处于"潜在"和"完全的实现"之间。当物体仅仅处于潜在时，它还没有运动；当它已经完全实现时，运动已经停止了。即是说，运动是未完成的现实化；运动和变化并不是存在来自于非存在，而只是存在方式的改变：从潜能存在过渡

---

① 笛卡尔：《哲学原理》，关文运译，商务印书馆 1958 年版，第 45—46 页。

② 《马克思恩格斯全集》(第 1 版)第 29 卷，人民出版社 1972 年版，第 529 页。

③ 《马克思恩格斯全集》(第 1 版)第 38 卷，人民出版社 1972 年版，第 203 页。

④ 恩格斯：《自然辩证法》，于光远等译编，人民出版社 1984 年版，第 38 页。

⑤ 同上书，第 147 页。

⑥ 亚里士多德：《物理学》，张竹明译，商务印书馆 1982 年版，第 69、71 页。

⑦ 同上书，第 70 页。

到现实存在。举例来说,一个受精卵变成婴儿的过程,就是一个"从潜能存在过渡到现实存在"的运动过程;婴儿的出生,就是受精卵变成婴儿的运动过程的结束。运动是能运动的物体的实现,石头是不可能变成婴儿的。他认为,空间中的位置移动,与植物的生长一样,也是一种变化;他把占据一个空间位置理解成物体的性质,因此,物体在空间中的位置移动,由一个空间位置到另一个空间位置,就是物体的性质变化——"一切变化都是由一事物变成另一事物(变化这个词就表明了这个意义:在某一事物之后出现某另一事物,也就是说,先有一事物,后又有一事物)"①。

亚里士多德把位移运动区分为两种:自然运动和受迫运动。自然运动的动力因来自于物体自身,受迫运动的动力因来自于其他物体;自然运动是基本的位移运动。他认为,地上世界的物体是由火、气、水、土四种元素构成的;每种元素在宇宙中有其天然处所(位置)。土的天然位置在宇宙中心——地球;水的天然位置在地球的表面;气的天然位置在紧接着地球表面的上方区域内;火的天然位置在大气层的顶端,靠近月球的轨道。每种元素都具有达到它原来静止的"天然位置"的趋势或意向。另一方面,在我们所能达到的物理范围内,每一种实际物质都是由土、水、气、火这四种元素构成的混合物;一个人永远不会看到纯粹的元素。一块泥土或一个石子的主要成分是土元素,其中混有少量的其他三种元素。可以料到,在盛有人们能够得到的最纯净的水的容器中,除水之外,也含有一些土的物质。水蒸发掉以后,会发现一些固体渣滓。因此,某一物体回到其天然位置的上下运动,即所谓"自然运动",完全取决于组成该物体各元素所占的比例。换言之,该物体运动的速率必定同占优势元素的数量成比例。大石块显然比小石块含有的土元素要多,因此可以预料,当我们让这两块石头自由下落,亦即进行它们的天然运动时,大石块要比小石块快得多。由此也可看到,石块下落的"自然运动"过程,包含着运动者(石块)、运动目标(天然位置)以及阶段性目标的相继获得过程(奔向天然位置的位置变化)三个组成部分。自然运动,"被理解为一个有目的的有限的过程。物体作自然运动的目便是它的自然位置,运动到达了此位置,便获得了它的形式。自然运动表现为物体由潜在地据有其自然位置到现实地据有这个位置的过程"②,是由最终目标规定着的一个个"中间形式"交替构成的序列。"亚里

---

① 亚里士多德:《物理学》,张竹明译,商务印书馆 1982 年版,第 141 页。
② 宋斌:《亚里士多德物理学中的"原因"和"运动"概念——从库恩的观点看》,《现代哲学》2008 年第 5 期,第 85 页。

士多德运动定义的范例,恰恰是构成事物本性的自然运动,而不是有悖自然的强迫运动。因此,这一定义关注的焦点自然是何以'存在于自身之中的运动本原'('自然')能够解释运动的存在性质,而不是他者外在的作用如何改变或造就了一个自然存在物的状态。"[1]"亚里士多德要用自然位置这个概念来解释自然运动。这个概念可以很恰当地与终极因的概念协调起来,自然位置就规定了自然运动的终极因,这就是通过确定运动的终点来确定运动。"[2]

(2) 近代科学的发展对亚里士多德观点的否弃

近代物理学与亚里士多德的"潜能"位移运动观最终断绝关系,是由于笛卡尔的工作。笛卡尔否定了亚里士多德的"运动"定义,奠定了近现代物理学对"位移运动即物体之间的相对位置变化"的基本认识。

在 1628 年撰写的一部重要的早期著作《探索真理的指导原则》中,笛卡尔写道:运动,尽人皆知的事情,有人确定其定义为"运动是潜能事物作为能运动者的实现","难道听起来不像玄妙真言一般,其含义也暧昧,非人类心灵之所及? 这妙语又有谁理解呢? 何谓运动,谁还不知道么? 这岂不是等于要在藤杆上找结节么? 所以,必须指出,绝不应当用这类定义解释事物,否则,我们就掌握不了简单事物,只能去理解其复合物,而每个人按照心灵光芒的指引悉心直观的,却只应当是那些已从一切其他事物孤立出来的事物。"[3]在笛卡儿看来,亚里士多德著名的运动定义,是无法理解的昏话;它犯了一个严重的错误:试图去解释自明的东西,而对于这类东西根本不应该通过定义的方式来解释。谁都知道运动是什么,因为运动属于笛卡儿所谓的"单纯自然"。这些所谓"自然"之所以被称为"单纯",就是因为我们对它们的"思"是如此清楚分明,心智不可能将它们分解成可以更分明地知道的东西。对于这些"单纯自然"来说,笛卡儿认为,我们不需要费什么工夫就能认识,因为它们足够自明。如果给这些"单纯自然"下定义,是在本应把握单纯东西的地方,却抓住了复合的东西。其实只要凭借心灵之光的直观就可以把握这种单纯的东西。[4]在《世界(论光和论人)》中,笛卡尔还写道:

他们所说的运动与我所想象的运动是大不相同的,因为很容易发

---

[1]　李猛:《亚里士多德的运动定义:一个存在的解释》,《世界哲学》2011 年第 2 期,第 198 页。

[2]　黄敏:《经典力学革命中的概念图式变化》,《现代哲学》2008 年第 5 期,第 76 页。

[3]　笛卡尔:《探求真理的指导原则》,管震湖译,商务印书馆 1991 年版,第 65 页。

[4]　李猛:《亚里士多德的运动定义:一个存在的解释》,《世界哲学》2011 年第 2 期,第 156 页。

生这样的情况:在一个观点中是正确的东西,在另一个观点中却是错误的。他们自己也承认,他们那种运动的性质是不易理解的。相比而言,我这里所讲的运动的性质却是易于理解的。因此,几何学学者们,那些人类中最擅长直观地想象的人们,认为运动是比他们所研究的面和线的性质还要简单和易于理解的。事实上,他们把"线"解释成一个点的运动,把"面"解释成一条线的运动。

哲学家们也提出,有许多物体不改变地方便可进行运动,如他们声称关于构造的运动、热的运动、数量的运动以及其他无数的运动。对我而言,除了比几何学学者们所研究的线更易想象的运动外,即除了使物体从一个地方到另一个地方,其间连续占据所存在的整个空间的运动外,我不知道还有别的什么运动。①

在《哲学原理》中,笛卡尔阐述了"普通含义下的运动是什么样的"和"运动的真义"。他写道:

> 所谓运动,据其通常意义而言,乃是指一个物体由此地到彼地的动作而言(我此处所谓运动乃是指位置的运动而言,因为我想不到有别种运动,因此,我觉得我们也不应该假设自然中有别的运动)。我们上边已经说过,同一事物在同时也可以说变了场所,也可以说不变场所,同样我们也可以说,一件事物在同时是被运动的,又是不被运动的。例如,一个人坐在启航的船上,他如果只注意他所离开的岸,并且把它看作是静止的,则他可以认为自己是在运动的。但是他如果只注意船本身,则他可以认为自己是不动的,因为他在船的各部分间总是保持同样的位置。再其次,我们既然惯于假设,离开动作就无运动,并且在静止中动作就停止了,因此,那样坐着的一个人,正可以说是静止的,而不当说是运动的,因为,他自己意识不到他是在运动。②

> 不过,如果我们抛开那些全无根据的(除非在普通用法中)说法,希望按照事物的真相,来了解我们对于运动一词所应该知道的内容,那么,为了要给它一个确定的本性,我们可以说,所谓运动,乃是一个物质部分(或物体)由其紧相邻接的物体(或我们认为静止的物体),移近于别的物体的意思。我所谓物体(或物质的一部分),乃是指被转移

---

① 笛卡尔:《笛卡尔文集》,江文编译,中国戏剧出版社 2008 年版,第 35 页。
② 笛卡尔:《哲学原理》,关文运译,商务印书馆 1958 年版,第 45—46 页。

的事物的全部而言——在这个全体中也许含着几个部分，它们自身有别种运动。不过我所以说运动是指那转移过程，不是指那能转移的力量或动作，目的在于表明，运动是永远在可动的事物中的，不是在能发动的事物中的。而我所以如此分别，乃是因为在我看来，我们并不习惯于把这两种东西加以十分精确的区分。此外，我还可以说，运动乃是可动的事物的一种情状，并不是一种实体，就如形相是有形相的事物的一种特性，安歇是静止事物的一种情状。①

笛卡尔对"运动"的界说，阐明了他从机械自然观出发对"运动即位移运动，位移运动即物体之间的相对位置变化"的认识。如前所述，14 世纪奥康在将质变与位置变化统一理解为运动者相继得失的状态或位置后，提出"运动的本性可以通过这样一个事实来解释，那就是：一个物体相继占据不同的位置，并且不在任何一个位置静止"②；因此，人们说："这样一幅用状态或位置相继和变换来理解运动的思想谱系，发端于奥康，奠立于笛卡尔，并随着自然科学的巨大成功塑造了当代哲学家的基本主张。"③比较奥康与笛卡尔的思想，其间重大差异是：笛卡尔在哥白尼、伽利略工作的基础上，十分强调位移运动的相对性。

伽利略在《关于托勒密和哥白尼两大世界体系的对话》一书中已经写道：

> 运动作为运动而言，并作为运动在起作用，只是对没有这种运动的物体才存在；在所有具有相等运动的物体中间，运动是不起作用的，而且看上去就仿佛不存在似的。一条船装了货物离开威尼斯，经过科孚、克里特、塞浦路斯，开往阿勒颇，情形就是如此。威尼斯、科孚、克里特等等城市始终不动，并不跟着船走，但是船上装的一袋袋、一箱箱、一捆捆货色，与这条船相对而言，从威尼斯到叙利亚的运动是不存在的，而且丝毫不改变它们之间的关系。所以如此，是因为这种运动是它们所共有的，而且全都具有同等的运动。如果从全船货物中，把一只袋子从一只箱子移开一寸，这种移动对这袋货物说来，要比全船

---

① 笛卡尔：《哲学原理》，关文运译，商务印书馆 1958 年版，第 46 页。
② 张卜天：《质的量化与运动的量化——14 世纪经院自然哲学的运动学初探》，北京大学出版社 2010 年版，第 76 页。
③ 晋世翔：《亚里士多德〈物理学〉中的运动、自然概念》，《哲学门》（总第三十辑），第十五卷第二册，北京大学出版社 2014 年版，第 213 页。

货物共同走过的两千海里行程的运动似乎更明显。……一切运动着的东西都是相对于某些不动的东西而运动的……①

笛卡尔在《哲学原理》中为了清晰地表明"位移运动即物体之间的相对位置变化"认识,分别对"外在的场所是什么""空间和场所的差异在哪里""外在的场所如何可以正确地认为是周围物体的表层"进行了深入的阐述。

对于"外在的场所是什么",他写道:

场所和空间这两个词同"占场所的物体"这个词所指示的并非真正相异,前者所指示的只是物体的体积、形相及其在其他物体中位置。因为在确定这个位置时,我们必须注意其他一些我们所认为不动的物体,而且随着我们注意不同的物体,我们可以知道,同一事物在同一时间内,又是改变又是不改变场所。例如,一只船开到海上,一个人坐在船尾,我们如果注意船的各部分,则那个人可以说是永远留在一个场所,因为他对这些部分来说,是保持其位置的。另一方面,我们如果注意两边邻近的海岸,则那个人又显得不断移动其场所,因为他是不断地远离这一岸而趋近那一岸的。此外,我们如果假设地球在运动,而且它由西往东的运动正等于船由东往西的运动,则我们又将说,船尾上那个人并没有变化其场所,因为这个场所将是被我们所想象的天际的一些不动点所决定的。但是我们如果终于相信,全宇宙中并没有真正静止的点(后面将指出这一层是可能的),我们就会因此断言,任何事物,除了在我们思想中使之固定不变外都没有恒常的位置。②

对于"空间和场所的差异在哪里",他写道:

场所一词较为明确地指示位置,很少指示体积或形相,而另一方面,我们在说到空间时,我们就想到体积或形相。因为我们常说一个物体占据了另一个物体的位置(虽然它们两个的形相或体积不一定恰恰相等),可是我们并不因此就承认一个物体和另一个物体占着同一的空间。在位置变化时,虽然仍有以前一样的体积和形相,我们也说

① 伽利略:《关于托勒密和哥白尼两大世界体系的对话》,周煦良等译,北京大学出版社2006年版,第82页。
② 笛卡尔:《哲学原理》,关文运译,商务印书馆1958年版,第40页。

场所有了变化。因此,当我们说一件事物是"在"一个特殊的场所中存在时,我们的意思只是说,它对一些别的物体来说占有某种确定的位置。我们如果再说,它"占"着那样一个空间或场所,则我们的意思,除了那个位置以外还说,它那种确定的体积和形相正足以使它恰好充满那段空间。①

对于"外在的场所如何可以正确地认为是周围物体的表层",他写道:

> 我们的确从来不把空间和长、宽、高三向的广袤加以区分。我们只是有时以为场所是在事物以内的,有时以为它是在事物以外的。内在的场所和空间是全无差异的,不过外在的场所可以认为是直接围绕着那个占场所的事物的表层。不过我必须声明,此处所谓表层,并不是指周围物体的任何部分而言,只是指能围绕的物体和被围绕的物体间的界限而言,而这种界限又只是一种情状。若不如此说,至少我们也是说的一般的表层,它不是或此或彼的物体的一部分,而且它只要保持同样的体积和形相,我们就总认为它是前后同一的。因为,虽然整个周围的物体和它的表层改变了,可是被围绕的那个物体,如果同别的被认为不动的事物仍保持同一的位置,我们就不能假设那个物体也因此改变了它的场所。例如,我们如果假设,一只船被川流朝一个方向冲走,同时又被风以相等的力量推向相反的一个方向,因而它对两岸的位置都没有改变。则围绕它的全部表层虽然不断地在变动,可是我们仍然承认它留在原来的场所。②

笛卡尔的这些讨论,以及对"普通含义下的运动是什么样的"和"运动的真义"的界说,为近现代物理学把握"位移运动即物体之间的相对位置变化"奠定了基础。

笛卡尔在《哲学原理》中对"运动"的界说,把进行位移运动的"动作"与位移运动进行了区分;强调了"位移运动的真义是物体之间的相对位置变化"——它不是单个物体的属性,而是由物体之间的位置关系所决定。举例来说,一个人静静地坐在岸边看另一个人在河中游泳;河水流速是 2 米/秒,游泳者的速度也是 2 米/秒,当游泳者试图逆着河水流动的方向游泳前

---

① 笛卡尔:《哲学原理》,关文运译,商务印书馆 1958 年版,第 40—41 页。
② 同上书,第 41 页。

进,足足折腾了 30 分钟,累得筋疲力尽。游泳者在 30 分钟内一直进行着"运动的动作",但他相对于河岸,与静静地坐在岸边的人一样,没有"位移运动",而处于"静止状态"。这就是笛卡尔所言,"我所以说运动是指那转移过程,不是指那能转移的力量或动作,目的在于表明,运动是永远在可动的事物中的,不是在能发动的事物中的。而我所以如此分别,乃是因为在我看来,我们并不习惯于把这两种东西加以十分精确的区分。"①

很显然,如果我们接受笛卡尔运动相对性的概念,我们就不再有任何权利说物体处于绝对的"运动"或"静止"中,而只能通过增加参照点或框架,然后根据它们才能说明提到的物体是静止还是运动。当代物理学的发展坚持着这种观念。

(3) 黑格尔对亚里士多德若干核心观点的承袭

第一,在黑格尔的思想体系中,物体的机械-位移运动是时间和空间的矛盾运动的结果;即运动"潜在于"时间与空间(概念)的差异之中。

按照黑格尔的观点,自然界是逻辑理念完成自己的外化,即自然是精神的己外存在;时间和空间是绝对精神外化为自然界的两个范畴,是纯抽象的、观念的东西。力学领域是理念在自然界发展的最初阶段,空间是己外存在的肯定形式,时间是其否定形式。空间之所以是己外存在的肯定形式,是因为在空间中一切事物依然保持持续存在,甚至界限都具有持续存在的方式;时间之所以是己外存在的否定形式,是因为在时间中各个漠不相干的持续存在自己扬弃自己,而时间正是这种持续不断的自我扬弃的存在。

如本书第三章第一节所述,黑格尔从"空间点"的矛盾分析开始,使空间过渡到时间,继之对"时间维度"进行矛盾分析,又完成时间向空间的过渡;由此认为:(1)空间过渡到时间、时间过渡到空间,空间与时间的这种统一已经是它们存在的根据,它们的统一被表现为从一物过渡到他物的运动;空间在时间中和时间在空间中的这种消逝和自我再生是一个过程,这个过程就是运动。(2)空间与时间的这种直接的统一,此处与此刻的统一,便是位置;位置是空间性的,因而无差别的个别性,并且仅仅作为空间性的此刻,作为时间,才是这样。因此,在黑格尔的理论中,现实物体的位置变化,亦即时空变化,也就是物体的机械-位移运动;或者说,物体的机械-位移运动与物体的时空变化(位置变化)是同一的。黑格尔所言"从观念性到实在性、从抽象到具体存在的过渡,即这里的从空间与时间到表现为物质

----

① 笛卡尔:《哲学原理》,关文运译,商务印书馆 1958 年版,第 46 页。

的实在性的过渡"①,是通过抽象的时空概念的相互过渡构成的"运动"与时空概念直接的统一而形成的"位置"的同一性而实现的。更具体地讲,观念性的空间与时间概念因其各自的规定性不同,而向对方过渡;这种过渡就是"运动"("运动就是:自己成为对方,扬弃自己"②);这种运动形成了"空间与时间的直接的统一"的新概念"位置"。由于"理解运动即是在概念的形式内表达它的本质"③,于是,现实物体的机械-位移运动就是"空间与时间的直接的统一",即物体的位置变化。

以上说明了:从黑格尔概念的逻辑上讲,运动"潜在于"时间与空间规定的差异性中。而现实的物体的机械-位移运动,"潜在于"抽象的时空概念的相互过渡构成的"运动"与时空概念直接的统一而形成的"位置"的同一性。于是:物体自身的时空变化,决定了物体自身的位置变化;物体自身的位置变化,就是现实的物体的机械-位移运动;现实的物体的机械-位移运动,即物体时空变化的"运动潜能"的实现。

第二,在黑格尔的思想体系中,物体的机械-位移运动是单个物体"自己""由此及彼"的位置变化过程。

按照亚里士多德的"潜能"位移运动观,物体的位移运动是单个物体的运动,是运动物体自身运动潜能的实现;运动的量是由单个物体的运动能力所决定。"从亚里士多德物理学的观点来看,运动是'存在于'运动物体之中、影响着运动物体并表达着它的本性的一种过程。"④"亚里士多德将运动设想为运动物体的'本性'的某种功能或表达。他将运动看成是某一位置 A 到某一位置 B 的过渡,并设想这些'位置'可以相对于宇宙的中心和周界来确定。"⑤由于伽利略、笛卡尔的工作,亚里士多德的这些观点被物理学的发展所否弃,近代物理学以及自然哲学确立了运动相对性的概念——位移运动即物体之间的相对位置变化。牛顿在 1687 年出版的《自然哲学之数学原理》一书中写道:

> 绝对运动是物体由一个绝对处所迁移到另一个绝对处所;相对运动是由一个相对处所迁移到另一个相对处所。一艘航行的船中,物体的相对处所是它所占据的船的一部分,或物体在船舱中充填的那一部

---

① 黑格尔:《自然哲学》,梁志学等译,商务印书馆 1980 年版,第 57 页。
② 黑格尔:《哲学史讲演录》第一卷,贺麟、王太庆译,商务印书馆 1959 年版,第 281 页。
③ 同上书,第 286 页。
④ 亚历山大·柯瓦雷:《伽利略研究》,刘胜利译,北京大学出版社 2008 年版,第 189 页。
⑤ 同上书,第 195 页。

分,它与船共同运动:所谓相对静止,就是物体滞留在船或船舱的同一部分处。但实际上,绝对静止应是物体滞留在不动空间的同一部分处,船、船舱以及它携带的物品都已相对于它作了运动。所以,如果地球真的静止,那个相对于船静止的物体,将以等于船相对于地球的速度真实而绝对地运动。但如果地球也在运动,物体真正的绝对运动应当一部分是地球在不动空间中的运动,另一部分是船在地球上的运动;如果物体也相对于船运动,它的真实运动将部分来自地球在不动空间中的真实运动,部分来自船在地球上的相对运动,以及该物体相对于船的运动。这些相对运动决定物体在地球上的相对运动。例如,船所处的地球的那一部分,真实地向东运动,速度为 10 010 等分,而船则在强风中扬帆向西航行,速度为 10 等分,水手在船上以 1 等分速度向东走,则水手在不动空间中实际上是向东运动,速度为 10 001 等分,而他相对于地球的运动则是向西,速度为 9 等分。①

康德在 1786 年出版《自然科学的形而上学初始根据》一书中写道:"一切是经验之对象的运动,都仅仅是相对的;运动在其中被知觉到的空间,是一个相对的空间","一个事物的运动就是该事物与一个已知空间的外部关系的改变";"惟有对一个运动的、亦即物理学的点人们才能说:运动在任何时候都是地点的改变。"②

黑格尔显然没有重视科学和哲学在物体的机械-位移运动研究方面已经取得的成就,仍然用亚里士多德的观点来思考物体的机械-位移运动;把物体的机械-位移运动理解为单个物体"自己""由此及彼"的位置变化过程。在《逻辑学》一书中,黑格尔写道,"矛盾……是一切自己运动的根本,而自己运动不过就是矛盾的表现。外在的感性运动是矛盾的直接实有。某物之所以运动,不仅因为它在这个'此刻'在这里,在那个'此刻'在那里,而且因为它在同一个'此刻'在这里又不在这里,因为它在同一个'这里'同时又有又非有。"在《自然哲学》一书中,黑格尔写道:"运动,只能理解为这样:空间和时间在自身都是连续的,自己运动的物体同时在同一个地点又不在同一个地点,即同时在另一个地点,同样,同一个时间点同时存在又不

① 伊萨克·牛顿:《自然哲学之数学原理》,王克迪译,陕西人民出版社、武汉出版社 2001 年版,第 11—12 页。
② 《康德自然哲学文集》(注释版)上卷,李秋零译注,中国人民大学出版社 2016 年版,第 284、285、286 页。

存在,即同时是另一个时间点。"①"位置是空间性的,因而无差别的个别性,并且仅仅作为空间性的此刻,作为时间,才是这样。因此,位置作为这样的个别性,就直接对自身漠不相关,对自身是外在的,是其自身的否定,并且构成另一个位置。"②

第三,黑格尔对待物体的机械-位移运动,仍然像亚里士多德那样,仅仅从位置变化去把握,而不将位置变化与"运动量""瞬时运动"等相结合。

在亚里士多德那里,位移运动就是位置变化的实现,速度是位移与时间的比例,因此只有平均速度而没有瞬时速度。在牛顿那里,瞬时运动变成初始的具有独立的物理意义的东西,成为构成运动的起点,运动被理解成瞬时运动的叠加;瞬时运动被看成是构成运动的基本要素。在亚里士多德力学中,力被用来解释位置变化,而在牛顿力学中,力被用来解释瞬时速度的变化,也就是说,解释加速度。牛顿第二运动定律(公理)的内容是:作用于一个物体上的力,等于物体的质量乘以物体运动的加速度。当力已知时,这条定律就成了关于加速度即关于速度对时间变化率的命题。这个定律"的确暗中假定可以无限地细分空间范围和时间间隔,以致于与之相联系的数量小到可以趋近于零。牛顿公理也假定了质点所具有的速度和加速度是质点在所涉及的时间间隔趋近于零的极限情况的速度和加速度。简单地说,这些公理假定了质点的瞬时速度和瞬时加速度。"③牛顿的《自然哲学之数学原理》开篇的第二个"定义"是:"运动的量是运动的度量,可由速度和物质的量共同求出。"④

黑格尔像亚里士多德那样,仅仅从位置变化去把握,而不将位置变化与"运动量""瞬时运动"等相结合。在《自然哲学》一书中,他写道:"运动恰恰在于:在一个位置同时又在另一个位置,同样也可以说不在另一个位置,而只是在这个位置。"在《哲学史讲演录》中,他写道:"当我们一般地说到运动时,我们总是这样说:物体在这一个地点,然后走向另一个地点。由于它在运动,它已不复在第一个地点,但是也还不在第二个地点;如果它在两个地点中的一个地点,则它就是静止的。人们说,它是介于两个地点之间,但这并没有说明什么;因为介于两个地点之间它还是在一个地点,因此这里

---

① 黑格尔:《自然哲学》,梁志学等译,商务印书馆 1980 年版,第 183 页。

② 同上书,第 56 页。

③ 欧内斯特·内格尔:《科学的结构——科学说明的逻辑问题》,徐向东译,上海译文出版社 2002 年版,第 190 页。

④ 伊萨克·牛顿:《自然哲学之数学原理》,王克迪译,陕西人民出版社、武汉出版社 2001 年版,第 5 页。

还是存在着同样的困难。但运动的意思是说:在这个地点而同时又不在这个地点;这就是空间和时间的连续性,——并且这才是使得运动可能的条件。"①然而,如本书第二章所述,康德在 1786 年出版的《自然科学的形而上学初始根据》一书中,在对"飞矢不动"问题的研究中,就已经把位置变化与"运动量""瞬时运动"等相结合,他指出:"对于任何被给予的速度来说,没有任何一个物体可以在其匀速运动的一个点上被设想为静止的。"②

以上讨论阐明了黑格尔的机械-位移运动观与亚里士多德的"潜能"位移运动观的承接关系,同时也表明黑格尔的机械-位移运动观在它产生之时就"缺乏先进性"。尤其要注意:黑格尔对芝诺运动悖论的解答,基本上是沿袭着亚里士多德在其《物理学》一书中提出的解答方式在进行,即通过时间或空间关系看待芝诺的论证;讨论的就是时间空间的间断性与连续性、时间空间分割的有限性与无限性,以及"地点"与"瞬间"等问题。至于亚里士多德对"位移运动"的认识与芝诺运动悖论的关系,则不曾有过深入研究。这是存在重大缺陷的;因为,如果亚里士多德对位移运动的认识本身就是不正确的,那么黑格尔对芝诺运动悖论的解答也就是建立在虚假基础上的"上层建筑"。

3. 恩格斯秉持 19 世纪最新科学运动观超越康德

如果把康德对机械-位移运动的自然哲学研究成果作为参照,那么黑格尔的工作就是从康德的工作向亚里士多德的倒退,恩格斯则是在批判继承康德工作的基础上与时俱进。康德对物体的机械-位移运动及其与时间、空间关系的理解,是得到许多物理学家的赞同的,并且对现代哲学有着巨大的影响。

康德在 1786 年出版《自然科学的形而上学初始根据》一书中写道:

> 物质就是每一个外感官对象,而且这就会是对物质的纯然形而上学的解说。而空间就会仅仅是一切外部感性直观的形式(无论这同一种形式是也属于我们称为物质的外在客体自身,还是仅仅停留在我们的感官的性状中,在这里都根本不是问题)。物质就会与这形式相对立,是在外部直观中作为感觉的一个对象的东西,因而是感性的和外部的直观的本真经验性的东西……③

---

① 黑格尔:《哲学史讲演录》第一卷,贺麟、王太庆译,商务印书馆 1959 年版,第 289 页。
② 《康德自然哲学文集》(注释版)上卷,李秋零译注,中国人民大学出版社 2016 年版,第 290 页。
③ 同上书,第 284 页。

一个应当是外部感官对象的某物,其基本规定必须是运动;因为惟有通过运动,这些感官才能受到刺激。就连知性也把物质的其余一切属于其本性的谓词追溯到运动;这样,自然科学就完全是一种要么纯粹的、要么应用的运动学说。①

原理:任何一个运动作为一个可能经验的对象,都可以任意地被看作物体在一个静止的空间中运动,或是被看作物体静止,而空间则与其相反,以同样的速度在相反的方向上运动。

附释:要对一个物体的运动形成一个经验,就要求:不仅物体,而且就连物体在其中运动的空间,都是外部经验的对象,因而都是物质的。所以一个绝对的运动,即一个与非物质性空间相关的运动,是根本不能经验的,因而对于我们也就什么也不是(即使人们愿意承认绝对空间自身是某种东西)。但在一切相对的运动中,空间本身由于被假定为物质性的,也可以再被设想为静止的或者运动的。②

物质就是运动物,这是就它作为运动物能够是经验的对象而言的。……正如一切通过感官被表象的东西一样,运动只是作为显像而被给予的。要使运动的表象成为经验,还需要通过知性来思考某物,也就是说,对于表象寓于主体之中的方式,还需要通过该表象来规定一个客体。因此,当某个物体,(因而在这里就是一个物质性的事物)就运动这个谓词而言被设想为规定了的时,运动物作为运动物就成为经验的一个对象。但现在,运动就是空间中关系的变化,所以在这里永远有两个相关物,首先,在显像中这两个相关物的一个可以和另一个一样被赋予变化,要么这一个要么那一个可以被称为运动的,因为这两种说法是等值的……③

现在,既然把某物看作静止的或者运动的那个条件在相对空间中总又是有条件的,以至于无穷,则由此可见:第一,一切运动或者静止都只能是相对的,没有一个是绝对的,也就是说,物质惟有在与物质的关系中,才能被设想为运动的或者静止的,但绝不能就无物质的纯然空间而言被设想为运动的或者静止的,因而,绝对的运动,亦即离开一个物质对另一个物质的任何关系而设想出来的运动,是绝对不可能的;第二,也正因为如此,关于相对空间中的运动或者静止,也不可能

---

① 《康德自然哲学文集》(注释版)上卷,李秋零译注,中国人民大学出版社 2016 年版,第280—281 页。
② 同上书,第291—292 页。
③ 同上书,第356 页。

有对一切现象都有效的概念，相反，我们必须设想一个空间，在其中相对空间本身可以被设想为运动的，但这个空间按其规定不再依赖于任何别的经验性空间，因而本身不再是有条件的。也就是说，必须设想一个绝对的空间，一切相对的运动都能够与之发生关系，在其中一些经验性的东西都是运动的，正因为如此，物质性东西的一些运动在它里面都只能被看作彼此相对的，看作两可交互的，但没有一个可以被视为绝对的运动和静止（因为当一方叫做运动的时，与其相关在运动的另一方却仍然被表现为完全静止的）。因此，绝对空间并非作为一个现实客体的概念，而是作为一个应当用作规则的理念。以便把它里面的一切运动都只看作相对的，才是必要的，而一切运动和静止，如果它们的显像应当被转化为一个确定的经验概念（它把一切显像统一起来）的话，就必须被归结到绝对空间上来。①

把康德的这些论述，与前面谈论的恩格斯对辩证运动观与辩证机械-位移运动观的研究相对照，不难看出两者对物质与运动关系的认识是根本一致的。

R. B. 林赛与 H. 马根脑合著的《物理学的基础》一书，在现当代物理学界、科学哲学界有着广泛的影响。林赛曾任美国声学学会主席、美国"科学协进会"副主席、美国科学院副院长等职，马根脑曾任美国科学哲学学会主席。该书写道：

> 我们同意把人类经验看作是由感官知觉和结合这些知觉的推理形成的。为了描述的方便，我们说我们的知觉是由于位置在空间里的客体所引起的。我们的感官知觉不是杂乱的混合体，而显现出有一定的秩序——这种秩序我们名之为空间。人们可以追随哲学家莱布尼兹，把空间定义为"并存的感官印象的秩序"。空间这个词由此好像是我们知觉事物分离的能力的一种符号表示。现在很明显，因为个人的感官知觉是有不同类型的，对应于每一类型就有一种特殊的空间。由此，对应于不同的感官，就有视觉、触觉、动觉、嗅觉、听觉和味觉的空间。其中前面三个似乎显然要比后面三个来得重要。一个不能并且从来不能看、不能摸、不能动的人，他的空间概念一定非常有限。当

---

① 《康德自然哲学文集》（注释版）上卷，李秋零译注，中国人民大学出版社 2016 年版，第360—361 页。

然,把空间分成几种,或许有点勉强,人们有理由可以认为空间对于每个人都是经验排列的最广义的综合。①

当一开始概念化,马上就引起新的情况,在那里个人的空间抽象成为所谓"公共"空间。……公共空间或者物理空间,是精神对于各种感官知觉形态集合的一种抽象。人们也可以把它看作是个人空间的一种理想化,在这里,为了交际的方便,补足了个人空间所缺少的不同性质。因此物理空间是均匀的、连续的、各向同性的、三维的,并且是欧几里得的。这就是物理学家用来描述他的实验操作和实验的空间,这种空间的性质在他的理论的发展中扮演了那样一个有力的角色。②

应该强调,我们这里是把这些结果看作是直接从那个对于物理对象所作的实验得来的。因此它们受着同样的不定性的支配,那些不定性是包围着一切物理实验的。尽管如此,还是可能建立起一种理论,这理论中的概念是点、线、面,等等,它们是杆子和薄片等等的抽象,并且从某些在操作上显然是合理的公理的假定,来推演出对刚性杆子和刚体量度的一切结果。这种理论就是几何学,其中有一种好像最适合实际物体实验的特殊类型,这就是欧几里得几何。我们可以用这种几何来定义一种空间,这种空间是杆子和其他量度仪器的物理空间的一种理想化。那就是我们所说的几何空间。它当然是精神的构造,它和物理空间的关系,正相同于物理理论世界(即我们所称的"物理世界")和外界的现象事件之间的关系。③

林赛与马根脑的以上论述,是对康德观点的继承与发展。并且是与恩格斯对时间空间与物质运动关系的基本认识——"时间和空间不是实体,而是人们对现实的、普遍存在的物体运动过程进行抽象得到的,并且又反过来描写或量度物体运动过程的两个基本概念;物质运动是第一性的,时间和空间作为描写或量度物体运动过程的两个基本概念是第二性的;这两个基本概念就其来自于人类思维对外部世界的抽象,它们是主观的,就其抽象对象是客观实在,它们又是客观的。"——根本一致的。

对于康德来说,空间(与时间)是使人类认识成为可能的先天直观形式。在《纯粹理性批判》一书中,康德首先对空间的先验性做了形而上学的

---

① R. B. 林赛、H. 马根脑:《物理学的基础》,许良英译,商务印书馆 1964 年版,第 76 页。
② 同上书,第 78 页。
③ 同上书,第 80 页。

四条阐明①,他写道:

　　(1) 空间不是什么从外部经验中抽引出来的经验性的概念。因为要使某些感觉与外在于我的某物发生关系(也就是与在空间中不同于我所在的另一地点中的某物发生关系),并且要使我能够把它们表象为相互外在、相互并列,因而不只是各不相同,而且是在不同的地点,这就必须已经有空间表象作基础了。因此空间表象不能从外部现象的关系中由经验借来,相反,这种外部经验本身只有通过上述表象才是可能的。

　　(2) 空间是一个作为一切外部直观之基础的必然的先天表象。对于空间不存在,我们永远不能形成一个表象,虽然我们完全可以设想在空间中找不到任何对象。因此,空间被看作是现象的可能性条件,而不是一个附属于现象的规定,而且它是一个先天的表象,必然成为外部现象的基础。

　　(3) 空间决不是关于一般事物的关系的推论的概念,或如人们所说,普遍的概念,而是一个纯直观。因为首先,我们只能表象一个惟一的空间,并且,如果我们谈到许多空间,我们也是把它们理解为同一个独一无二的空间的各部分。这些部分也不能先行于那唯一的无所不包的空间,仿佛是它的组成部分(由它们才得以复合起来唯一的空间)似的,相反,它们只有在唯一空间中才能被设想。空间本质上是唯一的,其中的杂多、因而就连一般诸多空间的普遍概念,都只是基于对它的限制。由此可见,在空间方面一切有关空间的概念都是以一个先天直观(而不是经验性的直观)为基础的。一切几何学原理也是如此,例如在一个三角形中,两边之和大于第三边,这决不是从有关线和三角形的普遍概念中,而是从直观、并且是先天直观中,以无可置疑的确定性推导出来的。

　　(4) 空间被表象为一个无限的给予的量。虽然我们必须把每一个概念都设想为一个被包含在无限数量的各种可能表象中(作为其共同性标志)、因而将这些表象都包含于其下的表象;但没有任何概念本身能够被设想为仿佛把无限数量的表象都包含于其中的。然而,空间

---

① 康德强调,"所谓阐明,我理解为将一个概念里所属的东西作出清晰的(哪怕并不是详尽的)介绍;而当这种阐明包含那把概念作为先天给予的来描述的东西时,它就是形而上学的。"(康德:《纯粹理性批判》,邓晓芒译,人民出版社2004年版,第28页)

就是这样被设想的(因为空间的所有无限的部分都是同时存在的)。所以,空间的原始表象是先天直观,而不是概念。①

康德的"形而上学阐明"的前两条意在表明人类经验并不能形成空间,空间实质上是人类认识的先天表象;后两条则把由人类理性思维中的普遍概念排除在真正的空间之外,空间本质上是先天直观的形式,有关空间的普遍概念只是先验空间的表象而已。紧接着,康德又对空间概念做了所谓"先验的阐明",指出作为空间科学的几何学是以纯粹的先天直观为本源的。最后,康德结论道:

> 我们就只有从人的立场才能谈到空间、广延的存在物等等。如果我们脱离了唯一能使我们只要有可能为对象所刺激就能获得外部直观的那个主观条件,那么空间表象就失去了任何意义。这个谓词只有当事物对我们显现、亦即当它们是感性对象时才能赋予事物。我们称之为感性的这个接受性的固定形式,是诸对象借以被直观为在我们之外的那一切关系的必然条件,而如果我们抽掉这些对象,它就是带有空间之名的一个纯直观。由于我们不能使感性的这一特殊条件成为事物的条件,而只能使之成为事物的现象的条件,所以我们很可以说:空间包括一切可能向我们外在地显现出来的事物,但不包括一切自在之物,不论这些自在之物是否能被直观到,也不论被何种主体来直观。……"一切事物都相互并存于空间里"这个命题,只有在这个限制之下,即如果这些事物被看作我们感性直观的对象,才会有效。当我在这里把这个条件加到概念去,说"一切事物,作为外部现象,都相互并存于空间里"时,那么这条规则就是普遍而无限制地有效的。所以,我们的这些阐明说明了一切能从外部作为对象呈现给我们的东西的空间的实在性(即客观有效性),但同时也说明了在那些凭借理性就它们自身来考虑、即没有顾及到我们感性之性状的事物方面的空间的观念性。所以我们主张空间(就一切可能的外部经验而言)的经验性的实在性,虽然同时又主张空间的先验的观念性,也就是只要我们抽掉一切经验的可能性这个条件,并把空间假定为某种给自在之物提供基础的东西,空间就什么也不是了。②

---

① 康德:《纯粹理性批判》,邓晓芒译,人民出版社2004年版,第28—29页。
② 同上书,第31—32页。

对于康德的上述观点,黑格尔在《自然哲学》一书中写道:"如果我们撇开康德概念中属于主观唯心论及其规定的东西,那么剩下的正确规定就在于认为空间是一种单纯的形式,即一种抽象,而且是直接外在性的抽象"①。然而,康德确实又十分清楚地说明了:空间概念不可能是从外界事物或人的实践活动中抽象出来的,因为我们在考察事物或人的实践活动的时候,就已经使用了空间概念了。

于是,"康德问题"的本质是:既然空间概念不是从外界事物或人的实践活动中抽象出来的,那么,人的空间观念及其空间概念来自什么?

历史上,黑格尔把时间和空间说成是绝对精神外化为自然界的两个范畴,空间是己外存在的肯定形式,时间是其否定形式;是对"康德问题"的虚假的解决。而列宁所言"人的实践经过亿万次的重复,在人的意识中以逻辑的式固定下来。这些式正是(而且只是)由于亿万次的重复才有着先入之见的巩固性和公理的性质"②,用于回答"康德问题"的,也是不充分的;因为列宁的这句话之于"康德问题",仍然是说空间概念是从外界事物或人的实践活动中抽象、总结出来的。只有到海德格尔、梅洛-庞蒂,"康德问题"才得到有效的解决。梅洛-庞蒂阐明了位置空间的观念本身是滞后于我们直接拥有的身体活动空间的观念,即后者对于前者具有始源性,亦即:"如果我没有身体的话,在我看来也就没有空间"③;他阐明的"现象空间"所指是:在没有形成明确的空间意识之前对空间的一种直接的体验性把握,即"现象身体或身体主体"所拥有的一种原初空间经验,这种直接体验发展出了后来作为意识的客观对象来认识的空间。

梅洛-庞蒂等人的工作揭示了人类空间概念的身体本源,展现了空间概念起源上的"人的尺度",切实阐明了"我们就只有从人的立场才能谈到空间、广延的存在物等等"④。列斐伏尔继海德格尔、梅洛-庞蒂等人之后,进一步展开了身体与社会空间的关系。列斐伏尔的空间观也是与身体理论密不可分:身体是空间性的,空间也是身体性的;身体只能在空间中展现,而空间的发生起源是身体性的活动;在身体于空间中的展示和它对空间的占有之间,具有一种直截了当的关系。列斐伏尔通过身体体验来想象空间,用身体的实践展开去体现、去构成空间。对列斐伏尔来说,地理上的空间,社会化的空间,思维与精神意义上的空间,都根源于"人的身体实践

---

① 黑格尔:《自然哲学》,梁志学等译,商务印书馆1980年版,第41页。
② 《列宁全集》(第2版)第55卷,人民出版社1990年版,第186页。
③ 莫里斯·梅洛-庞蒂:《知觉现象学》,姜志辉译,商务印书馆2001年版,第140页。
④ 康德:《纯粹理性批判》,邓晓芒译,人民出版社2004年版,第31页。

活动空间";他写道,"整个社会空间都从身体开始,不管它是如何将身体变形,以致彻底忘记了身体,也不管它是如何与身体彻底决裂,以至于要消灭身体。"①

有了海德格尔、梅洛-庞蒂、列斐伏尔等人的工作,康德的问题得以回答,列宁的说法成为有效;由此,"时间和空间人们对现实世界的物质关系以及普遍存在的物质运动过程进行抽象得到的、并且反过来用于描述和量度物质及其运动的两个基本概念"之辩证唯物主义时空观,得到丰富和发展。梅洛-庞蒂的现象空间,是从人的身体活动出发引申出的空间概念,本质上是一种实践的构造性、生成性活动,生成了"人的身体实践活动空间"。而把"人的身体实践活动空间"与外部世界的物质及其运动相关联,最终也就产生了梅洛-庞蒂的"如果我没有身体的话,在我看来也就没有空间"到亚里士多德的"如果不曾有过某种空间方面的运动,也就不会有人想到空间上去"②的"飞跃",使空间成为"描述和量度物质及其运动的基本概念"。

恩格斯与康德的继承与创新关系上,尤其需要看到的是:恩格斯作出"隐含在一定量的机械运动中的作功能力,叫做这一机械运动的活力"③的重要论断,与康德的研究有着明确的承接关系。正如恩格斯所指出,1746年康德以他的"相当大部头的处女作"④《关于活力的真正测算的思想;以及对莱布尼兹先生和其他力学家在这一有争执问题上所使用的证明的评判,包括一些主要涉及物体的力的先行性考察》⑤参与了历史上的关于机械-位移运动量的表达的争论;并且,恩格斯说康德"并没有把事情弄清楚。"⑥然而,康德把大量的注意力放在"活力"上,努力"明确无疑地说一番关于活力的学说""力图更为精确地规定这种力"⑦,始终关注着如何用力学及经验的概念逻辑对"活力"给予明晰的、无歧义的表达;是做了许多有启发意义的、探索性的工作的。

在1746年的文章中,康德指出莱布尼兹的观点是有内在矛盾的;他写道:"一个在时间流逝的条件下具有活力的物体,并不是在任何可能任意短

① Henri Lefebvre: *The Production of Space*, Trans. Donald Nicholson-Smith, Oxford: Blackwell, 1991:405.
② 亚里士多德:《物理学》,张竹明译,商务印书馆1982年版,第100页。
③ 恩格斯:《自然辩证法》,于光远等译编,人民出版社1984年版,第186页。
④ 同上书,第175页。
⑤ 《康德自然哲学文集》(注释版)上卷,李秋零译注,中国人民大学出版社2016年版,第7—154页。
⑥ 恩格斯:《自然辩证法》,于光远等译编,人民出版社1984年版,第175页。
⑦ 《康德自然哲学文集》(注释版)上卷,李秋零译注,中国人民大学出版社2016年版,第16页。

暂的时间中都拥有一种活力的;不是的,这个时间必须是确定无疑的;因为如果它更为短暂,物体就不再具有这种活力。因此,莱布尼兹关于力的测算的规律就不能成立;因为它不加区别地把一种活力赋予一般有一段长度的时间运动(这无非就是说现实地运动)的物体,这段时间可以任意地短或长。"①同时他强调:在自然界中,活力是一种客观存在。他说,"活力在自然界中的存在仅仅建立在这样的条件之上,即自然界中存在着自由的运动。"②"行星自由持久的运动,以及证明自由运动的物体仅仅按照阻力的规定而丧失自己的运动、没有这种规定就将永远维持这种运动的无数其他经验,都提供了这种保证,断定了自然界中活力的存在。"③康德通过把运动区分为"没有外力阻碍的运动"和"由外力维持的运动"两个基本类型④,并对活力和惰力进行了重新界说,提出"完全的惰力和完全的活力之间,必然还存在着无限多从前者向后者过渡的中间单位"⑤。他写道:

> 一个物体,在自身中充分的确定自己的运动,以致从它的内在努力出发就可以充分的理解,它将自由地、持久地、不受阻碍地在自身中把这运动保持到无限,这样的物体就具有一种与其速度的平方为尺度的力,或者如我们想称谓的那样,具有一种活力。与此相反,如果它的力并不是在自身中拥有保持自己的根据,而是仅仅以外部原因在场为基础,这种力就与单纯的速度成正比,也就是说,它是一种惰力。⑥
>
> 对于这样一种运动来说,不断的从外部补偿在物体中每时每刻都在消失的力是必要的,而如果物体要以这种方式作出不断的运动的话,力就永远只是一个不断的外部推动的结果。不过由此也可以清楚地看出:如果与此相反,物体的力是这样的,即它在自身包含着足够的努力,以给定的速度是始终如一地、不断从自身出发不需要外部援力保持运动,那么,这种力就必然是迥然不同的,必然也极为完善的多。⑦

说服自己相信一个在 A 点上有一种惰力的物体,在它只离开这

---

① 《康德自然哲学文集》(注释版)上卷,李秋零译注,中国人民大学出版社 2016 年版,第 31 页。
② 同上书,第 127 页。
③ 同上书,第 124—125 页。
④ 同上书,第 25 页。
⑤ 同上书,第 121 页。
⑥ 同上书,第 120 页。
⑦ 同上书,第 119 页。

个点一段难以察觉的距离后,就具有一种比惰力无限大的活力,这是不可能的。这一思想跳跃太突然了,它并不是一条使我们从这一规定过渡到另一规定的道路。①

在 1786 年的《自然科学的形而上学初始根据》一书中,康德写道:

运动学不是纯粹的运动论,而仅仅是运动的纯粹量论,在其中不根据别的属性、只根据运动性来思考物质……②

物体运动的量处于由其物质的量和其速度的量的关系组合而成的关系中……根据运动学的诸定理,不管我是将某个程度的速度赋予一个运动物,还是将给定的速度除以运动物的数量所得出的所有更小程度的速度赋予许多相同的运动物,这都是一回事。从这里首先产生出表面上是运动学关于一个运动的量的概念,即由相互外在、但毕竟结合在一个整体中的运动点的许多运动组合而成。现在,如果这些点被设想为某种通过自己的运动而具有运动力的东西,那么,从中就产生出力学关于运动的量的概念。但在运动学中,把一个运动想象为由许多彼此外在的运动组合而成的,这是不可行的,因为运动物既然在这里被想象为没有任何运动力,无论如何与同类的运动物组合都不提供运动大小的差异,除非是仅仅存在于速度中的那种大小。一个物体的运动的量与另一个物体的运动的量的比例,如果正确的理解的话,如同他们的结果的大小与整个结果的比例。那些仅仅把一个被阻抗所充实的空间的大小(例如,一个物体以某个速度抵抗重力而能够上升到的高度,或者它在柔软物质中所能够挤入到的深度)假定为整个结果的尺度的人,在现实的运动方面造成了运动力的另外一个规律,亦即由物质的量和其速度的平方的关系组合而成的关系的规律;只是他们忽略了在物体以较小的速度经过其空间的这段给定的时间中结果的大小,而毕竟唯有这个大小才能够是一个被给定的均匀阻抗所消耗掉的运动的尺度。所以,如果在力学上考察运动力,也就是把它看作物体自身运动起来时所拥有的那种力,而不管其运动速度是有限小还是无限小(仅仅是运动的努力),那么,在活力和静力之间也不可能

---

① 《康德自然哲学文集》(注释版)上卷,李秋零译注,中国人民大学出版社 2016 年版,第32 页。
② 同上书,第 299 页。

有任何区别；毋宁说，如果静力和活力这两种称呼真的还值得保留的话，那么，人们就可以更为适当得多地把完全抽掉物质自身的运动，甚至也完全抽掉运动的努力时物质用来作用于另一物质的力，亦即动力学的源始的运动力称为静力，反之把力学上、亦即通过自己的运动的运动力成为活力，而不考虑速度的区别，哪怕其程度无限地小。①

即是说，在 1746 年的"处女作"之后，历经 40 年，康德的最终认识是：从力学上考察运动力，把静力（惰力）和活力都看作物体自身运动起来时所具有的那种力；通过"不管其运动速度是有限小还是无限小"，消解了静力与活力的对立。这似乎是从另一个方面，达到了达朗贝尔的那种认识：围绕运动量度的争论是一场口舌之争。换言之，当康德确立起以"力"（运动）为基本原则的动态的物质观后，关于运动量度的争论也就是人们把思想停留于"运动学"而产生的口舌之争；从"力学"上考察运动力，在活力和静力之间就不可能有任何区别。事实上，在 1746 年的"处女作"中，康德已经有了这样的思想，即把"静止"看作是以无限小速度的"运动"，从而把"静力"看作是"无限小速度"的"运动力"。他写道："在这种状态中，物体并不运用自己拥有的力，而是拥有这种力却什么也不做。但它原本就是物体在静止时所拥有、即物体以无限小的速度所拥有的那种力的数目。"②他还指出："为了精确地知道究竟是什么规定了力的概念，我们必须以下面的方式进行。力被正确地凭借终止它并在物体中消解它的障碍来测算。由此得出，一个物体，如果在它里面没有一种在自身中保持障碍要消除的那种状态的努力，那就会根本没有力。因为如果不是这样，那么，障碍要终止的那种东西就会像是一个零。"③这样的说法，显然已经与恩格斯的"隐含在一定量的机械运动中的作功能力，叫做这一机械运动的活力"④的论断，相隔不远了。

恩格斯超越康德，主要依靠的是对自然科学进步的高度重视与深刻理解，而非单纯的辩证机巧。早在 1858 年 7 月，恩格斯在给马克思的信中就写道：如果黑格尔"他现在要写一本《自然哲学》，那么论据会从四面八方向他飞来。可是，人们对最近三十年来自然科学所取得的成就却一无所

---

① 《康德自然哲学文集》（注释版）上卷，李秋零译注，中国人民大学出版社 2016 年版，第 342 页。
② 同上书，第 118 页。
③ 同上。
④ 恩格斯：《自然辩证法》，于光远等译编，人民出版社 1984 年，第 186 页。

知"①。"会使老头子黑格尔感到很高兴的另一个结果就是物理学中各种力的相互关系,或这样一种规律:在一定条件下,机械运动,即机械力(譬如经过摩擦)转化为热,热转化为光,光转化为化学亲和力,化学亲和力转化为电(譬如在伏特电堆中),电转换为磁。这些转化也能通过其他方式来回的进行。"②如前所述,正是通过对能量守恒和转化定律的深刻理解,恩格斯不仅指出了"机械运动的活力消失"有两种形式:第一种是它转化为机械的位能,例如,通过一个重物的上升。第二种形式发生在摩擦和碰撞的情况下,机械运动的活力"转化为质上不同的各种运动形式,转化为热,转化为电——转化为分子运动的各种形式"③。而且指出了物体的机械-位移运动也是由其他运动形式转化而来的,例如"在太阳上发生的机械运动不过是由于热和重力发生冲突而造成的"④,人的行走之位移运动,同样是由其他运动转移而来,"肌肉力也不过是运动的转移,这只是现在才在生理学上得到了证明。"⑤恩格斯尤其深刻地指出:"隐含在一定量的机械运动中的作功能力,叫做这一机械运动的活力"⑥,"功是从量方面看出来的运动形式的变换。"⑦"质变、形式变换是物理学上的一切功的基本条件。"⑧回过头看,康德对于活力的研究,尽管下了大功夫,说了很多,但始终处于一种暧昧不明的状况,关键在于:他没有(也不可能有)在他之后的自然科学发展揭示出的"功能转换"概念。康德始终无法讲清楚机械运动的活力是怎样产生的(即明确一般的活力的产生机制),也无法讲清楚机械运动的活力的一般性的消失机制;他无法把"一个物体,如果在它里面没有一种在自身中保持障碍要消除的那种状态的努力,那就会根本没有力。因为如果不是这样,那么,障碍要终止的那种东西就会像是一个零"的议论,提升为"运动物体自身中存在一种消除障碍、对外作功的能力,即动能"的表述,不可能得出恩格斯给出的"隐含在一定量的机械运动中的作功能力,叫做这一机械运动的活力"的结论。事实上,康德所说的"行星自由持久的运动"⑨的

---

① 恩格斯:《自然辩证法》,于光远等译编,人民出版社 1984 年,第 327 页。

② 同上书,第 328 页。

③ 同上书,第 194—195 页。

④ 《马克思恩格斯选集》第四卷,人民出版社 1995 年,第 272 页。

⑤ 恩格斯:《自然辩证法》,于光远等译编,人民出版社 1984 年,第 264 页。

⑥ 同上书,第 186 页。

⑦ 同上书,第 185 页。

⑧ 同上书,第 186 页。

⑨ 《康德自然哲学文集》(注释版)上卷,李秋零译注,中国人民大学出版社 2016 年版,第 124 页。

活力,是由原始星云中的热能与物质之间的位能转化而来的;而抛出物体,例如子弹等"自由运动的物体仅仅按照阻力的规定而丧失自己的运动、没有这种规定就将永远维持这种运动的无数其他经验"①,都是具有动能(活力)的"自由运动的物体"克服外部阻力而对外作功的过程,在这个过程中活力丧失了而转化为热等其他运动形式了。这些问题,如前所述,在恩格斯的著作中都有很好的讨论。

二、机械-位移运动是绝对运动
与相对运动、相对静止的辩证统一

1. 物质运动是绝对运动与相对运动、相对静止的辩证统一

(1) 物质运动的绝对性

按照辩证唯物主义的观点,"世界是永恒运动着的物质世界。运动是物质不可分离的根本属性,任何物质存在形态,从微观粒子到人类社会,无不处在运动之中。物质和运动是不可分离的。物质不能脱离运动而存在;同样,运动也不能脱离物质而存在。不能设想没有物质的运动,也不能设想没有运动的物质。物质运动是绝对的、永恒的,既不能被创造,也不能被消灭,它只能从一种形式转化为另一种形式。"②这些都是关于物质运动的绝对性的议论。

辩证唯物主义认为运动是绝对的,这是相对于静止来认识运动所得出的结论。就是说,一切物体都是运动的;关于不运动的物体是没有什么可说的;绝对的静止根本不存在。一如恩格斯所说,"从最小的东西到最大的东西,从沙粒到太阳,从原生生物到人,都处于永恒的产生和消灭中,处于不断的流动中,处于不息的运动和变化中。"③"新的自然观就其基本点来说已经完备:一切僵硬的东西溶解了,一切固定的东西消散了,一切被当作永恒存在的特殊的东西变成了转瞬即逝的东西,整个自然界被证明是在永恒的流动和循环中运动着。"④

---

① 《康德自然哲学文集》(注释版)上卷,李秋零译注,中国人民大学出版社 2016 年版,第 124—125 页。
② 《马克思主义哲学》编写组:《马克思主义哲学》,高等教育出版社、人民出版社 2009 年版,第 58 页。
③ 《马克思恩格斯选集》第四卷,人民出版社 1995 年版,第 271 页。
④ 同上书,第 270 页。

（2）物质运动是绝对运动与相对运动的辩证统一

正如矛盾的普遍性寓于特殊性之中，要通过特殊性表现出来一样，运动的绝对，或绝对运动，要通过具体事物的现实存在状态表现出来，其实现形式就是相对运动与相对静止。当我们把运动与静止相比较时，我们说静止是相对的，运动是绝对的。但是，如果我们抛开与静止的关系，单纯考察运动本身的时候，运动本身也应该既是绝对的，又是相对的。

我们具体地认识运动，其实认识的都是相对运动，这是生活经验、社会实践反复告诉我们的。具体的运动总是相对的，因为它总要与具体的物质形态相联系，特定的物质形态必有特定的运动形式，从而体现出运动的有条件性；每一特定运动都有其特定条件，这才使它是这一运动，而不是别种运动，并且依一定条件向别种运动形式转化。一切个别的运动形式，一切可以从感觉上感知的运动形式，都是物质的有限的存在方式，即在一定的有限的时间和空间中存在的，因而是有条件的、暂时的、相对的运动。相对运动总是在相互比较中存在的，一个物体、事物、物质形态的运动，总是相对于另外的物体、事物、物质形态的运动而存在的。诸种运动形式的区分，如机械运动、物理运动、化学运动、生命运动、社会运动等基本运动形式的划分，就是从相对运动的角度说的；各个事物的运动，就是"处在一种或另一种上述运动形式中，或者同时处在数种上述运动形式中"①，并以这种形式而纳入绝对运动过程。无数相对运动的总和就构成了整个物质世界川流不息永恒变化的绝对运动。从总体上来说，物质的运动是无条件的、永恒的，因而是绝对的，"除永恒变化着、永恒运动着的物质以及这一物质运动和变化所依据的规律以外，再没有什么永久的东西。"②绝对运动是存在于一切个别运动之中的一般性。绝对运动范畴是相对运动的共同属性的抽象、概括。这个思想在恩格斯那里有颇多的论述，他称绝对运动为"总体运动"③"总的运动"④，称相对运动为"特殊的相对的运动"⑤"个别运动"⑥。他还明确指出："运动的转移当然只是在所有各种条件齐备的时候才会发生，这些条件常常是多种多样和复杂的"⑦。这就是说，哲学中讲的运动，

————————

① 《马克思恩格斯选集》第三卷，人民出版社 1995 年版，第 399 页。

② 恩格斯：《自然辩证法》，于光远等译编，人民出版社 1984 年版，第 23 页。

③ 《马克思恩格斯选集》第四卷，人民出版社 1995 年版，第 363 页。

④ 《马克思恩格斯选集》第三卷，人民出版社 1995 年版，第 402 页。

⑤ 《马克思恩格斯选集》第四卷，人民出版社 1995 年版，第 363 页。

⑥ 《马克思恩格斯选集》第三卷，人民出版社 1995 年版，第 402 页。

⑦ 恩格斯：《自然辩证法》，于光远等译编，人民出版社 1984 年版，第 264 页。

本来应该有两个层次:绝对运动与相对运动。①

综上所述,物质的运动是绝对的,但它这种绝对性存在于相对运动之中,并且通过相对运动表现出来。运动是相对性与绝对性的统一。没有离开相对运动的绝对运动,也没有不具有绝对性的相对运动。

(3) 物质运动是绝对运动与相对静止的辩证统一

辩证唯物主义在坚持运动绝对性的前提下,又肯定相对静止的存在。"相对静止有两种表现形式:一是事物在它发展的一定阶段和一定时期,具有质的稳定性,在这个阶段和这个时期,它的性质基本不变。一是在特定条件下事物之间的相互关系没有发生变化,如物体之间的空间关系、人们之间的社会关系未发生变化。但这种性质、相互关系的未发生变化,只是相对于特定条件而言的,静止只能是事物运动的一种特殊表现形态。总之,运动是绝对的,静止是相对的。承认绝对的静止,就无法解释运动的产生,就必定要设想一个'不动的原动者'之类作为原动力,从而陷入神秘主义。"②

绝对运动和相对静止的关系是辩证的,也是对立的统一。在相对静止中有绝对运动的一面,处于绝对运动中的任何事物都有其相对静止的一面。

第一,运动和静止对立双方是相互依赖的,不了解静止,就不能了解运动。要真正理解物质的永恒的绝对的运动,就不能不理解相对的静止。恩格斯指出,"从辩证的观点看来,运动可以表现在它的对立面中,即表现在静止中","运动应当在它的对立面即静止中找到自己的尺度"③。我们谈论任何一个事物的任何一种形式的运动,其基本前提是,这个事物仍然是这个事物,这种运动形式仍然是这种运动形式,就是说它是处于某种相对静止的状态之中,否则,那它也就不再是这个事物或这种形式的运动。离开相对静止来谈论运动,我们就不知道这个运动究竟是什么事或什么形式的运动,运动也就无法获得自己的规定和找到衡量它的尺度。任何事物的相对稳定、相对静止的现状都是它过去的运动所造成的,并且是它将来运动的出发点。只有了解了事物的相对稳定、相对静止的现状,才可能清楚地了解它过去的运动,预测它将来可能发生的运动。

① 蔡伯元:《矛盾理论的改造与运动观的疏通》,《上海社会科学院学术季刊》1996年第3期,第69—70页。
② 《马克思主义哲学》编写组:《马克思主义哲学》,高等教育出版社、人民出版社2009年版,第59页。
③ 《马克思恩格斯选集》第三卷,人民出版社1995年版,第402页。

第二,不了解相对静止,就不可能理解物质的多样性。物质的多样性是从物质自身的永恒运动中产生的,又只有在物质的相对静止中才能显现出来。如果说绝对运动是形成形形色色不同的物质形态的根源,那么相对静止就是这些形形色色不同形态的物质存在的根本条件。没有相对静止,也就不可能有形形色色不同形态的物质。恩格斯指出:"物体相对静止的可能性,暂时的平衡状态的可能性,是物质分化的本质条件,因而也是生命的本质条件。"[1]事物所以表现为千千万万的不同形态,正是由于它们有相对静止和暂时平衡的状态。

第三,只有承认事物的相对静止和暂时平衡的状态,才能区别事物,才能肯定和把握千千万万事物的具体形态,才能分别对不同的事物进行具体的科学的分析和研究。否认相对静止,就会把一切具体物质形态连同它们的具体的运动形态都变成一堆变幻不定、不可捉摸的东西,就会导致相对主义和诡辩论。例如,中国的庄子说"方生方死,方死方生,方可方不可,方不可方可",他把生和死、可和不可之间的过渡和转化片面化、绝对化,完全抹杀了事物的相对稳定性和它们之间的质的差别,得出了"万物齐一"的结论。古希腊的克拉底鲁认为人不能一次踏进同一条河流,他甚至认为万物只是一阵风,因此他拒绝给事物以名称,按照他的意见,"什么也不能说"。然而,正如列宁所说,"我们始终是辩证论者,我们同诡辩论作斗争的办法,不是根本否认任何转化的可能性,而是在某一事物的环境和发展中对它进行具体分析。"[2]辩证唯物主义的观点是:物质是绝对运动的,又有相对静止,静止是运动的特殊状态,物质的存在和发展是绝对运动和相对静止的统一。

2. 机械-位移运动的相对运动与绝对运动的提出

机械-位移运动从本质上讲就是物体之间的相互位置变化,这是近现代科学发展确立起来的基本认识。然而,一旦我们更加深入地、全面地研究科学与哲学对机械-位移运动的认识成果,我们将得出"机械-位移运动是绝对运动与相对运动、相对静止的辩证统一"的结论。

在近代科学革命中,哥白尼为了解释行星的视运动,最早提出了相对运动的概念。哥白尼这一种见解,是把真实的运动与表观的运动区分开来的一种做法。在哥白尼的太阳—行星模型中,真实的运动是地球与其他几大行星在一个平面围绕着太阳作圆周运动;而在地球上看到其他几大行星

---

① 《马克思恩格斯选集》第四卷,人民出版社 1995 年版,第 363 页。

② 《列宁选集》第二卷,人民出版社 1995 年版,第 693 页。

运动的顺行、逆行或停留,是由于地球与其他几大行星的相对运动所致。

由于哥白尼的日心说颠覆了长期流传的地心说,遭到了教会势力的顽固反对。针对哥白尼学说遭到的主要责难:"既然地球在围绕太阳运动,为什么我们生活在地球上的人一点也感觉不到自己在运动?"伽利略观察与研究了各种自然现象,特别是仔细观察与研究了在平稳的船舱内的力学现象。伽利略注意到,把人关在大船的船舱里,观察桌上摆着的小球、小碗里的鱼、飞行的苍蝇,或者自己在船舱里跳跃,扔东西,不管船以何种速度前进,只要运动是匀速的,而不是忽快忽慢、忽左忽右摆动,你就无法从其中任何一个现象来确定:船是运动还是停着不动。伽利略指出:既然在船上的人无法通过在船内发生的现象来判断船是静止的还是在运动,那么,生活在地球上的人当然也就无法通过地球上发生的现象来判断地球是静止的还是在运动。这就回答了哥白尼学说的反对者对地动说的责难。伽利略的这一思想,后来被称为伽利略相对性原理,它可以概括地表述为:在惯性系内进行的任何力学实验都无法判断所在惯性系是处于静止还是匀速运动状态;或者说,在不同惯性系内,力学现象的规律是一样的。通过伽利略与笛卡尔的工作,相对运动的概念被确立起来。相对运动的相对性,既指物体的运动总是相对于其他物体而言的,也指运动与静止都是针对选定的参考物而言的。

1687年,牛顿在创立其力学体系的科学巨著《自然哲学的数学原理》中提出了本书前面已多次论及的绝对时间、绝对空间、绝对运动概念,同时也提出了相对时间、相对空间、相对运动概念。按牛顿看来,绝对空间像一个大容器,它为物体的运动提供了一个场所,物体放进去也好,取出来也好,这个空间本身并不会发生什么变化。而绝对时间像一条川流不息的河流,有事件发生也好,无事件发生也好,这条河流总是不断地、均匀地、不变地流逝着。把空间设想为物体作机械运动的容器或场所,从直观的意义来说,这是很自然的。生活经验告诉我们:容器的大小及形状,是不会受在其中运动物体之影响而变化的。如果把这个容器设想向四面八方无限地扩展,就得到了一个独立于物质之外而不受物质运动影响的绝对空间。把时间设想为一个统一的流程,也是很自然的。人们不是经常这样写道:时间像一条小河在我们身边悄悄地流逝。所以,认为时间具有独立于物质之外而不受物质运动影响的绝对性,也是很自然的。既然时间和空间都是独立的客观实在,于是物体的机械运动,也就是在时、空框架中进行的物质过程。用爱因斯坦的话来讲,"在这里,关键是:被认为是独立于那些经验到它的主体而存在的'物理实在',至少在原则上被设想为一方面是由空间和时间,另一方面又是由那些相对于空间和时间而运动着的永久存在的质点所组成。关于空间和时间的独立存在这观念,用极端的说法,可以表述如下:倘使物质消失了,空间和时间仍然会单独留下来(作为表演物理事件的一种舞台)。"①

　　牛顿的绝对时空观,从直观来说,似乎是很自然的,但仔细地进行逻辑推敲与哲学思考,就会引起不安的怀疑。首先,这种绝对空间、绝对时间概念是与伽利略的相对性原理不相容的。因为按照相对性原理是不承认绝对静止的,因此,也就不存在某种绝对静止的参考系。其次,如果真的存在着相对于绝对空间的绝对运动,那么,这种绝对运动如何被感知呢?对于第一个问题,牛顿采取了一种折中的解决办法,在绝对空间和绝对时间之外,引入了相对空间与相对时间。牛顿认为,我们所见到的物体的运动都是用这种相对空间与相对时间来量度的,它们在绝对时空背景上进行,彼此之间符合相对性原理。在他作出了绝对空间和相对空间的区分后,他还写道:

　　　　由于空间的这一部分无法看见,也不能通过感官把它与别的部分加以区分,所以我们代之以可感知的度量。由事物的位置及其到我们视为不动的物体的距离定义出所有处所,再根据物体由某些处所移向另一些处所,测出相对于这些处所的所有运动。这样,我们就以相对处所和运动取代绝对处所和运动,而且在一般情况下没有任何不便。但在哲学研究中,我们则应当从感官抽象出并且思考事物自身,把它们与单凭感知测度的表象加以区分。因为实际上藉以标志其他物体的处所和运动的静止物体,可能是不存在的。

　　　　不过我们可以由事物的属性、原因和效果把一事物与他事物的静止与运动、绝对与相对区别开来。静止的属性在于,真正静止的物体相对于另一静止物体也是静止的,因此,在遥远的恒星世界,也许更为遥远的地方,有可能存在着某些绝对静止的物体,但却不可能由我们世界中物体间相互位置知道这些物体是否保持着与遥远物体不变的位置,这意味着在我们世界中物体的位置不能确定绝对静止。

　　　　运动的属性在于,部分维持其在整体中的原有位置并参与整体的运动。转动物体的所有部分都有离开其转动轴的倾向,而向前行进的物体其力量来自所有部分的力量之和。所以,如果处于外围的物体运

---

①　《爱因斯坦文集》第一卷,许良英等编译,商务印书馆1976年版,第550页。

动了,处于其内原先相对静止的物体也将参与其运动。基于此项说明,物体真正的绝对的运动,不能由它相对于只是看起来是静止的物体发生移动来确定,因为外部的物体不仅应看起来是静止的,而且还应是真正静止的。反过来,所有包含在内的物体,除了移开它们附近的物体外,同样也参与真正的运动,即使没有这项运动,它们也不是真正的静止,只是看起来静止而已。因为周围的物体与包含在内的物体的关系,类似于一个整体靠外的部分与其靠内的部分,或者类似于果壳与果仁,但如果果壳运动了,则果仁作为整体的一部分也将运动,而它与靠近的果壳之间并无任何移动。

与上述有关的一个属性是,如果处所运动了,则处于其中的物体也与之一同运动。所以,移开其运动处所的物体,也参与了其处所的运动。基于此项说明,一切脱离运动处所的运动,都只是整体和绝对运动的一部分。每个整体运动都由移出其初始的处所的物体的运动和这个处所移出其原先位置的运动等构成,直至最终到达一不动的处所,如前面举过的航行的例子。所以,整体和绝对的运动,只能由不动的处所加以确定,正因为如此我在前文里把绝对运动与不动处所相联系,而相对运动与相对处所相联系。所以,不存在不变的处所,只是那些从无限到无限的事物除外,它们全部保持着相互间既定的不变位置,必定永远不动,因而构成不动空间。①

对于第二个问题,牛顿作了深入的分析,并引出了著名的水桶实验讨论,企图借此来判断相对于绝对空间的绝对运动。他写道:

真实与相对运动之所以不同,原因在于施于物体上使之产生运动的力。真正的运动,除非某种力作用于运动物体之上,是既不会产生也不会改变的,但相对运动在没有力作用于物体时也会产生或改变。因为,只要对与前者作比较的其他物体施加以某种力就足够了,其他物体的后退,使它们先前的相对静止或运动的关系发生改变,再者,当有力施于运动物体上时,真实的运动总是发生某种变化,而这种力却未必能使相对运动作同样变化。因为如果把相同的力同样施加在用作比较的其他物体上,相对的位置有可能得以维持,进而维持相对运

---

① 伊萨克·牛顿:《自然哲学之数学原理》,王克迪译,陕西人民出版社、武汉出版社 2001 年版,第 13—14 页。

动所需条件。因此,相对运动改变时,真实运动可维持不变,而相对运动得以维持时,真实运动却可能变化了。因此,这种关系决不包含真正的运动。

绝对运动与相对运动的效果的区别是飞离旋转运动轴的力。在纯粹的相对转动中不存在这种力,而在真正和绝对转动中,该力大小取决于运动的量。如果将一悬在长绳之上的桶不断旋转,使绳拧紧,再向桶中注满水,并使桶与水部保持平静,然后通过另一个力的突然作用,桶沿相反方向旋转,同时绳自己放松,桶作这项运动会持续一段时间。开始时,水的表面是平坦的,因为水尚未开始转动;但之后,桶通过逐渐把它的运动传递给水,将使水开始明显地旋转,一点一点地离开中间,并沿桶壁上升,形成一个凹形(我验证过),而且旋转越快,水上升得越高,直至最后与桶同时转动,达到相对静止。水的上升表明它有离开转动轴的倾向,而水的真实和绝对的转动,在此与其相对运动直接矛盾,可以知道并由这种倾向加以度量。起初,当水在桶中的相对运动最大时,它并未表现出离开轴的倾向,也未显示出旋转的趋势,未沿桶壁上升,水面保持平坦,因此水的真正旋转并未开始。但在那之后,水的相对运动减慢,水沿桶壁上升表明它企图离开转轴,这种倾向说明水的真实的转动正逐渐加快,直到它获得最大量,这时水相对于桶静止。因此,水的这种倾向并不取决于水相对于其周围物体的移动,这种移动也不能说明真实的旋转运动。任何一个旋转的物体只存在一种真实的旋转运动,它只对应于一种企图离开运动轴的力,这才是其独特而恰当的后果。但在一个完全相同的物体中的相对运动,由其与外界物体的各种关系决定,多得不可胜数,而且与其他关系一样,都缺乏真实的效果,除非它们或许参与了那惟一的真实运动。因此,按这种见解,宇宙体系是:我们的天空在恒星天层之下携带着行星一同旋转,天空中的若干部分以及行星相对于它们的天空可能的确是静止的,但却实实在在地运动着。因为它们相互间变换着位置(真正静止的物体决不如此),被裹挟在它们的天空中参与其运动,而且作为旋转整体的一部分,企图离开它们的运动轴。

正因为如此,相对的量并不是负有其名的那些量本身,而是其可感知的度量(精确的或不精确的),它通常用以代替量本身的度量。如果这些词的含义是由其用途决定的,则时间、空间、处所和运动这些词,其(可感知的)度量就能得到恰当的理解,而如果度量出的量意味着它们自身,则其表述就非同寻常,而且是纯数学的了。由此看来,有人在解释这些表示度量的量的同时,违背了本应保持准确的语言的精确性,他们混同了真实的量和与之有关的可感知的度量,这无助于减轻对数学和哲学真理的纯洁性的玷污。

要认识特定物体的真实运动,并切实地把它与表象的运动区分开,确是一件极为困难的事,因为于其中发生运动的不动空间的那一部分,无法为我们的感官所感知,不过这件事也没有彻底绝望,我们还有若干见解作指导,其一来自表象运动,它与真实运动有所差异;其一来自力,它是真实运动的原因与后果。例如:两只球由一根线连接并保持给定距离,围绕它们的公共重心旋转,则我们可以由线的张力发现球欲离开转动轴的倾向,进而可以计算出它们的转动量。如果用同等的力施加在球的两侧使其转动增加或减少,则由线的张力的增加或减少可以推知运动的增减,进而可以发现力应施加在球的什么面上才能使其运动有最大增加,即,可以知道是它的最后面,或在转动中居后的一面。而知道了这后面的一面,以及与之对应的一面,也就同样可以知道其运动方向了。这样,我们就能知道这种转动的量和方向,即使在巨大的真空中,没有供球与之作比较的外界的可感知的物体存在,也能做到。但是,如果在那个空间里有一些遥远的物体,其相互间位置保持不变,就像我们世界中的恒星一样,我们就确实无法从球在那些物体中的相对移动来判定究竟这运动属于球还是属于那些物体。但如果我们观察绳子,发现其张力正是球运动时所需要的,就能断定运动居于球,那些物体是静止的;最后,由球在物体间的运动,我们还能发现其运动的方向。①

在以上引出的两段论述中,牛顿清楚地阐明了几个重要问题。

第一,我们不能直接感知绝对空间本身;我们讲某个具体处所,总是相对于我们认为不动的某个物体而言,而物体的运动,就是根据这种处所进行计算的。可是,这样一来,人们就用相对的处所和运动来代替绝对的处所和运动了。如此这般,"在一般情况下没有任何不便。但在哲学研究中,我们则应当从感官抽象出并且思考事物自身,把它们与单凭感知测度的表象加以区分。"②

---

① 伊萨克·牛顿:《自然哲学之数学原理》,王克迪译,陕西人民出版社、武汉出版社 2001 年版,第 14—17 页。
② 同上书,第 13 页。

　　第二,如何才能区分相对运动与绝对运动呢? 他说,我们不能从我们区域中的物体的位置来决定绝对运动,因为可能没有一个真正静止的物体可以作为其他物体的处所和运动的参考,虽然在更遥远的太空某处,可能有某种绝对静止的物体存在。然而,能够把相对运动与绝对运动区分开来的是加于物体而使之运动的力。只有当力作用于某物体之上时,它的真正运动才会改变;相对运动则不同,它本身虽没有受到力的作用,只要力作用在同它相比较的其他物体之上,也会引起它的相对运动。某物体受到一定的力的作用时,其绝对运动一定会改变,其相对运动则未必会改变;因为如果把同样的力作用于同它相比较的其他物体之上,使它们的相对位置保持不变,就不会引起它的相对运动的改变。"因此,相对运动改变时,真实运动可维持不变,而相对运动得以维持时,真实运动却可能变化了。"①这就使我们有可能把相对运动与绝对运动区别开来。

　　第三,他举出"水桶实验"的例子,说明离心力能使我们区分相对运动与绝对运动。设一水桶内盛有一定的水,使其作旋转运动。开始时,桶转但桶内的水还没有跟着水桶一块旋转,水面与静止时是一样的,即是平的。这说明此时水对桶而言虽有相对运动,但它自己本身并没有运动。后来,水逐渐跟着水桶一块旋转,水就逐渐离开中心,向桶的边缘升起,形成凹面。这时水与水桶虽一块运动,处于相对静止状态,但水面却发生了变化,说明此时水本身却在运动。牛顿认为:开始时水本身的静止,后来水本身的运动,都不是相对于某个物体(比如水桶)而言的,而是相对于绝对空间而言的,所以是绝对的静止和绝对的运动。这就证明了绝对空间、绝对运动的存在。

　　按牛顿的绝对时空与相对时空理论,一切物体都在绝对空间中运动,但在具体描述物体运动的空间位置时,我们可以选择一个参考物。例如,我们描述小球相对于地面的运动,或我们描述地球相对于太阳的运动时,地面、太阳、就是参考物。当给每一个参考物赋予三个笛卡尔坐标轴时,则构成了坐标系。由于同一物体对于不同坐标系的空间坐标是不同的,因而用不同坐标系来描写同一物体的空间位置时,其空间坐标之间存在着一种变换关系。

　　容易看到,在牛顿绝对时空背景下,两个不同惯性系对同一物体运动过程描述的时空值,存在着如下的对应关系:

---

　　① 伊萨克·牛顿:《自然哲学之数学原理》,王克迪译,陕西人民出版社、武汉出版社2001年版,第15页。

$$\begin{cases} x' = x - vt \\ y' = y \\ z' = z \\ t' = t \end{cases}$$

这种对应关系,也就是伽利略变换。

由伽利略变换,可推出速度合成法则:

$$u_x' = u_x - v$$

这与我们日常生活所熟知的相对运动速度合成法则一致。

同样,容易验证:牛顿力学定律在伽利略变换下(从一个惯性坐标系变换到另一个惯性坐标系),数学形式保持不变。这种不变性,直接说明力学现象所遵循的规律对不同惯性系是相同的,不因对惯性系选择的不同而有所改变。

当人们进一步把伽利略相对性原理"在不同惯性系内,力学现象的规律是一样的",与力学规律对伽利略变换保持数学形式不变相联系,也就得出这样的认识:凡满足伽利略相对性原理的物理现象,它们所遵循的规律的数学形式,对伽利略变换是不变式。

3. 相对论的建立凸显了物理运动的相对性

19世纪末20世纪初,随着人类实践和自然科学的发展,牛顿绝对时空观的虚妄性在"新经验事实"(电磁运动)面前显现出来了,相对论由此应运而生。

在1905年发表的创建狭义相对论的《论动体的电动力学》一文中,爱因斯坦把以下两个假设作为狭义相对论的基本原理。其一是狭义相对性原理。这个原理是伽利略相对性原理(即力学相对性原理)的推广。它的内容是:物理体系的状态据以变化的定律,同描述这些状态变化时所参照的坐标系究竟是用两个在相互匀速运动着的坐标系中的哪一个并无关系。这个原理断言:在一切惯性系内,不能通过物理实验来判断该惯性系是静止还是匀速直线运动。另一个是光速不变原理。这个原理是与通常的速度合成法则不相容的。它的内容是:任何光线在"静止的"坐标系中都是以确定的速率 c 运动着,不管这道光线是由静止的还是运动的物体发射出来的。

爱因斯坦阐明了把相对性原理作为自己新理论的基础的理由。第一,可观察到的现象只同导体和磁体的相对运动有关;第二,企图证实地球相对于"光媒质"运动的实验失败。爱因斯坦指出,绝对静止这个概念,不仅在力学中,而且在电动力学中也不符合现象的特性,倒是应当认为,凡是对力学方程适用的一切坐标系,对于上述电动力学和光学定律也是一样适用。关于光速不变的假设,爱因斯坦主要是从麦克斯韦方程方面找到了根据。

上述两个原理,如果在牛顿绝对时空观的基础上来理解,它们是不相容的。因为,在牛顿绝对时空观基础上表述的相对性原理,在不同惯性系 S' 和 S 中测得的光速 c' 和 c 是不相同的,它们遵守通常的速度合成法则,即 $c'=c\pm v$,其中 v 为两坐标系的相对速度。对于这种矛盾,爱因斯坦经过长期反复思考,最后从马赫对于牛顿绝对时空的批判中受到启发,怀疑到问题可能出在绝对时间、绝对空间这些先验的观念之上。既然问题不在于每一个原理本身,而在于旧的时空观上,那么把这两个得到实验支持而又似乎矛盾的原理结合起来作为理论的基础,就有可能导出新的时空变换;利用新的时空变换,就有可能克服电磁学理论与相对性原理之间的矛盾。

在开创物理学新纪元的"论动体的电动力学"中,爱因斯坦抛弃了牛顿绝对时空观,以时空关系学说为基础,运用两个基本原理,导出了两个不同惯性系对同一物体运动过程描述的时空值所遵从的新的时空变换关系:

$$
\begin{cases}
x' = \dfrac{x - vt}{\sqrt{1 - \dfrac{v^2}{c^2}}} \\[2ex]
y' = y \\
z' = z \\
t' = \dfrac{t - \dfrac{v}{c^2}}{\sqrt{1 - \dfrac{v^2}{c^2}}}
\end{cases}
$$

这组关系式称之为洛伦兹变换。

以洛伦兹变换对牛顿方程与麦克斯韦方程进行坐标变换,麦克斯韦方程的数学形式不变,牛顿方程经过适当修改后也可以保持不变。这就是说,它们都可以满足相对性原理。这样一来,力学运动定律与电磁运动定律依据洛伦兹变换统一起来了。

在狭义相对论的建立中,在洛伦兹变换的推导中,爱因斯坦基于时空关系学说的"时钟—量杆"参照系发挥了重要作用。在《论动体的电动力学》一开始,爱因斯坦就坚持电动力学所研究的不是电磁过程对绝对时空的关系,而是"关于刚体(坐标系)、时钟和电磁过程之间的关系"①,认为"对这种情况考虑不足,就是动体电动力学目前所必须克服的那些困难的根源"②。爱因斯坦在著名论文中阐发的"凡是时间在里面起作用的我们的一切判断,总是关于同时的事件的判断"③时间观念,莱布尼兹在三百多年前、在批判牛顿绝对时空观念时就已经提出。莱布尼兹认为,时间不是什么独立于物质运动的世界流程,时间是事情发生的顺序;事件比时间更基本,时刻只是为了把某些同时发生的事件加以区别而抽象出的概念。④同样,在空间概念上,爱因斯坦的思想也与莱布尼兹的观点有密切的联系。莱布尼兹认为,空间不能像牛顿那样理解为是运动的场所或"表演物理事件的一种舞台"⑤,空间是物体的并存关系,"只是'事物'的一种性质(物理对象的邻接性)"⑥。爱因斯坦在谈论"相对论以前物理学中的空间和时间"问题时写道:"对于空间概念,下面的见解似乎是紧要的。把物体 B, C, ……加到物体 A 上去,我们能形成新的物体;这就是说我们延伸了物体 A。我们能延伸物体 A,使它同任何别的物体 X 相接触。物体 A 的一切延伸的全体,我们可称之为'物体 A 的空间'。因此,说一切物体都是在(任意选定的)物体 A 的空间里,这是正确的。在这个意义上,我们不能抽象地谈论空间,而只能谈论'属于物体 A 的空间'。"⑦我们不能简单地说"物体在空间中运动",而应该"代之以相对于在实际上可看作刚性的一个参考物体的运动"⑧。对于与空间概念密切相关的"位置"概念,莱布尼兹曾写道:"位置,或者是特殊的,这是相对于一定的物体来看;或者是普遍的,这是相对于全体来看,并且对于这全体来说,是把相对于任何一个物体的一切可能变化都计算进去的。并且如果宇宙中没有任何固定的东西,每一件东西的位置仍然可以用推理来决定的,只要有办法把一切变化都记录下来。"⑨对于莱布尼兹的这种思想,爱因斯坦通过把握参考系的意义加以了发展。⑩

依据时空关系学说,物质及其运动是第一性的,时间、空间作为描述物

① 《爱因斯坦文集》第二卷,范岱年等编译,商务印书馆 1977 年版,第 84 页。
② 同上。
③ 同上书,第 85 页。
④ G. J. 威特罗:《时间的本质》,文荆江、邝桃生译,科学出版社 1982 年版,第 70 页。
⑤ 《爱因斯坦文集》第一卷,许良英等编译,商务印书馆 1976 年版,第 550 页。
⑥ 同上书,第 501 页。
⑦ 同上书,第 158 页。
⑧ 爱因斯坦:《狭义与广义相对论浅说》,杨润殷译,上海科学技术出版社 1964 年版,第 8 页。
⑨ 莱布尼兹:《人类理智新论》,陈修斋译,商务印书馆 1982 年版,第 129 页。
⑩ 文兴吾:《相对论时空理论再认识》,《中国社会科学》1990 年第 5 期,第 30—31 页。

质及其运动现象的两个基本概念是第二性的。爱因斯坦指出，"力学的目的在于描述物体在空间中的位置如何随'时间'而改变"①；"为了能够描述某个物理过程，我们必须能够量度空间中单个质点在位置上和时间上发生的变化"②，这就需要建立参考系。而物理学中的参考系，在爱因斯坦看来，也就是"用刚体和钟建立这样一个系统（参考物体），使量杆和钟在相互地作好刚性安排的情况下可用以直接指示位置和时间"③；物理学对物质及其运动现象在"时间空间的一切确定，总是归结到对时间空间上的重合所作的测定。……我们的量度结果无非是确定我们量杆上的质点同别的质点的这种会合，确定时钟的指针、钟面标度盘上的点，以及所观察到的同一地点和同一时间发生的点事件三者的重合"④。显然，如果不对安置在坐标系中各点的一系列时钟作出进一步地规定，就不可能"把发生在不同地点的一系列事件在时间上联系起来"⑤，"就不可能把 A 处的事件同 B 处的事件在时间上进行比较"⑥；因为 A 点的时钟只能标示出运动质点在 A 处的"时间"t_A，B 点的时钟只能标示出运动质点在 B 处的"时间"t_B。为了完备地描述前后相继、接续不断的物质运动过程，就必须确定两个不同地点的公共时间的意义，否则，这种以"重合"为基础的测量就连对表征物质客体运动快慢的速度概念 $V = X_A - X_B / t_A - t_B$ 都没有意义。为了建立 A 和 B 的公共时间，爱因斯坦作出这样的规定：光信号在 $t = 0$ 时从 A 点出发，行至 B 点受到镜子的反射，在 $t = t_0$ 时返回到 A 点，那么信号到达 B 点的时刻则被定义为 $t_0/2$。这就向我们提供了使位于不同地点的诸时钟同步的做法；从而也使"光速不变"作为一个基本原理，进入了物理学。⑦由此可见，从时空关系学说的角度看，著名的"爱因斯坦的'对钟'程序——同时性的相对性产生的主要根据——具有何等的逻辑必然性"⑧。在作出上述的一系列规定后，爱因斯坦指出，"所有按照上面所说的方式安排的时钟（我们可以设想它们排列在一个个相对于坐标系静止的空间点上）的读数的全体，我们称之为属于这个所用的坐标系的时间，或者，简单

---

① 爱因斯坦：《狭义与广义相对论浅说》，杨润殷译，上海科学技术出版社 1964 年版，第 8 页。
② 《爱因斯坦文集》第二卷，范岱年等编译，商务印书馆 1977 年版，第 153 页。
③ 爱因斯坦：《狭义与广义相对论浅说》，杨润殷译，上海科学技术出版社 1964 年版，第 8 页。
④ 《爱因斯坦文集》第二卷，范岱年等编译，商务印书馆 1977 年版，第 285 页。
⑤ 同上书，第 85 页。
⑥ 同上书，第 86 页。
⑦ 同上书，第 154 页。
⑧ 文兴吾：《相对论时空理论再认识》，《中国社会科学》1990 年第 5 期，第 30 页。

地说,这个坐标系的时间"①;"在参照系 S 的时间 t,每个质点 P 在 S 中具有确定的位置,也就是说,它同一个相对于 S 静止的定点 Ⅱ 相重合,点 Ⅱ 相对于坐标系 S 的位置的全体我们称为位置。"②

爱因斯坦为建立狭义相对论提出的"时钟—量杆"参照系(坐标系)理论的形而上学意义是值得深入研究与发掘的。

第一,狭义相对论把近代物理学谈论的位移运动规定为相对于爱因斯坦构建的"时钟—量杆"参照系(坐标系)的运动,从而使近代科学对位移运动的定义"物体的位置随时间的变化"有了具体的操作意义。爱因斯坦"时钟—量杆"参照系(坐标系)理论,不仅给出了无歧义的"时间""位置"概念定义,同时也给出了被描述运动物体的"时间""位置"的操作定义,即"记录重合"——对"时间空间的一切确定,总是归结到对时间空间上的重合所作的测定。……我们的量度结果无非是确定我们量杆上的质点同别的质点的这种会合,确定时钟的指针、钟面标度盘上的点,以及所观察到的同一地点和同一时间发生的点事件三者的重合"③。因此,说"爱因斯坦也十分清楚,在用一个由无数刚性杆尺和理想钟所组成的系综来代替牛顿的绝对空间和时间时,他并没有提出一个实验室操作定义"④,是不恰当的。

第二,按照爱因斯坦为建立狭义相对论提出的"时钟—量杆"参照系(坐标系)理论,"物体的机械运动——由物体位置移动而构成的现实过程——其次序和持续由钟的指针与刻度盘上的刻度相重合所指示的数和指针移动完成的同期数来表征;其到达的位置和通过的距离由尺上的刻度以及刻度间隔来表征"⑤,由此,支持了康德的"对物体位移运动的无矛盾的表述"思想,消除了"黑格尔位移运动矛盾表述"的形而上学暧昧。

按照狭义相对论,运动的物体在某个时刻在某个地方这种"客观事件",是由"时钟的指针、钟面标度盘上的点,以及所观察到的在同一地点和同一时间发生的点事件三者的重合"⑥"唯一地"确定的。我们不能说"时钟、量尺、点事件""三者的重合"既发生又没有发生,既确定又不确定。于是,康德的"在众多的位置(地点)上同时存在,这是无论如何也不可能的"⑦论断是完全正确的,"黑格尔位移运动矛盾表述"则是错误的。

① 《爱因斯坦文集》第二卷,范岱年等编译,商务印书馆 1977 年版,第 155 页。
② 同上书,第 156 页。
③ 同上书,第 285 页。
④ 赵中立、许良英编:《纪念爱因斯坦译文集》,上海科学技术出版社 1979 年版,第 323 页。
⑤ 文兴吾:《相对论时空理论及其评价再探讨》,《哲学研究》1989 年第 12 期,第 36 页。
⑥ 《爱因斯坦文集》第二卷,范岱年等编译,商务印书馆 1977 年版,第 285 页。
⑦ 李秋零主编:《康德著作全集》第 2 卷,中国人民大学出版社 2004 年版,第 425 页。

第三,说爱因斯坦在狭义相对论中"用一个由无数刚性杆尺和理想钟所组成的系综来代替牛顿的绝对空间和时间"[1],是似是而非的。说它"是",是因为狭义相对论提出的"时钟—量杆"参照系(坐标系)确实代替了牛顿的绝对时间。说它"非",是因为狭义相对论提出的"时钟—量杆"参照系(坐标系)并没有代替牛顿的绝对空间。

狭义相对论不考虑实际物质系统引力质量的对应分布对时钟和量尺(杆)的影响,而根据伽利略—爱因斯坦相对性原理,在静止和作匀速直线运动的物质系统内,一切物理过程的进行都是相同的;由此自然可以结论:构成参考物体的时钟的节律和量尺的长短,在狭义相对论中是两个不变量(应该明确,时钟和量杆也是物质系统)。所以,爱因斯坦在刚性连接的特定的惯性参考系的时钟体系中,通过光信号使它们同步,也就构成了对牛顿的相对时间与绝对时间的"整体替代"。一方面,由于对于任何惯性参考系来说时钟的节率都是一样的,因此可以说任何惯性参考系都有着一组相同的时钟,这是各个惯性参考系共同的时间载体。另一方面,对于一个惯性参考系同步的时钟体系,对于另一个惯性系则是不是同步的,即是说,不同惯性参考系之间并没有所谓"公共时间",绝不存在牛顿所说的统一的绝对的时间流程。我们只能说,存在的只是:各个惯性参考系都用一组相同的时钟,按照相同的"对钟程序"使之同步,而这些同步的时钟,依其自身的节律,表征着特定惯性参考系的"特殊的时间"。特定惯性参考系的"特殊的时间"流程与牛顿绝对时间毫无关系。爱因斯坦指出:"为了使狭义相对论原理同光速不变原理相一致,必须放弃存在绝对的(符合于一切惯性系的)时间的假设。"[2]"每一个参考物体(坐标系)都有它本身的特殊的时间;除非我们讲出关于时间的陈述是相对于哪一个参考物体的,否则关于一个事件的时间的陈述就没有意义。"[3]由此可以说:狭义相对论以"同步时钟"表征的惯性参考系的"时间",替代或否定了牛顿的绝对时间。

但是狭义相对论提出的"时钟—量杆"参照系(坐标系)没有替代或否定牛顿的绝对空间。因为狭义相对论把物体的位移运动归结为相对于"时钟—量杆"参照系(坐标系)的运动,洛伦兹变换式是表征两个以速度 v 相对运动的等价惯性参考系(坐标系)对同一物体运动过程的时空描述值所遵从的时空变换关系,而两个以速度 v 相对运动的等价惯性参考系(坐标

① 赵中立、许良英编:《纪念爱因斯坦译文集》,上海科学技术出版社 1979 年版,第 323 页。
② 《爱因斯坦文集》第一卷,许良英等编译,商务印书馆 1976 年版,第 184 页。
③ 爱因斯坦:《狭义与广义相对论浅说》,杨润殷译,上海科学技术出版社 1964 年版,第 22 页。

系)正是以绝对空间为背景设立的——爱因斯坦明确写道:"设在'静止的'空间中有两个坐标系"①。在狭义相对论阶段,对爱因斯坦来说,考察物体的运动需要设想一个能与所有运动都发生关系的绝对空间,它自身是不动的,而所有的运动都因它而成为相对的。

第四,狭义相对论尽管没有否定牛顿的绝对空间,但是通过爱因斯坦的"时钟—量杆"参照系(坐标系),在历史上把时空关系学说引入了物理学,彰显了时空关系学说是近现代物理学的现实基础,导致了与牛顿绝对时空观根本对立的相对论时空观的产生:

> 时间不能再理解为独立于物体运动的均匀的、统一的世界流程,空间也不能再理解为物体运动的场所或者表演物体运动的舞台;时间和空间只有与具体的参考系结合起来,并用于描述或量度物体运动时才有意义。即是说,时间和空间在物理学的概念逻辑中不再具有实体的性质了,相反,只有关系的性质;它们是人们对现实世界的物质关系以及普遍存在的物体运动过程进行抽象得到的,并且反过来用于描写和量度物质关系及其物体运动过程的两个基本概念。这两个基本概念就其来自于人类思维对外部世界的抽象,它们是主观的,就其抽象对象是客观实在,它们又是客观的。这两个基本概念的物理操作对应物就是钟和量尺。物体的机械运动——由物体位置移动而构成的现实过程——其次序和持续由钟的指针与刻度盘上的刻度相重合所指示的数和指针移动完成的同期数来表征;其到达的位置和通过的距离由尺上的刻度以及刻度间隔来表征。爱因斯坦指出:"空间和时间的这种理解总是浮现在物理学家的心里,尽管他们大多数并没意识到这一点"②。在这样的时空观念之下,物体的机械运动当然不能再理解为:"一方面是由空间和时间,另一方面又是由那些相对于空间和时间而运动着的永久存在的质点所组成"③,不能再认为物体的机械运动是在时空框架中进行的物质过程,相反,物体的时空变化就是物体的机械运动,物体的时空变化既是物体机械运动的表现形式,也是物体机械运动的存在方式。④

在相对论的概念体系中,用于描述物质及其运动的持续性、次序

---

① 《爱因斯坦文集》第二卷,范岱年等编译,商务印书馆 1977 年版,第 89 页。
② 同上书,第 283 页。
③ 《爱因斯坦文集》第一卷,许良英等编译,商务印书馆 1976 年版,第 550 页。
④ 文兴吾:《相对论时空理论及其评价再探讨》,《哲学研究》1989 年第 12 期,第 36 页。

性和广延性、伸长性的时间、空间概念,是以钟和量尺作为它们的物理操作对应物;即是说相对论把原本作为时间、空间观念产物的钟和量尺,反过来看作是时间和空间这两个抽象概念的替代物,并通过这种替代将这两个抽象概念数量比。在狭义相对论处,所谓参考系,就是"用刚体和钟建立这样一个系统(参考物体),使量杆和钟在相互作好刚性安排的情况下可用以直接按指示位置和时间。"所谓物体作惯性运动,就是指物体在没有外力作用的情况下作匀速直线运动,即保持方向不变,在相同的时间间隔(由钟指针移动相同的空间间隔表征)通过相同的距离(由量尺上的刻度差相同表征)。可见,在狭义相对论的概念逻辑中,惯性定律的成立不必引用具有实体性质的绝对时间和绝对空间来保证。①

概而言之,狭义相对论的建立在历史上创立了一种崭新的相对论时空观,要旨是:时间和空间不是实体,而是用于表征物体运动的两个基本概念,这两个基本概念的物理操作对应物就是时钟与量杆。

在狭义相对论建立两年之后,爱因斯坦就提出建立广义相对论的有关思想,因为爱因斯坦对自己建立的狭义相对论并不满意。对于他来说,有两个问题使他不安。第一个是引力问题,狭义相对论对于力学、热力学和电动力学的物理规律是正确的,但是它不能解释引力问题。牛顿的引力理论是超距的,两个物体之间的引力作用在瞬间传递,即以无穷大的速度传递,这与相对论依据的场的观点和极限的光速相冲突。第二个是非惯性系问题。狭义相对论的建立揭示出一切惯性系的物理等效性,因而证明了特别优越的、具有实体性质的绝对时间和绝对空间所构成的绝对惯性系的假设是不成立的。但是,"同古典力学一样,狭义相对论在同所有其他的运动状态作比较时,保留了对某些特别优越的运动状态——惯性系的运动状态——的区分。"②但事实上却很难找到真正的惯性系,或者并不存在真正的惯性系。从逻辑上说,一切自然规律不应该局限于惯性系,必须考虑非惯性系。

1916年,爱因斯坦完成长篇论文《广义相对论的基础》,标志着广义相对论的建立。在这篇文章中,爱因斯坦首先将以前适用于惯性系的相对论称为狭义相对论,将只对于惯性系物理规律同样成立的原理称为狭义相对

---

① 文兴吾:《相对论时空理论及其评价再探讨》,《哲学研究》1989年第12期,第37页。
② 《爱因斯坦文集》第一卷,许良英等编译,商务印书馆1976年版,第185页。

性原理,并进一步扩充了相对性原理,表达了广义相对性原理。爱因斯坦写道,"物理学的定律必须具有这样的性质,它们对于以无论哪种方式运动着的参考系都是成立的。循着这条道路,我们就达到了相对论公设的扩充。"①爱因斯坦把广义相对性原理与等效原理相结合,在闵可夫斯基的"四维时空"理论基础上,运用"张量"数学工具,建立起广义相对论。

广义相对论的最终建立,揭示出自然规律对一切参考系都是等效的,"反映了独立于人们意识而客观地存在的物理规律不因人们观察用的坐标系统的改变而有所改变"②,去掉了"空间和时间最后一点物理客观性残余"③。

狭义相对论把惯性参考系看作是优越的参考系,站在惯性参考系的立场上用时空概念描写和量度物理现象,从而设定了时钟和量尺的"刚性";时钟和量尺作为物质系统用于量度其他物质系统的运动,而不受其他物质系统及其运动状态的影响。"因此,连狭义相对论也没有消除笛卡尔对'空虚空间'是独立存在的或者竟然是先验性存在的这种见解所表示的怀疑。"④因为,一是"物理状态的描述假设了空间是原来就已经给定的,而且是独立存在的。"⑤二是既然时钟和量尺的"刚性",亦即时间和空间的性质先验地存在,并且不受物质及其运动状态的影响,那么人们依然可以这样假定:如果把全部物质取走,时间和空间也依然存在。当然,这种单向因果作用也"是同科学的思维方式相矛盾的"⑥。然而,当广义相对论建立起来之后,相对论时空观在逻辑上就完备了。第一,广义相对论否定了惯性参考系的优越地位,确定了用高斯坐标系对物理事件进行时空描述,阐明了"所有的高斯坐标系对于表述普遍的自然界定律在本质上是等效的"⑦,由此,也就否定了狭义相对论为表述惯性系而设定的"静止的"空间理念。第二,时间和空间不仅是从现实的普遍存在的物体运动过程中抽象出来用于描述或量度物体运动的两个基本概念,而且时空概念的物理操作对应物也受物质及其运动的制约,时空度规性质取决于物质的分布及其运动状况。

---

① 《爱因斯坦文集》第二卷,范岱年等编译,商务印书馆 1977 年版,第 281 页。
② 周培源:《相对性原理真的没有必要的吗?》,《自然辩证法研究通讯》1963 年第 2 期,第 15 页。
③ 《爱因斯坦文集》第二卷,范岱年等编译,商务印书馆 1977 年版,第 285 页。
④ 爱因斯坦:《狭义与广义相对论浅说》,杨润殷译,上海科学技术出版社 1964 年版,第 118 页。
⑤ 同上。
⑥ 《爱因斯坦文集》第一卷,许良英等编译,商务印书馆 1976 年版,第 159 页。
⑦ 爱因斯坦:《狭义与广义相对论浅说》,杨润殷译,上海科学技术出版社 1964 年版,第 79 页。

时空度量物质及其运动,物质及其运动又决定时空度规性质,从物理学相互作用的砚点看,原因是封闭的,从哲学的观点看,时空也完全失去了先验性。①

4. 全面的认识:机械-位移运动的绝对性与相对性的辩证统一

广义相对论的建立,似乎为历史上长期存在的以相对运动否定牛顿绝对运动的争论,画上了一个完满的句号;使"一切运动都是相对运动"的认识具有了坚实的基础。然而,新的争论接踵而来。

爱因斯坦与英菲尔德在《物理学的进化》一书中写道:

> 因为运动是相对的,任何参考系都可以用,似乎没有什么理由认为一个坐标系会比另一个好些。……于是,在科学早期的托勒密和哥白尼的观点之间的激烈斗争,也就会变成毫无意义了。我们应用任何一个坐标系都一样。"太阳静止,地球在运动",或"太阳在运动,地球静止"这两句话,便只是对两个不同坐标系的两种不同习惯的说法而已。②

针对上述言论,苏联著名数学物理学家 A. Д. 亚里山大洛夫写道:

> 所有这一切之所以不正确,与其说是在哲学的意义上,不如说是直接在物理学与数学的意义上。
>
> 首先,显而易见的是:两种参考系(跟地球相关或者跟太阳相关)都可以用来描写天体的运动,而选择其中的一种系统当然是一个约定的问题。但这是老早为人们所熟知的事情,在 20 世纪里还来争论这个问题是没有任何根据的。至于托勒密观点和哥白尼观点之间的斗争,所涉及的并不是有条件的约定,而是客观的宇宙构造。在谈到参考系时出现这样的问题:跟地球或者跟太阳有关的参考系,也像惯性系那样,到底是具有同等意义呢;还是那个跟太阳有关的系统,在客观上是和那个跟地球有关的系统有所不同,因而,应该认为它特别优越;其所以如此,当然不是因为太阳比地球大这一类庸俗的想法,而是自然规律在这个系统里面表现得不相同。……众所周知,这里所谈

---

① 文兴吾:《相对论时空理论及其评价再探讨》,《哲学研究》1989 年第 12 期,第 40 页。
② 爱因斯坦、英费尔德:《物理学的进化》,周肇威译,上海科学技术出版社 1962 年版,第 155—157 页。

到的两种参考系的意义并不等同，因为在这两种系统里面，各种规律表达得不一样，而地球绕太阳旋转不但具有相对性，而且具有绝对性。这里没有可供争辩的根据，因为这个问题在广义相对论本身的范围内，以像数学般的精确性获得了解决，正像 B.A.福克所详尽地阐述过的那样。[①]

事实上，爱因斯坦与英菲尔德也明确地写道："关联于太阳的坐标系比关联与地球的坐标系更像一个惯性系。物理定律在哥白尼的坐标系中用起来比在托勒密的坐标系中要好得多。只有在物理学的观点上才能对哥白尼发现的伟大意义有所体会。它说明了用严密地连接于太阳的坐标系来描写行星的运动有很大的好处。"[②]一旦我们进一步从"康德—拉普拉斯太阳系生成模型"来思考，我们就会结论：关于地球绕太阳旋转的论点，不仅有相对的意义，还具有绝对的性质。

此外，苏联哲学家 B. 施切尔恩写道：

甚至只讨论相对运动的时候，参照系的选择也不能是任意的。说什么射击之后，炮弹静止炮身飞开，是没有意义的。这就是说不能认为运动无非是物体相互位置变化，任何物体都可以看作是静止的。应该注意，运动和位置变化具有自己的原因，这些原因根据一定的规律引起了这些运动和位置变化。这就是说，在每一个场合，包括在相对测定的场合，都应该区别哪一个在运动，哪一个"静止"，如果火车在走，我便不能说火车"静止"，而铁路路基对于火车而运动。应该说，火车对于铁路路基而运动，因为蒸汽的力量当然不能使整个地球运动。当然，这个说法也只是相对真实的，因为我们舍开了地球绕自身之轴以及绕太阳而作的运动，等等。但是这一切运动都具有自己的原因，因此我们不能说恒星绕地球而转，太阳沿黄道而运动。

随着科学之日益精确地确定和考察到运动的原因，我们便可以日益接近于认识绝对运动。从而，说运动只是相对于某种参照系而确定的，是正确的。但是，说任意的参照系都可以用，便不正确了。[③]

---

① А. Д. 亚里山大洛夫：《相对论的哲学内容和意义》，《自然辩证法研究通讯》1959 年第 4 期，第 49 页。

② 爱因斯坦、英费尔德：《物理学的进化》，周肇威译，上海科学技术出版社 1962 年版，第 155—157 页。

③ B. 施切尔恩：《关于相对论的哲学方面的问题》，《科学通报》1953 年第 3 期，第 77 页。

根据否认绝对空间的观点,可以也应该说,人们可以把两个相互变更其位置的物体中的任意一个看作是静止的。从因果观点看来,便不能说,掉下去的铅笔是"静止"的,屋子相对于铅笔而向上运动。而回到前面的例子,我们可以说,车厢中的箱子对于车厢是静止的,而对于地球、太阳、恒星等等则进行着不同的运动。但是不能说,地球、太阳、恒星等等在以箱子为基准的参照系中相对于箱子而做运动。……如果这个观察者真正认为太阳、月亮、恒星都围绕着他,以他为不动的极心,而进行着相应的运动,那他就会是一个疯子。①

历史上,柏格森 1896 年就已经写道:

笛卡尔像几何学家那样为运动定义,而他却像物理学家那样去使用运动。对几何学家来说,一切运动都是相对的;从我们的观点看,只有这一点具有意义;我们的数学符号中没有一种能够表示这样的事实:正是运动实体在运动,而不是它的参照轴或者参照点在运动。这一点非常自然,因为符号(它们总是意味着量度)只能表示距离。不过,谁都不会当真否认真实运动的存在:倘若没有真实的运动,那么,宇宙中就什么东西都不会改变,而且,最重要的是,我们对自身运动的意识就毫无意义了。在与笛卡尔的的争论中,亨利·摩尔就曾经为这最后一点描绘了一幅令人忍俊不禁的画面,他说:"当我安静地坐着的时候,另一个人走到了一千步之外,他疲惫不堪,满脸涨红。不用说,运动的是他,而静止的是我。"②

只要我们将运动应用在它经过的路径上,那么,在我们看来,同一个点或者是静止的,或者是运动的,则取决于我们为这个点选择的参照点或参照轴。不过,我们如果从运动中抽出作为其本质的运动性,那情况就完全不同了。我的眼睛给我一个运动的感觉时,这个感觉就是个现实,而有些东西在继续发生作用,无论是一个正在我眼前改变位置的对象,还是我的眼睛在这个对象前面移动。当我愿意做出一个运动的时候,我确信这个运动的真实性,才会做出这个运动;而我的肌肉感觉则使我产生了对这个运动的意识。换句话说,当运动在我体内呈现为状态或性质的变化时,我就把握了它的真实性。……由此及彼

---

① B. 施切尔恩:《关于相对论的哲学方面的问题》,《科学通报》1953 年第 3 期,第 78 页。
② 柏格森:《材料与记忆》,肖聿译,华夏出版社 1999 年版,第 174—175 页。

的过渡,同样是一种绝对真实的现象。因此,我就把握了这个链条的两端,即一端是我体内的肌肉感觉,另一端是外部材料那些可被感觉的性质,而如果说存在运动的话,那么,我在这两种情况下都看不到作为纯粹关系的运动;它是一种绝对的运动。①

后来,梅洛-庞蒂也论证道,我们身体的运动经验是绝对的,例如,当我的意志决定把手从一地方移到另一个地方时,我进行且感觉到的是实实在在的、真真切切的运动。这种运动是与参照系的选择没有任何关系的。他说:

> 不管明确的思维的要求和抉择是什么,我照样行走,我照样有运动体验,这个事实胜过一切理由,使我感知到没有同一的运动物体、没有外在的方位标和没有相对性的运动。②
>
> 如果我站着,手中紧握烟斗,那么我的手的位置不是根据我的手与我的前臂,我的前臂与我的胳膊,我的胳膊与我的躯干,我的躯干与地面形成的角度推断出来的。我以一种绝对能力知道我的烟斗的位置,并由此知道我的手的位置,我的身体的位置,就像在荒野中的原始人每时每刻都能一下子确定方位,根本不需要回忆和计算走过的路程和偏离出发点的角度。词语"这里"如果用于我的身体,则不表示相对于其他位置,或相对于外部坐标而确定的位置,而是表示初始坐标的位置,主动的身体在一个物体中的定位,身体面对其任务的处境。③

一旦重视上述言论,毫无疑问,我们只能得出这样的结论:把机械-位移运动仅仅看成是物体之间的相对位置变化是不完备的;现实世界的机械-位移运动,既具有相对性,也具有绝对性;机械-位移运动是绝对运动与相对运动和相对静止的辩证统一。

应该明确,以上结论并不关乎科学与哲学对牛顿绝对运动的否定。这里所说的绝对运动,与牛顿绝对运动有着本质的区别。牛顿的绝对运动是指相对于绝对空间的运动,而这里的绝对运动是在否认牛顿绝对空间基础上、在相对运动物体系统的相互关系中,区分为"主动的运动"与"造成的运

---

① 柏格森:《材料与记忆》,肖聿译,华夏出版社 1999 年版,第 176—177 页。
② 莫里斯·梅洛-庞蒂:《知觉现象学》,姜志辉译,商务印书馆 2001 年版,第 342 页。
③ 同上书,第 138 页。

动"，主动的运动是"发生能量转换的绝对运动"。例如，当一个人在行走时，在他那里发生着化学能转变成为机械能的"绝对运动"过程，同时又因其行走，发生着机械能对外作功、转变成脚与地面摩擦的热能的"绝对运动"过程。因此，对于亨利·摩尔描绘的画面，完备的说法是：当我安静地坐着的时候，另一个人走到了一千步之外，我与他之间存在着相对位置变化，因此存在着相对运动。他疲惫不堪，满脸涨红——在他那里发生着化学能转变成为机械能的过程，发生着机械能对外作功、转变成脚与地面摩擦的热能过程。不用说，在我与他之间的相对运动中，运动的是他，而静止的是我。

三、辩证唯物主义对机械-位移运动及其基本矛盾的新表述

在明确恩格斯的辩证机械-位移运动观与黑格尔的分野和恩格斯对机械-位移运动的系统研究成果，以及阐明了现代科学和哲学的发展揭示出机械-位移运动是绝对运动与相对静止、相对运动的辩证统一之后，我们可以给出辩证唯物主义哲学对机械-位移运动的新表述。

长期以来，坚持辩证唯物主义观点的哲学家未能对机械-位移运动给出一个经得起理性批判、相对完备的表述，除了受"黑格尔位移运动矛盾表述"的干扰之外，从知识的方面看，主要原因有两点：第一，始终未能自觉地、完整地按时空关系学说的逻辑——物体之间的相对位置变化是第一性的，时间和空间作为描述物质及其运动的两个基本概念是第二性的——来表述物体的机械-位移运动；第二，始终没有把机械-位移运动的"运动量"纳入对物体的机械-位移运动的表述之中。把两点合为一点，亦即没有真正把握住：哪些是本质的，哪些是派生的。当然，恩格斯具有给出机械-位移运动完备表述的全部知识条件，只是没有进行"组装集成"。

仅仅运用本书已提及的恩格斯的论述，我们就可以给出反映物体的机械-位移运动本质的表述。如前所述，恩格斯曾指出"单个物体的运动是不存在的"，曾写道"最简单的运动形式是位置移动（是在时间之中的——为了使老黑格尔高兴）——机械运动"[①]；把这些观点与恩格斯对时间和空间的论述——"物质的这两种存在形式离开了物质当然都是无，都是仅仅存在于我们头脑之中的空洞的观念、抽象"相统一，清楚地表明恩格斯已经深

---

① 恩格斯：《自然辩证法》，于光远等译编，人民出版社 1984 年版，第 329 页。

刻地把握:物体之间的相对位置变化是本质的、第一性的,时间和空间描述是派生的、第二性的。一经"集成"恩格斯作出的"隐含在一定量的机械运动中的作功能力,叫做这一机械运动的活力"之论断,我们也就得到完整的反映机械-位移运动本质的表述:机械-位移运动是物体之间具有作功能力(动能)的相对位置变化过程。从这种表达中我们可以得到一个陈述:"如果一个物体相对于某参照物(参考系)运动,那么存在着两个可测量的性质,其一是位置变化,其二是有作功的能力,以至于在这个参照物(参考系)看来:该物体因其运动而具有运动量为 $mv^2/2$(动能)或 mv(动量)。"在参考系确定后,如果不考虑运动物体与其他物体的相互作用,仅仅是对运动物体进行时空描述,也就回到通常的大学物理教科书对机械-位移运动的定义"物体在空间中的位置随时间的变化",亦即:物体在某一瞬间在一个地方,在接着而来的另一瞬间则在另一个地方。这种定义,现在已不再为芝诺的"飞矢不动"论证所困扰,因为在每一瞬间对应的每一地点上运动物体的"运动量"都不为零。机械-位移运动拥有对外作功的能力,这是史前人类就知道并广泛运用的事实——人们以大力投掷削尖头的木棒来刺杀野兽;然而只有到了近代科学建立后,人们才通过时空描述与力学描述将这种"对外作功的能力"数量化。[1]基于"机械-位移运动是物体之间具有作功能力(动能)的相对位置变化过程"这一反映机械-位移运动本质的表述,一切形式的芝诺运动悖论都将荡然无存。

下面,我们进一步给出辩证唯物主义哲学对机械-位移运动的基本矛盾的新表述。

在摈弃"黑格尔的位移运动矛盾表述"之后,辩证唯物主义哲学对机械-位移运动基本矛盾的重新表述,同样仅仅运用恩格斯既有的论述就可完成。

恩格斯写道:"当我们深思熟虑地考察自然界或人类历史或我们自己的精神活动的时候,首先呈现在我们眼前的,是一幅由种种联系和相互作用无穷无尽地交织起来的画面,其中没有任何东西是不动的和不变的,而是一切都在运动、变化、生成和消逝。所以,我们首先看到的是总画面,其中各个细节还或多或少地隐藏在背景中,我们注意得更多的是运动、转变和联系,而不是注意什么东西在运动、转变和联系。"[2]一旦我们要关注什

---

① 文兴吾:《康德对"飞矢不动"悖论解答的思想脉络与历史意义》,《学术论坛》2020 年第 4 期,第 7 页。
② 《马克思恩格斯选集》第三卷,人民出版社 1995 年版,第 733 页。

么东西在运动、转变和联系,"为了认识这些细节,我们不得不把它们从自然的或历史的联系中抽出来,从它们的特性、它们的特殊的原因和结果等等方面来分别地加以研究。"①对物体的机械-位移运动的关注也就是这样。一方面,"一切运动都和某种位置变动相联系,不论这是天体的、地上物体的、分子的、原子的或以太粒子的位置变动"②,另一方面,我们要对某物作机械-位移运动进行描述,就必须"把它抽取出来",首先规定它的运动是以另一个运动物体或几个虽在运动而相互间保持静止的物体群为参考,然后进行时空描述。尽管宏观低速世界的万事万物始终都在不断地进行着位置变动,但选定为参照物(参考系)的物质系统则被假定为是不动的。选定参考系后,如果被考察物体相对于参考系的位置在变化,则说明物体相对于该参考系在运动;如果物体相对于参考系的位置不变,则说明物体相对于该参考系是静止的。这一切清楚地表明:理性描述和把握物体的机械-位移运动,从一开始就设定了"矛盾",这个矛盾就是"运动物"与"参照物"的对立与统一,也是"相对运动"与"相对静止"的对立与统一。恩格斯深刻地指出:"从辩证的观点看来,运动可以表现在它的对立面中,即表现在静止中","运动应当在它的对立面即静止中找到自己的尺度"。一个作机械-位移运动的物体的运动量并不是由该物体自己决定的,而是由"运动物"与"参照物"共同决定的。有一则科普故事叫"西瓜炸弹",说的是:两人在公路上互掷西瓜,被西瓜打中的人并不会头破血流;然而一辆高速行驶的摩托车的驾驶员正巧碰上了西瓜,结果是脑袋开花,即时丧生。以地面为参考系,掷出的西瓜的运动量是不大的,而以高速行驶的摩托车为参考系,西瓜的运动量就大大增加,而且摩托车的速度越快,西瓜的运动量就越大,以至于最终成为"炸弹"。

有必要强调指出,机械-位移运动的基本矛盾是"运动物"与"参照物"的对立与统一,需要按下面的逻辑行程来理解。世间万事万物都处于相互作用的普遍联系之中,相互作用构成运动。因此,物体的机械-位移运动要么本来就已经存在,例如天体的位置移动,要么由其他运动形式转化而来,例如人的行走。而当我们要对某个物体的位置移动过程进行分析研究,进而把握它、利用它,就必须选定参照物,由此考察该物体对特定的参照物的运动。因此,当我们具体地分析研究、把握、利用某物的运动,从一开始就是在"运动物"与"参照物"的对立与统一中在进行:没有要研究的运动物,

---

① 《马克思恩格斯选集》第三卷,人民出版社 1995 年版,第 733 页。
② 《马克思恩格斯选集》第四卷,人民出版社 1995 年版,第 346 页。

也就没有必要选择参照物,而没有具体的参照物,也就没有具有运动量的具体的运动物。选定为参照物(参考系)的、本身是运动着的物质系统,被假定为是不动的,即它是相对静止的(人为地规定其是静止的,"出现静止和平衡,这是有限制的运动的结果"①);而选定为运动物的物体,是相对于特定的参照物(参考系)在展现自己的运动的,即它是相对运动的(人为地规定其是相对于特定的参照物的运动),因此,"运动物"与"参照物"的对立与统一关系,亦表现为"相对运动"与"相对静止"的对立与统一关系。

---

① 《马克思恩格斯选集》第三卷,人民出版社 1995 年版,第 402 页。

第十章　辩证唯物主义对芝诺运动悖论的新解答

第一节　芝诺运动悖论与奥林匹克运动会

基于马克思主义哲学关于人类实践的观点，可以十分肯定地讲：芝诺运动悖论的提出，既源于芝诺要为他的老师巴门尼德"存在是不动的一"的命题做论证的思考，也与芝诺参与或观看奥林匹克运动会的灵感乍现相关；芝诺运动悖论是人类对运动概念的最早反思。如此看待与理解芝诺运动悖论，也就消去了哲学史加在芝诺运动悖论之上的太多的神秘色彩。

一、奥林匹克运动会与芝诺否认运动论证的时空背景

希腊人开启了西方哲学也开启了科学，因为哲学一开始主要关注的是自然界的问题，是自然哲学。作为科学学的创立者之一，贝尔纳在《历史上的科学》一书中写道："现代科学是直接从希腊科学导来的，并由它备下了一个大纲、一种方法和一套语言。所以现代科学从之成长的那些一般问题，如天空的性质，或人的身体，或宇宙的运行等，都是希腊人为之定出表述的方式。"[1]恩格斯也曾写道："在希腊哲学的多种多样的形式中，差不多可以找到以后各种观点的胚胎、萌芽。因此，如果理论自然科学想要追溯自己今天的一般原理发生和发展的历史，就同样不得不回到希腊人那里去。"[2]

同样，古希腊也开启了现代体育的先河。

---

①　贝尔纳：《历史上的科学》，伍况甫等译，科学出版社 1981 年版，第 93 页。

②　恩格斯：《自然辩证法》，于光远等译编，人民出版社 1984 年版，第 49 页。

体育在古希腊社会中的地位是举足轻重的。古代世界没有一个国家像古希腊那样崇尚体育:希腊的纪年是从有文字记载的公元前776年的第一届古奥运会开始的;为了纪念希腊神话中为人类盗窃天火的普罗米修斯,人们进行了点燃奥林匹克圣火及火炬传递仪式。闻名于世的希腊大哲学家苏格拉底、柏拉图、亚里士多德等人都热衷于观赏奥林匹克赛会,并将体育与哲学问题有机地结合在一起。对健康理念的追求、对身体美的塑造、对神圣休战原则的渴望,共同构筑了人类早期最为光辉灿烂的希腊文明。古希腊体育的人文主义思想和博雅的教育思想是人类体育思想史中永放光芒的奇葩,是国际奥林匹克运动的光辉典范;古希腊体育的鲜明特色对此后欧洲乃至世界体育文化的推广和发展都产生了深远的影响;古希腊体育所发端和缔造出的结构严谨的体育制度体系为后来西方世界的体育制度奠定了基础,其间的军事、教育、宗教和民族特色是世界体育制度史上的经典之作;而古希腊体育文明蕴涵的丰富崇高的民主政治追求更是在人类体育诞生的早期就确立了体育不可低估的社会作用和政治影响力。

公元前8世纪—公元前6世纪,希腊的奴隶制普遍地确立和繁荣起来,奴隶社会初期即史学上所说的"荷马时代",是掠夺和征服的时代,是英雄的时代。各个民族的部落和城邦首领为了争夺财富、掠夺奴隶和扩大生存空间,相互之间战争频繁,例如雅典和斯巴达就因争夺霸权而成为世仇。在短兵相接的冷兵器时代,要取得战争的胜利,除了智力,就是体力,必须依靠强壮有力的身体和灵巧娴熟的搏斗技能。因此各城邦首领认识到培养和锻炼强壮身体的必要性,进而倡导竞技运动。法国历史学家瓦诺耶克在其《奥林匹克运动会的起源及古希腊罗马的体育运动》一书的前言中这样写道:"在希腊,竞技体育及强化体能训练是至关重要的。作为战士,希腊人在竞技中找到使身体强壮,使士卒忍受疲劳、痛苦的不二法门。从医学及人体科学方面讲,他们认为体能锻炼是保持健康或恢复健康的最佳途径。热衷于游戏和竞技的希腊人发明了竞技场上的竞争性对抗,以满足他们角斗及竞技的爱好。"[1]

古希腊的体育运动会有着浓厚的军事色彩,这不仅体现在运动会的产生上,也体现在运动项目的设置上。古代希腊的运动会主要有五大赛事:一是赛跑,它包括三个不同距离的赛跑和一个身穿盔甲的赛跑(在战争中,战士要穿戴盔甲保护自己,又要不断移动身体,以躲避敌人的攻击);二是

---

[1] 瓦诺耶克:《奥林匹克运动会的起源及古希腊罗马的体育运动》,徐家顺译,百花文艺出版社2005年版,前言:第4页。

五项全能,包括跳远、铁饼、标枪、赛跑和摔跤,标枪本身就是战争中的武器;三是拳击;四是摔跤,分为古典式摔跤和自由式摔跤,拳击和摔跤原本就是近身肉搏战所必需的技能;最后一项赛事是四匹马拉战车比赛,战车更是战争中长途奔袭的重要工具,对驾驶技术的要求是严格的,而马拉战车比赛获胜的选手多是战士或经过军事训练的人员。芝诺运动悖论,即芝诺否认运动的论证,就是在这样的时空背景下产生的。

二、芝诺运动悖论是人类对运动观念的最早反思

芝诺运动悖论的提出,既源于芝诺要为他的老师巴门尼德"存在是不动的一"的命题做论证的思考,也与芝诺参与或观看奥林匹克运动会的灵感乍现相关。芝诺运动悖论蕴含着对人类位移运动常识的思想前提的批判。

人类在实践活动中所形成的关于整个世界的全部思想,是以自己把握世界的诸种方式所构成的认识成果。人类把握世界的基本方式,简洁地说,就是人类把"自在世界"变成自己的"属人世界"的方式。人类在其漫长的形成和演进的过程中,逐渐地形成了人与世界之间的特殊关系,即人类不仅适宜其自然器官与世界发生自然的"关系",而且特殊地以自己的"方式"为"中介"而与世界发生"属人"的"关系"。常识、宗教、艺术、科学和哲学等,就是人类在实践活动的基础上所形成的与世界发生真实关系的"中介",也就是人类"把握"世界的"基本方式"。在这些基本方式中,"概念"占有特殊重要的地位。孙正聿写道:

> 常识是人类把握世界的最基本和最普遍的方式,是包括哲学在内的其他各种方式得以形成和发展的坚实基础。……常识的本质特性在于其经验性,常识来源于经验,符合于经验,适合于经验,但其自身无法超越于经验。从人类把握世界的基本方式所构成的世界图景、思维方式和价值规范看,常识的世界图景,是以人们的经验的普遍性和共同性为中介而构成的世界图景;常识的思维方式,是以经验的确定性为基础而形成的非此即彼的思维方式;常识的价值规范,是以共同经验所形成的普遍信念来规范人们的思想与行为。常识对人类生存与发展具有最重要的生活价值,但又总是由于其本质的经验性而成为哲学批判性反思的对象。①

---

① 孙正聿:《哲学:思想的前提批判》,中国社会科学出版社2016年版,第117页。

在哲学的发展历史中,常识始终是哲学思想得以形成和发展的重要的批判对象。哲学总是不断地批判性地"澄清"常识,即:各种各样的常识究竟表述的是什么? 常识是以何种方式而构成自己的思想内容? 常识所解释的和所相信的到底是什么? 常识的世界图景是如何形成,又是如何改变的?①

虽然哲学的最终来源也是人类实践活动中所积累起来的经验,并且在最终的意义上也要经由人类实践的检验而适用于经验,但哲学的本质特性之一,却在于它的"超验"(超越经验)的特性。常识的经验性与哲学的超越性,从最深层上决定哲学不是常识的"延伸"或"变形",而是对常识的"超越"。在这个意义上,哲学就是在批判地反思常识中形成和发展的。②

在人与世界的关系中,"概念"占有特殊重要的地位。概念既是人类思维的形式,又是人类认识的成果。概念以内涵与外延相统一的方式构成主体对客体的规定性的把握。因此,在人与世界的现实关系中,作为主体的人既要以概念的方式去把握、描述、解释和反思人与世界及其相互关系,又要以概念的方式去理解、解释、规范和反思人自己的思想与行动,还要以概念的方式去构建关于世界的规律性图景以及对世界的理想性、目的性要求。概念是人在思想中构筑经验世界的方式,也是将思想中的世界世世代代传递下去的社会遗传方式。③

人类把握世界的概念体系既是纷繁复杂的,也是历史发展的。但是,从人类用于把握世界的概念框架的层次性上看,却可以从总体上区分为三个最基本的层次,这就是常识性质的概念框架、科学性质的概念框架和哲学性质的概念框架。所谓"概念框架"是指人们用以构筑思想中的经验世界并用于整理思想中的概念的方式。人类用于把握和解释世界的任何一个概念,都不可能孤立地构成思想中关于世界的规定,都不可能独立地使思想获得对世界的理解。恰恰相反,任何一个概念,它的"内涵"与"外延",它的"演化"与"发展",都必须(和只能)是在特定的"概念框架"中获得与实现。这就是说,概念必须是"彼此联系的,并且联系于一个概念网络、依靠这个概念网络,它们依次得到理解,形成我们可以称之为概念框架或概念结构的东西"。因此,人

① 孙正聿:《哲学:思想的前提批判》,中国社会科学出版社 2016 年版,第 128 页。
② 同上书,第 122 页。
③ 同上书,第 164 页。

们如何描述和解释世界，人们怎样理解和规范自己，从深层上看，总是取决于人们所占有和使用的概念框架的不同性质，以及所达到的不同水平。①

常识和哲学都需要以概念的方式来描述和解释世界，但是，概念在常识与哲学中的性质与功能却是迥然不同的。在常识思维中，概念是围绕表象旋转的，概念是以表象为转移的，概念是为表象服务的。而在哲学思维中，概念与表象的关系则颠倒过来，即：表象围绕概念旋转，表象以概念为转移，表现为概念服务。常识中的概念，它的内涵与外延的统一是共同经验与经验对象的统一，是"共同经验"与"经验对象"的统一，是"共同经验"依附于"经验对象"的统一。在这个意义上，常识中的概念只不过是区分表象的"名称"。②

运动和静止，是人类对事物"动"与"不动"、位置"变"与"不变"的感性直观的常识经验的概念表达。运动就是"动"，静止就是"不动"；运动就是位置"在变"，静止就是位置"不变"。对运动和静止分野的把握，是随着人们观察的深入与科学的发展而变化着的。例如，一片树林远看"不动""不变"，近看其间则是又动又变；卢克莱修指出：一群绵羊在山坡上吃草，或在欢跃地角斗，但由远处看来，似乎是"一片光亮的白色停止在一个绿色的小山上"③。又如，我们以前说的一潭死水，但是布朗的分子运动研究揭示出：一潭死水中有着大量的分子的位移运动，它们不断发生着激烈的碰撞。

既然运动和静止是感性直观，是表象的东西，那么我们对于运动的定义就不能简单地把它说成静止的对立面，就认为对其内涵有所把握了，因为它们是一对相对概念。芝诺运动悖论，即芝诺否认运动的四个论证，正是针对人类关于事物"动"的常识概念作出的，并且以著名的奥林匹克运动会的项目为素材。

下面，我们设想一下两千多年前芝诺运动悖论提出的场景。

芝诺是巴门尼德的学生，接受了巴门尼德的教诲。巴门尼德在其著作《论自然》中，主要论述了存在与非存在、真理与意见的对立。"存在"是巴门尼德哲学的基本概念；"存在就是存在，绝不是非存在"是巴门尼德哲学的一个基本命题，是针对赫拉克利特的"存在又不存在"命题的。在巴门尼

---

① 孙正聿：《哲学：思想的前提批判》，中国社会科学出版社 2016 年版，第 164—165 页。

② 同上书，第 124 页。

③ 卢克莱修：《物性论》，方书春译，商务印书馆 1981 年版，第 69 页。

德看来,赫拉克利特的这个观点是绝对错误的:因为既说存在,又说非存在,这是不可思议的,在逻辑上是讲不通的;这种观点最多只适用于变化不定的感性世界的事物,而作为万物本原的存在只能是存在,决不可能变成非存在。巴门尼德抨击赫拉克利特说:"这些不能分辨是非的群氓,居然认为存在者和不存在者同一又不同一,一切事物都有正反两个方向。"①巴门尼德反对赫拉克利特"一切皆变"的思想,认为一切运动变化的事物都是"非存在",而"存在者"则是静止不动的。巴门尼德在《论自然》中继承了克塞诺芬尼的"神是唯一的""神永远保持在同一个地方,根本不动,一会儿在这里一会儿在那里动来动去对他是不相宜的"②思想,把神的概念改造为存在的概念,进一步规定了存在的种种属性。他说:"存在者是不动的,被巨大的锁链捆着,无始亦无终;因为产生与消灭已经被赶得很远,被真信念赶跑了。它是同一的,永远在同一个地方,居住在自身之内。"③

在存在论上,巴门尼德主张存在与非存在的对立,与此相应的,在认识论上他坚持理性和感性的对立,从而导致所谓真理和意见的对立。他写道:"别让习惯用经验的力量把你逼上这条路,只是以茫然的眼睛、轰鸣的耳朵或舌头为准绳,而要用你的理智来解决纷争的辩论。"④在巴门尼德看来,作为感觉的对象的各种自然事物,是变动不居的,可生可灭的,是非存在。因此,作为对非存在的认识的感觉是不可靠的,只能提供虚假的不确定的"意见"。如果以感官作为判断是非的准绳,势必陷入谬误。和感觉经验不同,理性则以唯一、不动的存在为对象;遵循认识存在的道路,就能得到认识真理的"确信的途径"⑤。

芝诺接受了巴门尼德的上述观点。同时,体魄健硕的芝诺又酷爱奥林匹克运动会。某年的某一天,芝诺观看了奥林匹克运动会,并且亲自参加了奥林匹克运动会的一些赛事。运动会上的赛跑,射箭比赛,掷铅球、标枪比赛,马拉战车比赛,队列行进等等项目,展示着一个让人眼花缭乱的"运动"场面。

芝诺参加了赛跑比赛。他和几个选手从"静止的"起跑线上开始,通过"静止的"的赛场地面,跑到了赛场的"静止的"对面。在常识中,这是芝诺

---

① 《西方哲学原著选读》上卷,北京大学哲学系外国哲学史教研室编译,商务印书馆1981年版,第23页。
② 同上书,第29—30页。
③ 同上书,第33页。
④ 同上书,第31页。
⑤ 同上。

"运动"的结果。芝诺如果不运动,那么他就始终停留在起跑线上,就像赛场中的标杆,始终停留在同一个地方。

接着,芝诺又参加了环赛场的"接力"长跑比赛。这种接力赛跑,每一组有多人参与;芝诺被安排在他所在组的最后一个。芝诺组的前几个人跑得较慢,被对手落下了一大段距离。接力棒传到芝诺手中后,芝诺奋勇向前,努力赶追,最后追上了对手,取得了胜利。在常识中,芝诺追上并超过对手,这是芝诺"运动得快"的结果。

又接着,芝诺参与了射箭比赛。箭从芝诺的弓弦中出发,飞过空间,最后到达目标,射中靶心。在常识中,运动物体穿过空间到达目的地,这是运动的结果。没有运动,箭要么始终停留在射手的弓弦上,要么就掉在地上。

芝诺参与的三项赛事,都清楚地表明运动是存在的。如果没有运动,芝诺就不可能从赛场的一边到达赛场的另一边;如果没有运动,芝诺就不可能追上跑得慢的对手;如果没有运动,芝诺的箭就始终停留在弓弦上,或掉在地上,而不会射中靶心。然而,这些"现实的"运动,又明显地与他的老师巴门尼德作出的"运动是不存在的"论断相左。芝诺相信老师的论段是对的,于是,自己的运动经验就是有问题的。那么,问题出在哪里呢?

那天晚上,芝诺又来到赛场,静静地坐在赛场的观众席,进行苦思冥想的"哲学思考"。突然他明白了:自己的运动经验是没有真理性的,因为它们的存在是"不合理"的,或者说,是经不起理性分析的。于是,他一连作出了三个表明"自己的运动经验没有真理性"的论证。

第一,我要跑到赛场的对面,那么我就必须跑到赛场的中间,即一半处;我要跑到赛场的一半处,也就必须要跑到赛场的一半的一半处。如此而言,我根本不可能跑到赛场的对面去,甚至根本就不可能有现实的、能让人觉察的位置变化产生。于是,运动的经验与表象缺乏真理性(即"不真")。这就是芝诺的"两分法"论证的缘起。

第二,既然我落后于对手一段距离,我要追上他,就必须首先跑到他已经处在的位置,这就要花一段时间;在我花去这段时间中,对手已朝前又跑了一段,到达了一个新的位置,我要追上他,又得跑到他的新位置,这又要花一段时间。如此而言,我只可能无限地接近于他,而根本不可能超过他。于是,运动的经验与表象缺乏真理性(即"不真")。这就是芝诺的"阿基里斯与龟"论证的缘起。

第三,箭离开我的弓弦而到达箭靶,需要用一段时间来飞越我与箭靶之间的空间;在这个过程中,飞着的箭在不同的时间处于不同的位置,甲时在 A 处,乙时在 B 处,在连续的时间中,箭相继地在一系列地点上。既然是在某一地点上,怎么能运动呢? 运动实际上是一系列静止的总和。此外,"任何事物,当它是在一个和自己大小相同的空间里时(没有越出它),它是静止着,如果位移的事物总是在'现在'里占有这样一个空间,那么飞着的箭是不动的。"①于是,运动的经验与表象缺乏真理性(即"不真")。这就是芝诺的"飞矢不动"论证的缘起。

芝诺做出了这三个关于"运动的经验与表象缺乏真理性"的论证之后,非常振奋,深切地感到这三个论证是无懈可击的。这三个论证说明了:如果承认有运动,那么就有很荒谬的事发生。那么,除了这三个论证之外,还有没有其他什么呢? 芝诺进一步思考,又运用奥林匹克运动会的素材提出了"一半(时间)等于一倍(时间)"论证。

芝诺的四个论证,构成了一个由简单到复杂的论证系统。芝诺的第一个论证,即"两分法"论证是最基本的,它表明了物体的运动(即位置变化)是根本不可能发生的。第二个论证,即"阿基里斯与龟"论证表达的是:如果承认物体的运动(即位置变化)能够发生,那么,跑得再快的也追不上跑得最慢的;这是承认运动就要导致的荒谬后果。第三个论证,即"飞矢不动"论证表达的是:如果承认物体的运动(即位置变化)能够发生,那么就必须承认运动是由"不动"所组成的;这是十分荒谬的。第四个论证则是说:如果承认有运动,那么也就一定要承认一半的量等于一倍的量;这同样是十分荒谬的。

对于芝诺的论证,黑格尔讲道:"芝诺否定了运动,因为运动存在着内在矛盾。但这话不可以了解为运动完全不存在;像我们说'有象,没有犀牛'那样。至于说有运动,说运动的现象是存在的,——芝诺完全不反对这话;感官确信有运动,正如确信有象一样。在这个意义下,芝诺可以说是从未想到过要否认运动。问题乃在于考察运动的真理性;但运动是不真的,因为它是矛盾的。因此他想要说的乃是:运动不能享有真正的存在。"②对于黑格尔的这段话,列宁批注道:"这点可以而且应该倒转过来:问题不在于有没有运动,而在于如何用概念的逻辑来表述它。"③列宁的这个批注,从原则上指出了哲学应该怎样正确地看待芝诺运动悖论。基于此,我们说:芝诺运动悖论是人类对运动概念的最早反思。

---

① 亚里士多德:《物理学》,张竹明译,商务印书馆 1982 年版,第 190—191 页。
② 黑格尔:《哲学史讲演录》第一卷,贺麟、王太庆译,商务印书馆 1959 年版,第 281—282 页。
③ 《列宁全集》(第 2 版)第 55 卷,人民出版社 1990 年版,第 216 页。

第二节　对芝诺运动悖论的重新解答

一、对"两分法"论证的新解答

芝诺否认运动存在的四个论证,是通过亚里士多德的《物理学》一书流传下来的。亚里士多德在谈论芝诺运动悖论时,首先谈论了"两分法"论证,即把"两分法"论证排在了芝诺否认运动存在的四个论证的第一个。事实上,"两分法"论证也是最基本的,因为只有"两分法"论证了位移运动不可能发生("位移事物在达到目的地之前必须先抵达一半处",以此类推,一半的一半……,最终连一个点也无法通过);其余三个论证则是阐明,承认位移运动将出现荒谬的结论:跑得快的追不上慢的……基于"两分法"论证,乌龟的位移运动不可能发生,阿基里斯的位移运动不可能发生,箭的位移运动不可能发生,队列的位移运动也不可能发生。

亚里士多德在《物理学》一书中,既叙述了芝诺运动悖论,也着手解答了芝诺运动悖论。亚里士多德对芝诺"两分法"论证的解答,是依据对时间和空间作分割展开的。他认为芝诺的论证是建立在一个错误的假设之上,即"一个事物不可能在有限的时间里通过无限的事物,或者分别地和无限的事物相接触。"[1]他写道:"既然时间是连续的,量就也是连续的,花一半时间就通过一半量,或一般地说,花较少的时间就通过较小的量,因为量的一分再分总是能够以和分时间时同样的比例进行的。……事物在有限的时间里不能和数量上无限的事物相接触……却能和分起来无限的事物相接触,因为时间本身分起来也是无限的。"[2]故此,亚里士多德认为芝诺"两分法"之"佯"在于:只无限分割空间而未随之无限分割时间。从哲学史看,亚里士多德对芝诺"两分法"论证的解答,真可谓"由它备下了一个大纲、一种方法和一套语言。……为之定出表述的方式"[3],给后世哲学家解决芝诺运动悖论打下了深深的烙印。无论是黑格尔还是罗素,都沿袭着亚里士多德在《物理学》中提出的解答方式在进行,即通过时间、空间关系看待芝

---

[1]　亚里士多德:《物理学》,张竹明译,商务印书馆1982年版,第168页。

[2]　同上书,第168—169页。

[3]　贝尔纳:《历史上的科学》,伍况甫等译,科学出版社1981年版,第93页。

诺的论证;讨论的就是时间空间的间断性与连续性、时间空间分割的有限性与无限性,以及"地点"与"瞬间"等问题。

对于芝诺的"两分法"论证,黑格尔在《哲学史讲演录》中指出:"芝诺在这里提出了空间可无限分割的问题。因为空间和时间是绝对连续的,所以可以没有停顿地分割下去。每一个量——每一时间和空间总是有量的——又可以分割为两半;这种一半是必须走过的,并且无论我们假定怎样小的空间,总逃不了这种关系。运动将会是走过这种无穷的时点,没有终极;因此运动者不能达到他的目的地。"①"空间的连续性,以及由二分空间而得的限度,均被假定为肯定的东西。但那由二分得来的限度,并不是绝对的极限或自在自为的东西,它是一个有限度的东西,而又是连续性。但这种连续性亦复不是什么绝对的东西,而乃是建立反对者于其内,——二分的限度;但这样一来,连续性的限度又没有建立起来,那一半还是连续性,如此递进,以至无穷。一提到'进到无穷',我们就想象着一个'他界',这是不能企及的,外在于表象,而为表象所达不到。那是一个无穷的向外驰逐,但却呈现在概念里——一种向外驰逐,由一个相反的规定到另一相反的规定,由连续性到否定性,由否定性到连续性;两者皆呈现在我们前面。这种无穷进程的两个环节中的一个环节,可以被肯定为主要的一面。现在芝诺首先这样假定了这种连续的无穷进程,以致有限的空间终究是不能达到的,既然有限的空间不能达到,因此就只有连续性了;换句话说,芝诺肯定了有限空间中的无穷进程。"②"说运动者必须达到一半,是从连续性,亦即分割的可能性,——单纯的可能性——出发而得到的肯定;因为这种分割的可能性无论在怎样可以想象的每一细小的空间里都永远是可能的。人们很自然地就承认必须达到一半:这样一来就必须承认一切,——承认达不到一半;一次那样说就等于说了无数次。反之,人们总以为,在一个较大的空间里是可以承认[达到]一半;但人们设想着必须来到这样的一点,在这里分割成两半已不复可能(亦即在我们不可能),——即必然会达到这样细小的一个空间,对它已不复能说一半:这就是说,来到一个不可分的,不连续的,没有[余地的]空间。但这个想法是错的,——连续性本质上是一个规定。当然空间内有最小的东西,这里面包含有连续性的否定,——但这是抽象的否定;但抽象地坚执着那假想的一半一半地分割,也同样是错的。当接受一半一半的分割时,就已经接受时空连续性的中断性

① 黑格尔:《哲学史讲演录》第一卷,贺麟、王太庆译,商务印书馆1997年版,第282页。
② 同上书,第283—284页。

了。我们必须说:没有一半一半的空间,空间是连续的;一本书,一块木头,我们可以把它劈成两半,但对于空间我们却不能这样作,——因为空间只存在于运动中。"①

罗素则写道,"在这里芝诺首先诉诸任何距离无论如何小都可分成两半这一事实。由此自然就推出,一条线上必有无穷多的点。……如果我们认为这个论证是反对主张无限可分性的人的,那么我们必须设想其进行如下:'把还须通过的距离不断分成两半所得的点在数目上是无限的,而且是接连相续地达到的,而到达每一点都在到达其前一点之后的一个有限的时间;但是无穷多有限时间的总和必是无限的,因此这个过程永远不会完成。'……这个论证表面看似颇有力,只是由于下面这个错误的假设,即:除了无限系列的整体之外,不可能有任何东西。我们看到 1 是在 $1/2$,$3/4$,$7/8$,$15/16$,……这整个无限系列之外的,就可知道这个假设是错误的。"②换言之,罗素是说:芝诺的"两分法"论证构成一个无限序列"$1/2$, $1/4$,$1/8$,$1/16$,……",它产生出一个级数"$1/2$, $3/4$,$7/8$,$15/16$,……",后者的极限为 1,这可以直接看出来或用求和公式求得;因此,这个论证隐藏的前提"认为无穷集合不可能,不可能有任何东西超出整个没有终结的系列"是错误的。

毋庸讳言,千百年来,对于芝诺的"两分法"论证,人们都沿袭着亚里士多德的解答方式在进行,即纠缠于时间空间的间断性与连续性、时间空间分割的有限性与无限性,力图从间断性和连续性的统一方面在提出运动的理论,甚至追随黑格尔提出"在机械运动中,最简单的位移就是连续与间断性的对立统一"③等命题。正是马克思的论断——"请你问一下自己,你是怎样想到这个问题的;请你问一下自己,你的问题是不是来自一个因为荒谬而使我无法回答的观点。请你问一下自己,那个无限的过程本身对理性的思维说来是否存在。"④——把人们从形而上学的迷梦中惊醒。基于发现"在机械运动中,最简单的位移就是连续性与间断性的对立统一"这个源于黑格尔的命题,对于近现代科学和辩证唯物主义哲学是没有意义的、是没有指称对象的"伪命题",以及马克思的引导:"放弃你的抽象,那么

---

① 黑格尔:《哲学史讲演录》第一卷,贺麟、王太庆译,商务印书馆 1997 年版,第 286—287 页。

② 罗素:《我们关于外间世界的知识》,陈启伟译,上海译文出版社 1990 年版,第 129—130 页。

③ 肖前、李秀林、汪永祥:《辩证唯物主义原理》,人民出版社 1981 年版,第 201 页。

④ 《马克思恩格斯全集》(第 1 版)第 42 卷,人民出版社 1979 年版,第 130 页。

你也就放弃你的问题"①，我们也就站到了重新解答芝诺运动悖论的起点上。

重新审视芝诺的"两分法"论证，我们发现这个论证产生于人类日常意识对位移运动的一个根深蒂固的谬见。这种谬见，深藏于人类对运动的日常意识中。只有随着近现代科学的发展，尤其是在深入理解相对论科学时空观与运动观的基础上，才能够把它"挖掘""辨识"出来。

对于物体位置变化与位移运动的关系，事实上存在着两种截然不同的认识。换言之，对于"物体在作位移运动，它的空间位置在变化"这种经验常识，有两种在语词上差异不大、意思却截然不同的基本表述。一种表述是：物体的空间位置在变化，因此，物体在作（位移）运动。另一种表述是：物体在作（位移）运动，因此，物体的空间位置发生了变化。在前一种表述中，物体位置变化与物体位移运动是一种"同一关系"，即物体的位置发生着变化就是物体在作位移运动。在后一种表述中，物体的位移运动与物体的位置发生变化是一种"因果关系"，即物体的运动使物体的位置发生了变化。这两种认识，在纷繁的历史争端中，时而有清晰的边界，时而又完全搅混在一起。但是，从列宁的如下论断，可以清楚地看到这两种表述及其差异的客观存在。列宁写道："运动就是物体在某一瞬间在某一地点，在接着而来的另一瞬间则在另一地点，——这就是切尔诺夫追随所有反对黑格尔的'形而上学者'而重复提出的反驳。这个反驳是不正确的：(1)它描述的是运动的结果，而不是运动本身；(2)它没有指出、没有包含运动的可能性；(3)它把运动描写为静止状态的总和、联结，就是说，那种（辩证的）矛盾没有被它清除，而只是被掩盖、推开、隐藏、遮蔽起来。"②在这里，列宁明显地坚持着后一种认识，即"因果关系"的认识。

上述两种认识，在中世纪经院自然哲学对运动本性的争论中就已见端倪，如本书第一章的第二节所述，产生了著名的"流动的形式"与"形式的流动"的区分。14世纪，以奥康（约1300年—1349/1350年）代表的唯名论者，运用"奥康的剃刀"，把运动归结为个别的、具体的事物；认为理解位置运动，"除了物体和位置，再不需要其他什么东西了。我们需要的只是，一个物体先是处在一个位置，然后处在另一个位置，就这样相继地进行下去，从而物体在整个（运动的）时间里从未在任何位置静止。""运动的本性可以通过这样一个事实来解释，那就是：一个物体相继占据不同的位置，并且不

———————————

① 《马克思恩格斯全集》(第1版)第42卷，人民出版社1979年版，第130页。

② 《列宁全集》(第2版)第55卷，人民出版社1990年版，第218—219页。

在任何一个位置静止。"①这一思想的升级版出现在笛卡尔的《哲学原理》中。"这样一幅用状态或位置相继和变换来理解运动的思想谱系,发端于奥康,奠立于笛卡尔,并随着自然科学的巨大成功塑造了当代哲学家的基本主张。"②然而,以布里丹(约 1300 年—约 1358 年)为代表的巴黎唯名论者认为,位置运动和它的目标不可能一致,因为运动作为属性处于运动者之中,位置却不是这样。位置运动是运动者实际包含的一种偶性,就像颜色内在于有色物体中一样,它是一种流动,一种纯粹相继的东西,与位置和运动物体是不同的。可以说:奥康对运动本性的看法非常接近于把运动当成一种相对概念的近代科学,而布里丹等巴黎唯名论者的学说则暗示了牛顿的绝对运动。对巴黎唯名论者来说,运动是某种绝对的东西。当"运动"被用来言说一个运动的物体时,是不考虑该物体与其他物体的关系的。③

20 世纪初,爱因斯坦通过建立狭义与广义相对论,确立了相对论时空观与运动观。在否定牛顿的绝对时空和绝对运动后,爱因斯坦曾对牛顿的时空与运动关系分析道:"在这里,关键是:被认为是独立于那些经验到它的主体而存在的'物理实在'至少在原则上被设想为一方面是由空间和时间,另一方面又是由那些相对于空间和时间而运动着的永久存在的质点所组成。"④即是说,在牛顿的概念逻辑中,机械-位移运动是运动物体相对于时空框架的空间位置变化过程。在这种概念逻辑中,包含着"物体在作(位移)运动,因此,物体的空间位置(随时间)发生了变化"的意蕴。而按照相对论时空观与运动观,物体的机械-位移运动和物体的时空变化是同一的,"物体的时空变化就是物体的机械运动,物体的时空变化既是物体机械运动的表现形式,也是物体机械运动的存在方式。"⑤在这种概念逻辑中,包含着"物体的空间位置在变化,因此,物体在作(位移)运动"的意蕴。

芝诺的"两分法"论证中存在着这样一些思想:运动员要从运动场的一边跑到另一边,必须穿越空间才能实现位置变化,即穿越空间是位置变化的前提条件;而只有运动物体才可能穿越空间,故物体的运动是物体穿越空间的原因,也是物体位置变化的原因。这些思想,与人们的日常意识即

---

① 张卜天:《质的量化与运动的量化——14 世纪经院自然哲学的运动学初探》,北京大学出版社 2010 年版,第 76 页。

② 晋世翔:《亚里士多德〈物理学〉中的运动、自然概念》,《哲学门》(总第三十辑),第十五卷第二册,北京大学出版社 2014 年版,第 213 页。

③ 张卜天:《中世纪自然哲学关于运动本性的争论》,《自然科学史研究》2008 年第 1 期,第 11 页。

④ 《爱因斯坦文集》第一卷,许良英等编译,商务印书馆 1976 年版,第 550 页。

⑤ 文兴吾:《相对论时空理论及其评价再探讨》,《哲学研究》1989 年第 12 期,第 36 页。

"常识"是一致的——我从一个地方走到另一个地方，要通过身体的运动，通过空间，才能实现；身体的运动与通过空间，是从一个地方走到另一个地方的两个必要条件；如果不通过空间，即使我的身体在运动，例如原地踏步，也不可能从一个地方到另一个地方。然而，正是在这些"符合经验事实""毫无疑问""不证自明""显而易见"的思想支配下，芝诺作出了"两分法"论证，得出了匪夷所思的结论：假如承认有运动，这运动着的物体通过有限的距离就要用无限的时间，或者连一个点也不能越过。

细分析起来，芝诺在两分法论证中，把物体的位移运动看作是运动物体通过空间达到目标的过程。换言之，芝诺的"两分法"论证所持前提是：把位移运动视为"能移动的物体穿越空间实现位置变化的过程"，其间包含着运动者、运动目标、穿越空间达到目标（位置变化），包含着"物体穿越空间的运动，使物体的位置发生了变化"的意蕴。于是，芝诺说：运动员要到达目标就要穿越全场空间；而要穿越全场空间，就得先穿越全场空间的一半空间……于是，运动员连一个点也不能越过。

至此，一些基本的问题需要予以澄清。

第一，通常人们都说：芝诺否认运动的论证是以"运动"为前提，通过推理，得出了运动不存在的结论。这种说法是不正确的。事实上，芝诺的推理是以他"对运动的某种观念"为前提的；因为推理总是在概念的基础上进行的，运动本身并不能作为推理的前提，只有对运动的某种观念才能作为推理的前提。对于这样的问题，孙正聿曾写道："人的理性思维能力，把对象性的存在，变成了'概念'的存在。当我说'桌子'的时候，我是把桌子移进我的头脑了吗？当我说'火'的时候，我是把燃烧着的火放进我的头脑了吗？当我说'红色'的时候，我是把大脑染成红色了吗？都没有。因为我是以'概念'的方式去把握这个经验世界的。人不仅能够把握关于对象的表象，而且能够创造原来没有的关于对象的表象，能够驰骋自己的想象；人不仅能够想象世界上没有的形象，而且人能够构成关于对象的普遍性、本质性、必然性、一般性的概念，从而能够给自己构成一个概念系统的世界。"[①]因此，在芝诺推理过程没有问题、结论却是荒谬的情况下，我们只能说：芝诺推理的前提是错误的，亦即他对运动的基本观念——把位移运动视为"能移动的物体穿越空间实现位置变化的过程"——是错误的。

第二，历史上对芝诺运动悖论解答的基本格局是：一方面，芝诺的论证的结论"运动不能存在"，这是违反经验事实的，是正常的人类意识绝不会

---

① 孙正聿：《哲学：思想的前提批判》，中国社会科学出版社 2016 年版，第 68 页。

承认的。另一方面，人们错误地认为芝诺论证的前提是"运动"，而"运动"的存在也是无可置疑的。由于既找不出前提存在的问题，也找不出经验事实存在的问题，也就只能认为：芝诺从"运动是存在的"这个正确前提，推导出了一系列荒唐结论，仅在于他的推理过程是有问题的——在推理的过程中或者忽视了一些东西，或者省略了一些东西。亚里士多德的看法就是这样产生的。

第三，亚里士多德不可能发现芝诺论证的前提的错误，这是因为芝诺论证的前提——把位移运动视为"能移动的物体穿越空间实现位置变化的过程"——与亚里士多德对位移运动的理解是一致的。

亚里士多德在《物理学》一书对位移运动的定义是"能移动的事物之实现就是位移"[①]；并把位移运动区分为两种：自然运动和受迫运动。自然运动的动力因来自物体自身，受迫运动的动力因来自其他物体；自然运动是基本的位移运动。在亚里士多德的观念中，石块下落的"自然运动"过程，包含着运动者（石块）、运动目标（自然位置）以及阶段性目标的相继获得过程（奔向自然位置的位置变化）三个组成部分，包含着"物体穿越空间到达自然位置的运动，使物体的位置发生了变化"[②]的意蕴。而人的由此及彼的行走，是人在他的意志影响下的"自然运动"过程，同样包含着运动者、运动目标、穿越空间达到目标（位置变化），是由最终目标规定着的一个个"中间形式"交替构成的序列；包含着"人穿越空间的运动，使人的位置发生了变化"的意蕴。于是，在亚里士多德看来，芝诺所说的"运动员要到达目标就要穿越全场空间；而要穿越全场空间，就得先穿越全场空间的一半空间……"完全是正确的；芝诺的论证中所包含着"物体穿越空间的运动，使物体的位置发生了变化"的意蕴，也是完全正确的。

第四，黑格尔没有发现芝诺论证的前提的错误，这是因为黑格尔从自己的客观唯心主义哲学体系出发沿袭了亚里士多德的"潜能"位移运动观。

在黑格尔时期，笛卡尔已经否定了亚里士多德的"运动"定义，奠定了近现代物理学对"位移运动即物体之间的相对位置变化"的基本认识。笛

① 亚里士多德：《物理学》，张竹明译，商务印书馆1982年版，第70页。
② 自然运动"被理解为一个有目的的有限的过程。物体作自然运动的目的便是它的自然位置，运动到达了此位置，便获得了它的形式。自然运动表现为物体由潜在地据有其自然位置到现实地据有这个位置的过程。"（宋斌：《亚里士多德物理学中的"原因"和"运动"概念——从库恩的观点看》，《现代哲学》2008年第5期，第85页）"亚里士多德要用自然位置这个概念来解释自然运动。这个概念可以很恰当地与终极因的概念协调起来，自然位置就规定了自然运动的终极因，这就是通过确定运动的终点来确定运动。"（黄敏：《经典力学革命中的概念图式变化》，《现代哲学》2008年第5期，第76页）

卡尔在《哲学原理》中对"运动"的界说,把进行位移运动的"动作"与位移运动进行了区分;强调了"位移运动的真义是物体之间的相对位置变化"——它不是单个物体的属性,而是由物体之间的位置关系所决定。显然,接受笛卡尔运动相对性的概念,我们就不再有任何权利说物体处于绝对的"运动"或"静止"中,而只能通过增加参照点或框架,然后根据它们才能说明提到的物体是静止还是运动。当代物理学的发展坚持着这种观念。

然而,正是黑格尔的客观唯心主义哲学体系思想,使他没有重视科学和哲学在物体的机械-位移运动研究方面已经取得的成就,仍然用亚里士多德的观点来思考物体的机械-位移运动;把物体的机械-位移运动理解为单个物体"自己""由此及彼"的位置变化过程。按照黑格尔的思想,"空间是己外存在的肯定形式,时间是己外存在的否定形式,空间和时间都是间断性与连续性的统一;从而使空间过渡到时间、时间过渡到空间。由于空间在时间中和时间在空间中的这种消逝和自我再生是一个过程,这个过程就是运动"①。而"从观念性到实在性、从抽象到具体存在的过渡,即这里的从空间与时间到表现为物质的实在性的过渡"②,是通过抽象的时空概念的相互过渡构成的"运动"与时空概念直接的统一而形成的"位置"的同一性而实现的。具体地讲,观念性的空间与时间概念因其各自的规定性不同,而向对方过渡;这种过渡就是"运动"("运动就是:自己成为对方,扬弃自己"③);这种运动形成了"空间与时间的直接的统一"的新概念"位置"。由于"理解运动即是在概念的形式内表达它的本质"④,于是,现实物体的机械-位移运动就是"空间与时间的直接的统一",即物体的位置变化。由此可见,从黑格尔概念的逻辑上讲,运动"潜在于"时间与空间规定的差异性中。而现实的物体的机械-位移运动,"潜在于"抽象的时空概念的相互过渡构成的"运动"与时空概念直接的统一而形成的"位置"的同一性。在《自然哲学》一书中,黑格尔写道:"位置是空间性的,因而无差别的个别性,并且仅仅作为空间性的此刻,作为时间,才是这样。因此,位置作为这样的个别性,就直接对自身漠不相关,对自身是外在的,是其自身的否定,并且构成另一个位置。"⑤在《哲学史讲演录》中,他写道:"当我们一般地说到运

---

① 参看文兴吾:《析黑格尔、罗素对芝诺佯谬的解答》,《天府新论》1994年第2期,第42—43页。
② 黑格尔:《自然哲学》,梁志学等译,商务印书馆1980年版,第57页。
③ 黑格尔:《哲学史讲演录》第一卷,贺麟、王太庆译,商务印书馆1959年版,第281页。
④ 同上书,第286页。
⑤ 黑格尔:《自然哲学》,商务印书馆1980年版,第56页。

动时，我们总是这样说：物体在这一个地点，然后走向另一个地点。由于它在运动，它已不复在第一个地点，但是也还不在第二个地点；如果它在两个地点中的一个地点，则它就是静止的。人们说，它是介于两个地点之间，但这并没有说明什么；因为介于两个地点之间它还是在一个地点，因此这里还是存在着同样的困难。但运动的意思是说：在这个地点而同时又不在这个地点；这就是空间和时间的连续性，——并且这才是使得运动可能的条件。"①黑格尔对位移运动的这些议论，显然是与亚里士多德对位移运动的定义"能移动的事物之实现就是位移"②是一致的。由于亚里士多德对位移运动的定义与芝诺论证前提的一致性，而黑格尔对位移运动的认识又沿袭了亚里士多德的"潜能"位移运动观，因此，黑格尔也就无从发现芝诺论证的前提的错误。

第五，柏格森不能发现芝诺论证的前提的错误，这是因为他对芝诺运动悖论的研究始终停留在对运动经验的心理表象的基础上。

柏格森指出，运动有两个因素：一是运动物体所经过的空间，这是可分的；二是经过空间的动作，这是不可分的。人们通常把运动和所经过的空间混淆起来，正是这种混淆产生了芝诺的运动悖论。对于芝诺的"两分法"论证，他写道："乃是由于人们把运动跟所经过的空间混为一谈。因为两点之间的距离是无限地可分的；如果运动所包括的各部分真像这距离自身的各部分一样，则这距离是永远无法越过的。"③即是说，在柏格森看来，芝诺的"两分法"论证唯一提出的问题是：如果物体的运动存在，那么物体如何能越过数目无尽的点。然而，这是一个错误的问题，因为运动与运动的轨迹不是一回事。他说："只要我们在思想上承认真正运动的连续性，这种荒谬便立即会烟消云散；我们每一个人每次抬起一只手臂或者向前迈出一步时，都会意识到真正运动的这种连续性。……运动实体描画出来的线路允许它本身接受任何一种分割，因为它并不具有内在的组织。然而，一切运动却都是被内向地具体完成的。"④"呈现于自发知觉中的运动是一个相当清晰的事实；爱利亚学派指出的那些困难和矛盾，与运动本身关系甚少，而与大脑对运动僵死的、人为的认识有关。"⑤"所有这些论证都包含着对运动与运动经历的空间的混淆，或者说，至少包含着这样的信条：可以如同处

①　黑格尔：《哲学史讲演录》第一卷，贺麟、王太庆译，商务印书馆 1959 年版，第 289 页。
②　亚里士多德：《物理学》，张竹明译，商务印书馆 1982 年版，第 70 页。
③　柏格森：《时间与自由意志》，吴士栋译，商务印书馆 1997 年版，第 76 页。
④　柏格森：《创造进化论》，肖聿译，华夏出版社 2000 年版，第 267—268 页。
⑤　柏格森：《材料与记忆》，肖聿译，华夏出版社 1999 年版，第 173 页。

理空间一样地处理运动,将其无限细分而无需考虑衔接。"①

历史上,柏格森基于生命哲学,从身体对运动体验的绝对性方面指出了"把机械-位移运动仅仅看成是物体之间的相对位置变化是不完备的",这是有重要意义的。但是,仅仅以"身体对运动体验的绝对性"以及"运动物体所经过的空间,是可分的;经过空间的动作,这是不可分的"为根据来解答芝诺运动悖论,则是不充分的。对于芝诺运动悖论的本质,按照黑格尔与列宁的观点:"问题不在于有没有运动,而在于如何用概念的逻辑来表述它"②,那么,柏格森对芝诺运动悖论的解答就只是一种"第欧根尼式的解答"。黑格尔写道:

> 人们都知道,犬儒派人西诺卜的第欧根尼对这种关于运动的矛盾的证明曾如何用十分简单的方法去反驳;——他一语不发地站起来,走来走去——他用行为反驳了论证。但这个轶事又继续说,当一个学生对他这种反驳感到满意时,第欧根尼又责斥他,理由是:教师既然用理由来辩争,他也只有用理由去反驳才有效。同样,人们是不能满足于感官确信的,而必须用理解。③

柏格森对芝诺的"两分法"问题的议论,充其量只是说了:一个人从运动场的一边跑向另一边,是在他意识的支配下进行的。他向前迈进每一步,他的意识都有清醒的知觉,他的身体都有明确的体验;正是靠着他的意识支配下、身体感受中的"绝对真实"的运动,他从运动场的一边跑到了另一边,实现了通过运动场空间的由此及彼的运动。柏格森写道:"当我愿意做出一个运动的时候,我确信这个运动的真实性,才会做出这个运动;而我的肌肉感觉则使我产生了对这个运动的意识。换句话说,当运动在我体内呈现为状态或性质的变化时,我就把握了它的真实性。……由此及彼的过渡,同样是一种绝对真实的现象。因此,我就把握了这个链条的两端,即一端是我体内的肌肉感觉,另一端是外部材料那些可被感觉的性质,而如果说存在运动的话,那么,我在这两种情况下都看不到作为纯粹关系的运动;它是一种绝对的运动。"④至于芝诺分割空间的"两分法"论证,则是与人从

① 柏格森:《思想与行动》,邓刚、李成季译,上海人民出版社2015年版,第145页。
② 《列宁全集》(第2版)第55卷,人民出版社1990年版,第216页。
③ 黑格尔:《哲学史讲演录》第一卷,贺麟、王太庆译,商务印书馆1959年版,第282—283页。
④ 柏格森:《材料与记忆》,肖聿译,华夏出版社1999年版,第176—177页。

运动场的一边跑向另一边的运动没有关系的。柏格森以这样的方式解决问题，与第欧根尼的"走来走去"的反驳别无二致；从而使他压根就没有认真思考过支配芝诺提出"两分法"论证的运动观是什么，也就根本不可能发现芝诺论证的前提的错误。

　　应该明确，芝诺和柏格森都承认意识对身体的运动的真实的感受。对于芝诺来说，他从运动场的一端跑到另一端，在不断地"向前迈出一步时，都会意识到真正运动的这种连续性"①，通过肌肉的感觉体验着运动，即"呈现于自发知觉中的运动是一个相当清晰的事实"②。但是芝诺认为他的这个运动是"不真"的，因为，从道理上讲，他不可能从运动场的一端跑到另一端——要跑到对面就必须要跑过一半……而对于柏格森来说，只要有经过空间的动作和运动的真实感受，人就一定能够从运动场的一边跑向另一边的——"我迈出第一步，接下来第二步，如此等等；……这样，我完成了一系列不可分的动作，我的奔跑就是这一系列动作"③——通过这一系列奔跑的动作，我就到达了运动场的另一端。容易看到，柏格森设定了：只要有经过空间的动作和对运动的真实感受，就一定能够得到由此及彼的跨越空间的结果。而芝诺的论证却是"相反"的说法：尽管我绝对地感受到运动，但是，从道理上讲，我不可能实现由此及彼的跨越空间的结果。对于芝诺的论证，柏格森只是说"运动物体所经过的空间，是可分的；经过空间的动作，这是不可分的"；而芝诺的论证则要求人们说明"不可分的经过空间的动作，是如何通过可分的空间，实现由此及彼的跨越空间的结果的"。事实上，人对运动的身体经验和心理表象，与人实现由此及彼的跨越空间的结果之间，并没有必然的联系；这也是笛卡尔刻意区分运动的行动者与位移运动意义。例如：一个人在河中游泳，河水流速是 2 米/秒，游泳者的速度也是 2 米/秒，当游泳者试图逆着河水流动的方向游泳前进，足足折腾了30 分钟，累得筋疲力尽。游泳者在 30 分钟内一直进行着"运动的动作"，但他相对于河岸，与静静地坐在岸边的人一样，没有"位移运动"，而处于"静止状态"。又如，我们在安放在房间中的跑步机上跑步，尽管一大步、一大步地"向前方"跑去，并且"向前迈出一步时，都会意识到真正运动的这种连续性"，"呈现于自发知觉中的运动是一个相当清晰的事实"，累得满头大汗。但是，我们仍然是处于"原地"，在房间中并没有任何位置变化。这就

①　柏格森：《创造进化论》，肖聿译，华夏出版社 2000 年版，第 267—268 页。
②　柏格森：《材料与记忆》，肖聿译，华夏出版社 1999 年版，第 173 页。
③　柏格森：《思想与行动》，邓刚、李成季译，上海人民出版社 2015 年版，第 146 页。

是笛卡尔所言，"我所以说运动是指那转移过程，不是指那能转移的力量或动作，目的在于表明，运动是永远在可动的事物中的，不是在能发动的事物中的。而我所以如此分别，乃是因为在我看来，我们并不习惯于把这两种东西加以十分精确的区分。"①

第六，罗素没有发现芝诺论证的前提的错误，这是因为他在研究芝诺运动悖论之时没有重视相对论对人类时空观的革命性意义而停留于牛顿时空观念之上。

罗素对芝诺运动悖论有系统的全面解答，集中在1915年出版的《我们关于外间世界的知识》一书中。罗素写道："我们可以下述几种方法来避免芝诺的悖论，一是主张时空虽确由点和瞬间构成，但其数目在任何有限的间隔中都是无限的；二是根本否定时空由点和瞬间构成；三是完全否定时空的实在性。芝诺本人作为巴门尼德的支持者，在这三种可能的演绎中似乎采取最后一种，无论如何就时间来说是这样的。"②从罗素给出的三种可选择的方案中，我们可以看到：罗素已经明白芝诺的论证首先设定了时间、空间是实体，由此才派生出时间、空间的连续性和间断性问题；否定时间、空间是实体，可以彻底消除芝诺的悖论。换言之，罗素已经意识到芝诺论证的前提包含着"时间、空间是实体，物体的位移运动是运动物体相对于时空框架的空间位置变化过程"之意蕴。但是，罗素并没有把这种意蕴视为错误的，也就没有对其开展进一步的追问和研究。

罗素为什么不把"时间、空间是实体，物体的位移运动是运动物体相对于时空框架的空间位置变化过程"视为错误的呢？这是因为：罗素写作《我们关于外间世界的知识》一书时，爱因斯坦的狭义相对论刚建立不久，广义相对论还在酝酿之中；罗素未能认识到相对论的建立将实现人类时空观念的重大变革。这就使得罗素不否定时间、空间是实体的观点，相反，在坚持时间、空间是独立的客观实在观点的基础上，"并与这个较简单的或至少较熟悉的假设相联系来考察"芝诺运动悖论。他写道："物理学家们按其想象对物质世界所作的图画式的解释"中，"设想有一个无所不包的空间，运动即在其中发生，而且直至最近以前，我们也会假定有一个包含万有的时间。但是相对论已给予'局部时间'概念以突出地位，而稍稍减弱了人们对单一均匀的时间之流的信念。关于相对论的最后结果如何我们不必妄断，但是我认为，我们保准可以说，它并没有消除使各个不同的局部时间相互关联

---

① 笛卡尔：《哲学原理》，关文运译，商务印书馆1958年版，第46页。
② 罗素：《我们关于外间世界的知识》，陈启伟译，上海译文出版社1990年版，第134页。

的可能性,因而也不会产生人们有时设想的那样深远的哲学后果。事实上,尽管在测量上有困难,我认为物理学讲运动的一切仍然是以这一个包含万有的时间为基础的。因此在物理学上还像在牛顿时代一样,我们仍有一群可称为粒子的不可毁灭的实体,它们在唯一的空间和唯一的时间中相互作相对的运动"①。"因此首先我们且承认点和瞬间,并与这个较简单的或至少更熟悉的假设相联系来考察一下这些问题"②。

第七,相对论的建立从根本上否定了牛顿绝对时空观运动观,揭示了物体的位移运动和物体的时空变化是同一的:物体的时空变化就是物体的位移运动,物体的时空变化既是物体位移运动的表现形式,也是物体位移运动的存在方式。从而使"物体的空间位置在变化,因此,物体在作(位移)运动"的认识,能够得到有效的确立。

"物体的位移运动和物体的时空变化是同一的"这种观念,是与一般人类意识完全相符的,也是从来没有被怀疑、追问过的真正的常识,最没有形而上学色彩的说法。第欧根尼正是"不自觉"地运用着这种观念"走来走去"地反驳"两分法"论证。而海德格尔话语"我们始终是这样穿行于空间的,即:我们通过不断地在远远近近的位置和物那里的逗留而已经承受着诸空间。当我走向这个演讲大厅的出口处,我已经在那里了;倘若我不是在那里的话,那我就根本不能走过去。我从来不是仅仅作为这个包裹起来的身体在这里存在;而不如说,我在那里,也就是已经经受着空间,而且只有这样,我才能穿行于空间"③,表达的正是"物体的位移运动和物体的时空变化是同一的"这种观念。

确立了"物体的位移运动和物体的时空变化是同一的"的认识,摈弃把位移运动视为"能移动的物体穿越空间实现位置变化的过程"的观念,将其修正为"能移动的物体的相对位置变化过程",芝诺的"两分法"悖论也就迎刃而解了。柏格森说法的"部分"真理性逐渐体现出来——"我迈出第一步,接下来第二步,如此等等;……这样,我完成了一系列不可分的动作,我的奔跑就是这一系列动作"④,通过这一系列奔跑的动作,我就到达了运动场的另一端——其间的逻辑应该是:在我的意识支配下完成的身体行动,使我的位置发生了变化,而我的位置变化也就是我的由此及彼的位移运

① 罗素:《我们关于外间世界的知识》,陈启伟译,上海译文出版社 1990 年版,第 76—77 页。
② 同上书,第 96 页。
③ 《海德格尔文集·演讲与论文集》(修订译本),孙周兴译,生活·读书·新知三联书店 2018 年版,第 171 页。
④ 柏格森:《思想与行动》,邓刚、李成季译,上海人民出版社 2015 年版,第 146 页。

动。由此,笛卡尔刻意区分运动的行动者与位移运动的意义与价值也被彻底地体现出来了。同时,物体的(相对)位置变化就是物体通过空间,而物体通过空间也就是物体的位置变化;并没有"在同一的运动物体中设想始终处在最接近的两个瞬间和两个位置之间的转变活动本身"①这种问题。(相对)位置变化是一个不断"形成"的过程,或者说是一个不断"生成"的过程,或者说是一个不断"延伸"的过程;因此,位移"运动表示如下事实:物件在不同时间可以在不同地点,无论时间多么接近,所在地点仍可以不同"②。于是,无限小的时间可以对应于无限小的空间;物体在有限的时间里通过有限的距离,这就是实现着的位置变化。当物体处于连续不断的位置变化过程中,它也就处于位移运动状态,或者说,物体连续不断的位置变化也就是物体当下的一种存在状态;这种存在状态,具有两个可测量的性质,其一是位置变化,其二是有作功的能力,以至于在特定的参考系看来:该物体因其运动而具有运动量为 $mv^2/2$(动能)或 mv(动量)。一旦没有(相对)位置变化了,位移运动也就没有了,运动的量也就为零了。即是说,位移运动是物体位置正在变化的状态,而(相对)静止只是运动量偶尔为零的一个特殊状态。

二、对"阿基里斯与龟"论证的新解答

芝诺"两分法"论证的核心内容,可以用一句话来表述:运动者要跑到终点,必须首先跑到一半的地方。从这个核心内容可以有两种结论:第一种结论与时间无关,"运动者要跑到终点,必须跑过一半,依此类推,以至无穷;因此,他根本不能运动。"第二种结论"运动者要跑到终点,必须跑过一半,依此类推,以至无穷;因此,他永远(即用无限长的时间)也跑不到终点。"第二种结论,通过"永远"二字,把时间因素与"两分法"论证联系起来了。芝诺的"阿基里斯与龟"论证也可以用一句话来表述其核心内容:跑得快的要追上跑得慢的,必须首先到达跑得慢的出发点。这个说法,与人类日常意识是一致的,但是芝诺得出"既然跑得快的要追上跑得慢的必须首先到达跑得慢的出发点,那么他永远(即用无限长的时间)也不可能追上跑得慢的"这种人类日常意识相悖的荒谬的结论。

对于"阿基里斯与龟"论证,亚里士多德认为其与"两分法"论证是一回

① 莫里斯·梅洛-庞蒂:《知觉现象学》,姜志辉译,商务印书馆2001年版,第341—342页。
② 罗素:《西方哲学史》下卷,马元德译,商务印书馆1976年版,第363页。

事,即支撑论证的论点是相同的,都是采用无限分割空间的方法;结论也是一样的:如若有运动,是不能达到目标的。二者的区别,只在于所假设的连续长度"二分"与非"二分"分割。在"阿基里斯与龟"论证中,芝诺先给定了一个前提,不允许阿基里斯越过规定的有限的距离,即阿基里斯每一次都只能到达龟的一个个出发点;"但是,如果芝诺允许越过所规定的有限的距离的话,那么它也是可以被赶上的。"①概言之,亚里士多德认为"阿基里斯与龟"论证之"伴"是:芝诺把阿基里斯原本"无条件是一个的运动"②,即连续的运动,言说成阿基里斯尾随乌龟进行无数个起点的一系列运动。亚里士多德指出,"虽然在连续的事物里含有无限数的'一半',但这不是现实意义上的而是潜能意义上的。如果这个人在实际上这样做,他就会使得运动不连续而是时断时续"③。

　　黑格尔对于"阿基里斯与龟"论证的解答,基本上是支持着亚里士多德的解答。亚里士多德要求取消空间的限制来解除困难,黑格尔则进一步从取消时间分割的限制来解除困难。黑格尔的基本观点是"空间与时间的间断性与连续性的对立与统一"。他讲道:"在这种看法里承认了两个彼此分离的不同的时点和两个彼此分离的不同的空间,换句话说,它们是有限度的,它们彼此互为限制。反之,当人们承认时间和空间是连续的,则这两个时间点或两个空间点便是连续的、互相联系的:则它们同样是两个,也不是两个,而是同一的。"④"当我们一般地说到运动时,我们总是这样说:物体在这一个地点,然后走向另一个地点。……但运动的意思是说:在这个地点而同时又不在这个地点;这就是空间和时间的连续性,——并且这才是使得运动可能的条件。芝诺在他一贯的推理里把这两点弄得严格地相互反对了。我们也使空间和时间成为点积性的;但同样也必须容许它们超出限制,这就是说,建立这限制作为没有限制,——作为分割了的时点,但又是没有被分割的。"⑤在后面这段话中,"运动的意思是说:在这个地点而同时又不在这个地点"旨在说明亚里士多德要求"取消空间的限制"的合理性,而"作为分割了的时点,但又是没有被分割的"旨在说明"时间是间断性与连续性的对立与统一",从而"照亚里士多德说,必须超出的那个限度,那

① 亚里士多德:《物理学》,张竹明译,商务印书馆1982年版,第191—192页。
② 同上书,第152页。
③ 同上书,第256页。
④ 黑格尔:《哲学史讲演录》第一卷,贺麟、王太庆译,商务印书馆1959年版,第288页。
⑤ 同上书,第289页。

必须通过的,就是时间"①。当他说"我们也使空间和时间成为点积性的;但同样也必须容许它们超出限制,这就是说,建立这限制作为没有限制",就是在陈述他的基本观点:"空间与时间的间断性与连续性的对立与统一"②。

对于"阿基里斯与龟"论证,罗素写道,"这个论证与前一个论证本质上是一样的。它表明,如果阿基里斯能追上龟,那必是从他起跑之后经过了无穷多的瞬间。这实际上是对的,但是认为无穷多的瞬间构成一个无限长的时间则是不对的,因此不能得出阿基里斯永远追不上龟的结论。"③他认为"两分法"和"阿基里斯与龟"都涉及了几何级数,论证隐藏的错误前提是:无穷集合不可能,"不可能有任何东西超出整个没有终结的系列"④。然而,在无限系列的整体之外,无限项之和是有限的。

按照罗素的思想,利用无穷集合的理论,还能更精致地解决"阿基里斯与龟"悖论。

> 我们必须承认,从起点到终点的赛跑中,龟跑过的点与阿基里斯跑过的点一样多。因为在赛跑中这段时间的每一时刻,他们各自要占据一个确切的位置。因此,龟所通过的无穷多个点的集合,与阿基里斯所通过的无穷的点的集合,两者之间有一种一一对应关系。但是说什么因为他必须跑过更长的距离才能赢得赛跑,所以他必须比龟跑过更多的点,则是错误的!因为就我们现在所知道的那样,阿基里斯必须跑过的那一条较长线段上点的数量,与龟所跑过的线段上点的数量是相同的。我们必须再次注意到这样的事实:一条线段上的点的数量与其长度无关!简而言之,正是康托尔的无穷集合理论解决了阿基里斯与龟这个问题,而且拯救了我们的时空数学理论。⑤

正是基于罗素的观点,1998 年出版的《不列颠百科全书》(第 15 版)的

---

① 黑格尔:《哲学史讲演录》第一卷,贺麟、王太庆译,商务印书馆 1959 年版,第 288—289 页。
② 黑格尔在《自然哲学》中写道:"芝诺的悖论否认了运动,如果把地点弄成孤立的空间点,把瞬间弄成孤立的时间点,这个悖论就不可能解决;这个悖论的解决,即运动,只能理解为这样:空间和时间在自身都是连续的,自己运动的物体同时在同一个地点又不在同一个地点,即同时在另一个地点,同样,同一个时间点同时存在又不存在,即同时是另一个时间点。"(黑格尔:《自然哲学》,梁志学等译,商务印书馆 1980 年版,第 183 页)
③ 罗素:《我们关于外间世界的知识》,陈启伟译,上海译文出版社 1990 年版,第 130 页。
④ 同上书,第 136 页。
⑤ M. 克莱因:《西方文化中的数学》,张祖贵译,复旦大学出版社 2004 年版,第 403 页。

"芝诺"辞条写道:芝诺的"这些悖论对于逻辑和数学的严密性的发展是有贡献的,而且只有发展了连续和无穷的精确概念后,才有可能解决这些悖论"[1]。

对于"阿基里斯与龟"悖论的产生,柏格森的观点仍然是:"乃是由于人们把运动跟所经过的空间混为一谈"所致。他写道:"为什么阿基里斯的确跑到乌龟的前面去了呢? 这是由于阿基里斯的每一步和乌龟的每一步,从其为动作而言,都是各自不可分割的,但从其为空间的距离而言,又是彼此长短不齐的。因而在赛跑进行了一定时间之后,步数的相加会使阿基里斯所经过的空间,比乌龟所经过的空间加上阿基里斯所让它的那段路程,还较长些。当芝诺按照乌龟步法的规律来改造阿基里斯的行动时,他恰恰没有顾到这一点;他忘记了只有空间才是可照任何方式分开和重新合拢的,因而他把运动和空间混在一起。"[2]他还讲道:

> 许多哲学家都曾以不同方式反驳这一论证,这些方式差异甚大,以致于每种反驳都剥夺了其他反驳让人相信的权利。然而有一种简单的方法可以跨过这个难题:这最好是问阿基里斯自己。因为既然阿基里斯最终能赶上并超过乌龟,他应该比任何人都更清楚地知道,他是如何做到的。古代哲学家在走路时证明了运动的可能性,本来是对的:其唯一的错误在于仅仅作出动作,而未作出评价。于是,我们要求阿基里斯评论一下他的奔跑:也许,他会如是回复我们:"芝诺想要我从我以前停留的点到乌龟以前离开的点,再从乌龟以前离开的点到现在离开的点,如此等等;他就是这样让我奔跑的。对我而言,奔跑完全是另一个样子。我迈出第一步,接下来第二步,如此等等;最后,在一定数量的步伐之后,我只需再迈出一步,就可以超过乌龟。这样,我完成了一系列不可分的动作,我的奔跑就是这一系列动作。它包含了多少步,就可以分成多少个部分。如果像芝诺所说的那样进行,就是承认奔跑可以被任意地分解。"[3]

对于芝诺的"阿基里斯与龟"论证,我们的认识是:它与"两分法"论证所持的前提是完全一样的,即把物体的位移运动视为"能移动的物体在时

---

[1] 《不列颠百科全书》第18卷,中国大百科全书出版社1999年版,第474页。

[2] 柏格森:《时间与自由意志》,吴士栋译,商务印书馆1997年版,第76页。

[3] 柏格森:《思想与行动》,邓刚、李成季译,上海人民出版社2015年版,第145—146页。

间流程中穿越空间实现位置变化的过程"，包含着运动者、运动目标、穿越空间达到目标（位置变化），是由最终目标规定着的一个个"中间形式"交替构成的序列。只是"两分法"论证中"穿越空间要达到的目标"是固定的，而"阿基里斯与龟"论证中"穿越空间要达到的目标"则是一直在朝前移动的。正是基于对运动的这种理解，芝诺认为阿基里斯要追上龟这个移动着的目标，他必须跑到龟的出发点，这时龟已经往前爬行了一段；当阿基里斯跑到龟的第二个出发点时，龟又爬行了一小段，阿基里斯又得赶上这一小段，以至无穷。因此，阿基里斯只能无限地接近龟，但永远不能赶上它。这就把位移运动包含"运动目标、穿越空间达到目标"之意蕴的荒谬性，推演到极致。

当我们确立"物体的位移运动和物体的时空变化是同一的"的认识后，摈弃把位移运动视为"能移动的物体在时间流程中穿越空间实现位置变化的过程"的观念，将其修正为"能移动的物体（随时间）的相对位置变化过程"，芝诺的"阿基里斯与龟"悖论也就迎刃而解了。我们指出：既然物体的时空变化就是物体的位移运动，那么速度较快的位移运动也就是时空变换率较大的物质过程。因此，速度较快的运动物体，理应在相同的时间间隔中走过较长的距离，阿基里斯无论落后乌龟多远，但只要两者速度始终不变，他总是会追上乌龟的。这正如亚里士多德所总结的："较快的事物必然或（1）在相等的时间里通过较大的量，或（2）在较短的时间里通过相等的量，或（3）在较短的时间里通过较大的量。"[1]而伽利略基于对经验事实的归纳，提出了"以下四条公理。公理1：在同一匀速运动中，在较长时间间隔中通过的距离比在较短时间间隔中通过的距离大。公理2：在同一匀速运动中，通过较长距离所需的时间比通过较短距离所需的时间长。公理3：在同一时间间隔内，以大速度通过的距离比以小速度的通过的距离长。公理4：在相同的时间间隔内，通过一段较长的距离比通过一段较短的距离要求较大的速度。"[2]

透彻地重新解答芝诺的"阿基里斯与龟"悖论，还需要明确以下几点。

第一，在芝诺的"阿基里斯与龟"论证中，阿基里斯与龟是两个独立的相对于地面运动的物体，他们的"奔跑"与"爬行"动作使得他们产生了位置变化，这些位置变化就是他们各自的位移运动。既然位移运动本身是不包括目标要求的，而阿基里斯与龟的位移运动都是由自身的动作引起的——

---

① 亚里士多德：《物理学》，张竹明译，商务印书馆1982年版，第165页。

② 伽利略：《关于两门新科学的对话》，武际可译，北京大学出版社2006年版，第142页。

阿基里斯一大步一大步的朝前跑,乌龟一小步一小步地朝前爬——阿基里斯的时空变换率即速度比乌龟大得多;因此,无论阿基里斯落后乌龟多远,他最终都是能追上乌龟的。

第二,对于芝诺的"阿基里斯与龟"论证的不正当之处,亚里士多德、黑格尔、罗素等人的解答都流于表象,惟有柏格森的观点触及了一些本质的东西。柏格森指出了芝诺在论证中"按照乌龟步法的规律来改造阿基里斯的行动"是不正当的。从本质上讲,芝诺在论证中"按照乌龟步法的规律来改造阿基里斯的行动",是把阿基里斯的"匀速运动"偷换成"减速运动",使其奔跑速度不断趋向于乌龟爬行速度——在无限长的时间后等同于乌龟爬行速度,从而"令"阿基里斯只能无限接近于龟永远也追不上龟。然而,阿基里斯的位置变化率即速度的大小,是由他的动作所决定的,是与乌龟爬行过程没有关系的;因此,"按照乌龟步法的规律来改造阿基里斯的行动"是错误的,不能"令"阿基里斯不断减速而跟在乌龟后面"一步一趋"。阿基里斯只要闭上眼睛跑步,那么他就会在"不知不觉"中"超过"乌龟了。

第三,阿基里斯论证的关键点在于跑得快的不可能"超过"跑得慢的,而罗素的解答只是说跑得快的能"追上"跑得慢的;即是说,在罗素的"数理逻辑"中,阿基里斯并没有"超过"乌龟半步。

三、对"飞矢不动"论证的新解答

亚里士多德在《物理学》第六章第九节谈论了"阿基里斯与龟"论证之后,紧接着写道:"第三个论证就是刚才所说的:飞着的箭静止着。这个结论是因为把时间当作是由'现在'合成的而引起的,如果不肯定这个前提,这个结论是不会出现的。"[①]他所谓的"刚才所说的",既包括他在第六章第八节的议论,也包括在第九节开篇时的议论。

在《物理学》第六章第八节中,亚里士多德写道:

> 既然任何运动事物都是在时间里运动,并且从一事物处变到另一事物处,那么运动事物在时间里——指它的运动所经的直接时间,不是指包括直接时间在内的一个较长的时间——是不可能和某一固定不动的事物整个地相对着的。因为一个能运动的事物(无论是它自身整个的还是它的每一部分)如果经过一段时间之后还是在原处,它就

---

① 　亚里士多德:《物理学》,张竹明译,商务印书馆1982年版,第192页。

是静止着而不是在运动,因为,当我们说一个能运动的事物(无论是它
本身整体还是它的各部分)在另一个"现在"里还是在原处是说得正确
的时,我们就说这个事物静止着。如果"静止着"的涵义是这样,那么
变化着的事物在直接时间里和某一固定不动的事物整个地相对着是
不可能的(因为整个的时间是可分的),因此,说一个事物(无论是它本
身整体还是它的各部分)"在时间的一个一个的部分里仍在原处"这句
话是说得并不错的。因为,如果不是这样,而是只有在"一个现在"里
能在原处的话,那么事物就不是在一段时间里而是在时间的一个点上
和某一固定的事物相对着了。在"现在"里它的确总是和一固定的事
物相对着的,不过这不能算是静止——因为在任何一个"现在"里既
不能有运动也不能有静止。因此,一方面,说运动着的事物在"现在"
里和某一固定不动的事物相对着不在运动是正确的,但另一方面,不
能说它在一段时间里和静止着的事物相对着,因为否则就会有这样的
事情出现了:一个正在位移着的事物静止着。①

上述引文的最后一句话"一个正在位移着的事物静止着",亦即第六章
第八节的最后一句话,说的就是"飞矢不动"。而在第六章第九节的开篇
处,亚里士多德写道:

芝诺的论证是错误的。他说:如果任何事物,当它是在一个和自
己大小相同的空间里时(没有越出它),它是静止着,如果位移的事物
总是在"现在"里占存这样一个空间,那么飞着的箭是不动的。他的这
个说法是错误的,因为时间不是由不可分的"现在"组成的,正如别的
任何量也都不是由不可分的部分组合成的那样。②

两千多年后,康德在 1786 年出版的《自然科学的形而上学初始根据》
一书中,以自己的方式重新表述了亚里士多德的认识;不仅支持了亚里士
多德的认识,而且使亚里士多德的认识更加明确化。对应着亚里士多德所
说"既然任何运动事物都是在时间里运动,并且从一事物处变到另一事物
处","如果任何事物,当它是在一个和自己大小相同的空间里时(没有越出
它),它是静止着",康德写道:"一个事物的运动就是该事物与一个已知空

① 亚里士多德:《物理学》,张竹明译,商务印书馆 1982 年版,第 190 页。
② 同上书,第 190—191 页。

间的外部关系的改变"，"惟有对一个运动的、亦即物理学的点人们才能说：运动在任何时候都是地点的改变。"①他把亚里士多德对"飞矢不动"的议论概括为："一个处在运动中的物体在它通过的线的任何一个点上都存在一个瞬间。现在问题是：它在这个瞬间是静止的还是运动的？毫无疑问，人们将说后者；因为只是就它在运动而言它才在这个点上在场。"②

康德对"飞矢不动"问题的解答，是通过明确给出"静止"的定义——"静止就是在同一地点的持久在场；而实存一段时间、亦即持续一段时间的东西，就是持久的"③——来实现的。他最根本的观点是：静止不能用运动的缺乏（位移为零）来解释，而是用在同一地点的持久在场来解释，因为"同一地点的持久在场""这个概念也可以用以无限小速度经过一个有限时间的运动表象来构想"④。在康德的思想中，位移运动存在的方式就是物体在确定的相对空间中的位置变化。相对空间选定后，如果物体的空间位置发生变化，那么物体是在运动；如果物体的空间位置没有发生变化，那么物体就是静止的。这是基于概念逻辑对运动与静止的区分；我们不能说一个物体相对于特定的空间既是静止的也是运动的，否则就是一个逻辑矛盾。物体的位移运动是用时间和空间概念来进行描述的，"时间是一个连续的量，是宇宙变化中的连续律的本原"⑤，位置变化也是连续的过程；物体实现较大位置变化，总是通过较小的位置变化逐步形成的。于是，"一个处在运动中的物体在它通过的线的任何一个点上都存在一个瞬间"⑥，亦即在物体的位置随时间变化之运动过程中，物体在每一个瞬间都在一个确定的地方；对此，我们不能说它是静止的，因为"静止"是在贯穿某个有限时段（不论如何短暂）的一切瞬间都处于同一位置，即"同一地点的持久在场"。⑦

---

① 《康德自然哲学文集》（注释版）上卷，李秋零译注，中国人民大学出版社 2016 年版，第286 页。

② 同上书，第 289 页。康德在 1770 年的《论可感世界与理知世界的形式及其原则》一文中写道：空间和时间"这两个概念之被考虑，本来一个是为了对象的直观，另一个是为了状态的直观，尤其是表象状态的直观。因此，人们还把空间也作为形象运用于时间的概念，用一条线来表现它，用点来表示它的界限（瞬间）。"（李秋零主编：《康德著作全集》第 2卷，中国人民大学出版社 2004 年版，第 414 页）

③ 同上书，第 289 页。

④ 同上书，第 290—291 页。

⑤ 李秋零主编：《康德著作全集》第 2 卷，中国人民大学出版社 2004 年版，第 406 页。

⑥ 《康德自然哲学文集》（注释版）上卷，李秋零译注，中国人民大学出版社 2016 年版，第289 页。

⑦ 文兴吾：《康德对"飞矢不动"悖论解答的思想脉络与历史意义》，《学术论坛》2020 年第4 期，第 5 页。

康德对"飞矢不动"问题的解答方式,为罗素传承和发展。罗素在1915年写道:"在某个瞬间,运动的物体就在它所在的地方,如芝诺所说的飞矢的情形;但是我们不能说,它在这个瞬间是静止的,因为这个瞬间并非持续一个有限的时间,而且这个瞬间也没有开端和终点以及介乎二者之间的间隔。静止在贯穿某个有限时段(不论如何短暂)的一切瞬间都处于同一位置;它并不单纯是一个物体在某个瞬间在它所在的地方。"①

然而,必须明确:康德对"静止"给出的"定义"——"静止就是在同一地点的持久在场;而实存一段时间、亦即持续一段时间的东西,就是持久的"——仅仅是给出了静止的表象,而没有把握静止状态的本质,因为与"瞬间""时段"相关联的"静止就是在同一地点的持久在场"一语是有歧义的。本书的第二章已经谈到:美国国家标准技术研究院(NIST)C. W. Chou等研制的铝原子钟,精准度为运行37亿年后误差不超过±1秒。②"37亿年误差不超过1秒",即能够把瞬间分割到"37亿年分之一秒";这是百分之一秒、千分之一秒、万分之一秒不能同日而语的。这就把"潜在的无限小瞬间"变成了"现实的无限小瞬间"。用直觉来理解"持续一段时间的东西,就是持久的",会以为它们的含义是清楚的;然而,事实上却是不清楚的:持续百分之一秒与持续千分之一秒、万分之一秒乃至37亿年分之一秒,都可以说成"持续一段时间的东西,就是持久的"。因此,"同一地点的持久在场"只是一种停留在"表象思维"的表述。应该明确,对于选定的相对空间而言,物体处于静止状态的本质特征是:"物体的运动速度为零"与"物体所受合外力为零"。

同样,康德对"运动"给出的"定义"也是停留于"表象思维"的。康德对物体位移运动的概念表达及定义是:"一个事物的运动就是该事物与一个已知空间的外部关系的改变"③,"运动就是位置的改变。"④一如对"静止"的定义着力于描述"不动",对"运动"的定义则着力于"动"的描述与诠释上。那么,何以给出反映物体位移运动本质的概念表达及定义呢?认真研读康德1746年完成的论文《关于活力的真正测算的思想:以及对莱布尼茨先生和其他力学家在这一有争执问题上所使用的证明的评判,包括一些主

---

① 罗素:《我们关于外间世界的知识》,陈启伟译,上海译文出版社1990年版,第101—102页。

② C. W. Chou, D. B. Hume, T. Rosenband, et al. "Optical Clocks and Relativity". *Science*, 2010, 329(5999):pp1630—1633.

③ 《康德自然哲学文集》(注释版)上卷,李秋零译注,中国人民大学出版社2016年版,第286页。

④ 《康德自然哲学文集》(注释版)下卷,李秋零译注,中国人民大学出版社2016年版,第289页。

要涉及物体的力的先行性考察》①，以及恩格斯在 1880—1881 年间写下的《运动的量度。——功》②一文，重视恩格斯的如下论断："机械运动确实有两重量度……mv 是在机械运动中量度的机械运动；$mv^2/2$ 是在机械运动转化为一定量的其他形式的运动的能力方面来量度的机械运动"③，"隐含在一定量的机械运动中的作功能力，叫做这一机械运动的活力"④；我们也就可以给出完整地反映"机械-位移运动"本质的表达：机械-位移运动是物体之间具有作功能力（动能）的相对位置变化过程。⑤从这种表达中，我们可以得到一个陈述：如果一个物体相对于某参照物（参考系）运动，那么存在着两个可测量的性质，其一是位置变化，其二是有作功的能力，以至于在这个参照物（参考系）看来：该物体因其运动而具有运动量为 $mv^2/2$（动能）或 mv（动量）。

有了对机械-位移运动本质的表述，也就能够对位移运动的连续性作出科学的、合理的表达：位移运动的连续性，是指相对运动的物体系统在没有新的外部作用条件下，保持原有的运动量（动量与动能）不变的性质；若有新的外部作用，物体系统的运动量也始终不为零。因此，对于"康德问题"——"一个处在运动中的物体在它通过的线的任何一个点上都存在一个瞬间。现在问题是：它在这个瞬间是静止的还是运动的？"⑥——回答是简单而直接的：既然物体处在运动中，那么它在通过的线的任何一个点上都是运动的，因为它的"运动量"（动能）是不为零的，从而它的运动也是连续的。进一步讲：位移运动是物体位置正在变化的状态，而（相对）静止是物体运动量与所受合外力为零的一个特殊状况。⑦

对于芝诺的"飞矢不动"论证，我们的认识是：它与"两分法""阿基里斯与龟"论证所持的前提是完全一样的，即把物体的位移运动视为"能移动的物体在时间流程中穿越空间实现位置变化的过程"。"飞矢不动"论证是这样作出的：飞着的箭，作为能移动的物体，在穿越空间实现位置变化的过程

---

① 《康德自然哲学文集》（注释版）上卷，李秋零译注，中国人民大学出版社 2016 年版，第 7—154 页。
② 恩格斯：《自然辩证法》，于光远等译编，人民出版社 1984 年，第 173—188 页。
③ 同上书，第 184 页。
④ 同上书，第 186 页。
⑤ 文兴吾：《位移运动的矛盾问题：辩证唯物主义哲学体系基础问题研究》，《学术论坛》2017 年第 6 期，第 98 页。
⑥ 《康德自然哲学文集》（注释版）上卷，李秋零译注，中国人民大学出版社 2016 年版，第 289 页。
⑦ 文兴吾：《康德对"飞矢不动"悖论解答的思想脉络与历史意义》，《学术论坛》2020 年第 4 期，第 6—7 页。

中,随着时间的流逝与一个又一个静止的空间地点"相重合"——既然"任何事物,当它是在一个和自己大小相同的空间里时(没有越出它),它是静止着,如果位移的事物总是在'现在'里占存这样一个空间,那么飞着的箭是不动的。"①从积极的意义上讲,芝诺的"飞矢不动"论证要求人们:对于位移运动中的相对运动与相对静止的认识,不能停留于"动"与"不动"的表象,必须给出明确的概念表达,找到一种可靠地把运动与静止区分开来的标志。然而,亚里士多德、康德、罗素把运动与静止区分,建立在"瞬间"与"时段"的区分之上,是经不起理性分析的。

下面的"时间悖论",足以说明亚里士多德、康德、罗素对芝诺"飞矢不动"悖论的解答是虚假的。

(1) 1 000 秒的时长是"时段"而不是"瞬间";

(2) 如果有 N 秒时长是"时段"而不是"瞬间",那么有 N-1 秒时长也是"时段"而不是"瞬间";

(3) 所以,0 秒时长是"时段"而不是"瞬间"。

在亚里士多德、康德、罗素的观念中,时间与空间是连续的,因此,既不可能为"时段"与"瞬间"的内涵构造一个严格的定义,也不可能为其外延界定一个明确的划分。人们解释这些词的含义,必须依赖于具体的语言环境;判定这些词是否被满足,必须借助于具体的经验背景。换言之,"时段"与"瞬间"这些词"就自身而言要么根本不能给我们提供感觉,要么不能给我们提供感觉的任何确定的对象"②。

应该明确,对于物体运动的量,康德在 1786 年出版《自然科学的形而上学初始根据》一书中已经写道:

物体运动的量处在由其物质的量和其速度的量的关系组合而成的关系中……从这里首先产生出表面上是运动学关于一个运动的量的概念,即由相互外在、但毕竟结合在一个整体中的运动点的许多运动组合而成。现在,如果这些点被设想为某种通过自己的运动而具有运动力的东西,那么,从中就产生出力学关于运动的量的概念。……

---

① 亚里士多德:《物理学》,张竹明译,商务印书馆 1982 年版,第 190—191 页。
② 《康德自然哲学文集》(注释版)上卷,李秋零译注,中国人民大学出版社 2016 年版,第315 页。

那些仅仅把一个被阻抗所充实的空间的大小（例如，一个物体以某个速度抵抗重力而能够上升到的高度，或者它在柔软物质中所能够进入到的深度）假定为整个结果的尺度的人，在现实的运动方面造成了运动力的另一个规律，亦即由物质的量和其速度的平方的关系组合而成的关系的规律……所以，如果在力学上考察运动力，也就是把它看作物体自身运动起来时所拥有的那种力，而不管其运动的速度是有限小还是无限小（仅仅是运动的努力），那么在活力和静力之间也不可能有任何区别；毋宁说，如果静力和活力两种称呼真的还值得保留的话，那么，人们就可以更为适当得多地把完全抽掉物质自己的运动，甚至也完全抽掉运动的努力时物质用来作用于另一物质的力，亦即动力学的源始的运动力称为静力，反之把力学上、亦即通过自己的运动的运动力称为活力，而不考虑速度的区别，哪怕其程度无限地小。①

但是，康德对物体运动的量的认识却未被包括罗素在内的后继者们所重视。那么，罗素建立在康托尔无穷数理论之上的对位移运动的描述是否有效地解决了芝诺"飞矢不动"悖论呢？回答是否定的。

罗素把位移运动简化成为一种函数关系，其中包括两组独立存在的无限密集的场位和瞬间。他依据康托尔的无穷数理论提出，运动着的物体所经过的路程是非间断的，这在数学上表现为连续曲线上没有"相邻"的两点，任意两点之间都存在着无数多的点，然而路程上的每一个点又是间断的，即是某一个点而不是另一个点；同样，把任何瞬间看作"下一"瞬间是毫无意义的，因为根据非间断性的概念，在任何两个瞬间之间，常常有密集在一起的无数个瞬间。当人们问：运动着的矢是怎样从某个 A 点到达某个 B 点的？回答是：它是通过在相应的时间上，根据一定的场位和时间之间的函数关系，占有所有的介入场位而到达 B 点的。罗素写道：

> 在一个连续的运动中，我们要说运动的物体在任一给定的瞬间占据某一位置，在其他瞬间占据其他位置；任何两个瞬间之间的间隔和任何两个位置之间的间隔都是有限的，但是运动的连续性却表现在下面这个事实，即我们所取的两个位置和两个瞬间不论如何接近，总有

---

① 《康德自然哲学文集》（注释版）上卷，李秋零译注，中国人民大学出版社 2016 年版，第 342—343 页。

无穷多更接近的位置在亦更接近的那些瞬间被占据……①

我们看到很难不假定,箭矢在飞行时在下一个瞬间占据下一个位置;但是事实上并没有下一个位置,也没有下一个瞬间,一旦在想象上领悟了这一点,就可看到这个困难消失了。②

作为罗素这些观点的支持者,美国哲学家萨蒙(Wesley Charles Salmon)认为:这种场位和瞬间对应的概念,使得罗素做出了措辞虽然"过份戏剧化但基本上是正确的"评论,说芝诺的飞矢"在它飞行的每一个瞬间上确实是静止的"。萨蒙解释说:"静止和运动的区别,只有当我们考虑物体在若干不同的瞬间上所处的场位时才产生。这就是说,除了在相应的时间处于相应的地方以外,没有任何更多的由此到彼的运动过程。在这种意义上,假设运动由不动所构成,并不荒谬。"③卡尔·B.波耶则写道:"数学不能指出运动是否连续,因为它只是研究假设的关系,可以使它的变量随意地为连续或不连续。芝诺的疑难是由于没有精确认识这一事实,以及对问题缺乏精确的说明而产生的结果。运动的动态直观与静态的连续性概念混淆一起。前者是实证的科学描述,而后者只是先验的数学定义。因此,前者可以启发我们用连续变量对运动作出数学的定义,但由于感性认识的局限性,不能证明必须这样定义。如果芝诺疑难用连续变量,以及所导出的极限概念、导数和积分等的精确数学术语作出叙述,则其外表的矛盾就自行消失了。"④

从上可见,空间和时间由两组独立存在的无限密集的场位和瞬间构成,是罗素为了消解芝诺运动悖论,运用康托尔的无穷数理论作出的"特设性假设";由此将运动这个概念与一种不动的连续系列完全等同,把"假设运动由不动所构成,并不荒谬"作为研究结论,用于回答芝诺的"飞矢不动"论证。这种解答,无外乎是说:动态的连续的位移运动本身是由静态的连续的"不动"所组成,这是位移运动的一种本质特征;芝诺对此大惊小怪,"是由于没有精确认识这一事实,以及对问题缺乏精确的说明而产生的结果"。毋庸讳言,这是将数学理论与现实的物理问题抽象地结合而得出的

① 罗素:《我们关于外间世界的知识》,陈启伟译,上海译文出版社 1990 年版,第 101 页。
② 同上书,第 130—131 页。
③ 转引自 E.马奎(克)特(Erwin Marquit):《非间断空间和分立空间运动的辩证法》,《国外社会科学》1980 年第 9 期,第 25 页。
④ 卡尔·B.波耶:《微积分概念史》,上海师范大学数学系翻译组译,上海人民出版社 1977 年版,第 310 页。

结论。

运动和静止，是人类对事物"动"与"不动"、位置"变"与"不变"的感性直观的常识经验的概念表达。梅洛-庞蒂指出："人们反驳芝诺的论证，说不应该把运动当作在一系列不连续瞬间中依次占据的一系列不连续位置，说空间和时间不是由离散成分的聚集构成的，是徒劳的。……即使人们发明一种数学工具来研究无限的位置和瞬间，人们也不能在同一的运动物体中设想始终处在最接近的两个瞬间和两个位置之间的转变活动本身。"①如此"思考运动时，我不理解运动能为我开始，能作为现象呈现给我"②，"最终也就没有任何办法能把本义的运动归因于'运动物体'"③。换言之，罗素、萨蒙将运动这个概念与一种不动的连续系列完全等同，"就自身而言要么根本不能给我们提供感觉，要么不能给我们提供感觉的任何确定的对象"④；因此，不能认为其有效地解决了芝诺"飞矢不动"悖论。

下面，我们把罗素的"空间和时间由两组独立存在的无限密集的场位和瞬间构成"的观点与相对论时空观结合起来，看看将其用于对具体的位移运动过程的描述，应该得到什么样的结论。

如前所述，狭义相对论的建立在历史上提出了相对论时空观，要旨是：时间和空间不是实体，而是用于表征物体运动的两个基本概念，这两个基本概念的物理操作对应物就是时钟与量杆，即用一个由无数刚性杆尺和理想钟所组成的系综来表征空间与时间。按照爱因斯坦"时钟—量杆"参照系（坐标系）理论，"物体位置移动而构成的现实过程——其次序和持续由钟的指针与刻度盘上的刻度相重合所指示的数和指针移动完成的同期数来表征；其到达的位置和通过的距离由尺上的刻度以及刻度间隔来表征⑤。爱因斯坦"时钟—量杆"参照系（坐标系）理论不仅给出了无歧义的"时间""位置"概念定义，同时也给出了被描述运动物体的"时间""位置"的操作定义，即"记录重合"——对"时间空间的一切确定，总是归结到对时间空间上的重合所作的测定。……我们的量度结果无非是确定我们量杆上的质点同别的质点的这种会合，确定时钟的指针、钟面标度盘上的点，以及所观察到的同一地点和同一时间发生的点事件三者的重合"⑥。把罗素的

①　莫里斯·梅洛-庞蒂：《知觉现象学》，姜志辉译，商务印书馆 2001 年版，第 341—342 页。
②　同上书，第 342 页。
③　同上书，第 341 页。
④　《康德自然哲学文集》（注释版）上卷，李秋零译注，中国人民大学出版社 2016 年版，第 315 页。
⑤　文兴吾：《相对论时空理论及其评价再探讨》，《哲学研究》1989 年第 12 期，第 36 页。
⑥　《爱因斯坦文集》第二卷，范岱年等编译，商务印书馆 1977 年版，第 285 页。

"空间和时间由两组独立存在的无限密集的场位和瞬间构成"的观点与爱因斯坦的"时钟—量杆"参照系(坐标系)理论相结合,亦即:刚性杆尺的任意两点之间,都存在着无穷多个点和无穷多个由爱因斯坦"对钟程序"同步的理想的时钟。现在,我们把柏格森谈论的一个思想实验①介入其中:

我们设想有一根无限长的直线,上面安放着由爱因斯坦"对钟程序"同步的无数理想的时钟,并想象有一点 A(一种物质)在直线上移动,使"一个处在运动中的物体在它通过的线的任何一个点上都存在一个瞬间"②。

对于柏格森所言——"如果 A 对自己有知觉,则它会觉得自己在变,因为它在动;它会觉得有东西在陆续出现,但是这番陆续出现在它的意识里会具有一根线条的形式吗? 如果 A 能(好比说)上升到它所经过线条的上方,并且同时看到线条上并排置列着的几个点,那么,毫无疑问,陆续出现会有线条的形式。但是 A 若这样做,A 就会形成关于空间的观念;它就会看出,它所经历的种种变化呈现在空间内,而不呈现在绵延中"③——我们可以合理地引出如下认识:当参照物或坐标系被确定之后,物体 A 由此及彼的位置变化(位移运动)是由物体 A 通过空间的动作所决定的,亦即物体 A 的位移运动的"动态过程"根源于物体 A 通过空间的"运动"动作。因此,我们不能因为对位移运动连续的"动态过程"采用了静态的空间和时间的连续性描述,就说"动态的连续的位移运动本身是由静态的连续的'不动'所组成";正如我们不能因为用黑白胶卷对大自然拍照,就说大自然是黑白的,用三色胶片去透视大自然,就说大自然是三色的。

说到底,罗素对芝诺"飞矢不动"悖论的解答是建立在一个基本混淆的基础上,即把物体位移运动的连续性与描述物体位移运动的空间和时间概念的连续性相等同。罗素所言"运动表示如下事实:物体在不同时间可以在不同地点,无论时间多么接近,所在地方仍可不同"④,"在一个连续的运动中,我们要说运动的物体在任一给定的瞬间占据某一位置,在其他瞬间占据其他位置;任何两个瞬间之间的间隔和任何两个位置之间的间隔都是有限的,但是运动的连续性却表现在下面这个事实,即我们所取的两个位置和两个瞬间不论如何接近,总有无穷多更接近的位置在亦更接近的那些

① 柏格森:《时间与自由意志》,吴士栋译,商务印书馆 1997 年版,第 69 页。
② 《康德自然哲学文集》(注释版)上卷,李秋零译注,中国人民大学出版社 2016 年版,第 289 页。
③ 柏格森:《时间与自由意志》,吴士栋译,商务印书馆 1997 年版,第 69 页。
④ 罗素:《西方哲学史》下卷,马元德译,商务印书馆 1976 年版,第 361 页。

瞬间被占据"[①]，仅仅在说运用具有连续性的空间和时间概念对"物体位置变化的动态表象"的描述，并没有阐明物体位移运动的连续性的本质。按照近现代科学，位移运动是物体之间具有动量与动能的相互位置变化过程；位移运动的连续性是指物体系统在没有新的外部作用条件下保持原有的运动量（动量与动能）不变的性质，若有新的外部作用，物体系统的运动量也始终不为零。[②]物体位移运动的连续性，本质上是指物体位移运动持续存在而未中断。两千多年前亚里士多德就写道："如果是连续的运动，也必然是一个。因为，不是任何一个运动都能和任何一个另外的运动相连续的，正如决不可能在任何两个偶然事物之间有连续性，只有那些其外限是同一的事物才有连续性一样……运动的连续性要求运动自身是连续的……在时间方面没有中途的停顿，因为运动中断就必然是静止。中途有静止的运动是两个（或更多）而不是一个，因此，如果有某运动被静止所打断，它就不是一个，也不连续"[③]。而物体只要在作位移运动，它的运动量就一定不为零，它就一定是"在不同时间可以在不同地点，无论时间多么接近，所在地方仍可不同"；物体位移运动中的相对静止的本质特征是物体的运动量为零且所受合外力也为零，从而物体在不同的时间都在相同的地点。换言之，芝诺"飞矢不动"悖论不能简单地从"空间和时间由两组独立存在的无限密集的场位和瞬间所组成"的观点来解答，而必须从作位移运动的物体的运动量始终存在（即不为零）来澄清。

透彻地重新解答芝诺的"飞矢不动"悖论，还需要评说黑格尔与柏格森的观点。

黑格尔对芝诺"飞矢不动"悖论的解答，是从他的客观唯心主义体系中"演绎"出来的。在黑格尔的理论中，空间是己外存在的肯定形式，时间是己外存在的否定形式，空间和时间都是间断性与连续性的统一；于是，空间必然过渡到时间，时间必然过渡到空间。由于空间在时间中和时间在空间中的这种消逝和自我再生是一个过程，这个过程就是运动。这种思想、概念的运动，"外化为"客观实在的位移运动的"本质"，黑格尔是通过提出"空间与时间的统一、此处与此刻的统一、物体与空间时间的'三位一体'的统一"的"位置"概念实现的；即客观实在的位移运动就是前后不同位置之间相互联系的过程。于是，黑格尔阐明了物体的"位置变化"与物体的机械-

---

① 罗素：《我们关于外间世界的知识》，陈启伟译，上海译文出版社1990年版，第101页。

② 文兴吾：《位移运动的矛盾问题：辩证唯物主义哲学体系基础问题研究》，《学术论坛》2017年第6期，第98页。

③ 亚里士多德：《物理学》，张竹明译，商务印书馆1982年版，第152—153页。

位移运动是同一的,也阐明了物体的位置变化是间断性与连续性的统一。黑格尔写道:

> 运动,只能理解为这样:空间和时间在自身都是连续的,自己运动的物体同时在同一个地点又不在同一个地点,即同时在另一个地点,同样,同一个时间点同时存在又不存在,即同时是另一个时间点。①
>
> 一个位置仅仅指向另一个位置,从而扬弃自身,变成另一个位置;但差别也是一种被扬弃的差别。每个位置就其本身而言,仅仅是这个位置,这就是说,两个位置是彼此等同的……某物占据着它的位置,改变着它的位置,因而形成另一个位置;但是,某物一如既往地占据着它的位置,没有离开它的位置。芝诺说,运动应该是变换位置,然而飞矢没有离开它的位置;他在这样证明没有运动时,就说出了位置固有的这种辩证法。②
>
> 在此处、此刻本身内是没有区别的。在空间内,这一点和那一点同样是一个此处,这个是此处,这个是此处,而另一个又是此处……;而这个"此处"永远是同一的"此处",它们彼此间完全没有区别。所以,在这里,"此处"的连续性,相同性就有效准地建立起来以与复多的"意见"相反对了。每一个地点都是不同的地点,——因此也是同一的。③

黑格尔对芝诺的飞矢不动悖论的解答,与罗素的解答有着基本的一致性:都致力于把时间空间的间断性与时间空间的连续性有效地统一起来,并从时间空间的连续性得出位移运动的连续性。罗素把时间空间的间断性与时间空间的连续性统一起来,运用的是康托尔的无穷数理论,指出任何两个瞬间(时点)或者两个地点之间都存在着无数多个点;即通过康托尔的无穷数理论,提出空间和时间由两组独立存在的无限密集的场位和瞬间构成的假设,把时间空间的间断性与时间空间的连续性统一起来。黑格尔则是从空间和时间的概念定义的差异及其过渡来实现的。黑格尔说:"自然界最初的或直接的规定性是其己外存在的抽象的普遍性,是这种存在的没有中介的无差别性,也就是空间。空间是己外存在,因此空间构成完全

---

① 黑格尔:《自然哲学》,梁志学等译,商务印书馆1980年版,第183页。
② 同上书,第58页。
③ 黑格尔:《哲学史讲演录》第一卷,贺麟、王太庆译,商务印书馆1959年版,第290页。

观念的、相互并列的东西；这种相互外在的东西还是完全抽象的，内部没有任何确定的差别，因此空间就是完全连续的"①，"时间是那种存在的时候不存在，不存在的时候存在的存在，是被直观的变易；这就是说，时间和各种确实是完全瞬间的，即直接自我扬弃的差别"②。黑格尔关于空间和时间的论述旨在按照它们各自的特点推演它们的相互过渡，而过渡的终了显现出"时间和空间的本质就是运动"，显现出空间和时间相统一的"位置"的间断性和连续性的统一。既然位置的变化即运动，而黑格尔指出了"两个位置是彼此等同的"，或者说任何两个位置之间存在着无限多个相同的位置，这也正是罗素的"任何两个瞬间（时点）或者两个地点之间都存在着无数多个点"的观点，即黑格尔和罗素都把"两个位置的不可区分"看成"位置变化的连续性"，进而认为这就是"位移运动的连续性"的表征。由于"某物一如既往地占据着它的位置，没有离开它的位置"，于是动态的连续的位移运动本身是由静态的连续的"不动"所组成——"芝诺的疑难是由于没有精确认识这一事实，以及对问题缺乏精确的说明而产生的结果。"③——黑格尔和罗素"殊途同归"。在我们指出"罗素对芝诺'飞矢不动'悖论的解答是建立在一个基本混淆的基础上，即把物体位移运动的连续性与描述物体位移运动的空间和时间概念的连续性相等同"之后，这种认识同样适用于批评黑格尔。更有甚者，黑格尔从时间空间是间断性与连续性的统一，提出了物体位移运动是间断性与连续性的统一；这是罗素绝不会作出的，因为它是没有任何现实的指称对象。它只是黑格尔以客观唯心主义思想为基础、依据他那种独特的推演方式得出的、为解答芝诺运动悖论而"杜撰"出来的一个判断。

　　柏格森对芝诺"飞矢不动"悖论的解答，与他对"两分法"和"阿基里斯与龟"的解答一样，认为"乃是由于人们把运动跟所经过的空间混为一谈"④而产生的谬误。他写道："同样的错误也出现在芝诺的第三个论证（箭矢）里，但表现得更加明显。这个错误出现在这样的结论里：由于可以划分出一个运动实体路径上的每一个点，我们就有权在这个实体运动的绵延里分割出一个个不可划分的瞬间。"⑤他还写道：

---

①　黑格尔：《自然哲学》，梁志学等译，商务印书馆 1980 年版，第 39—40 页。

②　同上书，第 47 页。

③　卡尔·B. 波耶：《微积分概念史》，上海师范大学数学系翻译组译，上海人民出版社 1977 年版，第 310 页。

④　柏格森：《时间与自由意志》，吴士栋译，商务印书馆 1997 年版，第 76 页。

⑤　柏格森：《材料与记忆》，肖聿译，华夏出版社 1999 年版，第 172 页。

芝诺说,箭矢在每个瞬间都是静止的,因为它没有时间去移动,也就是说,没有时间去占据至少两个连续的位置,除非至少有两个瞬间允许它如此。因此,在一个既定瞬间里,箭矢便停止在一个既定的点上。箭矢前进的每一个点都是静止的,因此,在它运动的全部时间里,箭矢都是静止的。……实际上,倘若箭矢离开 A 点,下落到了 B 点,那么,它的运动 AB(只要它还是运动)就像发射这个箭矢的弓的张力一样简单,一样不可分解……我们虽然能任意分割这个一次性地创造出来的轨道,却无法分割对它的创造,因为那是个正在进展的行动,而不是个事物。假定运动的实体存在于其进程的一点上,这就是将其进程在这一点上剪断,分割了这个进程,就是用两个轨道代替了我们最初考察的那一个轨道。这就是区分出了两个连续的行动,而根据假定,本来只有一个行动。①

柏格森对芝诺"飞矢不动"悖论的解答,也是建立在一个基本混淆的基础之上的,这就是:把物体的"行动"即"运动动作",与物体的位置变化的"位移运动"相等同。然而,现实的情况正相反:两者是不相等同的。前面已谈到,我们在房间中的跑步机上跑步,尽管一大步、一大步地"向前方"跑去,累得满头大汗;但是,我们仍然是处于"原地",在房间中并没有任何位置变化。这正是笛卡尔所言"我所以说运动是指那转移过程,不是指那能转移的力量或动作"②。对于柏格森所说"倘若箭矢离开 A 点,下落到了 B 点,那么,它的运动 AB(只要它还是运动)就像发射这个箭矢的弓的张力一样简单,一样不可分解",我们指出:箭矢被弓的张力射出,这是将弓的弹性势能转变为箭矢向前运动的动能,这个"运动形式转变过程和能量转换过程"是"不可分解"的。但是,"箭矢离开 A 点,下落到了 B 点"且最终掉到地上的这个"位移运动"过程,则是可分解的;因为箭矢之所以会掉到地上,正是由于箭矢在与空气粒子的碰撞和摩擦中,其动能被部分"分解"并转化成热能。换言之,如果箭矢的"位移运动"过程不可分解,箭矢就不会由运动转变为静止了。

四、对"一半等于一倍"论证的新解答

芝诺否认运动存在的第四个论证,即"一半(时间)等于一倍(时间)"悖

---

① 柏格森:《创造进化论》,肖聿译,华夏出版社 2000 年版,第 266—267 页。
② 笛卡尔:《哲学原理》,关文运译,商务印书馆 1958 年版,第 46 页。

论,也是亚里士多德在《物理学》第六章第九节转述的。亚里士多德说,芝诺之所以会得出这个错误的结论,是由于芝诺"把一个运动的事物经过另一个运动事物和以同速度经过同大小的静止事物所花的时间看作是相等的"①造成的。亚里士多德的这种观点也得到了黑格尔的认同。然而,现代的不少论者认为,亚里士多德的转述让人觉得该论辩过于没有深度,难道芝诺连相对于静止物体的运动与相对于运动物体的运动位移是不一样的这点都不懂吗?罗素在 1915 年出版的《我们关于外间世界的知识》一书中提出,芝诺的"一半(时间)等于一倍(时间)"论证,是通过三列物体在分立的时空结构中的运动揭示运动是不可能的。

罗素对本书第一章的图 1-1、图 1-2 与芝诺论证的关联作了重新阐释,基本思想如下。

在芝诺的论证中,假定在时刻 1 时,三列物体排列如第一章中的图 1-1,其中每个物体占据一个空间单元。过一个时间单元后是时刻 2,再后是时刻 3,等等。时刻 3 的排列如第一章中的图 1-2。而时刻 2 的排列如下面的图 10-1。芝诺的意思是说:在时刻 3 时,仅仅过了两个时间单元,B 与 C 两列物体之间却有了四个空间单元的位移;在时刻 2 时,仅仅过了一个时间单元,B 与 C 却有了两个空间单元的位移;那对应于一个空间单元的位移的时刻是什么呢? 也就是在什么时刻出现如图 10-2 的排列呢? 因此,倘若承认有运动,就必须认同"一半(时间)等于一倍(时间)"这种荒谬结果。

$$
\begin{array}{cccc}
A_1 & A_2 & A_3 & A_4 \\
B_4 \quad B_3 \quad B_2 \quad B_1 \rightarrow & & & \\
\leftarrow C_1 \quad C_2 \quad C_3 \quad C_4 & & &
\end{array}
$$

图 10-1

$$
\begin{array}{cccc}
B_4 \quad B_3 \quad B_2 \quad B_1 \rightarrow & & & \\
\leftarrow C_1 \quad C_2 \quad C_3 \quad C_4 & & &
\end{array}
$$

图 10-2

罗素说,B_1 必在两个致密相连的时刻之间的某个时间经过了 C_1"是一个真正的困难"②。他写道:

　　我把在我看来是芝诺争论的逻辑本质的东西重新陈述一下。如

---

① 亚里士多德:《物理学》,张竹明译,商务印书馆 1982 年版,第 192 页。
② 罗素:《我们关于外间世界的知识》,陈启伟译,上海译文出版社 1990 年版,第 133 页。

果我们假定,时间是由一些致密瞬间组成的,运动就是经过一系列致密的点,那么可能的最快的运动就是在每一瞬间都处于同它前一瞬间所处的点紧密相连的点上的运动。任何较慢的运动必是有其他的点相间隔的运动,任何较快速的运动必完全略掉了若干点。所有这些从我们不可能在每一瞬间有一个以上的事件这个事实即可明白看出。但是在诸 A、诸 B、诸 C 的情形中,B 在每一瞬间都与一个新 A 相对,因此 B 所经过的 A 的数目就是从运动开始以来的瞬间的数目。但是在运动之际,B 所经过的是诸 C 的一倍,然而不可能每一瞬间经过一个以上的 C。因此从运动开始以来的瞬间的数是 B 所经过的 A 的数目的一倍,虽然我们先前发现它们的数目相等。芝诺的结论即由这个结果推得的。①

通过以上诠释,罗素就把芝诺的"一半(时间)等于一倍(时间)"论证与"飞矢不动"论证放在一起了。他说:"我们已经看到,根据有限的时空由有限数目的点和瞬间构成的这个假定,芝诺的论证(加上某些合理的假设)都是正当有效的,第三第四两个论证无疑是根据这个假定进行的。"②

按照罗素的说法,芝诺的"一半(时间)等于一倍(时间)"论证从一开始就假定了空间或时段中有最小的距离,一份最小的时间只能通过一份特定(或最小)的空间。并且,罗素认为这是"某些合理的假设"。然而,这个假设是不合理的;因为,同一物体的位移运动可以相对于不同的参照系而言,不可能存在"一份最小的时间只能通过一份特定(或最小)的空间"这种情况。举例来说,我们假定 1 秒为最短时间,一艘货船在海上行驶,并遭到一枚鱼雷和一枚空对地导弹的迎面攻击。货船相对于海底的速度为 36 千米/小时,即 10 米/秒,鱼雷相对于海底的速度为 100 米/秒,空对地导弹相对于海底的水平速度为 3 000 米/秒。于是,同一艘货船在 1 秒中通过海底的空间距离为 10 米,通过鱼雷的空间距离为 110 米,通过空对地导弹的空间距离为 3 010 米。换言之,按照罗素的重述,芝诺的"一半(时间)等于一倍(时间)"悖论之"佯"正好就是亚里士多德所言"把一个运动的事物经过另一个运动事物和以同速度经过同大小的静止事物所花的时间看作是相

---

① 罗素:《我们关于外间世界的知识》,陈启伟译,上海译文出版社 1990 年版,第 133—134 页。
② 同上书,第 134 页。

等的"。而罗素认为芝诺的"一半(时间)等于一倍(时间)"论证是"根据有限的时空由有限数目的点和瞬间构成的这个假定"作出的,说"第三第四两个论证无疑是根据这个假定进行的",也就过于"牵强附会"。

对于芝诺的"一半(时间)等于一倍(时间)"论证,我们的认识是:它与前三个论证所持的前提是完全一样的,即把物体的位移运动视为"能移动的物体在时间流程中穿越空间实现位置变化的过程"。试想,在当年的奥林匹克赛场上有三列战车,战车尺度相同,每一列的战车数目相同;其中一列战车 A 南北朝向停在赛场上,一列战车 B 以速度 v 相对于 A 从南向北运动,一列战车 C 以速度 $-v$ 相对于 A 从北向南运动;每一时间单元通过一辆战车。于是,一段时间后,战车 B 在同一段时间中通过 C 战车数是通过 A 战车数的一倍。既然每一时间单元通过一辆战车,而战车 B 在同一段时间中通过 A 战车数是通过 C 战车数的一半,芝诺就得出了"一半(时间)等于一倍(时间)"的结论。对此,柏格森的下述议论有一定的参考价值。柏格森写道:

> 有人说,这是个幼稚的结论,因为芝诺根本就没有考虑到一个事实,即这个速度一种情况下是另一种情况下的两倍。当然如此,但是我要问:他能够觉察到这一点吗?在同一时间内,一个移动的实体经过两个实体的不同长度,其中一个实体静止,另一个在运动;如果一个人把绵延看作一种绝对的东西,而或者把它放在意识里,或者把它放在某种参与意识的东西里,那么,这一点对他来说是清楚的。这是因为,当这种绝对的或者意识的绵延的确定部分流逝时,同一个移动的实体经过那两个实体时会越过两个空间,其中一个是另一个的两倍,而我们却不能由此得出结论说,一个绵延是其自身的两倍,因为绵延依然独立于两个空间之外。但是,芝诺全部推论中的错误,则恰恰来自这个事实:他把真实的绵延放在了一边,而仅仅考虑到了它在空间里的客观轨迹。因此,这同一个移动实体走过的两条路线,又如何不应当接受同一个相等的考虑(即绵延)的度量呢?而且,它们又如何不能表现同样的绵延呢,即使它们当中的一个是另一个的两倍?芝诺由此得出"一段绵延是它自身的两倍"的结论,这完全符合于他的假定的逻辑,而他的第四个论证则与其他三个同样有价值。①

---

① 柏格森:《材料与记忆》,肖聿译,华夏出版社 1999 年版,第 172—173 页。

柏格森所说的"绵延",是人的身心对运动时间的感悟与体会。柏格森认为:以绵延为本质特征的真正时间是与空间对立的:绵延是流动的质,空间是排列的量;绵延是连续不断,空间是间断可分;绵延是内在的,空间是外在的,我们在外界找不到绵延而只找到同时发生;绵延是生命的界说,空间是物质的规定。

对于位移运动而言,柏格森的上述引文只有从相反的方面来理解才有意义,这就是说,物体的位移运动不能单独以"运动物体身心的内在时间"来进行表达。因为,同一段身心感悟的时间,可以通过不同的空间距离。运动物体的"运动动作"是由物体自身所决定的,但运动物体的位置变化即位移运动却是由运动物体与其参照物的关系所决定的。运动物体相对于不同的参照物,在同一段时间中,可以有不同的空间变化量;并且相对于不同的参照物存在着不同的动能。因此,芝诺的第四个论证的错误在于:把物体的位移运动视为"能移动的物体在时间流程中穿越唯一的不动空间实现位置变化的过程"。在我们明确"位移运动是物体之间具有作功能力(动能)的相对位置变化过程"后,芝诺的"一半(时间)等于一倍(时间)"悖论也就迎刃而解了——在同一段时间中,物体位移运动的参照系不同,物体的运动速度就不同,空间变化量就不同,拥有的作功能力(动能)也不同;但是,我们不能因为在同一段时间中物体相对于不同参照系的空间变化量不同、拥有的作功能力(动能)不同,就说同一段时间具有不同的长度。

第三节　关于芝诺运动悖论的结构问题

言说芝诺"四个论证"的结构,张建军在《逻辑悖论研究引论》一书中表述的观点很有代表性。《逻辑悖论研究引论》一书,入选"南京大学学术文库",2002 年由南京大学出版社首次出版。该书被《中国人文社会科学图书学术影响力报告》(中国社会科学出版社 2012 年版)遴选为哲学领域"最有影响的国内学术著作"之一(共 48 部),2014 年由人民出版社出版了"修订本"。

在《逻辑悖论研究引论》的第一章即"导论"中,张建军追溯悖论研究的历史,力图有系统地界说严格意义上的逻辑悖论及分类,说明逻辑悖论的一般特征。他提出"公认正确的背景知识""严密无误的逻辑推导""可以建立矛盾等价式"是构成严格意义逻辑悖论必不可少的三要素,给出了逻辑悖论的如下定义："逻辑悖论指谓这样一种理论事实或状况,在某些公认正确的背景知识之下,可以合乎逻辑地建立两个矛盾语句相互推出的矛盾等价式。"①他说,"悖论作为一种理论事实或理论状况,是由三要素共同决定的。'理论事实或状况'的含义有两个方面:其一,悖论并不存在于纯客观对象世界,而存在或内蕴于人类已有知识系统之中;其二,悖论是一种系统性存在物,再简单的悖论也是从具有主体间性的背景知识经逻辑推导构造而来,任何孤立的语句本身都不可能构成悖论。"②

对此,北京大学陈波教授在《悖论研究》一书中写道:

> 我基本上赞同张建军关于悖论三要素的说明,认为它是深刻的,但有两个严重保留:首先,我不太赞同把"悖论"仅限制于"由两个互相矛盾命题构成的等价式",因为有许多公认的"悖论",例如有关上帝的全能悖论和全知悖论,各种连锁悖论,各种归纳悖论,许多认知悖论(如摩尔悖论),都不表现为这样的等价式,勉强把它们化归于这样的等价式也不太自然。其次,在我看来,悖论意味着思维在某个地方出了毛病,但张建军的定义中很少有这个意涵,"公认正确的背景知识""严密无误的逻辑推导"这些字眼容易给人造成误导,似乎在导出悖论的过程中一切正常且正确。③

陈波表示更愿意接受下面的"悖论"定义:

> 如果某一个理论的公理和推理规则看上去是合理的,但在这个理论中却推出了两个互相矛盾的命题,或者证明了这样一个命题,它表现为两个互相矛盾的命题的等价式,那么,我们说这个理论包含一个悖论。④

陈波还引述了几部有相当权威性的哲学工具书所给出的关于"悖论"的定义或说明。⑤

---

① 张建军:《逻辑悖论研究引论》,南京大学出版社 2002 年版,第 8 页。
② 同上。
③ 陈波:《悖论研究》(第二版),北京大学出版社 2017 年版,第 6 页。
④ 同上书,第 7 页。
⑤ 同上书,第 8 页。

《美国哲学百科全书》:"悖论是一个论证,凭借严格的演绎从明显为真的前提推导出或似乎推导出一个荒谬的结论。"

《劳特里奇哲学百科全书》:"从词源上说,一个悖论是某种与公认意见相反的东西。如今,它意指一个看起来荒谬却有论证支持它的断言。当人们不清楚要抛弃哪一个前提时,悖论显现为'悖谬的'。"

《剑桥哲学百科辞典》:"悖论,一串看起来可靠的推理,基于看起来真实的假设,却推导出一个矛盾(或其他明显为假的结论)。悖论表明,或者推理原则或者推理所基于的假设是有缺陷的。当我们清楚地识别出并拒绝了错误的原则或假设时,我们就说该悖论被解决了。对悖论的哲学兴趣源自于下述事实:它们有时候揭示了基础性的错误假设或者不正确的推理技巧。"

以上关于"悖论"的说明或定义都没有特别强调"矛盾等价式"的概念,相反倒是强调了:悖论是一个推理过程,其前提看起来真实,其推理形式看起来有效,其结论却是一个矛盾或者是荒谬的命题。由此可以确定这个推理过程中肯定有某些东西出错了,但却难以确定究竟错在哪里,这就是"悖论"。

陈波还写道:"理解悖论,需要掌握一些相关学科的基础知识;解决悖论更不容易,因为悖论表明:我们思维中某些最基本的概念出了问题,我们思维中某些最根本的原则遇到了麻烦。当试图解决这些问题、消除这些麻烦时,我们却发现:它们牵一发而动全身,会产生很多意料不到的后果,有些后果甚至比所要消解的悖论更讨厌。悖论不是那么容易被消解的:这既是悖论的麻烦之处,也是它们的迷人之处。"①

张建军在给出逻辑悖论定义后,进而指出:若把"公认正确的背景知识"的视域从日常合理思维转移到哲学思维和具体科学思维,我们即可进一步引入"哲学悖论"和"具体理论悖论"。哲学悖论的典型代表是"芝诺运动悖论",即芝诺否认运动存在的四个论证,但这四个论证中任何一个单独的论证都不能满足"三要素",只能视之为"半截子悖论"。"通常把芝诺对'运动'的反驳视为四个独立的论证分别加以考察和解决的方法,并没有真正理解芝诺论证的'悖论'实质。只有把芝诺的四个论证作为统一整体来

———————

① 陈波:《悖论研究》(第二版),北京大学出版社 2017 年版,第 9 页。

把握,才能充分明了芝诺的论证在人类思想史上的地位作用。"①

把芝诺的四个论证作为统一整体来把握,张建军写道:

芝诺论证中的"运动"显然等同于"位移"。第一、三论证针对单一
个体的位移而言,第二、四论证针对个体间的相对位移而言。亚里士
多德把四个论证视为对位移的分别的、直接的反驳,这个认识似是而
非。四个论证都是所谓归谬论证,其荒谬结论都是为日常合理思维主
体不能接受的。问题在于,推出这些荒谬结论的前提是否就是一个孤
立的"运动存在"? 仔细分析芝诺的论证不难发现,"两分法"和"阿基
里斯"中荒谬结论的得出,不仅需要前提"运动存在",而且需要前提
"时空无限可分",其结构可表示为如下形式:

$$p \wedge q \vdash r$$

由 r 的荒谬性所归谬的不是 p,而是 p∧q 这个联言句,该联言句
的否定等于选言句:¬p∨ ¬q(并非运动存在或并非时空无限可分),
故若承认运动存在,则前两个论证就可视为对"时空无限可分"的
归谬。

"时空无限可分"的矛盾命题是"时空有最小不可分单位",而后者
正是"飞箭不动"和"运动场"论证推出荒谬结论的前提。"飞箭不动"
以之为前提是显然的,"运动场"则需要再做分析。……只有将这里的
A、B、C 物体均视为最小不可分单位,并且其一步位移可度量一个最
小不可分的时间单位,"一半时间和整个时间相等"的荒谬结论才可严
格得出。

不难见得,在承认"运动存在"的前提下,可以逻辑地建立如下矛
盾等价式:时空无限可分,当且仅当,时空有最小不可分单位。②

张建军还写道:

芝诺论证相对于芝诺本人及爱利亚学派并不构成悖论,因为"运
动存在"的前提正是他们所要极力否定的东西。但对于所有承认运动
(哪怕是简单位移)的真实性的哲学家共同体和日常合理思维认知主

---

① 张建军:《逻辑悖论研究引论》,南京大学出版社 2002 年版,第 24 页。
② 同上书,第 23—24 页。

体而言,这都是一个货真价实的严格悖论。尽管历代哲学家和科学家(特别是数学家)中都有人宣称已彻底解决了芝诺悖论,但经过对各种论据的批判,芝诺悖论又总是以新的形式得到重构……当代逻辑悖论研究中出现的许多问题,在一定意义上仍是芝诺问题的翻版。①

对于张建军的上述观点,我阐明以下几点,并由此深化我们对芝诺"四个论证"的结构的认识。

第一,芝诺的第四个论证是不可能纳入张建军建构的"时空无限可分,当且仅当,时空有最小不可分单位"之"矛盾等价式"的。因为按照张建军在罗素基础上对芝诺的"运动场"论证即"一半(时间)等于一倍(时间)"论证所作的议论——"只有将这里的 A、B、C 物体均视为最小不可分单位,并且其一步位移可度量一个最小不可分的时间单位,'一半时间和整个时间相等'的荒谬结论才可严格得出。"②——同样是建立在"物体在同一段时间,相对于不同的参照物体,都通过同样的距离"这个错误的假定基础上的。这个错误的假定,并不涉及这一段时间是长是短,是可分的还是不可分的,是间断的还是连续的。简言之,芝诺以"运动场"论证即"一半(时间)等于一倍(时间)"论证得出"运动悖理"的结论,其错误与时间空间的连续性或间断性并无关联,而在于:在对物体位移运动的描述中,绝不可能存在"最小的不可再分的时间单位"对应着"不同的"参照物体的"一个完全确定的最小的空间"这种情况。这里或许有一个"芝诺论证想说的"与"芝诺论证能说的"区分。张建军在罗素基础上或许表达了"芝诺论证想说的"。但是,芝诺的具体论证是"错误的",因为它是建立在一个为亚里士多德都能识别的错误之上——"把一个运动的事物经过另一个运动事物和以同速度经过同大小的静止事物所花的时间看作是相等的"③。

事实上,芝诺的第四个论证可以转换成如下很直接、很明确、无歧义的论述:

> 设运动场上有两个运动物体,其中一个的运动速度是另一个的两倍。由于在"不可分的""最小"的时间单位内,这两个物体通过的距离是不一样的,后者是前者的两倍。既然"前提"是在"最小"的时间内,

---

① 张建军:《逻辑悖论研究引论》,南京大学出版社 2002 年版,第 24—25 页。
② 同上书,第 23 页。
③ 亚里士多德:《物理学》,张竹明译,商务印书馆 1982 年版,第 192 页。

那么跑得快的通过全程一半距离的时间又是多少呢？于是，只能得出"一半时间等于一倍时间"的结论。

换言之，只要承认"时间有最小不可分单位"，同时又承认"存有两个以上速度运动着的物体"，那么，就可以"逻辑地导出""一半时间等于一倍时间"这种荒谬结论。反过来则是："一半时间等于一倍时间"是荒谬的，但它是从"时间有最小不可分单位"和"存有两个以上速度运动着的物体"之前提"逻辑地导出"的；而在演绎推理中，推理过程若无问题而结果荒谬，只表明前提是错误的。如果我们认为"时间有最小不可分单位"是正确的，那么唯一能说的就是："存有两个以上速度运动着的物体"的说法是错误的。这正是芝诺论证努力想得到的结论，即"运动是不存在的"。

第二，芝诺否认运动存在的四个论证，是通过亚里士多德的《物理学》一书流传下来的。亚里士多德在叙述芝诺运动悖论的同时，也着手解答芝诺运动悖论，给后世哲学家解决芝诺运动悖论打下了深深的烙印。张建军在《逻辑悖论研究引论》一书的一个"脚注"中写道：

> 据笔者所知，尽管已往国内外学术界有众多学者对芝诺"运动"疑难所依据的前提进行过精湛的分析，但由于受亚里士多德陈述模式的制约，在拙著《科学的难题——悖论》之前，尚无人明确阐明芝诺的四个"论证"构成一个而不是通常所说的四个悖论。运用三要素标准所获得的这个结果，对于逻辑悖论研究特别是其哲学研究的意义，在本书中已有较充分的体现。由是观之，美国学者侯世达（D. R. Hofstadter）说芝诺是"悖论的发明者"（《哥德尔、艾舍尔、巴赫——集异壁之大成》，郭维德等译，商务印书馆1996年版，第37页），是一个正确的论断。但侯世达仍然分开讲"四个"运动悖论，从而也就不能为该论断做出真正的论证。①

从字里行间看，张建军对亚里士多德关于芝诺运动悖论的论述进行着"批判性思考"，但是，所作的批判是形式化的，是没有深度的。张建军对芝诺运动悖论的思考，与黑格尔、罗素一样，都沿袭着亚里士多德在其《物理学》一书中的观点在进行：讨论的只是时间空间的间断性与连续性、时间空间分割的有限性与无限性，以及"地点"与"瞬间"等问题。至于亚里士多德

---

① 张建军：《逻辑悖论研究引论》，南京大学出版社2002年版，第24页。

对"位移运动"的认识及其与芝诺运动悖论的关系,同样没有深入研究。一旦人们指出亚里士多德对位移运动的认识本身就是不正确的,那么亚里士多德对芝诺运动悖论的解答也就是建立在虚假基础上的"上层建筑",而对虚假基础上的"上层建筑"进行"再创造",构造出"时空无限可分,当且仅当,时空有最小不可分单位"之"矛盾等价式",也就没有任何价值与意义。

第三,包括张建军、陈波在内的当代学者都十分推崇罗素提出的、合理地解决悖论的三个条件:"让悖论消失;让数学尽可能保持原样;非特设性,即此方案的提出除了'能够避免悖论'这一理由之外,还应该有别的理由。"①张建军在《逻辑悖论研究引论》一书中引出了罗素在 1959 年的叙述:

> 正当我在寻求一个解决办法的时候,我觉得如果这个解决完全令人满意,那就必须有三个条件。其中第一个是绝对必要的,那就是,这些矛盾必须消失。第二个条件最好具备,虽然在逻辑上不是非此不可,那就是,这个解决应尽可能使数学原样不动。第三个条件不容易说得准确,那就是,这个解决仔细想来应该投合一种东西,我们姑名之为"逻辑的常识",那就是说,它最终应该像是我们一直所期待的。②

张建军说,罗素的上述认识"是就集合论—语形悖论而展开的,但显而易见的是,对其他类型逻辑悖论之'解决'的要求,亦可由此自然推广"③。英国哲学家和逻辑学家苏姗·哈克在 1978 年出版的《逻辑哲学》一书中作了进一步的讨论:

> 这种解答应该给出一个无矛盾的形式理论(语义学的形式理论或者集合论的形式理论,视情况而定),换言之,它能够阐明哪些表面上无懈可击的推论的前提和原则是不能允许的(形式的解决方法);另外,它应该解答为什么这些前提或原则表面上是无懈可击的,但实际上却是有懈可击的(哲学上的解决办法)。很难精确地说明对这种解释的要求是什么,但大致说来,这种解释应该表明被拒斥的前提或原则本身就是有缺陷的,这就是说,这些缺陷不依赖被拒斥的前提或原

---

① 陈波:《悖论研究》(第二版),北京大学出版社 2017 年版,第 17 页。
② 罗素:《我的哲学发展》,温锡增译,商务印书馆 1982 年版,第 70 页。
③ 张建军:《逻辑悖论研究引论》,南京大学出版社 2002 年版,第 31 页。

则导致悖论。①

毋庸讳言，我们通过阐明"从亚里士多德到爱因斯坦"的哲学史和科技史已经记载的人类对位移运动及其时间空间关系的两种基本观点（波普尔的"世界 3"），是芝诺运动悖论产生与消解的基本根据——由此构成的对芝诺运动悖论的解决——严格满足着罗素关于合理地解决悖论的三个条件。

一方面，我们指出：对于"物体在作位移运动，它的空间位置在变化"这种经验常识，哲学史和科技史上存有两种在语词上差异不大、意思却截然不同的基本观念——一是物体在作（位移）运动，因此，物体的空间位置发生了变化；即把位移运动视为"能移动的物体穿越空间实现位置变化的过程"。二是物体的空间位置在变化，因此，物体在作（位移）运动；即物体的空间位置变化既是物体机械运动的表现形式，也是物体机械运动的存在方式。在前一种观念中，物体的位移运动与物体的位置发生变化是一种"因果关系"，即物体的位移运动使物体的位置发生了变化；对应着历史上的"时空实体学说"。在后一种观念中，物体位置变化与物体位移运动是一种"同一关系"，即物体的位置发生着变化就是物体在作位移运动；对应着历史上的"时空关系学说"。

另一方面，我们阐明了芝诺否认运动的"四个论证"所持前提都是：把位移运动视为"能移动的物体穿越空间实现位置变化的过程"；即芝诺的"四个论证"隐含着一个深层结构。一经摈弃把位移运动视为"能移动的物体穿越空间实现位置变化的过程"的错误观念，按照位移运动即"能移动的物体的相对位置变化过程"的正确观念进行思考，芝诺运动悖论就不复存在。

如此对芝诺运动悖论的解决，显然直接满足着罗素关于合理地解决悖论的第一个和第三个条件。

对于罗素的第二个条件，即"让数学尽可能保持原样"，我们可以参照罗素在解答芝诺运动悖论中强调的若干观点来阐释。

在罗素看来，宏观物体的位移运动是连续的，"在一个连续的运动中，我们要说运动的物体在任一给定的瞬间占据某一位置，在其他瞬间占据其他位置；任何两个瞬间之间的间隔和任何两个位置之间的间隔都是有限的，但是运动的连续性却表现在下面这个事实，即我们所取的两个位置和

---

① 苏珊·哈克：《逻辑哲学》，罗毅译，商务印书馆 2003 年版，第 172 页。

两个瞬间不论如何接近,总有无穷多更接近的位置在亦更接近的那些瞬间被占据"①;"如果我们一定要假定运动也是不连续的,由运动的连续性便产生某些困难之点。如此得出的这些难点,长期以来一直是哲学家的老行当的一部分。但是,如果我们像数学家那样,避开运动也是不连续的这个假定,就不会陷入哲学家的困难。假若一部电影中有无限多张影片,而且因为任何两张影片中间都夹有无限多张影片,所以这部电影中绝不存在相邻的影片,这样一部电影会充分代表连续运动。那么,芝诺的议论的说服力到底在哪里呢?"②

罗素对宏观物体位移运动的理解,是与笛卡尔以来近代数学对位移运动的描述与表征一致的;即把位移运动简化成为一种函数关系——(位移运动的)物体在不同的时间位于不同的地点。对于一维空间,物体的位置与时间的对应关系由函数式 $x=f(t)$ 表征。罗素依据康托尔的无穷数理论提出,运动着的物体所经过的路程是非间断的,这在数学上表现为连续曲线上没有"相邻"的两点,任意两点之间都存在着无数多的点,然而路程上的每一个点又是间断的,即是某一个点而不是另一个点;同样,把任何瞬间看作"下一"瞬间是毫无意义的,因为根据非间断性的概念,在任何两个瞬间之间,常常有密集在一起的无数个瞬间。因此,运动物体从某个 A 点到达某个 B 点,是通过在相应的时间上,根据一定的场位和时间之间的函数关系,占有所有的介入场位而到达 B 点的。

应该明确,为罗素所坚持的数学对位移运动的描述与表征:(位移运动的)物体在不同的时间位于不同的地点——可以有"时空实体学说"与"时空关系学说"的不同理解,并直接对应着两种不同的位移运动观念——抑或把位移运动视为"能移动的物体穿越空间实现位置变化的过程",抑或把物体位置变化与物体位移运动视为"同一关系",即物体的位置发生着变化就是物体在作位移运动。

按照前一种观念,函数式 $x=f(t)$ 表达的物体的位置与时间的对应关系,"描述的是运动的结果,而不是运动本身"。列宁作出的论断"运动就是物体在某一瞬间在某一地点,在接着而来的另一瞬间则在另一地点,……(1)它描述的是运动的结果,而不是运动本身;(2)它没有指出、没有包含运动的可能性"③,直接体现着这种观念。同样,梅洛-庞蒂所言"人们反驳芝

① 罗素:《我们关于外间世界的知识》,陈启伟译,上海译文出版社 1990 年版,第 101 页。
② 罗素:《西方哲学史》下卷,马元德译,商务印书馆 1976 年版,第 361—362 页。
③ 《列宁全集》(第 2 版)第 55 卷,人民出版社 1990 年版,第 218—219 页。

诺的论证,说不应该把运动当作在一系列不连续瞬间中依次占据的一系列不连续位置,说空间和时间不是由离散成分的聚集构成的,是徒劳的。……即使人们发明一种数学工具来研究无限的位置和瞬间,人们也不能在同一的运动物体中设想始终处在最接近的两个瞬间和两个位置之间的转变活动本身"①,也是这种观念的直接体现。

　　按照后一种观念,函数式 $x=f(t)$ 表达的物体的位置与时间的对应关系,"描述的是运动本身"!"物体在不同时间在不同地点",既是物体位移运动的表现形式,也是物体位移运动的存在方式;除此之外,再没有更多的"由此及彼"的"运动"了。罗素所言"如果数学的理论是适当的,那么当一个物体运动时,除了它在不同时间在不同位置上之外,就没有任何事情发生了"②,"运动意味着'关系',……运动是由运动着的东西做成的,并不是由一些运动做成的。运动表示如下事实:物体在不同时间可以在不同地点,无论时间多么接近,所在地方仍可不同"③;正是体现着这种数学函数式与运动的并联。当我们依据"能移动的物体的相对位置变化过程即物体的位移运动"这种正确观念进行思考,从而消除芝诺运动悖论后,可以明确:表征运动物体的位置与时间的对应关系的函数式 $x=f(t)$,本身是能对芝诺的"两分法"和"阿基里斯与龟"论证所涉及的"物体由此及彼的位置变化""速度大的物体追赶上速度小的物体"的"时空进程"进行完备的"时空概念"表达的。

　　一个人朝向一个目的地"由此及彼"的行走过程,在人(物体)在不同时间位于不同地点的(相对)位置变化过程;而物体的(相对)位置变化就是物体通过空间,物体通过空间也就是物体的位置变化。(相对)位置变化是一个不断"形成"的过程,或者说是一个不断"生成"的过程,或者说是一个不断"延伸"的过程;因此,位移"运动表示如下事实:物件在不同时间可以在不同地点,无论时间多么接近,所在地点仍可以不同"④。于是,无限小的时间可以对应于无限小的空间;物体在有限的时间里通过有限的距离,这就是实现着的位置变化。当物体处于连续不断的位置变化过程中,它也就处于位移运动状态,或者说,物体连续不断的位置变化也就是物体当下的一种存在状态。按照"闵可夫斯基描述'实体点'(粒子)及其运动的'四维时空'理论……粒子及其运动是第一性的,时空坐标是人们对粒子状态的

①　莫里斯·梅洛-庞蒂:《知觉现象学》,姜志辉译,商务印书馆 2001 年版,第 341—342 页。
②　罗素:《我们关于外间世界的知识》,陈启伟译,上海译文出版社 1990 年版,第 103 页。
③　罗素:《西方哲学史》下卷,马元德译,商务印书馆 1976 年版,第 361 页。
④　同上书,第 363 页。

描写；由粒子在不同时间占据不同位置'生成'的世界线，就代表时空概念描写的粒子的机械运动过程（但决不能误认为世界线就是粒子的径迹）"①，当一个人以每秒 1 米的速度相对于地面沿水平方向匀速行走时，他的运动在地面时空坐标系中生成的"世界线"如图 10-3 所示。如果引导他前行的目标在 2 米处，那么他用 2 秒钟到达，如果在 3 米处，他用 3 秒钟到达。

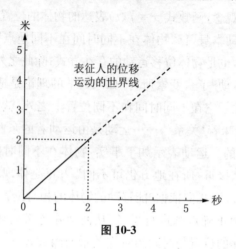

图 10-3

对于芝诺的"阿基里斯与龟"论证，如果我们假定阿基里斯的速度 v_1 是每秒 1 米，龟爬行的速度 v_2 是每秒 0.2 米，两者相隔距离 d 为 4 米，那么，数学对阿基里斯的位移运动的函数表达式是 $x_1 = v_1 t = t$，对龟的位移运动的函数表达式是 $x_2 = d + v_2 t = 4 + 0.2t$。若求阿基里斯追上龟的时间，可列出方程：$4 + 0.2t = t$。解方程可得 $t = 5$（秒）。阿基里斯对龟的追赶运动的时空描述，如图 10-4 所示。

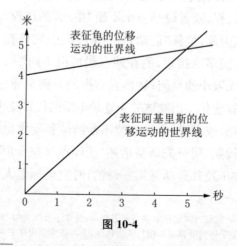

图 10-4

---

① 文兴吾：《相对论时空理论及其评价再探讨》，《哲学研究》1989 年第 12 期，第 37 页。

第四,以上基于正确的运动观、时空观与数学的关联而给出的对芝诺论证的数学解答,最终将替代在学术界广为流传的、罗素 1915 年在《我们关于外间世界的知识》一书中给出的那些数学解答[1]。罗素由于没有发现芝诺论证的错误前提而作出的那些数学解答,通过格鲁巴姆、萨蒙等人的工作[2],已经产生了很多的形而上学暧昧。例如吴国盛写道:

> 在芝诺的运动悖论和多悖论中都涉及无限分割后的求和问题,微积分的发展使得对此进行定量分析成为可能。对于多悖论而言,可以肯定地说,无穷分割后的各部分趋于零但不等于零,其总和不等于零,但也不会是一个无限量。
>
> 对于阿基里斯而言,他虽然要无数次地到达某个起始点,但它所走的空间距离并不是一个无限量,追龟情形下的空间距离是:
>
> $$d+d\left(\frac{v_2}{v_1}\right)+d\left(\frac{v_2}{v_1}\right)^2+\cdots+d\left(\frac{v_2}{v_1}\right)^{n-1}+\cdots$$
> $$=\lim_{n\to\infty}\left(\frac{dv_1}{v_1-v_2}\right)^n\left(1-\left(\frac{v_2}{v_1}\right)^n\right)$$
> $$=\frac{dv_1}{v_1-v_2}$$
>
> (其中 d 是初始距离,v_1、v_2 分别是快者和慢者的速度)
>
> 是一个有限数,对于有限的距离,当然可以在有限的时间内穿过并达到终点。
>
> ……许多人在算出了无穷级数之和是一个有限数之后,就以为解决了芝诺的阿基里斯悖论,他们很显然是认为悖论之悖在于把经历无限之点与经历无限之距离混为一谈,只要澄清了这一点,悖论就自然消除了。
>
> 然而,算出了距离是有限的并未解决问题。让我们来考察一下我们是怎么算出来的。无穷级数的求和最终要用求极限的方法,求极限是什么意思呢? 并不是说我们一项一项的将无穷级数的所有项全部加在一起正好就等于这个极限值,而是说,我们可以让无穷级数的

---

① 罗素提出,芝诺的“飞矢不动”和“运动场”论证隐藏的错误前提是:把有限长度的时空看作是由有限数目的点和瞬间构成;而“两分法”和“阿基里斯与龟”论证隐藏的错误前提是:认为无穷集合不可能,“不可能有任何东西超出整个没有终结的系列”。(罗素:《我们关于外间世界的知识》,陈启伟译,上海译文出版社 1990 年版,第 127、136 页)

② A. Grünbaum. *Modern Science and Zeno's Paradoxes*. Wesleyan University Press, 1967; Wesley C. Salmon. *Space*, *Time*, *and Motion*. University of Minnesota Press, 1981; Wesley C. Salmon, ed. *Zeno's Paradoxes*. Bobbs-Merrill Company, Inc. 1970.

和充分接近这个极限值,想多接近就多接近,注意,依然是"接近"。此外在初等数学中我们还有一个更为简便的方法求出追乌龟的时间,那就是假定它是 t,可以列出方程:

$$v_2 t + d = v_1 t$$

解方程可得

$$t = d / v_2 - v_1$$

在这个方法中,有一个前提,那就是假定阿基里斯最终追上了乌龟。这个假定说明,数学所告诉我们的不过是,如果能的话,需要多少时间,但数学不解决"是否能"的问题。

因此,还需要回到"在有限时间里越过无限的点"问题上来,如果把越过一个点看成完成了一个动作,此问题就推而广之变成了一个无限操作问题,有人将之命名为"无限机器"(infinite machine),也有人将之称作"超级任务"(super task)。许多人已经证明了,超级任务是不可能完成的,无限机器不存在。

最有名的无限机器是抛球机器,它是这样设计的:一小球从 a 处开始向 b 处抛动,令小球从 a 处抛到 b 处时花 1/2 分钟,从 b 抛回 a 处花 1/4 分钟,依此类推,来回抛球的时间依次是:

$$\frac{1}{2}, \ \frac{1}{4}, \ \frac{1}{8}, \ \cdots \frac{1}{2^n}, \ \cdots$$

到第 n 次时所花全部时间是

$$T = \frac{1}{2} + \frac{1}{4} + \cdots \frac{1}{2^n} = 1 - \frac{1}{2^n}$$

现在要求机器在时间到达 1 分钟时停下来。可是问题出现了,人们发现无法确定小球最终落在何处。从上式看,当 n 取奇数时,落在 b 处,可是小球越抛越快,只有在经过无限次之后才会到达 1 分钟,但一个无限数是没有奇偶之分的,因此搞不清 1 分钟的时候小球处在什么位置,也就是说小球没有终点,超级任务无法完成。

的确,由于一个无穷序列没有最后一项,所以让穿过所有芝诺给出的(无限个)点到达终点是不可能的。

与此类似,无限机器问题的不可解,也强化了二分法的有效性。对芝诺论辩的逻辑分析相反加强了其论辩的力量。[①]

---

① 吴国盛:《自然本体化之误》,湖南科学技术出版社 1993 年版,第 92—95 页。

　　吴国盛的上述议论,事实上已经表明了罗素运用现代数学对芝诺运动悖论的解答方案是不奏效的。

　　罗素的解答方案与亚里士多德一样,都囿于芝诺论证的表象上;关注着芝诺在描述运动时运用了"无限"概念——当一个物体要运动一段距离到达终点,它首先要到达出发点到终点距离的二分之一处;依此类推,到达四分之一处、八分之一处、十六分之一处……以至无穷细分。这种划分上的无穷形成了一道屏障,使这个物体永远也到达不了终点——由于从理论上讲"穷尽无限是绝对不可能的",芝诺结论:不可能有从一地到另一地的运动,阿基里斯不可能追上乌龟;因为如果有这样的运动,就会有"完善的无限",而这是不可能的。

　　从量的规定说,无限有两种,一种是"至大无外",一种是"至小无内"。前者是任何有限都在其中,都小于这个无限,而后者则是任何有限都在其外,都大于这个无限。"两分法"与"阿基里斯与龟"悖论从表观上看,正是"至小无内"的无限与"至大无外"的无限之间的"不恰当"粘连造成的。亚里士多德与罗素对芝诺运动悖论的解答,就在于消解其间的"不恰当"粘连。对于"两分法",亚里士多德认为,在有限的时间越过无限的点虽然不可能,但如果在结构上把时间看成与空间完全一样,都可以无限分割,那么,在无限的时间点中越过无限的空间点则是完全可能的。故此,亚里士多德认为芝诺"两分法"论证之"伴"在于:只无限分割空间而未随之无限分割时间。而罗素认为芝诺的"两分法"论证对空间的分割构成一个无限序列"1/2, 1/4, 1/8, 1/16, ……",其极限为1,这可以用求和公式求得;因此,芝诺的"两分法"论证隐藏的前提"认为无穷集合不可能,不可能有任何东西超出整个没有终结的系列"是错误的。然而,吴国盛又清楚地阐明了:"由于一个无穷序列没有最后一项,所以让穿过所有芝诺给出的(无限个)点到达终点是不可能的。""与此类似,无限机器问题的不可解,也强化了二分法的有效性。对芝诺论辩的逻辑分析相反加强了其论辩的力量。"

　　基于正确的运动观、时空观消解"两分法""阿基里斯与龟"悖论,与空间的无限分割并没有关系。下面,通过讨论黑格尔在《哲学史讲演录》中引述的贝尔(Bayle)的一段议论,能够很清晰地说明这个问题。

　　　　运动是和分割具有同样性质的东西。运动接触空间的这一部分时,并不接触其另一部分,它是一部分跟着一部分地接触所有各部分的。这不就是把这些部分实际上区别开来了吗?一位几何学家在一块石版上画出一些线,把每半寸每半寸都一一指示出来,不就是这样做的吗？他并不把石版打碎成半寸半寸的，但他却是在上面做了一种分割，指出了各部分的实际区别；我相信亚里士多德不会否认：如果在一寸长的物质上画了无数条线，也就是作出了一种分割，把那种照他所说只是潜在的无限变成实际的无限。①

当我们把贝尔的这段话与正确的时空观、运动观相关联，我们指出：按照正确的时空观、运动观，位移运动就是物体之间的相对位置变化，某物体的位移运动也就是在其他物体的相对空间中的位置变化；位移运动是一个不断的"生成"过程：运动物体"接触空间的这一部分时，并不接触其另一部分，它是一部分跟着一部分地接触所有各部分的"。当运动物体的速度一定的时候，一如亚里士多德所言："花较少的时间就通过较小的量，因为量的一分再分总是能够以和分时间时同样的比例进行的。……事物在有限的时间里不能和数量上无限的事物相接触……却能和分起来无限的事物相接触，因为时间本身分起来也是无限的。"②这就是运动的物体以其相对于"外空间"的位置变化，对"外空间""各部分的实际区别"过程。于是，我们可以说：运动物体，例如阿基里斯与龟，以其各自的运动，将地面空间区分为"已经过的"和"未经过的"，形成了对地面空间的"分割"。并且可以说：运动物体已经过的空间包含着无限多的点，过这些点可以画出与运动"轨迹"垂直的无限条直线，同同"一位几何学家在一块石版上画出一些线，把每半寸每半寸都一一指示出来"。但是，如此对运动物体已通过的空间画出无限条直线，并不能对"运动物体的速度一定时，在无限小的时间中通过无限小的空间"之物体的位移运动过程构成任何疑难。

当然，贝尔的这段话原本想说的是：运动物体要通过空间才能实现位置变化，"运动接触空间的这一部分时，并不接触其另一部分，它是一部分跟着一部分地接触所有各部分的"；而空间是可以无限分割的——"如果在一寸长的物质上画了无数条线，也就是作出了一种分割，把那种照他所说只是潜在的无限变成实际的无限"——那么，运动物体要实现位置变化就要穿越"由无限多的部分构成的空间"。贝尔的这些议论，表明的正是作为芝诺"两分法"论证前提的运动观结构，即错误地把位移运动视为"能移动的物体穿越空间实现位置变化的过程"。于是，一经抛弃这种错误的论证

---

① 黑格尔：《哲学史讲演录》第一卷，贺麟、王太庆译，商务印书馆 1959 年版，第 284—285 页。

② 亚里士多德：《物理学》，张竹明译，商务印书馆 1982 年版，第 168—169 页。

前提,也就没有关于位移运动的空间是否可以无限分割的形而上学纠结了。

第五,抛弃把位移运动视为"能移动的物体穿越空间实现位置变化的过程"这种错误的运动观,是否也能消除关于位移运动的时间无限分割的形而上学纠结呢? 答案是肯定的。T. 丹齐克曾写道:"将无限可分这一特性赋予时间,相当于以几何直线代表时间,相当于把持续性等同于广延性。"①"然而这正是难以捉摸之处:因为线段的可分性是容易理解的;我们可以截断一竿或分割一线来使它具体化。可是'区划时间'却不过是一句比拟而已……将时间分成各段,对于希腊人只是一种心理的行为,对于我们也同样是一种心理的行为。"②按照亚里士多德《物理学》所转述的芝诺本人的论证方式,芝诺只是在"两分法"论证中说过空间的无限可分性,而在任何论证中都没有说过时间的无限可分性。时间的无限可分性,是亚里士多德在解答芝诺的"两分法"论证时才刻意强调的。按照位移运动即"能移动的物体的相对位置变化过程"的正确观念进行思考,时间的无限可分性也就是"运动物体的速度一定时,在无限小的时间中通过无限小的空间","花较少的时间就通过较小的量,因为量的一分再分总是能够以和分时间时同样的比例进行的。"③并没有更多的形而上学的暧昧。

第六,张建军依据罗素的观点,认为芝诺的"两分法"和"阿基里斯与龟"论证是基于"时空无限可分"的前提作出的,而"飞矢不动"和"一半时间时间等于一倍时间"论证则是基于"时空有最小不可分单位"的前提作出的。对此,我们在前面已经指出:芝诺通过"一半时间时间等于一倍时间"论证对运动的否定,无论是按照亚里士多德的说法,还是按照罗素的新诠释,都是建立在"物体在同一段时间,相对于不同的参照物体,都通过同样的距离"这个错误的假定基础上的;这个错误假定,较之"时空有最小不可分单位",逻辑在先。因此,我们不能说芝诺的这个论证是基于"时空有最小不可分单位"的前提作出的;这种流传已久的说法,理由是不充足的。那么,认为芝诺的"飞矢不动"论证是基于"时空有最小不可分单位"的前提作出的,理由是充足的吗? 回答也是否定的。

亚里士多德在《物理学》第六章第九节的开篇处写道:"芝诺的论证是错误的。他说:如果任何事物,当它是在一个和自己大小相同的空间里时

---

① T. 丹齐克:《数:科学的语言》,苏仲湘译,商务印书馆 1985 年版,第 104—105 页。

② 同上书,第 104 页。

③ 亚里士多德:《物理学》,张竹明译,商务印书馆 1982 年版,第 168 页。

(没有越出它),它是静止着,如果位移的事物总是在'现在'里占存这样一个空间,那么飞着的箭是不动的。他的这个说法是错误的,因为时间不是由不可分的'现在'组成的,正如别的任何量也都不是由不可分的部分组合成的那样。"①这段话中,既包含着亚里士多德对芝诺论证的批判和解答,也包含着芝诺本人的论证方式,基本步骤如下:

(1)每一事物当其处于"和自己大小相同的空间里"时始终是静止的。

(2)运动着的物体"在现在"始终处于和自己大小相同的空间里,所以:

(3)运动着的物体是静止的。

此后,亚里士多德还写道:"第三个论证就是刚才所说的:飞着的箭静止着。这个结论是因为把时间当作是由'现在'合成的而引起的,如果不肯定这个前提,这个结论是不会出现的。"②认为芝诺的"飞矢不动"论证是基于"时空有最小不可分单位"的前提所为,源头正是亚里士多德的这些论述。

亚里士多德在《物理学》第六章第八节指出:"一方面,说运动着的事物在'现在'里和某一固定不动的事物相对着不在运动是正确的,但另一方面,不能说它在一段时间里和静止着的事物相对着,因为否则就会有这样的事情出现了:一个正在位移着的事物静止着。"③对此,罗素在1915年进行了更清晰的表述:"在某个瞬间,运动的物体就在它所在的地方,如芝诺所说的飞矢的情形;但是我们不能说,它在这个瞬间是静止的,因为这个瞬间并非持续一个有限的时间,而且这个瞬间也没有开端和终点以及介乎二者之间的间隔。静止在贯穿某个有限时段(不论如何短暂)的一切瞬间都处于同一位置;它并不单纯是一个物体在某个瞬间在它所在的地方。"④这些观点,试图通过时间的"瞬间"与"时段"的区分,来解决运动与静止的区分:在一个瞬间在一个地方并不是静止,只有在一个时段始终在同一个地方才是静止。

对于亚里士多德和罗素如此看待与解答芝诺的"飞矢不动"论证,人们可以指出:把芝诺论证中的"命题(2)"——"运动着的物体'在现在'始终处于和自己大小相同的空间里"——修改为"运动着的物体'在其运动

---

① 亚里士多德:《物理学》,张竹明译,商务印书馆1982年版,第190—191页。
② 同上书,第192页。
③ 同上书,第190页。
④ 罗素:《我们关于外间世界的知识》,陈启伟译,上海译文出版社1990年版,第101—102页。

的全部时间中'始终处于和自己大小相同的空间里",同样可以依据"命题(1)"而得出"命题(3)"。这就使亚里士多德和罗素芝诺通过对时间的"瞬间"与"时段"的区分来消解芝诺的"飞矢不动"论证,以及认为"飞矢不动"论证是基于"时空有最小不可分单位"的前提所为,变得没有任何说服力了。

芝诺的"飞矢不动"论证本意应该是:飞着的箭要穿越空间才能实现位置变化;但是,在这个穿越空间、实现位置变化的过程中,它始终占据着与自己大小相同的空间;既然始终占据着与自己大小相同的空间,那么它就是静止的。其间,并不涉及时间的间断性和连续性问题。

运动和静止,是人类对事物"动"与"不动"、位置"变"与"不变"的感性直观的常识经验的概念表达。运动就是"动",静止就是"不动";运动就是位置"在变",静止就是位置"不变"。芝诺的"飞矢不动"论证要求人们:对于位移运动中的相对运动与相对静止的认识,不能停留于"动"与"不动"的表象,必须给出明确的概念表达,找到一种可靠地把运动与静止区分开来的标志。然而,亚里士多德把运动与静止区分,建立在"瞬间"与"时段"的区分之上,则是虚假的。因为"瞬间"与"时段"是具体的相对概念;人们解释这些词的含义,必须依赖于具体的语言环境;判定这些词是否被满足,必须借助于具体的经验背景。如前所述,现代科学技术能把时间分割到"37亿年分之一秒"瞬间,这是昔日的百分之一秒、千分之一秒、万分之一秒的瞬间不能同日而语的。亚里士多德既不可能为"时段"与"瞬间"的内涵构造一个严格的定义,也不可能为其外延界定一个明确的划分。换言之,"时段"与"瞬间"这些词"就自身而言要么根本不能给我们提供感觉,要么不能给我们提供感觉的任何确定的对象"[1]。芝诺的"飞矢不动"论证,最终要通过给出完整地反映位移运动本质的表达——位移运动是物体之间具有作功能力(动能)的相对位置变化过程[2]——来解决。位移运动是物体位置正在变化的状态,它的"运动量"(动能)是不为零的;而(相对)静止是物体运动量与所受合外力为零的一个特殊状况。这里并不涉及"瞬间"与"时段",以及"时空有最小不可分单位"等形而上学纠结问题。

---

[1] 《康德自然哲学文集》(注释版)上卷,李秋零译注,中国人民大学出版社2016年版,第315页。

[2] 文兴吾:《位移运动的矛盾问题:辩证唯物主义哲学体系基础问题研究》,《学术论坛》2017年第6期,第98页。

第四节 关于"'运动'在'证明'之外"问题

吴国盛作为当代中国有较高知名度的中青年哲学家、科学史学家,曾出版过《自然本体化之误》《希腊空间概念》《时间的观念》等专著,应该说对芝诺运动悖论有过较深入的思考。如前所述,《自然本体化之误》的第三章"运动与芝诺悖论"曾以"芝诺悖论今昔谈"为名发表在《哲学动态》1992年第12期,产生了较大的影响。

在吴国盛的这篇文章中,主要的思想资源是柏格森和罗素的观点。这是两种相互对立的观点:柏格森的观点本质上是对亚里士多德解答芝诺运动悖论观点的否定,而罗素的观点本质上是对亚里士多德观点的继承。吴国盛将它们互补起来。他写道:"柏格森说得对,芝诺论辩的全部要害在于用运动轨迹代替运动本身。许多现代分析哲学家进一步指出,芝诺用数学化的运动轨迹代替物理的运动轨迹,就将真实的物理运动导入关于无限的数学迷途之中。"①接着,他又写道:"在芝诺论辩中,时间与空间的点结构起了很大的作用,虽然在二分法与阿基里斯中时空是密集的点结构,而在飞矢和运动场中时空是分立的点结构。"②前一句话是支持柏格森的观点。柏格森指出:人们通常把运动和所经过的空间混淆起来,正是这种混淆产生了芝诺的运动悖论。然而,柏格森对芝诺运动悖论的总体看法是:"呈现于自发知觉中的运动是一个相当清晰的事实;爱利亚学派指出的那些困难和矛盾,与运动本身关系甚少,而与大脑对运动僵死的、人为的认识有关。"③后一句话是支持罗素的观点。罗素认为,"芝诺的辩论……就其反对有限长度的时空由有限数目的点和瞬间构成这种观点而言,他的论证不是诡辩,而是完全正确的"④,但是只要注意到康托尔在19世纪后期建立的无穷数理论,那么,在康托尔以后,芝诺提出的问题也就得到解决了。

把柏格森和罗素的观点互补起来,吴国盛指出:把时间空间看成密集的连续的点结构,也就是把它看成一个实数连续统;用实数连续统描述时间空间存在着一些问题。同样,把时间空间看成分立的点结构,也存在着

---

① 吴国盛:《自然本体化之误》,湖南科学技术出版社1993年版,第97—98页。
② 同上书,第98页。
③ 柏格森:《材料与记忆》,肖聿译,华夏出版社1999年版,第173页。
④ 罗素:《我们关于外间世界的知识》,陈启伟译,上海译文出版社1990年版,第127页。

不少问题。因此,"数学结构显见要与物理结构区分开来。……由于分立结构必然导致一切运动速度均相同的荒谬结论,我们有必要重新审视时空的结构本身。……现代物理学加强了这样一个观念:时间与空间是事件之间的关系,而不是独立的实体;集合论表明,在假定空间连续的情况下,任何一个线段都具有完全相同的结构,因此长度这个最基本的空间量不是内禀的,而是约定的。"①一经重视现代物理学提出的"时间与空间是事件之间的关系,而不是独立的实体"之"时空关系说",芝诺的"飞矢不动"论证也就消解了,因为"飞矢作为一个物理事件在分析时应作为最基本的要素,而不是作为一个被导出的东西,相反,时空的结构应从像飞矢这样的物理事件中导出。飞矢问题完全是由于分析次序的颠倒所造成的"②。同样,强调"物理点并不是数学点……抛弃了芝诺所设置的点结构,阿基里斯问题也不再成为问题了。"③那么,"运动的可能性问题是否就随之解决了呢?"吴国盛说:"不然。二分法有两种形式,一种是说,它永远到不了终点;另一种是说,它根本不能起动……第二种形式最具有启发性,因为若无穷问题得到了很好的解决,第一种形式的困难就可以消除了,但第二种形式的困难还剩下一点:第一推动。如它能有一个初始起动,它可以起动;如它没有一个初始起动,它就不能起动。这是一个同语反复,表明数学分析并不能证明运动是可能的。回想一下柏格森所提出的问题:对运动轨迹的任何分析都不是对运动本身的完全分析,因此在此基础之上既不可能证明运动是不可能的,也不可能证明运动是可能的。'运动'在'证明'之外。"④

"'运动'在'证明'之外",成为吴国盛这篇文章的最后认识。吴国盛在文末写道:"运动更为基本而且不可分析,它超出了理论理性。芝诺没能证明运动的不可能性,因为运动根本不可证。(第奥根尼的回答并不可笑,相反很深刻)若说只有可证的才是真实的,那运动的确是'不真实'的。芝诺悖论最终的哲学意义涉及爱利亚学派对'实在'的看法。"⑤

按吴国盛的话语方式,"'运动'在'证明'之外"至少可以有两种理解,或者说有两种含义。第一种含义是:位移运动只能是感性直观,而不可能用理性的概念表达出来;证明位移运动的存在,只能以第奥根尼的方式。第二种含义是:位移运动的存在,本身是超出芝诺论证的前提的;位移运动

---

① 吴国盛:《自然本体化之误》,湖南科学技术出版社 1993 年版,第 98—99 页。

② 同上书,第 99 页。

③ 同上书,第 99—100 页。

④ 同上书,第 99 页。

⑤ 同上书,第 100 页。

"如它能有一个初始起动,它可以起动;如它没有一个初始起动,它就不能起动。"

对于第一种含义,我们指出:依据近现代科学和哲学的发展,综合下述认识——物体的机械-位移运动本质上是物体之间具有作功能力(动量与动能)的相互位置变化过程①,"时间、空间不是实体,而是人们对现实世界的物质关系以及普遍存在的物质运动过程进行抽象得到的、并且反过来用于描述和量度物质及其运动的两个基本概念"②,物体之间的相对位置变化是本质的、第一性的,时间和空间描述是派生的、第二性的,物体的时空变化与物体的机械-位移运动是同一的——"思维如何以概念的运动去把握存在的运动"③已经可以有完备的回答。

从哲学上讲,按照辩证唯物主义运动观、时空观的内在逻辑——物质及其运动是第一性的,时间和空间作为对物质及其运动进行描述的两个基本概念是第二性的——描述机械-位移运动必须选定参照物(参考系)。在参考系确定后,如果不考虑运动物体与其他物体的相互作用,仅仅是对运动物体进行时空描述,也就是通常的物理教科书对机械-位移运动的定义"物体在空间中的位置随时间的变化"——物体在某一瞬间在一个地方,在接着而来的另一瞬间则在另一个地方。这种定义,现在并不为芝诺的"飞矢不动"论证所困扰,因为在每一瞬间对应的每一地点上,运动物体的"运动量"都不为零。机械-位移运动拥有对外作功的能力,这是史前人类就知道并广泛运用的事实——人们以大力投掷削尖头的木棒来刺杀野兽;然而只有到了近代科学建立后,人们才通过时空描述与力学描述将这种"对外作功的能力"数量化。上述这些对于物体的机械-位移运动本质的认识及其表述、描述,体现了列宁的论断:"认识是人对自然界的反映。但是,这并不是简单的、直接的、完整的反映,而是一系列的抽象过程,即概念、规律等等的构成、形成过程,这些概念和规律……有条件地近似地把握永恒运动着和发展着的自然界的普遍规律性"④;并且,一切形式的芝诺运动悖论,在此之下,都将荡然无存。

对于第二种含义,我们指出:位移运动"初始起动"问题,这只能回到辩

① 文兴吾:《位移运动的矛盾问题:辩证唯物主义哲学体系基础问题研究》,《学术论坛》2017年第6期。
② 文兴吾:《相对论时空理论及其评价再探讨》,《哲学研究》1989年第12期;《相对论时空理论再认识》,《中国社会科学》1990年第5期。
③ 孙正聿:《马克思主义辩证法研究》,北京师范大学出版社2012年版,第163页。
④ 《列宁全集》(第2版)第55卷,人民出版社1990年版,第152—153页。

证唯物主义创始人恩格斯的观点上:运动是物质的本质属性,物质的运动总是以一种运动形态转换成另一种运动形态。恩格斯深刻地阐明了物体的机械-位移运动也是由其他运动形式转化而来的,"也是从另一种运动中产生的,但决不是从不动中产生的"①,例如"在太阳上发生的机械运动不过是由于热和重力发生冲突而造成的"②。因此,物体的位移运动要么本来就已经存在,例如天体的位置移动;要么由其他运动形式转化而来,例如人的行走——"我们自己身上具有使运动转移的手段,这些手段在某种限度内能够受我们的意志支配而活动起来,特别是臂上的肌肉,我们能够用它来使别的物体发生机械的位置变化,即运动,可以用它来举、持、掷、击等等,并因此得到一定的有用的效果。在这里,运动看起来是产生出来的,而不是转移过来的,于是就引起这样一个观念:仿佛力终究产生运动。肌肉力也不过是运动的转移,这只是现在才在生理学上得到了证明。"③当一个人在行走时,在他那里发生着化学能转变成为机械能的运动过程;同时,在其行走而产生位置变化的过程中,又发生着机械能对外作功、转变成脚与地面摩擦的热能的运动过程。至于康德所说的"行星自由持久的运动"的活力,则是由原始星云中的热能与物质之间的位能转化而来的;而抛出物体,例如子弹等"自由运动的物体仅仅按照阻力的规定而丧失自己的运动、没有这种规定就将永远维持这种运动的无数其他经验"④,都是具有动能(活力)的"自由运动的物体"克服外部阻力而对外作功的过程,在这个过程中活力丧失了而转化为热等其他运动形式了。因此,位移运动"初始起动"问题,在 19 世纪中叶的科学与哲学的发展中,伴随能量守恒与转化定律的建立,就已经得到完满地解决。"总之,运动是绝对的,静止是相对的。承认绝对的静止,就无法解释运动的产生,就必定要设想一个'不动的原动者'之类作为原动力,从而陷入神秘主义。"⑤

---

① 《马克思恩格斯选集》第三卷,人民出版社 1995 年,第 395 页。
② 《马克思恩格斯选集》第四卷,人民出版社 1995 年,第 272 页。
③ 恩格斯:《自然辩证法》,于光远等译编,人民出版社 1984 年,第 264 页。
④ 《康德自然哲学文集》(注释版)上卷,李秋零译注,中国人民大学出版社 2016 年版,第 124—125 页。
⑤ 《马克思主义哲学》编写组:《马克思主义哲学》,高等教育出版社、人民出版社 2009 年版,第 59 页。

参考文献

1.《马克思恩格斯全集》(第 1 版)第 2 卷,人民出版社 1957 年版。

2.《马克思恩格斯全集》(第 1 版)第 20 卷,人民出版社 1971 年版。

3.《马克思恩格斯全集》(第 1 版)第 23 卷,人民出版社 1972 年版。

4.《马克思恩格斯全集》(第 1 版)第 29 卷,人民出版社 1972 年版。

5.《马克思恩格斯全集》(第 1 版)第 38 卷,人民出版社 1972 年版。

6.《马克思恩格斯全集》(第 1 版)第 42 卷,人民出版社 1979 年版。

7.《马克思恩格斯选集》第一卷,人民出版社 1995 年版。

8.《马克思恩格斯选集》第二卷,人民出版社 1995 年版。

9.《马克思恩格斯选集》第三卷,人民出版社 1995 年版。

10.《马克思恩格斯选集》第四卷,人民出版社 1995 年版。

11. 恩格斯:《自然辩证法》,于光远等译编,人民出版社 1984 年版。

12.《列宁全集》(第 2 版)第 2 卷,人民出版社 1984 年版。

13.《列宁全集》(第 2 版)第 18 卷,人民出版社 1988 年版。

14.《列宁全集》(第 2 版)第 26 卷,人民出版社 1988 年版。

15.《列宁全集》(第 2 版)第 28 卷,人民出版社 1986 年版。

16.《列宁全集》(第 2 版)第 35 卷,人民出版社 1985 年版。

17.《列宁全集》(第 2 版)第 37 卷,人民出版社 1990 年版。

18.《列宁全集》(第 2 版)第 43 卷,人民出版社 1987 年版。

19.《列宁全集》(第 2 版)第 55 卷,人民出版社 1990 年版。

20. 毛泽东:《辩证法唯物论(讲授提纲)》,中国人民解放军政治学院训练部。

21. 龚育之等:《毛泽东的读书生活》,生活·读书·新知三联书店 2010 年版。

22. 中共中央文献研究室编:《毛泽东哲学批注集》,中央文献出版社 1988 年版。

23.《毛泽东同志八十五诞辰纪念文选》,人民出版社 1979 年版。

24. 肖前、李秀林、汪永祥:《辩证唯物主义原理》,人民出版社 1981 年版。

25. 肖前主编:《马克思主义哲学原理》上册,中国人民大学出版社 1994 年版。

26. 陈先达、杨耕:《马克思主义哲学》,中国人民大学出版社 2016 年版。

27. 孙正聿:《哲学通论》,复旦大学出版社 2007 年版。

28. 孙正聿:《马克思主义辩证法研究》,北京师范大学出版社 2012 年版。

29. 孙正聿:《哲学:思想的前提批判》,中国社会科学出版社 2016 年版。

30. 高清海主编:《马克思主义哲学基础》上册,人民出版社 1985 年版。

31.《马克思主义哲学》编写组:《马克思主义哲学》,高等教育出版社、人民出版社 2009 年版。

32. 杨耕等:《马克思主义哲学基础理论研究》,人民出版社 2013 年版。

33. 黑格尔:《逻辑学》上卷,杨一之译,商务印书馆 1982 年版。

34. 黑格尔:《逻辑学》下卷,杨一之译,商务印书馆 1982 年版。

35. 黑格尔:《自然哲学》,梁志学等译,商务印书馆 1980 年版。

36. 黑格尔:《小逻辑》,贺麟译,商务印书馆 1980 年版。

37. 黑格尔:《哲学史讲演录》第一卷,贺麟、王太庆译,商务印书馆 1959 年版。

38. 黑格尔:《哲学史讲演录》第四卷,贺麟、王太庆译,商务印书馆 1978 年版。

39. 康德:《纯粹理性批判》,邓晓芒译,人民出版社 2004 年版。

40. 李秋零主编:《康德著作全集》第 2 卷,中国人民大学出版社 2004 年版。

41.《康德自然哲学文集》(注释版)上卷,李秋零译注,中国人民大学出版社 2016 年版。

42.《康德自然哲学文集》(注释版)下卷,李秋零译注,中国人民大学出版社 2016 年版。

43. 爱因斯坦:《狭义与广义相对论浅说》,杨润殷译,上海科学技术出版社 1964 年版。

44. 爱因斯坦等:《相对论原理(狭义相对论和广义相对论经典论文集)》,赵志田、刘一贯译,科学出版社 1980 年版。

45.《爱因斯坦文集》第一卷,许良英等编译,商务印书馆 1976 年版。

46.《爱因斯坦文集》第二卷,范岱年等编译,商务印书馆 1977 年版。

47. 爱因斯坦、英费尔德,《物理学的进化》,周肇威译,上海科学技术出版社 1980 年版。

48. 赵中立、许良英编:《纪念爱因斯坦译文集》,上海科学技术出版社 1979 年版。

49. 亚里士多德:《物理学》,张竹明译,商务印书馆 1982 年版。

50. 菲利普·弗兰克:《科学的哲学》,许良英译,上海人民出版社 1985 年版。

51. 詹姆斯·E. 麦克莱伦第三、哈罗德·多恩:《世界科学技术通史》,王鸣阳译,上海世纪出版集团,2007 年版。

52. 哥白尼:《天体运行论》(序言和第一卷),李启斌译,科学出版社 1973 年版。

53. 笛卡尔:《哲学原理》,关文运译,商务印书馆 1959 年版。

54. 笛卡尔:《探求真理的指导原则》,管震湖译,商务印书馆 1991 年版。

55. 笛卡尔:《笛卡尔文集》,江文编译,中国戏剧出版社 2008 年版。

56. 伽利略:《关于托勒密和哥白尼两大世界体系的对话》,周煦良等译,北京大学出版社 2006 年版。

57. 伽利略:《关于两门新科学的对话》,武际可译,北京大学出版社 2006 年版。

58. 亚历山大·柯瓦雷:《伽利略研究》,刘胜利译,北京大学出版社 2008 年版。

59. 伊萨克·牛顿:《自然哲学之数学原理》,王克迪译,陕西人民出版社、武汉出版社 2001 年版。

60. M. W. 瓦托夫斯基:《科学思想的概念基础——科学哲学导论》,范岱年译,求实出版社 1982 年版。

61. 爱德文·阿瑟·伯特:《近代物理科学的形而上学基础》,徐向东译,北京大学出版社 2003 年版。

62. 欧内斯特·内格尔:《科学的结构——科学说明的逻辑问题》,徐向东译,上海译文出版社 2002 年版。

63. R. B. 林赛、H. 马根脑:《物理学的基础》,许良英译,商务印书馆 1964 年版。

64. R. 瑞斯尼克、D. 哈里德:《物理学》(第一卷,第一册),郑永令等译,科学出版社

1979 年版。

65.《古希腊罗马哲学》,北京大学哲学系外国哲学史教研室编译,商务印书馆 1961 年版。

66.《西方哲学原著选读》上卷,北京大学哲学系外国哲学史教研室编译,商务印书馆 1981 年版。

67.《十六—十八世纪西欧各国哲学》,北京大学哲学系外国哲学史教研室编译,商务印书馆 1958 年版。

68.《十八世纪法国哲学》,北京大学哲学系外国哲学史教研室编译,商务印书馆 1979 年版。

69. 卡尔·波普尔:《猜想与反驳——科学知识的增长》,傅季重等译,上海译文出版社 1986 年版。

70. 卡尔·波普尔:《客观知识——一个进化论的研究》,舒炜光等译,上海译文出版社 1987 年版。

71. 卡尔·波普尔:《无穷的探索——思想自传》,邱仁宗、段娟译,福建人民出版社 1984 年版。

72. 卡尔·波普尔:《开放社会及其敌人》第二卷,郑一明等译,中国社会科学出版社 1999 年版。

73. 波普:《开放社会及其敌人》,杜汝楫、戴雅民译,山西高校联合出版社 1992 年版。

74. 夏基松:《波普哲学述评》,黑龙江人民出版社 1982 年版。

75. 赵敦华:《赵敦华讲波普尔》,北京大学出版社 2007 年版。

76. 赵敦华:《现代西方哲学新编》,北京大学出版社 2004 年版。

77. 米·亚·敦尼克等编:《古代辩证法史》,齐云山等译,人民出版社 1986 年版。

78. Ф. Ф. 维亚凯列夫主编:《客观辩证法》,东方出版社 1986 年版。

79. 马·莫·罗森塔尔主编:《哲学家列宁》,沈真等译,北京出版社 1986 年版。

80. 卢克莱修:《物性论》,方书春译,商务印书馆 1981 年版。

81. 柏拉图:《泰阿泰德·智术之师》,严群译,商务印书馆 1963 年版。

82. 培根:《新工具》,许宝骙译,商务印书馆 1984 年版。

83. 斯蒂芬·F. 梅森:《自然科学史》,上海外国自然科学哲学著作编译组译,上海人民出版社 1977 年版。

84. H. S. 塞耶编:《牛顿自然哲学著作选》,上海外国自然科学哲学著作编译组译,上海人民出版社 1974 年版。

85. 敦尼克等主编:《哲学史》第 1 卷,中共中央马克思恩格斯列宁斯大林著作编译局译,生活·读书·新知三联书店 1958 年版。

86.《狄德罗哲学选集》,江天骥等译,商务印书馆 1983 年版。

87. 霍尔巴赫:《自然的体系》上卷,管士滨译,商务印书馆 1964 年版。

88. 费希特:《人的使命》,梁志学、沈真译,商务印书馆 1982 年版。

89. 谢林:《先验唯心论体系》,梁志学、石泉译,商务印书馆 1976 年版。

90. 田辰山(Chenshan Tian):《中国辩证法:从〈易经〉到马克思主义》,萧延中译,中国人民大学出版社 2016 年版。

91. 考茨基:《唯物主义历史观》第 1 分册,《哲学研究》编辑部编译,上海人民出版社 1964 年版。

92. 悉尼·胡克:《理性、社会神话和民主》,金克、徐崇温译,上海人民出版社

1987 年版。

93. E. T. 贝尔：《数学大师——从芝诺到庞加莱》，徐源译，上海科技教育出版社 2004 年版。

94. 阿尔弗雷德·怀特海：《自然的概念》，张桂权译，中国城市出版社 2002 年版。

95. 贾泽林、周国平等编著：《苏联当代哲学》(1945—1982)，人民出版社 1986 年版。

96. В. И. 斯维杰尔斯基：《空间与时间》，许国葆、戎象春、李浩然译，上海人民出版社 1959 年版。

97. А. П. 舍普图林等编著：《辩证唯物主义诸问题与现代资产阶级哲学(在辩证唯物主义教学中批判现代资产阶级哲学)》，赵修义等译，上海人民出版社 1987 年版。

98. А. М. 莫斯杰巴宁柯：《宏观世界、巨大世界和微观世界的空间和时间》，王鹏令、陈道馥译，中国社会科学出版社 1985 年版。

99.《20 世纪诺贝尔文学奖颁奖演说词全编》，毛信德等译，百花洲文艺出版社 2001 年版。

100. 柏格森：《时间与自由意志》，吴士栋译，商务印书馆 1997 年版。

101. 柏格森：《材料与记忆》，肖聿译，华夏出版社 1999 年版。

102. 柏格森：《思想与运动》，邓刚、李成季译，上海人民出版社 2015 年版。

103. 柏格森：《创造进化论》，肖聿译，华夏出版社 2000 年版。

104. 罗素：《我们关于外间世界的知识》，陈启伟译，上海译文出版社 1990 年版。

105. 罗素：《西方哲学史》下卷，马元德译，商务印书馆 1976 年版。

106. 罗素：《我的哲学发展》，温锡增译，商务印书馆 1982 年版。

107. G. J. 威特罗：《时间的本质》，文荆江、邝桃生译，科学出版社 1982 年版。

108. 卡尔·B. 波耶：《微积分概念史》，上海师范大学数学系翻译组译，上海人民出版社 1977 年版。

109. 莱布尼兹：《人类理智新论》，陈修斋译，商务印书馆 1982 年版。

110. M. 克莱因：《古今数学思想》第 3 册，上海科学技术出版社 1980 年版。

111. T. 丹齐克：《数：科学的语言》，苏仲湘译，商务印书馆 1985 年版。

112. 贝尔纳：《历史上的科学》，伍况甫等译，科学出版社 1981 年版。

113. 海德格尔：《海德格尔文集·演讲与论文集》(修订译本)，孙周兴译，生活·读书·新知三联书店 2018 年版。

114. 林德宏：《科技哲学十五讲》，北京大学出版社 2004 年版。

115. 李武林、谭鑫田、龚兴：《欧洲哲学范畴简史》，山东人民出版社 1986 年版。

116. 张卜天：《质的量化与运动的量化——14 世纪经院自然哲学的运动学初探》，北京大学出版社 2010 年版。

117. 敬永和、刘贤奇、王德生主编：《哲学基本概念的演变》，吉林人民出版社 1987 年版。

118. 申先甲：《基础物理学的辩证法》，科学出版社 1983 年版。

119. 梁志学：《论黑格尔的自然哲学》，上海人民出版社 1986 年版。

120. 张世英：《论黑格尔的逻辑学》，上海人民出版社 1981 年版。

121. 方励之：《哲学是物理学的工具》，湖南科学技术出版社 1988 年版。

122. 倪梁康：《现象学及其效应——胡塞尔与当代德国哲学》，生活·读书·新知三联书店 2005 年版。

123. 吴国盛：《时间的观念》，中国社会科学出版社 1996 年版。

124. 吴国盛:《自然本体化之误》,湖南科学技术出版社 1993 年版。

125. 杨河:《时间概念史研究》,北京大学出版社 1998 年版。

126. 刘胜利:《身体、空间与科学——梅洛-庞蒂的空间现象学研究》,江苏人民出版社 2014 年版。

127. 查有梁:《恩格斯与物理学》,四川辞书出版社 1999 年版。

128. 瓦诺耶克:《奥林匹克运动会的起源及古希腊罗马的体育运动》,徐家顺译,百花文艺出版社 2005 年版。

129. 张建军:《逻辑悖论研究引论》,南京大学出版社 2002 年版。

130. 陈波:《悖论研究》(第二版),北京大学出版社 2017 年版。

131. 苏珊·哈克:《逻辑哲学》,罗毅译,商务印书馆 2003 年版。

132. A. Grünbaum. *Modern Science and Zeno's Paradoxes*. Middletown: Wesleyan University Press, 1967.

133. Wesley C. Salmon. *Space, Time, and Motion*. University of Minnesota Press, 1981.

134. Wesley C. Salmon, ed. *Zeno's Paradoxes*. Bobbs-Merrill Company, Inc. 1970.

135. J. Mazur. *Zeno's Paradox: Unraveling the Ancient Mystery Behind the Science of Space and Time*. New York: Penguin Group (USA) Inc., 2008.

136. Henri Lefebvre: *The Production of Space*, Trans. Donald Nicholson-Smith, Oxford: Blackwell, 1991.

137. C. W. Chou, D. B. Hume, T. Rosenband, et al. *Optical Clocks and Relativity*. Science, 2010, 329(5999).

138. Leon Trotsky. *Karl Kautsky*. The New International, Vol. V, No. 2, February 1939.

139. W. I. McLaughlin: "Resolving Zeno's Paradoxes", *Scientific American*. 1994, Vol.271, No.5.

140. F. W. Meyerstein: "Is Movement an Illusion? Zeno's Paradox: From a modern viewpoint", *Complexity*. 1999, Vol.4, No.4.

141. B. Misra, E. C. G. Sudarshan. The Zeno's Paradox in Quantum Theory, *Journal of Mathematical Physics*. 1977, Vol.18, No.4.

142. Wayne M. Itano, D. J. Heinzen, J. J. Bollinger, and D. J. Wineland, "Quantum Zeno effect," Physical Review A: Atomic, *Molecular and Optical Physics*. 1990, Vol.41, No.5.

143. Robert Palter. "Absolute Space and Absolute Motion in Kant's Critical Philosophy". *Synthese*, 1971, Vol.23. No.1.

144. A. 柯尔曼:《矛盾的物质基础及其在思维中的反映》,《哲学译丛》1964 年第 2 期。

145. И. C. 纳尔斯基:《机械运动的矛盾问题——关于在我们杂志上进行的一场争论》,《哲学译丛》1965 年第 12 期。

146. V. 切尔尼克:《正确思维中的辩证矛盾是可能的吗?》,《哲学译丛》1965 年第 9 期。

147. ІO. A. 彼特罗夫:《关于辩证矛盾的非逻辑矛盾形式的表述问题》,《世界哲学》1988 年第 5 期。

148. A. Д. 亚里山大洛夫:《相对论的哲学内容和意义》,《自然辩证法研究通讯》

1959 年第 4 期。

149. B. 施切尔恩:《关于相对论的哲学方面的问题》,《科学通报》1953 年第 3 期。

150. E. 马克特(Erwin Marquit):《非间断空间和分立空间运动的辩证法》,《国外社会科学》1980 年第 9 期。

151. 袁贵仁、杨耕:《马克思主义哲学教学体系的形成与演变》(下),《哲学研究》2011 年第 11 期。

152. 周培源:《谈谈对力学的认识和几个关系问题》,《力学与实践》1979 年第 1 期。

153. 周培源:《相对性原理真是没有必要的吗?》,《自然辩证法研究通讯》1963 年第 2 期。

154. 张卜天:《中世纪自然哲学关于运动本性的争论》,《自然科学史研究》2008 年第 1 期。

155. 晋世翔:《亚里士多德〈物理学〉中的运动、自然概念》,《哲学门》(总第三十辑),第十五卷第二册。

156. 仓茫:《评波普尔和邦格对辩证法矛盾观的批判》,《马克思主义研究》1998 年第 4 期。

157. 邓晓芒:《开放社会中的自我禁闭——波普尔〈开放社会及其敌人〉评析》,《江苏社会科学》2001 年第 1 期。

158. 张莎莎:《毛泽东关于辩证法与形式逻辑的思考》,《江汉论坛》2018 年第 3 期。

159. 万年:《我们应如何表述运动》,《社会科学战线》1993 年第 5 期。

160. 关士续:《李昌与哈工大自然辩证法研究》,《哈尔滨工业大学学报(社科版)》2000 年第 2 期。

161. 周济:《关于机械运动的基本矛盾问题——自然辩证法研究班专题讨论综述之一》,《厦门大学学报(哲学社会科学版)》1962 年第 2 期。

162. 王鼎昌:《机械运动的矛盾》,《自然辩证法研究通讯》1964 年第 4 期。

163. 江礼斌:《两种不同的运动观》,《物理》1976 年第 1 期。

164. 陈明德:《关于机械运动的矛盾问题》,《厦门大学学报(自然科学版)》1978 年第 2 期。

165. 熊立文:《辩证思维应该如何表述运动》,《哲学动态》1984 年第 10 期。

166. 刘立林:《也谈辩证思维应该如何表述运动——与熊立文同志商榷》,《哲学动态》1985 年第 3 期。

167. 本刊编者:《应如何表述运动问题(来稿综述)》,《哲学动态》1985 年第 11 期。

168. 罗契、郑伟宏:《为芝诺悖论一辩》,《复旦学报》(社会科学版)1982 年第 1 期。

169. 吴国盛:《芝诺悖论今昔谈》,《哲学动态》1992 年第 12 期。

170. 阳兆祥:《芝诺佯谬古今谈》,《自然辩证法通讯》1997 年第 1 期。

171. 金观涛:《发展的哲学:论"矛盾"、"悖论"和"不确定性"》,《走向未来》1987 年第 1 期。

172. 王干才:《矛盾含义辨析》,《中国社会科学》1990 年第 2 期。

173. 龙叶先:《系统"不确定性"="辩证法"吗?——与香港中文大学金观涛教授商榷》,《系统科学学报》2016 年第 3 期。

174. 苗千:《哲学悖论的物理学形式》,《三联生活周刊》2013 年第 37 期。

175. 钱时惕、沙青:《论爱因斯坦关于"概念是思维的自由创造"的思想》,《自然辩证法通讯》1981 年第 1 期。

176. 宋斌:《亚里士多德物理学中的"原因"和"运动"概念——从库恩的观点看》,

《现代哲学》2008 年第 5 期。

177. 李猛:《亚里士多德的运动定义:一个存在的解释》,《世界哲学》2011 年第 2 期。

178. 黄敏:《经典力学革命中的概念图式变化》,《现代哲学》2008 年第 5 期。

179. 刘奔:《时间是人类发展的空间——社会时一空特性初探》,《哲学研究》1991 年第 10 期。

180. 俞吾金:《马克思时空观新论》,《哲学研究》1996 年第 3 期。

181. 江秉国:《对〈马克思时空观新论〉的一点看法》,《哲学研究》1997 年第 1 期。

182. 张奎良:《马克思时空观新论》,《江海学刊》2004 年第 1 期。

183. 蔡伯元:《矛盾理论的改造与运动观的疏通》,《上海社会科学院学术季刊》1996 年第 3 期。

184. 文兴吾:《微观客体是波粒二象性的矛盾体吗?》,《哲学动态》1985 年第 9 期。

185. 文兴吾:《"波粒二象性是自然界的一个基本矛盾"吗?》《中国社会科学》1987 年第 3 期。

186. 文兴吾:《对机械运动及其表述的新见解》,(中国自然辩证法研究会主办)《自然辩证法报》1988 年第 11 期。

187. 文兴吾:《机械运动表述新议》,《哲学动态》1988 年第 8 期。

188. 文兴吾:《析芝诺佯谬的实质》,(中国自然辩证法研究会主办)《自然辩证法报》1988 年第 20 期。

189. 文兴吾:《相对论时空观与"四维时空"》,(中国自然辩证法研究会主办)《自然辩证法报》1989 年第 10 期。

190. 文兴吾:《相对论时空观与物体机械运动》《河北大学学报(自然科学版)》1989 年第 2 期。

191. 文兴吾:《相对论时空理论及其评价再探讨》,《哲学研究》1989 年第 12 期。

192. 文兴吾:《相对论时空理论再认识》,《中国社会科学》1990 年第 5 期。

193. 文兴吾:《相对论否定了反映论的认识理想吗?》,《天府新论》1991 年第 2 期。

194. 文兴吾、徐荣良:《相对论时空理论与辩证唯物主义时空观新论》,《天府新论》1993 年第 2 期。

195. 文兴吾:《析黑格尔、罗素对芝诺佯谬的解答》,《天府新论》1994 年第 2 期。

196. 文兴吾:《芝诺佯谬与牛顿绝对时空观——从结构主义的观点看》,《天府新论》1995 年第 4 期。

197. 文兴吾:《对"传统的历史唯物主义叙述体系"批判的批判》,《中国社会科学》2012 年第 10 期。

198. 文兴吾:《关于历史唯物主义传统叙述方式的改变问题》,《社会科学研究》2014 年第 4 期。

199. 文兴吾:《位移运动的矛盾问题:辩证唯物主义哲学体系基础问题研究》,《学术论坛》2017 年第 6 期。

200. 文兴吾:《芝诺运动悖论研究的演进》,《社会科学研究》2018 年第 2 期。

201. 文兴吾:《罗素与"芝诺运动悖论"》,《中国社会科学文摘》2018 年第 6 期。

202. 文兴吾:《问题哲学研究及其"矛盾"问题》,《学术论坛》2019 年第 1 期。

203. 文兴吾:《问题与矛盾:问题哲学及其前沿问题》,《社会科学文摘》2019 年第 7 期。

204. 文兴吾:《康德对"飞矢不动"悖论解答的思想脉络与历史意义》,《学术论坛》

2020 年第 4 期。

205. 文兴吾:《矛盾理论的前沿问题沉思》,《社会科学研究》2021 年第 2 期。

206. 文兴吾:《辩证机械-位移运动观的批判与重建——对袁贵仁、孙正聿先生相关观点的批评》,《社会科学文摘》2021 年第 4 期。

207. 文兴吾:《位移运动与机械运动等同的历史嬗变与悖谬消解》,《自然辩证法研究》2021 年第 10 期。

后　记

　　本书是我承担的国家社科基金后期资助项目"批判与重建：辩证位移运动观研究"（项目批准号：19FZXB083）的结项成果。除了为更好地反映全书内容而对书名加以扩展，以及个别地方有所删繁外，全书的框架结构及内容都是与上报全国哲学社会科学规划办公室评审鉴定的文稿一致的。

　　本书出版之际，禁不住思绪万千，浮想联翩。

一

　　我首先想到我的导师，河北大学钱时惕教授；我要再次向他表示深深的感激之情。我于 1986 年 9 月进入河北大学自然辩证法研究室，师从钱先生学习科学技术哲学与科学思想史，他渊博的知识和睿智，给我奠定了较好的知识基础。1989 年 6 月，我以《对芝诺佯谬实质的探讨——用科学的精神解决古老疑难》一文获得哲学硕士学位。该文的"内容提要"如下。

　　　芝诺佯谬是古老的哲学疑难；古往今来，"仁者见仁、智者见智"。本文评介了 20 世纪有代表性的观点，并对我国哲学界的传统观点，即认为黑格尔从芝诺佯谬中敏锐地发现运动包含着内在矛盾，由此合理地解决了芝诺疑难之观点，进行了有说服力的批判。

　　　文章把结构主义的思想方法应用于芝诺佯谬的研究，克服了以前研究者在研讨中所存在的共同缺陷（只注意芝诺论证的具体形式），揭示出芝诺否认运动的形式不同的几个论证有一个共同的深层结构，这个深层结构就是把物体的机械运动看作是在时空框架中进行的物质过程——这一人类心理的"集体梦幻"；从而把芝诺佯谬和牛顿绝对时空观、运动观，以及人类日常意识对运动的表象结合起来，阐明了芝诺佯谬之"佯"及实质。

文章指出,相对论的建立实现的人类时空观念重大变革的主要之点在于:时间和空间不是实体,而是人们对现实的、普遍存在的物体运动过程进行抽象得到的、并又反过来用于描述和量度物体运动的两个基本概念;在相对论的概念逻辑中,物体的时空变化就是物体的机械运动。文章最后依据相对论揭示的这种关联,消除了芝诺佯谬,解决了古老疑难。

我的硕士论文,后分为两篇文章在学术期刊发表。第一篇为《析黑格尔、罗素对芝诺佯谬的解答》,发表在《天府新论》1994年第2期,被中国人民大学复印报刊资料《外国哲学与哲学史》1994年第3期全文转载。第二篇为《芝诺佯谬与牛顿绝对时空观——从结构主义的观点看》,发表在《天府新论》1995年第4期,被中国人民大学复印报刊资料《外国哲学与哲学史》1995年第12期全文转载。

二

从上可见,我在20世纪90年代就已经明确提出了芝诺否认运动的四个论证有一个共同的深层结构:把物体的位移运动看作是在时空框架中进行的物质过程。这个"共同的深层结构",本书将其更具体地表述为:把位移运动视为"能移动的物体(随时间)穿越空间实现位置变化的过程"。即是说,芝诺否认运动的四个著名论证,尽管形式上很不相同,但它们是同一深层结构派生出来的;这个深层结构也正是隐含在芝诺运动悖论中的论证前提,是芝诺的位移运动观。摈弃这种观念而代之以"物体的位移运动与物体的时空位置变化是同一的"的观念,芝诺运动悖论也就不复存在。

毋庸讳言,我在20世纪90年代对芝诺运动悖论的认识及其形成的解悖方案,与当前相比,并无太大差别。本书的认识,可以说,是对昔日认识的完善。从一个新思想的提出到完善,真的耗去了我30年光阴么?其实不然!从1991年到2017年,尽管我"不忘初心",无时无刻不在牵挂芝诺运动悖论的解答,但工作的重心则放在了关注当代中国科技进步与社会发展问题,即STS领域的相关问题。30年间,一如达·芬奇所言,"我不曾被贪欲或懒散所阻挠,阻挠我的只是时间不够。"

1991年,我与人合作主编了我国首部反映当代中国科学技术概况的图书《当代中国科学技术总览》,由中国科学技术出版社于1992年出版;全国人大常委会副委员长、中国科学院院士严济慈先生为该书题写了书名。此后,相继撰写出版了《第一生产力论与科教兴国战略》(独著,四川人民出版社2001年),《中国可持续发展道路探索》(第一作者,四川人民出版社2001年),《巩固和发展社会主义民族关系》(第一作者,四川人民出版社2002年),《现代科学技术概论》(独著,四川人民出版社2007年),《知识经济与创新体系建设研究》(独著,巴蜀书社,2008年),《大学生科技通识读本》(第一作者,高等教育出版社2009年),《科技进步与社会发展导论》(独著,四川人民出版社2016年)等专著。

由于"知青"和工人经历,我始终关注民生,高度重视以知识服务社会,尤其是1993—1994年间被中共四川省委组织部下派担任中共四川省渠县县委副书记。中央实施西部大开发战略伊始,我先后主持完成了《四川民族地区跨越式发展的理论与实践研究》(四川民族出版社2002年)和《建设中国西部瓷都战略规划研究》(四川人民出版社2003年)。2004—2007年,我把大量的精力用于四川发展规划的战略研究中;被"四川省'十一五'人才规划编制工作领导小组"聘为"四川省'十一五'人才规划编制工作专家顾问组"组长,被"四川省中长期科学和技术发展规划领导小组"聘任为四川省中长期科学和技术发展规划战略研究八个专题之一的"科技人才队伍建设专题"组长、首席专家。在这两项重大工作中,圆满地完成了任务。此外,我高度重视依靠科技进步推进西部民族地区建设生态屏障与"脱贫、致富、奔小康"的统一,有系统、较深入地阐述了四川民族地区在建设长江上游生态屏障中推进跨越式发展的理论、道路与方法;相关研究成果被收入"四川省哲学社会科学研究重要成果专报文集"(2005年之二十三)。我曾多次率队赴甘孜州深入调研,主持完成了《甘孜州全面建设小康社会社会事业发展战略研究报告》《甘孜州白玉县国民经济和社会发展第十一个五年规划纲要》《"富民安康"中科技进步与社会事业发展研究》。通过深入剖析四川省作为中国的科技大省同时又是经济弱省的"不对称"现象,在学术界开创性地提出科技进步整体性能力建设理论,强调依靠科技进步不能只注重提高"科技供给能力",还必须高度重视"科技吸纳能力"的培育。发表了《四川电子信息产业的发展及其科技哲学视野》《建设创新型四川的哲学思考》《对"信息四川发展战略的思考"》《对四川依靠科技进步发展的思考》《建设区域创新系统促进科技成果转化的途径研究》《县域科技进步的社会建构》《四川科技与社会经济发展不对称问题的历史成因及变革思考》

等一系列论文;完成了"四川省繁荣发展哲学社会科学工作协调小组办公室"委托课题"自主创新与四川跨越式发展新战略研究"(2006 年)。

2006—2010 年,我主持完成了国家社科基金项目"以信息技术的有效运用推进西部民族地区建设社会主义新农村(牧区)研究",提出了一系列新观念、新思路和新举措;受到相关方面高度重视。2010 年国家社科规划办批准新申报课题"以信息技术深刻变革西部民族地区农牧区发展方式研究",立项为国家社科基金重点项目。该课题于 2015 年结项,同年出版专著《西部民族地区农牧区科学发展与社会信息化发展战略研究》(第一作者,人民出版社 2015 年)。此后,又相继发表了《创新驱动发展战略如何落地西部农牧区》(第一作者,《社会科学战线》2017 年第 2 期)、《中国西部农牧区现代化发展道路思考》(独著,《学术论坛》2021 年第 2 期)等论文,以及专著《藏羌彝走廊四川区域文化资源调查与保护利用研究(科技文化卷)》(第一作者,四川民族出版社 2018 年)。

哲学不能烤面包,这是一句至理名言;但是,关注人生、有良知的哲学家又想让自己的同胞,抑或天下人,都有面包,都过上好日子。这是哲学家现实生存的第一重矛盾。哲学家的生命是有限的,而哲学家想以哲学名义去做的事是无限的。这是哲学家现实生存的第二重矛盾。哲学家本身处在哲学的基础研究与哲学的应用研究的纠结之中,但是哲学的思想创造又必须是心态平静的。这是哲学家现实生存的第三重矛盾。马克思当年的哲学生涯,就已经彰显了这多重矛盾。当然,他作为"千年伟人",走出了一条光辉的道路。

历史上,马克思于 1841 年完成了名为《德谟克利特的自然哲学和伊壁鸠鲁的自然哲学的差别》的博士论文;这是马克思在 1839 年计划对古希腊罗马哲学史进行全面研究工作的一部分,是马克思撰写的第一部哲学著作。1841 年 4 月获得博士学位后,马克思曾打算在报刊上发表他的论文,为此他写了献词和序。然而,正是在序言中,马克思明确表示放弃对古希腊罗马哲学史更广泛和深入的研究,他写道:"鉴于我正在从事完全不同性质的政治和哲学方面的研究,目前我不能指望完成这一著作。"最终,马克思的博士论文在其生前并没有发表。1902 年首次发表时,部分内容已经佚失。当前我们看到的各种文本,都是"残篇"。然而,正如列宁所言,马克思尽管没有留下专门论述辩证法的著作,但是《资本论》就是马克思的"大逻辑"。马克思完成的《资本论》,是影响世界历史进程、推动全人类解放的伟大著作;这是哲学烤出的最大最好的面包。

三

我决意尽快回到哲学基础研究,是在 2017 年。是年,我已经 63 岁了。蓦然回首,青年时代在我国哲学界提出的两个重要问题,一个也没有得到最终的解决。第一个问题,就是重新解答芝诺运动悖论。我在《哲学研究》1989 年第 12 期发表的《相对论时空理论及其评价再探讨》一文的结束语中写道:

> 正确理解和评价相对论时空理论,对我国哲学的发展有重要的现实意义,许多以前争论不休的问题可以在科学的基础上予以正确地解决。例如,对于宏观物体的机械运动的表述问题,我国哲学界历来存在争议,然而我们现在应该明白,我国的"传统表述"确实是错误的。因为依据相对论所揭示出的物体机械运动和时间、空间的那种关联,根本不可能存在"物体在同一瞬间既在一个地方又在另一个地方,既在同一个地方又不在同一个地方"这种情况。又如,对于哲学史上著名的"芝诺佯谬",我们也不必再耽于黑格尔那种依据客观唯心主义思想基础和他那独特的思想方法所推演出来的结论,完全可以依据相对论的科学思想予以正确解答。

第二个问题是在《中国社会科学》1990 年第 5 期的《相对论时空理论再认识》一文中提出的,即"爱因斯坦'尺缩效应'不是狭义相对论的科学内容"。

我回归哲学基础研究的道路,从总体上讲,是顺畅的。《学术论坛》2017 年第 6 期发表拙文《位移运动的矛盾问题:辩证唯物主义哲学体系基础问题研究》,《中国社会科学文摘》2018 年第 6 期以"罗素与'芝诺运动悖论'"为标题转载了部分内容。此后,《社会科学研究》2018 年第 2 期发表拙文《芝诺运动悖论研究的演进》;《学术论坛》2019 年第 1 期发表拙文《问题哲学研究及其"矛盾"问题》,《社会科学文摘》2019 年第 7 期以"问题与矛盾:问题哲学及其前沿问题"为标题转载了绝大部分内容。2019 年,我用完成 80% 的书稿申报国家社科基金后期资助项目,获得立项。此番"回归之旅",可用习近平总书记 2021 年 9 月在陕西榆林考察调研时对"老乡"

讲的一段话来写照："人努力、天帮忙。这个'天'两层含义，一个是自然气候的天，一个是党和政府好政策的天。"

藉此，我要感谢全国哲学社会科学规划办公室，感谢受全国哲学社会科学规划办公室委托对拙著进行评审鉴定的各位专家。其中一位专家的审读意见让我感慨万千，兹转录如下。

一、政治问题

该成果不涉及政治问题，不存在有违马克思主义基本原理和中央现行方针政策的内容。

二、创新程度、突出特色和主要建树

1. 本成果的主要创新在于，以"芝诺悖论"及黑格尔哲学的回答为线索，系统地展开对于位移运动矛盾问题的辩证唯物主义研究，并给出研究者独立的解答。研究者梳理和总结了康德、黑格尔以及马克思主义经典作家对于位移运动矛盾问题的解析与回答，并对当代科学哲学和逻辑哲学领域的相关探讨做出精致分析。研究者熟悉古今中外关于"芝诺悖论"的已有研究及趋势，在黑格尔时空观、运动观、科学哲学对近代物理学运动思想的把握等方面，做出了值得肯定和进一步研究的探讨。

2. 本成果的突出特色在于，研究者直接面对辩证唯物主义教科书在矛盾客观性普遍性原理表达中的重大问题，从综合马克思主义哲学、物理学、科学哲学与逻辑哲学的角度，展开多学科领域的交叉研究，以令人钦佩的学术勇气对耳熟能详的问题做出总结，并尝试给出回答，不仅绕开了纷繁复杂的二手文献，对辩证唯物主义的学术魅力做出展示，而且敢于提出对黑格尔位移运动矛盾表述的批判。研究者从解析悖论结构形式的角度凝练位移运动矛盾问题，由此诠释辩证法的认识论功能，是一个亮点，可以为从技术哲学角度深化辩证唯物主义的研究提供一定的借鉴。

3. 本成果的主要建树在于，通过对经典怀疑论问题的回答，彰显和论证马克思主义哲学在哲学社会科学研究中的指导性地位。面向辩证唯物主义教科书无法回避的重大前沿问题，关注认识论研究所需本体论前提，运用史论结合的方法叙述和分析位移运动矛盾问题的根源及相关学科领域研究的基本进展及趋势，在给之以批判性反思的基础上，论证恩格斯对矛盾客观性普遍性原理所做"重要论断"的科学性与权威性。

三、学术价值、理论价值和应用价值

1. 本成果的主要学术价值在于,运用辩证唯物主义的理论与方法,廓清恩格斯与黑格尔关于位移运动矛盾的思想分野,从根本上否定黑格尔位移运动矛盾的表述;以历史主义的态度和方法,通过多领域的交叉研究,深化关于恩格斯机械-位移运动辩证思想的研究。

2. 本成果的理论价值在于:(1)通过重构机械-位移运动的哲学表述,阐明其基本矛盾,从认识论和本体论两个方面对所讨论问题做出自洽的归置和回答,给出一个辩证唯物主义教科书呈现和回答位移运动矛盾问题的理论框架。(2)辩证唯物主义建立在通晓思维历史和成就基础之上,本项目研究对其理性思维的"高原优势"做出了与时俱进的阐释,具有丰富和拓展思维科学基本论题研究的理论价值。

3. 本成果的应用价值在于,从多个角度分析黑格尔对位移运动矛盾的表述,由此论证恩格斯辩证思想的建构逻辑及工具性价值,是对于辩证唯物主义的拓展研究,其努力是发展马克思主义基本原理的重要前提,因而,本成果可以服务于唯物辩证法经典思想的研究,也可以为研究基于辩证法和辩证唯物主义的哲学实践提供一定的理论启示。

四、欠缺和不足,修改和提高的建议

1. 研究者基于自身教学与研究的积淀完成本著作,其中不乏对黑格尔、恩格斯、列宁、考茨基、柏格森、罗素等著名哲学家相关核心思想的深入解析,但是在相关论题前沿进展的把握方面,仍然存在薄弱之处。建议关注"斯坦福哲学百科"之类权威资源对"芝诺悖论"和黑格尔辩证法等主题的述介,以结合经典理论与理论前沿,进一步深化本成果的研究。

2. 作为辩证唯物主义的拓展研究,比之恩格斯经典文献的阐释和论证,本成果对于运动矛盾问题的解析可见于认识论、本体论和哲学语义学等多个层面,但是,研究者在优先解答哪个层面的问题方面缺乏明确的表述和足够的论证。建议,在下步研究中关注本体论立场转变可能带来认识论突破这一思路,将本成果对恩格斯立场的解读与论证置于哲学语义学研究之中,加以深化。

五、可能引起争鸣的观点

恩格斯的"重要论断"与"黑格尔位移运动矛盾表述"相关联,而"黑格尔位移运动矛盾表述"业已成为现代科学的发展所否证(前言,p.4);恩格斯的"重要论断"被当前马克思主义哲学教科书"搁置起来",仅仅是发展中的权宜之计(前言,p.6);康德对"静止"的定义,仅仅给出了静止的表象,没有把握静止状态的本质(p.103);在罗素摈弃时空实体论和坚持时空关系论之后,罗素及其支持者都不曾阐明:昔日的解答,现在还是完备的吗? 然而,一般的理智告诉我们:前提为假,合理推导或概括出的结论必然不真(p.247);如果亚里士多德对位移运动的认识不正确,那么黑格尔对芝诺悖论的解答是建立在虚假基础上的"上层建筑"(p.316)。

我之所以对上述审读意见感慨万千,是因为尽管我在学术界很早就提出重新解答芝诺运动悖论,但是从未看到任何肯定的意见和否定的意见,好像这件事压根就没有发生似的! 上述审读意见,结束了学术界对我的工作"零评价"的历史。

最后,我谨向为本书的出版付出辛劳的责任编辑杜鹃女士致以深切谢意。

文兴吾于成都百花潭

2021 年 9 月 16 日

图书在版编目(CIP)数据

批判与重建:辩证位移运动观与芝诺运动悖论新解/
文兴吾著.—上海:上海三联书店,2022.1
ISBN 978-7-5426-7667-2

Ⅰ.①批… Ⅱ.①文… Ⅲ.①黑格尔(Hegel,
Georg Wehelm 1770—1831)-哲学思想-研究 Ⅳ.
①B516.35

中国版本图书馆 CIP 数据核字(2022)第 015037 号

批判与重建:辩证位移运动观与芝诺运动悖论新解

著　者 / 文兴吾

责任编辑 / 杜　鹃
装帧设计 / 一本好书
监　制 / 姚　军
责任校对 / 张大伟　王凌霄

出版发行　上海三联书店
　　　　　(200030)中国上海市漕溪北路 331 号 A 座 6 楼
邮　箱 / sdxsanlian@sina.com
邮购电话 / 021-22895540
印　刷 / 上海惠敦印务科技有限公司

版　次 / 2022 年 1 月第 1 版
印　次 / 2022 年 1 月第 1 次印刷
开　本 / 710 mm × 1000 mm　1/16
字　数 / 420 千字
印　张 / 28.25
书　号 / ISBN 978-7-5426-7667-2/B·767
定　价 / 108.00 元

敬启读者,如发现本书有印装质量问题,请与印刷厂联系 021-63779028